PINGLUO YEARBOOK 2018

平罗年鉴

（2018）

平罗县地方志编纂委员会办公室　编

方志出版社
Publishing House of Local Records

图书在版编目（CIP）数据

平罗年鉴. 2018 / 平罗县地方志编纂委员会办公室编. -- 北京 : 方志出版社，2020.1

ISBN 978-7-5144-4015-7

Ⅰ. ①平… Ⅱ. ①平… Ⅲ. ①平罗县—2018—年鉴 Ⅳ. ① Z524.34

中国版本图书馆 CIP 数据核字（2020）第 034098 号

平罗年鉴（2018）

编　　者：平罗县地方志编纂委员会办公室
责任编辑：李　静

出 版 者：方志出版社
地址　北京市朝阳区潘家园东里 9 号（国家方志馆 4 层）
邮编　100021
网址　http://www.fzph.org
发　　行：方志出版社图书经销中心
电话　（010）67110500
经　　销：各地新华书店
排　　版：北京中文天地文化艺术有限公司
印　　刷：北京中科印刷有限公司

开　　本：889 × 1194　1/16
印　　张：24.625
字　　数：675 千字
版　　次：2020 年 1 月第 1 版　2020 年 1 月第 1 次印刷

ISBN 978-7-5144-4015-7　　**定价**：298.00 元

序

贫困问题一直是困扰人类社会发展的重大问题。中国作为世界上最大的发展中国家，为解决贫困问题进行了长期不懈的努力。改革开放以来，特别是党的十八大以来，以习近平同志为核心的党中央把脱贫攻坚作为全面建成小康社会的底线任务和标志性指标，纳入“五位一体”总体布局和“四个全面”战略布局，以前所未有的力度推进精准扶贫、精准脱贫，扶贫开发成就举世瞩目，显著改善了贫困地区和贫困群众生产生活条件，具有重大的现实意义和深远的历史意义。身处中华民族几千年发展历史上将首次整体消除绝对贫困现象的伟大时代，如何更好地发挥地方志的存史、育人、资政的作用，是新时代全国地方志系统必须深入研究和着力解决的重大课题。

党的十八大以来，在党中央国务院的正确领导下，全国地方志系统深入学习贯彻习近平新时代中国特色社会主义思想，紧紧围绕党和国家事业发展需要，深入推进地方志改革创新发展，凝心聚力，稳扎稳打，勇于担当，主动作为，全国地方志形势和地方志工作者的精神面貌发生了深刻变化，取得了优异成绩。其中，为贯彻落实《全国地方志事业发展规划纲要（2015—2020年）》，经中国地方志指导小组领导批准，中国地方志指导小组办公室于2015年、2017年先后启动民族地区与贫困地区志书、年鉴出版资助工程（以下简称“志鉴出版资助工程”），对国家级贫困县（区、旗、县级市），中西部地区、少数民族边疆地区面临出版经费困难的志书和综合年鉴给予出版资助。实施志鉴出版资助工程是紧扣时代脉搏、坚持创新发展、传承弘扬中华优秀传统文化的一项创举，不仅有力推动了“两全目标”的实现，而且数十部资助出版的志书、年鉴及时记述了民族地区与贫困地区在全面建成小康社会伟大征程中取得的新成绩和新经验、出现的新情况和新问题、涌现的优秀人物和典型事迹，留住地方文化的“根”和“魂”，为这些地区的经济社会发展、地域文化传播、爱国主义教育、精神文明建设等提供了历史借鉴和智力支持，对全面提升民族地区与贫困地区文化建设水平、确保民族地区与贫困地区和全国其他地区同步全面建成小康社会具有重要意义。

尤为可喜的是，志鉴出版资助工程促成了一批扶贫志书的编纂出版，在文化脱贫攻坚中发挥了独特的作用。例如，《贵州省减贫志》全面系统客观记述了从1978

年至2015年贵州省扶贫、减贫工作的历程及取得的经验，为贵州省实施大扶贫战略提供了有力的资政辅治参考，集中体现了地方志工作因时而动、顺势而为的新作为。前不久，由福建省地方志编委会和人民网共同编纂的《闽宁扶贫协作图志》，是全国首部扶贫协作图志，图文并茂、直观立体、全方位地展现闽宁扶贫协作波澜壮阔的历程，弘扬“闽宁一家亲”“携手奔小康”的深厚情谊和滴水穿石、久久为功的精神，是贯彻落实习近平总书记扶贫工作重要论述精神，服务国家精准扶贫、精准脱贫战略的有力举措。希望各地以此为鉴，编纂出版更多、更好的扶贫志书、年鉴，助力国家精准扶贫、精准脱贫战略的实施，充分展现地方志的独特价值和作用。

当前，我国脱贫攻坚已进入全面决战决胜的关键时期，尚未脱贫的贫困地区集中分布在中西部深山区、极端干旱山区、高寒阴湿地区等，文化建设还比较薄弱，文化产品还不够丰富，文化精品更是少之甚少。同时，这些地区往往是民族文化、历史文化、红色文化、生态文化富集区，具有发展文化旅游、推进文化扶贫的巨大潜在优势，也是繁荣发展地方志事业的巨大文化宝库。要发挥好文化扶贫凝聚人心的优势，善于利用方志文化优势为贫困地区“赋能”，在脱贫攻坚中做出方志人应有的贡献。要发挥好中国名镇志文化工程、中国名村志文化工程的引领作用，大力加强乡镇村志编纂，让百姓记得起乡情、记得住乡愁，凝聚贫困乡镇村庄的强大民心，补齐贫困乡镇村庄的文化短板，以“扶智”的方式“扶志”，践行习近平总书记强调的“扶贫先扶智，扶贫必扶志”的重要理念。

求木之长者，必固其根本；欲流之远者，必浚其泉源。扶贫扶起的是志气骨气，传承的是家国情怀，守护的是绿水青山。扶贫既要富口袋，也要富脑袋。必须坚持文化脱贫和物质脱贫两手抓，筑牢贫困地区文化之基，补足信仰精神之钙，引领脱贫发展之舵。全国地方志系统要围绕中心、服务大局，坚决投入脱贫攻坚这场必须打赢的硬仗，积极参与脱贫攻坚战，发挥优势和特长，深入挖掘文化资源，着力补齐文化短板，努力帮助民族地区与贫困地区的文化建设实现较大的发展提升，在全面建成小康社会、实现中华民族伟大复兴中国梦的征程中贡献方志人的力量。

是为序。

中国社会科学院院长
中国地方志指导小组组长
谢伏瞻

民族地区与贫困地区年鉴出版资助工程领导小组

组　　　长：高　翔

常务副组长：冀祥德

副　组　长：高京斋　邱新立

民族地区与贫困地区年鉴出版资助工程领导小组办公室

主　　　任：冀祥德

副　主　任：邱新立

成　　　员：于伟平　刘永强　冷晓玲　李　静

平罗县地方志编纂委员会

主　　任：马莉方

副 主 任：蒋新录

成　　员：姚东海　贾学军　魏振国　尤建民　徐明忠
张万青　王宗贵　罗少荣　刘彦龙

《平罗年鉴（2018）》编务人员

主　　编：刘彦龙

副 主 编：周　阳

总　　纂：王跃荣

编　　辑：刘彦龙　邢宏亮　李兴文　周　阳　田梅玲
王跃荣　柴秀珍　马　斌　张　怡　陈淑琴
谢建锋　崔宁霞　苏　静

审稿人员：（以姓氏笔画为序）
丁海军　万晓山　王　军　王　浩　王　强
王占宏　刘　杰　刘万宗　刘桂莲　代正礼
李　洁　李志杰　李菊红　张万青　张银军
祁振发　杨占斌　杨自飞　陈国俭　贺永春
姚宗华　俞海宁　梁　迈　贾学军　黄　浦
黄学梅　彭小华　董绍兵

摄　　影：周　阳　岳昌鸿　吴　军　祁万东　岳梦昊
王聪惠　冒志文　王学宗

编 辑 说 明

一、《平罗年鉴》以马列主义、毛泽东思想、邓小平理论、“三个代表”重要思想、科学发展观和习近平新时代中国特色社会主义思想为指导，坚持辩证唯物主义与历史唯物主义的立场、观点和方法，做到存真求实、实事求是，强化正史观念、信史观念、全史观念，努力为建设开放富裕和谐美丽平罗发展服务。

二、《平罗年鉴（2018）》是一部资料性地方综合年鉴。系统记述了2017年各项事业发展状况、重大事件和新成就新经验，具有“资治、存史、教化”价值，为各级领导和社会各界人士了解平罗、建设平罗提供信息服务。

三、本年鉴体裁以编年体为主，少部分内容采用纪事本末体。采用分类编辑法，坚持年度性、全面性、系统性、层次性原则。以类目、分目、条目组成主体框架，条目是年鉴的基本表现形式。全书条目标题统一用黑体字加【 】表示。所有条目均在目录之中可检索，便于读者查阅。

四、本年鉴以记述为主，并穿插表格、图片。图片分文前彩页和随文图（随文图来源于各单位提供）。力争做到图文并茂，相得益彰。

五、本年鉴资料来源，主要由平罗县属单位及辖区内有关单位提供，县年鉴编辑部撰稿总纂成书，成稿后经提供单位领导审阅后，最后由县年鉴编辑部委员会审定，报自治区年鉴部门审批出版。

六、本年鉴文中所收录数据，由各有关单位负责提供，并经主管部门审核。国民经济和社会发展的重要数据，均采用平罗统计公报数据。由于统计数据的来源、口径、方式、时间的不同可能有差异，请读者以统计局提供的统计资料为准。

七、本年鉴严格实行出版物汉字使用管理规定、法定计量单位、出版物上的数字用法、标点符号规定，力求规范化。

八、《平罗年鉴》是一项系统工程，需要各方面的配合，由于编辑人员紧缺，出现纰漏在所难免，恳请广大读者批评指正。对提供资料的单位，审阅年鉴稿的领导、专家学者，致以诚挚地谢意。

平罗县政区图

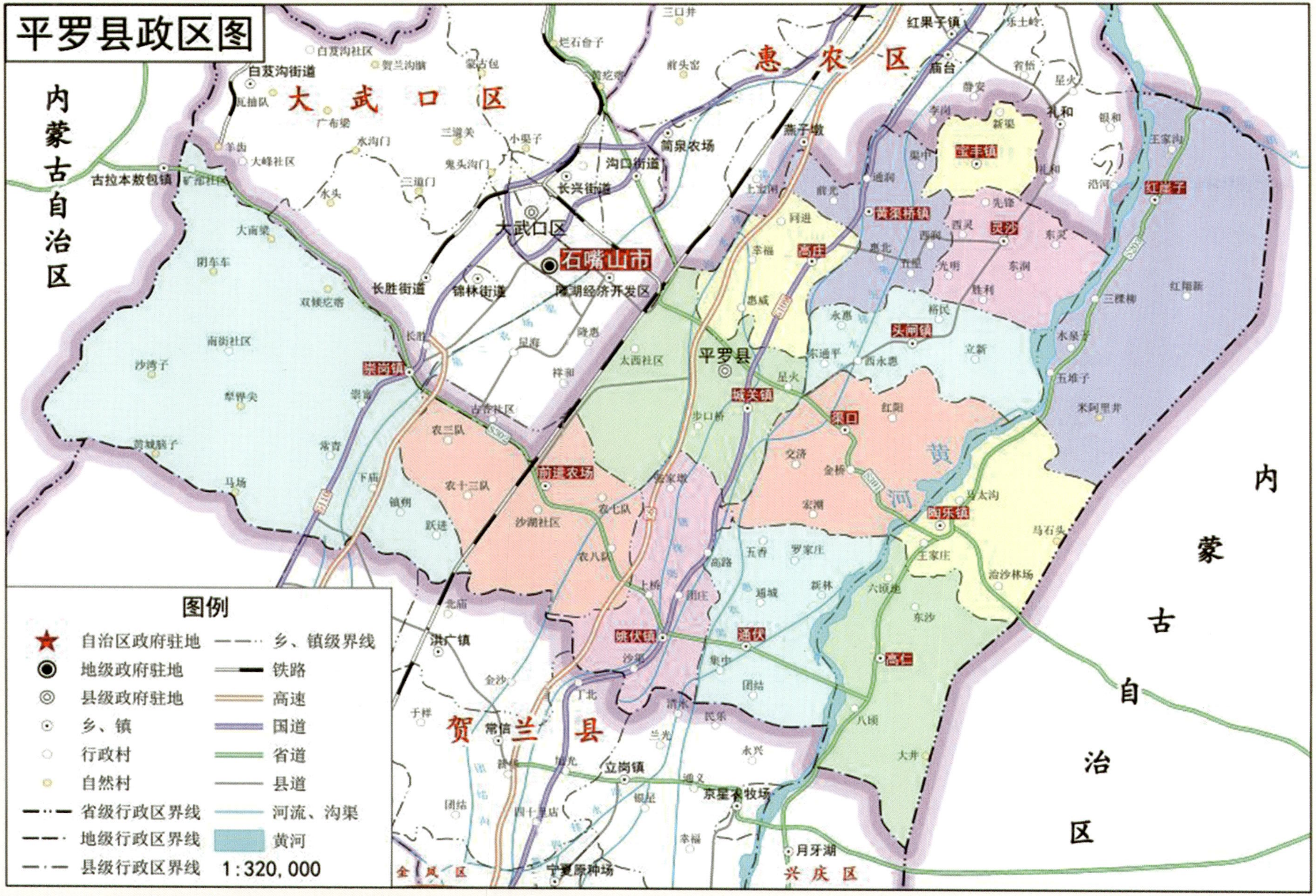

审图号：宁 S［2016］第 10 号

宁夏回族自治区国土资源厅　监制

晴空下的平罗县城　　祁万东　摄

夜色平罗　　岳梦昊　摄

翰泉海霞光　　岳昌鸿　摄

惠民公园　　岳昌鸿　摄

庙庙湖　岳昌鸿　摄

黄渠桥镇　岳昌鸿　摄

陶乐镇　岳昌鸿　摄

九曲黄河平罗行　王聪惠　摄

丰收的村庄　杨国义　摄

通伏乡　岳昌鸿　摄

马场村　岳昌鸿　摄

丰收的田野　王学宗　摄

蔬菜制种基地　　周 阳 摄

大棚蔬菜　　周 阳 摄

移民村移动大棚西瓜　　周 阳 摄

渠道防渗砌护　　周 阳 摄

沟道流沙治理　　周 阳 摄

宁夏种业博览会项目签约仪式　　周　阳　摄

千亩稻田

制种品种试验基地　　周　阳　摄

岳昌鸿　摄

肉牛育肥基地　周　阳　摄

黄渠桥镇前光村种鸡养殖场　周　阳　摄

国家富民强县项目培育的肉羊新品种　周　阳　摄

国土整治项目机械整地　周　阳　摄

移民村养殖园区　　吴　军　摄

新丝陆服饰　　吴　军　摄

晟晏集团　　周　阳　摄

神州轮胎生产车间

晟晏集团

春节社火——“黑驴子”
周 阳 摄

戏剧下乡 吴 军 摄

平罗县 2017 年文化科技卫生“三下乡”启动仪式 周 阳 摄

全国道德模范——白琴　　　　吴　军　摄

全县道德模范与身边好人　　　　吴　军　摄

陶乐高老庄子　　吴　军　摄

职工拔河比赛　　周　阳　摄

职工蓝球赛　　周　阳　摄

中国 · 宁夏拉巴湖 2018 第四届全国沙漠越野车挑战赛　　吴　军　摄

黄渠桥镇市场　　　　周　阳　摄

小吃——荞面　　　　周　阳　摄

红瑞燕宝小学　　吴　军　摄

平罗县中医医院　　吴　军　摄

宁夏银北医养中心　　　　周　阳　摄

平罗卫生计生大楼　　　　周　阳　摄

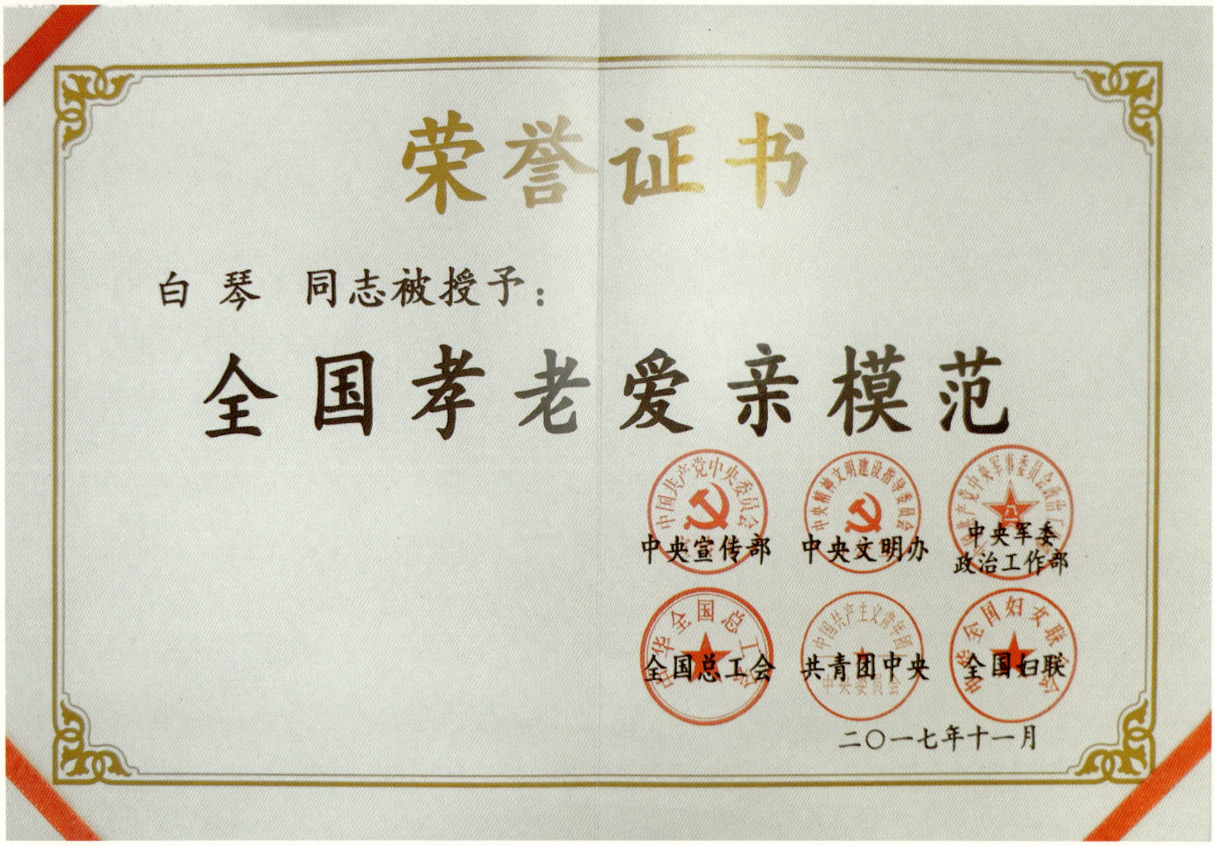

2017 年 11 月，陶乐镇施家台子村白琴荣获全国敬老爱亲模范称号

目　录

特　载

大事记

平罗概览

中国共产党平罗县委员会

公 安

检 察

法 院

司法行政

军 事

社会管理

政务服务中心

信访督办

机构编制

人力资源和社会保障

民　政

财　税

财　政

国家税务

地方税务

经济管理

发展改革

审 计

统 计

国家统计局平罗调查队

价格监督检查

金　融

人民银行平罗支行

建设银行平罗支行

农业银行平罗支行

工商银行平罗支行

农业发展银行平罗支行

中国银行平罗支行

教育　体育

教育综述

平罗中学

平罗职业教育中心

体　育

文化　旅游　广电

综　述

档案 史志

卫 生

卫生计生

民族宗教

综 述

平罗县伊斯兰教协会

乡 镇

城关镇

陶乐镇

黄渠桥镇

姚伏镇

头闸镇

崇岗镇

宝丰镇

通伏乡

高仁乡

高庄乡

特　载

以党的十九大精神为指引　振奋精神　迎难而上　苦干实干
奋力开创新时代平罗转型发展新局面

——在县委十四届二次全体会议上的报告

（2017 年 12 月 15 日）

石嘴山市副市长、平罗县委书记　朱　剑

中共平罗县委十四届二次全会的主要任务是：深入学习贯彻党的十九大精神，全面贯彻落实区市党委决策部署，回顾总结 2017 年工作，安排部署 2018 年任务，动员全县各级党组织和广大党员干部群众，以党的十九大精神为指引，振奋精神、迎难而上、苦干实干，奋力开创新时代平罗转型发展新局面。

一、坚定发展信心，经济社会各项事业全面进步

2017 年，是外部环境严峻复杂、压力挑战超乎寻常、任务困难明显加大的一年，也是平罗转型发展进程中极不平凡的一年。一年来，面对抗击下行压力、稳定经济增长、调整产业结构、改善环境质量的艰巨考验，县委常委会团结带领广大党员干部群众，坚定信心、攻坚克难、沉着应对，抓重点、补短板、强弱项，较好地完成了各项工作任务，全县经济增长持续向好、社会大局和谐稳定、各项事业稳步发展。预计全年实现地区生产总值 169.8 亿元，增长 7.8%；固定资产投资 178.6 亿元，增长 8%；规上工业增加值 87 亿元，增长 8.7%；一般公共财政预算收入 8 亿元，同口径增长 10.5%；城乡居民人均可支配收入分别达到 24558 元、13257 元，增长 8% 和 8.7%。

转型升级步伐加快。全力以赴做好“有中生新”“无中生有”两篇文章，推动新旧动能加快转换。传统产业提质增效，实施技改项目 36 个，神州轮胎钢帘线、吉元矿棉二期、万顺尾气发电、晟晏富锰渣再利用等项目投产达效，泓升新材料、丰华医药中间体等项目即将投产，滨河供热站、贝利特氰胺下游产品等项目加快建设，新

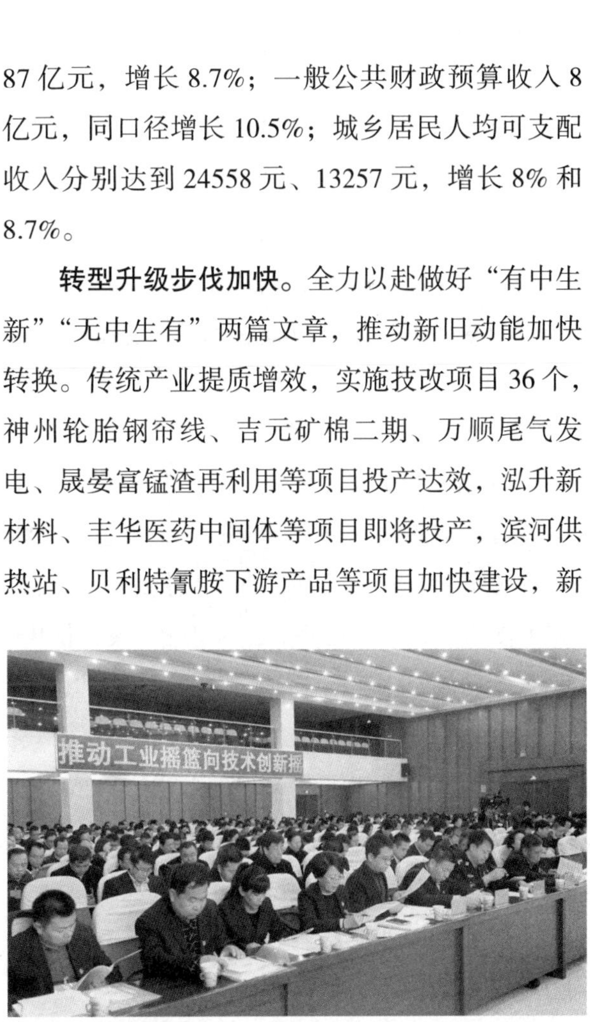

中共平罗县委十四届二次全会会场　　　　周　阳　摄

增规上企业12家，高新技术企业达6家，自治区级科技型中小企业达39家，大地公司等5家企业入选“宁夏百强企业”。现代农业稳步推进，建成泰金种业、华泰农瓜菜、乐牧高仁草畜林等95个特色产业园区，国家农业科技园区顺利通过科技部验收并命名，优质水稻成为“宁夏大米”主产区，蔬菜制种被认定为国家区域性蔬菜良种繁育基地，成功举办第四届种业博览会，“一优四特”产业占农业经济比重达90%，农业增加值增长居川区前列。现代服务业提速发展，铁路综合货场、晟晏铁路物流专线顺利推进，西线景观廊道等全域旅游项目快速推进，建成电商快递物流园等全域化发展平台，银北养老院建设完工，新产业新业态拉动作用明显，服务业比重上升到30.6%。

发展基础更加稳固。扎实开展“项目推进年”“百日推进、百日攻坚”活动，组织集中开工5批次，80个重点建设项目顺利推进，完成投资95.4亿元，为全市投资增长作出积极贡献。深入推进招商引资“一号工程”，加强与长三角、珠三角等重点区域合作，引进江苏方舟新能源等大企业落户平罗，全年实施招商项目131个，实际到位资金158.5亿元，增长11.6%。实施园区环境综合整治行动，清理“僵尸企业”35家，治理“小散乱污”企业126家，收储闲置土地1400亩，建成精细化工基地污水处理厂，生态经济区2个污水处理厂即将完工，铺设供排水、蒸汽管网32公里、路灯10公里，县城和园区集中供热、蒸汽、污水处理实现全覆盖，解决了长期想解决而未能解决的难题。“三争”工作成效明显，争取国家小康用电示范县等多项试点政策，26家工业企业享受直供电交易，优惠电价1.55亿元，争取各类无偿资金25.5亿元，新增地方政府债券资金3.1亿元，为产业发展、基础设施、民生事业等重点项目提供了资金保障。

城乡面貌显著改观。空间规划（多规合一）改革成效明显，完成空间规划大纲编制，形成了覆盖全域的“一张蓝图”。建成惠民生态健身公园、公共服务中心等一批公益性项目，启动实施县城新区生态治理工程，改造棚户区4321户，整治老旧小区21万平方米，市民出行、休闲、生活环境明显提升。加快美丽乡村建设，建成美丽村庄4个，启动陶乐等4个特色田园小镇、新丰村等4个美丽家园建设，陶乐镇列入自治区特色小镇试点，黄渠桥镇被评为中国最美村镇，庙庙湖村入选全国美丽宜居村庄，农村人居环境显著改善。加强生态环境建设，实施平原绿洲绿网等工程，完成造林3万亩；强力推进中央环保督察问题整改落实，52个环境突出问题整改完成50个；坚决打好贺兰山自然保护区清理整治攻坚战，完成整治点6个，关闭非煤矿山企业14家，治理恢复面积2400亩；实施环境“三治”工程，淘汰燃煤锅炉142台、黄标车642辆，综合治理工业企业污染源453家；全面推行河长制，实施威镇湖截流净化、第二污水处理厂提标改造等项目，生态环境质量得到明显改善。

深化改革扎实推进。大力推进供给侧结构性改革，推行“房票”安置模式，房地产去库存5710套，销售面积同比增长32%。深化行政审批制度改革，积极开展“最多跑一次”“不见面、马上办”政务服务改革，全面落实“五证合一、一照一码”登记制度，审批办理时限提速8.7%。深化国有企业改革，组建宁夏德渊集团，搭建了政府融资平台。深化农村综合改革，农村产权确权颁证扩大到10类权属，房地一体不动产登记走在全区前列，农村产权抵押贷款突破10亿元，节省利息2600多万元；农村土地制度改革三项试点得到国土资源部肯定，推行“超占有偿使用、新增有偿取得、转让政府补贴、审批县域统筹”宅基地管理新模式，收缴超占有偿使用费1080万元，解决了农村资源占用不公的问题；入市交易农村集体经营性建设用地13宗102.6亩，出让金

617.8万元，开创了宁夏农村集体经营性建设用地入市先河。深入推进全国农村信用体系试验区建设，供销社、国有林场、群团等改革稳步有序推进。

民生福祉持续改善。十件民生实事全面完成，民生支出增长8.3%，占一般公共财政预算支出的75%。脱贫攻坚扎实推进，兑现“双20条”扶持资金1013万元，发放扶贫贷款5637万元，实施新丝陆服装加工、抗旱调蓄补灌水库等24个扶贫项目，完成易地扶贫搬迁安置1590人，预计脱贫2710人以上。积极扶持就业创业，新增城镇就业4754人，农村劳动力转移就业2.5万人，城镇登记失业率为3.8%。办好人民满意的教育，建设乡镇公办幼儿园6所，实施崇岗九年制学校、陶乐中学等薄弱学校改造，贫困学生乘坐校车全部免费，义务教育阶段农村学生营养早餐实现全覆盖。实施全民参保计划，城乡居民基本养老、医疗保险和大病保险提标扩面，第三敬老院、老年活动中心建成投用，社保兜底功能更加完善。深化医药卫生体制改革，新建标准化村卫生室19所，建设新型医疗联合体4个，家庭医生签约服务12万人，药品零差率销售让利群众1300多万元。实施文化惠民工程，图书馆、泥哇呜传承基地建设完工，旗帜鲜明表彰道德模范、最美人物50人，白琴荣获全国道德模范，成功承办全国青年男子篮球锦标赛，丰富了群众精神文化生活。

社会大局和谐稳定。深入推进“七五”普法，全社会尊法、学法、守法、用法的氛围更加浓厚。扎实推进平安平罗建设，推行交巡警合一、社区警务改革，深入开展命案防控、打击“两抢一盗”、禁毒大收戒等专项行动，严厉打击各类违法犯罪活动，刑事立案、可防性案件、侵财案件、电信诈骗案件同比下降1.4%、27.7%、3.5%、34%，群众安全感明显提升。加强信访规范化建设，认真落实领导接访约访、包案化解和联合接访制度，集中解决了61个信访积案，信访总量下降15.99%，群众满意度达到99.08%。全面完成国务院安全生产巡查问题整改落实，持续开展安全生产大检查大整治，强化食品药品安全监管，安全生产形势总体保持稳定。启动创建全国民族团结进步示范县工作，巩固了民族团结、宗教和顺的良好局面。

党的建设全面加强。深入推进全面从严治党，政治生态不断净化。严格落实意识形态责任制，确保了意识形态领域安全。扎实推进“两学一做”学习教育常态化制度化，认真落实“三会一课”制度，党员干部“四个意识”“四个自信”不断增强。从严选拔管理监督干部，注重基层一线选人用人导向，推进领导干部能上能下，各级领导班子建设不断加强。扎实开展星级服务型党组织创建，实施“三大三强”行动、“两个带头人”工程，整顿软弱涣散党组织10个，三星级以上党组织达到93个，非公企业、社会组织党组织覆盖率达到91%和90%。严格执行中央八项规定精神，扎实开展作风效能提升年活动，切实整治“三不为”，党风政风明显好转。严格落实党委主体责任和纪委监督责任，扎实推进巡察工作，深入开展查处涉农扶贫领域腐败问题专项行动，严肃查处了一批群众身边的不正之风和腐败问题，反腐败压倒性态势已经形成。启动国家监察体制改革试点，年底前完成监察委员会组建工作。全力支持人大、政府、政协依法依章履行职责，人武、群团、老干部等工作取得新进展，全县上下谋发展抓落实的工作活力充分迸发。

今年的工作成绩，是区市党委坚强领导和亲切关怀的结果，是全县广大党员干部群众凝心聚力、攻坚克难的结果，是县四套班子同心协力、真抓实干的结果。在此，我代表县委常委会，向全县广大党员干部群众，向离退休老同志和所有关心支持平罗经济社会发展的社会各界人士，致以衷心的感谢和崇高的敬意！

在总结成绩的同时，我们一定要清醒地认识到，对照人民日益增长的美好生活需要，我们的工作还存在一些差距和不足，发展不平衡不充分仍然是当前最大的实际，产业层次较低，创新能力不强，科技投入不足，工业倚能倚重特征明显，新兴服务业比重低，转型升级任务艰巨；资源环境约束趋紧，节能减排和环境保护压力加大，生态修复治理、农村环境改善任务艰巨；改革落实力度有待加强，调整深层次利益格局、扩大改革受益面还有大量工作要做；社会事业发展仍然存在短板，城乡基本公共服务还有差距，城乡居民持续增收压力较大；党风廉政建设和反腐败斗争形势依然严峻，"三不为"问题仍然存在，需要在标本兼治上持续发力。对于这些矛盾和问题，县委常委会高度重视，始终坚持问题导向，在今后工作中认真加以解决。希望同志们对县委常委会工作提出意见和建议，帮助我们共同努力把工作做得更好。

二、贯彻新发展理念，科学谋划奋斗目标

2018 年是学习贯彻党的十九大精神的开局之年，是自治区 60 大庆之年，也是深入实施"十三五"规划、决胜全面建成小康社会的关键一年，做好各项工作意义重大。我们要继续把加快发展作为第一要务，把转型升级作为主攻方向，以项目建设为支撑，以改善民生为根本，推动各项工作实现新突破、再上新台阶。

2018 年全县工作的总体要求是：以习近平新时代中国特色社会主义思想为指导，深入学习贯彻党的十九大精神，按照自治区第十二次党代会、市第十次党代会和县第十四次党代会的决策部署，贯彻新发展理念，聚焦全面建成小康社会目标，紧扣社会主要矛盾变化，突出抓重点、补短板、强弱项，认真落实创新驱动、脱贫富民、生态立区"三大战略"，持续推进产业、民生、生态"三大转型"，围绕建设循环经济、城乡统筹、沿黄生态、农村改革"四个示范区"，大力实施转型升级、改革创新、城乡统筹、环境治理、民生改善、文化惠民、社会治理"七大攻坚行动"，推动工业摇篮向技术创新摇篮转变、工矿时代向生态时代转变，奋力开创新时代平罗转型发展新局面。

主要预期目标是：地区生产总值增长 8% 左右，规上工业增加值增长 8.5%，固定资产投资增长 8%，一般公共财政预算收入同口径增长 8%；城乡居民人均可支配收入分别增长 8% 和 8.5%；完成区市下达的各项约束性指标。

实现上述目标，必须重点把握好以下几方面基本要求：

坚持"一个指引"：以党的十九大精神为指引，坚持党对一切工作的领导，更加自觉地用习近平新时代中国特色社会主义思想武装头脑、指导实践、推动工作，增强"四个意识"，坚定"四个自信"，坚决同以习近平同志为核心的党中央保持高度一致，不忘初心、牢记使命，永远把人民对美好生活的向往作为奋斗目标，决战决胜全面建成小康社会。

把握好"五个关系"：把握好眼前与长远的关系。既要坚持抢抓机遇、只争朝夕的工作作风，抓好眼前每一个项目建设，又要有久久为功、功成不必在我的胸怀，谋划打基础、管长远的工作，厚植平罗发展的潜力。把握好转型与稳定的关系。既要实事求是，坚持稳中求进工作总基调，又要态度坚决，稳步推进产业转型升级。把握好发展与保护的关系。牢固树立"在保护中发展、在发展中保护"的理念，更加自觉地推动绿色发展、循环发展、低碳发展，实现发展与保护双赢。把握好速度与质量的关系。始终坚持速度和质量相统一，在保持经济适度快速增长的同时，提高经济增长的质量和效益，真正走出一条既有速度又有质量的发展路子。把握好政府债务与积极的财政政策的关系。既要看到目前政府债务已经到了一定规模，要适度控制，也要看到多年来基础设施和民生领域的欠账，加大投入补齐这一短板是我们加快发展的必然要求。

打造“四个示范区”：

循环经济示范区。按照绿色循环低碳的要求，改造提升精细化工、特色冶金、碳基材料等传统产业，不断延伸产业发展链条，实现企业循环式生产、产业循环式组合、园区循环化改造，推动传统产业“脱胎换骨”，走出一条可持续发展路子。

城乡统筹示范区。抢抓银川都市圈建设机遇，聚焦城乡居民持续增收，培育壮大特色产业，加强基础设施建设，推动公共服务均等化，加快推进以人为核心的新型城镇化，基本形成城乡发展一体化格局，打造全区城乡统筹发展典范。

沿黄生态示范区。牢固树立绿水青山就是金山银山的理念，全力打造生态优先、绿色发展、产城融合、人水和谐的沿黄生态经济带，生态环境质量显著改善，生态、生产、生活成为自觉行动，建成天蓝、地绿、水净的美丽平罗。

农村改革示范区。巩固扩大农村土地经营管理制度改革试验成果，全面完成农村土地制度改革三项试点任务，完善“三权分置”制度，最大限度挖掘农村改革潜力，为全区全国农村改革作示范、探路子，形成更多可复制、可推广的“平罗经验”。

三、聚焦主要任务，奋力开创转型发展新局面

2018年机遇与挑战并存，要做好应对更加困难局面的准备，坚定信心，按照中央打赢防范风险、精准脱贫和污染防治三大攻坚战的部署要求，坚持稳中求进工作总基调，坚定不移打好转型升级组合拳，着力解决发展不平衡不充分问题，更好满足人民日益增长的美好生活需要。

（一）实施转型升级攻坚行动，培育壮大实体经济。坚持“调旧”“育新”协同发力，改造提升传统动能，加快培育壮大新动能，推动产业向中高端迈进。

做强工业经济。坚持工业强县不动摇，完善财税、金融、生产要素等扶持政策，推动工业企业创新发展、转型升级、提质增效，做大做强实体经济。实施传统产业改造升级三年行动计划，支持企业新上技改项目，加快电石、铁合金矿热炉密闭化循环化改造，推动“两化”深度融合，延长产业链条，形成上下游及配套产品协作发展的产业体系，让传统产业焕发新活力。重点抓好神州轮胎钢帘线及炭黑、晟晏纯净锰合金等40个工业技改项目，力争规上企业技改面达到40%以上。培育壮大新兴产业，扶持发展装备制造、生物医药、新材料等新兴产业，重点抓好神州轮胎三期四期、滨河高性能电池正极材料等项目，提高新兴产业比重，推动新旧动能加快转换。实施企业成长培育计划，加大政策倾斜和项目扶持力度，支持成长性好、贡献率高的中小微企业做大做强，引导发展乏力、扭亏无望的企业通过股权转让、资产入股等方式整合重组，重塑发展活力。加大园区低成本化、循环化改造力度，抓好生态经济区公共服务平台、精细化工基地土地整理等基础设施建设，提升园区承载服务功能，促进园区提档升级。

提升现代农业。坚持农业农村优先发展，大力实施乡村振兴战略，深入推进农业供给侧结构性改革，全面落实“一优四特”产业扶持政策，推动农业标准化、规模化、品牌化生产经营，实现由农业大县向农业强县转变。做优做强特色产业，加快推进河东现代农业示范区建设，抓好富硒稻米、泰金种业、华泰农瓜菜等特色产业示范园区建设，打响“宁夏大米”主产区、国家区域性蔬菜良种繁育基地品牌，提升品牌溢价效应。培育壮大新型经营主体，支持龙头企业、专业合作社通过发展订单农业、统种分管等方式，带动农户创建“一优四特”产业示范基地，发展多种形式适度规模经营。促进产业融合发展，支持农产品加工龙头企业发展休闲农业、田园综合体等新产业新业态，加快推动农业全产业链改造升级。大力实施盐碱地改良、高标准农田建设等工程，积极发展节水农业，补齐农业基础设施短板，夯实农业发展基础。

培育新产业新业态。围绕三产融合发展，推动产业联动集聚、生产要素跨界配置，加快培育形成新动能，三产增加值增长8%以上。做特全域旅游，加快大沙湖旅游区建设，推进西线景观廊道等项目建设，打造西部独具特色的旅游目的地。做活现代物流业，推动铁路综合货场、晟晏铁路物流专线尽快投用，抓好生态经济区智慧物流园建设，吸引知名物流企业来平设立分支机构或分拨基地，打造“一带一路”物流节点城市。推动电商全域化发展，完善电商产业园功能，引导电商企业入园发展，推动传统物流向现代物流转型。积极培育康养产业，推进银北养老院投用，积极引进医联体、康养小镇等项目，建设大健康产业园。

（二）实施改革创新攻坚行动，增强转型升级活力。坚持问题导向，突出重点，抓住关键，推出一批更有针对性的改革措施，为经济社会转型发展增活力、添动力。

持续释放改革红利。深化“放管服”改革，全面推行“互联网+政务服务”，积极推进“最多跑一次”“不见面、马上办”审批服务改革，实行“多证合一、证照分离”，实现“一网通办”，让信息多跑路、企业少跑腿，促进政府服务质量和效率双提升。抓好“去降补”任务落实，继续推行房屋征收“房票”模式，多措并举推动房地产去库存。深化投融资体制改革，支持宁夏德渊集团做大做强，加快政府融资平台市场化转型，建立金融机构与企业联系制度，提升服务实体经济能力。深化农村综合改革，推进“三权分置”改革，扩大农村产权抵押贷款、自愿有偿退出等改革成果，在“专精特”上下功夫，推动家庭农场、专业合作社等经营主体持续健康发展。加快推进农村土地制度改革三项试点工作，实施农村集体建设用地综合整治利用试点，形成可复制、可推广、利修法的“平罗经验”。深化农村集体产权制度改革，抓好15个财政扶持村集体经济试点项目，盘活农业农村资产，多途径发展壮大集体经济。统筹推进城镇化、教育、社保等领域改革。

大力推进科技创新。加大科技投入，完善科技创新奖补政策，引导企业增加研发投入，谋划实施好51个科技创新合作项目。培育创新主体，实施科技创新“双倍增”行动计划，加快培育小微企业创业创新示范基地，新增高新技术企业、自治区级科技型中小企业10家以上。搭建创新平台，支持企业建立研发中心、技术中心，组建电石化工、特色冶金、煤基炭材等行业协会，新培育自治区级以上技术创新中心2家。加强品牌建设，引导企业突出主业，培育和发扬“工匠精神”，增品种、提品质、创品牌，形成一批拳头产品，打造行业“单项冠军”。集聚创新人才，坚持培养和引进并重，全面落实人才政策，引进一批带技术、带项目、带资金的科技领军人才和创新创业团队，打造勇于创新、敢于拼搏、善于经营、乐于奉献的企业家队伍。依托职教中心、宁夏卫校平台，深化校企合作、产教融合，大力培养维修、制造等技术人才，护理、药剂等专业人才。

全力扩大有效投资。建立“以项目论英雄、以项目评能力、以项目定奖惩”的工作导向，全面落实促进投资各项政策，强化用地、资金等要素保障，组织实施好120个重大产业、民生、基础设施投资项目，集中抓好60个重点建设项目，着力促进工业投资加快回升，释放民间投资活力，保持基础设施投资强度，确保全年完成固定资产投资190亿元以上。开展精准招商，围绕优质资源、存量资产、特色产业，着眼于增链补链强链，紧盯长三角、珠三角、渤海湾等产业密集区域，深化与大国企、大央企、大民企的对接合作，落实“三包三带”工作机制，力争在引进大项目、大企业、大集团上实现新突破，确保全年招商引资到位资金增长10%以上。强化推进机制，加大“三争”工作力度，争取资金增长8%以上。严格落实领导包抓责任制，加大考核奖惩力度，对贡献突出的给予重奖，对完不成任务的加重处罚。

（三）实施城乡统筹攻坚行动，提升城乡建设水平。坚持城市建设、城市管理、城市经济共同推进，生态、生产、生活融合发展，有序推进以人为核心的新型城镇化。

推进产城融合发展。牢固树立“精明增长”理念，提升城区产业功能、服务功能和居住功能，增强综合承载能力和公共服务能力。做活城市商贸服务业，提升汇融新天地、宏泰商业广场等服务档次，规范发展早市、夜市、平价超市等商业网点，着力打造便民利民商业综合体和特色街区，促进产城深度融合。加快完善市政基础设施，抓好县城热电联产集中供热三期项目，实施萧公大街北延伸段、小微游园等城市“双修”项目，全面清理整治城市裸露地块。优化居住环境，完成棚户区改造942户，老旧小区综合整治8.8万平方米，为市民提供更加舒适、优美的生产生活环境。加快推进同城化，积极对接银川都市圈建设，围绕产业协作配套、基础设施互联互通、公共服务共建共享，推进西线高速连接线、京藏高速改扩建等工程，推动大武口、平罗、沙湖一体化发展。

培育特色田园小镇。按照产业兴旺、生态宜居、乡风文明、治理有效、生活富裕的总要求，坚持特色发展、错位发展、个性发展，科学编制特色田园小镇、田园乡村总体规划、核心区设计规划，开展村庄整合、人居建设、村容整洁、产业增收、乡风文明培育五项行动，实施一批特色产业、基础设施、生态环保、民生事业、文化传承项目，集中精力打造陶乐休闲康养、黄渠桥特色美食、姚伏商贸旅游、泰金种子4个特色田园小镇，新丰村、西永惠村、庙庙湖村、六顷地村4个美丽家园，不断推进农业农村现代化进程。

提升城市管理效能。充分运用空间规划改革试点成果，加强城市设计，强化空间管控。积极推进城市管理综合执法体制改革，加快“智慧城市”建设，实施市民素质提升工程，常态化开展市容市貌、交通秩序、经营秩序和环境卫生整治，不断规范市民文明行为。强化物业行业监管，推动物业服务专业化、优质化、规范化，构建社区、业委会、物业三方共治体系。推动城市管理向乡村延伸，实施新一轮农村环境综合整治，完善农村集中供暖、垃圾回收、厕所改造、生活污水处理等公共设施，建立长效管理机制，促进城乡管理同质提升。

（四）实施环境治理攻坚行动，推动美好生态大改善。牢固树立绿水青山就是金山银山的理念，持续抓好中央环保督察组反馈问题整改落实，切实保护好、治理好、利用好生态环境，促进人与自然和谐共生，让人民群众在良好环境中生产生活。

加强生态治理。实施“蓝天行动”，持续推进“四尘”同治，坚决关停取缔“小散乱污”企业，工业企业烟气全部实现达标排放，全面淘汰20蒸吨/小时以下燃煤锅炉，强化医药、农药、化工等企业异味治理，加强秸秆禁烧和综合利用，确保空气质量优良天数达到80%以上。实施“碧水行动”，全面落实河长制，“一河一策”推进22条河湖治理，实施第三排水沟治理、威镇湖截流净化等中小河流治理工程，医药产业园、循环经济产业园、精细化工基地3个污水处理厂全面运营，坚决取缔直接入河湖沟企业直排口，确保沙湖、三排、五排水质稳定达到Ⅳ类，黄河平罗段水质优良比例达到100%，基本消除劣Ⅴ类水体。实施“净土行动”，深入推进贺兰山自然保护区综合整治，全面做好非煤矿山生态修复。加大农村面源污染治理、耕地保护和土壤污染防治力度，推动化肥和农药使用量实现负增长，推进畜禽养殖废弃物资源化利用，切实保护好土壤环境。

加快生态建设。开展新一轮国土绿化行动，加快全域造林绿化步伐，统筹推进荒山荒漠、平原绿洲、城乡通道、河湖沟渠造林绿化，新增造林面积2.2万亩。实施通道绿化工程，抓好京藏高速、109国道等主干道路两侧林带建设，全面绿化通道沿线裸露土地。开展全民植树造林活动，创建园林式社区、园区、企业和单位，建设绿色家园。抓好湖泊湿地生态保护和修复，加快推进县城新区生态治理等工程，保护性修复开发城区及周边湿地6000亩，打造水在城中、城在绿中、水绿环绕的宜居宜业生态县城。

发展生态经济。坚持绿色发展，严把“产业导向、项目准入、节能减排”三个关口，提高项目准入门槛，凡排放不达标一律不引，环评未通过一票否决，坚决守住生态环保底线。开展创建节约型机关、绿色家庭、绿色学校、绿色社区和绿色出行等行动，调动全社会积极参与生态文明建设。加快推进园区循环化改造、资源综合利用项目，打造循环经济、生态工业示范园区。推动企业清洁生产，加强废水、废气、废渣和余热余压等循环再利用，提高企业就地消纳和转化能力。持续推进园区低效土地再利用，全面清理处置闲置土地，提高土地集约节约利用水平。严格落实环境保护“一岗双责、党政同责”责任制，对重视不够、组织不力、措施不硬，导致监管不到位发生环境违法事件的，坚决启动问责程序予以追责问责。

（五）实施民生改善攻坚行动，增进人民群众获得感。坚持问题导向和需求导向，守住底线、完善制度、突出重点、补齐短板，持续加大财政投入，多谋民生之利，多解民生之忧，织密扎牢民生保障网，让广大群众得到更多实惠。

坚决打赢脱贫攻坚战。深入实施四项脱贫计划、五项助力行动，确保贫困人口稳定脱贫、贫困村销号。强化产业扶贫，全面修订落实“双20条”扶持政策，加快推进新丝陆服装厂、肉牛集中养殖园区、食用菌种植等22个产业项目，凡助力脱贫的产业，全部纳入政府支持范围，切实增强“造血功能”。精准抓好培训就业，注重扶贫同扶志、扶智相结合，实行“企业订单、培训机构列单、培训对象选单、政府买单”的工作机制，加快培育一批吸纳就业能力强的扶贫企业，实现培训一人、就业一人、脱贫一户。全力做好金融扶贫，用好用活扶贫产业担保基金，撬动放大信贷资金，有效解决贫困群众生产发展资金问题。抓实教育扶贫，实现建档立卡贫困户家庭子女就学资助全覆盖，保障每个贫困家庭学生顺利完成学业，有效阻断贫困的代际相传。强化社会保障兜底，建档立卡贫困人口基本养老参保率达到95%以上，基本医疗保险实现全覆盖，最低生活保障应保尽保。加大督查考核力度，落实部门帮扶责任，推动社会助力脱贫。妥善解决“十二五”生态移民“多代多人”家庭住房困难等问题。

大力实施富民工程。坚持把增加城乡居民收入作为民生工作的关键来抓，让人民群众的生活更加殷实。努力提高居民收入，落实好强农惠农富农政策，挖掘农业生产经营收入，增加务工工资性收入，释放财产性收入红利，拓展农民收入增长空间，努力扩大中等收入群体，多渠道增加低收入劳动者收入。促进充分就业，实施积极的创业就业政策，加大职业技能培训，多渠道开发公益性就业岗位，统筹抓好高校毕业生、农村转移劳动力、城镇就业困难人员等群体的就业工作。推进大众创业、万众创新，落实创业富民政策，依托大学生创业园、电商产业园等创业孵化平台，支持农民创业、青年创业、巾帼创业、大学生创业、返乡人员创业和退伍军人创业，加快富民步伐。落实企业工资指导机制，加强劳动监察和争议仲裁，严厉打击恶意拖欠农民工和职工工资行为，构建和谐劳动关系。

完善社会保障体系。坚持教育优先发展，启动第三期学前教育行动计划，办好乡镇公办幼儿园，实施城关一小、回民高级中学等改扩建工程，推进教育“三名工程”，不断增加优质学校数量，打造优质教育品牌，努力缩小城乡、校际差距，做强职业教育，办好人民满意的教育。推进健康平罗建设，深化综合医改和公立医院改革，抓好医联体建设，积极发展智慧医疗，完善分级诊疗制度，健全药品供应保障制度，实施卫生“三名工程”，推进家庭医生签约服务，促进优质医疗资源“双下沉、两提升”。实施全民参保计划，实现基本养老、医疗保险和大病保险全覆盖，切实解决人民群众的后顾之忧。统筹城乡社会救助体系，完善社会救助、社会福利、慈善事业、优抚安置等制度，保障农村留守儿童和妇女、老年人合法权益。发展残疾人事业，加强残疾康复服务。

（六）实施文化惠民攻坚行动，满足群众文化需求。坚定文化自信，增强文化自觉，加快文化创新，促进文化繁荣，努力让老百姓文化生活更丰富，文化获得感、幸福感更充实。

加强意识形态建设。坚持党管意识形态不动摇，严格落实党委（党组）意识形态工作责任制，实施网络空间“清朗工程”，管好阵地、管好导向、管好队伍，聚焦主题宣传，开展成就报道，及时解疑释惑，巩固壮大主流思想舆论。积极培育和践行社会主义核心价值观，实施中华优秀传统文化传承发展工程，打造一批核心价值观主题公园、主题广场、主题街区和示范社区，推动社会主义核心价值观融入社会生活，融入社会治理。深化群众性精神文明创建活动，广泛开展文明村镇、文明单位、文明家庭、文明校园创建活动，深入开展文明经商、文明交通、文明上网等行动，广泛推动移风易俗、树立文明新风，大张旗鼓宣传表彰一批道德模范、最美人物，引导全社会崇德向善、见贤思齐。

加快文化事业发展。实施公共文化惠民工程，加大公共文化投入，完善城乡文化基础设施，创新公共文化服务方式，繁荣社区文化、乡村文化、企业文化、校园文化，组织更多由群众唱主角的文化活动，引导群众在文化建设中自我表现、自我教育、自我服务。落实公共文化馆、图书馆免费开放政策，确保新图书馆尽快投用，推动全民阅读，建设“书香平罗”。建设青少年科技馆，培养青少年科技兴趣。加快全民健身中心建设，发挥惠民生态健身公园等场所作用，广泛开展全民健身活动，推进足球进校园工作，创建自治区基本公共体育服务体系示范县。加强平罗文化名人和乡土文化人才培养，支持社会文艺团体创作群众喜闻乐见、具有地方特色的优秀文艺作品。加强文物保护利用和文化遗产保护传承，深入挖掘整理平罗人文资源。

培育新型文化业态。充分挖掘利用现有文化旅游资源，深入实施“互联网+”“文化+”行动，推动文化与科技、旅游、体育、金融等产业深度融合，培育发展农民画、剪纸、刺绣等文化艺术品制造业，挖掘泥哇呜、贺兰石挂件等具有文化特色的工艺品，培育一批小微文化企业，扩大和引导文化消费，促进文化产业升级，增强文化发展活力。结合特色田园小镇、美丽家园建设，谋划实施一批文化旅游产业项目，推进特色文化旅游产业园区建设，打造特色文化产业品牌。完善文化市场准入退出机制，依法加强文化市场监管，优化文化产业发展环境。

（七）实施社会治理攻坚行动，增强人民群众安全感。始终牢记稳定第一责任，不断改进社会治理方式，丰富社会治理手段，提升社会治理能力，打造共建共治共享的社会治理格局。

深化法治平罗建设。加快法治政府建设，深化行政执法体制改革，落实“两个清单”制度，推进严格规范公正文明执法，提高政府工作法治化水平。推进司法体制改革，全面落实司法责任制，切实解决执行难等问题，不断提高司法公信力。全面落实政府官员法庭应诉制度。加强公共法律服务体系建设，深化律师制度改革，努力为人民群众提供优质高效的公共法律服务。深入推进“七五”普法，扎实开展“法律八进”活动，增强全民法治意识，争创全国法治先进县。加快基层治理法治化，做实村民代表会议制度，加强村务监督委员会建设，抓好城乡社区协商工作，落实“四议两公开”制度，城乡社区全部建立村规民约，不断提升治理水平。

深化平安平罗建设。创新社会治理方式，完善县乡村（居）“两个中心”和“96110”民生服务中心功能，更加合理规划城乡社区网格体系，打造精干高效、便民利民的服务平台。完善社会治安防控体系，加大财政投入力度，大力实施“雪亮工程”，构建立体化、信息化、智能化的社会治安立体防控体系，切实提高社会治理群防群治预测、预防、预警能力。严厉惩治各类违法犯罪行为，深入开展预防和打击“两抢一盗”、电信网络诈骗、非法集资等专项行动，切实加强命案防控力度，有效预防和减少命案等重大刑事案件发生，对群众公认的恶势力零容忍，切实维护社会治安平稳有序，提升群众安全感，争创全国平安建设先进县。坚决打赢禁毒人民战争，创建自治区禁毒工作示范县。

深化和谐平罗建设。加强信访规范化建设，强化网上信访工作，落实领导干部接访约访、包案化解和联合接访制度，有效预防和减少重复访、越级访、进京访、集体访，确保不发生较大及以上群体性事件。健全完善矛盾纠纷多元化解机制，推动矛盾纠纷排查化解工作常态化、制度化和规范化。全面加强安全生产工作，深入开展隐患排查整治专项行动，抓好冶金化工、道路交通、危化物品等领域安全生产工作，严防较大以上事故发生，坚决遏制重特大安全事故。高度重视食品药品安全，确保人民群众“舌尖上的安全”，争创国家食品安全示范县。扎实推进民族宗教工作，深化民族团结进步教育，推进“585”行动计划，创建全国民族团结进步示范县；坚持宗教中国化方向，依法加强宗教事务管理，维护和顺平静的宗教局面。

四、主动适应新要求，推动全面从严治党纵深发展

事业成败，关键在党，关键在党要管党、从严治党。要全面落实新时代党的建设总要求，坚持和加强党的全面领导，确保党始终成为主心骨和坚强领导核心。

（一）强化理论武装，深入学习贯彻党的十九大精神。坚持把学习党的十九大精神作为理论武装工作的重点任务，纳入“两学一做”学习教育常态化制度化，高标准开展“不忘初心、牢记使命”主题教育，组织全县党员干部开展多形式、分层次、全覆盖的学习，推进习近平新时代中国特色社会主义思想入脑入心，增强党员干部的理论自觉和行动自觉。充分发挥党委（党组）理论学习中心组示范带动作用，制定系统学习计划，列出专题深入研讨，原原本本学，联系实际悟，在学懂、弄通、做实上下功夫，切实把党的十九大精神转化为全县上下的共同认识和坚定行动。

（二）站稳政治立场，始终把党的政治建设摆在首位。党的政治建设是党的根本性建设。要旗帜鲜明讲政治，强化政治定力，提高政治站位，树牢“四个意识”，坚定“四个自信”，严格遵守政治纪律和政治规矩，坚决维护以习近平同志为核心的党中央权威和集中统一领导。要以党章为根本遵循，严格执行《准则》《条例》，坚持和落实民主生活会和组织生活会制度。认真执行民主集中制，落实党委（党组）集体议事规则和责任追究等制度。发展积极健康的党内政治文化，加强党员干部党性锻炼，不断提高政治觉悟和政治能力，强化对党忠诚、为党分忧、为党尽职、为民造福的根本政治担当。

（三）注重德才兼备，打造全面过硬的干部队伍。坚持党管干部原则，认真落实“好干部”标准，全面加强好班长、好班子、好梯队建设。坚持正确选人用人导向，突出政治标准，强化实干实绩和基层导向，选优配强各级党政正职。强化干部队伍专业化建设，优化领导班子结构和功能，提高各级干部的专业素养、专业能力和专业精神。建立完善年轻干部发现培养储备机制，注重在急难险重岗位培养锻炼，积极推进年轻干部交流培养。统筹做好培养选拔女干部、少数民族干部和党外干部工作。健全完善干部考核评价机制，建立激励机制和容错纠错机制，最大限度调动干部干事创业的激情。突出党政正职和关键岗位干部，从严加强干部日常管理，构建大监督工作机制。健全党管人才工作机制，实行更加积极有效的人才政策，形成优秀人才脱颖而出的良好局面。

（四）立足固本强基，切实加强基层组织建设。基础不牢，地动山摇，党的全部战斗力的基础在基层。要以提升组织力为重点，突出政治功能，推行党建工作标准化，落实“四个清单”制度，推进星级服务型党组织创建，抓好软弱涣散党组织整顿转化，全面推进“三大三强”行动、“两个带头人”工程，选优育强农村基层组织带头人，深化“第一书记”抓党建促脱贫攻坚工作，推动基层党的建设全面进步、全面过硬。全面推行城市“大党建”融合发展，创新优化党的组织设置，推进各领域党组织互联互促，提升城市基层党建整体效应。统筹抓好机关、学校、非公经济组织和社会组织党建工作，深化党建带群团建设，构筑适应新时代要求的基层党建新格局。坚持“三会一课”制度，继续推行支部主题党日活动，强化党员意识，提高政治觉悟。加强党内激励关怀帮扶，稳妥处置不合格党员，切实增强党员队伍的先进性、纯洁性。

（五）持续正风肃纪，弘扬干事创业的担当精神。作风建设永远在路上，必须持续用力、久久为功。严格执行中央八项规定新要求，驰而不息纠治“四风”，严防“四风”反弹回潮。巩固深化作风效能提升年活动成果，着力整治“三不为”等突出问题，引导党员干部主动作为、主动担当、依法作为，推动作风建设形成长效机制。进一步强化执行力，定了就干、说办就办、办就办好，以严的精神、实的作风推动各项工作任务落实落地。坚持把群众满意不满意作为工作的标准，大兴调查研究之风，经常问计于民、问需于民。全面加强党的纪律建设，把严明政治纪律和组织纪律作为重点，深化纪律教育，强化纪律执行，带动廉洁纪律、群众纪律、工作纪律、生活纪律严起来，增强纪律刚性约束。

（六）深化反腐倡廉，营造风清气正的政治生态。牢牢扛起党风廉政建设党委主体责任和纪委监督责任，始终保持惩治腐败高压态势，坚持有腐必反、有贪必肃，无禁区、全覆盖、零容忍，强化不敢腐的震慑，扎牢不能腐的笼子，增强不想腐的自觉。坚持把纪律挺在前面，实践运用好监督执纪“四种形态”，强化日常监督管理，抓早抓小，动辄则咎，以严明的纪律管住管好全体党员。加强县委巡察工作，以常态化巡察监督强化党内监督、促进从严治党。深化国家监察体制改革，实现对所有行使公权力的公职人员监察全覆盖。

（七）加强民主政治建设，广泛凝聚转型发展合力。加强党的集中统一领导，支持人大、政府、政协和法院、检察院依法依章履行职能、开展工作、发挥作用，定期听取其工作汇报。支持和保证人大依法行使监督权、决定权、任免权。支持政府依法行政，转变职能，增强公信力和执行力，建设人民满意的服务型政府。推动协商民主广泛、多层、制度化发展，统筹推进政党协商、人大协商、政府协商、政协协商、人民团体协商、基层协商及社会组织协商。支持法院、检察院依法独立行使职权。巩固和发展爱国统一战线，构建完善大统战工作格局，加强同民主党派和无党派人士团结合作，凝聚新时代转型发展强大合力。加强党管武装工作，开展双拥共建活动。加强和改进党对群团工作的领导，扎实推进群团改革，充分发挥工会、共青团、妇联等群团组织作用。

政府工作报告

——在平罗县第十七届人民代表大会第二次会议上

（2017 年 12 月 20 日）

平罗县县长　马莉方

一、贯彻新发展理念，苦干实干，经济社会发展全面进步

2017 年，是平罗转型发展进程中极不平凡的一年。面对抗击下行压力、稳定经济增长、调整产业结构、改善环境质量的艰巨考验，在自治区、市党委政府和县委的坚强领导下，在县人大和政协的监督支持下，县人民政府紧紧团结和依靠全县人民，坚定不移贯彻新发展理念，围绕打造科学发展样板县、转型发展示范县、西部中等发达县目标，坚定信心，迎难而上，苦干实干，较好完成了县十七届人大一次会议确定的目标任务。

（一）综合实力持续增强。发展性指标稳步增长。预计全年实现地区生产总值 169.8 亿元，增长 7.8%；规上工业增加值增长 8.7%；固定资产投资 178.6 亿元，增长 8%；社会消费品零售总额 26 亿元，增长 9%；一般公共财政预算收入 8 亿元，同口径增长 10.5%，位居全国中小城市投资潜力百强县第 74 位。约束性指标有效下降。预计万元 GDP 综合能耗同比下降 3.2% 以上，新增能源消费量同比下降 70%，化学需氧量、氨氮、二氧化硫、氮氧化物等主要污染物减排均达到年度目标要求。民生性指标顺利完成。10 件民生实事全面完成，全年民生支出 24.5 亿元，增长 8.3%，占一般公共财政支出的 75%。预计城乡居民人均可支配收入分别达到 24558 元和 13257 元，增长 8% 和 8.7%；贫困群众人均收入增长 11.9%，增速高于农村居民收入 3.2 个百分点。

（二）产业转型成效明显。工业经济提质增效。立足产业优势，聚焦产业转型，用足用活自治区、市惠企政策，出台工业转型升级、“两化”融合等 17 个配套文件，打出转型升级“组合拳”，实施工业技改项目 36 个，10 家企业开展行业对标，24 家企业完成循环化改造，电石、铁合金等

县长马莉方作《政府工作报告》

行业实现能源综合利用、产业循环闭合。“三篇文章”全面推进，新增规上工业企业12家，超亿元企业达到44家，大地公司等5家企业入选“宁夏百强企业”，生态经济区国家循环化改造试点通过中期初验。现代服务业提速发展。全域旅游大格局基本形成，西线景观廊道等30个项目加快推进，新增国家AAA级旅游景区、星级农家乐10家，乡村旅游蓬勃兴起，全年接待游客突破230万人次，增长24.3%。建成电商快递物流园等发展平台，交易额达3.5亿元，铁路综合货场、晟晏铁路专线等项目进展顺利，新经济新业态培育力度加大，服务业比重上升到30.6%。现代农业稳步推进。发展高效节水灌溉3.2万亩，改造中低产田7.1万亩，建设高标准农田6.2万亩，培育市级以上农业龙头企业50家、示范性合作社61家，建成特色产业园区95个，粮食生产实现“十四连丰”，成为“宁夏大米”主产区。建成农作物制种、清真羊肉两个产业核心区，国家农业科技园区通过验收并命名，成功举办第四届种业博览会，蔬菜制种被认定为全国首批区域性良种繁育基地。“一优四特”产业比重提升至90%，农业增加值增长居全区川区前列。

（三）开放创新有力有效。坚持补短板、加长板、增后劲，深入开展“项目推进年”“百日推进、百日攻坚”活动，组织5次重点项目集中开工仪式，大地轮胎、大唐火电、京藏高速改扩建等80个重点项目顺利推进，完成有效投资95.4亿元，为全市投资增长作出积极贡献。深入推进招商引资“一号工程”，加强与环渤海、长三角、珠三角等重点区域合作，创新“三包三带”方式，开工招商项目131个，到位资金158.5亿元，增长11.6%。滨河与江苏方舟新能源、思科达与江苏华道科技战略合作不断深化。“三争”工作成效明显，争取国家小康用电示范县等多项试点，26家企业参与直供电交易，享受电价优惠1.55亿元。争取各类无偿资金25.5亿元，新增地方政府债券资金3.1亿元。实施科技创新“双倍增”行动计划，46个科技合作项目推进有序，建立德信恒通、银晨太阳能、新龙蓝天3个自治区级企业技术创新中心，新培育宁夏著名商标59件、“专精特新”中小企业15家，高新技术企业达到6家，自治区级科技型中小企业达到39家，众力科技产业园被评为国家中小企业公共服务示范平台。德信恒通管业公司张勇入选科技部创新创业人才库，大地公司魏彦辉荣获自治区塞上英才荣誉称号。

（四）城乡统筹步伐加快。空间规划（多规合一）改革成效明显，形成“1+6+1”大纲成果和覆盖全域的“一张蓝图”，构建了“三区三线”空间规划管控体系。改造棚户区4321户，整治老旧小区21万平方米，拓展延伸7条城市道路，改造建成早市、停车场、生态小游园11个，惠民生态健身公园、唐徕渠带状公园二期、县城热电联产集中供热三期等一批公益性项目建成投用，县城新区生态治理工程加快推进，新增城市绿地180万平方米，城市绿化覆盖率达43.8%，居民出行、休闲、生活环境明显提升。成立城市管理综合执法局，智慧城管信息系统高效运行，城市建设管理更加精细。实施园区环境综合整治，清理僵尸企业35家，收储闲置土地1400亩，铺设供排水、蒸汽管网32公里、路灯10公里，县城和园区集中供热、污水处理实现全覆盖，解决了长期想解决而未能解决的难题。加快美丽乡村建设，农村土坯房全部拆除，阳光沐浴工程惠及1.5万户农村家庭，新改建农村公路13.2公里，完成14条农村道路生命防护工程，建成庙庙湖村、四渠村、渠羊村、同进村4个美丽村庄，启动姚伏等4个特色田园小镇、六顷地村等4个美丽家园建设，陶乐镇列入自治区特色小镇试点，庙庙湖村列入全国美丽宜居村庄，农村人居环境显著改善。

（五）生态环境根本好转。坚持“五个不放过”，举全县之力狠抓中央环保督察反馈意见整改落实，责令整改企业262家，立案处罚企业126家，52个环境突出问题整改完成50个，群众投诉环保问题逐一解决。打赢贺兰山自然保护区清理整治攻坚战，提前高效完成6处清理整治任务，关闭非煤矿山企业14家，治理恢复面积2400亩。大力实施治气、治水、治土“三治”工程，深入推进大气污染防治攻坚战，全面开展县城和园区清尘行动，淘汰取缔燃煤锅（茶）炉142台、黄标车642辆，加油站油气回收治理全部完成，综合整治工业企业污染源453家，关停“小散乱污”企业126家，146家企业实施错峰生产，挥发性有机污染物得到遏制，县城区PM10、PM2.5平均浓度持续下降，空气优良天数达到282天，达标率80.8%。“河长制”全面落实，生态经济区2个污水处理厂即将完工，第二污水处理厂提标改造，威镇湖截流净化工程进展顺利，依法关停大水沟水源地企业5家，工业企业直排口全部取缔，黄河出入境水质达到Ⅲ类，沙湖水质由劣Ⅴ类提高到Ⅴ类，河湖水质明显好转。启动土壤环境质量调查，完成重点污染源空间位置确定，强化工业固废无害化处置和农村面源污染防控，危险废物安全转移率达100%，测土配方施肥实现全覆盖。实施平原绿洲绿网等工程，完成营造林面积3万亩，森林覆盖率达到12.5%，全区引黄灌区平原绿洲绿网提升工程启动会在平罗召开。

（六）深化改革纵深推进。供给侧结构性改革持续深化，全面推行棚改“房票”安置，消化房地产库存5710套51.4万平方米，销售面积增长32%。“放管服”改革活力显现，累计衔接落实取消、下放审批事项113项，“两个清单”实行动态管理，公共服务中心正式启用，“互联网＋政务服务”和“最多跑一次”“不见面马上办”改革全面推开，审批办理时限提速8.7%。“五证合一、一照一码”登记模式全面推行，新登记各类市场主体3269户、注册资本45.7亿元，分别增长34.3%、14.7%。农村改革多点突破，确权登记颁证范围扩大至10项，产权抵押贷款累计突破10亿元，为农民和经营主体节省利息2600多万元，在全区率先建立农村集体经营性建设用地入市制度，完成入市交易13宗102.6亩，出让金617.8万元，房地一体不动产登记走在全区前列，农村土地制度改革三项试点得到国土资源部充分肯定。深化国企改革，组建宁夏德渊集团。政府购买服务试点扩大至养老助残、就业创业、公共文化等6类8项，全国农村信用体系试验区建设深入推进，国有林场、供销社等改革稳步有序。

社会事业稳步提升。脱贫攻坚精准扎实。实施肉牛养殖园区、80万方抗旱调蓄补灌水库、新丝陆服装加工等24个扶贫项目，发展庭院拱棚种植2000座、庭院养殖1178户，兑现“双20条”扶持资金1013万元，发放扶贫贷款5637万元，提前完成“十三五”324户1590人易地扶贫搬迁安置任务，全年脱贫退出454户2716人，贫困发生率下降到1.4%。教育事业均衡发展。新改建乡镇公办幼儿园6所，实施崇岗九年制、陶乐中学等薄弱学校改造，农村中小学生免费营养早餐全覆盖，贫困学生乘坐校车全部免费，高考一次性上线936人、再创历史新高，回民高级中学荣获第五届全国未成年人思想道德建设先进集体，职教中心顺利通过第三批国家中等职业教育示范学校验收。健康平罗扎实推进。建成全区首家县级胸痛中心、4个县内紧密型医联体、19所标准化村卫生室，改扩建3所乡镇卫生院，取消药品加成让利群众1378万元，家庭医生签约服务惠及12.1万居民，县医院与华西医院、中医院与北京中医药大学东直门医院结成战略联盟，国家健康促进县创建工作通过验收。文体事业繁荣发展。群众性精神文明创建活动更加丰富多彩，黄渠桥社火全区巡演荣获金奖，宝丰、灵沙等乡镇特色美食文化蓬勃发展，成功举办李宁全国青年男子篮球锦标赛、“全民健身挑战日——健康宁夏动起来”等活动,《平罗年鉴》荣获全国一等年鉴，图书馆、泥哇呜传承基地建设完工。社会保障提质扩面。城镇新增就业4754人，失业人员再就业3164人，城镇登记失业率为3.8%，农村劳动力转移就业2.5万人。城乡居民养老保险参保9.7万人，医疗保险参保率达到98%，被征地农民养老保险参保率达100%，城乡高龄津贴实现一体化、全覆盖，发放各类社会保障救助兜底资金7600余万元，惠及困难群众2.7万人。第三敬老院、老年活动中心建成投用，银北养老院、光荣院主体完工。平安建设不断深化。“七五”普法扎实开展，全社会尊法学法守法用法氛围更加浓厚。完成“双智”系统建设项目，推行交巡警合一、社区警务改革，全县刑事案件立案数、可防性刑事案件数、交通事故数和火灾起数分别下降1.4%、27.7%、13.4%和7%，群众安全感持续提升。禁毒人民战争深入人心，启动创建全区禁毒示范县。持续推进安全生产大检查，深入开展重点领域安全隐患排查，国务院安全生产巡查反馈意见全部整改到位，全县安全形势总体保持平稳。强化信访规范化建设，集中解决61个信访积案，信访总量下降16%。建成12个城乡社区服务站，“三社”联动治理模式逐步形成。启动全国民族团结进步示范县创建，民族团结、宗教和顺、社会稳定的良好局面持续巩固。

（七）政府建设不断加强。围绕县委决策部署狠抓贯彻落实，加强对改革举措、宏观政策、经济形势的分析研判，研究出台19个“十三五”配套专项规划，力促全县经济社会持续健康发展。健全政府工作制度，制定党组议事规则，坚持依法行政，扎实推进基层政务公开标准化规范化百县试点，向社会公布行政职权3127项，行政权力公开透明运行。主动向县人大及其常委会报告工作，向县政协通报情况，自觉接受人大及其常委会法律监督、工作监督和政协民主监督，办理自治区、市、县人大议案代表建议意见50件、政协委员提案144件，办结率94%。扎实开展作风效能提升年活动，深入推进“两学一做”学习教育常态化制度化，坚决执行中央“八项规定”，加大整治“四风”力度,“三公”经费下降5%，政风行风明显好转。严格落实党风廉政建设主体责任和“一岗双责”，加强政府系统廉政建设，加大重点领域、关键部位、特殊岗位审计监察，查处违法违纪案件107件，对108人进行问责处理。

各位代表，一年来取得的成绩，是自治区、市党委政府和县委坚强领导的结果，是县人大和政协大力支持的结果，是全县人民团结拼搏，苦干实干，创造性工作的结果。在此，我代表县人民政府，向全县广大干部群众，向各位人大代表、政协委员、各民主党派、工商联、无党派人士和社会团体，向驻平单位和离退休老同志，向所有关心、支持、参与平罗建设和发展的各界人士致以崇高敬意和衷心感谢!

在总结成绩的同时，我们也清醒地认识到，对照建设现代化经济体系、人民日益增长的美好生活需要，我们工作仍然存在一些困难和不足，一是新旧动能转换不快，科技创新推进缓慢，创新尚未成为驱动发展的主引擎，产业层次较低，实体经济水平有待提高，新兴服务业比重低，新经济新业态规模小，处在价值链中低端，产业集聚集群正在起步，产业转型升级任务艰巨；二是资源环境约束日益趋紧，节能降耗和环境保护压力增大，生态修复治理、农村环境改善任务艰巨，生态环境保护任重道远；三是改革落实力度有待加强，调整深层次利益格局、扩大改革受益面还有大量工作要做；四是全面建成小康社会还存在一定差距，从全面小康五大类25项综合指标监测来看，人均地方公共财政预算收入、单位GDP能耗下降实现程度、地表水达标率3项指标完成难度加大，第三产业占GDP比重、城镇人口比重、社会安全指数、城市空气质量达标率4项指标增幅较小；五是城乡公共服务均等化仍有差距，城乡居民持续增收压力增大，社会事业发展短板依然存在，不均衡、不充分的问题仍然比较突出；六是政府自身建设仍需加强，干部不愿担当、不敢作为、不会落实的现象不同程度存在，政务环境、行政效率有待进一步优化提升。对此，我们将高度重视，直面问题，找准原因，精准施策，积极加以改进。

二、以十九大精神为指引，振奋精神，加快向西部中等发达县迈进

2018年，是学习贯彻党的十九大精神开局之年，是自治区60大庆之年，也是深入实施“十三五”规划、决胜全面建成小康社会的关键一年。我们要牢牢把握新常态，坚持稳中求进总基调，继续把加快发展作为第一要务，把转型升级作为主攻方向，把维护社会稳定作为压舱之石，把保障和改善民生作为发展之本，以项目建设为支撑，着力打造科学发展样板县、转型发展示范县，加快向西部中等发达县迈进。

2018年政府工作的总体要求是：以习近平新时代中国特色社会主义思想为指导，深入学习贯彻党的十九大精神，按照自治区第十二次党代会、市第十次党代会和县委十四届二次全体会议的各项决策部署，贯彻新发展理念，聚焦全面建成小康社会目标，紧扣社会主要矛盾变化，突出抓重点、补短板、强弱项，认真落实创新驱动、脱贫富民、生态立区“三大战略”，持续推进产业、民生、生态“三大转型”，围绕建设循环经济、城乡统筹、沿黄生态、农村改革“四个示范区”，大力实施转型升级、改革创新、城乡统筹、环境治理、民生改善、文化惠民、社会治理“七大攻坚行动”，推动工业摇篮向技术创新摇篮转变、工矿时代向生态时代转变，奋力开创新时代平罗转型发展新局面。

主要预期目标是：地区生产总值增长8%左右；固定资产投资增长8%；一般公共财政预算收入同口径增长8%；城乡居民人均可支配收入分别增长8%和8.5%左右。完成自治区、市下达的各项约束性指标。

实现上述目标，我们将坚持以党的十九大精神为指引，牢牢把握“五个关系”，围绕建设“四个示范区”、实施“七大攻坚行动”，抓牢做实“七个聚力”：

（一）聚力创新转型，振兴实体经济。坚持以供给侧结构性改革为主线，助推实体经济转型发展，实现存量优化升级和增量崛起壮大，推动产业迈向中高端，着力打造循环经济示范区。

加速提升传统产业。坚持工业强县不动摇，坚决落实“去降补”任务，推进工业企业以创新加快产业转型升级、提质增效，实现企业循环式生产、产业循环式组合、园区循环化改造。实施传统产业改造升级三年行动计划，支持企业新上技改项目，鼓励电石化工、冶金行业10家企业矿热炉密闭化循环化改造，重点抓好阳光焦化焦炉升级改造、晟晏纯净锰合金等40个工业技改项目，力争规上企业技改面达到40%以上。支持企业开展对标对表，力争3年内完成规上工业行业对标升级。大力推进“两化”融合、“机器换人”，抓好金海永和泰“出炉机器人”、太康药业自动化包装等项目，延长产业链、提升价值链，形成上下游及配套产品协作发展的产业体系，加快用新技术、新工艺、新设备改造提升传统产业，再造传统产业新优势。着力培育新兴产业，瞄准中国制造、互联网+新业态、新经济发展方向，扶持先进装备制造、生物医药、新材料等战略性新兴产业集群发展，抓好神州轮胎三期四期、滨河高性能正极材料等项目建设，加速调旧育新、协同发力。实施企业成长培育计划，鼓励支持大地、晟晏、滨河、吉元等优势骨干企业改造升级、延伸链条、兼并重组，确保产值过亿元企业稳定在40家以上。深化“个转企、小升规、规改股、股上市”，聘请专业团队全程主动为企业提供精准指导，支持成长性好、贡献率高的中小微企业做大做强，引导支持亏损企业通过股权转让、资产入股等方式整合重组，新增规上企业10家，力争全年规上工业增加值增长8.5%以上。

培育新产业新业态。运用新业态新模式新手段嫁接全域旅游、电子商务、现代物流、健康养老、文化创意等产业，加快培育新动能，三产增加值增长8%以上。大力推进全域旅游开发建设，依托银川都市圈和大沙湖休闲度假区，加快西线景观廊道、庙庙湖三期、拉巴湖二期等项目建设，深度开发瀚泉海、天河湾湿地公园景区，新增国家AAAA级政府景区1家、国家AAA级旅游景区2家。大力推进乡村旅游全域化，结合特色田园小镇建设，鼓励乡镇、农业经营主体等聚集优势、联合互动，促使农林牧渔等与农事体验游、休闲观光游、采摘度假游及康养旅游深度融合，激活服务业发展潜力，新增星级农家乐4家、特色旅游商品产销基地1个，全年接待游客260万人次以上，实现旅游收入14亿元以上，全力打响“多彩平罗　神奇宁夏”旅游品牌。做活现代物流业，鼓励支持天予、坤捷、星月安顺等龙头企业配送信息化、智能化、精准化建设，抓好生态经济区智慧物流园、铁路综合货场、晟晏铁路专线等项目建成投运，引进知名物流企业设立分支机构或分拨基地，打造“一带一路”重要物流节点城市。加快电商全域化发展，重点抓好印象平罗体验馆及双创基地、种子小镇交易平台等17个电商项目建设，鼓励涉农企业、合作社等加强与电商企业入园合作，加快形成“实体经济＋电子商务＋现代物流”产业发展模式，新培育电商龙头企业和行业性电商平台2家，电商交易额增长45%以上。大力培育康养产业，形成新消费热点，加快银北养老院二期建设，深化县医院、中医院与银北养老院合作，引入医联体、康养小镇、蓝卡养老医疗服务新模式，构建大健康产业园。

着力推动科技创新。深入推进科技创新“双倍增”行动计划，促进创业创新，蓄积发展动能。加大科技创新奖补政策支持力度，设立科技创新基金，足额配套科技创新后补助等项目资金，引导企业增加研发投入，全社会科技研发投入增长45%以上。加快推进无汞触媒技术研发等51个科技合作项目建设，建成生态经济区科创中心，促进科技成果转化，科技进步贡献率达56%以上。鼓励利用存量商品房、低效用地开发建设多层次“双创”载体，助力实体经济创新成长，新增众创空间、科技孵化器2家以上，新增市场经营主体3500户以上。实施科技型企业培育工程，组建电石化工、特色冶金、煤基炭材等行业协会，推进产学研协同创新，支持企业与区内外科研院所、高校开展定向研发、联合攻关，促进产业链和创新链深度融合，新增自治区级以上研发中心、技术创新中心3家，高新技术企业2家、科技型中小企业30家。加强品牌建设，实施知识产权创新创造工程，万人发明专利拥有量达3件，争创中国驰名商标1件、宁夏名牌产品6件、石嘴山市知名商标10件，打造一批行业“单打冠军”。突出需求导向，加快引进重点产业、重点领域创新型领军人才和创新团队，全面落实高层次人才优待政策，搭建“一站式”人才服务平台，全年引进创新创业人才30名以上。大力倡导工匠精神和企业家精神，依托职教中心、宁夏卫校平台，大力培养维修、制造、护理、药剂等实用型技能人才，推动产教融合，培训企业经管人才、专业技术人才、高级技能人才、农村实用人才1.9万人次以上。

（二）聚力有效投资，夯实发展后劲。坚持把有效投资作为稳增长、促转型的主抓手，抓住项目工作“牛鼻子”，切实增加有效投资，着力打造投资洼地、产业高地。

抓项目强基础。持续开展“双百”攻坚活动，组织实施好120个产业、民生、基础设施投资项目，全力抓好60个重点建设项目，推动华艺生物苯乙酸、华涛新材料设备、安洁士环保资源综合处置中心等新建项目开工建设，加快大唐火电、晟晏能源富锰渣等续建项目序时进度，力促石银高速连接线、京藏高速改扩建等基础设施项目建成投用。落实县级领导“四联系”制度、项目闭环管理机制，以目标倒逼进度、时效倒逼服务、责任倒逼落实，着力促进工业投资加快回升，释放民间投资活力，保持基础设施投资强度，确保全年完成固定资产投资190亿元以上。做实项目前期，完善项目储备库，统筹推进南海卫浴陶瓷、嘉德新材料橡胶助剂等39个重点前期项目，确保投资有梯次、可持续。

抓招引添活力。坚持实施招商引资“一号工程”，紧盯战略性新兴产业、新经济新业态，紧追紧盯紧跟开展精准招商，力争在“招大引强”上实现新突破。立足优质资源、存量资产、特色产业，突出产业链招商、以商招商、嫁接招商、平台招商，围绕增强产业核心竞争力，力争引进一批高科技、高效益、高成长性配套产业项目，推动产业强链补链，引领产业提档升级。深化与大国企、大央企、大民企的对接合作，认真落实“三包三带”工作机制，强化招商项目生成、落地后的跟进服务，实现一站式审批、跟踪式联系、保姆式服务，打造一流的招商、营商、安商环境。全年出让工业用地、商业用地2000亩以上，招商引资到位资金增长10%以上。加大“三争”工作力度，争取更多项目列入自治区、市统筹推进重点项目库，全年争取资金增长8%以上。

抓平台强服务。围绕“五化四链”目标，坚持以“亩均效益”为核心，严格落实企业综合评价体系，全面深化水、电、土地、排污权等要素配置改革，降低优质企业成本，倒逼低效企业、落后产能淘汰转型。扎实开展“僵尸企业”处置和“三清理”工作，清缴拖欠税费3500万元以上，清理取缔“小散乱污”企业60家以上，完成“腾笼”企业30家以上。全力推进工业园区转型升级，坚决打好“四退四进”攻坚战，加大园区环境综合整治力度，实施生态经济区亲水大道、精细化工基地土地平整二期及供热、排水管网等项目，持续提升园区承载服务功能，确保工业园区投资、产值和税收分别增长15%以上，加快推动工业园区向现代产业园区转型。生态经济区重点发展特色冶金、装备制造等绿色循环产业，着力打造西部地区最具活力的生态示范区。精细化工基地重点发展精细化工、新型煤化工等煤电冶化一体化产业，着力打造成自治区级循环经济示范区。

（三）聚力脱贫富民，加快城乡统筹。紧扣“产业兴旺、生态宜居、乡风文明、治理有效、生活富裕”要求，大力实施乡村振兴战略，坚持不懈推进农业强、农村美、农民富，加快推进农业农村现代化，着力打造城乡统筹示范区。

提升现代农业。以推进农业供给侧结构性改革为主线，对标农业“八化”标准，紧扣“一带三路八园”产业规划布局，着力构建现代农业产业体系、生产体系、经营体系，推动小农户与现代农业发展有机衔接，促进农村一二三产融合发展，实现由农业大县向农业强县转变，农业增加值增长5%以上。突出扩规提质。依托龙头企业，建设富硒稻米、泰金种业、华泰农瓜菜等60个特色产业示范园区，建成河东草畜一体化产业园、河西优质清真牛羊肉产业园，优质水稻、制种、瓜菜、生态水产分别稳定在15万亩、15万亩、22万亩、10万亩以上，粮食种植面积保持在75万亩以上。做实国家商品粮基地，打响“宁夏大米”主产区、国家区域性蔬菜良种繁育基地品牌，抓好中国好粮油行动示范县创建工作，提升品牌溢价效应。突出绿色高效。推进标准化生产、品牌培育、质量监管，建立农产品可追溯示范点15个。深化与区内外知名科研院所、高校合作，引进优良品种60个，推广种养新技术18项，集成、孵化一批节本增效潜力大、市场发展前景好的优新品种，增加优质绿色农产品供给，推进农业向“一特三高”转变。突出融合发展。大力发展村企互动的产销对接模式，精心打造河东现代农业示范区、通伏优质大米加工区、长湖产业园，延伸农业产业链，提高农产品附加值。加快推进“互联网＋农业”发展模式，搭建农副产品O2O交易平台，拓宽农产品销售渠道，促进农村电商全域化。突出强基固本。大力培育农业社会化服务主体，支持开展统种分管、统防统治、农资经营、秸秆和残膜回收等社会化服务。引入农业保险竞争机制，扩大政策性农业保险覆盖面，提高农业抵御自然灾害能力。落实最严格的耕地保护制度，实施盐碱地改良、高标准农田建设、农田水利基本建设10万亩以上，积极发展节水农业，不断夯实农业基础。

建设特色村镇。落实村庄布局规划，结合农村集体建设用地综合整治利用，稳步推进“空心村”撤并工作，完善乡镇驻地、中心村基础设施和公共服务配套，促进农村人口适度集中、土地集约高效利用。全力抓好“四镇四园”建设，高起点、高标准编制总体规划、核心区设计规划和产业培育方案，特色田园小镇按照AAA级以上景区标准建设，旅游产业类小镇按照AAAA级以上标准建设，初步完成创建的基础性工作。试点村开展村庄整合、人居建设、村容整洁、产业增收、乡风文明培育五项行动，实现供水普及率、饮用水达标率、互联网宽带入户率、垃圾处理率、污水处理和改厕入户率“五个100%”。深入开展新一轮农村人居环境综合整治，建设农村道路6条18.5公里，推进“两处理、两改造”，健全农村环卫保洁机制，有效治理“脏乱差”。实施南部农村饮水安全改造提升、供水达标智慧水务建设项目，确保城乡居民饮水安全。深化农村精神文明建设，加强思想道德建设，推进文明村镇、文明家庭创建和农村移风易俗等工作，开展“十佳村”“十差村”等评比活动，健全村规民约，培育文明乡风，提升社会文明程度，让农村居民拥有更多获得感。

加快脱贫攻坚。深入实施四项脱贫计划、五项助力行动，确保现行标准下农村贫困人口全部脱贫、贫困村销号。以产业扶贫为重点，增强产业带动脱贫能力，投资6500万元，实施红崖子乡食用菌扶贫产业试点、红翔新村设施温棚、庙庙湖村现代农业示范园区日光温室等22个产业项目，完善贫困村肉牛养殖园区、枸杞番茄果脯加工基地、新丝陆服装加工厂等基础设施，鼓励贫困群众发展产业、就近就业，拓宽增收渠道。继续实施“四个一”示范带动工程，培育产业扶贫示范村2个、扶贫龙头企业10家、扶贫产业合作社10家、致富带头人40名。加大贫困人口就业技能培训，着力打造精准扶贫车间，促进劳动力稳定就业和自主创业，实现培训一人、就业一人、脱贫一户。创新金融扶贫模式，设立扶贫产业担保基金3000万元，加大扶贫小额信贷力度，实现“扶贫保”全覆盖。深入推进健康扶贫，提高大病保险筹资及享受待遇标准，建立健康扶贫医疗保障“一站式”结算平台，减轻贫困患者就医负担。强化社保兜底，建档立卡贫困人口养老保险参保率达到95%以上，医疗保险实现全覆盖。深化教育扶贫，构建学前教育到高等教育全程精准资助体系，保障每个贫困家庭学生顺利完成学业。加强贫困群众社会管理，妥善解决“十二五”生态移民“多代多人”家庭住房困难等问题。坚持扶贫与扶智、扶志相结合，采用生产奖补、劳务补贴等措施，对主动脱贫的贫困村和建档立卡贫困户给予奖补，挖掘和培育脱贫致富先进典型，激发贫困群众致富内生动力。大力开展“三大三强”促脱贫富民行动，推广“两个带头人”工程，完善帮扶干部管理机制，强化驻村工作队、“第一书记”和帮扶责任人作用，高效完成年度脱贫任务，并通过国家、自治区验收。

实施富民工程。聚力富民，把增加城乡居民收入作为民生工作的关键来抓，实现更高质量和更充分就业，促进全县人民共同富裕。落实好强农惠农政策，创新金融、产业、保险等扶持政策，鼓励农村居民因地制宜发展特色种养业、农产品加工业、农村服务业，挖掘农业生产经营收入。结合新型职业农民“头雁”工程、农村劳动力“拿证升级”工程等，鼓励农民外出务工经商和转移就业，增加工资性收入。落实更加积极的就业政策，综合运用创业贷款、购买公益性岗位、灵活就业人员社保补贴等途径，多渠道开发就业岗位，促进群众充分就业，新增城镇就业岗位1900个。紧抓小微企业创新创业示范城市建设机遇，提供全方位公共就业服务，依托大学生创业孵化园、农村商务创业园、返乡农民工创业合作社等平台，激发大众创业、万众创新活力，创业带动就业4000人，城镇登记失业率控制在4.0%以内。

（四）聚力新型城镇化，打造宜居县城。坚持城市修补与生态修复同步、功能完善与品质提升并举，加快城市由外延扩张向内涵提升转变，不断提升城市品质品位，加快建设宜居宜业县城，着力打造以人为核心的新型城镇化典范。

突出规划领航。坚持一张蓝图绘到底，深化“多规合一”，启动建设规划展示馆，建立规划管理信息平台，完善空间规划配套制度。加快县城总体规划、产业园区规划、重点镇规划等修编工作，科学编制村级土地利用等专项规划，完善城乡规划技术管理规定，提升建设方案规划审查效率。严格执行“三区三线”和各项管控措施，充分发挥规划在城市发展中的战略引领和刚性控制作用，推动专项规划联动管理，增强规划的前瞻性、严肃性和连续性。

提升城市品质。加快棚户区及城中村改造，完成8个片区2000套以上房屋征收，综合整治老旧小区8.8万平方米，全面清理整治城市所有裸露地块。建设萧公大街南北延伸段、发行路北延伸段等5条市政道路，实施生活垃圾填埋场建设项目，推进公共服务设施、市民休闲广场、特色街区美化亮化提升工程，规范市政设施运行管理，全面提升综合承载能力。加快县城新区生态治理项目建设，建成康家湖、望芦湖，全线贯通唐徕渠带状公园，建设3个生态小游园，着力打造水在城中、城在绿中、水绿绕城的生态宜居县城。积极对接银川都市圈建设，加强与都市圈城市文化教育、社保医保、社会治理、政务服务等领域的合作，推动公共服务共建共享。启动城市公交改革，构建“大平沙”一体化交通网络。

加强城市管理。深化城市管理综合执法体制改革，构建权责明确、协调统一、科学高效的城市管理综合执法体系。实施智慧城管升级改造，推进智能图控、智能交通、智慧城管等领域信息共享，建立无缝对接、部门联动的管理机制。探索城管、环卫、社区、物业、商户“五位一体”网格化管理模式，充分运用法治化、信息化、社会化手段，精准抓好城市管理。持续开展市容市貌专项整治行动，规范发展早市、夜市、平价超市等商业网点，铁腕治理违法建设、占道经营、乱停乱靠、噪音污染，加大新闻媒体曝光力度，下大力气消除“脏、乱、差、险”等管理盲点。继续实施爱国卫生日全民行动，全面落实门前“三包”制度，推进小区物业管理规范化、标准化建设，推行社区、业委会、物业三方共治模式，使维护城市文明形象成为居民的自觉行动。

（五）聚力改革攻坚，释放更多红利。更加注重改革的协调性、联动性和耦合性，统筹推进各项改革任务，不断破除体制机制障碍，释放更多活力和红利，着力打造农村改革示范区。

深化行政审批制度改革。进一步推动简政放权、放管结合、优化服务，严格落实“两个清单”，完成县级权力清单公示、平台权力信息动态调整。扎实推进标准化政务服务试点县建设，大力推行“互联网+政务服务”，打通各部门信息数据壁垒，优化服务流程，压缩办理时限，加快推进“最多跑一次”“不见面马上办”改革，网上审批达到100%，不见面办理事项达到80%。深化商事制度改革，做好“多证合一”“证照分离”，全面推行企业名称登记管理、简易注销程序，严格事中事后监管，推进“双随机”抽查机制，推动市场监管社会共治。

深化农村综合改革。统筹推进各项国家级农村改革任务，探索“三权分置”有效实现形式。对农村未利用荒地、湿地、水资源等进行确权登记，建立保护和合理开发利用制度，填补农村资源管理“空白”。健全完善农村产权自愿有偿退出转让机制，制定科学合理的评估补偿标准，切实保障退出农民权益。扩大农村产权抵押融资范围和贷款额度，建立差别化信贷服务激励机制，着力破解农民和经营主体融资难题。加强农村产权流转交易中心建设，加快构建“产权清晰、交易规范、配套完善”的农村产权流转交易体系。建立健全农户与经营主体利益联结机制、土地流转风险防控机制，促进农村土地多种形式适度规模经营。深化农村集体产权制度改革，抓好15个财政扶持村集体经济试点项目，盘活农业农村资产，多途径发展壮大村集体经济。启动农业水价综合改革，统筹协调推进农村土地制度改革三项试点，全面完成农村房地一体不动产发证工作，探索形成更多可复制、可推广、利修法的“平罗经验”。

推进关键环节改革。深化投融资体制改革，拓宽政府融资渠道，支持宁夏德渊集团积累资本、拓展业务、做大做强，加快政府融资平台市场化转型。持续推进供给侧结构性改革，抓好“去降补”任务落实，继续推行棚改“房票”安置模式，多措并举推动房地产去库存。深入推进诚信体系建设，推动重点领域、行业信用信息共享交换，实现公共信用、金融信用和社会信用信息的互动共用。深化事业单位人事制度、教育领域和供销社等改革。全面完成新型城镇化综合试点、公立医院改革。

（六）聚力生态治理，共建绿色家园。牢固树立和践行绿水青山就是金山银山的理念，坚持节约资源和保护环境基本国策，切实把生态修复转化成生态资源，把生态资源转化成生态资本，把生态资本转化成生态财富，着力打造沿黄生态示范区。

加大生态治理。坚持不懈实施蓝天、碧水、净土“三大行动”，坚决打赢污染防治攻坚战，整改销号中央第八环保督察组督察反馈问题年度任务。打赢蓝天保卫战，巩固提升大气污染防治攻坚战成果，统筹推进“四尘”同治，全面取缔20蒸吨以下燃煤锅炉，建立县城和园区机械化清扫常态化机制，加强秸秆禁烧和综合利用，彻底切断挥发性有机物污染源，确保PM_{10}、$PM_{2.5}$持续下降，县城空气质量优良天数达到290天以上。开展碧水行动，县城第一、第二污水处理厂全部达标排放，规范医药产业园、循环经济产业园、精细化工基地3个污水处理厂运行管理，建成第三排水沟威镇湖人工湿地，深化农村污水处理设施第三方运营，清理整顿集中式饮用水水源地保护区，取缔大水沟水源地5家企业，全面改善县域内水生态质量，确保三排、五排、沙湖水质稳定达到IV类。落实净土行动，控制农业面源污染，划定农用地土壤环境质量类别，推动化肥和农药使用量实现负增长，推进畜禽养殖废弃物资源化利用。加快生态经济区、精细化工基地工业固废处置场建设，强化工业固废规范处置管理，着力促进固废减量化、无害化、资源化，切实保护好土壤环境。加大环境执法监察，对各类破坏生态环境违法行为零容忍、严处置，彻底改善环境质量，让天蓝地绿水美成为常态。

筑牢生态屏障。严守“三区三线”，抓好山水林田湖草一体化生态保护修复工作，切实保护好森林、水系、湿地、沙漠等核心生态区域，提高环境容量。深入推进贺兰山自然保护区生态修复治理，实施矿山地质环境恢复治理、原西轴厂旧址综合整治，恢复自然保护区和水源地生态功能。实施高标准平原绿网工程，全面推进平原绿洲生态系统建设，完成营造林 2.2 万亩、林木抚育 1.2 万亩。落实最严格的水资源管理制度，健全完善水利防灾减灾、水资源高效配置、城乡一体化供水、水生态环境保护和水利管理服务保障"五大体系"，谋划实施河东总干渠、精细化工基地内涝防洪等项目，促进水资源合理开发、高效利用。实施黄河平罗段二期、骨干排水沟综合治理等项目，持续开展荒漠化治理行动，启动庙庙湖沙漠公园、姚西水库等项目建设，保护性修复开发湿地 6000 亩。严格落实"河长制"，建立健全河湖管理制度，抓好岸线水生态环境保护，规范河湖沿线标示标牌，完善常态化巡查保洁机制，持续改善水生态环境。

发展生态经济。坚持把生态文明建设放在最优先的战略位置，健全完善绿色发展长效投入、科学决策、政绩考核等机制，严格落实党政同责、一岗双责、失职追责和生态环境损害赔偿制度，将生态文明建设融入经济社会发展全过程。推动形成绿色生产方式，制定企业清洁生产标准，清理取缔达标无望企业，倒逼产能改造提升、产业转型升级，引导企业加强废水、废气、废渣和余热余压等循环再利用，抓好大地循环绿色制造系统等项目，建立健全能耗、水耗、污染物排放等严格管控机制，所有政府类建设项目达到绿色建筑标准，努力让经济发展的资源消耗更低、污染排放更少、科技含量更高、质量效益更好。大力传播绿色发展理念，倡导推进绿色生活方式，扎实开展创建节约型机关、绿色家庭、绿色学校、绿色社区、绿色园区等行动，普及绿色消费，努力形成绿色出行和消费的生态自觉，切实提升群众生态文明意识。

（七）聚力民生提质，共享美好生活。永远把人民对美好生活的向往作为奋斗目标，坚持在发展中补齐民生短板，高标准扩大和优化公共服务供给，全力办好民生实事和惠民举措的落地实施，让群众在共建共治共享中拥有更多获得感、幸福感、安全感，着力打造百姓福地。

做优公共服务。优先发展教育事业，加快教育现代化，办好人民满意教育。启动第三期学前教育三年行动计划，完善配套乡镇幼儿园基础设施，逐步回收县城小区配套幼儿园，普惠性学前教育覆盖率达到 70% 以上。实施灵沙九年制学校、平罗二幼等 7 所中小学、幼儿园改扩建工程，推进教育"三名工程"，深入开展未成年人思想道德教育，落实立德树人根本任务，推进德智体美全面发展，巩固提升义务教育均衡发展成果。深化职教中心校企合作模式，构建现代职业教育体系。建设全民健身中心，全力备战自治区第十五届全运会，创成全区公共体育服务体系示范县。实施县中医院综合楼、东城区社区卫生服务中心等项目，加强县乡村一体化医联体建设，实施卫生"三名工程"，不断提升人民健康和医疗卫生水平。扎实推进健康教育和健康促进，强化家庭医生责任制，努力为群众提供全生命周期的健康服务。不断提高公共文化服务水平，大力发展文化事业和文化产业。启动图书馆总分馆试点，推进图书馆信息化建设，实施文化名人文艺精品工程，加强文化遗产保护和非遗传承，开展丰富多彩的乡村文化旅游节庆活动，打造内涵更加丰富的文化强县。

做实社会保障。进一步完善城镇职工和城乡居民基本养老保险制度，深化"五险合一"经办体制改革，加大征缴扩面力度，提高城乡居民养老保险基础养老金，切实保障参保人员权益。推进医保支付方式改革，实行按病种分值付费。加快养老服务体系建设，启用银北养老院，建设第二老年活动中心，改造提升陶乐镇西街、城关镇饮马湖2个社区日间照料中心，加快居家养老服务发展，着力构建“9073”养老服务体系。新建10个城乡社区服务站。健全农村留守儿童、留守妇女、留守老人关爱服务体系和社会救助体系，推进城乡低保规范化建设，努力解决困难群众基本生活、就医、就学、住房等问题。落实企业工资指导机制，加强劳动监察和争议仲裁，严厉打击恶意拖欠农民工和职工工资行为，构建和谐劳动关系。

做细社会治理。加强和创新社会治理，着力构建法治、自治、德治相统一的现代化社会治理体系。深化平安平罗建设，大力实施“雪亮”工程，推进部门信息共享与城乡视频监控一体化，构建立体化、信息化、智能化社会治安防控体系，依法打击和严厉惩治各类违法犯罪活动，加强特殊群体服务管理，营造安定有序的社会秩序。坚决打赢禁毒人民战争，创成全区禁毒工作示范县。深入推进“七五”普法，扎实开展依法治理，健全社会法律服务体系，营造更加浓厚的尊法学法守法用法氛围。加强县、乡、村（社区）综治服务机构规范化建设，构建“互联网+社会治理”格局，推进“三社”联动治理模式，完善多元协商机制，提升基层自治水平。加强信访规范化建设，强化来信来访网上办理，落实领导约访、包案化解和联合接访制度，确保不发生较大及以上群体性事件。扎实推进民族宗教工作，推进“585”行动计划，依法加强宗教事务管理，创建全国民族团结进步示范县。推进安全生产领域改革发展，深入开展隐患排查整治专项行动，提升安全生产第三方服务水平，抓好冶金化工、道路交通、危化物品等领域的生产安全工作，坚决遏制重特大安全事故。统筹抓好食品药品安全、网络安全、地震和气象灾害监测预警及信息发布，新建救灾物资储备库，提升防灾减灾救灾应急处置能力，着力提升群众安全感和满意度。

三、不忘初心，牢记使命，努力建设人民满意的服务型政府

中国特色社会主义进入新时代，对政府工作提出了新的更高要求。我们必须始终坚持新发展理念，牢固树立以人民为中心的发展思想，不忘初心、牢记使命，担当作为、永不懈怠，全面加强政府自身建设。

依法行政，建设法治政府。深入推进法治政府建设，坚持诚信守法、依法行政，严格按照法定权限和程序履行职责，切实做到法无授权不可为、法定职责必须为。健全重大行政决策程序，严格执行“三重一大”制度，深入推行法律顾问制度，完善重大行政决定法制审核制度，确保政府决策经得起时间和实践检验。自觉接受人大及其常委会法律监督、政协民主监督以及社会公众和新闻舆论监督，高质高效办好人大议案、代表建议意见和政协提案，广泛听取民主党派、工商联、无党派人士意见建议，强化对行政权力的制约和监督，使政府在监督中履职，让权力在阳光下运行。

担当勤政，建设责任政府。深入学习贯彻党的十九大精神，坚持用习近平新时代中国特色社会主义思想武装头脑、指导实践，积极践行社会主义核心价值观，树牢“四个意识”，坚定“四个看齐”，建强班子，带好队伍。围绕县委决策部署，始终把勇立潮头作为工作标杆，握好接力棒、跑出加速度，全线发力、勇争一流，推动各项工作走在全市前列。健全重点工作、重大项目、民生工程跟踪落实机制，实行“建立台账、跑表计时、到点验收”，铆紧各方责任、层层传导压力，确保各项任务不折不扣落到实处。健全鼓励担当的容错机制和惩治“庸懒散弱”的问责机制，为担当者担当、让有为者敢为，充分调动和激发广大干部工作积极性，以更加有力的举措干出实绩、干出口碑、干出形象。

提能增效，建设服务政府。牢记全心全意为人民服务的宗旨，进一步改进服务方式，精简办事程序，拓宽服务渠道，真心为群众办事，主动为企业解忧，当好服务群众和企业的“店小二”。发扬求真务实的作风，坚持把更多目光投向基层，把更多力量沉向基层，用更多精力抓实基层，积极回应社会关切，主动化解社会矛盾。高标准开展“不忘初心、牢记使命”主题教育，增强“八个本领”，提高“三种能力”，坚持实字当头、干字为先，始终以踏石留印、抓铁有痕的韧劲，强力推进政府各项工作，坚持说到做到，力求实效，用“坚决兑现”赢得群众“点赞”，增强政府公信力和执行力。

风清气正，建设清廉政府。严守政治纪律和政治规矩，严格落实全面从严治党新要求，始终把纪律和规矩挺在前面，严于律己、干净干事，营造风清气正政务环境。坚持把党风廉政建设要求落实到政府工作各个环节，认真履行“一岗双责”，严格执行党内政治生活若干准则、党内监督条例、廉洁自律准则，把党风廉政建设不断引向深入。严格落实中央“八项规定”精神，厉行勤俭节约各项规定，严控“三公”经费支出，强化对重点领域和关键岗位的监督，推进审计监督全覆盖，切实降低行政成本，集中财力办大事、办实事、办好事，以清正廉洁、务实高效的姿态保障发展、造福于民。

各位代表，使命呼唤担当，使命引领未来。让我们在自治区、市党委政府和县委的坚强领导下，以永不懈怠的精神状态和一往无前的奋斗姿态，凝心聚力，奋发进取，苦干实干，为决胜全面建成小康社会、奋力开创新时代平罗转型发展新局面而不懈努力！

名词解释

1. **“两化”融合：**工业化和信息化融合。

2. **“三篇文章”：**腾笼换鸟、浴火重生、无中生有。

3. **“三包三带”：**包产业、包区域、包项目，带规划、带土地、带项目。

4. **科技创新“双倍增”：**高新技术企业、科技型中小企业数量实现倍增。

5. **“1+6+1”成果：**“1”指空间规划文本、图纸及说明书，“6”指空间规划编制中的六个专题研究，第二个“1”指空间规划市县统筹发展联动报告。

6. **“三区三线”：**城镇、农业、生态三类空间和城镇开发边界、永久基本农田、生态保护三条控制线。

7. **“五个不放过”：**不查不放过、不查清不放过、不处理不放过、不整改不放过、不建立长效机制不放过。

8. **“双智”系统：**智能交通系统和智能图控系统。

9. **“三社”联动：**以政府购买服务为牵引，以社区为平台，以社会组织为载体，以社会工作者为主导，通过社会组织引入专业资源和社会力量，提供专业化、有针对性的服务，把矛盾化解在社区，把多元服务供给实现在社区的一种新型社会治理模式。

10. **“五个关系”：**眼前与长远的关系、转型与稳定的关系、发展与保护的关系、速度与质量的关系、政府债务与积极的财政政策的关系。

11. **“五化四链”：**布局合理化、发展集约化、产业特色化、企业高新化、园区绿色化，延长产业链、补强创新链、提升价值链、营造生态链。

12. **“亩均效益”：**在每亩土地上企业所产生的效益，包括工业固定资产投资强度、亩均工业产值、亩均工业税收和亩均一般公共预算收入等。

13. **“三清理”：**清理闲置土地、清缴拖欠税费、清查国有资产。

14. **“四退四进”：**退散进园、退污进绿、退劣进优、退低进高。

15. **农业“八化”标准：**农业经营规模化、

运营资本化、经营主体企业化、生产装备设施化、发展模式生态化、产品品牌化、销售模式电商化、产业旅游化。

16.**“一特三高”**：特色、高质、高端、高效。

17.**“四镇四园”**：姚伏商贸旅游、黄渠桥特色美食、陶乐休闲旅居、泰金种业产业园4个特色田园小镇，六顷地村、西永惠村、庙庙湖村、新丰村4个美丽家园。

18.**“两处理、两改造”**：农村垃圾、污水处理和改厨、改厕。

19.**“四个一”示范带动工程**：建设100个产业扶贫示范村、培育100家扶贫龙头企业、规范培育1000家扶贫产业合作社、提升发展10000名致富带头人。

20.**“三大三强”**：加大投入力度，强化基本保障；加大培训力度，增强能力素质；加大选拔力度，选优配强基层党组织。

21.**“四尘”**：煤尘、烟尘、扬尘、汽尘。

22.**教育“三名工程”**：名校、名师、名班主任。

23.**卫生“三名工程”**：名院、名科、名医。

24.**“9073”养老服务体系**：90%的老年人由家庭自我照顾，7%享受社区居家养老服务，3%由机构代为照顾养老。

25.**“八个本领”**：学习本领、政治领导本领、改革创新本领、科学发展本领、依法执政本领、群众工作本领、狠抓落实本领、驾驭风险本领。

26.**“三种能力”**：综合协调能力、攻坚克难能力和应急处理能力。

平罗县人大常委会工作报告

——在平罗县第十七届人民代表大会第二次会议上

（2017年12月21日）

县人大常委会主任　马长青

2017年工作回顾

2017年是本届常委会谋篇开局、务实履职之年。一年来，在县委的坚强领导和区市人大的精心指导下，常委会不断创新人大工作机制，坚持党的领导、人民当家做主和依法治国有机统一，认真履行宪法法律赋予的职责，较好地发挥了地方国家权力机关的作用，为加强民主法制建设、促进全县经济社会持续健康发展做出了积极贡献。

一、以服务发展为己任，努力推动经济转型发展

常委会立足围绕中心，服务大局，坚持把推动经济发展作为人大工作的发力点，认真行使重大事项决定权，寓监督于支持中，切实加强监督力度，助推经济转型升级。

适时听取和审议县人民政府关于计划和预算执行、审计等工作报告；及时审查批准预备费使用、动用县级财政超收资金、政府债券资金使用计划、新增地方债券等议案，并形成决议、决定，切实保障重点项目和民生工程资金需要。对全县重点项目建设开展督查，全面了解重点项目推进情况，对项目进度和质量开展满意度测评，对未开工和进展迟缓的项目逐一梳理，分析问题，提出建议，有力推动了重点项目实施。

重视生态环境治理，强化对贺兰山生态环境治理工作的跟踪督办。加强对实施空间规划（三规合一）试点工作的监督。深入开展调研，听取空间规划大纲初步成果汇报，建议政府坚持与

代表聆听《政府工作报告》

本县实际相结合、与长远发展相符合、与承受能力相适应的原则，秉承“一张蓝图绘到底”的理念，努力提高规划的前瞻性、科学性和可行性。适应新业态的发展，赴贺兰县等地，考察学习电子商务工作，并组织对全县电商发展情况开展调研。深入贫困村入户调查，把脉问症，助力脱贫攻坚。针对产业带动力不强、脱贫内生动力不足、帮扶措施不实等问题，提出了做强产业、扶智扶志、强化帮扶等建议。组织代表开展了“脱贫攻坚，人大代表在行动”系列活动，促使代表发挥作用，贡献力量。积极监督指导农村综合改革，促进农村各项改革试点有序推进。对县国土局、市场监管局开展评议，通过评前动员、走访调查、述职问查、满意度测评等环节，对其履行工作职责情况进行公正评价，紧盯整改落实，促进了政府部门依法履职。

二、以预算审查为手段，切实增强预算监督实效

常委会强化预算监督职责，不断完善监督体系，创新监督方式，抓好预算编制、审查、执行、调整等环节的监督，在探索创新中推动人大预算监督工作取得新进展。

一是聘任22名财经专业人员，成立了以审计师、会计师为骨干力量的县级人大常委会财政预决算审查咨询委员会，充实财政预决算审查专业力量，并制定相关工作制度和年度工作计划，实现了预算监督工作的专业化和制度化。二是充分发挥审计监督职能，以审计部门提供的审计报告作为审查和批准财政决算的主要依据，并适时组织开展审计工作调研，对审计查出问题整改情况开展专项督查，以落实审计查出问题整改促进预算管理规范、资金绩效提升。三是实行联网在线监督，切实监督政府管好“钱袋子”。常委会财经委以“财政一体化”平台为载体，与财政国库和各预算单位的支付查询系统联网，通过国库支付中心的每笔支出都能实时显示，实现了对财政预算资金的动态实时监督。本次人代会前，及时采取常委会有关工作委员会初审、主任会议复审的“两审制”，强化预算草案的初步审查，为人代会审查和批准预算草案奠定基础、提供参考。

三、以法律监督为重点，扎实推进依法治县进程

常委会认真贯彻依法治县方略，不断促进依法行政与公正司法，努力为经济社会发展营造良好的法治环境。

严格执法检查。为顺利推进村委会换届选举工作，常委会组织人员，深入全县各乡镇，对《中华人民共和国村民委员会组织法》在我县贯彻实施情况开展执法检查，确保了换届选举工作依法依规进行。

组织司法调研。常委会先后调研县人民法院基层法庭、县人民检察院预防职务犯罪工作，并听取和审议工作报告。建议县人民法院推行多元化纠纷解决机制，充分发挥流动法庭的作用，积极运用好调解手段，促进当事人双方矛盾纠纷的化解。建议县人民检察院从抓好专项预防、重点领域预防、新媒体宣传预防入手，有效预防职务犯罪。通过组织代表旁听案件庭审、参加法院、检察院开放日等活动，健全常态化司法监督机制，全力维护司法公正。

依法任免干部。常委会始终坚持党管干部和依法任免干部相统一的原则，严格实行任职履职承诺、任后依法监督等程序。贯彻落实好宪法宣

誓制度，对所有任命的人员开展宪法宣誓仪式，切实增强了任命人员崇尚宪法、维护宪法的使命感和责任感。一年来，依法任免国家机关工作人员 91 人次。

推进监察体制改革。按照党的十九大关于深化国家监察体制改革的重大部署，常委会把推进改革试点作为一项严肃的政治任务，认真贯彻落实党的十九大和全国人大常委会《关于在全国各地推开监察体制改革试点工作的决定》精神，做好选举县监察委员会主任、任命副主任和委员等各项准备工作，确保我县监察体制改革试点工作有序开展。

四、以人民满意为导向，着力促进民生改善

常委会把事关群众生产生活的热点难点问题列入监督议题，围绕民生改善实施监督。

关注民生热点。就业是民生之本、稳定之基。常委会高度重视就业创业工作，对全县就业创业工作进行专题视察。针对工作中存在的就业层次水平低、创业活力不足、高技能人才短缺、结构性矛盾突出等问题，建议县人民政府采取更加有效的措施，做好专业技能人才的培养和对接工作，以创业带就业，缓解就业压力，完善服务体系，提高全县就业创业工作水平。

聚焦民生短板。专题视察全县学前教育工作。针对学前教育质量不高、师资力量不强、民办幼儿园管理不规范等问题，建议县人民政府持续加大投入力度、优化教育资源配置、推进规范管理，努力实现幼有所育的目标。通过实地查看、走访群众、座谈交流等方式，对全县村卫生室建设情况进行专题调研。针对村卫生室运行中存在的规划不合理、运行不规范、村医队伍不稳定等问题，提出相应的建议意见，并形成调研报告。紧扣百姓出行难问题，调研全县公交车、出租车、班线车运行情况。针对公交运行中存在的问题，建议县人民政府将公交发展纳入县城总体规划，加大投入力度，完善网络布局，确保公交良性运行。

督办民生实事。常委会高度重视政府 10 件民生实事的办理工作，将政府 10 件民生实事的督办任务分解落实到常委会各领导，采取常委会领导领衔督办的方式，扎实开展实地督办。常委会适时听取政府关于民生实事办理情况的报告，并进行满意度测评，建议政府加快项目进度、强化项目管理，切实把民生实事办成群众普遍受益、长期受益的实事好事。

五、以“五个一”活动为载体，有效激发代表履职活力

常委会牢固树立代表主体意识，坚持把支持、保障、规范代表履职作为加强和改进代表工作的重要抓手，积极探索代表履职新思路新方法，推动代表工作创新发展。

在全县人大代表中创新性地开展以每年至少“走访接待一次选民、反映一条社情民意、督办一件民生实事、化解一起矛盾纠纷、帮扶一户困难家庭”为主要内容的“五个一”活动，丰富和做实闭会期间的代表履职。今年以来，代表走访接待选民 8955 人次，反映社情民意 1006 件，督办民生实事 817 件，调处化解矛盾纠纷 980 件，联系帮扶困难家庭 878 户。深化“两代表一委员”工作室接待群众活动。确定奇数月第二周的星期三为“两代表一委员”工作室集中接待群众日，开展集中接待群众活动。今年以来，工作室共驻室接待群众 1725 人次，收集群众反映的问题 417 件，办结 331 件，办结率 79.4%。

坚持和完善会议集中交办、常委会领导督办、政府领导主办、部门单位承办的工作机制，将 1 件人代会议案、24 件代表建议及时转交政府，同时紧盯办理、答复、反馈各环节的落实，切实提高议案、代表建议办结率和办理质量。建设陶乐镇移民灌区引黄灌溉保蓄水库、解决城关镇铁东社区办公阵地、翻建灵沙乡统一村跨惠农渠危桥、实施平罗县南部农村饮水安全改造提升工程等一批办理进度快、质量高、效果好的代表建议，赢得了代表和广大群众的一致好评。个别需跨年度办理的，承办单位已向所提建议代表作了解释说明，得到代表的理解和支持。

六、以“三有六规范”为标准，全面提升乡镇人大工作

常委会强化对乡镇人大法律上的监督、业务上的指导、工作上的联系，大力开展乡镇人大规范化建设，乡镇人大工作迈出新步伐。

研究出台《关于进一步加强乡镇人大工作规范化建设的实施意见》，提出了抓好乡镇人大基础工作的“三有六规范”目标，以有机构、有场所、有经费，规范选举工作、代表会议、主席团工作、代表履职活动、制度建设和信访工作的乡镇人大规范化建设稳步推进，改变了乡镇人大地位模糊、职能虚化、无人办事、无钱办事的状况。全县13个乡镇落实机构和场所，实现“一专、一兼、一办”全覆盖，乡镇人大工作经费和代表活动经费列入县财政预算，夯实了乡镇人大基础工作。依法开展选举，按期召开人代会，每季度召开一次主席团会议，按计划开展调研、视察、执法检查和站所评议，丰富代表活动，建立代表履职档案，健全完善各项制度，认真受理群众来信来访，乡镇人大逐步走上制度化、规范化轨道，呈现出组织建设不断加强、工作制度逐步完善、履行职责务实有效、代表工作亮点凸显的特点。加强对乡镇人大的考核，研究制定乡镇人大考评办法，激发乡镇人大工作创先争优。

七、以创建“四型”机关为目标，不断提升自身建设水平

常委会以提高依法履职能力和工作水平为目标，把深入开展“学习型、服务型、创新型、和谐型”机关创建活动作为改进机关作风的有效抓手，自身建设得到新加强。

一是加强思想建设。常委会坚持中心组学习制度，认真学习党的十九大、区、市、县党代会精神，坚定以习近平新时代中国特色社会主义思想为指导，旗帜鲜明讲政治，推进“两学一做”学习教育常态化制度化。二是加强制度建设。根据形势发展和工作需要，及时修订了常委会组成人员守则、常委会议事规则，使人大工作更加制度化、规范化。三是加强信访工作。重视群众来信来访，及时将69件信访件转交相关部门办理，并加强跟踪督办，推动群众反映问题得到合理合法解决。四是加强履职培训。组织县人大代表、常委会组成人员和乡镇人大主席开展履职培训学习，扩大眼界视野，丰富专业知识，提高履职能力，为顺利开展工作奠定基础。

在总结成绩的同时，我们也清醒地认识到，我们工作中仍有许多不足和差距，主要表现在：服务大局的能力还不强，监督实效还需进一步增强；代表履职水平还不高，工作积极性还需进一步调动；乡镇人大作用发挥还不够，指导服务力度还需进一步加强等。在今后的工作中，我们将采取强有力的措施，认真加以改进。

2018年主要工作

各位代表，党的十九大为我们描绘了一幅立足新时代、展望新目标、肩负新使命、开启新征程的宏伟蓝图，对全面推进依法治国、坚持和完善人民代表大会制度、支持和保障人大依法履行职责指明了正确方向，提供了根本遵循。县人大常委会将在县委的坚强领导下，坚定以习近平新时代中国特色社会主义思想为统领，不忘初心，牢记使命，努力把党的十九大精神转化为坚持和完善人民代表大会制度的生动实践，推进全县人大工作实现新突破，再上新台阶。

一、认真贯彻十九大精神，牢固树立人大制度自信

十九大报告指出，人民代表大会制度是坚持党的领导、人民当家做主、依法治国有机统一的根本政治制度安排，必须长期坚持，不断完善。

常委会将把深入学习贯彻党的十九大精神作为当前和今后一个时期的一项重大政治任务，切实增强全面贯彻落实十九大精神的思想自觉和行动自觉。要联系人大实际，对照党的十九大提出的目标任务和重大决策，进一步认真梳理县级人大承担的任务，认真研究制定工作方案，排出任务书、时间表、路线图，全面抓好落实，使县人大常委会真正成为全面担负起法律赋予的各项职责的工作机关，成为同人民群众保持密切联系的代表机关。要认真研究分析新时代人大工作的特点和规律，与时俱进，开拓创新，在党的十九大精神指引下，开创人大工作新局面，展现人大工作新作为。

二、全面落实县委决策部署，主动服务发展改革大局

把坚持党的领导贯穿于依法履职全过程，使人大工作与推进县委重大决策部署紧密结合。加强重大事项监督，依法作出决议、议定，切实增强决定重大事项的针对性和实效性，努力把县委的决策部署转化为全县人民的共同意志和自觉行动。把审查、批准计划和预算作为行使重大事项决定权的重中之重，对计划、预算和其他事项及时作出决议、决定，确保计划和预算科学规范运行。审查批准平罗县《县域空间规划》。坚持党管干部与人大依法任免干部相统一原则，加大干部任后监督，对政府部门和常委会任命的干部开展履职评议。

三、围绕实现小康目标，努力增强监督实效

党的十九大报告指出，2020年将全面实现小康目标。2018年是决胜小康的关键一年。面对改革发展稳定的新形势、新目标、新任务，常委会将围绕小康目标的实现，正确把握和处理好加强人大监督与支持“一府一委两院”依法行使职权的关系，综合运用听取审议专项工作报告、专题询问、视察、调研、执法检查等方式，加强对经济转型、脱贫攻坚、全域旅游、生态环境、特色小城镇建设等重点工作的监督。注重创新监督方式，既用好用足听取专项工作报告、开展视察调研等常规监督方式，又深化满意度测评、跟踪监督等刚性监督手段。对有关问题实施持续监督，通过监督——落实——再监督——再落实，以钉钉子的精神加强跟踪监督力度，实现人大监督议而有决、决而有行、行而有效，推动问题持续得到改善和解决。

四、回应人民群众新期待，着力促进民生改善

党的十九大报告指出，要在幼有所育、学有所教、劳有所得、病有所医、老有所养、住有所居、弱有所扶上取得新进展。常委会将按照党的十九大部署，坚持以人民为中心的发展思想，把改善民生作为对人民负责的自觉追求，顺应人民期盼，科学精选议题，拓宽监督广度，尽心履职造福民生。要抓住教育、卫生、就业、社保、住房、食品安全、维护弱势群体权益等重点民生领域，对人代会确定的民生实事等群众普遍关心、事关和谐稳定的重大问题，开展视察、调研、检查、跟踪监督等活动，促进民生实事的办理，多领域保障和改善民生，不断提高人民群众生活质量和幸福指数。加强对新组建的县监察委员会的法律监督，不断强化依法治县工作，有力促进严格执法、公正司法、全民守法，为人民群众创造良好的法治环境。

五、激发代表履职活力，切实提高履职成效

常委会将持续深化巩固“五个一”活动成果，不断增强活动实效，进一步调动代表的履职积极性。围绕县委中心工作，适时组织代表开展视察和专题调研活动，拓宽代表知情知政渠道。建立健全代表履职考评体系，探索建立不称职代表退出机制。加强人大代表履职培训，增强培训效果，实现人大代表履职意识、履职水平和引领发展能力的新提升。完善常委会领导督办、政府领导主办、部门单位承办的议案建议办理机制。

及时向社会公开人代会议案、代表建议的提出和办理情况。评选优秀议案建议，增强代表的荣誉感和使命感。巩固完善“三有六规范”建设成果，深入推进乡镇人大规范化建设。

六、持续转作风树形象，大力加强自身建设

深入开展“学习型、服务型、创新型、和谐型”机关创建活动。进一步加强政治理论学习，强化政治纪律和政治规矩。加强人大业务培训，全面提升常委会组成人员和人大工作者的履职能力。充分发挥人大机关密切联系群众的优势，多深入基层和群众，积极反映社情民意，努力推动群众热点难点问题的解决。严格按照民主集中制原则行使法定职权，健全和完善常委会各项工作制度，努力形成科学高效有序的工作机制。按照县委的统一部署，精心组织开展“不忘初心，牢记使命”主题教育。坚持改文风、改会风、严作风、查实情、讲实话、办实事，形成务实高效的工作作风。认真落实全面从严治党主体责任，严明党的纪律，严格党的政治生活。坚决执行中央八项规定，带头以身作则，廉洁用权，自觉维护和树立忠诚、干净、担当的人大机关良好形象。

各位代表，人民寄予我们深切期望，时代赋予我们崇高使命。让我们更加紧密地团结在以习近平同志为核心的党中央周围，以党的十九大精神为指引，在县委的坚强领导下，不忘初心，牢记使命，为顺利完成县委十四届二次全体会议和本次会议确定的各项任务、奋力开创新时代平罗转型发展新局面而努力奋斗！

中国人民政治协商会议
平罗县第十一届委员会常务委员会工作报告

——在县政协十一届二次会议上

（2017 年 12 月 19 日）

政协平罗县委员会副主席　杨树仁

一、2017 年工作回顾

2017 年是全面建成小康社会决胜阶段的关键之年，也是新一届县政协围绕经济社会发展大局奋力前行的重要一年。举世瞩目的中国共产党第十九次全国代表大会胜利召开，确立了习近平新时代中国特色社会主义思想，描绘了决胜全面建成小康社会、建设社会主义现代化强国的宏伟蓝图，对发展新时代人民政协事业做出了新的战略部署。一年来，县政协常委会坚持不忘初心，牢记使命，高举中国特色社会主义伟大旗帜，牢牢把握团结和民主两大主题，在中共平罗县委的坚强领导下，认真组织带领政协各参加单位和广大政协委员，切实履行政治协商、民主监督、参政议政职能，全面完成了十一届一次会议确定的各项目标任务，为共促全县各项事业发展做出了积极贡献。

过去的一年，我们大胆探索，在改革创新上主动作为。坚持以改革创新精神激发队伍活力，使政协工作更好地把握规律性、体现时代性、富

政协委员聆听大会报告

于创造性、彰显实效性。

（一）创新学习机制，汇聚谋事势能。大力倡导“学以致用、用以促学、学用相长”的工作理念，把创新学习机制作为强化理论武装的着力点，努力提高谋事能力。一方面，通过组织委员和机关干部赴井冈山进行红色学习、邀请专家开展“中共十九大精神”和“自治区第十二次党代会精神”专题培训班等方式，将过去的“只注重机关干部平时培训和大会期间集中培训”变为“委员和机关干部齐抓共管、平时和大会期间相结合”的学习机制，进一步凝聚了思想，增进了共识；另一方面，结合形势任务重点，编发《学习资料》，坚持“双月常委会学习、每周党组支部学习、每天微信平台学习”制，将过去的“系统性学习”变为“更具针对性地学习”，形成了“第一时间主动学、融入日常经常学、围绕重点深入学、丰富渠道灵活学”的良好氛围。

（二）创新工作机制，激发干事动能。坚持不懈地以体制机制创新来自加压力、激发活力、增进动力。一是创新协商议政机制。着力抓好常委会专题协商、座谈会界别协商、部门对口协商等多种形式的协商议政活动，将过去的“就协商而协商”变为“主动作为积极协商”，使委员参与协商的面更广，协商内容更加丰富。二是创新民主监督机制。将过去的“乡镇部门被动接受监督评议”转变为“协商式民主监督”，积极接受乡镇、部门的民主协商邀请，共商工作良策，提升监督效果。三是创新提案工作机制。在拓宽平时提案征集渠道、面商督办、评价考核等方面创新方式，将提案工作由“重答复”向“重落实”转变，形成了“一领衔、二协商、三评价、四考核、多措并举跟踪督办”的运行机制，提案工作更加务实。四是创新信息报送机制。制定了《政协平罗县委员会社情民意等信息稿件考核暂行办法》，进一步畅通了信息宣传渠道，委员的履职动能得到有效激发。

（三）创新服务机制，提升成事效能。坚持发挥委员的主体作用，着力优化委员履职环境。一是创新组织平台。强化政协机关服务能力，增强委员团队认同感，着力将机关打造成集学习、协商、建言、联谊等功能于一体的“委员之家”，让委员有处说话，有处建言，有“家”可归。二是创新知情平台。健全政务公开、文件报送、调研座谈等机制，建立“平罗政协”微信公众号和“平罗县政协委员”微信交流群，最大限度地让委员了解、参与、支持政协工作。三是创新活动平台。积极探索灵活多样、扎实有效的履职新形式，将“三级委员下基层活动”由“定期接待群众坐班制”变为“五项主题活动制”，有效地实现了“政协搭台、委员唱戏”的工作模式，委员主体作用得到充分发挥，成事效能明显提升。

过去的一年，我们认真履职，在服务大局上主动作为。扎实开展各项履职工作，以奋发有为的精神，争创一流的干劲，尽心竭力献智慧，力争在工作上求细，成效上求实。

（一）专题协商有力有效。始终坚持“党政工作开展到哪里，政协工作就跟进到哪里”，围绕中心工作与县委、县政府联合制定了四项协商计划。一年来，围绕“实现全面建成小康社会目标”“加快发展生活性服务业”“总结农村综合改革成果”“创新社会治理机制”等议题深入开展专题协商，向县委、县政府报送协商报告4篇，提出意见建议50余条。其中,《实现全面建成小康社会目标协商报告》，县委朱剑书记批示“建议很好，送相关部门落实。另请统计部门根据此意见，将我县短板指标分解到各责任部门，要求至少每季度对该指标完成情况作出分析”;《平罗县生活性服务业发展情况协商报告》，马莉方县长批示“值得学习借鉴，请发改、商务在我县有关方案中加快推进”。相关部门按照批示认真抓好办理落实，协商成果得到有效转化。

（二）调查研究成果丰硕。主动适应经济发展新常态，认真做好“参政助力、履职借力”这篇文章。组织委员围绕“村庄整治”“脱贫攻坚”“企业科技创新”“培育农业新型经营主体”“电子商务”“养老产业”“城市供水”等事关全县发展的重要课题，将实地调查成果与赴外地考察的先进经验有机结合，形成了调研报告及考察报告9份，提出意见建议90余条。其中，《平罗县村庄整治调研报告》受到县委高度关注，朱剑书记批示“建议很具体，关于主干道路整治中的遗留问题，相关部门需要进一步调研，既要解决问题，又要防止矛盾。把一些危房、闲置土坯房等纳入补偿范围。”相关部门积极行动，连续制定并印发了《平罗县城乡环境综合整治实施方案》《平罗县2017年农村危房改造实施方案》等13份文件，有力地推动了村庄整治工作的开展。

（三）民主监督广泛深入。着力改进民主监督方式，加大监督力度，提升监督效能。一方面，探索出“协商式民主监督”工作模式。即由乡镇、部门出题，县政协帮助其理清思路、制定措施和促进工作。一年来，深入崇岗、宝丰、农牧、住建、国土等14个乡镇、部门开展了协商式监督，切实做到了在监督中促进和解决问题。另一方面，将视察监督与广泛监督相结合、不断拓宽民主监督渠道。围绕“全县重点项目建设情况”“创建全域旅游示范县”及“十件民生实事和提案办理情况”开展专项视察，向县委、县政府报送视察报告3篇，提出意见建议20余条。与此同时，组织政协委员参与“两代表一委员评议”、县委常委会、政府常务会和电视问政等活动，使委员参与监督的目标更明确、责任更具体，监督实效明显提升。

过去的一年，我们情系民心，在纾解民忧上主动作为。牢固树立“履职为民”意识，扎实履行各项职责，为改善民生事业贡献力量。

（一）为中心工作分担“一份力”。按照工作安排，政协领导班子成员承担了全县部分中心工作，班子成员尽职尽责，定期对全县大气污染防治、河湖管理、秸秆禁烧等工作开展专项督查，促进了工作顺利落实；经常深入乡镇、企业帮助梳理思路、协调解决实际问题，助推了工作开展；牵头举办平罗县首届“水稻产业发展论坛”，转变了企业与种植大户的观念，统一了思想，加强了合作；全力做好脱贫攻坚工作，帮助建档立卡户解决就业、发展养殖业，为陶乐、姚伏、红崖子乡三户患有重大疾病的贫困户争取到“宁夏政协兴华爱心基金”7.7万余元，解了燃眉之急；按时做好信访大厅接待和节日期间走访慰问困难户、困难党员等工作，架起了政府与群众之间的连心桥。

（二）为服务民生传递“好声音”。坚持把提高提案质量作为核心工作来抓，聚焦中心，精准选题，创新方式，注重实效。在引导委员积极撰写提案的同时，更加注重大会发言和调研内容的成果转化，实现了向“全委会集中提案和平时提案并重”的转变；严格审查和筛选委员提案，对涉及重大事项的提案，与委员协商交流并充实完善，确保了每件提案选题准、建议实；强化考核评价，实行面商督办、跟踪协商、视察评议，有力地提升了督办成效。一年来，共提交提案167件，经审查立案81件。截至10月底，提案全部办复，办结70件，办结率86%。其中，在经济建设方面提出提案35件，已办结31件；在民生事业方面提出提案23件，已办结21件；在社会治理和生态文明方面分别提出提案16件和7件，均已全部办结，切实做到了为民发声。

（三）为群众诉求开启“直通车”。为切实开启群众诉求快速通道，县政协在“三级政协委员联系基层工作”上勇于尝试，在城关、姚伏、黄渠桥等6个乡镇开展试点，围绕“共商发展思路”“推进重点工作”“举办公益性活动”“开展日常联谊”“撰写提案”等五项主题开展实践活动，让政协委员帮助联系点理思路、定项目，解决问题、贡献力量。一方面，委员们根据活动主题积极献计献策，助推工作更好地开展。如，在姚伏镇开展活动中，委员提出了打造“农耕文化园”的建议，姚伏镇及时采纳，积极落实，有效地将农耕文化与乡村旅游有机结合，助推了全域旅游发展。另一方面，委员们也将在活动中遇到的问题通过《社情民意信息》的方式向上级报送，有力地畅通了民意渠道。其中，《关于加大河东现代农业示范区扶持力度的建议》被自治区政协采用，《关于在平大路与三排水沟桥支路路口设置红绿灯的建议》仅在一个月内就被办理落实，切实达到了察民情、惠民生、助发展的效果。

过去的一年，我们凝心聚力，在共筑和谐上主动作为。充分发挥政协大团结大联合的政治优势，汇各方之智，聚各界之力，不断巩固和发展爱国统一战线。

（一）在“团结合作”上聚力。制定《政协平罗县委员会关于进一步加强与各民主党派、工商联联系的决定》，积极引导和支持各民主党派、知联会和社会各界人士，通过专题协商、提案督办、视察调研等形式，履行职责，发挥作用，不断增进团结，全力营造民主和谐的政治环境；加强与界别委员的交流合作，组织经济界委员召开“优势再造、弯道超车”座谈会，围绕改革发展议题进行交流，为打造平罗经济升级版共商对策，努力营造“商以求同”的履职氛围；组织各界别委员召开“民族团结工作”座谈会，就“如何更好地营造民族团结和谐氛围”等问题进行座谈交流，努力为共创和谐达成共识；协助做好民族宗教工作，定期走访慰问宗教界委员，促进了民族团结、宗教和顺。

（二）在“深化联谊”上聚情。海纳百川，广交朋友，积极宣传推介平罗。积极配合协助自治区政协到我县督办重点提案、调研食品药品安全、义务教育均衡发展等工作；配合市政协开展好对全市现代农业发展、全域旅游等情况的调研，得到了区、市政协对我县政协工作的重视；组织政协委员、政协退休老干部开展“新春茶话会”及重点工作观摩等活动，增进了感情，拉近了距离；接待区内外兄弟市县政协来平考察团体共10批100余人次，深化了联谊，交流了思想；做好政协会议、调研视察以及重大活动的宣传报道工作，共计在新闻媒体发表信息50余篇。其中，自治区级媒体发表26篇，扩大了平罗县政协的影响。

（三）在“传承文化”上聚智。不负县委信任，主动承担挖掘民间文化资源工作。制定《县政协关于挖掘民间文化资源的实施方案》，组织政协委员及社会各界的文化人士召开“挖掘平罗县民间文化资源”座谈会，就“如何对平罗县民间文化及史料资源进行收集和整理”等问题进行了交流探讨，为今后的挖掘整理工作明确了方向；打造县政协“文史室”，为文史资料的存储、交流和共享提供了平台；积极参加石嘴山市政协组织的“山水园林·尚工逸城”征文活动，委员征文多篇入选。截至目前，挖掘平罗县民间文化资源文史资料第一册《千滋百味平罗美食》已编辑完成，文史室已打造完毕，充分发挥了政协文史资料“存史、资政、团结、育人”的重要作用。

过去的一年，我们强基固本，在提升能力上主动作为。围绕打造有为政协、效能政协、和谐政协的目标，坚持不懈地加强自身建设，促进自我提升。

（一）聚焦思想建设，筑牢政治基础。坚持用中共十九大精神统一思想、指导实践、推动工作，在思想上、政治上同中共中央保持高度一致，在重大原则问题上，做到旗帜鲜明、立场坚定。一年来，深入学习了中共十九大精神和区、市、县党代会的各项决策部署，始终不渝地与县委在思想上同心同德、目标上同心同向、行动上同心同行，确保了政协工作沿着正确的政治方向前进；重点学习了中共中央《关于加强人民政协工作的意见》和中共十九大关于人民政协工作的新思想、新要求，进一步强化了对新时代人民政协工作性质、定位的认识；认真学习了经济、法律、文化等相关知识，有力地提升了委员的政治把握能力、调查研究能力、联系群众能力和合作共事能力。

（二）聚焦队伍建设，提升业务水平。积极探索新形势下发挥委员主体作用的方法和途径，着力提升委员履职能力。健全管理制度，制定《政协平罗县委员会委员履职工作规则》《政协平罗县第十一届委员会关于加强同委员联系的决定》，对委员履职情况进行考核，强化了委员服务与管理；调整充实委员小组，开展灵活多样的履职活动，调动了委员的积极性和主动性；强化委员培训力度，加大“请进来”和“走出去”，委员素质进一步提升。一年来，政协委员队伍中不断涌现出一批参会好、提案好、信息好、建言好、服务好的标兵，委员风采得以充分展现。

（三）聚焦作风建设，彰显机关活力。坚决落实中央“八项规定”要求，把作风建设作为机关建设的永恒主题。严格执行区、市、县相关规定，清退办公用房，规范车辆管理，强化“三公”经费管理，始终坚持勤俭节约，杜绝铺张浪费；全面落实党风廉政建设主体责任和领导班子成员“一岗双责”，领导班子务实勤政的意识显著增强；扎实推进“两学一做”学习教育常态化制度化，突出问题导向，着力解决问题，教育成效不断显现；深入学习贯彻《中国共产党廉洁自律准则》和《中国共产党纪律处分条例》，把党纪党规转化为日常行为规范，机关作风明显好转，政协活力进一步凸显。

各位委员、同志们，过去一年成绩的取得，是县委统揽全局、加强领导的结果，是上级政协和县政府及各部门大力支持的结果，是全体政协委员、政协各参加单位及社会各界共同努力的结果。一年来，我们深切体会到，党政支持、创新机制、主动作为、敢于担当、团结协作是我们干好人民政协工作的基础和保证，在此，我代表县政协向所有关心支持政协工作的党政组织和社会各界表示衷心的感谢和崇高的敬意！

在肯定成绩的同时，我们也清醒地认识到，常委会工作仍存在着一些不足，主要是：专题协商的广度还不够；个别委员履职的意识还有待提高；基层联系点作用发挥的还不够好，等等。对此，我们将在今后的工作中认真研究，切实加以改进。

二、深入学习贯彻落实中共十九大精神

中共十九大精神，思想深刻，内涵丰富，气势磅礴，催人奋进。十九大报告通篇贯穿着坚定的信念追求、强烈的使命担当和深厚的为民情怀，是迈向新时代、开启新征程、续写新篇章、夺取新胜利的政治宣言和行动纲领。

十九大报告中指出“协商民主是实现党的领导的重要方式，是我国社会主义民主政治的特有形式和独特优势”，强调“人民政协是具有中国特色的制度安排，是社会主义协商民主的重要渠道和专门协商机构。人民政协工作要聚焦党和国家中心任务，围绕团结和民主两大主题，把协商民主贯穿政治协商、民主监督、参政议政全过程，完善协商议政内容和形式，着力增进共识、促进团结”。这为我们做好新时代的政协工作提出了新的要求，我们必须要牢记责任与使命，认真履职，积极作为，全力抓好贯彻落实。

（一）学深悟透，着力提高“政治意识”。学习贯彻中共十九大精神，重中之重是学习领会习近平新时代中国特色社会主义思想，在学懂弄通做实上下功夫。要带着感情学，带着责任学，带着思悟学，原原本本学，把学习领会的着力点聚焦到习近平新时代中国特色社会主义思想是党必须长期坚持的指导思想上，聚焦到取得的历史性成就和发生的历史性变革上，聚焦到进入新时代、主要矛盾变化等重大论断的深远影响上，要准确把握十九大精神的思想精髓、核心要义，切实把思想和行动统一到十九大精神上来。

（二）把准定位，着力提高“大局意识”。积极适应新时代的重要历史性变化，在深刻把握“两个没有变”“三个牢牢”的基础上，立足我县政协工作实际，更加坚定地贯彻创新、协调、绿色、开放、共享的新发展理念，更加自觉地坚持以人民为中心的发展思想，紧紧围绕决胜全面建成小康社会和我县经济社会发展大局，认真做好调研视察、监督推动、团结统战各方面工作，广泛聚智聚力、积极献计献策，助推县委、政府工作顺利开展，确保把县委作出的各项任务部署真正落到实处。

（三）坚定信念，着力提高“核心意识”。坚持把维护习近平总书记核心地位、领袖权威作为必须坚守的最大政治纪律，始终做到绝对忠诚核心、衷心拥戴核心、坚决服从核心、始终紧跟核心。自觉把习近平新时代中国特色社会主义思想作为坚定信念的强大思想武器，从中汲取精神之“钙”，拧紧世界观、人生观、价值观这个“总开关”，做中国特色社会主义共同理想的坚定信仰者、忠实实践者，始终在政治立场、政治方向、政治原则、政治道路上同以习近平同志为核心的中共中央保持高度一致。

（四）从严要求，着力提高“看齐意识”。坚持“严字当头、一严到底”，全面从严从实抓好县政协党的建设，营造积极健康的政治生态。要始终向以习近平同志为核心的中共中央看齐，向党的理论和路线方针政策看齐，统一意志、统一行动，把中央的决策部署坚决有力落实到位。要抓好政协机关和委员队伍建设，努力以一流的标准、一流的作风、一流的服务，以服务委员、服务履职的新成效、新成绩展现学习贯彻中共十九大精神的新气象、新作为。

三、2018 年工作任务

2018 年是全面贯彻落实中共十九大精神的第一年，也是决胜全面建成小康社会的关键之年，县政协工作的总体思路是：深入学习贯彻中共十九大精神，高举中国特色社会主义伟大旗帜，以习近平新时代中国特色社会主义思想为指导，按照中共平罗县委十四届二次全委会议的决策部署，牢牢把握团结和民主两大主题，认真履行政治协商、民主监督、参政议政职能，为决胜全面建成小康社会、奋力开创新时代平罗转型发展新局面献计出力。

按照上述总体要求，2018 年全县政协工作要着力抓好“一四四五”工作任务，即“强化一个基础、突出四项重点、完善四项机制、加强五项建设”。

（一）强化一个基础。将学习贯彻中共十九大精神作为首要政治任务，深刻理解和把握新时期对政协工作赋予的新使命、新要求，学习领会习近平新时代中国特色社会主义思想，提高政治站位，坚守政治理想，站稳政治立场，把准政治方向，切实将中共十九大和全国政协关于协商民主的新战略、新要求内化于心、外化于行，不断巩固团结奋斗的共同思想政治基础。

（二）突出四项重点。一是搞好四项专题协商。围绕“实施乡村振兴战略”“贫困村产业脱贫”“加快建设现代物流业”“大气污染防治”深入协商议政。二是开展三项专题调研。围绕“科技人才引进”“食品药品安全监管”“培育发展休闲农业”做好调查研究。三是抓好三次专项视察。针对“推进学前教育发展情况”“创建全国民族团结进步示范县”“县政协十一届二次会议提案办理和民生实事落实情况”认真视察评议。四是组织三个专题座谈。围绕“落实法制宣传教育”“全民健康生活方式行动”“优化发展环境”进行座谈交流。

（三）完善四项机制。一是完善提案机制。持续深化提案征集、面商督办和评价考核机制，完善相关制度，扩大提案监督范围，通过多种渠道促进提案落实。二是完善监督机制。巩固推进协商式民主监督工作，充分发扬民主，做到在监督中协商，在协商中促进工作开展；强化民主监督载体，组织委员参加各种形式的监督活动，提升监督实效。三是完善委员基层联系点机制。将“三级委员下基层”四项主题实践活动制全面展开，丰富活动形式，完善相关制度，力促活动更具实效性。四是完善联络联谊机制。加强同各民主党派、知联会和社会各界人士的团结交流，增强共同协商意识；配合区市政协开展好调查研究等工作，进一步加强与兄弟市县区政协的工作交流，学习经验，拓展工作思路。

（四）加强五项建设。一是加强制度建设。坚持把完善规章制度作为政协“规范化、程序化”建设的基础性工作，用科学的方法推进政协工作，用健全的制度保障工作开展。二是加强委员队伍建设。将完善委员培训、考评、服务三种机制有机结合，努力造就出一支政治坚定、学识丰富、业务熟练的政协委员队伍。三是加强机关作风建设。坚决贯彻落实中央八项规定，全面落实党风廉政建设，强化纪律意识，努力锻造出一支作风优良、彰显活力的机关队伍。四是加强文化建设。认真做好文史资料编辑出版、文史室完善和文化传承等工作，充分发挥存史资政作用，全力打造“书香政协”，为助推文化事业发展贡献力量。五是加强信息建设。健全信息报送机制，完善网络信息平台，探索创建“提案办理网络公开”平台，全面提升信息化水平。

各位委员、同志们，中共十九大绘就了决胜全面小康的宏伟蓝图，这为人民政协发挥作用提供了广阔的舞台。新的时期、新的任务，人民政协大有可为、大有作为，让我们在中共平罗县委的坚强领导下，坚定信心，同心同德，以更加强烈的责任意识履行职责，以更加务实的工作作风推进落实，以更加坚定的理想信念攻坚克难，为决胜全面建成小康社会、奋力开创新时代平罗转型发展新局面而努力奋斗！

平罗县2017年民生实事执行情况

一、改善城区居住环境。一是投资11.44亿元，完成前进村、老户村等片区棚户区改造4321户58.9万平方米，节能改造新利等老旧小区4126户21.45万平方米，群众居住条件和城市环境不断改善。二是投资4200万元，实施唐徕渠带状公园三期项目，铺设绿化管网2.8公里、供电管线410米，硬化园路1200米，广场3500平方米，最大限度满足群众健身、娱乐和休闲需要。三是高标准打造城市小游园，开工建设文化公园、东花苑等7个小游园，新增公共活动场所13.47万平方米，有效解决了群众休憩场所不足的问题。

二、加强农业基础设施。一是投资3955万元，完成高标准基本农田建设项目3.24万亩；投资6096万元，完成红崖子乡土地平整及蓄水池开挖等工程，建成泵站、蓄水池2座，铺设引水管道4.18公里、田间管道153公里，开挖支沟4.94公里，暗管排水46公里，配套建筑物770座，修筑田间道路28公里，栽植农田林网3万株，农业灌排体系不断健全。二是投资3230万元，完成庙庙湖水库等抗旱补水工程，满足了河东地区移民村4万亩农田用水需求。三是实施机深松整地31万亩（超额完成目标任务），有效提升了土壤排涝能力，降低了土壤碱化程度，减少了秸秆焚烧现象。四是投资298万元，实施五四支沟四支渠至黄燕路段防塌方治理工程，干石砌护3.54公里，新配套建筑物4座。通过不断改善农业生产条件，有效提高了农业可持续发展能力。

三、完善市政基础设施。深入推进新型城镇化进程，不断提升全县公共服务能力，有效保障城市安全运转。一是投资6300万元，实施萧公大街、永安东路、姚福路桥涵、排水管道等基础工程，完成文昌路、永安西路、鼓楼东街排水管道铺设、路基换填1273米，城市路网日趋完善，居民出行更加便捷。二是投资3500万元，实施县城区热电联产集中供热三期项目，已开挖管沟5300米，铺设双向管网7800米，预计年底完工投用，届时全县集中供热面积将达到800万平方米，集中供热区域燃煤锅炉将全部淘汰。三是投资140万元，建成东门桥等3个早市，增设摊位650个，解决了群众生活需求和县城部分道路占道经营问题。四是新建科技巷公共停车场1处，规划建设社会停车位1250个，有效缓解了城市管理压力。五是新建生活垃圾填埋场1座，设计容量115万立方米，土建工程已完工。

四、强化创业就业服务。一是深入推进农村土地三项制度改革试点工作，年内办理各类农村产权抵押贷款3192笔2.36亿元，累计办理抵押1.96万笔10.12亿元，为农户和经营主体节省贷款利息2600万元。二是发放农村妇女创业担保贷款1886笔9527万元，超额完成任务的19%，助力1834名农村妇女创业，年内增加收入3600余万元。三是安排培训资金225万元，开展各类技能培训114期5261人，4209人持证上岗，有效提高了城乡劳动力的就业竞争能力。四是投资545万元，落实政府购买公益性服务政策，解决困难人员再就业岗位100个。通过开展就业创业培训，优化就业创业环境，撬动创业担保贷款，助推了“双创”工作顺利开展。

五、提供法律援助服务。积极畅通法律援助“绿色通道”，不断扩大法律援助覆盖面，切实满足群众法律需求。受理法律援助案件1013件，办结864件，免费为群众代写法律文书704份，开展法律咨询服务5300人（次），化解各类矛盾纠纷2569件，为群众挽回经济损失7350万元。

六、优化医疗养老服务。一是投资830万元，完成光荣院建设项目，投用后新增床位100张，全县养老床位达到1726张，千名老人床位38.1张。二是投资706万元，建成城关镇东苑社区、灵沙先锋村等12个城乡社区服务站，服务人数达4万余人，服务区域146平方公里。三是投资273万元，在13个乡镇卫生院、3个社区卫生服务站建成中医诊疗区，积极开展拔火罐等6种以上中医诊疗服务，极大地方便了群众就诊。四是免费为城乡居民提供12类52项国家公共卫生服务，建立电子健康档案23.5万人，医疗服务质量不断提高。五是实行分级诊疗双向转诊，2家县级医院医师专家团队在陶乐、黄渠桥等4家医联体单位开展基层首诊和医疗指导活动，已诊疗患者3.1万人（次），基层医疗机构就诊率不断提升。

七、丰富群众文化生活。一是投资1500万元，在惠民生态公园建成3层5589平方米图书馆，将为全县广大群众和中小学生提供一个优良、舒适的阅读环境。二是投资29万元，为通伏乡等4个乡镇文化站、黄渠桥社区等14个村（居）配送电视、调音台、社火锣鼓等文化活动设施设备；投资120万元，为城关镇、灵沙乡、头闸镇3个乡村大舞台购置舞台设施。三是通过科技“三下乡”、黄渠桥美食节等节庆活动，开展各类文化活动316场次，活跃了群众文化生活。

八、农村惠民提升行动。一是投资1800万元，在13个乡镇70个村安装太阳能热水器15000台，实现13个乡镇144个行政村阳光沐浴工程全覆盖，有效改善了群众生活条件。二是投资1375万元，改扩建通伏乡罗家庄村等农村公路8条13.2公里，已全部通车；投资234万元，完成灵沙乡统一村、东灵村2座危桥改造并投用。三是投资337万元，实施全县村级公路安保工程，共设置标志标牌90块、警示柱1489根、波形梁护栏 12150 米、标线 1000 平方米、道口桩 44 根、橡胶减速带 93 米、有效改善农村群众安全出行条件。

九、保障群众饮水安全。投资 1830 万元，结合南部农村饮水安全改造提升工程，在通伏乡马场村建成水厂一座，配套建成管理房、二级加压泵房、储水池 2 座、水泵房 3 座，铺设管道 400 米，有效改善南部农村 5 个乡镇 8568 户 26695 人饮水安全问题。

十、实施“营养早餐”计划。制定了《平罗县 2017 年农村义务教育学校学生营养早餐实施方案》，投资 543.4 万元，解决全县 10155 名农村九年义务教育阶段在校生营养早餐，基本实现了全覆盖。

大事记

1月

6日　全县统筹协调推进农村土地制度改革三项试点工作推进会召开。

19日　全县安全生产工作会议暨2017年县安委会第一次全体（扩大）会议召开。会议通报全县2016年安全生产工作，分析安全生产形势，安排部署2017年安全生产工作。

2月

4日　石嘴山市副市长、平罗县委书记朱剑到唐徕渠东侧、玉龚路北侧、七一广场街心花园等10个拟规划建设的小微游园选址点实地调研全县小微游园项目建设情况，了解项目规划、设计、拆迁等情况。

同日　举办县委中心组理论学习（扩大）会议，邀请自治区发改委副主任、能源局局长马坚就宁夏经济发展形势和宏观经济政策作专题辅导。

6日　石嘴山市委书记彭友东一行到平罗督查调研脱贫攻坚工作，实地调研陶乐镇庙庙湖兔业合作社、集中养殖园区和红崖子乡红瑞村6-173号苏德虎肉鸽养殖基地，并召开座谈会，详细了解平罗县脱贫攻坚工作存在问题及下一步工作措施等。

7日　自治区党委常委、统战部部长马廷礼一行调研平罗县统战工作，对宁夏晟晏实业集团能源循环经济、宁夏大地循环发展有限公司轮胎项目进行实地调研，并召开座谈会。

同日　石嘴山市副市长、平罗县委书记朱剑主持召开十四届县委2017年度第3次常委会议，传达学习《中华人民共和国国土资源部感谢信》、自治区纪委十一届八次和市纪委十届二次全会精神，研究县纪委、县政府党组、县政协党组、县目标管理考核领导小组相关议题。

8日　中共平罗县第十四届纪律检查委员会第二次全体会议召开，书面传达学习十八届中央纪委七次、自治区纪委十一届八次和市纪委十届二次全会精神，总结和部署全县党风廉政建设和反腐败工作，审议通过《忠诚履职勇于担当，深化全面从严治党，为转型发展决胜全面小康提供坚强纪律保证》工作报告，部分县处级、乡科级党政领导干部和乡镇、部门纪委书记在全会上述责述廉，并接受质询与测评。

10日　石嘴山市市长沈左权到平罗调研重点工业企业经济运行及园区环境综合整治情况，实地调研平罗县滨河碳化硅制品有限公司、宁夏昌茂祥冶炼有限公司等企业，以及太沙路与山水大道交叉口、玉皇阁大道两侧环境综合整治和绿化准备情况，听取全县、石嘴山生态经济开发区、宁夏精细化工基地一季度工业经济运行分析及“开门红”情况汇报。

同日 石嘴山市副市长、平罗县委书记朱剑调研全县公交工作，实地调研锦涛公交公司及城南公交首末站，详细了解全县公交线路设计规划、运营现状、管护、服务和发展等情况，并召开座谈会。

14日 石嘴山市副市长、平罗县委书记朱剑主持召开城乡规划建设审查委员会2017年第一次会议，研究县公共服务中心配套附属用房、城市垃圾填埋场二期选址等规划项目方案。

同日 县委副书记李彦炜主持召开县委政法委2017年第一次全体委员会议，听取政法系统各单位2017年工作思路，对全县政法综治暨社会治理工作要点进行审议。

15日 自治区审计厅党组副书记、副厅长胡仲秋一行到平罗督查全国、全区审计工作会议精神贯彻落实情况，通过座谈交流、查阅资料，详细了解平罗县工作开展情况。

16日 国家统计局党组成员高建华一行到平罗调研统计工作，在县调查队召开座谈会，详细了解统计改革及调查队、统计局党建等工作情况，看望慰问干部职工。

同日 自治区党委常委、纪委书记许传智一行调研平罗县党风廉政建设和反腐败工作，实地调研城关镇和平村、宁夏大地循环发展股份有限公司。

20日 全县政法综治信访维稳暨社会治理创新工作会议召开，传达学习习近平总书记对政法工作的重要指示精神，书面传达中央政法工作会议和区市政法综治信访维稳工作会议精神，对2016年全县政法综治信访维稳工作进行总结，安排部署2017年相关工作。

21日 石嘴山市委常委、纪委书记雍建华调研平罗县经济社会发展和党风廉政建设工作，对高庄乡惠威村村级民主治理、宁夏晟晏集团能源循环经济有限公司、宁夏德信恒通管业有限公司、平罗县党员干部教育和公职人员法治教育基地等进行实地调研，召开座谈会听取县委履行全面从严治党主体责任和县纪委履行监督责任情况汇报。

23日 国土资源经济研究院调研组到平罗调研农村土地制度改革土地增值收益分配情况，实地调研城关镇和平新村标准化市场建设项目及平罗县盈丰农贸有限公司拟入市集体经营性建设用地测算增值收益分配情况，并召开座谈会。

同日 石嘴山市委书记彭友东一行到平罗调研农村改革工作，实地调研黄渠桥镇移民集中安置点。

同日 石嘴山市副市长、平罗县委书记朱剑调研园区环境综合整治工作，实地调研玉皇阁大道园区段、太沙路环境整治及绿化工作，并召开座谈会。

24日 石嘴山市副市长、平罗县委书记朱剑调研全县重点企业项目建设情况，实地调研平罗大德玻璃纤维公司年产2000万平方米中碱玻璃纤维网格布生产线、宁夏丁大头粮油有限公司年产20000吨胡麻油、宁夏铸源机械制造有限公司硅锰合金浇铸机规模化应用、平罗县季宁机械加工有限公司年产400台全自动液压导炉机等项目。

27日 平罗县2017年第一批重点项目暨宁夏大地循环发展股份有限公司5万吨钢帘线和8万吨炭黑项目开工仪式举行。

同日 石嘴山市副市长、平罗县委书记朱剑主持召开城乡规划建设审查委员会2017年第二次会议，研究县城新区生态治理工程、宁夏回族器乐（泥瓦呜）传承保护基地等项目规划方案。

28日 石嘴山市人大常委会党组副书记、副主任刘建军一行到平罗调研县、乡两级人大工作，实地调研灵沙乡人大主席团工作、高庄乡北长渠村、城关镇金顺、古城社区代表活动室及县人大常委会机关自身建设情况，并召开座谈会。

28日—3月2日 石嘴山市副市长、平罗县委书记朱剑调研全县财政扶持集体经济项目试点村，实地调研通伏乡新丰村、姚伏镇小店子村、高庄乡威镇村和同进村财政扶持集体经济项目建设情况，详细了解试点村集体经济项目经营模式、管理方式、收益分配机制、项目资金使用等情况。

3月

1日　石嘴山市委副书记蒋文龄一行到平罗督查市县部门移民帮扶及培训情况，实地调研庙庙湖村技能培训实操场地和家政服务培训班，对庙庙湖村、红瑞村部分贫困户进行入户走访，详细了解了家庭收入、就业及部门帮扶等情况。

2日　石嘴山市副市长、平罗县委书记朱剑主持召开十四届县委2017年度第4次常委会议，传达学习自治区主席咸辉在全区审计工作电视电话会议上的讲话精神及全区宣传思想文化工作、全区公安局处长、中央和区市农村工作等会议精神，研究县政府党组、县农村工作领导小组、县脱贫攻坚领导小组、县委政法委、县委组织部、县委宣传部、县委统战部、县委办公室和县妇联相关议题。

同日　县委副书记李彦炜主持召开全国“两会”期间信访维稳工作分析研判会议，通报当前全县重点信访事项及重点稳控人员，明确稳控责任单位和责任人。

同日　举办全县新任村干部能力素质专题培训班开班仪式。培训分集中培训和分期培训两个批次进行，集中培训2天，邀请自治区有关专家、教授为村干部进行专题讲座；分期培训3期9天，根据村干部实际情况进行针对性培训。

6日　自治区副主席刘可为一行到平罗调研重点入黄排水沟综合整治工作，实地调研县第一污水处理厂提标改造、第三排水沟平罗段水污染治理威镇湖截流净化工程及县第二污水处理厂。

同日　县委工作会议召开，书面传达学习中央和区市脱贫攻坚、农业农村、组织、宣传思想文化、统战工作会议精神，总结和部署全县脱贫攻坚、农业农村、组织、宣传及统战工作。

6日—8日　石嘴山市副市长、平罗县委书记朱剑调研全县财政扶持集体经济项目试点村，实地调研头闸镇西永惠村、灵沙乡何家村、黄渠桥镇五星村等财政扶持集体经济项目建设情况，详细了解试点村集体经济项目经营模式、管理方式、收益分配机制、项目资金使用等情况。

7日　文化部文化市场司督查组组长韩慧峰、自治区文化厅副厅长刘浩一行到平罗督查文化市场政策落实及行政审批规范化建设情况，实地察看了县政务服务大厅，查阅相关档案资料。

同日　自治区党委办公厅依法治区督查组到平罗督查依法治县工作，实地查看县国税局法治税务示范基地、城关六小青少年法治教育基地、头闸镇西永惠村法律进乡村示范点及黄渠桥司法所等。

8日　自治区安委办主任、安监局局长曹志斌，自治区安委办副主任、安监局副局长万东刚一行到平罗督查全国“两会”期间安全生产工作，深入宁夏大地循环发展股份有限公司、中粮米业（宁夏）有限公司督导检查，详细了解安全隐患排查及整改销号、现场安全管理、职业病危害管控。

8日　石嘴山市政协党组书记、主席马平安一行到平罗调研政协工作，实地调研县为民农村电子商务有限公司及城关镇金顺社区三级政协委员基层联系点，并召开座谈会。

同日　全县纪念“三八”国际劳动妇女节107周年表彰大会暨“最美家庭”故事会召开。

9日　平罗县开展新任职领导干部廉政教育活动，对74名新任职领导干部进行廉政知识测试、集体廉政宣誓和廉政谈话，组织参观石嘴山监狱警示教育基地。

10日　全县2017年禁毒工作会议召开，总结和部署全县禁毒工作，对禁毒工作先进集体、毒品预防教育先进单位和先进个人表彰。

13日　自治区党委副书记崔波一行调研平罗

县农业农村、乡镇建设、综治信访等工作，实地调研黄渠桥镇综治中心、太沙工业园区警务室、泰金种业科技产业园、第三排水沟平罗段水污染治理威镇湖截流净化工程、宁夏松海盛华农林科技有限公司葡萄籽和枸杞干果深加工项目，召开座谈会。

14日 自治区党委督查组督查平罗县贯彻落实《关于进一步加强和改进离退休干部工作的意见》《关于加强和改进新形势下离退休干部党组织建设工作的意见》《关于进一步加强和改进离退休干部工作的实施意见》精神情况以及关工委工作情况。

同日 县总工会第十六届三次全委（扩大）会议召开。

15日 贵州省湄潭县政协主席、县农村改革工作领导小组常务副组长陈佐明一行考察平罗县农村改革工作。

同日 平罗县举办以“网络诚信，消费无忧”为主题“3·15”国际消费者权益保护纪念日暨“守合同·重信用”企业命名大会。会议公布2016年全县消费维权热点、2016年“全县十大维权案例”和第十届“宁夏著名商标”新认定企业名单，对“全县十大维权人物”“守合同·重信用企业”进行表彰。

同日 平罗县开展集中整治、现场销毁假冒伪劣产品活动，依法对没收的10大类218种，价值20.9万元假冒伪劣产品销毁和填埋，打击制售假冒伪劣商品行为。

16日 石嘴山市副市长、平罗县委书记朱剑主持召开全县空间规划（多规合一）改革试点工作领导小组第三次会议，审议《平罗县空间规划大纲》最终成果。

17日 县委副书记李彦炜主持召开全县国有林场改革工作领导小组会议，传达学习自治区党委副书记崔波在全区国有林场改革工作启动会议上的讲话、《自治区党委　自治区人民政府关于印发〈宁夏国有林场改革方案〉的通知》精神，听取有关部门关于《平罗县国有林场改革实施方案（三合一讨论稿）》汇报。

21日 石嘴山市副市长、平罗县委书记朱剑主持召开十四届县委2017年度第5次常委会议，传达学习2017年全国“两会”、全区组织部长会议精神及自治区党委书记李建华在全区领导干部大会上讲话精神，通报《2016年度市县（区）和自治区机关效能目标管理考核结果》《平罗县2016年群众评议机关作风活动参评情况及测评结果》，听取全县智能图控智能交通系统建设三年规划（2014—2016）、公交运行情况等汇报，研究县政府党组、县委组织部、县委办公室有关议题。

21日 石嘴山市副市长、平罗县委书记朱剑主持召开2017年1—2月全县工业经济运行、固定资产投资暨财税工作汇报会。

23日 国家土地督察西安局副巡视员白映辉一行到平罗督导农村土地制度改革三项试点工作，对宁夏龙泽农业机械制造有限公司、城关镇和平新村公益性标准化菜市场、平罗县盈丰农贸有限公司实地调研。

23日 2017年平罗县文明委第一次全体（扩大）会议召开，传达学习中宣部、中央文明办“推动移风易俗、树立文明乡风”电视电话会议精神，审议通过受表彰的“道德模范”“最美家庭·最美人物”人员名单和《2017年全县精神文明建设工作要点》，对近期重点工作安排部署。

24日 全区2017年引黄灌区平原绿洲绿网提升工程启动仪式在平罗县举行，与会人员观摩城关镇步口桥村农田林网提升改造工程建设情况，并召开现场会，参加义务植树活动。

同日 全县作风效能提升年活动动员大会召开，组织观看《工作作风明察暗访纪实》专题片，宣读《平罗县开展作风效能提升年活动实施方案》，县住建局、教体局、人社局、政务服务中心和城关镇分别作表态发言。

27日 全县城乡绿化暨全民义务植树推进会召开，对2017年城乡绿化工作安排部署。

28日 石嘴山市委常委、宣传部部长薛文斌一行到平罗调研包推项目、包抓企业情况及宣传思想文化工作，对宁夏凌云化工有限公司、全域旅游西线景观廊道建设项目、城关回民小学及高庄乡综合文化站实地调研。

28日 内蒙古自治区巴彦淖尔市五原县考察团到平罗考察财政扶持村集体经济发展试点项目建设情况，实地考察黄渠桥镇五星村、灵沙乡何家村、高仁乡六顷地村及高仁村。

29日 石嘴山市副市长、平罗县委书记朱剑调研“下基层”联系点——黄渠桥镇前光村，对马季清真食用油有限公司、前光种禽养殖场实地调研，详细了解前光村产业发展、村集体收入、老年人养老等生产生活情况。

同日 全县信访工作“五无”创建活动推进会召开，总结和部署全县“五无”创建活动，对“五无”乡镇、部门、无访村（社区）和信访工作先进单位、先进个人表彰。

30日 石嘴山市副市长、平罗县委书记朱剑调研石嘴山生态经济开发区环境综合整治工作。

31日 自治区地震局副局长金延龙一行到平罗督查地震应急准备工作，实地查看宁夏新安科技有限公司和城关镇金顺社区，详细了解企业氯气泄露应急救援程序及社区应急避难场所建设、防震减灾宣传等情况，召开汇报会。

31日 石嘴山市副市长、平罗县委书记朱剑调研国有林场改革工作，对县林场及黄河湿地保护林场实地调研。

4月

5日 石嘴山市副市长、平罗县委书记朱剑调研殡葬管理工作，实地调研红崖子乡回民公墓和陶乐镇马山头公墓，并召开座谈会。

7日 “思源·佑华教育育才班”助学金发放仪式在平罗中学举行，为95名受助学生每人发放3000元助学金。自治区人大常委会副主任、民建区委会主委孙贵宝及市、县领导参加发放仪式。

同日 石嘴山市副市长、平罗县委书记朱剑主持召开十四届县委2017年度第7次常委会议，传达学习习近平总书记在中央全面深化改革领导小组第三十三次会议上讲话、自治区党委书记李建华在石调研“三去一降一补”工作汇报会上讲话、自治区主席咸辉在全区机构编制工作会议上讲话精神，研究县深化改革领导小组、县人大常委会党组、县政府党组、县委党校、县妇联、团县委及县委组织部有关议题。

10日 石嘴山市副市长、平罗县委书记朱剑主持召开农村产权抵押贷款座谈会，听取全县农村产权抵押贷款工作情况汇报。

11日 石嘴山市副市长、平罗县委书记朱剑调研宁夏精细化工基地基础设施项目建设情况，实地调研大唐供水管网、精细化工基地污水处理厂排水沟开挖、园区道路及绿化等工程。

12日 全国工商联直属商会客商一行到平罗考察，对丽珠集团医药产业园、宁夏大地循环发展股份有限公司实地考察。

同日 石嘴山市副市长、平罗县委书记朱剑等四套班子领导及广大干部职工，在城关镇关渠村八队生态项目恢复区参加全民义务植树活动。

同日 县委副书记、政法委书记李彦炜主持召开全县党委系统信息工作会议，对2016年度信息工作先进集体、先进个人进行表彰，总结和部署全县党委系统信息工作。邀请自治区党委办公厅信息调研处处长文学林就如何做好信息调研工作专题讲座。

13日 举办全县新闻通讯员、网评网宣员培训班，对2016年度优秀通讯员和优秀网评网宣员进行表彰奖励，邀请宁夏日报总编室主任刘建华和市网信办主任侯尚文专题培训。

14日 石嘴山市委书记彭友东、代市长李郁华一行到平罗督查调研全市重点项目建设情况，实地调研石嘴山泓升新材料科技有限公司年产1万吨邻甲酸甲酯苯磺酰胺、中阿物流园平罗站改扩建、滨河碳化硅制品有限公司循环经济发展及碳化硅制品深加工、宁夏大地循环发展股份有限公司年产500万条全钢子午线轮胎二期及5万吨钢帘线、8万吨炭黑建设项目。

17日 自治区纪委常委王秀春一行到平罗对开展查处涉农扶贫领域腐败问题专项行动和巩固深化中央八项规定精神“回头看”工作情况督导检查，召开座谈会，详细了解相关工作开展情况。

同日 水利部黄委会副主任赵勇一行到平罗督查全面推行河长制工作进展情况，召开座谈会，详细了解相关工作情况。

同日 中央第八环境保护督察组反馈意见整改落实工作推进会召开，传达学习环保部西北督查中心来石调研中央环保督察反馈意见整改工作座谈会精神，通报全县中央第八环保督察组督察反馈意见整改落实情况。县四套班子领导参加会议。

同日 石嘴山市副市长、平罗县委书记朱剑主持召开城乡规划建设审查委员会2017年第三次会议，研究县公安局车辆管理所及民警训练基地、锦绣华城小区、阳光城市花园小区、杭锦旗至银川天然气管道联络线等项目规划方案。

18日 创建国家全域旅游示范县推进会召开，传达学习区、市旅游工作会议精神，文广局、农牧局、商务局、陶乐镇和黄渠桥镇作表态发言。

19日 全国政协常委、原总后勤部副政治委员刘晓榕一行到平罗调研，实地参观宁夏大地循环发展股份有限公司循环经济产业园及轮胎项目。

20日 石嘴山市委常委、统战部部长金花一行到平罗调研基层商会建设情况，实地调研县装饰行业协会，并召开座谈会。

21日 举行“全民阅读 书香平罗”系列活动启动仪式。

22日 国务院安委会安全生产第八巡查组到平罗开展巡查工作，对宁夏吉元冶金集团有限公司、宁夏大地循环发展股份有限公司实地检查，在县行政中心查阅相关资料，并召开汇报会。

24日 自治区人大常委会副主任吴玉才一行到平罗调研“三去一降一补”工作，实地调研宁夏参进宁宇达冶金有限公司及中阿物流园平罗铁路综合货场项目。

27日 石嘴山市委常委、纪委书记雍建华一行到平罗调研党风廉政建设工作，实地调研城关镇、姚伏镇小店子村，并召开座谈会，详细了解平罗县开展查处涉农扶贫领域腐败问题专项行动、巩固深化中央八项规定精神“回头看”等工作情况。

同日 石嘴山市统战系统“助力脱贫攻坚”行动推进会在陶乐镇庙庙湖村举行，现场为55名建档立卡家庭经济困难学生发放助学金3万元，同时开展“送医下乡”“送技下乡”等活动。

28日 石嘴山市副市长、平罗县委书记朱剑主持召开十四届县委2017年度第8次常委会议，传达学习《中共中央办公厅印发〈关于当前意识形态领域形势的通报〉的通知》、全区推动移风易俗树立文明乡风现场推进会、《关于五一和端午节期间强化监督执纪问责坚决落实中央八项规定精神的通知》等文件、会议精神，对第一季度县处级领导干部“干事档案”述职测评，研究县政府党组、县纪委有关议题。

5月

2日 石嘴山市副市长、平罗县委书记朱剑调研拟处置国有资产情况，对原县计生局办公楼、原县公安局拘留所办公楼、原陶乐县财政局办公楼、高庄乡惠威小学闲置校舍等实地调研。

3日　自治区人大常委会副主任孙贵宝带领中华环保世纪行——宁夏行动调研组到平罗督查环保工作，实地查看石嘴山生态经济开发区固废填埋场建设、县城污水处理厂提标改造、威镇湖湿地建设、医药产业园恶臭气体治理及污水处理厂建设、晟晏福华 1×40500 千伏安矿热炉及尾气综合利用、县城区热电联产集中供热工程。

同日　自治区司法厅厅长汪敬一行到平罗调研司法行政工作，实地调研石嘴山生态经济开发区警司联调工作室、城关六小交通安全暨青少年法治教育基地、黄渠桥司法所，详细了解人民调解、社区矫正、法治宣传、信息化建设等工作情况。

4日　自治区农牧厅厅长王文宇一行到平罗调研农业工作，实地调研乐牧·高仁草畜林一体化、华泰农沙漠瓜菜种植、天源復藏公司肉牛养殖等项目。

5日　自治区民委副主任陈建龙一行督查平罗县贯彻落实全区宗教工作会议精神及统一战线重点工作推进情况，对宁夏大地循环发展股份有限公司、城关五小、高庄大寺等实地督查，并查阅相关档案资料。

同日　自治区体育局局长张柏森一行到平罗调研创建基本公共体育服务体系示范县工作，实地调研县文体健身中心及惠民生态健身公园，并召开反馈会。

7日　全国妇联党组书记、副主席、书记处第一书记宋秀岩一行到平罗调研基层妇联改革工作，实地调研黄渠桥镇、渠口乡妇联组织建设情况，并召开座谈会。

9日　石嘴山市代市长李郁华到平罗调研，实地调研陶乐镇庙庙湖村移民扶贫、宁夏华泰农沙漠瓜菜产业园、陶乐镇特色小城镇建设、宁夏大地循环发展股份有限公司循环经济产业园及轮胎项目和县农村综合改革服务中心等，并召开座谈会。

10日　自治区党委常委、副主席马顺清一行到平罗调研农业工作，实地调研天源復藏农业开发有限公司、华泰农公司标准化蔬菜生产基地、渠口乡盐碱地农艺改良示范基地和县农村综合改革服务中心。

同日　石嘴山市副市长、平罗县委书记朱剑主持召开全县 2017 年第一次工业项目审查审批会，审查宁夏神州轮胎有限公司、宁夏金洛莱精密轴承科技有限公司、平罗县滨河碳化硅制品有限公司等 25 家企业 28 个项目。

同日　自治区工商局副局长云中一行到平罗调研商标工作，实地调研沙湖旅游有限公司、沙湖渔业有限公司、昊帅米业和黄渠桥羊羔肉协会。

同日　国家发改委易地扶贫搬迁工作交叉考核组到平罗考核 2016 年易地扶贫搬迁工作成效，深入黄渠桥镇四渠村插花移民安置点，通过查看产业、入户访谈、查阅资料等形式，对易地扶贫搬迁工作抽查考核。

11日　县公安局交巡警大队揭牌暨“交巡警合一”警务机制启动仪式举行。石嘴山市委常委、公安局局长苏发坤、县长马莉方为县公安局交巡警大队揭牌。

12日　自治区党委办公厅督查组督查平罗县学习贯彻习近平总书记到宁夏视察重要讲话精神情况，实地查看宁夏宇泊科技有限公司平罗肉羊繁育场、石银高速至平罗连接线、京藏高速改扩建及宁夏大地循环发展股份有限公司轮胎项目。

同日　团中央志工部部长张朝晖一行到平罗观摩青春扶贫项目，实地观摩陶乐镇庙庙湖小学“微善之家”和“七彩小屋”公益服务项目，并召开团中央关怀大学生西部计划志愿者座谈会。

同日　平罗县开展“防灾减灾日”活动，进

行防灾减灾救灾综合演练，现场对实施防震救助、灾害救援等7个科目展演。

14日　浙江义乌企业家一行到平罗考察，实地考察宏泰商业广场和石嘴山义乌国际商贸城。

16日　石嘴山市副市长、平罗县委书记朱剑主持召开十四届县委2017年度第9次常委会议，传达学习《自治区党委印发〈关于加强和改进新形势下全区保密工作的实施意见〉的通知》、全区宣传部长座谈会、《自治区党委办公厅关于印发〈推进“两学一做”学习教育常态化制度化实施方案〉的通知》及石嘴山市代市长李郁华到平罗调研讲话等精神，研究县政府党组、县委宣传部、县委组织部、县妇联有关议题。

17日　县委副书记、政法委书记李彦炜主持召开全县脱贫攻坚推进会，对迎接自治区党委办公厅、人民政府办公厅到平罗开展脱贫攻坚专项督查及落实自治区2016年省级党委和政府扶贫开发工作成效考核问题整改任务相关工作安排部署。

18日　自治区党委宣传部副部长毛录一行到平罗调研精神文明建设工作，实地调研城关四小、唐徕社区及渠口乡，详细了解移风易俗、未成年人思想道德建设等工作情况。

同日　全县卫生与健康暨国家健康促进县攻坚达标工作会议召开，书面传达学习全国、区、市卫生与健康大会和创建国家健康促进县相关文件精神，安排部署国家健康促进县攻坚达标工作和健康县城、健康村镇创建工作，县卫生计生局、教体局、林业城管局、环保局、城关镇、陶乐镇作表态发言。

21日　浙江金发集团董事长洪钢华一行到平罗考察，实地考察宁夏大地循环发展股份有限公司、丽珠药业、石嘴山义乌国际商贸城及宁夏松海盛华农林科技开发有限公司。

22日　石嘴山市代市长李郁华到平罗调研河长制推行情况，实地调研第三排水沟治理工作，并召开座谈会。

23日　自治区党委书记石泰峰一行到平罗调研调研宁夏大地循环发展股份有限公司轮胎和宁夏泰金种业科技产业园建设项目。

24日　国家土地督察西安局局长窦敬丽一行到平罗调研农村土地制度改革三项试点工作，实地调研黄渠桥镇四渠村宅基地综合整治利用示范点、城关镇和平村农村土地征收制度改革示范点，并召开座谈会。

25日　“大地杯”2017年李宁全国青年男子篮球锦标赛（平罗赛区）在县文体健身中心正式开幕。系平罗县首次承办全国正式体育比赛。

26日　自治区政协副主席安纯人一行到平罗开展食品药品安全工作专项视察，对宁夏一康源大药房连锁有限公司药品及保化品质量管控、宁夏汇源食品饮料有限公司食品安全质量管控、平罗四中食堂4D管理情况实地视察。

同日　举办全县第五届道德模范暨“最美家庭·最美人物”颁奖典礼，对全县21名道德模范、23名最美人物、2户最美家庭和4户移风易俗文明户表彰。

31日　平罗县妇女第十五次代表大会召开，审议通过县妇联第十四届执行委员会工作报告，选举产生第十五届执行委员会委员、常务委员会委员、挂职副主席、兼职副主席、副主席和主席。

31日　县委、人大、政府、政协主要领导带队，分别深入城关五小、渠口小学、头闸九年制学校、陶乐幼儿园等中小学、幼儿园走访慰问，为少年儿童送去“六一”儿童节节日礼物和祝福，向辛勤奉献的教师表示崇高敬意。

5月　国务院确定全国15个省（市、区）的100个县级政府为国家基层政务公开标准化规范化试点单位。全区有5个县级政府获批，平罗县位列其中。

5月　平罗县被自治区交通厅命名为全区首批“四好农村路”示范县。

6月

1日 石嘴山市委常委、纪委书记雍建华、市人大常委会副主任马绍华、市政协副主席刘新保一行到平罗开展“六一”儿童节慰问活动，到县第五幼儿园、城关四小、东方明珠幼儿园，向少年儿童致以节日祝贺，为师生们送去节日礼物和慰问金。

同日 自治区民政厅党组书记妥永苍一行到平罗调研养老服务体系建设工作，实地调研陶乐养老服务中心、银北医养结合养老院、县第三敬老院和老年活动中心。

2日 石嘴山市副市长、平罗县委书记朱剑主持召开十四届县委2017年度第10次常委会议，传达学习自治区党委书记石泰峰到石嘴山调研时重要指示、自治区妇女第十一次代表大会、石嘴山市第十四届人民代表大会第二次会议等精神，研究县委组织部、县政府党组有关议题。

3日 国家林业局原党组成员杨继平一行到平罗调研林地管理工作，实地调研陶乐镇庙庙湖村和红崖子乡红瑞村林地情况，走访部分农户，并召开座谈会，详细了解林业空间规划、林权制度改革、林业产业发展等情况。

3日 西部控股集团董事局主席陈远东一行到平罗考察，实地考察宁夏大地循环发展股份有限公司、宁夏大生生物科技有限公司、沙湖水镇和瀚泉海。

4日 石嘴山市2017年第二批重点项目集中开工暨宁夏金洛莱精密轴承科技有限公司年产2.1亿套高端精密轴承制造项目奠基仪式在平罗县举行。

9日 第二届中国国际房车旅游大会平罗分会场暨“丝绸之路”房车旅游发展高峰论坛召开，邀请中汽协房车委、中国旅游集团、中国汽车工业协会房车委等有关专家学者，围绕房车露营形势、地方旅游发展建议、自驾游发展体会等主题演讲。

10日 “全民健身挑战日——健康宁夏动起来”暨宁夏全民健身节启动仪式在县文体健身中心举行。

12日 石嘴山市副市长、平罗县委书记朱剑主持召开全县领导干部大会，传达学习自治区第十二次党代会和全市领导干部大会精神。

13日 石嘴山市副市长、平罗县委书记朱剑调研全县学前教育工作，实地调研平罗五幼、东方明珠幼儿园、渠口中心幼儿园和平罗二幼，并召开座谈会，详细了解幼儿入学、师资队伍建设、校园周边安全保障、学校资产管理等情况。

同日 县委副书记、政法委书记李彦炜主持召开县委政法委2017年第二次全体委员会议，传达学习自治区党委办公厅、人民政府办公厅《关于整合乡镇（街道）综治信访维稳工作资源的指导意见》和《全区平安创建考核奖惩方案》文件精神，通报全县平安建设工作督查情况，研究县综治办、法院有关议题，审议政法系统各部门2017年上半年工作。

14日 全国人大农委调研组到平罗调研特色农业、农村土地流转工作，实地调研盈丰农业合作社标准化番茄种植基地及泰金种业科技产业园，详细了解农村土地经营制度改革、村集体经营性建设用地入市等情况。

同日 自治区人大常委会副主任王儒贵一行到平罗检查民族教育条例贯彻实施情况，实地查看城关五小、黄渠桥九年制学校。

15日 石嘴山市委书记彭友东一行到平罗调研河长制及防汛工作，实地调研黄河二期统一河道及邵家桥河道治理工程项目，并召开座谈会。

同日 石嘴市委书记彭友东一行到平罗调研脱贫攻坚工作，入户走访红崖子乡红瑞村部分移民群众，实地调研红翔村枸杞番茄果脯加工厂和枸杞番茄种植基地、祥瑞菌菇种植加工基地及大唐平罗发电有限公司2×660兆瓦火电项目，并对自治区第十二次党代会精神进行宣讲。

同日 举办县委中心组理论学习（扩大）会议暨“两学一做”学习教育专题辅导讲座，邀请宁夏党校公共管理教研部主任、教授、宁夏党建研究会副秘书长李喆，围绕推进“两学一做”学习教育常态化制度化重要意义、党内法规体系组成、合格党员标准等方面专题辅导。

16日 石嘴山市委常委、政府副市长常晋宏一行考察平罗县产业项目建设情况，实地查看宁夏参进宁宇达冶金有限公司4×27000千伏安硅锰合金矿热炉及综合利用、宁夏吉元冶金集团有限公司冶金废渣综合利用年产18万吨矿物棉生产线、宁夏丰华生物科技有限公司氯化亚砜医药中间体、宁夏松海盛华农林科技开发有限公司5000吨葡萄籽和5000吨枸杞干果深加工及全域旅游西线景观廊道建设一期等项目。

19日 自治区财政厅党组书记张苏安一行到平罗对国务院第四次大督查自查情况专项督查，实地查看县第八中学、光荣院及县城新区生态治理工程，并召开座谈会。

20日 国家科技部考察组到平罗考察农村科技工作，实地考察宁夏宇泊农业科技有限公司优质肉羊育种项目。

同日 石嘴山市“神华爱心书屋”捐赠仪式暨“青春扶贫助力行动”表彰活动在陶乐镇庙庙湖村举行。

20—21日 举行全县基层党建观摩述职推进会，对城关镇和平社区、姚伏镇周城村、国税局等19个基层党建示范点实地观摩，通报上半年党建督查情况，部分乡镇、部门党组织负责人述职汇报。

23日 石嘴山市委常委、统战部部长金花一行到平罗开展开斋节慰问活动，走访慰问部分回族群众与宗教界人士。

同日 石嘴山市副市长、平罗县委书记朱剑主持召开十四届县委2017年度第11次常委会议，传达学习自治区十一届人大八次会议、自治区党委专题会议、《中共中央办公厅 国务院办公厅关于甘肃祁连山国家级自然保护区生态环境问题督查处理情况及其教训的通报》等精神，听取中央第八环境保护督察组反馈意见整改落实情况汇报，研究县政府党组、县纪委等有关议题。

同日 石嘴山市副市长、平罗县委书记朱剑主持召开县空间规划（多规合一）改革试点工作领导小组第四次会议，听取试点工作进展情况汇报，审议全县用地属性差异图斑处理、城镇建设用地规模等事宜。

29日 自治区党委常委、宣传部部长赵永清到平罗看望慰问老党员。

30日 国土资源部副部长王广华一行到平罗对农村土地制度改革三项试点工作督察，实地查看庙庙湖村农村集体经营性建设用地入市、灵沙乡胜利村宅基地收储安置插花移民、西灵村宅基地超占面积有偿使用等工作，并召开座谈会。

7月

1日 自治区人大常委会党组副书记、副主任李锐一行到平罗对农田水利基本建设与河流湖泊管理情况立法前调研，实地调研城关镇步口桥村农田平整和灌排配套项目区、第三排水沟综合治理项目区，并召开座谈会。

3日 自治区农科院党委书记、院长周东宁一行到平罗对院地合作平罗综合实验示范基地工作检查。实地查看姚伏镇优质水稻示范基地、黄渠桥镇盐碱地改良示范基地、头闸镇种植示范基地，并召开座谈会。

同日 自治区安委办副主任、安监局副局长洪涛一行到平罗督查危险化学品综合治理工作，实地查看宁夏格瑞精细化工有限公司，并召开座谈会。

4日 县委理论学习中心组（扩大）会议召开，宁夏社会科学院副院长郭正礼围绕自治区第十二次党代会的重要意义、思想内涵和精神实质作专题辅导。全县副科级以上实职领导干部和部分区（市）属单位负责人参加专题讲座。

5日 自治区党委政法委副秘书长、综治办专职副主任张佑昌一行到平罗调研督查政法综治重点工作，实地查看石嘴山生态经济开发区综治服务中心、检察院检务大厅、公安局交巡警合一、阳光社区“一警七员”、渠口乡新桥村“联村联治”，并召开座谈会。

同日 石嘴山市副市长、平罗县委书记朱剑主持召开全县深化改革领导小组会议，传达学习全区全面深化改革专题培训班总结报告精神，听取七个专项小组工作推进情况汇报，对今后全县改革工作再安排、再部署。

6日 石嘴山市副市长、平罗县委书记朱剑主持召开县处级党员领导干部“两学一做”学习教育常态化制度化第一专题学习讨论会，集中观看廖俊波先进事迹，5位县处级领导带头学习研讨交流。

同日 石嘴山市副市长、平罗县委书记朱剑一行调研陶乐镇特色小镇建设情况。实地查看陶乐镇镇区路灯改造、镜湖整治、西环路、北环路道路建设及给排水项目、陶乐镇中心广场改造等工程。

10日 自治区政协党组副书记、副主席蔡国英到宁夏大地循环发展股份有限公司做“两学一做”学习教育常态化制度化党课暨自治区第十二次党代会精神专题辅导报告，对大地公司发展情况调研。

同日 石嘴山市副市长、平罗县委书记朱剑一行调研美丽村庄建设情况，实地查看高庄乡同进村、黄渠桥镇四渠村、宝丰镇渠羊村美丽村庄项目建设点。

同日 国务院安委会安全生产巡查反馈意见落实会暨2017年平罗县安委会第三次全体（扩大）会议召开，传达学习自治区安委会第三次全体（扩大）电视电话会议精神，通报上半年全县安全生产工作，安排部署国务院安全生产巡查组反馈意见整改落实和自治区安全生产大检查工作。

11日 自治区纪委副书记殷学儒一行到平罗调研扶贫领域监督执纪问责工作，召开座谈会，听取相关工作情况汇报。

12日 石嘴山市副市长、平罗县委书记朱剑一行调研脱贫攻坚重点项目建设情况，实地查看陶乐镇庙庙湖B区土地开发整理、华泰农瓜菜产业园、新丝陆服装加工、红瑞村手套加工厂、枸杞番茄加工种植基地、祥瑞菌菇种植合作社等项目建设情况，并召开座谈会。

同日 石嘴山市首届沙漠西瓜文化节在平罗县高仁乡“乐海山”西瓜专业合作社召开。

17日 石嘴山市委书记彭友东、市长李郁华、市政协主席马平安带领全市2017年产业发展和重点工作现场观摩会与会人员观摩平罗县重点项目建设情况，实地观摩宁夏泰金种业瓜菜种子“育繁推一体化”、惠民文化健身公园、公共服务中心、大地公司年产500万条全钢载重子午线轮胎及钢帘线、炭黑等8个项目建设情况。

20日 石嘴山市副市长、平罗县委书记朱剑主持召开十四届县委2017年度第13次常委会议，传达学习习近平总书记在深度贫困地区脱贫攻坚座谈会上的讲话精神和中纪委扶贫领域监督执纪问责工作电视电话会议精神，听取全县上半年党建、党风廉政建设和反腐败工作情况汇报，研究县政府党组、县委组织部有关议题。

同日 石嘴山市委常委、组织部部长吴保军带领市直相关部门负责人、县区党委组织部负责人和乡镇党委书记对平罗县农村党建工作观摩，实地观摩头闸镇西永惠村、通伏乡新丰村在农业产业及党支部引领发展壮大村集体经济方面的经验做法，并召开全市农村党建工作推进会。

24日 自治区副主席马力、政协副主席田成江带领全区民族团结进步创建观摩组来平观摩民族团结进步创建工作，实地观摩高庄乡民族团结示范点和宁夏大地循环发展股份有限公司商务中心和轮胎项目。

同日 自治区民政厅党组书记妥永苍一行到平罗督查退役士兵安置和权益保障工作，召开座谈会，听取相关工作情况汇报。

同日 自治区住建厅副厅长刘德军一行对平罗县城市建设工作督查，召开汇报会，查阅城市工作相关资料，实地查看第三排水沟平罗段污水治理威镇湖截流净化工程、新利小区、新区生态治理等项目。

25日 自治区质监局党组书记罗万里一行对平罗县工业园区质量管理工作调研。实地调研石嘴山生态经济开发区、宁夏精细化工基地园区质量管理工作，并召开座谈会。

26日 自治区农业综合开发办公室主任许学禄一行到平罗调研农业综合开发工作，实地查看高标准农田建设模式创新试点、银北地区百万亩盐碱地改良沟道治理工程等，并召开座谈会。

27日 自治区副主席刘可为一行到平罗调研城市执法体制改革推进工作及石嘴山生态经济区福兴制药有限公司环境污染治理情况。

同日 自治区副主席许尔锋到平罗慰问重点优抚对象。

同日 自治区妇联主席董玲一行调研平罗县妇女工作，实地查看灵沙乡妇联区域化项目、宁夏新丝陆服饰有限公司和华泰农沙漠瓜菜产业园。

28日 由自治区农牧厅、科技厅、商务厅、石嘴山市人民政府主办，平罗县人民政府、石嘴山市种业协会承办的中国·宁夏·石嘴山（平罗）第四届种业博览会开幕式在平罗县举行。

同日 2017年朝觐统送统接工作协调会议召开，传达全市朝觐工作会议精神，通报2017年度朝觐工作总体情况，安排部署全县朝觐统送统接工作。

31日 自治区人大常委会副主任肖云刚一行到平罗调研信访工作，实地查看渠口乡六羊村、新桥村联村联治综治中心示范点和县信访接待大厅，并召开座谈会。

同日 全县综治信访维稳工作会议召开，传达学习全区综治信访维稳工作会议精神，通报上半年全县平安建设、信访工作情况，安排部署下半年全县综治、平安建设、信访维稳工作。

7月 国家住房城乡建设部办公厅公布第四批美丽宜居小镇、美丽宜居村庄示范名单，全国有95个小镇、413个村庄入选，平罗县陶乐镇庙庙湖村榜上有名。

8月

1日 石嘴山市副市长、平罗县委书记朱剑主持召开十四届县委2017年度第14次常委会议，传达学习自治区党委书记石泰峰在自治区党委常委会议听取上半年经济运行情况汇报时的讲话精神和石嘴山市委书记彭友东、市长李郁华在全市上半年经济形势分析暨“双百”活动推进会上的讲话精神，听取全县上半年政法综治和信访工作情况的汇报，研究县政府党组、县政协党组、县委组织部有关议题。

2日 自治区党委常委、政法委书记徐广国一行调研平罗县政法工作，实地查看县信访接待大厅和石嘴山生态经济开发区综治服务中心，并召开信访维稳重大疑难积案交办会。

同日 石嘴山市人大常委会副主任强伟一行检查平罗县贯彻落实《固体废物污染环境防治法》情况，实地查看石嘴山生态经济区工业固废填埋场、生活垃圾填埋场、宁夏大地循环发展有限公司和宁夏晟晏实业集团福华冶金有限公司工业固废产生、处置利用情况。

3日 石嘴山市副市长、平罗县委书记朱剑主持召开2017年第二次工业项目审查审批会，听取待审查审批工业项目情况汇报，安排部署工业项目相关工作。

同日　全县反腐败案件查办协调领导小组会议召开，传达学习《石嘴山市党员和国家工作人员涉嫌违纪违法犯罪案件（线索）通报移送实施办法（试行）》，听取2016年以来查办党员和国家工作人员涉嫌违纪违法犯罪案件线索情况汇报，研究调整全县反腐败案件查办协调领导小组成员，现场移送党员和国家工作人员涉嫌违纪违法犯罪案件线索。

4日　石嘴山市政协副主席李树岩一行到平罗调研旅游产业发展情况，实地查看天河湾湿地公园、拉巴湖沙漠生态旅游区、庙庙湖生态旅游区。

同日　自治区农牧厅党组成员、纪检组长刘文斌一行到平罗督查2016年中央财政实施清真牛羊肉一二三产业融合发展试点项目执行情况，实地查看灵沙乡鑫伟辉农牧开发有限公司、高庄乡金星肉牛养殖有限公司、红崖子草畜一体化示范区、陶乐镇庙庙湖移民养殖园区等项目，并召开汇报会。

5月　《平罗年鉴（2016）》在第四届全国地方志优秀成果（年鉴类）质量评审中，被评为一等年鉴。

7日　石嘴山市副市长、平罗县委书记朱剑一行调研崇岗镇重点工作，实地查看崇岗新镇区建设、三二支沟生态保护和大水沟水源地关停煤炭企业等情况，并召开座谈会。

同日　自治区公安厅常务副厅长陈栋桥一行到平罗调研社区警务工作，实地查看太沙派出所社区警务工作室。

8日　石嘴山市市长李郁华一行到平罗调研中央环保督察反馈意见整改工作，实地查看魏永征燃煤锅炉改清洁能源、宁夏新安科技有限公司矿热炉连接园区集中供热等项目。

同日　石嘴山市副市长、平罗县委书记朱剑一行调研姚伏镇重点工作，实地查看姚伏高端露地蔬菜园区及水稻统种分管园区，并召开座谈会。

同日　全县查处涉农扶贫领域腐败问题专项行动联席会议召开，传达学习全国扶贫领域监督执纪问责工作电视电话会议精神和自治区纪委《关于扎实推进加强扶贫领域监督执纪问责工作的通知》文件精神，安排部署全县推进扶贫领域监督执纪问责工作。

同日　石嘴山市政协副主席姚新闻一行到平罗调研双创示范工作，实地调研石嘴山众力科技产业园、平罗县农村电商服务中心、汇融新天地创业基地，并召开座谈会。

9日　石嘴山市副市长、平罗县委书记朱剑一行调研通伏乡、渠口乡重点工作，并分别召开座谈会。实地查看宁禾谷米业有限公司和新丰村发展壮大村集体经济项目。

10日　石嘴山市副市长、平罗县委书记朱剑一行调研头闸镇、灵沙乡重点工作，并分别召开座谈会。实地查看头闸翰林文化广场建设项目和西永惠村田佳盈农业专业合作社。

11日　自治区政协主席齐同生到平罗作“两学一做”学习教育专题党课暨自治区第十二次党代会精神宣讲报告，实地调研姚伏茗苑养老服务中心、高端露地蔬菜园区、水稻统种分管示范园区和宁夏大地循环发展股份有限公司。

14—15日　全县农业产业发展观摩暨农业经济形势分析会召开，对部分农业特色优势产业园区及农村改革示范点实地观摩，会议通报上半年农业产业发展和农民增收情况，分析上半年农业农村经济形势，安排部署下一阶段农业产业发展和农民收入调查样本轮换工作。县四套班子分管领导、涉农部门主要负责人、各乡镇党委书记、乡镇长参加会议。

15日　自治区旅游发展委员会副主任赵明霞一行到平罗督查全域旅游发展情况，实地查看西线景观廊道、庙庙湖生态旅游区基础设施建设、欣凯休闲农庄、蕾牧高科休闲农业观光园旅游项目情况。

同日　石嘴山市副市长、平罗县委书记朱剑一行调研宝丰镇重点工作。实地查看昊兴冷库和菜心基地、金福来屠宰车间、金花葵中药材种植示范园区等项目情况，并召开座谈会。

17日　石嘴山市副市长、平罗县委书记朱剑一行调研黄渠桥镇重点工作，实地查看广地集团宁夏益昇公司、黄渠桥村老市场和前光村、侯家梁村土地流转情况，并召开座谈会。

同日　石嘴山市委常委、统战部部长金花一行到平罗调研新社会阶层代表人士工作，实地查看平罗七彩艺校、为民农村电子商务有限公司、通源驾驶培训中心。

同日　石嘴山市政协副主席李春兴到平罗调研无党派知识分子联谊会工作，实地调研知联会会员企业通源驾校、宁夏星源建筑安装公司相关工作，并召开座谈会。

18日　石嘴山市副市长武裕国一行到平罗调研农业产业发展情况，实地查看宁夏千叶青农业科技发展有限公司、通伏优质水稻生产基地、昊帅米业加工厂和姚伏水稻绿色攻关暨粮食高产创建示范点。

同日　石嘴山市副市长、平罗县委书记朱剑一行调研高庄乡重点工作，实地查看高庄乡北长渠蔬菜制种园区、宁夏千叶青农业科技发展有限公司、威镇湖生态水产养殖及周边环境卫生整治工程，并召开座谈会。

22日　国家投诉受理办公室副主任王仕科一行到平罗调研网上信访工作，实地调研城关镇综治服务中心、渠口乡政法综治信访接待中心、新桥村联村联调联治中心和县信访接待大厅，并召开座谈会。

同日　全县统战工作座谈会召开，各民主党派、工商联、知联会、侨台联汇报开展社会服务、助力精准扶贫、参政议政等工作情况，听取对全县统战工作意见和建议，安排部署下一阶段工作。

23日　石嘴山市副市长、平罗县委书记朱剑主持召开平罗县城乡规划建设审查委员会2017年第4次会议，讨论审查县城夜景照明总体规划（2017—2025）、全民健身中心、县城64-5#地块、星和家园北侧片区旧城改造项目规划方案及单体效果、体育公园片区旧城改造项目（汇融新天地）规划调整方案。

24日　农业部国家农业科技园区专家组及自治区科技厅副厅长刘常青一行对平罗县承担的石嘴山国家农业科技园区农作物制种产业和清真羊肉产业检查验收，实地查看泰金种业科技产业园、宁羊农牧集团肉羊养殖基地、头闸西永惠蔬菜制种产业示范区和宁夏宇泊科技公司，并召开座谈会。

25日　县中医医院与北京中医药大学东直门医院合作单位挂牌暨第二届“北京中医药专家平罗行”活动启动会举行。

28日　石嘴山市副市长、平罗县委书记朱剑主持召开十四届县委2017年度第15次常委会议，传达学习《中国共产党巡视工作条例》《中共中央办公厅关于印发〈关于市县党委建立巡察制度的意见〉的通知》《中共中央办公厅关于印发〈被巡视党组织配合中央巡视工作规定〉的通知》精神及全区特色产业精准扶贫现场推进会会议精神；听取全县上半年脱贫攻坚、安全生产和意识形态工作情况汇报；研究县政府党组、县委宣传部、县委办、县委政研室、县委政法委有关议题，召开县总河长第一次会议。

29日　全县脱贫攻坚结对帮扶工作现场观摩暨脱贫富民推进会召开，对插花移民乡镇、陶乐镇庙庙湖村和红崖子乡红瑞村、红翔村部分市、县结对帮扶部门（单位）帮扶工作实地观摩，传达学习全区脱贫攻坚政策落实工作及全区特色产业精准扶贫现场推进会会议精神，通报全县脱贫攻坚工作进展情况，安排部署下一阶段脱贫攻坚工作。

8月　宁夏大地循环发展股份有限公司被工信部评为2017年全国第一批绿色制造体系中绿色工厂示范企业。

9月

2日（星期六）　云南省副省长张祖林一行到平罗考察农村综合改革工作，实地查看县农村综合改革服务中心、泰金种业科技产业园、华泰农农业科技发展有限公司、天源復藏农业生产基地。

4日　公安部交通管理局局长刘钊一行到平罗调研十九大前交通安保工作，慰问县交警大队民警，并召开座谈会。

5日　全国人大常委会副委员长张平一行到平罗调研脱贫攻坚工作，实地查看宁夏新丝陆服饰有限公司。

6日　石嘴山市副市长、平罗县委书记朱剑主持召开十四届县委2017年度第16次常委会议，传达学习自治区党委书记石泰峰调研推进银川都市圈建设座谈会讲话、调研督查贺兰山自然保护区生态环境综合治理暨督办自治区十一届人大七次会议166号214号建议座谈会讲话精神和全区国有企业党的建设工作会议及全区开展“三大三强”行动推广“两个带头人”工程经验促脱贫富民战略实施工作会议精神，研究县政府党组和县委组织部有关议题。

6日　石嘴山市委常委、纪委书记雍建华一行到平罗调研包抓企业工作进展情况，实地查看宁夏新丝陆服饰有限公司、宁夏华泰农农业科技发展有限公司、庙庙湖旅游区基础设施建设项目情况。

7日　石嘴山市暨平罗县“民族团结月”活动启动仪式在平罗县“七一”广场举行，石嘴山市委常委、副市长常春宣布主题为“中华民族一家亲，同心共筑中国梦”2017年“民族团结月”活动正式启动。

8日　平罗县庆祝第33个教师节表彰大会召开，对名校长、优秀教师、尊师重教先进集体等表彰奖励，石嘴山市副市长、县委书记朱剑代表县委、人大、政府、政协向广大教育工作者致以节日问候。

同日　召开县委理论中心组（扩大）会议暨提升干部执行力专题辅导讲座，邀请宁夏党校副校长、管理学博士李培文就如何提升领导干部执行力专题辅导，主要围绕提升政治理论修养、提升职业化水平等方面作讲解。

11日　自治区常务副主席张超超一行到平罗调研督查沿黄生态经济带重点工作，实地查看庙庙湖万亩生态园和石嘴山泓升新材料科技有限公司年产1万吨邻甲酸甲脂苯磺酰胺项目。

同日　江苏省卫生计生委受国家卫生计生委委托，组成专家组到平罗评估验收全国健康促进县创建工作，实地查看惠民生态健身公园、县公共卫生服务中心、银晨太阳能有限公司、城关镇和平社区日间照料中心等，并召开专题汇报会，现场提问答疑、查阅资料、综合评估。

12日　自治区高级法院党组副书记、副院长李金英一行到平罗调研司法工作，实地查看县法院诉讼服务中心、诉前调解室、律师工作室、执行指挥中心、文化展室、家事法庭等，并召开座谈会。

13日　石嘴山市委常委、宣传部部长薛文斌一行到平罗调研精神文明创建工作，实地调研城关镇金顺社区、东花苑移风易俗主题广场、唐徕社区智慧社区示范点、姚伏镇周城村社会主义核心价值观主题广场。

15日　水利部移民局局长唐传利一行到平罗督查河长制工作，实地查看第三排水沟平罗段水污染治理威镇湖截流净化工程、瀚泉海生态治理工程，并召开座谈会。

18日　自治区纪委驻自治区党委统战部纪

检组组长于兴章一行到平罗对推荐拟命名的全区民族团结进步创建示范单位进行第三方测评，实地查看黄渠桥九年制学校、渠口乡渠口村等民族团结进步创建单位，采取检查资料、现场询问等方式测评，并召开座谈会。

19日　自治区党委宣传部副部长、文明办主任毛录一行到平罗调研农村志愿服务、精神文明建设等工作，实地查看姚伏镇农贸市场、周城村社会主义核心价值观文化广场、城关镇东华苑移风易俗主题文化广场。

20日　石嘴山市副市长、县委书记朱剑主持召开县处级领导干部“两学一做”学习教育常态化制度化第二专题学习讨论会，集中观看《做合格党员》微视频和《胜利之盾》保密文献纪录片，5位县处级领导带头学习研讨交流。

同日　2017年全县工业经济工作会议召开，传达学习区市关于促进工业经济平稳增长文件精神，对全县在产值增长、项目投资、科技创新、兼并重组、出口创汇、融资上市等方面成绩突出25家企业表彰奖励。

21日　全县“村廉通”建设工作推进会召开，实地观摩城关镇和平村、渠口乡新桥村、通伏乡新丰村“村廉通”试点工作，并召开工作交流座谈会。各乡镇党委书记、乡镇长、纪委书记，涉农部门主要责任人参加会议。

25日　石嘴山市副市长、平罗县委书记朱剑主持召开县领导包案化解信访问题专题汇报会，各包案县领导汇报办理重点信访问题情况，安排部署下一阶段重点信访问题化解工作。

同日　全县综治信访维稳工作专题会议召开，传达学习全国社会治安综合治理表彰大会及自治区、市综治信访维稳专题会议精神，各乡镇、各部门签订十九大期间信访维稳责任书，通报全县社会治安综合治理、信访工作和维稳工作情况，安排部署十九大期间全县综治信访维稳工作。

同日　自治区住建厅观摩组对平罗县新型城镇化综合试点工作进行观摩，实地观摩县农村综合改革服务中心和新区生态治理工程。

26日　全县2017年秋冬季农田水利基本建设动员会召开，县人民政府与水务、国土、高仁、红崖子等乡镇、部门负责人签订2017年秋冬季农田水利基本建设目标责任书，安排部署秋冬季农田水利基本建设工作。

同日　自治区公安厅党委副书记、副厅长冯自保一行到平罗检查十九大安保维稳工作，实地查看姚伏派出所、渠口派出所重点人口管控、危爆物品管理、行业场所监管等工作。

27日　石嘴山市政协副主席刘新保一行督查平罗县办理市政协十一届一次会议提案情况，实地查看宁夏晟晏实业集团有限公司、石嘴山生态经济开发区污水处理厂、泰金种业科技产业园。

同日　县委副书记、政法委书记李彦炜一行对全县综治信访和安全生产工作督查，实地督查全县重点路段、交通枢纽道路交通安全、大型商场、超市、医院、学校、旅游景区等人群密集场所安保、消防、食品安全、加油站、加气站安全应急管理及各乡镇、部门综治信访工作。

28日　石嘴山市副市长、平罗县委书记朱剑主持召开十四届县委2017年度第17次常委会议，传达学习自治区党委书记石泰峰在沿黄县（市、区）党委书记座谈会、自治区党委网络安全和信息化领导小组第四次会议上讲话精神、自治区领导徐广国、许尔峰在全区综治信访维稳工作专题会议上讲话精神、《自治区党委办公厅、人民政府办公厅关于印发〈宁夏县（市、区）党政正职综合业绩考核评价办法（试行）〉的通知》和《自治区党委印发〈关于激励干部想干事能干事干成事的若干意见〉的通知》《关于董锋严重违纪案件的通报》和《关于叶铁强严重违纪案件的通报》精神，听取全县禁毒工作情况汇报，研究县政府党组、县纪委、县委组织部有关议题。

9月　工信部公布《2017年国家两化融合管

理体系贯标试点企业名单》，宁夏大地循环发展股份有限公司、宁夏吉元冶金集团有限公司、中粮米业宁夏有限公司、宁夏鑫昊缘特种合金有限公司4家企业入选2017年国家两化融合贯标试点企业。

10月

10日 石嘴山市委书记彭友东一行到平罗调研脱贫攻坚工作，实地查看庙庙湖生态移民区抗旱补灌水库工程、宁夏新丝陆服饰有限公司、庙庙湖肉牛养殖园区，到红瑞村入户了解贫困户脱贫情况。

11日 自治区银北百万亩盐碱地农艺改良现场观摩推进会在平罗县召开，自治区农牧厅厅长王文宇一行对盐碱地农艺改良工作，实地查看头闸镇西永惠村机械深松深翻整地情况。

同日 自治区林业厅党组成员、纪检组组长杨珺一行到平罗调研督查林业系统涉农扶贫资金管理使用情况，实地查看陶乐镇、红崖子乡、高仁乡退耕还林补助资金发放、政策执行、信息公开等情况，调研电子廉政档案运行情况。

同日 北京师范大学中国公益研究院副院长高玉荣一行到平罗调研“消除婴幼儿贫血行动”项目实施工作。实地调研渠口卫生院、头闸镇卫生院“消贫”工作，并召开座谈会。

12日 全县十九大期间安保维稳电视电话工作会议召开，传达学习自治区、市中共十九大安保维稳工作会议精神，安排部署全县十九大期间安保维稳工作。

16日 全县脱贫攻坚工作推进会召开，传达学习自治区贯彻落实习近平总书记关于扶贫工作重要批示精神专题会议精神、自治区扶贫开发领导小组相关文件精神及自治区涉农扶贫领域违规违纪问题的通报，听取全县脱贫攻坚工作汇报，安排部署下一阶段脱贫攻坚工作。

同日 自治区审计厅副厅长刘佳一行到平罗调研审计工作，实地查看县审计局办公条件，看望审计部门干部职工，并召开座谈会。

17日 石嘴山市副市长武裕国一行到平罗调研庙庙湖村、红瑞村督查扶贫领域反馈和发现问题整改落实情况，召开会议听取关于部分建档立卡贫困户未缴纳社保问题整改落实情况汇报和关于滞留扶贫资金整改落实情况汇报。

18日 自治区检察院检察长李定达一行到平罗调研检察工作，召开会议听取县人民检察院工作汇报。

同日 自治区公安厅副厅长高振宇一行到平罗督导检查十九大安保维稳工作，实地查看城关派出所安保维稳情况，并召开座谈会。

同日 中国共产党第十九次全国代表大会开幕，县四套班子领导、各乡镇、部门主要负责人集中收听收看习近平代表十八届中央委员会所作《决胜全面建成小康社会，夺取新时代中国特色社会主义伟大胜利》工作报告。

19日 自治区民委副主任胡绍皆一行到平罗督查民族宗教工作，实地查看高庄乡民族团结进步创建示范点、高庄乡金星一队清真寺建设、宁夏沙湖清真食品有限公司及渠口乡渠口村。

同日 自治区科技厅厅长马清贵一行到平罗调研2017年科技创新驱动战略落实情况，实地查看宁夏神州轮胎有限公司、宁夏宇泊科技有限公司。

19日—20日 全县2017年产业发展和重点工作现场观摩会召开，实地观摩各乡镇、部门37个重点项目建设情况，召开观摩汇报点评会，通报2017年1—9月份经济社会发展情况，县委、县政府主要领导、县委督查专员对观摩情况点评。县四套班子领导、各乡镇、部门主要负责人、县委督查专员及部分两代表一委员参加观摩会。

20日 自治区政协副主席田成江一行到平罗跟踪督办自治区政协十届四次会议第60号重点提

案《关于帮扶我区生态移民村发展瓜菜产业的提案》，实地调研陶乐镇庙庙湖村、宁夏华泰农农业科技发展有限公司、庙庙湖生态移民区抗旱补灌水库、宁夏新丝陆服饰有限公司。

23日　自治区党委宣传部副部长、文明办主任毛录一行到平罗调研社会主义核心价值观“铸魂工程”开展情况，实地查看惠民生态健身公园和城关镇文体活动中心，并召开座谈会。

24日　石嘴山市人大常委会副主任田生宇一行到平罗调研供销社综合改革工作，实地查看城关镇、姚伏镇、渠口乡供销合作社运行情况。

25日　自治区民政厅厅长杜正彬一行到平罗开展重阳节慰问活动。

同日　石嘴山市政协主席马平安一行到平罗调研工业经济转型发展情况，实地查看泓升新材料有限公司。

26日　自治区人大常委会代选工委主任王俭一行到平罗开展下基层活动，实地查看高庄乡幸福村农田灌溉难、同进村排水难情况和崇岗镇下庙村文化广场建设情况。

同日　石嘴山市副市长、县委书记朱剑主持召开十四届县委2017年度第19次常委会议，传达学习中共十九大精神和毛泽东《实践论》《矛盾论》著作，研究县政府党组、县总工会、团县委、县委组织部相关议题。

31日　自治区环保厅副厅长孔令彬一行到平罗检查煤炭集中区环境综合整治和大气污染物防治工作，实地查看煤炭集中区环境综合整治情况。

同日　石嘴山市人大常委会副主任余占国一行到平罗调研脱贫攻坚工作，实地查看宁夏新丝陆服饰加工厂、红崖子乡红瑞村肉牛养殖园区、祥瑞菌菇专业合作社及部分建档立卡贫困户脱贫情况。

10月　最高人民检察院对全国检察机关在保障律师执业权利工作中成绩突出的检察院予以表彰，平罗县检察院榜上有名。

10月　中小城市经济发展委员会、中小城市发展战略研究院、中国社会科学院发展与环境研究所等单位在《人民日报》发布《2017年中国中小城市科学发展指数研究成果的报告》，平罗县入围2017年全国中小城市投资潜力百强县市。

11月

2日　石嘴山市政府副市长武裕国带领全市107个帮扶部门负责人来平观摩脱贫产业发展情况，实地观摩宁夏新丝陆服饰加工厂、庙庙湖村肉牛羊养殖场、红瑞村肉鸽养殖场、红崖子乡祥瑞菌菇专业合作社及部分菌菇养殖户。

3日　中共十九大代表、石嘴山市委书记彭友东到平罗宣讲党的十九大精神。

7日　自治区政协办公厅副主任沈自力一行到平罗检查2017年度“区、市、县”三级委员下基层工作，实地查看城关镇、宝丰镇和黄渠桥镇相关工作，并召开座谈会。

同日　石嘴山市副市长、平罗县委书记朱剑到黄渠桥镇基层联系点宣讲中共十九大精神。

8日　石嘴山市委书记彭友东一行到平罗调研新产业、新业态发展工作，实地查看农村电商产业园、银北医养结合养老院。

同日　自治区人社厅党组书记、副厅长马军生一行到平罗调研重点项目建设和固定资产投资完成情况，实地查看宁夏新丝陆服装厂、天源復藏农业发展有限公司、庙庙湖肉牛养殖场，并召开座谈会。

同日　石嘴山市人大常委会副主任张文阁一行到平罗调研城市生活垃圾无害化处理，实地调研城市生活垃圾填埋场，并召开座谈会。

9日　石嘴山市副市长、平罗县委书记朱剑一行调研煤炭集中区环境综合治理情况，实地查看姚汝路、银汝路两侧环境综合治理和相关企业运行情况。

同日 全县脱贫攻坚工作推进会召开，传达学习《宁夏脱贫富民36条》文件精神，听取陶乐镇、民政局脱贫攻坚相关工作情况汇报，安排部署下一阶段脱贫攻坚相关工作。

同日 县委副书记、政法委书记李彦炜主持召开2017年第三次政法委全委会，听取县法院破解执行难“百日攻坚战”进展情况、县检察院预防和查处职务犯罪工作开展情况和“六大”专项整治工作情况汇报，研究部分信访事宜。

14日 自治区政法委副书记李刚军一行到平罗调研经济社会发展情况，实地调研县城新区生态治理工程、大地公司年产500万条全钢载重子午线轮胎及10万吨钢帘线、8万吨炭黑、泓升新材料科技公司年产1万吨邻甲酸甲酯苯磺酰胺、石嘴山国际物流园平罗铁路综合货场（火车站片区）拆迁项目。

15日 石嘴山市副市长、平罗县委书记朱剑主持召开县处级领导干部学习贯彻中共十九大精神暨“两学一做”第三专题学习研讨会，观看党章修改内容解读视频《新时代、新征程、凝聚共识、指引方向》和习近平用典微视频《为政以德》《德莫高于爱民》，7位县处级领导学习研讨交流。

16日 自治区党委常委、组织部长盛荣华一行到平罗调研基层党建工作，实地调研县农村综合改革服务中心、城关镇和平村创业创新基地、县城新区生态治理工程、大地公司年产500万条全钢载重子午线轮胎及10万吨钢帘线项目。

同日 创建全国民族团结进步示范县动员大会召开，安排部署创建工作。

17日 石嘴山市副市长、平罗县委书记书剑主持召开十四届县委2017年度第20次常委会议，传达学习自治区党委书记石泰峰在自治区党委十二届二次全体会议上重要讲话、石泰峰、自治区主席咸辉在自治区实施创新驱动战略推进会上重要讲话、石泰峰在自治区全面深化改革领导小组第22次会议上的重要讲话和石嘴山市委书记彭友东在市维稳办《关于党的十九大安保维稳工作的报告》批示精神，研究县委办公室、县政府、团县委、县科协、县残联、县委组织部相关议题。

20日 自治区政协党组副书记、副主席蔡国英到基层联系点通伏乡马场村宣讲中共十九大精神。

21日 县委理论学习中心组（扩大）会议召开，邀请自治区宣讲团成员、政府研究室副主任高树枝就中共十九大精神专题辅导。

23日 自治区党委书记石泰峰到平罗调研石嘴山生态经济开发区建设发展情况，实地调研宁夏晟晏实业集团能源循环经济有限公司。

28日 石嘴山市副市长刘庆萍一行到平罗调研农村电子商务全域化工作，实地调研农村电商产业园、宁夏伊鼎瑶粮油有限公司、通伏乡金明农业专业合作社，并召开座谈会。

30日 自治区主席咸辉一行到平罗调研经济发展和环境保护工作，实地调研宁夏泓升新材料科技有限公司、宁夏晟晏实业集团能源循环经济有限公司和煤炭集中区。

11月 陶乐镇施家台子村村民白琴获得由中央宣传部、中央文明办、中央军委政治工作部、全国总工会、共青团中央、全国妇联共同颁发的第六届全国孝老爱亲道德模范荣誉称号。

12月

5日 全县落实国家脱贫攻坚考核评估及自治区督查安排部署会召开，传达学习自治区2017年脱贫攻坚考核评估及督查工作专题会议精神，听取各乡镇、各部门脱贫攻坚相关工作情况汇报，安排部署落实国家脱贫攻坚考核评估及自治区督查工作。

5日 全县大气污染防治工作推进会召开，通报全县环境空气质量状况和区、市督察组反馈问题情况，安排部署大气污染防治突出问题及区、市督察组反馈问题整改落实工作。

6日　石嘴山市副市长、平罗县委书记朱剑主持召开十四届县委2017年度第21次常委会议，传达学习中纪委副书记、国监委主任杨晓渡在调研石嘴山市深化国家监察体制改革试点工作座谈会上讲话、自治区党委常委、组织部部长盛荣华在全区落实党建“四个重要文件”推进会上讲话和全区信访工作联席会议精神，研究县政府党组、县委办公室、县纪委、县人大相关议题。

同日　石嘴山市人大常委会副主任刘建军一行到平罗视察公安工作，实地查看太沙工业园区社区警务工作站和高庄乡社区戒毒（康复）工作中心，并召开座谈会。

7日　石嘴山市委书记彭友东一行到平罗调研无冬闲项目建设情况，实地查看宁夏滨河新材料科技有限公司高性能电池正极材料研发制造项目。

8日　石嘴山市委副书记王建一行到平罗调研政法和农业农村工作，实地调研石嘴山生态经济开发区综治中心、宁夏泰金种业科技产业园、乐牧·高仁草畜林一体化等项目。

11日　共青团平罗县第十九次代表大会召开，听取和审议共青团平罗县第十八届委员会工作报告，选举产生共青团平罗县第十九届委员会和平罗县出席共青团石嘴山市第十一次代表大会代表。

13日　石嘴山市副市长、平罗县委书记朱剑主持召开十四届县委2017年度第22次常委会议，传达学习习近平总书记关于进一步纠正“四风”加强作风建设重要批示、自治区领导石泰峰、咸辉、姜志刚、徐广国、马力在《中央领导同志批示通知》上批示精神和《自治区党委、人民政府关于推进脱贫富民战略的实施意见》《自治区党委、人民政府关于推进生态立区战略的实施意见》文件精神，研究县政府党组、县委办公室有关议题。

同日　平罗县党外知识分子联谊会、侨联、台联换届工作会议召开，党外知识分子联谊会、侨联、台联分别进行换届选举，产生新一届党外知识分子联谊会、侨联、台联成员。

14日　平罗县残疾人联合会第七次代表大会召开，听取和审议县残疾人联合会第六届主席团工作报告，选举产生县残疾人联合会第七届主席团委员、出席石嘴山市残联第七次代表大会代表。

15日　中共平罗县第十四届委员会第二次全体会议召开，石嘴山市副市长、县委书记朱剑代表县委常委会向全委会报告工作，书面报告县委常委会2017年度干部选拔任用工作情况、四套班子和处级领导干部履职情况及影响长远发展突出问题解决情况，对县委常委会2017年度干部选拔任用工作情况、四套班子和处级领导干部履职情况及影响长远发展突出问题解决情况评议。

同日　石嘴山市副市长、平罗县委书记朱剑主持召开十四届县委2017年度第23次常委会议，研究县人大常委会党组、政府党组、政协党组、法院党组、检察院党组、编委会、组织部相关议题。

18日　全县妇女儿童工作会议召开，传达学习第六次全国妇女儿童工作会议、第五次全区妇女儿童工作会议和全市妇女儿童工作会议精神，总结全县实施妇女儿童发展规划工作成绩和经验，表彰全县妇女儿童工作先进集体和先进个人，安排部署全县妇女儿童发展工作。

19日　全县大气污染防治攻坚战推进会召开，传达学习自治区、市大气污染防治调度会议精神，通报中央环保督察组反馈问题整改落实情况及近期全县环境空气质量情况，安排部署大气污染防治工作。

19—22日　平罗县第十七届人民代表大会第二次会议和政治协商会议平罗县第十一届委员会第二次会议召开。

12月　2017年《中国梦·村镇梦》县市长论坛暨“中国最美村镇颁奖典礼”在上海举办，黄渠桥镇喜获“中国最美村镇”传承奖，成为全区唯一获此殊荣乡镇。

平罗概览

概　况

【地理位置】 平罗县位于宁夏回族自治区北部，黄河青铜峡灌区下游。地处北纬38° 36′ 8″至39° 5′ 13″，东经105° 57′ 42″至106° 58′ 2″之间。东西分别接内蒙古自治区鄂托克旗和阿拉善左旗，南邻贺兰县，北与石嘴山市大武口区、惠农区接壤。南北最宽约55公里，东西长约84.5公里。黄河从平罗穿越8乡镇，县境内长9.5公里，年径流量1408万立方米。西有贺兰山阻隔腾格里沙漠，是银川平原的自然屏障。全县土地总面积2060.86平方公里。主要种植春小麦和水稻，水稻品质优良，香誉全国。县域湖泊广布，植被丰茂，被誉为“西部百强县、塞上小江南”。

【自然资源】 黄河从县境穿越，县境黄河以西地区有干、支渠7条，其中干渠有：唐徕渠，县境内长51.8公里；惠农渠，县境内长46.1公里；西干渠，县境内长3.5公里。县境内贺兰山区和黄河东岸陶乐地区储有丰富的煤炭资源，“太西”煤（无烟煤）产地汝箕沟矿区总面积26.6平方公里。煤炭资源基础储量40194.3万吨，探明储量23702.9万吨。太西煤（无烟煤）煤质素以“三低六高”（灰分低、低硫、低磷，发热量高、比电阻率高、机械强度高、精煤回收率高、块煤率高、化学活性高）著称。贺兰山东麓洪积扇地区储有大量的天然建筑用砂。蕴藏大量的天然矿石。其中分布在大、小水沟内的辉绿岩详查储量达720万吨。岩石主要为沉积岩，品种有：沙砾岩、石英岩、炭质页岩、砂质页岩、泥浆岩等。砖用黏土主要分布在西大滩地区和河东台地地区。

【建置沿革】 先秦，为少数民族戎狄部落游牧之地。汉武帝元朔至元狩年间，在今崇岗镇建廉县，属北地郡辖。三国两晋，为羌族，匈奴族及鲜卑族乞伏部落游牧之地。北魏，孝昌二年（526）后，属灵州。西魏，隶属灵州普郡回乐县。北周，属怀远郡怀远县辖。唐代，初属关内道灵州怀远县；先天二年（713）属关内道定远军（今姚伏镇东）辖；开元九年（721），为朔方节度使定远军辖；后为定远县，景福元年（892）改为警州。西夏，属定州、定远县（今姚伏镇东）辖。元代末，属甘肃行中书省及宁夏行省定州辖。明代，嘉靖三十年（1551），改设平虏守御千户所，直隶陕西都司，辖今银川以北地区。清代，初沿清制；雍正二年（1724）改平虏守御千户为平罗县，隶属宁夏府辖。民国十八年（1929），隶属宁夏省。中华人民共和国成立初，属宁夏省；1954年属甘肃省银川专署；1958年属宁夏回族自治区辖；1972年属银北地区；1975年属石嘴山市辖至今。

【人口变化】 明嘉靖二十一年（1542）县境有人口707户，3486人。清雍正年间，从宁夏、宁朔、中卫、灵州、固原等地招民到平罗落户。至乾隆四年（1739），平罗人口增至16490户、158360人。到清末，因天灾人祸，民国三十年（1941）

人口为60894人，后因河南难民流入，1949年，全县人口增至87547人。新中国成立后，各地支边人员逐步流入，人口自然增长较快，1953年第一次人口普查时，人口增至120163人。1956年后，河南、陕西、浙江等地移民迁入8031人，1964年第二次人口普查，县人口138986人。1972年中宁县枣园公社移民迁入1167人，1982年第三次人口普查，全县人口229957人。1990年第四次人口普查，全县人口245626人。2000年第五次人口普查，全县人口266599人。2004年原陶乐县三乡（镇）合入平罗县，全县总人口为288372人。2010年第六次人口普查，全县人口253010人。2017年末，全县户籍总人口312536人，其中汉族192531人，占总人口的61.6%，回族119178人，占总人口的38.13%，其他少数民族827人，占总人口的0.27%。

经济建设

【综合实力】 2017年，实现地区生产总值157.82亿元，增长7.6%；规上工业增加值增长8.5%；固定资产投资160.7亿元，增长8%；社会消费品零售总额26.03亿元，增长9%；一般公共财政预算收入8.04亿元，同口径增长11.1%，位居全国中小城市投资潜力百强县第74位。约束性指标有效下降。万元GDP综合能耗同比下降3.2%以上，新增能源消费量同比下降70%，化学需氧量、氨氮、二氧化硫、氮氧化物等主要污染物减排均达到年度目标要求。10件民生实事全面落实，全年民生支出24.5亿元，增长8.3%，占一般公共财政支出的75%。城乡居民人均可支配收入分别达到24607元和13276元，增长8.2%和8.9%；贫困群众人均收入增长11.9%，增速高于农村居民收入3.2个百分点。

【工业经济】 工业经济提质增效。立足产业优势，聚焦产业转型，用足用活自治区、市惠企政策，出台工业转型升级、"两化"融合等17个配套文件，打出转型升级"组合拳"，实施工业技改项目36个，10家企业开展行业对标，24家企业完成循环化改造，电石、铁合金等行业实现能源综合利用、产业循环闭合。"三篇文章"全面推进，新增规上工业企业12家，超亿元企业达到44家，大地公司等5家企业入选"宁夏百强企业"，生态经济区国家循环化改造试点通过中期初验。

【农业经济】 现代农业稳步推进。发展高效节水灌溉2133.3公顷，改造中低产田4733.3公顷，建设高标准农田4133.3公顷，培育市级以上农业龙头企业50家、示范性合作社61家，建成特色产业园区95个，粮食生产实现"十四连丰"，成为"宁夏大米"主产区。建成农作物制种、清真羊肉两个产业核心区，国家农业科技园区通过验收并命名，成功举办第四届种业博览会，蔬菜制种被认定为全国首批区域性良种繁育基地。"一优四特"产业比重提升至90%，农业增加值增长居全区川区前列。

【服务业发展】 现代服务业提速发展。全域旅游大格局基本形成，西线景观廊道等30个项目加快推进，新增国家AAA级旅游景区、星级农家乐10家，乡村旅游蓬勃兴起，全年接待游客突破230万人次，增长24.3%。建成电商快递物流园等发展平台，交易额达3.5亿元，铁路综合货场、晟晏铁路专线等项目进展顺利，新经济新业态培育力度加大，服务业比重上升到30.6%。

【开放创新】 开展"项目推进年""百日推进、百日攻坚"活动，组织5次重点项目集中开工仪式，大地轮胎、大唐火电、京藏高速改扩建等80个重点项目顺利推进，投资95.4亿元。推进招商引资"一号工程"，加强与环渤海、长三角、珠三角等重点区域合作，创新"三包三带"方式，开工招商项目131个，到位资金158.5亿元，增长11.6%。深化滨河与江苏方舟新能源、思科达与江苏华道科技战略合作。争取国家小康用电示范县等多项试点，26家企业参与直供电交易，享受电价优惠1.55亿元。争取各类无偿资金25.5亿元，新增地方政府债券资金3.1亿元。实施科技创新“双倍增”行动计划，46个科技合作项目推进有序，建立德信恒通、银晨太阳能、新龙蓝天3个自治区级企业技术创新中心，新培育宁夏著名商标59件、“专精特新”中小企业15家，高新技术企业达到6家，自治区级科技型中小企业达到39家，众力科技产业园被评为国家中小企业公共服务示范平台。德信恒通管业公司张勇入选科技部创新创业人才库，大地公司魏彦辉荣获自治区塞上英才荣誉称号。

社会建设

【城乡建设】 空间规划（多规合一）改革成效明显，形成“1+6+1”大纲成果和覆盖全域“一张蓝图”，构建“三区三线”空间规划管控体系。改造棚户区4321户，整治老旧小区21万平方米，拓展延伸7条城市道路，改造建成早市、停车场、生态小游园11个，惠民生态健身公园、唐徕渠带状公园二期、县城热电联产集中供热三期等一批公益性项目建成投用，县城新区生态治理工程加快推进，新增城市绿地180万平方米，城市绿化覆盖率43.8%，提升居民出行、休闲、生活环境。实施园区环境综合整治，清理僵尸企业35家，收储闲置土地93.3公顷，铺设供排水、蒸汽管网32公里、路灯10公里，县城和园区集中供热、污水处理实现全覆盖，解决长期想解决而未能解决的难题。加快美丽乡村建设，农村土坯房全部拆除，阳光沐浴工程惠及1.5万户农村家庭，新改建农村公路13.2公里，落实14条农村道路生命防护工程，建成庙庙湖村、四渠村、渠羊村、同进村4个美丽村庄，启动姚伏等4个特色田园小镇、六顷地村等4个美丽家园建设，陶乐镇列入自治区特色小镇试点，庙庙湖村列入全国美丽宜居村庄，改善农村人居环境。

【生态环境】 坚持“五个不放过”，落实中央环保督察反馈意见整改，责令整改企业262家，立案处罚企业126家，52个环境突出问题整改落实50个，解决群众投诉环保问题。打赢贺兰山自然保护区清理整治攻坚战，提前高效完成6处清理整治任务，关闭非煤矿山企业14家，治理恢复面积160公顷。实施治气、治水、治土“三治”工程，推进大气污染防治攻坚战，全面开展县城和园区清尘行动，淘汰取缔燃煤锅（茶）炉142台、黄标车642辆，加油站油气回收治理全部完成，综合整治工业企业污染源453家，关停“小散乱污”企业126家，146家企业实施错峰生产，挥发性有机污染物得到遏制，县城区PM_{10}、$PM_{2.5}$平均浓度持续下降，空气优良天数达到282天，达标率80.8%。全面落实“河长制”，生态经济区2个污水处理厂即将完工，提标改造第二污水处理厂，实施威镇湖截流净化工程，依法关停大水沟水源地企业5家，取缔工业企业直排口，黄河出入境水质达到Ⅲ类，沙湖水质由劣Ⅴ类提高到Ⅴ类，河湖水质明显好转。启动土壤环境质量调查，完成重点污染源空间位置确定，强化工业固废无害化处置和农村面源污染防控，危险废物安全转移率100%，测土配方施肥实现全覆盖。实施平原绿洲绿网等工程，营造林面积2000公顷，森林覆盖率12.5%。

【脱贫攻坚】 实施肉牛养殖园区、80万方抗旱调蓄补灌水库、新丝陆服装加工等24个扶贫项目，发展庭院拱棚种植2000座、庭院养殖1178户，兑现“双20条”扶持资金1013万元，发放扶贫贷款5637万元，落实“十三五”易地扶贫搬迁安置324户1590人，全年脱贫退出454户2716人，贫困发生率下降到1.4%。

【文化教育卫生】 新改建乡镇公办幼儿园6所，实施崇岗九年制、陶乐中学等薄弱学校改造，农村中小学生免费营养早餐全覆盖，贫困学生乘坐校车全部免费，高考一次性上线936人、再创历史新高，回民高级中学荣获第五届全国未成年人思想道德建设先进集体，职教中心顺利通过第三批国家中等职业教育示范学校验收。建成全区首家县级胸痛中心、4个县内紧密型医联体、19所标准化村卫生室，改扩建3所乡镇卫生院，取消药品加成让利群众1378万元，家庭医生签约服务惠及12.1万居民，县医院与华西医院、中医院与北京中医药大学东直门医院结成战略联盟，国家健康促进县创建工作通过验收。群众性精神文明创建活动更加丰富多彩，黄渠桥社火全区巡演荣获金奖，宝丰、灵沙等乡镇特色美食文化蓬勃发展，成功举办李宁全国青年男子篮球锦标赛、“全民健身挑战日—健康宁夏动起来”等活动，《平罗年鉴》荣获全国县区综合年鉴一等奖，建设图书馆、泥哇呜传承基地。

【社会保障】 城镇新增就业4754人，失业人员再就业3164人，城镇登记失业率为3.8%，农村劳动力转移就业2.5万人。城乡居民养老保险参保9.7万人，医疗保险参保率达到98%，被征地农民养老保险参保率达100%，城乡高龄津贴实现一体化、全覆盖，发放各类社会保障救助兜底资金7600余万元，惠及困难群众2.7万人。第三敬老院、老年活动中心建成投用，银北养老院、光荣院主体完工。

【社会治理】 开展“七五”普法，全社会尊法学法守法用法氛围更加浓厚。完成“双智”系统建设项目，推行交巡警合一、社区警务改革，全县刑事案件立案数、可防性刑事案件数、交通事故数和火灾起数分别下降1.4%、27.7%、13.4%和7%，群众安全感持续提升。启动创建全区禁毒示范县。推进安全生产大检查，开展重点领域安全隐患排查，国务院安全生产巡查反馈意见全部整改到位，全县安全形势总体保持平稳。强化信访规范化建设，集中解决61个信访积案，信访总量下降16%。建成12个城乡社区服务站，“三社”联动治理模式逐步形成。启动全国民族团结进步示范县创建，民族团结、宗教和顺、社会稳定的良好局面持续巩固。

中国共产党平罗县委员会

综　述

【概　况】 2017年，面对抗击下行压力、稳定经济增长、调整产业结构、改善环境质量的艰巨考验，中共平罗县委团结带领广大党员干部群众，坚定信心、攻坚克难、沉着应对，抓重点、补短板、强弱项，完成各项工作任务，全县经济增长持续向好、社会大局和谐稳定、各项事业稳步发展。全年实现地区生产总值157.82亿元，增长7.6%；固定资产投资160.7亿元，增长8%；规模以上工业增加值73.96亿元，增长8.41%；一般公共财政预算收入8.04亿元，同口径增长11.1%；城乡居民人均可支配收入分别达到24607元、13276元，增长8.2%和8.9%。

【转型升级】 做好“有中生新”“无中生有”两篇文章，推动新旧动能加快转换。传统产业提质增效，实施技改项目36个，神州轮胎钢帘线、吉元矿棉二期、万顺尾气发电、晟晏富锰渣再利用等项目投产达效，泓升新材料、丰华医药中间体等项目即将投产，滨河供热站、贝利特氰胺下游产品等项目加快建设，新增规上企业12家，高新技术企业达6家，自治区级科技型中小企业达39家，大地公司等5家企业入选“宁夏百强企业”。现代农业稳步推进，建成泰金种业、华泰农瓜菜、乐牧高仁草畜林等95个特色产业园区，国家农业科技园区顺利通过科技部验收并命名，优质水稻成为“宁夏大米”主产区，蔬菜制种被认定为国家区域性蔬菜良种繁育基地，举办第四届种业博览会，“一优四特”产业占农业经济比重达90%，农业增加值增长居川区前列。现代服务业提速发展，铁路综合货场、晟晏铁路物流专线顺利推进，西线景观廊道等全域旅游项目快速推进，建成电商快递物流园等全域化发展平台，银北养老院建设完工，新产业新业态拉动作用明显，服务业比重上升到30.6%。

【稳固发展基础】 开展“项目推进年”“百日推进、百日攻坚”活动，集中开工5批次，推进重点建设项目80个，投资95.4亿元，为全市投资增长作出贡献。推进招商引资“一号工程”，加强与长三角、珠三角等重点区域合作，引进江苏方舟新能源等大企业落户平罗，全年实施招商项目131个，实际到位资金158.5亿元，增长11.6%。实施园区环境综合整治行动，清理“僵尸企业”35家，治理“小散乱污”企业126家，收储闲置土地93.33公顷，建成精细化工基地污水处理厂，生态经济区2个污水处理厂。铺设供排水、蒸汽管网32公里、路灯10公里，县城和园区集中供热、蒸汽、污水处理实现全覆盖，解决了长期想解决而未能解决的难题。“三争”工作成效明显，争取国家小康用电示范县等多项试点政策，26家工业企业享受直供电交易，优惠电价1.55亿元，争取各类无偿资金25.5亿元，新增地方政府债券资金3.1亿元，为产业发展、基础设施、民生事业等重点项目提供资金保障。

【城乡面貌】 空间规划（多规合一）改革成效明显，实施空间规划大纲编制，形成覆盖全域“一张蓝图”。建成惠民生态健身公园、公共服务中心等一批公益性项目，启动实施县城新区生态治理工程，改造棚户区4321户，整治老旧小区21万平方米，提升市民出行、休闲、生活环境。加快美丽乡村建设，建成美丽村庄4个，启动陶乐等4个特色田园小镇、新丰村等4个美丽家园建设，陶乐镇列入自治区特色小镇试点，黄渠桥镇被评为中国最美村镇，庙庙湖村入选全国美丽宜居村庄，改善农村人居环境。加强生态环境建设，实施平原绿洲绿网等工程，造林2000公顷；推进中央环保督察问题整改落实，52个环境突出问题整改50个；打好贺兰山自然保护区清理整治攻坚战，整治点6个，关闭非煤矿山企业14家，治理恢复面积160公顷；实施环境“三治”工程，淘汰燃煤锅炉142台、黄标车642辆，综合治理工业企业污染源453家；全面推行河长制，实施威镇湖截流净化、第二污水处理厂提标改造等项目，改善生态环境质量。

【深化改革】 推进供给侧结构性改革，推行“房票”安置模式，房地产去库存5710套，销售面积同比增长32%。深化行政审批制度改革，开展“最多跑一次”“不见面、马上办”政务服务改革，全面落实“五证合一、一照一码”登记制度，审批办理时限提速8.7%。深化国有企业改革，组建宁夏德渊集团，搭建政府融资平台。深化农村综合改革，农村产权确权颁证扩大到10类权属，房地一体不动产登记走在全区前列，农村产权抵押贷款突破10亿元，节省利息2600多万元；农村土地制度改革三项试点得到国土资源部肯定，推行“超占有偿使用、新增有偿取得、转让政府补贴、审批县域统筹”宅基地管理新模式，收缴超占有偿使用费1080万元，解决农村资源占用不公的问题；入市交易农村集体经营性建设用地13宗6.84公顷，出让金617.8万元，开创宁夏农村集体经营性建设用地入市先河。推进全国农村信用体系试验区建设和供销社、国有林场、群团等改革。

【民生福祉】 落实十件民生实事，民生支出增长8.3%，占一般公共财政预算支出的75%。脱贫攻坚扎实推进，兑现“双20条”扶持资金1013万元，发放扶贫贷款5637万元，实施新丝陆服装加工、抗旱调蓄补灌水库等24个扶贫项目，易地扶贫搬迁安置1590人，脱贫2710人以上。扶持就业创业，新增城镇就业4754人，农村劳动力转移就业2.5万人，城镇登记失业率为3.8%。办好人民满意的教育，建设乡镇公办幼儿园6所，实施崇岗九年制学校、陶乐中学等薄弱学校改造，贫困学生乘坐校车全部免费，义务教育阶段农村学生营养早餐实现全覆盖。实施全民参保计划，城乡居民基本养老、医疗保险和大病保险提标扩面，第三敬老院、老年活动中心建成投用，社保兜底功能更加完善。深化医药卫生体制改革，新建标准化村卫生室19所，建设新型医疗联合体4个，家庭医生签约服务12万人，药品零差率销售让利群众1300多万元。实施文化惠民工程，图书馆、泥哇呜传承基地建设完工，旗帜鲜明表彰道德模范、最美人物50人，白琴荣获全国道德模范，成功承办全国青年男子篮球锦标赛，丰富群众精神文化生活。

【社会和谐稳定】 推进“七五”普法，全社会尊法、学法、守法、用法的氛围更加浓厚。推进平安平罗建设，推行交巡警合一、社区警务改革，开展命案防控、打击“两抢一盗”、禁毒大收戒等专项行动，严厉打击各类违法犯罪活动，刑事立案、可防性案件、侵财案件、电信诈骗案件同比下降1.4%、27.7%、3.5%、34%，提升群众安全感。加强信访规范化建设，落实领导接访约访、包案化解和联合接访制度，集中解决61个信访积案，信访总量下降15.99%，群众满意度达到99.08%。全面落实国务院安全生产巡查问题整改，开展安全生产大检查大整治，强化食品药品安全监管，安全生产形势总体保持稳定。启动创建全国民族团结进步示范县工作，巩固民族团结、宗教和顺良好局面。

【党的建设】 推进全面从严治党，净化政治生态。严格落实意识形态责任制，确保意识形态领域安全。推进“两学一做”学习教育常态化制度化，落实“三会一课”制度，增强党员干部“四个意识”“四个自信”。从严选拔管理监督干部，注重基层一线选人用人导向，推进领导干部能上能下，加强各级领导班子建设。开展星级服务型党组织创建，实施“三大三强”行动、“两个带头人”工程，整顿软弱涣散党组织10个，三星级以上党组织93个，非公企业、社会组织党组织覆盖率91%和90%。严格执行中央八项规定精神，开展作风效能提升年活动，整治“三不为”，党风政风明显好转。落实党委主体责任和纪委监督责任，推进巡察工作，开展查处涉农扶贫领域腐败问题专项行动，严肃查处一批群众身边的不正之风和腐败问题，反腐败压倒性态势形成。启动国家监察体制改革试点，成立监察委员会。支持人大、政府、政协依法依章履行职责，人武、群团、老干部等工作取得新进展，全县上下谋发展抓落实工作活力充分迸发。

重要会议

【县委全体扩大会议】 12月15日，中共平罗县第十四届委员会第二次全体会议召开，石嘴山市副市长、县委书记朱剑代表县委常委会向全委会报告工作，书面报告县委常委会2017年度干部选拔任用工作情况、四套班子和处级领导干部履职情况及影响长远发展突出问题解决情况，评议县委常委会2017年度干部选拔任用工作情况、四套班子和处级领导干部履职情况及影响长远发展突出问题解决情况。

【县委常委主要会议】 1月5日，召开十四届县委2017年度第1次常委会议。会议传达学习中国共产党宁夏回族自治区第十一届委员会第九次全体会议精神，中央和自治区、市经济工作会议精神，全区宗教工作会议精神，市十四届人大一次会议精神，市政协十一届一次会议精神；对县委常委会2016年度干部选拔任用工作进行“一报告两评议”，对2016年第四季度县处级领导干部“干事档案”述职测评；研究县政府党组《关于呈报平罗县2017年固定资产投资计划的请示》《关于呈报〈关于加快发展农业“一优四特”产业的实施意见〉的请示》《关于呈报〈平罗县推进农业“一优四特”产业发展扶持暂行办法〉的请示》；研究县委办公室《关于呈报〈平罗县委常委会2017年工作要点〉的请示》；研究县委组织部《关于召开县委常委班子2016年度民主生活会的请示》《关于呈报〈全县2016年度“强基进位星级创优”工程总结表彰会实施方案〉的请示》；研究干部事宜。

1月17日，召开十四届县委2017年度第2次常委会议。会议传达学习自治区十一届人大七次会议精神，自治区政协十届五次会议精神，十八届中央纪委七次全会精神；听取县纪委2016年度全县党风廉政建设和反腐败工作汇报暨2017年工作思路；研究县纪委《关于召开中共平罗县第十四届纪律检查委员会第二次全体（扩大）会议的请示》；研究《关于呈报〈县委领导班子2016年度民主生活会对照检查材料〉的请示》《关于呈报〈县委领导班子2016年度民主生活会准备情况通报〉的请示》《关于呈报〈县委领导班子2015年度民主生活会整改方案落实情况通报〉的请示》。

2月7日，召开十四届县委2017年度第3次常委会议。会议传达《中华人民共和国国土资源部感谢信》精神，自治区纪委十一届八次全会和市纪委十届二次全会精神；研究县纪委《关于呈报〈在县纪委十四届二次全体会议上的工作报告（讨论稿）〉的请示》；研究中央第八环保督察组反馈问题平罗县整改落实领导小组《关于呈报平罗县贯彻落实中央第八环境保护督察组督察反馈意见整改方案的请示》；研究县政府党组《关于呈报平罗县农村基层党组织为民服务资金使用管理暂行办法的请示》《关于对生态园D标段、萧公大街等城市景观绿化项目工程量及投资进行变更的请示》《关于拨付县空间规划（多规合一）改革试点工作经费的请示》《关于拨付2014—2016年棚户区改造项目国开行贷款资金（二期）的请示》《关于拨付2015—2016年棚户区改造项目国开行贷款资金（四期）的请示》《关于安置36#和39#地块被征收户的请示》《关于拨付36#地块安置补偿费的请示》《关于拨付39#地块安置补偿费的请示》；研究县政协党组《关于呈报〈平罗县政协2017年度协商工作计划〉的请示》；研究县目标管理考核领导小组《关于审定2016年度县直部门、乡镇和驻平区（市）属单位效能目标管理考核结果的请示》《关于审定2016年度县直部门、乡镇和驻平区（市）属单位效能目标管理考核综合奖、单项奖的请示》。

3月2日，召开十四届县委2017年度第4次常委会议。会议传达学习自治区主席咸辉在全区审计工作电视电话会议上的讲话精神，全区宣传思想文化工作会议精神，全区统战部长会议精神，全区公安局处长会议精神，中央和自治区、市农村工作会议精神，自治区、市脱贫攻坚推进会会议精神，全市宣传组织统战工作会议精神；研究县政府党组《关于呈报〈平罗县安全生产“党政同责、一岗双责、齐抓共管、失职追责”规定〉的请示》《关于呈报平罗县2017年城乡绿化实施方案的请示》《关于呈报平罗县2017年棚户区改造实施方案的请示》《关于呈报平罗县新世纪家园四期工程实施方案的请示》《关于组建平罗县市政产业投资建设（集团）有限公司有关事宜的请示》；研究县农村工作领导小组《关于呈报平罗县2017年农业农村工作要点的请示》；研究县脱贫攻坚领导小组《关于呈报平罗县2017年扶贫开发工作要点的请示》《关于表彰2016年全县脱贫攻坚工作先进集体和先进个人的请示》《关于拟推荐受自治区党委统战部表彰“助力脱贫攻坚”行动民营企业名单的请示》；研究县委政法委《关于呈报2017年全县政法综治暨社会治理创新工作要点的请示》《关于表彰2016年度全县政法综治工作先进集体先进个人的请示》；研究县委组织部《关于呈报2017年全县组织工作要点的请示》；研究县委宣传部《关于呈报2017年全县宣传思想文化工作要点的请示》；研究县委统战部《关于呈报2017年全县统战工作要点的请示》；研究县委办公室《关于召开县委工作会议的请示》；研究县妇联《关于表彰纪念“三八”国际劳动妇女节107周年活动先进集体和先进个人的请示》；研究县委组织部《关于呈报第十二届自治区党委委员、候补委员和纪委委员候选人初步人选推选情况的请示》；研究干部事宜。

3月21日，召开十四届县委2017年度第5次常委会议。会议传达学习2017年全国“两会”精神，自治区党委书记李建华在全区领导干部大会上的讲话精神，全区组织部长会议精神；通报《2016年度市县（区）和自治区机关效能目标管理考核结果》《平罗县2016年群众评议机关作风活动参评情况及测评结果》；听取县公安局2016年工作总结暨2017年重点工作汇报，全县智能图控智能交通系统建设三年规划（2014—2016）完成情况的汇报，全县安全生产工作情况的汇报，全县公交及农村班线客运运行情况的汇报；研究县政府党组《关于呈报关于加快构建现代公共文化服务体系的实施方案的请示》《关于呈报陶乐镇庙庙湖村生态移民区肉牛养殖园区建设方案的请示》《关于呈报红崖子乡红瑞村肉牛集中养殖园区建设方案的请示》《关于成立沙湖水镇等项目推进领导小组的请示》《关于呈报平罗县承办2017年全国青年男子篮球锦标赛（平罗赛区）工作方案的请示》《关于呈报2016年全县信访工作“五无”乡（镇）、部门、无访村（社区）认定结果的请示》《关于呈报2016年度信访工作责任目标管理考核结果的请示》《关于表彰2016年度全县信访工作先进集体、先进个人的请示》；研究县委组织部《关于呈报〈平罗县开展作风效能提升年活动实施方案〉的请示》《关于召开全县作风效能提升年活动动员大会的请示》；研究县委办公室《关于呈报〈中共平罗县第十四届委员会常务委员会工作规则（审议稿）〉的请示》。

4月7日，召开十四届县委2017年度第7次常委会议。会议传达学习习近平总书记在中央全面深化改革领导小组第三十三次会议上讲话精神，自治区党委书记李建华在石嘴山市调研“三去一降一补”工作汇报会上讲话精神，自治区主席咸辉在全区机构编制工作会议上的讲话精神；研究县深化改革领导小组《关于呈报〈平罗县深化改革领导小组2017年工作要点（送审稿）〉的请示》；研究县人大常委会党组《关于呈报〈关于进一步加强乡镇人大工作规范化建设的实施意见〉的请示》；研究县政府党组《关于呈报平罗县2017年度政府投资项目拟融资计划的请示》《关于调整第三排水沟平罗段水污染治理威镇湖截流净化项目防渗工程量的请示》《关于呈报“健康平罗2030”发展规划的请示》《关于呈报平罗县县级公立医院人事薪酬制度改革实施方案的请示》《关于呈报中国·宁夏·石嘴山（平罗）第四届种业博览会筹备工作方案的请示》；研究县委党校《关于呈报〈关于加强和改进新形势下县委党校工作责任分工方案〉的请示》；研究县妇联《关于召开平罗县妇女第十五次代表大会有关事宜的请示》；研究团县委《关于申报2014—2016年度全区五四红旗团组织、优秀共青团员、优秀共青团干部及2016年度全市五四红旗团组织、优秀共青团干部、优秀共青团员人选的请示》；研究县委组织部《关于呈报〈2017年平罗县公开选拔副科级领导干部工作方案〉的请示》；研究干部事宜。

4月28日，召开十四届县委2017年度第8次常委会议。会议传达学习《中共中央办公厅印发〈关于当前意识形态领域形势的通报〉的通知》精神，全区领导干部会议精神，自治区、市第一季度经济形势分析会议精神，全区推动移风易俗树立文明乡风现场推进会精神，全区推进“两学一做”学习教育常态化制度化工作电视电话会议精神,《关于五一和端午节期间强化监督执纪问责坚决落实中央八项规定精神的通知》精神；对第一季度县处级领导干部“干事档案”述职测评；研究县政府党组《关于呈报平罗县安全生产“十三五”发展规划的请示》《关于呈报平罗县2017年农田水利基本建设实施方案的请示》《关于为平罗县首届“我最喜爱的人民警察”记功嘉奖的请示》；研究县纪委《关于呈报〈2017年全县党风廉政建设和反腐败主要任务分工（送审稿）〉的请示》。

5月16日，召开十四届县委2017年度第9次常委会议。会议传达学习《自治区党委印发〈关于加强和改进新形势下全区保密工作的实施意见〉的通知》精神，全区宣传部长座谈会议精神,《自治区党委办公厅关于印发〈推进“两学一做”学习教育常态化制度化实施方案〉的通知》精神，石嘴山市代市长李郁华到平罗调研讲话精神；研究县政府党组《关于呈报平罗县国有林场改革实施方案的请示》《关于呈报平罗县文化公园一期等3个绿化工程实施方案的请示》《关于分解全县2017年度招商工作指导性目标任务的请示》《关于2017年姚伏镇、宝丰镇工商资本租赁土地从事农业生产经营准入的请示》《关于呈报平罗县机关事业单位工作人员调配办法（试行）的请示》；研究县委宣传部《关于对平罗县第五届道德模范和"最美家庭·最美人物"命名表彰的请示》；研究县委组织部《关于调整村干部任职补贴的请示》；研究县妇联《关于平罗县妇女第十五次代表大会人事安排的请示》；研究干部事宜。

6月2日，召开十四届县委2017年度第10次常委会议。会议传达学习自治区党委书记石泰峰来石嘴山调研时重要指示精神，自治区妇女第十一次代表大会会议精神，石嘴山市第十四届人民代表大会第二次会议精神；研究县委组织部《关于呈报〈中共平罗县委员会关于深入推进全面从严治党若干问题的实施方案〉的请示》《关于呈报〈推进"两学一做"学习教育常态化制度化实施方案〉的请示》《关于呈报〈平罗县2017年群众评议机关作风活动实施方案〉的请示》《关于成立中共宁夏德渊市政产业投资建设（集团）有限公司委员会的请示》；研究县政府党组《关于呈报平罗县全面推行河长制工作方案的请示》《关于呈报平罗县2017年农村阳光沐浴工程项目实施方案的请示》《关于呈报平罗县深入推进农村社区建设试点工作实施方案的请示》《关于呈报平罗县2017年招生工作计划的请示》《关于呈报平罗县2017年老旧小区综合整治改造工程实施方案的请示》。

6月23日，召开十四届县委2017年度第11次常委会议。会议传达学习自治区十一届人大八次会议精神，自治区党委专题会议精神，《中共中央办公厅　国务院办公厅关于甘肃祁连山国家级自然保护区生态环境问题督查处理情况及其教训的通报》文件精神；听取中央第八环境保护督察组反馈意见整改落实情况汇报；研究县政府党组《关于呈报2017年第一批置换债券资金使用计划的请示》《关于呈报平罗县2017年地方政府新增债券资金使用计划的请示》《关于呈报平罗县购买农村生活污水处理设施运行管理服务实施方案的请示》《关于规划建设平罗县2017年美丽村庄的请示》《关于拨付2017年棚户区改造农发行一期贷款资金的请示》《关于2017年新增1000套棚户区改造任务的请示》《关于建设平罗县职业教育中心6#学生宿舍楼的请示》《关于县人民医院购置数字减影血管造影X线机（DSA）的请示》；研究县纪委《关于成立中共宁夏德渊市政产业投资建设（集团）有限公司纪委的请示》；研究干部事宜。

7月20日，召开十四届县委2017年度第13次常委会议。会议传达学习习近平总书记在深度贫困地区脱贫攻坚座谈会上的讲话精神，中央纪委扶贫领域监督执纪问责工作电视电话会议精神；听取全县上半年党风廉政建设和反腐败工作情况的汇报，全县上半年基层党建工作情况的汇报；对2017年第二季度县处级领导干部"干事档案"述职测评；研究县政府党组《关于呈报平罗县贯彻落实国务院安委会第八巡查组安全生产巡查反馈意见整改方案的请示》《关于呈报2016年财政决算（草案）及2017年上半年财政预算执行情况的报告的请示》《关于拟使用2017年财力性转移支付资金的请示》《关于调整2017年县本级支出预算的请示》《关于拨付平罗县滨河碳化硅制品有限公司基础设施建设资金的请示》《关于呈报平罗县加强城市规划建设管理工作实施方案的请示》；研究干部事宜。

8月1日，召开十四届县委2017年度第14次常委会议。会议传达学习自治区党委书记石泰峰在自治区党委常委会议听取上半年经济运行情况汇报时的讲话精神，石嘴山市委书记彭友东、市长李郁华在全市上半年经济形势分析暨"双百"活动推进会上讲话精神；听取全县上半年政法综治工作情况汇报，全县上半年信访工作情况汇报；研究县政府党组《关于呈报平罗县深入推进城市管理综合执法体制改革实施方案的请示》

《关于呈报平罗县城乡建设用地增减挂钩（二期）土地复垦项目实施方案的请示》《关于成立平罗县信访事项复查委员会暨专家咨询委员会的请示》《关于呈报宁夏德渊市政产业投资建设（集团）有限公司组建实施方案的请示》《关于宁夏德渊市政产业投资建设（集团）有限公司对各子公司进行控股等事项的请示》；研究县政协党组《关于挖掘平罗县民间文化资源的请示》；研究县委组织部《关于呈报〈关于实施“村级党组织服务能力提升工程”进一步加强农村党建工作的意见〉的请示》《关于呈报县以下机关执行公务员职务与职级并行制度拟晋升职级工资待遇人员情况的请示》。

8月28日，召开十四届县委2017年度第15次常委会议。会议传达学习《中国共产党巡视工作条例》精神,《中共中央办公厅印发〈关于市县党委建立巡察制度的意见〉的通知》精神,《中共中央办公厅关于印发〈被巡视党组织配合中央巡视工作规定〉的通知》精神，全区特色产业精准扶贫现场推进会会议精神；听取关于全县上半年脱贫攻坚工作情况汇报，关于全县上半年安全生产工作情况汇报，关于全县上半年意识形态工作情况汇报；研究县委宣传部《关于呈报〈平罗县党委（党组）理论学习中心组学习制度〉的请示》；研究县委办公室《关于呈报〈平罗县贯彻落实自治区第十二次党代会精神主要任务分工方案〉的请示》；研究县目标管理考核领导小组《关于呈报〈平罗县2017年度乡镇、县直部门、驻平区（市）属单位效能目标管理考核办法〉的请示》；召开平罗县总河长第一次会议：书面传达学习自治区、市总河长第一次会议精神，听取关于平罗县推行河长制工作情况汇报，研究审议平罗县全面推行河长制2017年重点工作任务分工方案及相关工作制度；研究县委政法委《关于呈报开展“破解执行难百日攻坚战”专项活动方案的请示》《关于成立平罗县执行联动机制工作领导小组的请示》研究县政府党组《关于呈报平罗县2017年棚户区改造（二期）实施方案的请示》《关于呈报陶乐特色小镇2017年建设项目实施方案的请示》《关于召开全县工业经济工作会议的请示》《关于增加平罗县公安局车辆管理所及民警训练基地项目概算投资的请示》；研究干部事宜。

9月6日，召开十四届县委2017年度第16次常委会议。会议传达学习自治区党委书记石泰峰调研推进银川都市圈建设座谈会讲话精神和调研督查贺兰山自然保护区生态环境综合治理暨督办自治区十一届人大七次会议166号214号建议座谈会讲话精神，全区国有企业党的建设工作会议及全区开展“三大三强”行动推广“两个带头人”工程经验促脱贫富民战略实施工作会议精神；研究县政府党组《关于呈报平罗县深化律师制度改革实施方案的请示》《关于申报宁夏平罗庙庙湖国家沙漠公园的请示》《关于呈报平罗县创建全国民族团结进步示范县实施方案的请示》《关于呈报2018年平罗县镇朔村中心路等两条农村公路项目建设方案的请示》《关于呈报2018年平罗县沿河村中心路等四条农村公路项目建设方案的请示》《关于呈报平罗县2018年农村公路危桥改造及公路安全生命防护工程建设方案的请示》《关于呈报平罗县县级公立医院综合改革财政补偿办法的请示》《关于解决红崖子回民公墓前期投入资金的请示》《关于呈报平罗县2017年高考、中考奖励方案的请示》《关于开展2017年教师节系列活动的请示》；研究干部事宜。

9月28日，召开十四届县委2017年度第17次常委会议。会议传达学习自治区党委书记石泰峰在沿黄县（市、区）党委书记座谈会上的讲话精神，自治区领导徐广国、许尔峰在全区综治信访维稳工作专题会议上讲话精神,《自治区党委办公厅　人民政府办公厅关于印发〈宁夏县（市、区）党政正职综合业绩考核评价办法（试行）〉

的通知》和《自治区党委印发〈关于激励干部想干事能干事干成事的若干意见〉的通知》精神，自治区党委书记石泰峰在自治区党委网络安全和信息化领导小组第四次会议上讲话精神，中共宁夏区纪委通报《关于董锋严重违纪案件的通报》和《关于叶铁强严重违纪案件的通报》精神；听取全县禁毒工作情况汇报；研究县政府党组《关于呈报平罗县2017年秋冬农田水利基本建设实施方案的请示》《关于呈报平罗县整合使用财政专项扶贫资金实施方案的请示》《关于呈报平罗县2017年道路交通安全隐患治理工程建设方案的请示》《关于呈报平罗县保障城乡公办幼儿园正常运行实施方案的请示》《关于呈报平罗县农村中小学困难学生免费乘坐校车工作方案的请示》；县妇联《关于呈报平罗县妇联改革实施方案的请示》；县纪委《关于呈报平罗县落实全面从严治党主体责任全程纪实办法（试行）的请示》《关于呈报平罗县党内谈话实施办法（试行）的请示》《关于呈报平罗县党员领导干部“双述双评双公开”工作办法（试行）的请示》；研究干部事宜。

10月27日，召开十四届县委2017年度第19次常委会议。会议传达学习中共十九大精神，学习毛泽东发表的《实践论》《矛盾论》著作；对2017年第三季度县处级领导干部“干事档案”述职测评；研究县总工会《关于呈报平罗县总工会改革实施方案的请示》；县政府党组《关于解决宁夏宝马化工集团有限公司企业解困职工安置项目土地置换事宜的请示》《关于解决2号地块房屋征收遗留问题的请示》《关于拨付2号地块房屋征收补偿款的请示》《关于县城体育公园片区旧城改造（汇融·新天地）调整规划方案增建S8商服楼的请示》《关于县城星和家园北侧片区旧城改造项目相关事宜的请示》；团县委《关于召开共青团平罗县第十九次代表大会的请示》；县委组织部《关于中共宁夏德渊市政产业投资建设（集团）有限公司委员会选举有关事宜的请示》；研究干部事宜。

11月17日，召开十四届县委2017年度第20次常委会议。会议传达学习自治区党委书记石泰峰在自治区党委十二届二次全体会议上的讲话精神，自治区党委书记石泰峰、自治区主席咸辉在自治区实施创新驱动战略推进会上讲话精神，石泰峰在自治区全面深化改革领导小组第22次会议上讲话精神，市委书记彭友东在市维稳办《关于党的十九大安保维稳工作的报告》上批示精神；研究县委办公室《关于呈报中共平罗县委员会关于学习宣传贯彻党的十九大精神的实施意见的请示》；县政府党组《关于呈报平罗县促进旅游产业发展扶持办法（试行）的请示》；团县委《关于呈报平罗县共青团工作改革方案（试行）的请示》；县科协《关于呈报平罗县科协深化改革实施方案的请示》；残联《关于呈报平罗县县、乡（镇）残联换届工作方案的请示》；县委统战部《关于平罗县党外知识分子联谊会侨联和台联换届选举的请示》《关于成立平罗县创建全国民族团结进步示范县工作领导小组的请示》；县委组织部《关于陈晓亮等同志拟正式任职的请示》。

12月6日，召开十四届县委2017年度第21次常委会议。会议传达学习中纪委副书记、国家监委主任杨晓渡在调研石嘴山市深化国家监察体制改革试点工作座谈会上讲话精神，自治区党委常委、组织部部长盛荣华在全区落实党建“四个重要文件”推进会上讲话精神，全区信访工作联席会议精神；研究县委办公室《关于呈报平罗县委贯彻落实中央八项规定精神加强作风建设情况的报告的请示》；县政府党组《关于呈报平罗县农业水价综合改革实施方案的请示》《关于呈报平罗县2017年度财政专项扶贫资金安排使用意见及建议的请示》《关于呈报贺兰山国家级自然保护区平罗县大水沟原西北轴承厂遗址生态环境综合整治实施方案的请示》；县纪委《关于呈报平罗县深化国家监察体制改革试点工作实施方案的请示》；县人大常委会党组《关于建议补选县第十七届人民代表大会代表的请示》《关于建议补选县第十七届人大常委会委员的请示》《关于建议补选石嘴山市第十四届人民代表大会代表的请示》；团县委《关于提名共青团平罗县第十九届委员会委员、候补委员、常务委员会委员、书记、副书记及出席共青团石嘴山市第十一次代表大会代表候选人预备人选名单的请示》；县委组织部《关于成立县人民政府办公室党组等部门党组有关事宜的请示》《关于呈报平罗县事业单位管理岗位非领导职责职员等级晋升情况的报告》《关于增加享受任职补贴村干部职数的请示》；研究干部事宜。

12月13日，召开十四届县委2017年度第22次常委会议。会议传达学习中共中央办公厅印发习近平总书记关于进一步纠正“四风”、加强作风建设重要批示精神，自治区领导石泰峰、咸辉、姜志刚、徐广国、马力在中共中央办公厅值班室《中央领导同志批示通知（习近平总书记在中办秘书局报送的“内蒙古部分地方集中出现针对政府项目的讨薪事件”信息上批示）》上批示精神，《自治区党委　人民政府关于推进脱贫富民战略的实施意见》精神，《自治区党委　人民政府关于推进生态立区战略的实施意见》精神；研究县政府党组《关于拟使用2017年一般公共预算超收安排支出的请示》《关于呈报平罗县扶贫产业发展担保基金管理办法（试行）的请示》《关于呈报崇岗镇砂石矿区矿山地质环境恢复治理项目土地征收实施方案的请示》《关于呈报平罗县唐徕渠带状公园三期（鼓楼南街—翰林大街段）景观绿化工程实施方案的请示》《关于呈报平罗县唐徕渠带状公园四期（民族大街—前进路）景观绿化工程实施方案的请示》《关于召开中共平罗县第十四届委员会第二次全体会议有关事宜的请示》《关于呈报中共平罗县委十四届二次全体会议工作报告（讨论稿）的请示》《关于呈报中共平罗县委常委会2017年度干部选拔任用工作情况报告的请示》《关于呈报平罗县影响长远发展突出问题完成情况的报告》。

12月15日，召开十四届县委2017年度第23次常委会议。会议研究平罗县第十七届人民代表大会第二次会议相关材料：县人大常委会党组《关于召开县第十七届人民代表大会第二次会议有关事宜的请示》《关于呈报〈平罗县人大常委会工作报告〉的请示》，县政府党组《关于呈报〈政府工作报告（送审稿）〉的请示》《关于呈报2017年10件民生实事执行情况和2018年10件民生实事（草案）的报告》《关于呈报〈平罗县2017年国民经济和社会发展计划执行情况及2018年国民经济和社会发展计划（草案）的报告〉的请示》《关于呈报平罗县2018年财政预算（草案）的请示》《关于呈报〈关于2017年财政预算执行情况和2018年财政预算（草案）〉的报告（送审稿）的请示》，县人民法院党组《关于呈报〈平罗县人民法院工作报告〉的请示》，县人民检察院党组《关于呈报〈平罗县人民检察院工作报告〉的请示》；研究政协平罗县第十一届委员会第二次会议相关材料：县政协党组《关于呈报召开政协平罗县第十一届委员会第二次会议有关事宜的请示》《关于呈报〈政协平罗县第十一届委员会常务委员会工作报告〉的请示》《关于呈报〈政协平罗县第十一届委员会增补常务委员候选人建议名单〉的请示》《关于呈报〈政协平罗县第十一届委员会第二次会议选举办法（草案）〉的请示》《关于呈报〈平罗县政协2018年度协商工作计划（草案）〉的请示》；县编委会《关于呈报中共平罗县纪律检查委员会　平罗县监察委员会机关主要职责内设机构和人员编制方案的请示》；研究干部事宜。

12月29日，召开十四届县委2017年度第24次常委会议。会议传达学习中央经济工作会议精神，自治区党委十二届三次全会精神，市委十届四次全会精神，石泰峰在全区工业园区建设发展座谈会上讲话精神，自治区党委书记石泰峰、自治区主席咸辉在自治区全域旅游发展推进会上讲话精神，中共宁夏区纪委《关于张湧严重违纪案件的通报》和《关于郭进挺违反中央八项规定精神有关问题的通报》精神；对2017年第四季度县处级领导干部"干事档案"述职测评；县政府党组《关于呈报平罗县加快推进特色田园小镇建设实施方案的请示》《关于呈报平罗县加快推进美丽家园试点村建设实施方案的请示》《关于呈报平罗县促进工业经济转型升级若干政策的请示》；县纪委《关于给予谭生奇撤销党内职务处分的请示》；县委组织部《关于呈报县委领导班子2017年度民主生活会方案的请示》；研究干部事宜。

组织工作

【概　况】 2017年，围绕学习贯彻中共十九大和自治区第十二次党代会精神、全区组织部长会议部署要求，坚持稳中求进工作总基调，落实全面从严治党要求，聚焦主责主业、强化担当作为，提升全县组织工作登台阶上水平。

【选人用人】 严格执行《干部任用条例》和《党委（党组）讨论决定干部任免事项守则》，突出"五个看重""两个倾斜"用人导向，对重点项目、脱贫攻坚等基层一线干部和"青女少非"干部选拔，提请县委常委会研究任免干部8批286人次，其中提拔使用基层一线干部39名、年轻干部35名、女干部41名、少数民族干部26名和党外干部9名。推进竞争性选拔工作，采取放宽年龄、降低部分公选职位职称等级等方式，面向全市公开选拔7名副科级领导干部，解决教育、卫生等部门专业干部匮乏问题。落实乡镇司法所升格干部配备工作，选优配齐乡镇司法所所长13名，兑现副科职级待遇。推进干部多渠道常态化交流，全年部门之间交流干部67名，部门与乡镇之间交流干部34名，乡镇之间交流干部13名。按照人岗匹配原则，采取调任方式，选拔12名事业干部到党政机关任职，激发干部队伍活力，盘活干部队伍资源。加强领导班子和干部经常性考评，换届满一年乡镇领导班子和领导干部考核、全县中小学（幼儿园）校（园）长聘期考核和15个事业单位综合分析研判工作，通过考核，提拔或转任重要领导岗位干部6名，调整交流不适宜任现职或免职8名，推进领导干部能上能下。抓好年轻干部培养工作，举办年轻干部能力素质提升专题培训班，完善建立1804名35岁以下年轻干部信息库，推荐3名优秀干部到上级部门学习锻炼，新选派25名机关事业单位干部到脱贫攻坚村、非公企业或重点项目一线挂职锻炼，抽调36名优秀机关干部参与创建全国旅游示范县、陶乐马山头区域专项治理等工作，让年轻干部在实战中砥砺品质、成长成才。建立干部人事档案专项审核常态化机制，巩固专项审核成果，落实260卷新接收档案专项审核，提高档案管理服务水平。

【提升干部能力素质】 发挥县党校主阵地作用，举办全县科级领导干部学习贯彻中共十八届六中全会精神、中共十九大精神集中轮训班，培训全县科级领导干部和优秀年轻干部1093人次。落实领导干部到党校讲课制度，5名县处级领导上讲台专题辅导。落实干部教育培训点名调训制度，选派18名处级干部和32名科级干部参加"全区少数民族县处级干部""全区乡镇长综合能力提升"等专题培训班。围绕全县干部教育培训计划，分期分批开展全县公务员素质能力提升、全县基层妇女干部、青年团干部党性修养等专题培训班5期，培训人员1200余人。加大干部网络教育培训管理力度，组织全县409名领导干部参加2017年全区干部网络教育培训。

全县村干部能力素质提升专题培训班

党建工作述职会议

【干部管理监督】 严格执行领导干部经济责任审计制度，对30名领导干部进行经济责任审计，促进领导干部依法依规履职尽责。突出专项整治，对49名公职人员兼（任）职或投资开办58家企业予以清理，规范公职人员廉政行为。核查退休领导干部在社团兼职情况，对未经审批或备案兼职，超数量、超届数或超任职年龄界限兼职人员，要求限期整改退出。加大干部考勤特别是退出领导岗位干部抽查力度，对干部管理不严格26个单位通报批评，16个单位主要负责人提醒谈话，43名干部给予经济处罚，退出领导岗位干部按要求全部返岗工作。严格干部因私出国（境）管理，对771名领导干部出国（境）证件进行重新核查，统一保管587本出国（境）证件，审核9名领导干部出国（境）手续，确保程序严谨规范。落实领导干部报告个人有关事项制度，对45名处级领导干部、73名科级干部填报个人有关事项逐项审核，杜绝漏报错报等现象发生。紧盯“村两委”换届选举监督工作，选派13个监督小组全程指导，营造风清气正换届环境。规范“12380”举报电话受理工作，受理办结21件信访件，用好干部监督“利器”。

【“两学一做”学习教育】 采取领导干部“领学”、组织关怀“送学”、创新途径“引学”、实地体验“促学”、完善制度“督学”、研讨交流“互学”等形式，组织党员深学实学。推行田间党课、体验式党课、互动式党课，做到学习教育重创新、求实效。推广使用党建“云支部”APP，发布动态信息1700余条、测试题260道，党员互动交流6700余条，让党员干部利用“碎片时间”进行“微量学习”。发挥党员干部现代远程教育平台优势，突出党性教育。以党支部为基本单位，建立“三会一课”计划报审备案制，细化不同行业领域“三会一课”定位和内容，将“三会一课”制度抓实抓细。在各支部开展以“诵党章、学讲话、讲党课、缴党费、温誓词”为主要内容的“5+X”支部主题党日，引导党员做到“四个合格”，党支部做到“五个过硬”。

【主体责任】 强化抓党建主责意识，县处级领导干部联系27个基层党组织，围绕中共十九大、自治区第十二次党代会精神、带头人队伍建设等专题，开展讲党课、党建大调研，特别是注重对后进村、贫困村调研指导，解决庙庙湖村新丝路服装厂项目用地等重点、难点问题26件。坚持述职述党建、评议评党建、谈心谈党建，采取“述职＋点评”，各级党组织书记自评查摆问题96个，上级领导点评问题9个，考评考核发现问题18个，逐一列出问题清单，督促基层党委有针对性抓整改，压实党委管党责任。建立“平时督查、季度述职、半年评估、年度考核”跟踪推进机制，采取半年观摩述职评比、季度党建例会、月度互查互检等措施，对工作推进不力、整改不到位10个党组织负责人约谈问责，形成倒逼机制，传导动力，压实责任。在非公企业和社会组织推行“四单两卡一评”工作制度，把党建基础任务、重点任务细化、量化为基层党组织书记履职“提醒卡”，解决党建责任落实“最后一米”问题。

【服务型党组织】 以村级党组织服务能力提升工程贯彻落实“三大三强”行动，重点解决“有人干事、有钱办事、有场所议事、有章理事”问题。开展农村党组织创业行动，争取扶持村集体经济发展资金2000万元，培育崇岗镇崇岗村、城关镇和平村等壮大村集体经济示范村18个，带动群众增收致富；坚持因村施策、分类指导、集中整顿，转化提升崇岗镇兰丰村等后进村10个。夯实非公企业和社会组织党建工作基础，组织开展覆盖攻坚行动，将非公企业和社会组织党组织覆盖率提升至91.02%、82%。组织25个部门与26个非公企业和社会组织开展“堡垒共建、先锋同行”活动，投入6万元推进16个党建项目落地，评选县级“双强六好”非公企业党组织8个，提升非公企业和社会组织党组织规范化建设水平，培育宁夏森源重工“党员思想政治责任区”等一批党建品牌。抓好城市党建，深化社区“联合党委”、在职党员到社区报到及志愿者服务等工作，探索创新“网格党小组+网格员”、党员互助站及“三社联动”等工作模式，打造民情征集、分析、办理、评价及反馈为一体“民情流水线”，构建区域内组织联建、党员共管、资源联用、服务联做互促共赢新格局。动员部署全县55个机关单位1501名干部到215个联系点开展新一轮“下基层”活动，为基层解决实际困难和问题236件，使机关党建走在前，做表率。全县三星级81个、四星级服务型党组织12个。

主题党日重温入党誓词

【骨干队伍建设】 以“双培养一加强”为抓手，实施“两个带头人”工程，通过本村选、外面引、上级派等办法，村党组织书记队伍中，农村致富带头人占26.9%，高中以上学历占53.2%。实施村干部能力素质提升工程，组织乡村两级党组织书记52名赴山东省潍坊市等发达地区开阔视野，举办村干部集中轮训、实用技术培训8期，培训1674人次。健全非公企业和社会组织党务工作者季训、党建指导员教育管理机制，从机关单位选派10名专职党建工作指导员到园区指导非公企业和社会组织党建工作，组织36名非公企业和社会组织负责人、党务工作者前往浙江观摩学习，举办非公企业和社会组织党务工作者培训班3期，集中培训非公企业和社会组织党组织书记、党务工作者和党建指导员310余人次。实施村干部学历提升工程，对取得大专、本科学历现任村干部全额补助学费。按照“控制总量、优化结构、提高质量、发挥作用”要求，新发展党员240名，取消预备党员资格1名。开展党员教育积分制、无职党员设岗定责、党员创业行动等实践活动，培育“全国劳模”马学山、“区级道德模范”周志民、“创业典型”张涛等一批有影响、有示范、有带动的党员先锋模范。建立优秀青年库、后备干部库、外出人才库，通过定人帮带、定档管理、定期考核、定期培训及跟班学习方式，培养一批后备人才，在村“两委”换届选举中，54名后备村干部进入村“两委”班子。

【基层基础保障】 贯彻落实“三大三强”促脱贫富民行动，建立村干部“星级补贴”激励机制，村干部任职补贴与村党组织星级评定结果挂钩，最高星级与最低星级村党组织书记、村委会主任任职补贴相差1322元/月。村队（区）长补贴由每月100元提高到200元。每2年为享受任职补贴村干部体检1次。提高村居办公经费标准，红瑞村、庙庙湖村增加到11万元/年，其他村增加到5万元/年，社区工作经费提高至5万元/年。落实村级为民服务资金，每年按5万元标准及时拨付到村，红瑞村、庙庙湖村每年提高到15万元。加强村级组织活动场所管理，新建、维修改造通伏乡罗家庄村等村级组织活动场所24个，在姚伏等8个乡镇62个村级组织活动场所实施太阳能与热泵综合利用采暖项目。加强非公企业和社会组织党组织阵地建设，按照有会议室、工作室、展示室、阅览室、谈心室、健身室和统一命名、统一标识“六室两统一”标准，在非公企业相对集中的园区、商圈建成4个党群活动服务中心。探索园区党建工作网格化管理模式，把工业园区划为若干网格，每个网格设立1个党建工作指导站，选派党建工作指导员驻点办公，面对面帮助破解党建难题，发挥服务、孵化功能。激励扶持发展壮大村集体经济，对发展村集体经济效果显著的村定额奖励或以奖代补，提取净收益8%补助享受任职补贴村“两委”班子成员。坚持落实非公企业和社会组织党费拨返、党费补助等经费保障机制，全年返还非公企业党费6万元，补助党费80万元，支持非公企业和社会组织党建工作，发放非公企业和社会组织党务工作者津贴16.5万元。

全县党员发展对象暨党务干部培训班

【助推经济社会发展】 建立包抓重点企业、包推重点项目“双包责任制”，泓升医药中间体等项目落户平罗，大地轮胎三期、四期等项目快速推进，经济平稳健康发展。出台脱贫攻坚产业和就业创业“双20条”政策，将红瑞村、庙庙湖村党支部升格为党委、党总支，选派6名优秀干部驻村工作，其中3名担任第一书记。实施“三带三满意”，建立“1+N”帮扶机制，推行“党组织+合作社+产业+贫困户”模式，实施新丝路服装厂等扶贫项目13个，开展技能培训20期878人，提供互助资金借款813.5万元。实施惠民生态公园、银北地区百万亩盐碱地改良及庙庙湖500公顷黄土压沙等一批惠及民生大项目。深化机关干部“下基层”“两代表一委员”联系服务群众工作，通过“五个一”“十跟进”等活动解决实际困难和问题。

【人才工作】 完善党管人才领导体制，落实县处级领导联系高层次人才制度，细化明确党委政府工作部门及其他单位人才队伍建设职责任务。落实《人才工作联席会议制度》，修订《人才工作积分管理考评制度》，落实人才工作领导小组各成员单位责任。加大人才资金投入力度，保障相关工作经费足额到位。拓宽人才引进途径，通过聘请“技术顾问”“客座教授”等形式，柔性引进专家学者来平开展项目、技术合作。全职引进工程师、助理工程师、研究生等高层次人才41名。加强与重点高校、科研院所联系，帮助28家企业与清华大学、北京化工大学等高校、科研院所建立稳定产学研合作关系，合作各方打破单位、专业界限组建创新团队18个。建立滨河碳化硅技术创新中心、银晨太阳能光热利用技术创新中心等13个科研中心，开展技术合作项目49个。

实施专业技术人才培养“青蓝工程”，通过老带新、师带徒、发挥业务骨干传帮带作用。改进教师轮岗工作，培训学校管理人才。通过建立4个紧密医联体、“1+1”结对帮扶村卫生室、成立名医工作室等方式提高医务人员技能。开展城乡劳动力就业技能培训、企业岗位技能提升、SYB创业培训等各类培训班。组织举办企业管理人员培训班，提高企业管理人才素质，德信恒通管业公司法人张勇入选科技部创新创业人才。注重“田秀才”“土专家”等农村实用人才培养。实施“三社联动”和“困境儿童社会工作服务”两个项目，带动社区社会工作向专业化过渡。实施文化旅游人才培养和电子商务人才“蒲公英”工程，推动国家全域旅游示范县和国家电子商务进农村示范县创建工作。加强人才服务工作，在宁夏大地循环经济发展股份有限公司等企业建立人才工作站，公司投资3000万元建设总面积7500平方米人才公寓和高级人才别墅。在县人力资源市场长期设立人才服务窗口，全面开展人才招聘“一站式”服务、人事代理“一体化”服务、人才管理“一册式”服务。完善人才激励机制，全面落实专技人员岗位待遇，按照岗位管理要求和职数控制范围及时审核聘任各类专技人才450多名晋升岗位职级；制定《平罗县事业单位管理岗位非领导职责职员等级晋升意见（试行）》，解决事业单位管理岗位任职时间长职员等级无法晋升问题。实行专技人才“特设岗位”和增量绩效工资。争取自治区人才项目1个，市人才项目2个。制定《平罗县制种产业人才培养基地项目执行方案》。实施学科带头人、技能大师工作室和农业专家服务团两个县级人才项目，建成学科带头人和技能大师工作室10家，农业专家基层服务站14个，建设农业示范园区16个。

【组工干部队伍建设】 开展“两学一做”学习教育常态化制度化，利用周二“组工夜学”制度，突出抓好四个专题学习讨论，通过岗位练兵、业务培训、轮岗锻炼等形式，打牢业务功底、增强履职本领。实行工作季度述职和干部“干事档案”公示制度，采取个人述职、现场打分、结果公示方式，全面提升组工干部综合业务素质。加大组工信息宣传力度，制定《县委组织部信息调研和宣传考核奖励办法》，下发《关于做好2017年组织工作新闻宣传的通知》，提高信息工作质量和水平。严格执行《宁夏组工干部行为规范》，落实组工干部纪律规定，树立组织部门良好形象。

精神文明建设

【概　况】 2017年，坚持围绕中心、服务大局，把握正确导向，以学习贯彻习近平总书记系列重要讲话精神为主线，推进宣传思想文化工作“十大工程”落细落小落实，以壮大舆论声音，凝聚思想共识为重点，做好理论武装、舆论引导、精神文明创建、文化繁荣工作和队伍建设，各项工作取得阶段性成效。县委宣传部被新华社新闻信息中心评为“2017年度新华社新闻信息中心供稿发行工作先进单位”，被评为“2017年度党报发行先进单位”。

【理论学习】 把学习贯彻习近平总书记系列重要讲话精神作为理论武装中心内容，制定印发《党委（党组）理论学习中心组学习制度》，印发党委（党组）理论学习中心组学习安排和干部理论学习安排，组织编印辅导资料，开展以宏观经济政策、“两学一做”学习教育、中共十九大精神等为主题14期中心组理论学习。组织宣讲自治区第十二次党代会精神91场次，创新微党课宣讲，开展微宣讲20余场次。组织党的十九大精神基层宣讲374场次。结合“两学一做”学习教育和全县“作风效能提升年”活动，牵头开展“作风提升话担当”微型党课比赛，全县42个党委（党组）350余名基层干部参加活动，选拔组建一支来源于各单位、贴近群众基层宣讲团，以微型党课为主体，打造“微系列”理论学习工作品牌。从乡镇、部门选拔宣讲骨干组建中共十九大精神基层宣讲团集中培训，到基层宣讲51场次。

【意识形态】 将意识形态工作责任制列入《县委常委会工作要点》，出台《党委（党组）意识形态工作责任制实施细则（试行）》，与13个乡镇、17个重点部门签订意识形态工作目标责任书，明确共性目标和部门职责，将党委（党组）每年至少2次专题研究意识形态工作，每半年向县委报告1次意识形态工作开展情况等具体要求列入部门、乡镇效能考核内容。出台《报告会研讨会论坛讲座培训班申报审批管理办法》，实行登记报备制度，开展意识形态工作风险点排查工作，排查出14项风险点。

【舆论宣传】 围绕区、市党委、政府和县委、县政府中心工作开展宣传报道工作，以宣传贯彻中共十九大和自治区第十二次党代会为主线，组织“砥砺奋进的五年”“重大项目建设”等宣传报道工作，开辟“新春走基层”“十三五规划展新篇”“打赢扶贫攻坚战”“十九大时光”等系列报道，通过开设专栏、系列报道、人物专访等形式，对全县重点工作全方位深入宣传。举办《电视问政》，开设《作风效能进行时》专题栏目，各乡镇、各部门主要负责人就如何抓好作风建设公开承诺，促进作风效能实现转变。打造“一网、两微、三端”宣传阵地，利用政府信息网、平罗发布、电视台公众号、“活力平罗”等新媒体平台及时推送工作动态、亮点经验、正面典型，政府信息网发布信息25951条，“活力平罗”发布稿件4000余篇，“平罗发布”微信公众号自启动以来，发布信息1292条，阅读量200万人次，关注人数近6万人，为经济社会各项事业持续健康发展营造良好舆论氛围。

县委理论学习中心组专题辅导报告会

平罗县“作风提升话担当”微党课大赛

【重点选题】 邀请中央和区市媒体对平罗县土地经营管理制度改革、转型升级、重点项目建设、脱贫攻坚、“两学一做”学习教育等亮点工作开展专题采访活动，特邀中央及区级媒体记者来平开展“聚焦农村土地改革”大型采访活动，向全区乃至全国推介，“平罗经验”。由国务院新闻办监制、五洲传播中心出品的新媒体纪录片《奥利弗游中国》栏目著名主持人奥利弗·格朗让，对庙庙湖景区治沙工作开展为期4天拍摄；由中宣部、中央电视台联合制作的六集电视纪录片《辉煌中国》第五集中，高庄乡幸福村村民杨晓梅带着她剪纸、漆画作品在片中出镜4分钟；中央电视台财经频道《经济半小时》栏目组采访以地养老工作，播出专题栏目《关注“老有所养”的美好生活　以地养老的喜与忧》，时长半小时。接待中央、自治区、市媒体近700余人次，“深化走转改见证新发展”“全国卫视看宁夏”“海外华文媒体看宁夏”等集中专题采访活动走进平罗，集中观摩采访报道农村土地改革工作和大地循环有限公司,《宁夏神州轮胎：打造循环产业链 建设一流轮胎企业》《平罗变农村“沉睡资本”为农民“活钱”》等稿件新闻分别在人民日报和新华网、新华社客户端刊发；接待长江韬奋奖塞上行记者团来平采访脱贫攻坚工作；邀请中央及区内外媒体单位做好中国宁夏平罗第四届种业博览会宣传报道工作。新华社等中央级媒体刊登稿件23篇，宁夏日报头版刊登稿件26篇，专版5个，刊发理论文章5篇，在自治区级媒体刊登稿件500余篇,《平罗点燃移民脱贫致富激情》《平罗首批农村集体经营性建设用地入市》等稿件在《宁夏日报》头版头条刊发，刊发专版《平罗：转型发展决胜全面小康谱新篇》，石嘴山日报刊登稿件1000多篇，平罗专刊40期，与石嘴山电视台合作推出“美丽平罗乡村行”系列报道，在宁夏新闻网开辟“塞上明珠·多彩平罗”专栏，举办全县通讯员、网评员培训班，编发《媒体看平罗》书籍，提升宣传能力，讲好平罗故事，传播好平罗声音。

【网络舆情处置】 印发《平罗县网络与信息安全事件应急预案》等文件，明确网络舆情工作方法和流程。建立24小时值班制度，组织开展涉平、宗教及突发事件网络舆情监测、处置工作，建立健全互联网信息监测、舆情导控、新媒体监督管控、舆情研判会商和重点网民管控五大系统。全年监测、上报网络舆情493条；办理各类涉平舆情信息186条；转办、处置“人民议政”涉平各类投贴994件，转办、处置领导信箱来信133件，建立微信参政议政平台“问政平罗”，回应网民关注的社会热点问题，拓宽群众表达诉求渠道。做好突发事件舆情应对工作，及时稳妥处置重大突发事件和敏感问题舆情。

【核心价值观】 打造惠民生态社会主义核心价值观主题公园，县城东华苑广场移风易俗主题宣传长廊、渠口乡渠口村文明乡风宣传示范点、灵沙乡东润村美丽乡村文明创建街区等宣传思想文化阵地，将核心价值观、移风易俗、文明乡风、美丽村庄文明创建等内容以通俗易懂、图文并茂形式展现，走进百姓日常生活。《平罗笑脸透出百姓“幸福力”》精神文明建设工作经验在宁夏日报、石嘴山日报专版刊登。

【主题实践活动】 突出部门行业特点，创新开展“我们的价值观”每月主题实践活动，分行业、分月份推进，与部门工作、重点活动深度融合，推动社会主义核心价值观落细落小落实。开展“我们的价值观”每月主题实践活动，将具有民俗特色社火展演、花灯展示、广场舞大赛、T台秀等活动结合起来，在全县启动“践行社会主义核心价值观 寻找最美平罗印象”系列评选活动，开展“塞上明珠·多彩平罗”摄影大赛“喜迎十九大、美丽中国梦、践行社会主义核心价值观、做彬彬有礼石嘴山人”主题微电影征集、“讲文明树新风”暨“践行社会主义核心价值观 做彬彬有礼石嘴山人”公益广告和“图说我们的价值观”公益广告设计大赛等活动。编发“文明石嘴山”微信公众号（平罗板块）40余期，印发《平罗县精神文明建设》内刊7期。

【精神文明建设】 促进道德选树常态化，夯实道德根基。陶乐镇白琴荣获全国第六届孝老爱亲道德模范称号；马金兰、李海江荣登中国好人榜；任秀娟等五人入选全区第五届道德模范和最美人物；举办全县第五届道德模范评选和首届“最美家庭·最美人物”颁奖典礼活动，县委、县政府命名表彰50名道德模范、最美人物和最美家庭；举办第六届全国道德模范与身边好人现场交流活动；开展“道德模范在身边”基层巡讲、道德模范与身边好人现场交流等活动，倡导好人有好报的社会风尚；促进学雷锋活动常态化，全县建立25支机关系统志愿者服务队、13支乡镇志愿者服务队、28支社区志愿者服务队，注册志愿者23655人；开展“学习雷锋 薪火相传”暨第三届“鲜花朵朵送雷锋”活动，来自各条战线400余名志愿者参加活动；举办志愿服务培训班培训志愿者200人次；开展文明诚信市场、文明诚信商场（超市）评选活动，举办“3·15”国际消费者权益保护纪念日暨“守合同·重信用”企业命名大会，命名表彰一批诚信企业和维权人物。

【移风易俗工作】 将推动移风易俗、树立文明乡风工作作为全县农村精神文明建设重点任务，印发工作实施方案，红崖子乡移风易俗工作经验在全区推进移风易俗树立文明乡风现场推进会上作书面交流。打造渠口乡渠口村、姚伏镇周城村、红崖子乡红翔村，陶乐镇庙庙湖村等移风易俗示范点，全县144个行政村、28个社区实现“红白理事会”全覆盖，通过红白理事会章程、机构、办事流程、村规民约上墙。通过新媒体平台推送“移风易俗树新风”漫画集，举办全县宗教人士“移风易俗，树立文明乡风”宣讲员培训班，在全县启动“推动移风易俗　树立文明乡风”专场巡回文艺演出，开展万人签名倡议活动，在各乡镇开展移风易俗宣讲会、“我的家风故事会”等活动。开展好家风好家训展示活动，组织学生到翰林祠堂开展文明祭祀、经典诵读，学习俞德渊家风家训。组织最美家庭宣讲活动，观看“梦想启航——中国好家庭好家风巡讲”。引导广大群众破除铺张浪费、婚丧大操大办等陈规陋习，树立勤俭节约、文明健康的生活。

全县道德模范和最美人物颁奖，图为最美人物颁奖

【创城工作】 制定《迎接全国文明城市测评验收分工方案》，成立创城工作领导小组，召开工作推进会，深入各学校、少年宫指导工作，做好社会主义核心价值观融入课堂教学和校园文化。开展多种形式“学雷锋志愿服务”、“日行一善”、反邪教宣传教育、“书香校园”、书画大赛等活动，创新德育形式和途径，以校园为主阵地，以课堂教学为主渠道，把未成年人思想道德教育贯穿于教育教学各个环节，抓紧抓好未成年人思想道德建设。在城区各办公大楼、各学校、重点交通路段设置公益广告宣传栏、“遵德守礼”提示牌，建立富有本地特色公益广告设置体系，营造浓厚创城氛围。

【文明单位评选】 创新开展文明单位、文明村镇、文明校园评选活动，宝丰镇宝丰村、平罗县国家税务局、平罗县回民高级中学分别荣获全国文明村镇、全国文明单位、全国未成年人思想道德建设工作先进单位荣誉称号，姚伏镇周城村、渠口乡渠口村被评为第二届自治区美丽乡村文明创建工程示范村。全县申报县级文明单位8个，文明村镇52个，文明校园5个；市级文明单位1个，文明村镇28个；自治区级文明单位1个，文明村镇12个；全国文明单位4个，文明村镇4个，推动文明创建向乡镇、村队、社区、学校延伸。

【惠民工程】 落实“脱贫攻坚素质提升助力行动”牵头抓总职责，开展“送欢乐送健康送知识”下基层活动，到移民村开展送戏下乡、举办扫盲法律技能等培训，开展各类培训40场次。开展推动移风易俗树立文明乡风文艺巡演13场次；开展“市民文化节”6场次；在红崖子乡红瑞村启动“三下乡”活动，文化演出16场（次）；组织情缘乡音艺社、夕阳红等5个民间艺术团送戏下乡41场次；宁夏演艺集团歌舞剧院送戏下乡13场次。启动“清凉宁夏　多彩平罗”广场文化活动，安排广场文化活动49场次，组织、承办、举办全县各类群众文化活动657场（次），丰富活跃城乡广大群众的精神文化生活。在全县启动“戏曲进校园”活动，在回民高级中学、城关六小等学校演出18场次。各乡镇开展群众文化活动，举办“美食节”“采摘节”“赛羊节”“燎疳节”等系列活动。

【乡村大舞台】 城关、灵沙2个乡村大舞台建设使用，开展文化活动10余场次。在红崖子乡红瑞村和陶乐镇庙庙湖村打造以文化为主题，以服务为宗旨，集群众文化活动开展、图书阅览、科普培训等为一体的公益性综合文化大院，开展各类活动10余场次。

【基层文艺创作】 围绕中共十九大召开、宁夏回族自治区成立60周年等重大主题，打响“山水园林·尚工逸城”城市品牌，加大文艺精品创作力度，围绕平罗农村土地改革成功做法创《花开大地——平罗经验》报告文学集；落实《关于进一步加强和改进文艺工作的意见》，支持文艺创作生产，平罗乡土作家白远志、李晓园作品《平罗古韵》《三棵柳》等一批文学作品在《朔方》《黄河文学》等刊物上发表。推进“互联网＋文化＋旅游”工作，指导盛夏文化有限公司、阳光文化产业城拓展文化内涵，发展新业态，运用新媒体，策划组织庙庙湖大漠桃花节系列活动，承办2017·第二届中国国际房车旅游大会平罗分会场暨“丝绸之路”国际房车旅游发展高峰论坛。

平罗县宣传思想文化系统学习宣传党的十九大精神专题会议

【队伍建设】 加大宣传思想队伍培训力度，选派优秀干部和业务骨干参加全区两个文明、全市文艺骨干等各类培训班，组织宣传思想文化系统领导干部赴浙江余姚、嘉善等地，实地考察学习文化礼堂建设、歌斐颂巧克力小镇、西塘镇等文化产业、文化旅游建设情况，就推进文化产业、广电等方面学习交流，提升领导干部素质。开展“两学一做”学习教育，严明政治纪律和政治规矩，坚持从严教育、从严管理、从严监督，教育引导干部严格遵守政治纪律、组织纪律、廉洁纪律、群众纪律、工作纪律和生活纪律，加强部机关内部管理，修订完善工作例会制度、办文办会办事工作制度等各项制度，部机关作风明显好转。开展干部下基层、脱贫攻坚及帮扶解困工作，调查走访困难家庭40多户，慰问帮扶移民和联系村队资金11万元，转变工作作风，提升干部服务基层意识。

民族宗教

【思想教育】 支持民主党派和无党派人士开展“不忘合作初心、继续携手前进”教育学习。召开全县统战工作会议，传达学习全国、全区统战、宗教工作会议、习近平总书记系列讲话、自治区第十二次党代会精神；坚持重大事项通报制度，定期向党外人士通报区、市、县党委、政府重要决策部署。做好县处级领导干部与党外人士联系交友工作。组织各民主党派、非公经济人士传达学习自治区第十二次党代会精神。通过学习交流、辅导讲座、专题培训等形式，引导统一战线广大成员学习习近平总书记系列重要讲话和中央和区、市、县党委重要会议精神，统一思想认识和行动。贯彻落实全国、全区统战部长会议精神和《贯彻落实区、市统一战线工作领导小组调研检查反馈意见整改措施》5个方面11项内容整改。按照“三个带头”“四个纳入”要求，制定

《平罗县统战系统2017年度教育培训计划》，建立统一战线工作联席会议制度，召开全县统一战线工作领导小组会议2次，传达学习全区宗教工作会议精神，落实区、市、县党委统一战线重大决策部署。

【“同心+”行动】 开展“统一战线”助力脱贫攻坚活动，引导全县统一战线广大成员围绕精准扶贫工作要求，开展“光彩事业”“企业帮扶”“教育支持”等助力脱贫活动，组织各民主党派到移民村开展义诊6次、免费发放药品等医疗服务活动，为移民捐赠图书、衣物等物品，发放药品1.6万元，送衣物300余件，送书籍价值3000元，发放宣传资料1万余份，免费为600余名群众义诊。筹措资金5万元，向14户结对帮扶户赠送基础母羊28只，开展慰问3次。开展教育扶贫，筹措资金1.35万元资助18名学生。引导和动员非公企业及非公经济人士助力全县脱贫攻坚行动，通过节日慰问、帮扶解困、捐资助学、就业扶贫等形式，为全县脱贫攻坚出力献策。动员和组织宁夏新安科技有限公司等13家会员企业，捐款捐物10万余元慰问移民。

【政党协商】 贯彻自治区党委《关于加强政党协商的实施意见》，做好2017年度政党协商工作，《2017年全县统战工作要点》向民主党派广泛征求意见；将2017年调研课题纳入协商内容。健全落实民主党派、无党派人士意见建议“直通车”制度，完善协商反馈机制，推动协商成果转化。党外人大代表和政协委员参加区、市、县人大和政协组织各类活动。在十七届一次人代会和县政协十一届一次会议上，党派界别人大代表、政协委员上报提案、意见建议39件。2017年各民主党派开展参政议政、建言献策活动，上报调研文章19篇。拓宽建言献策渠道，创新建言献策环境，推动民主党派、工商联与政府部门对口联系制度落实，拓宽知情明政渠道。

【自身建设】 落实自治区党委《关于支持民主党派加强自身建设的若干意见》要求，明确工作职责，推动各项工作落到实处。指导协助民主党派开展与基层支部结对帮扶活动，组织党外干部和少数民族干部53人参加区、市统战部举办培训班，为民主党派发展和提高参政议政能力提供优质服务和帮助。完善民主监督形式，拓宽民主监督渠道。县委把民主党派干部队伍建设纳入全县干部队伍建设总体规划，抓好后备干部推荐工作，筛选政治素质高、工作表现好、专业水平强的党外人士作为后备干部，做到备用结合。

【民族团结】 贯彻落实《自治区民族团结进步创建活动“十三五”规划》，制定印发《平罗县创建全国民族团结进步示范县工作实施方案》，明确组织协调、考核评价、督促检查、典型引领、政策保障五项机制，制定“八进”创建标准。按照指导实践、梯次推进、全面推广的工作方法，坚持示范带动，树立以高庄乡为代表示范乡2个，以城关镇金顺社区为代表示范社区2个，以渠口乡渠口村为代表示范村2个，以宁夏大地化工公司为代表示范企业2个，以城关镇第五小学为代表示范学校3个，全方位、分层次、递进式推进全国民族团结示范县创建活动，得到自治区互观互检组、测评组对平罗县民族团结进步创建工作的肯定。2017年，获得自治区级民族团结进步示范单位2个、市级民族团结进步示范单位8个。开展民族团结月活动启动仪式，举办“民族团结一家亲、同心共筑中国梦”专场文艺演出。组织城关镇、黄渠桥镇、宝丰镇、灵沙乡等乡镇开展美食节、农民篮球赛、民族团结专场文艺演出和斗羊比赛等丰富多彩的文体活动。开展“军警民共建文明清真寺”、“回汉一家亲”、“邻里要互助”、“国旗进清真寺”、民族团结主题小故事有奖征文、微视频征集活动，在全县营造民族团结进步创建氛围。

【清真食品管理】 做好“清真”泛化专项治理，加强清真食品监督管理，把好入口关，核发清真食品准营证179家，开展专项检查和日常巡查相结合，全年检查382家，对擅自用清真标识，移交市场监管部门处理。

【争取项目】 落实优惠政策，为沙湖辣椒清真食品公司等民品企业争取贷款贴息90万元。争取少数民族发展资金200万元，改善少数民族聚居乡村基础设施建设。

【宗教事务管理】 贯彻落实全国、全区宗教工作会议精神，召开县委常委（扩大）会、政府常务会议，传达学习全区宗教工作会议精神，举办全县副科级以上领导干部、主要教职人员和乡镇分管民族宗教工作领导干部培训班，组织统战、宗教干部、宗教人士100余人参加市委统战部、市民宗局培训学习2次，选派15人到自治区社院参加培训学习2次。在全县13个乡镇举办“三定”学习班26场次。实行县级领导联系宗教界人士和信教群众制度，由26名县级领导联系52个重点宗教活动场所宗教人士，加强与宗教人士沟通联系。开展伊斯兰教经文学校（班）、非法宗教活动、基督教聚会点专项治理工作。推进“四进”宗教活动场所工作，加强宗教活动场所建设，严格宗教活动场所翻建审批要求，开展宗教活动场所普查。

【安全管理】 建立健全各项管理制度。制定《宗教活动场所民主管理职责》《宗教活动场所翻扩建、维修审批制度》《宗教教职人员职责》《宗教人士例会学习制度》等工作管理制度，并通过现场指导、日常检查等方式，狠抓各项制度的落实，推动宗教事务向制度化管理转变。依法加强对宗教活动的管理。严格按照《宁夏回族自治区宗教活动安全管理暂行办法》要求和“谁组织、谁负责”“谁审批、谁负责”，就地、从简、小型、安全、有序的原则，坚持属地管理，履行宗教活动审批程序，开展“安全年”活动，制定防范突发事件应急预案，组织人员对宗教活动安全大排查4次，维护正常宗教活动秩序，确保信教群众人身财产安全。

政策研究

【概　况】 2017年，围绕全县中心工作，发挥政研室参谋助手作用和各专项办公室牵头抓总、协调各方工作职能，发挥参谋助手作用，强化统筹协调，农业农村工作持续加强，深化改革工作全面推进，目标管理考核工作不断优化，干部队伍建设得到加强，服务水平得到新提高，专项工作取得新成效。

【服务决策】 承担县委、县政府重要文稿起草工作，制定《平罗县2017年农业农村工作要点》《平罗县深化改革领导小组2017年工作要点》《关于加快发展农业“一优四特”产业的实施意见》等重要文件10余份，起草县委、县政府主要领导及分管领导署名文章4篇，撰写县委、县政府有关领导在全县深化改革、农业农村、效能目标管理考核等会议上讲话及全国和区市有关会议上汇报、经验交流等文稿23篇，其中围绕《创新农村社会治理机制建设和谐美丽乡村》主题在中央农办“乡村治理和农村社会发展”工作座谈会上交流。

【调查研究】 从县域经济社会和改革发展中领导关注、群众反映的热难点问题入手，开展农业全产业链社会化服务体系建设、农村金融改革创新、农村土地流转等专题调研，形成调研文章20多篇，完成《农村社会治理短板亟需关注》《从平罗县小店子村“土地银行”模式的实践看农村土地适度规模经营发展》等调研文章报送区、市领导参阅。接待贵州、内蒙古、四川等省（区）委政研室、省委农办及区、市厅局到平罗调研农村宅基地制度改革、农村土地流转等活动20余次，在积极交流中展示平罗县改革特色、在相互借鉴中推动双方共同发展。

【信息辅政】 着眼办刊质量与水平，办好《政研专报》《改革动态》《平罗县“千名干部下农村、送政策、促发展”活动简报》，全年刊发《政研专报》8期，采编上报各类信息、简报185期（篇），县委、政府主要领导批示稿件3件，自治区、市报刊采用17篇，为领导从不同角度掌握上情、了解外情、知晓内情、做好决策，提供重要参考。

【统筹协调】 发挥县农领办、改革办、考核办综合协调、统筹指导、督促检查作用，主动作为，优化服务。通过召开农业农村工作推进会、产业发展观摩会和督查检查等多种方式，推进农业现代化发展，全县落实“一优四特”产业示范园区95个，优质水稻、制种、瓜菜、生态水产面积分别达到1.11万公顷、1万公顷、1.47万公顷、0.69万公顷，农作物制种、清真羊肉2个国家农业科技园区核心区通过验收，举办第四届种业博览会，被国家农业部认定为全国首批国家区域性蔬菜良种繁育基地，特色优势产业占农业经济比重达89%。以落实各项强农惠农政策为切入点，发放政策宣传资料5.9万份，办结群众反映突出问题734件，帮扶慰问困难群众1427户，协调争取项目资金210万元，改造农村危房300户，新建农村公路13公里，落实农业支持保护、“阳光沐浴”工程、壮大村集体经济等支农项目56个，资金1.74亿元。推动新产业新业态发展，引进建设泰金种业科技产业园、枸杞辣椒和枸杞番茄生产加工等产业链融合项目，举办石嘴山市首届沙漠西瓜开园采摘节、黄渠桥羊羔肉特色美食暨乡村旅游文化节等系列活动，农产品加工产值24.3亿元，实现休闲农业经营收入1793万元，电商交易额4.12亿元，全县实现农林牧渔业总产值39.6万元，实现增加值21.4万元。2017年，农村居民人均可支配收入达13276元，增长8.9%。

【深化改革】 组织召开县深化改革领导小组专题会议，为改革把方向、定任务、定政策、定措施，明确全年25项重点改革、12项改革试点和10项改革举措。制定和落实各项改革方案及配套文件90多个，各项改革按照既定路线图、时间表、任务书有序推进。协调推动改革任务落地见效，25项重点改革任务，落实10项目标任务，15项年度任务；抓好年初确定12项改革试点，在改革清单之外，新开展6项改革试点，试点经验在全区全国交流推广；农村土地制度改革三项试点、农村“两权”抵押贷款、农村集体资产股份权能改革等试点，取得明显成效。承担县空间规划（多规合一）政策法规组工作任务，编印空间规划（多规合一）改革试点相关法律法规及市县规范性文件摘编，起草《平罗县差异化考核办法》和《平罗县违反空间规划责任追究办法》，向自治区反馈平罗县空间规划工作意见、建议11项，协调解决7项，试点解决4项。紧盯已出台改革文件落实、改革试点推进和《改革要点》明确的改革事项完成情况，落实“一月一自查、一季度一通报”制度，开展联合督查3次，调动各部门（单位）抓改革的主动性和自觉性。

【目标管理考核】 全面完成全县2016年度乡镇、县直部门、驻平区市属单位效能目标管理考核工作，牵头对乡镇、部门2016年度考核奖金发放情况进行督查，确保效能考核工作落到实处。修改完善《平罗县2017年度乡镇、县直部门、驻平区属单位效能目标管理考核办法》，合理设置考核指标，根据乡镇、县直部门工作任务及职能，实行差异化考核，完善考核体系。细化分解区、市考核平罗县各项工作任务，为全面做好自治区、市考核工作打下坚实基础。

【脱贫攻坚】 制定《平罗县委政研室2017年脱贫攻坚工作计划》，安排7名干部对25户建档立卡贫困户，一对一联系帮扶，每月至少入户一次。针对不同家庭制定不同帮扶计划，因户施策，确保每个帮扶户都能脱贫致富。全年兑现帮扶户各类帮扶资金3.5万元，其中：教育帮扶资金21户2万元，产业帮扶资金10户1.1万元，务工帮扶资金2户3000元，重疾救助1户1000元。

【队伍建设】 通过观看电教片、专题辅导、支部书记讲党课、集中讨论等方式，抓好中共十九大精神和习近平总书记系列讲话精神、自治区第十二次党代会、市第十次党代会、县第十四次党代会精神及廉政准则和纪律处分条例等党纪条规学习，提高全室干部思想政治觉悟和理论水平，全室观看电教片、电视纪录片10余集，干部每人记学习笔记1.5万字以上，撰写学习体会20篇。创造条件选派8人次外出培训学习，促进干部开阔眼界、增智开慧。推进“两学一做”学习教育常态化制度化，开展“作风效能提升年”活动，完善工作目标管理制、岗位责任制、干部绩效考核制，明确工作职责，严格工作纪律，提升机关精细化、规范化管理水平，促进效能提升。坚持以制度管人管事正作风，落实“三会一课”、民主生活会和组织生活会等党内组织生活制度，修订完善内部学习、考勤、考核等制度，制定《干部绩效考核办法》、考勤制度、干部签到等制度，与干部“干事档案”、民主测评相结合，促使干部增强纪律意识、规矩意识，自觉转变作风、恪尽职守。

老干部工作

【概　况】 2017年，学习贯彻中共十九大及全国、全区“双先”表彰大会、老干部局长会议精神，把握中央、区、市、县关于进一步加强和改进离退休干部工作的要求，落实好“两项待遇”，加强“两项建设”，积极稳妥推进离退休干部工作转型发展，激励广大离退休干部为建设新平罗增添正能量，开创老干部工作新局面。

【理想信念和形势政策教育】 坚持把思想政治建设放在首位，在老年大学及各社区，组织离退休干部开展理论学习6场次，学习中共十八大和十八届六中全会、中共十九大精神、自治区第十二次党代会，学习习近平总书记系列重要讲话精神，定期学习国内外重大时事政治、热点、焦点问题，引导牢记党员身份，规范言行，使离退休干部始终做到政治坚定、思想常新、理想永存，坚定对中国特色社会主义的道路自信、理论自信、制度自信、文化自信，自觉增强政治意识、大局意识、核心意识、看齐意识。

【“两学一做”学习教育】 学习贯彻中央《关于推进离退休干部党员“两学一做”学习教育常态化制度化的指导意见》，开展“学党章党规、学系列讲话，做合格党员”学习教育，通过集中学习、座谈讨论、上党课、参观考察、情况通报等形式，教育引导广大离退休干部党员牢记党员身份，保持公仆本色。

【党性教育】 通过抓好“三会一课”，抓好各离退休干部党组织对《党章》《关于新形势下党内政治生活若干准则》和《中国共产党党内监督条例》的经常性学习，各单位以开展机关效能提升年活动和开展“两学一做”学习教育为契机，通过召开座谈会、上门走访等形式，听取离退休干部意见，通报情况，解疑释惑，做好离退休干部思想政治工作，教育引导离退休干部特别是老党员严格遵守党的政治纪律和政治规矩，在思想上和政治上始终与党中央保持高度一致，不信谣、不传谣，不发表不负责任、有损党和国家形象的言论，不参加各种宗教、迷信活动，不参加各种非法组织和非法活动，争做模范党员、争做优秀前辈。

喜迎中共十九大，弘扬中国优秀传统文化报告会　老干部局　供

【**典型引领**】召开全县先进离退休干部党组织、优秀离退休干部党员、优秀党务工作者表彰大会，评选出先进离退休干部党支部4个、“优秀党务工作者”5名和“优秀离退休干部党员”27名，财政局老干部党支部受到中组部表扬，供销社等3个离退休支部被评为全市先进离退休干部服务型党组织，许宗廷等5名老干部被评为全市离退休干部服务标兵。通过表彰奖励，让各离退休支部和党员学有榜样，追有目标。

【**党组织建设**】将全县离退休干部党建工作纳入全县党建工作考核，促进各单位履职尽责。制订下发《全县离退休干部党支部考核细则》和《2017年全县离退休干部党工委工作要点》，加强工作指导，目标工作明确。通过对各单位离退休党建工作检查通报，督促各单位抓好离退休干部党建工作，加强组织建设。加大离退休干部党支部书记培训力度，举办全县离退休干部党务工作者培训班1期，组织离退休干部党务工作者到司法局、财政局、陶乐东街社区现场观摩，相互交流，借鉴经验，推进离退休干部党组织建设工作取得新成效。学习中央关于推进“两学一做”学习教育常态化制度化的意见、自治区《关于加强和改进新形势下离退休干部党组织建设工作的意见》、全国老干部工作“双先”表彰大会及自治区“双先”表彰大会精神，带领各离退休支部委员及骨干到各先进党支部参观学习，提升工作能力和服务水平。及时调整党工委组成人员，充实工作力量。

老干部局全体职工聆听中共十九大会议　　老干部局　供

县长马莉方（右二）慰问退休政协原主席何子江（左二）
老干部局　供

【**“两项待遇”落实**】落实好政治待遇。落实离休干部离休费保障、医药费保障、财政支持“三个机制”；落实离退休干部阅读文件、听取情况通报、参加重要会议和重大活动、参观考察重大决策、重大事项主动征求和听取老干部意见建议。组织老干部参加全县2017年春节团拜会、县域经济观摩会，了解全县发展情况。组织三次观摩活动，参观银川滨河新区、宁夏博物馆、花博会、全县重点建设项目，让老干部感受外界变化，坚定改革开放信心，增强转型发展决心。开展“畅谈十八大以来变化，喜迎十九大召开”座谈会，30多名离退休干部和50多名离退休支部党员参加，畅谈祖国发展，共抒爱国情怀。购买十九大学习资料120份，送到离退休干部家中及各离退休支部。落实好生活待遇。春节前夕，县委、县政府、人大、政协四套班子领导带队，全面走访慰问110名离退休干部及112名离休干部遗孀，发放慰问金11.9万元。七一前夕，走访慰问8名新中国成立前入党的老党员、生活困难离退休干部党员。8月中旬，走访看望100多名离退休干部，了解离退休干部家庭、生活状况。重阳节，慰问36名离休干部。看望生病住院老干部36人次，为11名去世离退休干部协助办理丧事，送去慰问金5500元，为112名离休干部无固定收入离休干部遗孀购买居民医疗保险。为34名离休干部申报生活长期不能自理护理费。开展亲情化服务。完善离休干部服务管理措施，落实定期联系离退休干部制度，定期进行电话联系，了解生活情况，竭尽所能给离退休老干部以精神慰藉。和社区联合不定期在社区开展卫生健康知识讲座5场次，向离退休干部宣传健康保健知识，传播健康理念。督促各单位做好离退休干部健康检查和日常走访工作。接待离休干部来信来访5件。

【服务管理】 完善亲情化服务措施，坚持“五必访”制度，老干部生病看望慰问，去世上门协助办理丧事。日常工作中做到热心、爱心、耐心、细心，多与老干部交心、多为老干部办事、多为老干部排忧解难、工作中不怕麻烦做到口勤、腿勤，发挥离退休干部党工委、老干部局职能作用，调动干部的服务积极性。坚持对易地休养离退休干部服务，日常电话问候，保持与老干部以及老干部居住所在地老干部服务单位的经常性联系，了解其身体、生活和思想情况，做好关爱和解疑释惑工作，使老干部时刻感受到组织的关爱和照顾。坚持联动服务机与原单位、老干部家属联络，定期与离退休干部子女沟通离退休干部生活服务和健康情况，教育引导老干部子女切实履行应尽义务，促进离退休干部身心健康，安享幸福晚年。督促各单位做好老干部工作，联系社区做好离退休干部服务，社区网格员深入老干部家中，掌握第一手情况。

组织退休老干部参观项目建设　　老干部局　供

【老年大学】 对老年大学各种硬件进行完善，为老年大学安装一部电话，配备一台电脑，开通网络，方便老年大学学员使用。购置一台钢琴，用于教学。常年坚持办好书法、美术、音乐、舞蹈班，每月组织学员开展一次才艺展示。加强师资队伍建设，全年组织老年大学教师外出观摩学习三次，增长见识，提高教学水平。组织老年大学学员举办“庆五一文艺演出”“不忘初心　筑梦中国’诗歌朗诵会”、两场弘扬中华传统文化报告会，丰富老年大学教学内容。鼓励老年大学学员编排文艺节目，深入社区、校园、广场进行演出，娱悦广大离退休干部身心。

【文体活动】 与街道、社区、各类社会团体协作，为老干部参加文体活动搭建平台。由离退休干部组织的延安精神艺术团、红翔剧社、夕阳红艺术团、情缘乡音艺社活跃在县城大街小巷，老干部参与创作演出，作品紧贴生活，歌颂祖国变化，歌颂十九大，为平罗精神文明建设发挥作用。邀请自治区老干部局艺术团来平，为陶乐养老中心150多名老人演出文艺节目，受到老人欢迎。各社区在重要节日开展文体活动，邀请离退休干部就近参加，更好地满足离退休干部养老服务需求。

【增添正能量】 鼓励网络宣传员参与网络宣传，在网络上发表评论，网上发表文章，传播好声音，引领社会舆论方向。开展家庭家风家训征集活动，挖掘离退休干部在培育子女，传承家风、弘扬家庭美德方面好的经验做法，报全市参评，利用各种刊物进行宣传。支持县延安精神研究会办好《会刊》，全年发行4期《会刊》，发行面涉及全县各机关、企业、学校，向全社会宣传弘扬延安精神。开展延安精神理论研讨活动，参加自治区征文比赛，获一等奖 1 人，二等奖 1 人，三等奖 1 人，优秀奖 4 人。支持县“五老宣讲团”“延安精神宣讲团”深入社区、学校进行宣传，弘扬社会主义核心价值观、弘扬延安精神。引导各单位，发挥离退休干部经验优势，担任民生监督员、行风测评监督员等，为单位、为社会奉献。

【自身建设】 以全县开展作风效能提升年为契机，开展机关作风建设。加强学习教育，提升干部素质和服务水平。结合开展“两学一做”学习教育常态化制度化，组织干部参加观摩活动、各种“下基层”社会实践、网络培训学习，适应老干部工作转型发展的新形势新任务，建设一支“讲政治、重感情、业务精、作风好、老同志信得过”老干部工作者队伍。开展调查研究，形成调研报告《用心用情做好老干部工作调查研究》，提出解决问题的措施和办法，为县委、县政府科学决策提供依据，推动全县离退休干部工作转型发展。加强老干部工作宣传，强化各单位对老干部工作重要性认识，解决工作中存在客观问题。加强优秀离退休干部先进事迹宣传，老干部局重大活动邀请记者采访报道等方式，营造全社会尊重关心老干部、重视支持老干部工作良好氛围。落实党工委会议制度、工作制度等制度，重大事项实行集体决策。发挥离退休干部党工委牵头抓总作用，加强对离退休干部党支部工作的组织领导和宏观指导，严格日常工作督察，促进各项党建工作任务落实。

党校工作

【概　况】 2017 年，贯彻落实全区、全市党校工作会议精神和县委《关于加强和改进新形势下县委党校工作责任分工方案》，坚持党校姓党，发挥干部教育培训主渠道和基层理论宣讲主力军作用，围绕中心，服务大局，突出重点，狠抓落实，完成全年各项目标任务。

【教育培训】 坚持党校姓党原则，抓好理论教育和党性教育主业主课，落实全县干部教育培训工作计划，重点围绕习近平总书记系列重要讲话精神、中共十八届六中全会、自治区第十二次党代会、中共十九大精神等内容开展教学，党的理论教育和党性教育课时占到总课时 70% 以上。配合组织、宣传等部门抓好干部教育培训工作，举办各类专题培训班 27 期，受众 6000 多人次。其中，举办全县科级领导干部学习贯彻十八届六中全会精神培训班 5 期、全县村干部能力素质培训班 4 期、全县科级干部学习中共十九大精神专题培训班 3 期，按要求举办优秀年轻干部“补钙工程”培训班、中共十九大精神宣讲骨干培训班、非公企业党务工作者培训班等各类培训班 15 期，组织近 40 名年轻学员举办为期一个月中共十九大精神专题学习班。配合纪委、宣传部、组织部对参加平罗县“作风建设话担当”首届微党课比赛的 40 位参赛选手进行岗前培训，组织开展预决赛，取得良好成效。做好全县 401 位领导干部网络培训工作，领导干部参学率和结业率 100%。

【基层宣讲】 组织教师深入部门、乡镇（村）、社区、学校、企业，宣传中共十八届六中全会、自治区第十二次党代会精神和党章党规党纪以及习近平总书记系列重要讲话，落实百场宣讲任务。针对党的重大理论创新和基层培训需求，适时调整宣讲内容，配合组织部在全县基层党组织中开展“党建促进月”活动和“两学一做”学习教育常态化制度化；配合宣传部开展移风易俗教育，倡导文明新风，传播社会正能量。组织教师深入基层讲党课 176 场次，受众达万人以上，其中，六中全会精神宣讲 68 场次，自治区十二次党代会精神宣讲 49 场次。按照县委要求，开展党的十九大精神“六进”活动，深入基层宣讲 129 场次，受众 1.2 万人次。

【理论研讨】 坚持为县委、县政府决策服务、为教学科研服务、为社会服务方向，围绕全县经济社会发展情况开展调研。组织教师参加理论学习和调研活动，撰写调研报告。全年承担区党校、县委组织部、宣传部调研专题3个，落实调研报告3篇和党办约稿1篇。其中，承担区党校、行政学院系统决策咨询课题《平罗县创新农村老人养老方式研究》，于7月结题；承担组织、宣传等部门调研报告，于8月底按时上报。党办约稿——《大力实施创新驱动战略　加快平罗工业转型升级》，被县委办选用并上报市委。组织教师参加各类理论研讨、主题征文、全委会解读、电视问政、访谈等活动，其中配合县委宣传部、电视台制作专题节目5期，对县委十四届一次全体扩大会议精神深入解读；参加自治区宣传部、区党史研究室、区党校等单位组织开展各类主题征文活动"，上报各类理论文章14篇，其中获得自治区级奖励8篇。

【师资培养】 加强师资力量培养，采取"走出去"等方式，组织教师参加山东潍坊市委党校、上海交通大学、中国人民大学等各类培训班8期14人次。开展集体备课12次和人才讲坛活动14次，打造和培育全市党校系统党性教育精品课2个。结合举办村干部能力素质提升培训班和基层宣讲骨干培训班，从县直各部门和乡镇培养、聘请兼职教师11人承担培训任务48场次，完善兼职教师队伍。培养和录用基层宣讲团成员14人，下基层授课40多场次。落实领导干部上讲台制度，邀请县委、县政府、人大、政协等主要领导到党校讲党课7次，丰富培训内容和形式，增强培训效果。

【服务基层】 结合效能作风提升年，组织党员开展"两学一做"学习教育常态化制度化工作，推进星级党组织创建、"下基层"、党建促进月等活动，改进校风、学风、教风，树立服务基层、服务发展、服务党员干部良好形象。到通伏乡马场村、宁夏新安科技公司等党组织开展主题党日活动，针对马场村党员年龄老化、流动党员长期不在家实际，上门为村上党员开展专题党课教育，组织党员为家庭困难群众捐款等活动；与新安公司联合开展"新安讲堂"主题活动，组织教师在新安讲堂送党课4次；对下基层村、社区和本单位老党员、困难党员慰问18人次，支持、参与社区联合大党委工作，开展志愿服务活动，为明月社区新建活动场所支持资金5000元。

平罗县人大常委会

综　述

【概　况】 2017年，不断创新人大工作机制，坚持党的领导、人民当家做主和依法治国有机统一，认真履行宪法法律赋予的职责，发挥地方国家权力机关的作用，为加强民主法制建设、促进全县经济社会持续健康发展做出积极贡献。

【推动经济转型发展】 听取和审议县人民政府关于计划和预算执行、审计等工作报告；审查批准预备费使用、动用县级财政超收资金、政府债券资金使用计划、新增地方债券等议案，形成决议、决定，保障重点项目和民生工程资金需要。对全县重点项目建设开展督查，了解重点项目推进情况，对项目进度和质量开展满意度测评，对未开工和进展迟缓项目梳理，分析问题，提出建议，推动重点项目实施。重视生态环境治理，强化对贺兰山生态环境治理工作跟踪督办。加强对实施空间规划（三规合一）试点工作监督。开展调研，听取空间规划大纲成果汇报，建议政府坚持与本县实际相结合、与长远发展相符合、与承受能力相适应原则，秉承“一张蓝图绘到底”理念，提高规划前瞻性、科学性和可行性。适应新业态发展，考察学习电子商务工作，对全县电商发展情况开展调研。深入贫困村入户调查，把脉问症，助力脱贫攻坚。对产业带动力不强、脱贫内生动力不足、帮扶措施不实等问题，提出做强产业、扶智扶志、强化帮扶等建议。组织代表开展“脱贫攻坚，人大代表在行动”系列活动，促使代表发挥作用，贡献力量。监督指导农村综合改革，促进农村各项改革试点推进。对县国土局、市场监管局开展评议，通过评前动员、走访调查、述职问查、满意度测评等环节，对其履行工作职责情况公正评价，紧盯整改落实，促进政府部门依法履职。

【预算监督】 强化预算监督职责，完善监督体系，创新监督方式，抓好预算编制、审查、执行、调整等环节监督，推动人大预算监督工作取得新进展。聘任财经专业人员22名，成立以审计师、会计师为骨干力量县级人大常委会财政预决算审查咨询委员会，充实财政预决算审查专业力量，制定相关工作制度和年度工作计划，实现预算监督工作专业化和制度化。发挥审计监督职能，以审计部门提供审计报告作为审查和批准财政决算主要依据，组织开展审计工作调研，对审计查出问题整改情况开展专项督查，以落实审计查出问题整改促进预算管理规范、资金绩效提升。实行联网在线监督，监督政府管好“钱袋子”。采取常委会有关工作委员会初审、主任会议复审“两审制”，强化预算草案初步审查，为人代会审查和批准预算草案奠定基础、提供参考。

【依法治县】 对《中华人民共和国村民委员会组

织法》贯彻实施情况开展执法检查，确保换届选举工作依法依规。调研县人民法院基层法庭、县人民检察院预防职务犯罪工作，听取和审议工作报告。建议县人民法院推行多元化纠纷解决机制，发挥流动法庭的作用，运用好调解手段，促进当事人双方矛盾纠纷的化解。建议县人民检察院从抓好专项预防、重点领域预防、新媒体宣传预防入手，预防职务犯罪。通过组织代表旁听案件庭审、参加法院、检察院开放日等活动，健全常态化司法监督机制，维护司法公正。坚持党管干部和依法任免干部相统一原则，严格实行任职履职承诺、任后依法监督等程序。贯彻落实宪法宣誓制度，对所有任命人员开展宪法宣誓仪式，增强任命人员崇尚宪法、维护宪法的使命感和责任感。全年依法任免国家机关工作人员 91 人次。贯彻落实党的十九大和全国人大常委会《关于在全国各地推开监察体制改革试点工作的决定》精神，做好选举县监察委员会主任、任命副主任和委员等各项准备工作，确保监察体制改革试点工作有序开展。

2017 年平罗县人大常委会人事任免一览表

表 1

姓 名	任职职务	免职职务	时 间
张宝华		县财政局局长职务	2017.3.20
李志高		县水务局局长职务	2017.3.20
闫志强		县发展改革和科学技术局局长	2017.3.20
姚 农		县民政局局长	2017.3.20
马建忠		民族宗教事务局局长	2017.3.20
李 杰		县交通运输局局长	2017.3.20
谭 润	县财政局局长	县审计局局长	2017.3.20
王新民	交通运输局局长	县商务和经济技术合作局局长	2017.3.20
马建虎	县水务局局长	县安全生产监督管理局局长	2017.3.20
陈晓燕	县民政局局长	县工业和信息化局局长	2017.3.20
许东铭		县教育体育局局长	2017.3.20
王建军		县人大常委会办公室副主任	2017.3.20
李振永	县人民政府副县长		2017.3.20
张万青	发展改革和科学技术局局长		2017.3.20
雍珍善	县教育体育局局长		2017.3.20
马春朝	县商务和经济技术合作局局长		2017.3.20
李长林	县安全生产监督管理局局长		2017.3.20
杨安青	县审计局局长		2017.3.20
徐建军	县工业和信息化局局长		2017.3.20
马春燕	县人大常委会办公室副主任		2017.3.20
丁 丹	县人民检察院检察员		2017.3.20
张文彬	县人民检察院检察员		2017.3.20
刘 倩	县人民检察院检察员		2017.3.20
张丽萍	县人民检察院检察员		2017.3.20

续表 1

姓 名	任职职务	免职职务	时 间
张 聪	县人民检察院检察员		2017.3.20
杨 超		县人民政府副县长	2017.5.02
梁宁平		县人民法院副院长尧审判委员会委员职务	2017.5.02
杨国林		县人民法院审判委员会委员职务	2017.5.02
左 军		县人民法院沙湖人民法庭庭长尧审判员职务	2017.5.02
李 蕾		县人民法院头闸人民法庭庭长尧审判员职务	2017.5.02
李绍峰	县人民政府副县长		2017.5.02
王 强	县人民法院审判委员会委员尧副院长		2017.5.02
林 森	县人民法院审判委员会委员尧审判委员会专职委员		2017.5.02
李志听		县人大常委会代表联络与选举工作委员会主任职务	2017.8.02
杨雪峰		县人民检察院检察委员会专职委员尧检察委员会委员职务	2017.8.02
杨国海		县人民检察院检察委员会委员职务	2017.8.02
寇立红	县人民政府副县长		2017.8.02
钱 丽	县卫生和计生局局长		2017.8.02
张燕萍	县人大常委会代表联络与选举工作委员会主任		2017.8.02
郗景新	县人民检察院检察员尧检察委员会委员尧副检察长		2017.8.02
高云峰	县人民检察院检察委员会专职委员		2017.8.02
李 伟	县人民检察院检察委员会委员		2017.8.02
姚 涛	县人民检察院检察委员会委员		2017.8.02
罗少荣	县民族宗教事务局局长	县司法局局长	2017.9.21
李志杰	县司法局局长	县市场监督管理局局长	2017.9.21
马学礼		县人民法院审判员职务	2017.9.21
贾园园		县人民法院审判员职务	2017.9.21
薄晓霞		县人民法院审判员职务	2017.9.21
张 龙		县人民法院审判员职务	2017.9.21
张 玮		县人民法院审判员职务	2017.9.21
代正礼	县市场监督管理局局长		2017.9.21
张运友	县人民法院审判员		2017.9.21
金亚琼	县人民法院审判员		2017.9.21
吴 婷	县人民法院审判员		2017.9.21
吴红瑞	县人民法院审判员		2017.9.21
晁亚东	县人民法院审判员		2017.9.21
孟 楠	县人民法院审判员		2017.9.21
吴晓东	县人民法院审判员		2017.9.21
林 森		县人民法院审判委员会专职委员尧审判委员会委员尧审判员职务	2017.12.14
童占海		县人民法院审判委员会委员尧执行局局长职务	2017.12.14

续表1

姓名	任职职务	免职职务	时间
魏香玲		县人民法院审判委员会委员尧民事审判第二庭庭长职务	2017.12.14
杨惠琴	县人民法院执行局局长	县人民法院刑事审判庭庭长	2017.12.14
何志兵	县人民法院审判委员会专职委员	县人民法院民事审判第一庭庭长	2017.12.14
燕峰	县人民法院刑事审判庭庭长	县人民法院执行一庭庭长	2017.12.14
吴建军	县人民法院姚伏人民法庭庭长	县人民法院执行二庭庭长	2017.12.14
王华勇	县人民法院审判委员会专职委员	县人民法院陶乐人民法庭庭长	2017.12.14
马瑞玲	县人民法院民事审判第二庭庭长	县人民法院黄渠桥人民法庭庭长	2017.12.14
王学宗	县人民法院沙湖人民法庭庭长	县人民法院姚伏人民法庭庭长	2017.12.14
赵文琴	县人民法院审判委员会委员		2017.12.14
许静	县人民法院民事审判第一庭庭长		2017.12.14
杨金国	县人民法院执行一庭庭长		2017.12.14
金婧	县人民法院执行二庭庭长		2017.12.14
石良玉	县人民法院头闸人民法庭庭长		2017.12.14
任学斌	县人民法院黄渠桥人民法庭庭长		2017.12.14

【促进民生改善】 重视就业创业工作，对全县就业创业工作专题视察。建议县人民政府采取措施，做好专业技能人才培养和对接工作，以创业带就业，缓解就业压力，完善服务体系，提高全县就业创业工作水平。专题视察全县学前教育工作，建议县人民政府加大投入力度、优化教育资源配置、推进规范管理，实现幼有所育目标。对全县村卫生室建设情况专题调研，对村卫生室运行中存在规划不合理、运行不规范、村医队伍不稳定等问题，提出相应建议意见，形成调研报告。调研全县公交车、出租车、班线车运行情况，建议县人民政府将公交发展纳入县城总体规划，加大投入力度，完善网络布局，确保公交良性运行。将政府10件民生实事督办任务分解落实到常委会各领导，开展实地督办。听取政府关于民生实事办理情况报告，开展满意度测评，建议政府加快项目进度、强化项目管理，把民生实事办成群众普遍受益、长期受益的实事好事。

【代表履职】 在全县人大代表中开展以每年至少“走访接待一次选民、反映一条社情民意、督办一件民生实事、化解一起矛盾纠纷、帮扶一户困难家庭”为主要内容“五个一”活动。代表走访接待选民8955人次，反映社情民意1006件，督办民生实事817件，调处化解矛盾纠纷980件，联系帮扶困难家庭878户。深化“两代表一委员”工作室接待群众活动，接待群众1725人次，收集群众反映问题417件，办结331件，办结率79.4%。坚持和完善会议集中交办、常委会领导督办、政府领导主办、部门单位承办的工作机制，将1件人代会议案、24件代表建议转交政府，紧盯办理、答复、反馈各环节落实，提高议案、代表建议办结率和办理质量。

平罗县人大十七届一次会议议案、代表建议意见汇总表

表2

序号	题　目	领衔提案人	备　注
1	关于建设县城南域野五湖四海冶生态公园项目的议案	马志明	人代会1号议案
2	关于实施平罗县西区热电联产集中供热项目的议案	马志明	重点建议意见
3	关于加快建设平罗县全民健身中心的议案	许东铭	重点建议意见
4	关于完善石嘴山生态经济开发区和宁夏精细化工基地园区基础设施的议案	王新民	重点建议意见
5	关于实施平罗县南部农村饮水安全改造提升工程的议案	黄晓菊	重点建议意见
6	关于加强唐徕渠退水综合治理的议案	马海桥	重点建议意见
7	关于建设陶乐镇移民灌溉区引黄灌溉保蓄水库的议案	张万青	重点建议意见
8	关于实施陶乐镇庙庙湖移民B区土地黄土压沙项目的议案	马德成	重点建议意见
9	关于综合改造红崖子乡农贸市场的建议	周　浩	重点建议意见
10	关于对陶乐镇东园村尧王家庄村6000亩耕地进行国土整治的建议	丁志军	重点建议意见
11	关于加强餐饮食品安全监管的建议	王久林	重点建议意见
12	关于对崇岗镇1号山洪沟及南大闸沟砌护的建议	谢生良	重点建议意见
13	关于综合治理高仁乡等3个乡镇部分农渠渊沟宽的建议	李　刚	重点建议意见
14	关于完善新利小区一期基础设施的建议	冯　斌	重点建议意见
15	关于解决城关镇铁东社区办公阵地的议案	张爱娟	一般建议意见
16	关于建设头闸镇西永惠村尧双渠村制种园区高效节水灌溉项目的议案	裴卓强	一般建议意见
17	关于柏油硬化头闸镇裕民村8组道路的建议	杨安青	一般建议意见
18	关于更换常青村一级扬水泵站机组的建议	张　荣	一般建议意见
19	关于新建高庄乡支渠补水泵站的建议	杨东红	一般建议意见
20	关于提高社区工作人员工资待遇的建议	石　颖	一般建议意见
21	关于翻建灵沙乡统一村跨惠农渠危桥的建议	马春朝	一般建议意见
22	关于在黄渠桥镇官泗渠跨五排处修建补水泵站的建议	雍珍善	一般建议意见
23	关于翻建姚伏镇灯塔村七队跨五排渡槽的建议	雍珍善	一般建议意见
24	关于砌护通伏乡五香村合作渠的建议	方志斌	一般建议意见
25	关于修建通伏乡惠闸桥的建议	马金明	一般建议意见

【乡镇人大规范化建设】 制定《关于进一步加强乡镇人大工作规范化建设的实施意见》，改变乡镇人大地位模糊、职能虚化、无人办事、无钱办事状况。全县13个乡镇落实机构和场所，实现“一专、一兼、一办”全覆盖，乡镇人大工作经费和代表活动经费列入县财政预算。依法开展选举，按期召开人代会，每季度召开一次主席团会议，按计划开展调研、视察、执法检查和站所评议，丰富代表活动，建立代表履职档案，健全完善各项制度，受理群众来信来访，乡镇人大逐步走上制度化、规范化轨道。加强对乡镇人大考核，研究制定乡镇人大考评办法，激发乡镇人大工作创先争优。

重要会议

【县第十七届人民代表大会第二次会议】 2017年12月20日—22日在县城召开。听取和审议平罗

县人民政府工作报告；审查和批准平罗县2017年国民经济和社会发展计划执行情况及2018年国民经济和社会发展计划（草案）的报告，批准平罗县2018年国民经济和社会发展计划；审查和批准平罗县2017年财政预算执行情况和2018年财政预算（草案）的报告，批准平罗县2018年财政预算；审查平罗县人民政府2017年10件民生实事执行情况和2018年民生实事草案报告，批准平罗县2018年民生实事；听取和审议平罗县人大常委会工作报告；听取和审议平罗县人民法院工作报告；听取和审议平罗县人民检察院工作报告；选举平罗县监察委员会主任、补选平罗县第十七届人民代表大会常务委员会委员。

【常委会会议】 3月20日召开。会议听取和审议县人民政府关于全县村卫生室建设和运行情况的报告、关于第十届村民委员会换届选举工作情况的报告，县人民法院关于基层人民法庭工作情况的报告；审议县人民政府有关财政工作的议案；审议县人大常委会主任会议关于提请审议平罗县人民代表大会常务委员会议事规则（修订草案）的议案、关于提请审议平罗县人民代表大会常务委员会组成人员守则（修订草案）的议案；审议县人民政府有关人事任免议案。

5月2日召开。会议听取和审议县人民政府关于平罗县电子商务进农村工作情况报告、关于全县就业创业工作情况的报告，县人民检察院关于预防职务犯罪工作情况的报告；审议县人大常委会主任会议关于提请审议补选石嘴山市第十四届人民代表大会代表的议案；审议有关人事任免的议案。

8月2日召开。会议听取和审议县人民政府关于2016年财政决算（草案）及2017年上半年财政预算执行情况的报告、关于2016年县本级预算执行和其他财政收支情况的审计工作报告、关于2017年上半年国民经济和社会发展计划执行情况的报告；审议县人民政府关于提请批准2017年地方政府新增债券资金使用计划的议案、关于提请批准平罗县2017年第一、二批置换债券资金使用计划的议案、关于提请调整2017年县本级支出预算的议案、关于提请使用2017年财力性转移支付资金的议案；审议县人大常委会主任会议关于提请审议李志听辞去平罗县第十七届人大常委会委员职务的议案；审议有关人事任免的议案。

9月21日召开。会议审议县人大常委会主任会议关于提请罢免王明华石嘴山市第十四届人民代表大会代表职务的议案；评议县国土局、市场监管局工作；听取和审议县人民政府关于全县学前教育工作情况的报告；审议有关人事任免的议案。

12月14日召开。会议听取和审议县人民政府关于县十七届人大一次会议议案和代表建议意见办理情况的工作报告、关于2017年10件民生实事办理情况的报告、关于2016年度县本级预算执行和其他财政收支审计查出问题整改情况的报告；审议县人民政府关于拟动用2017年预备费安排支出的议案、关于拟动用2017年一般公共预算超收安排支出的议案、关于提请批准2017年第四批地方政府置换债券资金使用计划的议案；审议县人大常委会主任会议关于提请审议接受任生元、陆秀兰、郭学峰辞去石嘴山市第十四届人民代表大会代表职务的议案；审议县人大常委会主任会议关于提请审议接受李佳、姚农、龚娟辞去平罗县第十七届人民代表大会代表职务的议案；审议县人大常委会代表资格审查委员会关于终止杨超等8人平罗县第十七届人民代表大会代表资格的报告（草案）；通过县人大常委会关于召开平罗县第十七届人民代表大会第二次会议的决定（草案）；审议县人大常委会主任会议关于补选石嘴山市第十四届人民代表大会代表的议案；审议有关人事任免的议案。

12月18日召开。会议听取和审议县人大常委会代表资格审查委员会关于代表变动和补选代表的代表资格审查报告（草案）。

12月22日召开。会议任命县监察委员会副主任、委员。

【重要活动】 对《中华人民共和国村民委员会组织法》贯彻实施情况开展执法检查，在常委会上听取审议执法检查报告，提出审议意见。

综合运用多种监督方式，开展对全县村卫生室建设和运行情况、空间规划（多规合一）、电子商务进农村、脱贫攻坚、就业创业、生态林业、"一优四特"产业发展、重点项目、审计、贺兰山生态保护区环境清理、学前教育等工作的视察调研，对县人民政府10件民生实事开展督办。常委会在听取和审议相关工作报告的基础上，针对存在问题，提出建议意见32条。

对县人民法院基层人民法庭工作、县人民检察院预防职务犯罪等工作调研，在常委会会议上听取和审议法、检"两院"专项工作报告，提出建议意见8条。

人大机关工作

【概　况】 2017年，围绕常委会年度工作要点，履行工作职责，服务常委会工作大局，提升服务水平，做好协调组织工作，落实督查机制，加强人大宣传工作，落实督查机制，加强人大宣传工作，改进机关作风，加强干部队伍建设，完成各项工作任务。

【提升服务水平】 坚持来文快速传阅、及时处理，文件收发、登记、传递、立卷、归档和销毁工作更加规范。提高公文起草针对性和时效性，严把政策关、法律关、格式关、文字关，提高公文制发质量。全年起草印发各类文件140余件，撰写视察、调研报告和领导讲话等材料32件。坚持依法有序、规范运作原则，发扬实、细、快、优工作作风，做好会务工作，注重会前准备、会中服务、会后发文等各个环节，保证各类会议顺利进行。全年组织筹办常委会5次、主任会议11次、各类专题会议40余次。参与区、市、县人代会，为各级人大代表做好服务，提前筹备县第十七届人民代表大会第二次会议，做好各项会务服务、协调工作，保证会议顺利召开。做好各项检查、视察、调研活动准备、协调、服务和车辆安排等工作，加强与兄弟市县交流学习，接待各地人大到平罗考察、学习6次。

【组织协调】 发挥职能作用，做好常委会组织各项监督活动协调服务工作。对县人民法院基层人民法庭工作、县人民检察院预防职务犯罪工作、村卫生室建设和运行情况、生态林业建设工作、电子商务工作、创业就业工作、学前教育工作、公交车及出租车运行情况等15项工作视察调研。对全县贯彻实施《中华人民共和国村民委员会组织法》执法检查工作。对县国土资源局、县市场监管局评议工作，推动相关部门认真履职、依法行政。

【督查机制】 对县十七届人大一次会议确定1件议案和24件建议意见办理情况督查，加快议案和代表建议意见办理进度。将"两代表一委员"联系群众工作室反馈建议意见，列入人代会闭会期间代表建议意见办理工作，加强跟踪督办，为增进民生福祉做出努力。

【信访督办】 落实信访工作责任制，对重点信访件和人民群众反映强烈的热点问题，经常委会领导批阅后，及时转交有关部门依法办理。加强与相关部门沟通协调，适时回访办理，跟踪落实，力促民生问题得到解决，维护群众的合法权益。全年接待群众来信来访42人次。

【干部队伍】 把自身建设作为一项基础性、经常性工作来抓，将学习与创建"四型"机关紧密结合，通过完善制度、创新机制，增强机关工作人员学习意识、创新意识和责任意识，组织全体机关干部集中学习近40次，激发工作热情；在机关作风效能提升年活动中，机关领导带头开展"大走访"活动，召开座谈会3次、发放问卷调查

180余份，查找自身存在各类作风顽疾、效能低下等问题及时制定整改措施加以整改；选调文秘人员5名，加强文秘人员接续力量；执行中央八项规定和自治区及市县相关规定，压缩“三公经费”，倡导务实节俭高效办公。

【“下基层”】 开展“下基层”活动，深入姚伏镇大兴墩村慰问困难党员11户，送去慰问金3300元；开展扶贫解困帮扶工作，深入红崖子乡红翔新村慰问移民9户，送去帮扶资金10500元，为6户移民家中10名在读学生落实教育扶贫资金7500元；为70名干部职工提供健康体检，关怀干部生活。

平罗县人民政府

综　述

【概　况】 2017年，坚定不移贯彻新发展理念，围绕打造科学发展样板县、转型发展示范县、西部中等发达县目标，完成县十七届人大一次会议确定目标任务。全年实现地区生产总值157.82亿元，增长7.6%；规上工业增加值增长8.5%；固定资产投资160.7亿元，增长8%；社会消费品零售总额26.03亿元，增长9%；一般公共财政预算收入8.04亿元，同口径增长11.1%，位居全国中小城市投资潜力百强县第74位。约束性指标有效下降。万元GDP综合能耗同比下降3.2%以上，新增能源消费量同比下降70%，化学需氧量、氨氮、二氧化硫、氮氧化物等主要污染物减排均达到年度目标要求。民生性指标顺利完成。落实10件民生实事，全年民生支出24.5亿元，增长8.3%，占一般公共财政支出的75%。城乡居民人均可支配收入分别达到24558元和13257元，增长8%和8.7%；贫困群众人均收入增长11.9%，增速高于农村居民收入3.2个百分点。

【产业转型】 工业经济提质增效。立足产业优势，聚焦产业转型，出台工业转型升级、"两化"融合等配套文件17个，打出转型升级"组合拳"，实施工业技改项目36个，10家企业开展行业对标，24家企业实施循环化改造，电石、铁合金等行业实现能源综合利用、产业循环闭合。"三篇文章"全面推进，新增规上工业企业12家，超亿元企业达到44家，大地公司等5家企业入选"宁夏百强企业"，生态经济区国家循环化改造试点通过中期初验。现代服务业提速发展。全域旅游大格局基本形成，西线景观廊道等30个项目加快推进，新增国家AAA级旅游景区、星级农家乐10家，乡村旅游蓬勃兴起，全年接待游客突破230万人次，增长24.3%。建成电商快递物流园等发展平台，交易额达3.5亿元，铁路综合货场、晟晏铁路专线等项目进展顺利，新经济新业态培育力度加大，服务业比重上升到30.6%。现代农业稳步推进。发展高效节水灌溉2133.3公顷，改造中低产田4733.3公顷，建设高标准农田4133.3公顷，培育市级以上农业龙头企业50家、示范性合作社61家，建成特色产业园区95个，粮食生产实现"十四连丰"，成为"宁夏大米"主产区。建成农作物制种、清真羊肉两个产业核心区，国家农业科技园区通过验收并命名，举办第四届种业博览会，蔬菜制种被认定为全国首批区域性良种繁育基地。"一优四特"产业比重提升至90%，农业增加值增长居全区川区前列。

【开放创新】 开展"项目推进年""百日推进、百日攻坚"活动，组织5次重点项目集中开工仪式，大地轮胎、大唐火电、京藏高速改扩建等80个重点项目顺利推进，投资95.4亿元。推进招商引资"一号工程"，加强与环渤海、长三角、珠三角等重点区域合作，创新“三包三带”方式，开工招商项目131个，到位资金158.5亿元，增长11.6%。争取国家小康用电示范县等多项试点，26家企业参与直供电交易，享受电价优惠1.55亿元。争取各类无偿资金25.5亿元，新增地方政府债券资金3.1亿元。实施科技创新“双倍增”行动计划，46个科技合作项目推进有序，建立德信恒通、银晨太阳能、新龙蓝天3个自治区级企业技术创新中心，新培育宁夏著名商标59件、“专精特新”中小企业15家，高新技术企业6家，自治区级科技型中小企业39家，众力科技产业园被评为国家中小企业公共服务示范平台。德信恒通管业公司张勇入选科技部创新创业人才库，大地公司魏彦辉荣获自治区塞上英才荣誉称号。

【城乡统筹】 实施空间规划（多规合一）改革，形成“1+6+1”大纲成果和覆盖全域的“一张蓝图”，构建“三区三线”空间规划管控体系。改造棚户区4321户，整治老旧小区21万平方米，拓展延伸7条城市道路，改造建成早市、停车场、生态小游园11个，惠民生态健身公园、唐徕渠带状公园二期、县城热电联产集中供热三期等一批公益性项目建成投用，县城新区生态治理工程加快推进，新增城市绿地180万平方米，城市绿化覆盖率达43.8%。实施园区环境综合整治，清理僵尸企业35家，铺设供排水、蒸汽管网32公里、路灯10公里，县城和园区集中供热、污水处理实现全覆盖。加快美丽乡村建设，农村土坯房全部拆除，阳光沐浴工程惠及1.5万户农村家庭，新改建农村公路13.2公里，实施农村道路生命防护工程14条，建成庙庙湖村、四渠村、渠羊村、同进村4个美丽村庄，启动姚伏等4个特色田园小镇、六顷地村等4个美丽家园建设，陶乐镇列入自治区特色小镇试点，庙庙湖村列入全国美丽宜居村庄，农村人居环境显著改善。

【生态环境】 坚持“五个不放过”，举全县之力狠抓中央环保督察反馈意见整改落实。打赢贺兰山自然保护区清理整治攻坚战，清理整治6处，关闭非煤矿山企业14家，治理恢复面积160公顷。实施治气、治水、治土“三治”工程，推进大气污染防治攻坚战，全面开展县城和园区清尘行动，淘汰取缔燃煤锅（茶）炉142台、黄标车642辆，落实加油站油气回收治理，综合整治工业企业污染源453家，关停“小散乱污”企业126家，146家企业实施错峰生产，县城区PM_{10}、$PM_{2.5}$平均浓度持续下降，空气优良天数达到282天，达标率80.8%。“河长制”全面落实，黄河出入境水质达到Ⅲ类，沙湖水质由劣Ⅴ类提高到Ⅴ类。启动土壤环境质量调查，确定重点污染源空间位置，强化工业固废无害化处置和农村面源污染防控，危险废物安全转移率100%，测土配方施肥实现全覆盖。实施平原绿洲绿网等工程，森林覆盖率12.5%，

【深化改革】 供给侧结构性改革持续深化，全面推行棚改“房票”安置，消化房地产库存5710套51.4万平方米，销售面积增长32%。“放管服”改革活力显现，“两个清单”实行动态管理，公共服务中心正式启用，“互联网＋政务服务”和“最多跑一次”“不见面马上办”改革全面推开，审批办理时限提速8.7%。“五证合一、一照一码”登记模式全面推行，新登记各类市场主体3269户、注册资本45.7亿元，分别增长34.3%、14.7%。农村改革多点突破，确权登记颁证范围扩大至10项，产权抵押贷款突破10亿元，为农民和经营主体节省利息2600多万元，在全区率先建立农村集体经营性建设用地入市制度，房地一体不动产登记走在全区前列，农村土地制度改革三项试点得到国土资源部充分肯定。深化国企改革，组建宁夏德渊集团。政府购买服务试点扩大至养老助残、就业创业、公共文化等6类8项，全国农村信用体系试验区建设深入推进，国有林场、供销社等改革稳步有序。

【社会事业】 实施肉牛养殖园区、80万立方米

抗旱调蓄补灌水库、新丝陆服装加工等24个扶贫项目，发展庭院拱棚种植2000座、庭院养殖1178户，兑现“双20条”扶持资金1013万元，发放扶贫贷款5637万元，落实“十三五”324户1590人易地扶贫搬迁安置，全年脱贫退出454户2716人，贫困发生率下降到1.4%。新改建乡镇公办幼儿园6所，实施崇岗九年制、陶乐中学等薄弱学校改造，农村中小学生免费营养早餐全覆盖，贫困学生乘坐校车全部免费，高考一次性上线936人、再创历史新高，回民高级中学荣获第五届全国未成年人思想道德建设先进集体，职教中心通过第三批国家中等职业教育示范学校验收。建成全区首家县级胸痛中心、4个县内紧密型医联体、19所标准化村卫生室，改扩建3所乡镇卫生院，取消药品加成让利群众1378万元，家庭医生签约服务惠及12.1万居民，国家健康促进县创建工作通过验收。文体事业繁荣发展。开展群众性精神文明创建活动，黄渠桥社火全区巡演荣获金奖，宝丰、灵沙等乡镇特色美食文化蓬勃发展，举办李宁全国青年男子篮球锦标赛、“全民健身挑战日——健康宁夏动起来”等活动，《平罗年鉴（2016）》荣获全国县级综合年鉴一等奖，建设图书馆、泥哇呜传承基地建设。城镇新增就业4754人，失业人员再就业3164人，城镇登记失业率3.8%，农村劳动力转移就业2.5万人。城乡居民养老保险参保9.7万人，医疗保险参保率98%，被征地农民养老保险参保率100%，城乡高龄津贴实现一体化、全覆盖，发放各类社会保障救助兜底资金7600余万元，惠及困难群众2.7万人。第三敬老院、老年活动中心建成投用，银北养老院、光荣院主体完工。开展“七五”普法。完成“双智”系统建设项目，推行交巡警合一、社区警务改革，全县刑事案件立案数、可防性刑事案件数、交通事故数和火灾起数分别下降1.4%、27.7%、13.4%和7%。启动创建全区禁毒示范县。推进安全生产大检查，开展重点领域安全隐患排查，国务院安全生产巡查反馈意见全部整改到位，全县安全形势总体保持平稳。强化信访规范化建设，集中解决61个信访积案，信访总量下降16%。建成12个城乡社区服务站，“三社”联动治理模式逐步形成。启动全国民族团结进步示范县创建。

【政府建设】 健全政府工作制度，制定党组议事规则，坚持依法行政，推进基层政务公开标准化规范化百县试点，向社会公布行政职权3127项，行政权力公开透明运行。主动向县人大及其常委会报告工作，向县政协通报情况，自觉接受人大及其常委会法律监督、工作监督和政协民主监督，办理自治区、市、县人大议案代表建议意见50件、政协委员提案144件，办结率94%。开展作风效能提升年活动，推进“两学一做”学习教育常态化制度化，坚决执行中央“八项规定”，加大整治“四风”力度，“三公”经费下降5%，政风行风明显好转。落实党风廉政建设主体责任和“一岗双责”，加强政府系统廉政建设，加大重点领域、关键部位、特殊岗位审计监察，查处违法违纪案件107件，对108人进行问责处理。

重要会议

【政府常务会议】 1月4日，召开县第十七届人民政府第4次常务会议。会议传达学习自治区党委十一届九次全体会议暨自治区经济工作会议、石嘴山市“两会”暨全市经济工作会议和全区宗教会议精神；听取县安监局关于平罗县2016年安全生产工作情况汇报；研究县安全生产委员会关于呈报平罗县安全生产监督管理行政责任规定请示、关于呈报平罗县安全生产“党政同责、一岗双责、齐抓共管、失职追责”规定请示；听取县发展改革和科学技术局关于全县2017年固定资产投资计划编制情况汇报；研究县环境保护局《关于呈报平罗县大气、水和土壤污染防治工作联席会议制度的请示》；研究县农村工作领导小组《关于呈报平罗县推进农业“一优四特”产业发展扶持暂行办法的请示》；研究县委组织部《关于呈报平罗县农村基层党组织为民服务资金使用管理暂行办法的请示》；研究县财政局《关于对公务用车改革单位借用车辆处理的请示》；研究县交通运输局《关于支持县城公共交通稳步发展相关事宜的请示》。

2 月 9 日，召开县第十七届人民政府第 5 次常务会议。会议传达学习自治区政府工作报告精神，自治区主席咸辉在全区审计工作电视电话会议上的讲话，自治区党委副书记崔波在自治区农村工作会议上的讲话精神，国土资源部全面深化改革领导小组办公室感谢信，自治区党委办公厅、人民政府办公厅关于银川市“1·05”公交车放火案责任追究情况的通报；研究县水务局《关于呈报平罗县水利改革发展“十三五”规划（报批稿）的请示》；研究县民政局《关于呈报平罗县民政事业发展“十三五”规划的请示》；研究县环境保护局《关于呈报平罗县“十三五”环境保护规划（报审稿）的请示》；研究县教育体育局《关于呈报平罗县承接 2017 年全国青年男子篮球锦标赛（平罗赛区）工作方案的请示》；研究石嘴山生态经济开发区管委会《关于呈报生态经济开发区坤维路排水管网工程建设方案的请示》；研究县信访督办局关于呈报 2016 年度信访工作责任目标管理考核结果请示，关于呈报 2016 年全县信访工作“五无”乡镇、部门、无访村（社区）认定结果请示，关于表彰 2016 年度全县信访工作先进集体、先进个人请示。

2 月 15 日，召开县第十七届人民政府第 6 次常务会议。会议研究陶乐镇人民政府关于授权陶乐镇人民政府与陶乐镇庙庙湖村村委会签订国有土地租赁合同请示，关于呈报平罗县陶乐镇庙庙湖村特色经果林项目建设方案请示，关于呈报平罗县陶乐镇庙庙湖村生态移民区肉牛养殖园区建设方案请示；研究红崖子乡人民政府《关于呈报红崖子乡红瑞集中养殖园区建设方案的请示》；研究县住房和城乡建设局关于呈报平罗县 2017 年棚户区改造实施方案请示，关于呈报平罗县公共服务中心入驻单位办公用房分配方案请示；研究县公安局《关于提高公安协勤人员经费保障标准的请示》；研究县工业和信息化局《关于平罗县滨河碳化硅制品有限公司为平罗县城区集中供热的请示》；研究县脱贫攻坚领导小组《关于呈报平罗县表彰脱贫攻坚工作先进集体和个人实施方案的请示》。

2 月 24 日，召开县第十七届人民政府第 7 次常务会议。会议传达学习《全区公安局处长会议精神提纲》；研究县林业城管局《关于呈报平罗县 2017 年城乡绿化实施方案的请示》；听取县公安局平罗县智能图控智能交通系统建设三年规划（2014—2016）报告，研究关于立项建设智能图控智能交通系统补点项目请示；研究县教体局关于解决平罗县教体局承接 2017 年全国青年男子篮球锦标赛维修体育馆及接待费用请示，关于平罗县体育中心地板维修进行单一来源采购请示；研究县国土局《关于两宗国有土地使用权收回有关问题的请示》；研究全县政府投资类项目推进情况。

3 月 7 日，召开县第十七届人民政府第 8 次常务会议。会议传达学习《中共中央国务院关于推进安全生产领域改革发展的意见》；听取县信访局关于全县 2017 年第一季度及全国“两会”期间信访维稳工作汇报；研究县环保局《关于呈报平罗县购买农村生活污水处理设施运行管理服务实施方案的请示》；研究县文广局《关于呈报平罗县促进旅游业发展奖励扶持暂行办法及平罗县促进旅游业发展奖励扶持暂行办法实施细则的请示》；研究县人社局关于增加事业单位高级专业技术“特设岗位”职数请示，关于呈报平罗县人力资源和社会保障事业发展“十三五”规划的请示；研究县卫生计生局《关于呈报平罗县卫生计生事业“十三五”发展规划请示》；研究县交通局《关于呈报平罗县“十三五”交通运输发展规划的请示》；研究县工业园区环境综合整治领导小组《关于呈报石嘴山生态经济开发区环境综合整治实施方案的请示》；研究县委组织部、财政局《关于组建平罗县市政产业投资建设（集团）有限公司暨有关事宜的请示》；研究干部事宜；研究县人民政府县长、副县长工作分工事宜。

3月29日，召开县第十七届人民政府第9次常务会议。会议传达学习2017年全国“两会”精神，自治区党委书记李建华在全区领导干部大会上的讲话精神，自治区安委办关于做好迎接国务院安委会安全生产巡查准备工作紧急通知、关于做好国务院安委会来宁安全生产巡查资料准备工作紧急通知、关于转发国务院安委办关于近期接连发生安全问题紧急通报通知；通报2016年度市县（区）和自治区机关效能目标管理考核结果和平罗县2016年群众评议机关作风活动参评情况及测评结果、平罗县2015年全面建成小康社会监测评价情况、平罗县2017年第一季度主要经济指标预计完成情况；听取县发改科技局关于平罗县2017年第一季度重点项目推进情况的汇报、关于平罗县2017年政府投资类项目审批情况的汇报并研究相关项目事宜，听取县环保局关于中央第八环保督察组反馈意见整改落实情况的汇报，县人社局关于全县清理拖欠农民工工资问题专项整治工作汇报，县生态经济开发区环境综合整治领导小组办公室关于生态经济开发区环境综合整治进展情况汇报；研究县安委会《关于呈报平罗县安全生产“十三五”发展规划的请示》；研究县卫生计生局关于呈报平罗县健康县城健康村镇建设工作方案（2016—2020年）请示，关于呈报“健康平罗2030”发展规划请示；研究县医改办《关于呈报平罗县县级公立医院人事薪酬制度改革实施方案的请示》；研究县住建局《关于呈报平罗县2017年老旧小区综合整治改造工程实施方案的请示》；研究县财政局《关于呈报平罗县2017年度政府类投资项目拟融资计划的请示》；研究县国土局《关于核拨县不动产登记事务中心聘用人员工资及办公经费的请示》；研究县农牧局《关于呈报中国宁夏平罗第四届种业博览会筹备工作方案的请示》；研究县环保局《关于第三排水沟平罗段水污染治理威镇湖截流净化项目调整防渗工程工程量的请示》；研究石嘴山生态经济开发区管委会《关于呈报石嘴山生态经济开发区创客大厦规划展示厅创客空间等装饰装修工程实施方案的请示》；研究头闸镇《关于完善河滩地承包合同方案的请示》。

4月10日，召开县第十七届人民政府第10次常务会议。会议传达自治区禁毒工作暨创建全国禁毒示范省区启动会议精神；听取各乡镇、部门一季度廉政建设工作情况汇报，有关部门关于中央第八环保督察组反馈意见整改落实情况汇报；研究县农田水利基本建设指挥部办公室《关于呈报平罗县2017年农田水利基本建设实施方案的请示》；研究县国土局《关于开展全县农村房屋普查和农房农地数据整合建库工作的请示》；研究县财政局《关于呈报平罗县财政事业“十三五”发展规划请示》《关于呈报平罗县防范和处置非法集资专项排查整治行动方案请示》；研究县公安局《关于为平罗县首届“我最喜爱的人民警察”记功嘉奖的请示》；研究县市场监管局《关于建设灵沙市场监督管理所办公用房的请示》；研究县民政局《关于划拨农村80—90岁低收入老年人高龄津贴资金的请示》《关于平罗县第三敬老院老年活动中心厨房设备采用自行采购的请示》；研究宁夏精细化工基地管委会《关于宁夏精细化工基地管委会与石嘴山市矿业集团合作建设固体废物处置场的请示》；研究近期资金相关事宜。

4月18日，召开县第十七届人民政府第11

次常务会议，专题研究国务院安全生产第八巡查组到平罗巡查安全生产工作接待方案。

5月2日，召开县第十七届人民政府第12次常务会议。会议传达学习自治区领导干部会议精神，自治区、市第一季度经济形势分析会议精神，自治区安委办《关于咸辉主席在2017年自治区安委会第二次全体（扩大）会议上部署重点任务分工的通知》，自治区党委督查室《关于印发〈区内公务接待管理有关规定落实情况的督查通报〉的通知》；听取县扶贫办关于全县脱贫攻坚结对帮扶进展情况通报；研究县商务经合局《关于分解全县2017年度招商工作指导性目标任务的请示》；研究县国有林场改革领导小组办公室《关于呈报平罗县国有林场改革实施方案的请示》；研究县林业城管局《关于呈报平罗县文化公园一期绿化工程实施方案的请示》《关于呈报平罗县唐徕渠（玉龚路）桥头小公园景观绿化工程实施方案的请示》《关于呈报平罗县萧公大街小游园景观绿化工程实施方案的请示》；研究县人社局《关于呈报平罗县机关事业单位工作人员调配办法（试行）的请示》；研究县农改中心《关于2017年姚伏镇、宝丰镇工商资本租赁土地从事农业生产经营准入的请示》；研究县委组织部《关于调整村干部任职补贴的请示》；研究干部事宜。

6月1日，召开县第十七届人民政府第13次常务会议。会议传达学习石嘴山市市长李郁华在全市“百日推进　百日攻坚”动员大会上讲话精神，石嘴山市市长李郁华到平罗调研及座谈会议精神，石嘴山市项目谋划工作会议精神；研究县农牧局《关于呈报平罗县“十三五”现代农业发展规划请示》《关于呈报平罗县2017年农村阳光沐浴工程项目实施方案请示》；研究县政务服务中心《关于呈报平罗县建设项目行政审批改革试点方案请示》；研究县招生委员会《关于呈报平罗县2017年招生工作计划的请示》；研究县工信局《关于呈报平罗县工业经济发展第十三个五年规划的请示》；研究县道路交通安全领导小组办公室《关于呈报平罗县2017年道路交通安全隐患治理工程建设方案的请示》；研究县水务局《关于实施河东灌区节水改造工程的请示》；研究县民政局《关于呈报关于深入推进农村社区建设试点工作实施方案的请示》；研究政府县长、副县长工作分工。

6月20日，召开县第十七届人民政府第14次常务会议。会议传达自治区第十二次党代会议精神；听取县环保局关于中央环保督查组反馈意见整改落实情况汇报；听取县政府办公室、发改科技局关于全县国务院第四次大督查自查情况汇报；研究县教体局《关于呈报平罗县创建宁夏基本公共体育服务体系示范县实施方案请示》《关于批准建设平罗县职业教育中心5号学生宿舍楼请示》；研究县住建局《关于呈报平罗县城乡规划和建设事业“十三五”专项规划请示》《关于呈报平罗县2017年美丽村庄规划建设方案请示》《关于呈报加强平罗县城市规划建设管理工作实施方案请示》《关于支付2017年棚户区改造项目农发行贷款资金请示》；研究石嘴山生态经济开发区管委会《关于呈报石嘴山生态经济开发区“十三五”规划意见的请示》；研究县国土局《关于实施平罗县城乡建设用地增减挂钩（二期）土地复垦项目的请示》；研究县卫生计生局《关于县人民医院购置数字减影血管造影X线机的请示》；研究县财政局《关于呈报2017年第一批置换债券资金使用计划的请示》和《关于呈报平罗县2017年新增地方债券资金使用计划的请示》；研究干部事宜。

7月5日，召开县第十七届人民政府第15次常务会议。会议研究县发改科技局《关于呈报平罗县服务业“十三五”发展规划的请示》；研究县教体局《关于呈报平罗县教育体育事业发展“十三五”规划的请示》；研究县信访联席会议办公室《关于成立平罗县信访事项复查委员会暨专家咨询委员会的请示》；研究陶乐镇《关于解决陶乐镇西街社区日间照料中心阵地建设的请示》；研究德渊市政产业集团公司《关于呈报宁夏德渊市政产业投资建设（集团）有限公司组建实施方案请示》《关于宁夏德渊市政产业投资建设（集团）有限公司对各子公司进行控投等事项请示》；研究县财政局《关于拟使用2017年财力性转移支付资金的请示》《关于调整2017年县本级支出预算的请示》《关于2016年财政决算（草案）及2017年上半年财政预算执行情况的报告》；研究石嘴山生态经济开发区管委会《关于拨付平罗县滨河碳化硅制品有限公司基础设施建设资金的请示》。

7月11日，召开县第十七届人民政府第16次常务会议。会议传达学习《自治区党委办公厅 人民政府办公厅关于印发宁夏回族自治区信访工作责任制实施细则的通知》，石嘴山市市长李郁华在市政府深入贯彻落实自治区第十二次党代会精神动员会上的讲话，石嘴山市市长李郁华在全市推进政务服务“最多跑一次”改革动员会上的讲话，宁夏贺兰山国家级自然保护区环境整治工作快报第11期；听取县环保局关于中央第八环保督察组督查反馈意见整改落实情况汇报，县工信局、崇岗镇关于大水沟水源地企业关闭及易成林葡萄园取缔工作情况汇报，县林业城管局关于贺兰山国家级自然保护区平罗段生态恢复治理工作情况汇报；研究县安监局《关于呈报平罗县贯彻落实国务院安委会第八巡查组安全生产巡查反馈意见整改方案请示》《关于组建县安全生产应急救援中心和执法监察大队请示》研究县扶贫办《关于呈报平罗县“十三五”脱贫攻坚规划的请示》；研究县国土局《关于不动产统一登记中有关历史遗留问题处理意见的请示》；研究县工信局关于呈报平罗县工业转型升级三年行动计划请示，关于呈报平罗县两化融合三年行动计划请示；研究陶乐镇《关于呈报陶乐镇2017年特色小镇建设实施方案的请示》；研究县审计局《关于2016年度县本级预算执行情况及其他财政收支情况的审计结果报告》；研究县发改科技局《关于呈报平罗县2017年上半年国民经济和社会发展计划执行情况报告的请示》；研究县林业城管局《关于审议〈平罗县关于深入推进城市管理综合执法体制改革实施方案（送审稿）〉的请示》；研究县财政局《关于兑现2016—2017年城市公用事业附加收入征收业务经费的请示》。

8月2日，召开县第十七届人民政府第17次常务会议。会议传达学习自治区党委书记石泰峰在自治区党委常委会议听取上半年经济运行情况汇报时讲话精神及石嘴山市委书记彭友东、市长李郁华在全市上半年经济形势分析暨“双百”活动推进会上讲话精神，国土部副部长王广华在督察全区农村土地制度改革三项试点工作情况反馈会上讲话精神；听取县国土局关于平罗县农村土地制度改革三项试点工作进展情况汇报，县安监局关于2017年上半年安全生产工作情况汇报，县信访局关于2017年上半年信访工作情况汇报，县住建局关于公共服务中心分配入驻工作进展情况汇报，县政务服务中心关于政务服务中心拟进驻窗口和办理事项情况汇报；研究县司法局关于呈报平罗县深化律师制度改革实施方案请示；研究石嘴山生态经济开发区管委会《关于呈报石嘴山生态经济开发区兴平路南北两侧人行道改造工程建设方案请示》；研究县住建局《关于呈报平罗县2017年棚户区改造（二期）实施方案请示》；研究县民政局《关于解决孙军、曹振军和王海东3名转业士官安置问题请示》；研究县工信局《关于召开全县工业经济工作会议的请示》；研究县公安局《关于车辆管理所及民警训练基地项目增加投资概算请示》；研究县财政局《关于为平罗县公职人员办理“出行保”交通意外保险请示》；研究近期资金相关事宜；研究干部事宜。

8月17日，召开县人民政府第18次常务会议。会议听取县安监局关于迎接国务院安委办安全生产大检查督导准备工作开展情况汇报，石嘴山生态经济区管委会、宁夏精细化工基地管委会、平罗煤炭集中区服务中心、县交警大队关于安全生产工作情况汇报，县环保局关于中央第八环境保护督察组反馈意见整改落实情况汇报，县法制办《关于2016年平罗县法治政府建设情况报告》；研究县财政局《关于呈报平罗县农村金融改革创新试点推广工作方案请示》；研究县网信办《关于呈报〈平罗县信息化“十三五”发展规划（2016—2020年）〉请示》；研究县交通局《关于呈报平罗县2018年农村公路危桥改造及公路安全生命防护工程建设方案的请示》《关于呈报2018年平罗县镇朔村中心路等两条农村公路项目建设方案的请示》《关于呈报2018年平罗县沿河村中心路等四条农村公路项目建设方案的请示》；研究县商务经合局《关于呈报平罗县推进电子商务全域化实施方案请示》；研究县扶贫办《关于呈报平罗县整合使用财政专项扶贫资金实施方案请示》；研究县编办《关于取消调整部分行政职权事项有关意见请示》；研究县人社局《关于2017年度政府购买公益性岗位请示》；研究县林业城管局《关于申报宁夏平罗庙庙湖国家沙漠公园请示》；研究县农牧局《关于呈报平罗县2017年农机深松作业补助项目实施方案请示》；研究县政府各副县长分工。

8月27日，召开县第十七届人民政府第19次常务会议。会议听取县环保局关于中央第八环境保护督察组反馈意见整改落实情况汇报，县水务局关于水源地保护工作情况汇报，县住建局关于棚户区改造进展情况汇报；研究县环保局《关于呈报〈平罗县“三治”工程实施方案（2017—2019年）〉请示》；研究县教体局《关于呈报平罗县城乡公办幼儿园正常运行的实施方案请示》《关于呈报农村中小学困难学生免费乘坐校车工作方案请示》《关于呈报平罗县2017年高考、中考奖励方案及开展2017年教师节系列活动请示》；研究县民政局《关于解决红崖子回民公墓前期投入资金请示》；研究县医改办《关于呈报平罗县县级公立医院综合改革财政补偿办法请示》；研究县发改科技局《关于呈报平罗县2017年全国新增千亿斤粮食生产能力规划田间工程建设任务分工方案请示》；研究县民宗局《关于呈报平罗县创建全国民族团结进步示范县实施方案请示》。

9月21日，召开县第十七届人民政府第20次常务会议。会议听取县发改科技局关于全县2018年固定资产投资项目谋划情况汇报；研究县农田水利基本建设指挥部办公室关于呈报平罗县2017年秋冬农田水利基本建设实施方案请示；研究精细化工基地关于呈报宁夏精细化工基地土地整理项目二期（A、B区）工程建设方案请示；研究县住建局《关于解决2#地块房屋征收遗留问题请示》和《关于拨付2号地房屋征收补偿款的请示》，关于解决宁夏宝马化工集团有限公司企业解困职工安置项目土地置换事宜请示，关于县城星和家园北侧片区旧城改造项目相关事宜请示，关于县城体育公园片区旧城改造项目（汇融·新天地）调整规划方案增建S8商服楼请示，关于呈报平罗县2017年老旧小区综合整治改造工程（新利新村附属工程）实施方案请示；研究县编办关于确定平罗县城市管理综合执法局行政职权请示；研究县卫生计生局关于明确家庭医生签约服务费请示；研究平罗县气象局《关于解决2017年职工一次性津补贴的请示》和《关于将职工一次性津补贴纳入2018年度财政预算的请示》；研究干部事宜。

10月10日，召开县第十七届人民政府第21次常务会议。会议研究县国土局《关于开展平罗县农村集体经营性建设用地土地级别与基准地价评估工作请示》，《关于呈报平罗县村级规划编制实施方案请示》；研究县文广局《关于呈报平罗县“十三五”文化发展规划请示》,《关于呈报平罗县乡村旅游全域化实施方案请示》,《关于呈报〈平罗县促进旅游产业发展扶持办法(试行)〉请示》,《关于组建平罗县文化旅游产业发展有限公司请示》;研究县商务经合局《关于呈报平罗县商贸服务业三年行动计划请示》;研究县教体局《关于调整部分中小学机构设置请示》;研究县委组织部、人社局《关于对2014—2016年度考核中连续三年获得优秀等次及2016年度考核获得优秀等次公务员进行表彰奖励请示》;研究城关镇《关于办理城关镇老户村二、三队农户被征地农民养老保险请示》;研究干部事宜。

11月2日,召开县第十七届人民政府第22次常务会议。会议研究县扶贫办关于呈报平罗县加快推进产业扶贫实施方案请示,《关于呈报平罗县扶贫产业发展担保基金实施方案(试行)的请示》和《关于呈报平罗县扶贫产业发展担保基金管理办法(试行)的请示》,《关于呈报平罗县解决“十二五”生态移民“多代多人”家庭住房困难实施方案请示》,《关于呈报平罗县2017年度财政专项扶贫资金安排使用意见及建议请示》,《关于宁夏新丝陆服饰有限公司享受脱贫攻坚就业创业有关扶持政策请示》;研究县水务局《关于呈报平罗县饮用水源地整治及保护工作方案请示》,《关于呈报平罗县“十三五”实行水资源消耗总量和强度双控行动加快推进节水型社会建设实施方案请示》;研究县林业局《关于呈报平罗县唐徕渠带状公园三期(鼓楼南街—翰林大街段)景观绿化工程实施方案的请示》《关于呈报平罗县唐徕渠带状公园四期(民族大街—前进路)景观绿化工程实施方案请示》;研究县国土局《关于呈报平罗县开展城镇低效用地再开发专项规划工作实施方案请示》,《关于平罗县崇岗镇砂石矿区矿山地质环境恢复治理项目土地征收实施方案请示》,《关于呈报宁夏贺兰山自然保护区平罗县大水沟原西北轴承厂遗址生态环境综合整治工程实施方案请示》;研究县人社局《关于呈报平罗县劳动保障监察综合行政执法体制改革方案请示》;研究县公安局《关于解决宁夏精细化工基地消防站装备器材采购经费的请示》和《关于解决宁夏精细化工基地消防站办公设备采购经费的请示》。

11月24日,召开县第十七届人民政府第23次常务会议。会议研究县财政局关于拟使用2017年一般公共预算超收安排支出请示,《关于拟动用2017年预备费安排支出请示》,关于呈报《平罗县2018年财政预算(草案)》请示;研究县住建局《关于呈报平罗县加快推进特色田园小镇建设实施方案请示》,《关于呈报平罗县加快推进美丽家园试点建设实施方案请示》;研究县国土局《关于呈报平罗县县城土地级别和基准地价更新初步成果请示》;研究县水务局《关于呈报平罗县农业水价综合改革实施方案请示》;研究县林业局、国土局《关于呈报平罗县湿地产权确权工作实施方案请示》;研究县委组织部《关于增加享受任职补贴村干部职数请示》。

12月13日,召开县第十七届人民政府第24次常务会议。会议研究县人民政府办公室《关于呈报〈政府工作报告(送审稿)〉请示》,《关于2017年10件民生实事执行情况和2018年10件民生实事报告(草案)》,《关于县十七届人大一次会议议案和代表建议意见办理情况报告》;研究县财政局《关于2017年财政预算执行情况和2018年财政预算报告(草案)》;研究县发改科技局《关于平罗县2017年国民经济和社会发展计划执行情况及2018年国民经济和社会发展计划报告(草案)》;研究县工信局《关于呈报〈平罗县促进工业经济转型升级若干政策〉请示》;研究县教体局《关于呈报加快平罗县学前教育改革与发展的意见的请示》;研究县安监局《关于呈报〈平罗县职业病防治规划(2016—2020年)〉请示》;研究近期资金相关事宜;研究干部事宜。

政协平罗县委员会

综　述

【概　况】 2017年，坚持不忘初心，牢记使命，高举中国特色社会主义伟大旗帜，牢牢把握团结和民主两大主题，在中共平罗县委坚强领导下，组织带领政协各参加单位和广大政协委员，履行政治协商、民主监督、参政议政职能，全面完成十一届一次会议确定的各项目标任务，为共促全县各项事业发展做出积极贡献。

【改革创新】 创新学习机制，倡导“学以致用、用以促学、学用相长”工作理念，把创新学习机制作为强化理论武装着力点，提高谋事能力，凝聚思想，增进共识。坚持“双月常委会学习、每周党组支部学习、每天微信平台学习”制，形成“第一时间主动学、融入日常经常学、围绕重点深入学、丰富渠道灵活学”良好氛围。创新协商议政机制，抓好常委会专题协商、座谈会界别协商、部门对口协商等多种形式的协商议政活动，委员参与协商的面更广，协商内容更加丰富。创新民主监督机制，将过去“乡镇部门被动接受监督评议”转变为“协商式民主监督”，提升监督效果。创新提案工作机制，将提案工作由“重答复”向“重落实”转变，提案工作更加务实。创新信息报送机制，畅通信息宣传渠道，激发委员履职动能。创新服务机制，发挥委员主体作用，优化委员履职环境。创新组织平台，强化政协机关服务能力，增强委员团队认同感。创新知情平台，健全政务公开、文件报送、调研座谈等机制，让委员了解、参与、支持政协工作。创新活动平台，将“三级委员下基层活动”由“定期接待群众坐班制”变为“五项主题活动制”，发挥委员主体作用，提升成事效能。

【专题协商】 坚持“党政工作开展到哪里，政协工作就跟进到哪里”，围绕中心工作与县委、县政府联合制定四项协商计围绕“实现全面建成小康社会目标”“加快发展生活性服务业”“总结农村综合改革成果”“创新社会治理机制”等议题深入开展专题协商，向县委、县政府报送协商报告4篇，提出意见建议50余条。其中，《实现全面建成小康社会目标协商报告》《平罗县生活性服务业发展情况协商报告》，县委、县政府主要领导分别做了批示，相关部门按照批示抓好办理落实，协商成果得到有效转化。

【调查研究】 适应经济发展新常态，做好“参政助力、履职借力”文章。组织委员围绕“村庄整治”“脱贫攻坚”“企业科技创新”“培育农业新型经营主体”“电子商务”“养老产业”“城市供水”等事关全县发展的重要课题，将实地调查成果与赴外地考察的先进经验有机结合，形成调研报告及考察报告9份，提出意见建议90余条。其中，《平罗县村庄整治调研报告》受到县委高度关注，相关部门制定印发《平罗县城乡环境综合整治实施方案》《平罗县2017年农村危房改造实施方案》等13份文件，推动村庄整治工作开展。

【民主监督】 改进民主监督方式，加大监督力度，提升监督效能。探索出“协商式民主监督”工作模式，即由乡镇、部门出题，县政协帮助其理清思路、制定措施和促进工作深入崇岗、宝丰、农牧、住建、国土等14个乡镇、部门开展协商式监督，做到在监督中促进和解决问题。将视察监督与广泛监督相结合，拓宽民主监督渠道。围绕“全县重点项目建设情况”“创建全域旅游示范县”及“十件民生实事和提案办理情况”开展专项视察，向县委、政府报送视察报告3篇，提出意见建议20余条。组织政协委员参与“两代表一委员评议”、县委常委会、政府常务会和电视问政等活动，委员参与监督目标更明确、责任更具体，提升监督实效。

【承担中心工作】 按照工作安排，政协领导班子成员承担全县部分中心工作，班子成员定期对全县大气污染防治、河湖管理、秸秆禁烧等工作开展专项督查，促进工作顺利落实；深入乡镇、企业帮助梳理思路、协调解决实际问题，助推工作开展；牵头举办平罗县首届“水稻产业发展论坛”，转企业与种植大户的观念，统一思想，加强合作；做好脱贫攻坚工作，帮助建档立卡户解决就业、发展养殖业，为陶乐、姚伏、红崖子乡三户患有重大疾病的贫困户争取到“宁夏政协兴华爱心基金”7.7万余元，解决燃眉之急；按时做好信访大厅接待和节日期间走访慰问困难户、困难党员等工作，架起政府与群众之间的连心桥。

【服务民生】 把提高提案质量作为核心工作来抓，聚焦中心，精准选题，创新方式，注重实效。在引导委员撰写提案同时，注重大会发言和调研内容成果转化，实现向“全委会集中提案和平时提案并重”转变；严格审查和筛选委员提案，对涉及重大事项提案，充实完善与委员协商交流，确保每件提案选题准、建议实；强化考核评价，实行面商督办、跟踪协商、视察评议，提升督办成效。全年提交提案167件，经审查立案81件提案全部办复，办结70件，办结率86%。其中，经济建设方面提出提案35件，办结31件；民生事业方面提出提案23件，办结21件；社会治理和生态文明方面分别提出提案16件和7件，全部办结，做到为民发声。

【畅通民意渠道】 为群众诉求开启“直通车”，在“三级政协委员联系基层工作”上进行尝试，在城关、姚伏、黄渠桥等6个乡镇开展试点，围绕“共商发展思路”“推进重点工作”“举办公益性活动”“开展日常联谊”“撰写提案”等五项主题开展实践活动，让政协委员帮助联系点理思路、定项目，解决问题、贡献力量。在姚伏镇开展活动中，委员提出打造“农耕文化园”建议，姚伏镇及时采纳、落实，将农耕文化与乡村旅游有机结合，助推全域旅游发展。委员将在活动中遇到问题通过《社情民意信息》方式向上级报送，畅通民意渠道。其中，《关于加大河东现代农业示范区扶持力度的建议》被自治区政协采用，《关于在平大路与三排水沟桥支路路口设置红绿灯的建议》仅在一个月内就被办理落实，达到察民情、惠民生、助发展的效果。

【聚力“团结合作”】 制定《政协平罗县委员会关于进一步加强与各民主党派、工商联联系的决定》，引导和支持各民主党派、知联会和社会各界人士，通过专题协商、提案督办、视察调研等形式，履行职责，发挥作用，增进团结，营造民主和谐的政治环境；加强与界别委员交流合作，组织经济界委员召开“优势再造、弯道超车”座谈会，围绕改革发展议题进行交流，为打造平罗经济升级版共商对策，营造“商以求同”履职氛围；组织各界别委员召开“民族团结工作”座谈会，就“如何更好地营造民族团结和谐氛围”等问题座谈交流，为共创和谐达成共识；协助做好民族宗教工作，定期走访慰问宗教界委员，促进民族团结、宗教和顺。

【聚情“深化联谊”】 配合协助自治区政协督办重点提案、调研食品药品安全、义务教育均衡发展等工作；配合市政协开展对全市现代农业发展、全域旅游等情况调研，得到区、市政协对平罗县政协工作的重视；组织政协委员、政协退休老干部开展“新春茶话会”及重点工作观摩等活动，增进感情，拉近距离；接待区内外兄弟市县政协来平考察团体10批100余人次，深化联谊，交流思想；做好政协会议、调研视察以及重大活动宣传报道工作，在新闻媒体发表信息50余篇。其中，自治区级媒体发表26篇，扩大平罗县政协的影响。

【聚智“传承文化”】 主动承担挖掘民间文化资源工作，制定《县政协关于挖掘民间文化资源的实施方案》，组织政协委员及社会各界文化人士召开“挖掘平罗县民间文化资源”座谈会，就“如何对平罗县民间文化及史料资源进行收集和整理”等问题进行交流探讨，为挖掘整理工作明确方向；打造县政协“文史室”，为文史资料存储、交流和共享提供平台；参加石嘴山市政协组织的“山水园林·尚工逸城”征文活动，委员征文多篇入选。挖掘平罗县民间文化资源文史资料第一册《千滋百味平罗美食》编辑完成，发挥政协文史资料“存史、资政、团结、育人”重要作用。

【思想建设】 坚持用中共十九大精神统一思想、指导实践、推动工作，在思想上、政治上同中共中央保持高度一致，在重大原则问题上，做到旗帜鲜明、立场坚定。学习中共十九大精神和区、市、县党代会各项决策部署，与县委在思想上同心同德、目标上同心同向、行动上同心同行，确保政协工作沿着正确政治方向前进；重点学习中共中央《关于加强人民政协工作的意见》和中共十九大关于人民政协工作的新思想、新要求，强化对新时代人民政协工作性质、定位的认识；学习经济、法律、文化等相关知识，提升委员政治把握能力、调查研究能力、联系群众能力和合作共事能力。

【队伍建设】 探索新形势下发挥委员主体作用的方法和途径，提升委员履职能力。健全管理制度，制定《政协平罗县委员会委员履职工作规则》《政协平罗县第十一届委员会关于加强同委员联系的决定》，对委员履职情况进行考核，强化委员服务与管理；调整充实委员小组，开展灵活多样履职活动，调动委员积极性和主动性；强化委员培训力度，加大“请进来”和“走出去”，提升委员素质。

【机关作风建设】 落实中央“八项规定”要求，把作风建设作为机关建设永恒主题。严格执行区、市、县相关规定，清退办公用房，规范车辆管理，强化“三公经费”管理，坚持勤俭节约，杜绝铺张浪费；落实党风廉政建设主体责任和领导班子成员“一岗双责”，增强领导班子务实勤政意识；推进“两学一做”学习教育常态化制度化，突出问题导向，着力解决问题，显现教育成效；学习贯彻《中国共产党廉洁自律准则》和《中国共产党纪律处分条例》，把党纪党规转化为日常行为规范，机关作风明显好转，凸显政协活力。

重要会议

【全体委员会议】 十一届二次会议。2017年12月19日—21日在平罗县城召开。县委、人大、政府全体领导参加开幕会议、闭幕会议，县委、县政府全体领导听取委员大会发言，县委、县政府主要领导分别参加联组讨论，听取委员建议，与委员共商全县发展大计。会议听取并审议县政协副主席杨树仁代表政协平罗县第十一届委员会常务委员会所作工作报告；听取并审议县政协副主席张建丽代表政协平罗县第十一届委员会常务委员会所作关于十一届一次会议以来提案工作情况报告。全体委员列席平罗县第十七届人民代表大会第二次会议，听取并讨论县长马莉方代表县人民政府所作《政府工作报告》，讨论《平罗县2017年国民经济和社会发展计划执行情况及2018年国民经济和社会发展计划（草案）的报告》《平罗县2017年财政预算执行情况和2018年财政预算（草案）的报告》以及《平罗县人民法院工作报告》《平罗县人民检察院工作报告》。会议认为，2017年，是平罗转型发展进程中极不平凡的一年。政府工作报告对2017年工作的总结客观全面、实事求是，对2018年经济形势的判断、重大问题把握和工作任务部署科学、务实、精准，符合发展规律，切合平罗县实际。会议同意县政协副主席杨树仁所作政协平罗县第十一届委员会常务委员会工作报告和县政协副主席张建丽所作关于提案工作情况报告，会议通过选举增补尤建民、郭兆芹、王军、王浩4名委员为政协平罗县第十一届委员会常务委员，审议通过《平罗县政协2018年协商工作计划》和《政协平罗县第十一届委员会关于第二次会议提案审查情况的报告》。

【常务委员会议】 第一次会议。3月2日召开。会议审议通过平罗县政协常委会2017年工作要点及年度重点工作计划，审议通过政协平罗县第十一届委员会7项规则、办法，审议通过政协平罗县第十一届委员主席联系常委、委办联系委员名单。

第二次会议。4月12日召开。会议传达学习全国政协十二届五次会议精神，审议通过委员增补事宜，审议通过各专门委员会主任、副主任任职名单及各专门委员会组成人员名单，听取县人民政府《平罗县2015年全面建成小康社会监测评价情况通报》，专题协商“全面建成小康社会目标”议题。

第三次会议。8月9日召开。会议书面传达学习自治区第十二次党代会精神，听取县人民政府《关于平罗县2017年上半年国民经济和社会发展计划执行情况的通报》，专题协商“加快发展生活性服务业”议题。

第四次会议。11月16日召开。会议传达学习中共十九大精神，书面传达学习全国政协十二届二十三次和自治区政协十届三十四次常委会议精神，审议通过县政协《关于学习贯彻中国共产党第十九次全国代表大会精神的决议》，听取县人民政府《关于县政协十一届一次会议提案办理及平罗县2017年10件民生实事办理情况的通报》，专题协商“总结农村综合改革成果”议题。

第五次会议。12月16日召开。会议协商“一府两院”工作报告，审议通过县政协十一届委员会增补委员事宜、召开县政协十一届二次会议相关事宜以及《县政协2017年协商工作计划执行情况的报告》和《县政协2018年协商工作计划》。

第六次会议。12月21日召开。会议听取县政协十一届二次全会期间各组关于县政协两个报告讨论情况汇报，关于县人民政府四项报告讨论情况汇报，关于法、检两院工作报告讨论情况汇报，关于《平罗县政协2018年协商工作计划（草案）》讨论情况汇报，协商通过《关于县政协十一届二次会议提案审查情况的报告（草案）》、《政协平罗县第十一届委员会第二次会议决议（草案）》、政协平罗县第十一届委员会增补常务委员候选人建议名单（草案），审议通过《政协平罗县第十一届委员会第二次会议选举办法（草案）》，推荐各组监票人。

第七次会议。12月21日召开。会议通过政协平罗县第十一届委员会增补常务委员正式候选人名单（草案）、《政协平罗县第十一届委员会第二次会议选举办法（草案）》，通过总监票人、监票人名单（草案）。

第八次会议。12月21日召开。会议听取总监票人关于政协平罗县第十一届委员会增补常务委员选举计票结果的汇报，决定向大会宣布计票结果。

【专门委员会】 提案法制学习委员会。十一届一次会议以来，提交提案167件，立案81件，对未予立案的提案书面通知提案者，分别做出解释说明。提案办复率100%，办结70件，办结率86%。县政协提案法制学习委员会采取多种方式强化服务引导，拓宽委员知情渠道，优化提案征集方式，打造精品提案。创新建立提案面商督办、重点提案办理情况反馈和提案考评机制，强化提案督办，促进提案办理落实。围绕创新社会治理机制开展专题协商，形成协商报告提交县委政府；针对培育新型农业经营主体开展专题调研，形成调研报告提交县委政府；组织委员对县政协十一届一次会议提案办理情况和2017年全县10件民生实事办理情况进行视察。

经济资源环境委员会。围绕“实现全面建成小康社会目标”开展专题协商，召集有关单位负责人与部分政协委员，围绕全面建成小康社会目标进行专题协商，提出多条建议；围绕“总结农村综合改革成果”进行专题协商，组织部分政协委员和有关单位赴陕西、四川等地考察学习，对全县农改情况进行调研，总结出10条近年来平罗县在农村改革上取得成果，为县委、县政府在全区推广、全国交流提供依据；组织部分政协委员和相关部门负责人对全县脱贫攻坚工作进行专项调研，提出存在问题和建议，受到相关部门重视和肯定；组织经济界、工商联界委员和发改科技局、工信局、商务局等部门，围绕“优势再造、弯道超车”进行座谈交流，为打造平罗经济升级版共商对策，营造“商以求同”履职氛围；组织经济界委员对“企业科技创新”专项调研，围绕人才短缺、投入不足、企业意识不强等问题提出意见和建议，受到县委、县政府高度重视。

教科文卫联络委员会。组织政协委员对全县生活性服务业发展情况开展专题协商，围绕“盘活商业圈优质资源、提升服务业发展水平”召开专题座谈会，形成《盘活商业圈优质资源 提升服务业发展水平》的协商报告报县委、县政府；组织部分政协委员开展“养老产业”情况调研，形成《平罗县“养老产业”工作情况的调研报告》提交县委、县政府；组织政协委员对创建国家全域旅游示范县情况专项视察，形成《关于平罗县创建国家全域旅游示范县情况的视察报告》报县委、县政府；做好民间文化资源挖掘整理工作，制定《关于挖掘民间文化资源的实施方案》，对优秀民间传统文化资源系统挖掘和整理；组织各界别政协委员召开民族团结工作座谈会，就“如何更好地营造民族团结和谐氛围”等问题座谈交流，为共创和谐达成共识；深入乡镇协调帮助解决实际问题，协助民族宗教局争取自治区民委少数民族发展项目资金200万元，助推民族地区经济发展；做好脱贫攻坚工作，为陶乐、姚伏、红崖子三户患有重大疾病的移民争取到宁夏政协“兴华爱心基金”7.7万元。

【重要活动】 开展三级政协委员联系基层工作。为调动政协委员积极性，履行好政协委员职责，确保政协委员联系基层工作落到实处，县政协创新工作方法，改变过去“定期定时接待群众”的坐班制，探索实行四次主题实践活动制，在城关镇、姚伏镇、黄渠桥镇、灵沙乡、宝丰镇、红崖子乡6个乡镇先行开展试点，重点围绕“五项联系内容”，启动实施四次主题实践活动，即：围绕“共商发展思路”“推进重点工作”“举办公益性活动”“开展日常联谊”主题开展实践活动。达到接地气、察民情、惠民生、助发展预期效果，丰富委员联系基层工作形式，充分发挥委员建言议政作用。

开展“优势再造、弯道超车”专题座谈。1月，县政协召开界别委员代表座谈会，征求对县政协2017年工作要点、协商议题、县政协工作及石嘴山市第十次党代表会提出“优势再造”和“弯道超车”新理念，打造平罗经济升级版的意见和建议。委员围绕充分发挥政协监督职能，加大对环境污染的监督力度，增进人民福祉；加大委员培训力度，提高政协履职能力；丰富委员活动方式，加强委员沟通联系等方面提出意见建议。

开展脱贫攻坚专题调研。6月，县政协组织部分政协委员对全县脱贫攻坚工作专题调研。到宁夏精细化工基地峰晟朝阳化工、华泰农科技有限公司、庙庙湖肉羊集中养殖园区以及部分建档立卡户家中，实地了解平罗县当前脱贫攻坚工作情况和存在问题。政协委员在充分肯定平罗县脱贫攻坚工作所取得成绩基础上，就平罗县脱贫攻坚工作存在不足交流发言，提出意见、建议。

举办自治区第十二次党代会精神专题培训班。7月，县政协举办政协委员学习自治区第十二次党代会精神专题培训班，县政协全体领导、县十一届政协委员及县政协机关干部参加培训。培训会上，市委党校吴惠珍教授围绕“振奋精神、实干兴宁”主题，重点对自治区第十二次党代会的重要意义、思想内涵和精神实质作专题辅导，对“四个奋斗目标”和“三大战略”“五个扎实推进”进行详细解读，结合平罗县发展实际，详细阐述今后五年发展的奋斗目标和战略任务。

开展县政协十一届一次会议提案办理和全县2017年10件民生实事办理情况专项视察。11月，县政协组织部分政协委员，就县政协十一届一次会议期间，委员提交的《关于加快建设唐徕渠南侧绿化景观》等提案和全县2017年10件民生实事办理情况进行视察。到县城新村巷、唐徕渠、玛利亚培训机构、府地金源小区、生态区医药产业园、头闸镇西永惠村、乐牧高仁、华泰农等视察点，了解项目建设进度、当前工作中存在的困难等方面的情况，提出意见建议。

举办学习贯彻中共十九大精神专题培训班。11月，县政协邀请市委党校经济教研室副主任、市委讲师团成员张健，为部分政协委员和机关全体干部作中共十九大精神专题辅导。张健以“不忘初心、牢记使命”为主题，重点从如何准确理解中国特色社会主义进入新时代的科学论断、深刻领会习近平新时代中国特色社会主义思想、贯彻落实新时代中国特色社会主义的新举措三个方面对中共十九大报告精神进行解读。

开展农村综合改革成果专题协商。11月，县政协组织部分政协委员对全县农村综合改革工作进行调研。到城关镇小兴墩村集体经营性建设用地现场、通伏乡农村产权交易服务站、宁夏宁禾谷米业公司等地进行调研，对全县农村综合改革成果给予肯定。

纪检监察

综　述

2017年，全县纪检纪检监察机关忠诚履行党章赋予的职责，围绕中心，聚焦主业，强化监督执纪问责，坚持不懈纠正“四风”，坚定不移惩治腐败，着力解决人民群众反映强烈的突出问题，党风廉政建设和反腐败工作取得新进展新成效。

【传导压力】 始终把全面从严治党贯穿党的建设全过程，构建起“六责一监管”工作体系，促进全面从严治党主体责任落实。县委坚持以上率下、示范引领，县委常委会议研究党风廉政建设和反腐败工作6次，研究制定《关于深入推进全面从严治党若干问题的实施方案》《2017年全县党风廉政建设和反腐败主要任务分工》，出台《落实全面从严治党主体责任全程纪实办法》《党内谈话实施办法》和《党员领导干部“双述双评双公开”工作办法》等三个办法，创新党内监督方式，强化党内监督；健全责任机制，建立全面从严治党“三个清单”和党风廉政建设情况抄告制度，明确县委常委会、县委书记、班子成员责任清单32项，列出问题清单和问责清单10项。纪委认真履行监督责任，协助县委抓好任务分解、监督检查、考评问责，综合运用约谈提醒、定期报告、督查考核、通报曝光等多种方式和手段，推动管党治党责任落实。严把党风廉政意见回复关，对拟提名、提拔的党员干部廉洁情况严格审核，防止“带病提名”“带病提拔”。

【考责述责】 始终把全面从严治党放在突出位置，督查全县13个乡镇、45个部门党风廉政建设和反腐败重点工作，下发督查通报，对存在问题限期整改，实现全面从严治党主体责任落实情况督查全覆盖。

【述责述廉】 全面推行“双述双评双公开”工作机制，1名县处级领导和10名乡科级党政主要负责人向纪委全会进行述责述廉，接受纪委委员评价和群众评议，公开评议结果和整改情况，以述促纠、以述促廉，增强各级领导干部履职尽责、接受监督的意识。

【问责追责】 贯彻落实《中国共产党问责条例》，紧盯责任领导、责任单位、责任事项三个方面，实行严格的责任追究，通过问责追责，督促基层党组织和党员领导干部切实履行责任，失责必问、问责必严成为管党治党常态。2017年，对6名领导干部因履行责任不力进行问责，诫勉谈话2人，组织处理1人。

【健全机制】 运用“科技+制度”手段，出台《平罗县领导干部电子廉政档案管理工作实施办法（试行）》，率先建立了领导干部电子廉政档案，为全县600余名科级领导干部，7000余名财政在编人员建立电子廉政档案，实现建档内容科学化、档案管理信息化、数据采集规范化、运行过程安全化和建档对象全覆盖目标。

正风肃纪

【八项规定“回头看”】 以提高制度执行力为重点，从制度梳理、公开承诺、开列清单、开展巡察、严肃执纪等方面多点发力，开展巩固深化“回头看”，推动中央八项规定精神落地生根。紧盯重要节点，重申各项禁令和纪律要求，对各单位贯彻落实中央八项规定精神督查10次，查处违反中央八项规定精神问题21个，给予党政纪处分21人。在全县范围内开展操办升学宴、入伍宴、谢师宴，购买消费高档白酒和借培训之机公款旅游等问题大排查工作。

【整治“为官不为”】 开展作风效能提升年活动，通过大走访、大整治、大提升“三大行动”，切实整治机关干部“三不为”、服务态度差、办事效率低等方面的突出问题。活动中，各级党组织共梳理各类问题建议1132条，开展各类便民服务9000余次，解决问题351个。

【弘扬新风正气】 严格党和国家工作人员操办婚丧等事宜报告制度，通过签订承诺书、提醒谈话、跟踪检查等方式，有效遏制违规操办婚丧喜庆等事宜借机敛财歪风。健全教育引导机制，通过征订学习读本、廉政知识测试、参观警示教育基地、开展新任领导干部任前廉政考试、公开通报典型案例等方式，让党员干部明底线、知敬畏、存戒惧。打响“清廉平罗”宣传教育品牌，开通微信公众号，开展“学党纪法规 守纪律规矩”微信有奖答题活动和“微党课”比赛，开展“勤廉平罗巡回文艺演出”，发挥廉洁文化的导向、激励和辐射带动作用，以优良党风政风带动社风民风。

【惩防并举】 注重抓早抓小。准确把握“四种形态”，制定《平罗县纪检监察机关谈话办法》，对党员干部存在的苗头性、倾向性问题，早发现、早提醒、早处置。开展谈话提醒28人次，诫勉谈话18人次，函询41人次，“第一种形态”得到充分运用。

强化执纪审查。制作县纪委和乡镇纪委执纪审查工作流程图，规范明确执纪审查各环节工作流程、审批权限和职责；制定纪检监察机关信访举报受理处理办法和案件监督管理办法，采取全面收集、甄别梳理、集体研判、跟踪督办、办结销号、复核抽查等措施，防止隐匿线索、瞒案不报、压案不查，提高初核率、立案率和结案率。受理各类问题线索188个，初核155件，立案审查90件，给予党政纪处分54人。

【查处涉农扶贫领域腐败】 聚焦涉农扶贫领域腐败问题，紧盯虚报冒领等“六类”违纪行为，2017年，查处涉农扶贫领域腐败问题106件，处理42人，给予党政纪处分18人，移送司法机关4人。坚持通报曝光，对涉农扶贫领域案件一律点名道姓通报曝光，持续释放越往后执纪越严的强烈信号。

巡察利剑

【坚持“三清一明”】 巡察前摸清被巡察单位工作职责、领导班子配置、三重一大事项、“三公经费”支出、廉政风险点等底数，理清先外后内、先易后难、从面到点巡察思路，厘清接访加谈话、汇报加测评、查账加走访、分析加研判的四位一体巡察措施，明确党的领导弱化、党的建设缺失、全面从严治党不力、违反党的纪律是巡察重点。

【巡察出实效】 巡察中主要听取被巡察单位领导班子工作汇报，全面掌握党风廉政建设总体运行情况；采取“一对一”方式与被巡察单位干部职工、管理对象、群众代表等进行谈话，从谈话中捕捉问题线索；采取下发民主测评表方式，掌握干部职工对领导班子和领导干部评价、保障干部监督权；注重查看相关会议记录、文件、财务凭证，严审细查；注重对收集到信息、情况梳理、分析、研判，确定问题类型。

【整改审查到位】 巡察后采取问题线索移交单形式，将问题线索移交县纪委监察局，跟踪督促其采取函询、谈话、初核等方式审查；采取巡察建议书形式，将整改问题反馈被巡察单位及有关职能部门，督促其整改落实解决问题。开展两轮巡察，巡察单位9个，发现问题284条，其中整改问题182条，移交问题线索102条，党政纪处分20人，诫勉谈话3人，批评教育1人，收缴违纪资金7.65万元。

监督管理

【队伍建设】 强化理论学习，采取集中学习、个人自学、专题辅导等形式，增强学习实效。注重素质提升，通过教育培训、以案代训、轮岗锻炼、“四个能手”评选等方式，提升纪检监察干部综合素质和履职能力。

【选人用人】 拓宽选人用人视野，加大纪检监察干部内外、上下交流力度，用好乡镇纪委书记提名考察权，优化干部队伍结构。制定《平罗县乡镇纪委工作目标管理考核办法（试行）》，统一由县纪委对13个乡镇纪委书记集中单列考核，将考核结果计入公务员年度考核中，奖优罚劣。建成乡镇纪委标准化谈话室，兑现乡镇纪委以奖代补资金21.4万元，协调解决乡镇纪检专干办案津贴的问题，激发乡镇纪委工作热情。落实约谈制度，在全县纪检监察系统开展“大约谈”，约谈纪检干部70余名。

【内控机制】 健全内控机制，修订完善县纪委常委会议事规则，出台《加强委局机关自身建设实施办法》《县纪委监察局领导班子联系乡镇、部门纪委工作制度》、委局机关督查督办、公务接待、车辆管理、财务管理等27项制度，从严从实加强监督管理，确保权力受到严格约束，防止“灯下黑”，着力打造忠诚干净担当的纪检监察干部队伍。

廉政档案管理

2017年，平罗县充分运用“科技+制度”手段，出台《平罗县领导干部电子廉政档案管理工作实施办法（试行）》，率先建立领导干部电子廉政档案，实现建档内容科学化、档案管理信息化、数据采集规范化、运行过程安全化、建档对象全覆盖目标，强化党员干部监督管理，规范廉洁从政行为。

【建档内容科学化】 廉政档案分为个人填写和组织填写两部分，个人填写部分的内容包含本人基本情况、婚姻情况、配偶、子女及其配偶从业情况、房产情况、经商办企业情况、出国（境）情况、民主生活会情况、奖惩情况等21项内容。组织填写部分的内容包含领导干部廉政谈话情况、信访举报及处理情况、巡察情况、谈话函询情况、问责情况、违纪违法案件处理情况、党风廉洁意见回复情况、领导干部选拔任用工作纪实、任期或离任经济责任审计情况等9部分。

【档案管理信息化】 以信息化为依托，开发全县廉政档案信息管理系统，将全县所有干部纳入信息化管理平台。系统中不仅设置廉政档案导入、校验、更新、编辑、审核、查询、导出等功能，还设置权限管理、日志管理和统计分析功能。廉政档案信息录入实行动态化管理方式，按照“有事及时报，年终系统报”原则，随时更新补充档案信息，各单位明确1名档案管理员，负责随时收集上报本单位领导干部廉政信息变动情况，随时填报，对因提拔、调入、调出及时为领导干部新建或调整廉政档案，实现对领导干部重大事项报告、重要人事调整等关键环节全程、实时监管。

【数据采集规范化】信息采集坚持个人填报与组织审查相结合、相关部门提供与管理机构收集相结合、定期收集与随时报送相结合的原则。本人填报部分须由本人如实填写并签字确认，单位党组织负责人认真审核，加盖公章后方可送交。县纪委案件监督管理室、信访室、纪检室等内设机构提供的材料必须经室（中心）主任签字并加盖印章后报送，各类处分决定必须为正式文件。县委组织部、法院、检察院、公安局、审计局等职能部门提供材料必须由分管领导审核签字并加盖公章。县纪委对廉政档案所有内容信息细致鉴定，去伪存真，确保档案内容齐全、客观、翔实和准确。

【运行过程安全化】廉政档案严格遵守《中华人民共和国档案法》和《中华人民共和国保密法》有关规定，县纪委确定专门电子廉政档案管理员和审核员，负责档案材料收集、筛选、录入、审核和日常管理工作，确保信息安全。档案报送方式主要采取纸质版和电子版两种方式，纸质廉政档案以一人一档模式创建，由县纪委党风政风监督室统一收取、归档、存放，实行专人负责制；电子廉政档案系统运行模采取单机版管理模式，实行专人、专机封闭式管理，不连接外部网络，不设U盘插口，相关数据只能通过光盘收集，不通过U盘移存，确保系统运行安全。严明档案保密纪律，对因工作需要查阅档案，严格履行报批手续，出具单位介绍信，须经县纪委分管党风廉政建设工作副书记审批后方可查阅。对在调阅、使用廉政档案过程中出现泄露内容、私自归档、篡改、抽换档案信息等不当行为，严格追究责任。

【建档对象全覆盖】县纪委负责建立全县600余名科级领导干部电子廉政档案，包括全县各级党的机关、人大机关、行政机关、政协机关、审判机关、检察机关中副科级及以上实职领导干部；人民团体、事业单位、国有企业中相当于副科级及以上实职领导干部。各单位负责建立一般干部的电子廉政档案，包括本单位非领导职务科级干部，重点是各级党的机关、各乡镇、县直各部门、审判机关、检察机关的党员干部等。在全面建立副科级以上领导干部廉政档案基础上，将一般干部全部纳入进来，实现全县公职人员建档全覆盖。

规范村务公开

【概　况】平罗县以推动涉农惠农政策落实为目的，以促进政务村务公开为关键，以规范和制约基层党员干部权力运行为核心，以维护群众切实利益为根本，探索建立“3211”机制，推行“村廉通”工作。

【搭建村务公开平台】搭建涉农惠农信息公开平台。在“平罗政府信息网”上开辟“平罗县‘村廉通’及涉农扶贫资金信息公开”平台，设置“惠农补贴”“惠民政策”“公开指南”“扶贫资金”“社会保障”“项目建设”“贷款贴息”“技术推广”8个子栏，把全县各项涉农项目、涉农扶贫资金、惠民政策等内容容纳进来，方便广大群众进行查询和监督。

搭建“三资”监管平台。将各村支部书记、村委会主任、村监会主任、村报账员、代理会计等管理人员的手机信息与银行账户绑定，账户发生财务变化时，自动生成短信发送到绑定人员手机，使相关人员实时掌握和监督银行账户变动情况。建立村级财务及涉农惠农项目资金信息发布平台，收集导入各村“两委”班子成员、村监会成员、村报账员、村民代表、代理会计、乡镇分管领导等手机号码，乡镇安排专人利用手机短信及时将村级财务各项收支数额、用途和涉农惠农项目资金等发送到以上人员手机，便于及时了解掌握村级财务收支、涉农惠农项目资金使用情况，达到村级财务及时公开，共同监督目的。

搭建农村信息公开平台。发挥农村信息员力量，主动为村民提供电子商务服务，通过信息公示栏等向村民发布强农惠农政策、村务公开信息、农产品供求信息、就业创业信息。分层建立微信群，由村“两委”建立第一类微信群，人员为村“两委”班子成员、村务监督委员会、部分村民代表和各村民小组组长。由各村民小组组长建立第二类微信群，人员为本组村民（每户选择1人）。信息员负责将强农惠农政策、村务公开信息、农产品供求信息、就业创业信息等发送至第一类群中，接到信息后，村民小组组长再将信息转发到第二类微信群。

【两项机制】 健全村务公开机制。公开内容上，突出针对性，把财务收支、土地征用、强农惠农政策落实等情况作为公开的重点，积极推行“点题公开”等新的公开形式。在公开的范围上，把公开办事结果逐步向公开办事程序、办事依据、办事原则以及研究决定的过程延伸，确保群众行使“全程知情权”。公开方式上，在发挥传统公示栏作用基础上，利用农村信息网站、手机短信、微信等网络媒体技术，拓宽村务公开覆盖面。建立村务公开资料归档管理和提供查询制度，对村务公开、村民议事的详细内容和数据资料统一标准、定期归档，为组织审查和群众查询提供依据。将公开工作纳入村“两委”成员民主评议和任期、离任经济责任审计内容，切实保障村民的知情权和监督权。

完善廉政教育机制。创新活动载体，通过开展专题教育、上廉政党课、组织参观廉政警示教育基地、旁听职务犯罪庭审、观看警示教育专题片等方式加强对基层干部警示教育，用身边事教育身边人，强化廉洁自律意识，转变工作作风。

【行政村安装POS机】 在行政村安装终端POS机，与各村开设的村集体经济组织资金对公银行结算账户挂接，一村一账户，一村一POS机，村集体各项资金收入的收缴等结算可通过银行卡刷卡缴费直接记入对公银行账户。同时，方便广大持社会保障卡农村居民查询农村低保、农业补贴等各类惠农补助资金，减少群众跑银行办业务步骤。

民主党派

中国国民革命委员会平罗支部

【概　况】 2017年，民革平罗支部贯彻落实中央和区市县统战工作会议精神，在民革宁夏区、市委员会的领导下，在中共平罗县委统战部的指导下，围绕县委政府中心工作，把握参政议政工作重心，全面加强自身建设，不断提高履职能力，履行参政党职能，凝心聚力，开拓进取，圆满完成各项工作。

【建言献策】 上报各类提案、社情民意30余件，在平罗县政协十一届二次会议上立案10件（集体提案3件、个人提案7件）。上报大会发言4件，采用3件，其中《关于加快我县养老产业发展的建议》等3篇调研报告，在县政协十一届二次会议上以口头交流形式交流发言。

【学习培训】 坚持每季度例会学习制度，集中组织党员深入学习中共十八届五中、六中全会精神、十九大精神、习近平总书记系列等重要讲话精神，全面贯彻落实中央、区市县党委统战部工作会议精神。组织召开支委班子会议4次，党员集中大会5次。选派年轻骨干党员3名参加县委统战部组织的区外党派骨干党员学习培训班；组织新党员5名参加民革宁夏区委会新党员培训学习班；组织骨干党员和新党员20名参加民革市委会举办“参政议政骨干党员暨新党员培训班”。通过参加各类培训学习，开阔党员干部眼界，丰富知识，提升党员综合素质。

【创新学习方法】 建立QQ群、微信、公共邮箱等信息平台，利用QQ群、微信等便捷方式向党员传达学习区、市统战部以及区市民革等相关文件精神，让党员及时掌握了解上级文件精神和支部活动动态。党员随时通过公共邮箱，上传学习心得体会，交流学习经验，起到相互学习、相互提高效果。通过建立信息共享平台，提升广大党员政治理论水平和参政意识，拓宽党员学习视野，加强党员之间感情，提升支部凝聚力。

【制度建设】 从建立健全机关工作规章制度入手，加强自身建设。修改完善《支部领导成员联系制度》《支部提案专委会制度》和《党员参政议政激励机制》等相关制度，支部工作制度规范化。

【宣传工作】 上报信息20篇，社情民意11篇，理论调研文章6篇。支部组织专人将民革支部近几年工作取得成绩，撰写题为《根植于历史　行走于未来》记事报告上报民革区委会，受到民革区委会好评，将民革平罗支部典型以基层组织发展上报民革中央。主委樊燕荣获“民革全国社会服务先进个人”。根据民革区委会文件精神，推进坚持和发展中国特色社会主义学习实践活动，8月中旬，组织党员开展“不忘合作初心，继续携手前进，纪念民革成立70周年”

知识竞赛答题活动，18 名党员参加知识竞赛试卷测试活动。

【组织建设】 组织新党员参加区市新党员培训班、参政议政培训班等活动，提升党员参政履职能力。强化基础组织建设，以“活力支部”创建活动为抓手，开展送医送药义诊、农业技术服务下乡、知识答题等活动 10 余次，加强基层组织凝聚力和向心力。

【文体活动】 3 月 8 日，召开 2016 年总结表彰大会暨庆“三八”活动。对 4 名参政议政先进个人，7 名优秀党员表彰奖励，鞭策鼓励党员积极参政议政，发挥自身作用。会后，开展庆“三八”趣味文体活动，增强党员之间的凝聚力和向心力。

【调研观摩】 3 月上旬，组织党员 15 余人到红崖子乡红翔新村，对河东地区农业设施蔬菜大棚建设情况和枸杞番茄、枸杞辣椒基地调研观摩，详细了解陶乐地区设施农业发展情况，为党员参政议政、建言献策提供良好学习平台。

【扶贫帮困】 组织党员中的医疗专家深入庙庙湖移民村开展送医送药慰问活动，为移民村百余名群众免费义诊和健康咨询，发放价值 2000 余元药品、宣传图册 500 余份、捐衣捐物百余件，用实际行动做好扶贫帮困献爱心活动。组织党员到庙庙湖村开展帮扶活动 3 次，为 5 户困难群众送去米面油、衣物等价值 1000 余元生活用品，让贫困户感受到民革组织大家庭温暖。

【慰问走访】 注重发扬和传承民革优良传统，对党员人文关爱。开展走访慰问老党员和离退休党员 4 次，购买发放慰问资金 3000 余元。春节前夕，走访慰问老党员 2 名，每人送去 200 元慰问品；开斋节走访慰问老党员 2 名，送去价值 600 元米、面、油；“三八”妇女节，走访看望退休党员 2 名，为每人送去鲜花一束。通过开展系列慰问活动，将组织的关爱和温暖送到党员家中。开展关爱老党员重阳节慰问送温暖活动，以实际行动传承中华民族尊老敬老优良传统。

中国民主同盟平罗县总支

【概　况】 2017 年，民盟平罗总支坚持以中国特色社会主义理论和习近平总书记系列讲话精神为指导，贯彻落实中共十八大、十八届四中、五中、六中全会及十九大精神，围绕平罗县委、县政府中心工作，认真履行参政党职能，努力加强自身建设，为推动县域经济社会发展作出应有贡献。民盟平罗中学支部被民盟宁夏区委会授予“先进基层组织”，民盟平罗总支被市委会授予“先进集体”。

【思想建设】 坚持把学习中国共产党各项方针政策、统战理论和盟章盟史作为盟组织学习活动主要内容来抓，采取集体学习与个人学习相结合、理论学习与实践活动相结合。3 月 31 日，为重温盟组织光辉足迹，庆祝民盟石嘴山市委会成立 30 周年，开展“学盟史　读盟章”知识答题活动；4 月 15 日，5 位盟员参加民盟区委会参政议政工作会议，听取民盟中央参政议政部范芳部长、民盟中央经济委员会周青燕博士专题讲座；5 月 12 日，安排 5 位盟员参加民盟市委会骨干盟员新盟员培训班暨谈心会，树立“立盟为公、参政为民”参政理念；5 月 14 日，6 位盟员代表参加民盟宁夏第十一次代表大会，继承和发扬民盟优良传统，为推动多党合作事业和民盟事业发展贡献力量；8 月 25 日，组织全体盟员参加由民盟市委会组织的全市盟员履职能力报告会，聆听自治区政协副主席，自治区社会主义学院院长，原民盟宁夏区委会主委安纯人作参政议政专题讲座。通过多种方式学习，夯实盟员多党合作思想政治基础，增强盟员参政党政治责任感和使命感，提升盟员政治理论素养，取得良好效果。

【丰富组织生活】 1 月，组织开展新年联欢会，全体盟员欢聚一堂，喜迎新春；3 月 5 日，安排 17 位盟员参加民盟市委会组织迎“三八”趣味运动会，给女盟员送去祝福和关爱；7 月 4 日，组织盟员参加市委统战部组织诗歌朗诵活动，取得优异成绩；9月8日，在教师节来临之际，组织盟内在职和离退休教师开展交心座谈会，营造尊师重教浓郁氛围，展现民盟关注教育发展社会责任感。先后慰问退休、生病住院盟员20多人次，表达盟组织对他们的关心加强，盟总支凝聚力和向心力。

【参政议政】 民盟平罗总支现有区政协委员1人，市政协委员3人，县政协委员6人。总支鼓励盟内政协委员积极参加区、市、县政协开展各种调研观摩活动，撰写提案和调研报告，反映社区民意。围绕县委政府中心工作和县域经济社会发展参政议政，在认真调查研究基础上，撰写《关于民主党派提高参政议政能力的思考》《当前我县宗教工作法治建设面临的主要问题及对策建议》《民主党派参政议政能力问题研究》调研报告3篇，向县政协第十一届委员会第一次会议和第二次会议提交《关于推动我县文化旅游产业发展的建议》《盘活服务圈优质资源　提升服务业发展水平》的调研报告,《加大力度　精准施策　坚决打赢扶贫攻坚战》作为大会书面交流材料。

【社会服务活动】 把关注民生、服务社会作为主要内容来抓，把开展社会服务活动与“活力支部”建设相结合，3月，安排盟内医疗卫生战线盟员参加市统战部组织“医疗卫生下乡，助力精准扶贫”活动；3月30日，响应县统战部号召，为陶乐镇庙庙湖村移民捐献衣物100余件，安排卫生行业盟员参加送医送药义诊活动；4月27日，受民盟大武口总支邀请，安排10名盟员参加“白芨沟、汝其沟矿山环境治理”课题实地调研活动，了解矿山生态环境治理面临问题和挑战；8月，与民盟市委会共同承担《中小学骨干教师中存在的问题》课题调研，深入各学校调研，组织盟员教师帮助高考学生填报志愿；9月24日，组织全体盟员到翰泉海，开展平罗县创建全域旅游示范县相关工作调研；10月21日，开展“健康平罗，民盟同行”活动，邀请盟市委会及大武口、惠农总支盟员参加，倡导科学文明健康生活方式，为推进平罗县健康促进县创建工作贡献力量。

中国民主建国会平罗县支部

【概　况】 2017年，学习贯彻中共十九大和十八大精神，围绕县委、县政府中心工作，认真履行参政党职能，加强自身建设，各项工作稳步开展。

【思想建设】 组织会员观看中共十九大开幕式，学习贯彻十九大精神。会员们通过学习会、微信群展开讨论，分享学习十九大报告解读和体会。

【班子建设】 建设学习型、创新型、高效型领导班子，每次组织召开会议，都有突出主题和明确议题，围绕中心工作安排学习内容，就会内有关的重大问题和重要决策，集体讨论，做到民主决策、团结协作，提升领导班子的能力。

【会员发展】 制定《2017年会员发展计划》，抓好组织发展，规范会员发展管理，培养人才队伍，优化会员年龄学历结构。对列为发展对象，实行当面约谈和到单位考察制度。

【履行参政职能】 民建会员中的政协委员围绕经济建设和社会发展的热点、难点问题，在政协会上建言献策，在政协平罗县第十一届委员会第二次会议上，向大会提交集体提案等，履行参政职能。

【社会服务】 开展思源助学项目，资助款及时到位，陶乐中学思源佑华教育移民班项目进展顺利，50名受助学生品学兼优。

中国民主促进会平罗县支部

【概　况】 2017年，学习贯彻中央统战工作会议精神，加强思想建设、组织建设，积极参政议政、建言献策，推动支部整体工作再上新台阶。

【学习教育】 结合“活力支部”创建活动，组织会员学习中共十九大会议精神、统一战线和多党合作理论，提高会员思想政治觉悟和理论素质。每季度安排集中思想政治学习1次，主要学习中央统战工作会议精神、同心理论、民进宁夏区委会及石嘴山市委会有关会议和文件精神等，提高会员政治思想认识。坚持培训学习，参加区、市委会举办的各类学习培训会议。1名会员参加区委会举办暑期培训班，部分会员参加民进市委会举办“不忘合作初心，继续携手前进”专题教育培训班，选派2名会员参加在山东举办培训班。通过培训学习，使会员深入了解当前政治、经济形势，为下一步工作提供方法，明确目标。

【组织建设】 严格按组织发展原则发展新会员，注意新阶层代表人士发展，从政治素质、业务水平、年龄、学历、职称等方面，严把新会员入会考察关，全年发展新会员2名。开展“双岗建功”活动，鼓励会员履行民进会员职责时，立足本职工作职责。会员潘东因工作成绩突出，被民进中央授予“坚持和发展中国特色社会主义实践活动先进个人”称号，其书法作品先后获自治区、市级表彰3次，李娜被评为全市公共文化服务体系建设先进个人。与城关镇明月社区党支部结成共建支部，学习党支部先进工作经验。选派有特长会员加入社区志愿服务队开展志愿服务活动，与社区党支部联系召开提案线索征集活动，参加社区组织各类活动。

【助学活动】 与明月社区结成共建支部，将帮助城市困难家庭学生作为工作重点，开展“金秋助学”活动，筹措助学资金，为社区困难学生购置书包、笔袋、水彩笔等价值2000元学习用品，协调县图书馆现场为孩子们派送100册图书。会员杨瑞创办艺术培训学校开展帮扶学生活动，全年为家庭困难学生减免学费近3万元。

【“送温暖”活动】 组织会员到宝丰镇陆渠村、红崖子乡红瑞村开展冬季“送温暖”活动，向11名困难群众送去新棉衣各1件，价值4400元。支部集体向宝丰镇宝丰村困难群众捐款900元。向群众宣传中共十九大精神，将党和各民主党派温暖送到群众身边。

【参政议政】 认真撰写提案和社情民意信息，在县委、县政府、政协组织党外代表人士座谈会、重点项目推进情况通报会等活动上建言献策。组织会员召开议政会，围绕全县中心工作和群众关心热点难点问题，开展调查研究，为建言献策奠定基础。全年撰写调研报告2篇，《社区矫正工作现状及建议》作为政协会议书面发言交流。上报集体和个人提案建议7件，政协立案3件。

中国农工民主党平罗县总支

【概　况】 2017年，加强自身建设，围绕县委、县政府中心工作，立足党派特点、发挥自身优势，全面开展各项工作。农工党总支荣获区委会2017年度先进基层组织，农工党员陆永华荣获全国“十二五”地方病防治工作先进个人。

【思想建设】 组织党员学习中共十九大会议精神、农工党第十五届中央常务委员会第十九次（扩大）会议精神、新修订党章、农工党党史和各项制度。全年召集党员学习4次，及时传达区、市委会有关文件精神，党员自学中共十九大和习近平总书记系列讲话精神、县委十四届二次全委会报告等会议精神，强化一个思想基础，提高“四个意识”，要求党员坚定政治立场、政治方向、政治原则和政治道路，做适应新时代要求中国特色社会主义参政党。

【自身建设】 加强对党派成员管理，建立参政议政社会服务性活动量化考核机制，让提案、理论调研、大会发言、视察座谈等工作与评先评优挂钩，形成党派特有工作机制。拓宽总支、支部党员之间交流工作，全年开展联谊交流活动7次，探望患病住院党员，开展送温暖活动3次，在春节、中秋国庆前走访慰问老党员。加大党员学习培训力度，提高党员履职能力和水平。重点选派换届中新当选主委、副主委、委员及新党员参加培训，全年选派3名党员到山东考察学习，选派2名党员分别到南京和河北考察学习，安排新党员和骨干37人次参加区委会、市委会和县委统战部培训学习。强化宣传工作，全年上报工作简讯6期，年度内核心期刊发表论文5篇。2名党员职称分别晋升为主任医师和副主任技师，1名党员职务提升为副科级干部。通过抓自身建设，增强组织活力，提高班子及成员“五种能力”。

【参政议政】 发挥医药卫生界人才优势，积极参政议政，建言献策。在政协平罗县第十一届委员会第二次会议上，向大会提交农工界别集体提案3件，个人提案7件；向市委会上报提案3件；上报《平罗县农村集中式供水现状与对策》《关于加强电动自行车管理的建议》等大会发言稿3篇书面交流。上报《民主党派社会服务工作存在问题与对策研究》《民主党派参政议政能力问题研究》《关于新时期民主党派基层组织如何搞好自身建设的几点思考》重点理论调查报告3篇。上报《提升妇幼健康水平，构建和谐健康家庭》《关于平罗县县级综合医院服务能力建设的建议和对策》等调研文章2篇。

【社会服务】 引导和支持党员立足本职，以实际行动服务社会。联合陶乐中心卫生院组织医疗专家10名在陶乐庙庙湖开展义诊咨询和卫生知识宣传活动；组织7名党员参加统战部在庙庙湖开展义诊捐赠活动；组织9名党员参加宝丰村帮扶义诊活动；在区委会和市委会支持下，为卫生院和社区卫生服务站等5家基层医疗机构配备价值5万元眼科医疗设备5台；助力脱贫攻坚行动，发动农工党员帮助区委会对口帮扶海原县红羊村集体合作社销售滞销农产品。

九三学社平罗县委员会

【概　况】 2017年，班子成员带领全体社员，加强自身建设，围绕中心，服务大局，立足本职，爱岗敬业，做好社会服务工作。积极建言献策，认真履行参政党职能。社员袁莉医生荣获“中国第一届宋庆龄最美基层呼吸医生奖”。

【思想建设】 坚持把政治理论学习作为九三学社组织建的一项重大政治任务来抓。多次组织社员学习贯彻中共十八届五中，六中全会精神，习近平总书记系列重要讲话和自治区第十二次党代会精神。中共十九大召开以后，社员通过所在单位、统战部组织的学习十九大报告辅导会学习十九大精神。九三学社平罗县委员会专门组织全体社员共同学习十九大报告精神。通过学习，深刻领会习近平新时代中国特色社会主义思想，坚定社员对中国特色社会主义道路自信、理论自信、制度自信和文化自信。巩固提高思想共识，增强政治把握力。

【班子建设】 九三学社平罗委员会主委、副主委、委员，分别参加平罗县委统战部组织的平罗县党外干部能力提升培训班、平罗县政协组织提高政协委员参政议政能力培训班、学习区委会组织的学习自治区第十二次党代会精神座谈会、石嘴山市政协组织的委员履职能力提升班。通过系统的政治理论培训学习，班子成员理论水平明显提高，为九三学社平罗县委员会基层组织开展工作，参政议政打下坚实基础。

【社会服务】 利用自身优势，成立专家医疗队，包括眼科，中医科，心血管内科，呼吸、消化内科，皮肤科，还有心电图和B超检查。多次组织医疗队员下乡义诊，发放健康宣传资料，送医送药，为偏远地区村民送去健康。3月30日，医疗队7名社员参加县委统战部组织各党派去陶乐庙庙湖下乡义诊；4月27日，医疗队7名社员参加市委统战部扶贫攻坚活动，到庙庙湖移民村开展扶贫攻坚免费义诊，送医送药活动。8月25日，专家医疗队到同心基地宝丰镇义诊。平罗县金顺医药集团总经理、九三学社社员哈学广为前来就诊村民捐献常用药物，价值3000余元。9月16日，陈淑香参加九三学社宁夏区委会组织的革命老区健康行，同专家医疗队到同心县下马关镇义诊，为当地老百姓诊治眼病，送医送药。

【参政议政】 九三学社平罗县委员会有3名社员是县政协委员，2名社员是石嘴山市政协委员，1名社员是市人大代表。在做好本职工作的同时，履行政协委员、人大代表职责。在政协平罗县第十一届一次会议上，副主委苏顺军委员做大会发言《关于加快县域基础设施建设，逐步打造美丽宜居城市的几点认识》。学社委员提提案6条，立案6条，委员陈淑香《关于发展休闲旅游，推动全域旅游示范县创建的提案》被立为重点提案。在政协石嘴山市第十一届一次会议上，平罗九三学社提交提案5条，全部立案。社员及委员为市县政协十一届二次会议撰写提案和大会发言，收到社员提案13件，整理提交提案11件。陈淑香撰写大会发言《关于平罗县总额控制下的按病种分值付费的几点建议》，韩晓莉撰写大会发言《关于加强对农村“三资”监管的几点建议》。市县两级政协委员，人大代表各参与“两代表一委员”活动1到2次，了解社情民意，及时向上级组织反映有关情况，协助解决问题。县政协常委陈淑香、韩晓莉3次参加县政协组织调研工作。

【组织生活】 2月，新一届委员会班子看望了上届班子成员、老社员，感受组织温暖和关心。三八前夕，组织社员爬山郊游，为女社员庆祝三八妇女节。7月，与吴忠市委会社员进行联谊交流，相互学习，共同为促进多党合作和政治协商工作创造新成绩。8月31日，在九三学社成立纪念日古尔邦节之际，组织全体社员开展“纪念九三学社成立72周年座谈会及庆祝古尔邦节联谊会”。

群众团体

平罗县总工会

【概　况】 2017年，加强工会改革，强化职工教育引导，深化劳动竞赛，推动创新创造，推进工资集体协商，创新维权方式，主动融入脱贫攻坚，在服务经济社会发展、维护职工权益中主动作为，完成上级工会和县委、县政府安排部署的各项工作。

【职工教育】 利用微信公众号等多渠道宣传中共十九大精神，社会主义核心价值观，“中国梦劳动美”，禁毒、法治和劳模精神。举办知识讲座13期，发放宣传资料6000余份，参与职工2万余人次。新建县级职工书屋10家，举办大型文体活动6场次。

【劳动竞赛】 在全县各类企业、农牧、教育、卫生、公安、服务等行业开展职业技能大赛13场。宁夏大地循环发展有限公司全区重点工程劳动竞赛，取得良好社会效益和经济效益。举办天车工、化验员、安全员、家政服务、物业管理员等工种技能培训13期，培训职工1460名。

【创新创造】 培育创建区、市劳模创新工作室2个。筹集资金70.98万元，帮扶慰问劳模95名，组织40名劳模观摩县域经济发展。开展五小成果科技创新活动，涌现出各类创新成果81项，获奖14项。

【工资集体协商】 采取“春季要约、夏季协商、秋季督查、冬季整改”工资集体协商四季行动，签订协议173份，涵盖企业452家。推动企业普遍建立职代会和厂务公开制度，宁夏大地循环发展股份有限公司被全总评为厂务公开民主管理先进单位。

“大地杯”职业技能竞赛电焊工（高级）实操考试

总工会　供

【维权方式创新】 建立县总工会网格化劳动关系预警调处机制，明确社会化工会干部为网格负责人，做到劳动关系预警预控，早发现、早解决。推进劳动争议调解工作，新培育劳动争议调解组织示范点15家，出台“以案定补”办法，全年化解争议案件57起。

【脱贫攻坚】 主动融入脱贫攻坚，在建立三个移民村工会基础上建立农民工维权工作站。开展“爱心助学”活动，争取资金151万元，救助移民村困难大学生361名，每人救助3600元。联合就业局开展技能培训5期，培训移民336人。精准帮扶工作受到区、市工会肯定。

【工会改革】 按照“增三性、去四化、强改革、促创新”总体思路，制定《县总工会改革实施方案》，优化机构设置和班子结构。实现工作重心、人员、经费向基层倾斜。改进完善工作运行机制、创新方式方法，建立“网格化”党工共建模式、工作项目化管理机制和“互联网+普惠化”服务模式。

共青团平罗县委员会

【概　况】 2017年，以共青团改革攻坚为主线，以“七项行动”为重点，以作风为保障，着力“强三性”、破“四化”、构建共青团“四维工作格局”，开创全县共青团工作新局面，得到区、市团委认可和好评。团县委荣获“全国西部计划优秀项目办”、全区“希望工程筹资二等奖”、全区“共青团新媒体”最具影响力平台、全区“五四”活动最具影响力团组织等荣誉称号，获得全区共青团考核一等奖。

【共青团改革】 聚焦改革共青团组织体系、改革团干部队伍建设、改革团的管理服务和工作方式、加强党对共青团的领导四个方面，深入基层广泛开展调研，征求党政领导及广大青年群众对共青团改革意见建议30余条，制订改革方案，建立“1+100”联系青年制度，出台《在乡镇等基层团组织推行团代会年会制的通知》《关于新形式下发展团员和团员管理工作的通知》等配套文件，通过召开平罗县共青团第十九次代表大会，夯实团组织体系，团县委全委会、常委会中一线青年比例分别提升至60%和30%，在全区率先启动共青团改革工作。

【从严治团】 按照从严治党要求，推进从严治团，通过民主生活会、组织生活会学习整改，通过开展主题教育、主题征文、互观互检、微团课评比、主题团日活动、集体过政治生日、在团言团、在团爱团等活动强化学习教育，举办基层团干部培训班、心理减压培训班及志愿服务培训班6次，使优良团风入脑入心。保证团员发展质量，控制团员增量，规范团员发展程序，落实发展团员编号制度，引导新入团团员网络注册同步成为注册志愿者。

【青少年思想政治引领行动】 利用“三五”学雷锋纪念日、“五四青年节”、“少先队建队日”等契机，以举办系列主题活动为抓手，引导广大青少年听党话、跟党走。开展“不忘初心跟党走”主题团日活动，开展集中入团仪式，举办全县庆祝五四活动专场文艺演出，评选全县“两红两优”组织和个人31个，通过榜样的力量影响和号召广大团员青年，立足岗位，向先进学习。加强青少年禁毒宣传教育，举办全县中小学禁毒演讲比赛，抓好共青团、少先队源头教育，将社会主义核心价值观融入日常教育活动中。

【大学生创业引领行动】 成立平罗县大学生创业孵化园团支部，加强创业园团员青年组织建设，增强年轻队伍凝聚力和向心力；利用共青团“新媒体矩阵”开设创业就业信息专栏，通过送信息、送岗位帮助待业青年和用人单位实现有效对接，服务青年1560人；结合“银团合作”项目，加强同各金融机构沟通合作，对创业青年实行一对一定点帮扶机制，帮助创业青年协调发放创业贷款170余万元；举办“新经济　新零售　新电商”青年电商及SYB创业培训讲座2期，增强青年创业本领，引导更多青年投身于创业实践。开展“共青团同人大代表政协委员面对面交流”活动，了解青年创业诉求；举办“创青春　新思享”创业故事分享会及创业沙龙活动3期，拓宽青年创业思路，激发青年创新潜能和创业活力。举办平罗县首届“邮储杯”青年创业创新大赛，吸引近200名创业青年28个项目参与；扶持41名优秀创业青年成功申报“石嘴山市培养小微企业创业创新典型”培养工作，获得奖励金41万元。

【青字号品牌提升行动】依托鼓楼商圈党群服务中心，开展全县青字号品牌提升活动，组织志愿者、青年文明号集体开展志愿服务。整合资源，开展青年示范店、青年文明号创建活动，建立光荣榜，对先进典型进行推介和宣传，整体提升企业及窗口单位青年示范带动作用。23家单位申报2017—2018年度青年文明号单位。

【特需青少年结对帮扶行动】县、镇、村（社区）三级团组织联动，对全县特需青少年全面摸底建档。开展特需青少年结对帮扶“五个一”活动（即组织一次谈心谈话，一次案例分析，一次观看励志电影，一次志愿服务活动，一次红色教育活动）。组织特需青少年开展团说团话　助力成长”主题沙龙等社会融入活动。针对失业青年，联系就业岗位，举办SYB创业培训班，加强法制、禁毒等方面预防性教育工作，杜绝和预防青少年违法犯罪发生。

【志愿服务常态化行动】开展“七彩假期”“保护母亲河　共植青年林”“做志愿表率　为党旗争辉”“鲜花朵朵送雷锋”等志愿服务活动活动；联系社会爱心组织，启动“温暖行　助成长”“暖冬行动”等公益活动，为留守儿童、特需青少年、贫困家庭儿童送去价值8000元物资；联合宁夏医科大学暑期支教团，开展贫困家庭送义诊服务；联合县文化馆，开展暑期少儿免费艺术培训活动；组织返乡支教大学生在移民村、县城各社区开展“七彩假期”课业辅导、文体活动等志愿服务活动，为创建自治区文明县城助力添彩。

【希望工程圆梦活动】争取“黄河银行助学金”“国酒茅台助学金”“香港爱心人士助学金”“石嘴山银行助学金”“晟晏助学金”等项目助学金72.54万元，资助学生185人。争取区、山市项目支持，为移民村贫困学生发放书籍、文具、衣物、常备药品等物资，价值192余万元。联系浙江爱心人士，开展“追梦之路，你我同行”结对帮扶活动，为移民村12位困难学生及家庭资助现金2.65万元。

【新媒体提质增效行动】建好共青团“两微一端”新媒体平台，做好“微文章”、探索“微学习”、开展“微教育”、搞活“微宣讲”。贯彻落实团中央“青年之声”，举办平罗县“遇见你　预见爱”单身派对等青年服务活动，在成长成才、就业创业、婚恋健康、公益维权等领域精准服务青年。平罗县“青年之声”平台全年开展县上线下活动30余次，青年之声总提问数量3245次，回答数量3176次，回答率达到97.87%。

平罗县妇女联合会

【概　况】2017年，履行组织妇女、引导妇女、服务妇女和维护妇女儿童合法权益职责，把妇联建设成为党开展妇女工作“坚强阵地”和“温暖之家”，在建设开放富裕和谐美丽平罗、决胜全面小康中充分发挥桥梁纽带作用。县妇联被评为2016年度全国妇女新闻宣传阵地建设“先进单位”、获得全区妇联系统2017年度效能目标考核先进单位“优秀一等奖”。

【妇联改革】召开平罗县妇女第十五次代表大会，配齐配强县、乡、村三级妇联领导班子，对全县144个村25个城乡社区“会改联”工作，实现妇联组织全覆盖。通过改革，提高妇女代表、执委中各族各界、各行各业优秀妇女代表比例，增强妇联组织广泛性、代表性，把以前的服务对象变成工作力量，把更多妇女凝聚在组织周围，扩大妇联组织影响力和号召力。通过举办和参加妇联改革和新媒体培训班形式，县、乡、村三级妇联主席实现培训全覆盖，提高基层妇联干部队伍整体素质和履职能力。在用好、学好妇女之声、妇联通、宁夏女儿、石嘴山姐妹等新媒体网络号基础上，构建“互联网＋妇联”新格局，推出“平罗县妇联”微信群、政务微博和“平罗姐妹”微信公众号，实现网上办公和社会服务，将宣传阵地拓展到网络，把服务对象延伸到网民，县、乡、村妇联组织全部建有妇女工作微信平台，形成三级妇联微信矩阵，提升新闻宣传和舆论引导工作水平。

【妇女创业就业】 开展农村妇女创业小额担保贷款，助力农村妇女自主创业就业。发放贷款8951笔4.17万元，应收到期贷款7032笔3.2万元，实际回收贷款7024笔3.2万元，回收率99.9%。争取中央和地方财政贴息2355.3万元，6315名妇女享受贴息资金。实施巾帼脱贫行动，因地制宜、因材施教地加大对移民帮扶力度。在生态移民区，打造瓜菜种植、服装加工等巾帼扶贫车间，让移民成为家门口的“上班族”，实现“移民学技术 企业得红利”双赢局面。聘请扫盲老师为车间135名女工举办巾帼励志班，提升女工文化水平，聘请老师为女工孩子开办4:30学校，让女工“安心上班、按时下班”。在假期，聘请大学生志愿者为216名学生开办青少年能力提升班，促进青少年思想道德、文化素质全面提高。依托石嘴山市同创学校在红瑞村举办为期创业培训，培训妇女35人；在城关镇和平村举办育婴师培训班，培训妇女50人。争取“两癌”救助金79万元，救助79名农村贫困母亲两癌患者，争取晟晏集团捐赠50万元为5000名贫困妇女购买“爱妮保”保险，举办预防“两癌”健康知识培训班3期，培训妇女1000余人。对帮扶23户插花移民责任到人，发放慰问品及慰问金计2万余元；协调修路、上学补助、就业帮扶等问题。

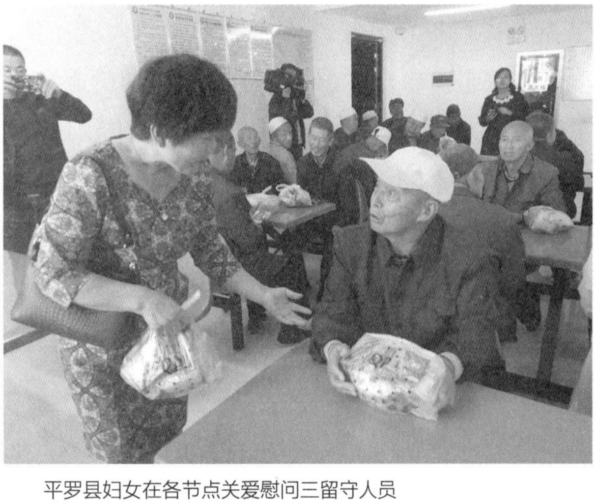
平罗县妇女在各节点关爱慰问三留守人员

【家庭服务】 举办为期3天平罗县家庭教育高级讲师班既现代家庭教育指导专题培训班，200余名学校负责人、家庭教育志愿者、乡镇妇联主席参加培训。培育规范化、专业化的家庭教育指导师队伍，在学校开展落地式家庭教育指导服务工作，推动学校教育和家庭教育密切配合、相互促进，形成家校共育的强大合力，推动科学家庭教育理念、家庭教育方式普及和深入。开展寻找“最美家庭”活动，弘扬和践行社会主义核心价值观，传播家庭文明正能量，倡导移风易俗，树立文明风尚，以好家风带动好民风。在三八妇女节评选表彰妇女工作先进集体9个、维护妇女儿童权益先进集体11个、妇女工作先进个人40名；维护妇女儿童权益先进个人17名、巾帼创业之星6名、农村致富女能人20名、“最美家庭”20户，推动社会关爱、昂扬奋进、团结互助的社会正能量在更广更深领域传播，引领良好社会风尚。向城关镇明珠社区红马甲协会授予“红马甲巾帼志愿者”旗帜，开展志愿活动。以助和谐为抓手，引领妇女参与精神文明建设，举办首届“百旗争艳”旗袍大赛，得到新华网、宁夏妇女网、县电视台等多家电视网络媒体关注，推动“和谐家庭”创建活动健康、持续开展。联系爱心人士3次看望慰问石嘴山市阳光启智康复中心儿童，送去价值4.5万元的春秋校服137套、床单被套87套、袜子276双、米面油、奶粉等物资，解决学校学生生活困难问题。在中秋节、重阳节为孤寡老人、困难残疾家庭送去月饼、饺子等慰问品，弘扬尊老、爱幼的传统美德，引导扶贫、助残的良好风气。

【维护妇儿合法权益】 开展以“巾帼在行动——百家联动送法到家”为主题“三八”妇女维权周

石嘴山市妇联到平罗县公安机关观摩反家庭暴力展厅

县妇联　供

集中宣传活动。向广大群众宣传发放《中华人民共和国婚姻法》《中华人民共和国反家庭暴力法》等妇女维权相关法律知识资料3000份，接待群众咨询47人次。举办“反家暴”“健康知识”讲座8场次，近千名妇女聆听讲座。联合禁毒办人员在13个乡镇开展禁毒知识宣讲活动，现场发放《中华人民共和国禁毒法》宣传材料1500份。联合司法局，由县妇联挂职副主席做好婚调中心调解工作，实现人民调解与妇女维权工作联调联动。举办基层妇联开展反家庭暴力培训班，形成贯彻实施《中华人民共和国反家庭暴力法》工作合力。与法院联合选聘特邀家事调解员和家事调查员，加大家事纠纷调解力度，维护婚姻家庭和谐稳定，修复或重建健康婚姻家庭关系，促进家事纠纷有效解决。收集整理相关单位两规划指标监测数据，形成妇女儿童规划监测统计报告。妇女发展规划7大领域107项指标，监测指标83个，可量化指标24个，完成20个，完成率83.3%；儿童发展规划5大领域57项指标，监测指标34个，可量化指标23个，完成19个，完成率82.6%。争取自治区妇联贫困学生助学金22.4万元，救助在校高中生164名、大学生60名，每人发放助学金1000元。

【自身建设】 开展“两学一做”学习教育，与结对非公企业党组织开展“堡垒共建　先锋同行”活动，构建党建新格局，助推非公有制经济健康持续发展。与结对基层党组织渠口乡分水闸村联合开展纪念建党节活动，帮扶活动经费1万元。中国共产党成立96周年之际，组织机关党员干部赴延安革命圣地和宁夏盐池革命纪念馆进行革命传统教育活动。针对作风效能提升活动督查中存在的问题，召开会议多方征求意见，印发《平罗县妇联2017年群众评议机关作风活动实施方案》，严明工作纪律、优化服务质量、提升工作效率，力促工作作风、服务效能提升。

平罗县科学技术协会

【概　况】 2017年，围绕县委、县政府中心工作，履行上级科协部门赋予“四服务”职能，加强全民科学素质和科学普及等工作，为全县经济社会发展提供智力支持。县科协被中国科学技术协会授予“2016年全国科普日特色活动优秀单位”，被中国科协、财政部联合授予“2017年“基层科普行动计划”——科普惠农兴村先进单位”。

【学习宣传】 围绕“四服务”职能定位，增强“四个意识”，推动中共十九大精神进学校、进企业、进农村、进社区。制定下发《全民科学素质行动计划纲要》实施意见，成立全民科学素质工作领导小组。以“四有”标准促进农技协健康发展，深入农机协调研，在全县13个农技协会中开展以“有科普基地、有科普服务站、有品牌、有效果”四有农技协创建活动；组建340多人的科普志愿者队伍，在乡镇、社区开展科技宣传活动；举办平罗县首届青少年科学节系列活动；参与全县文化科技卫生“三下乡”等活动，发放科普图书、宣传彩页8000余份；积极争取，多方筹措资金加大科普设施投入，全县6所农村中学科技馆全部建成，实现农村中学科技馆全覆盖。

【基层基础建设】 按照《平罗县深化改革实施方案》文件要求，开展县、乡、村（社区）基层科协组织换届选举形成以县级科协为枢纽，乡镇（科协为重点，村（社区）科普协会为基础，企业（园区）科协、农技协为依托的科协组织网络体系。

【激励机制】 建立全民科学素质工作激励机制，修改完善《全民科学素质纲要实施工作考核细则》，列入全县乡镇、部门绩效考核内容；建立全民科学素质工作重大事项研究讨论和决策机制，确保每年召开的全民科学素质工作联席会议见实效。

【突出工作重点】 突出工作重点，组织开展学校科技节、红领巾科技小社团和全国青少年科学营、新型农业经营主体、农村青年创业致富“领头雁”培训和培养工作，实施“科技专家助力脱贫攻坚行动”，组织参加青年职业技能大赛、岗位能手、“青创先锋”评选等活动，突出抓好青少年、农民、城镇劳动者、领导干部和公务员“四类重点人群”全民科学素质提升工作。

【科普行动推进】 推进科普中国·百城千校万村行动，通过争取项目、县级自筹等方式推动科普中国e站在城关唐徕社区、平罗七中等示范点落地生根；结合特色村、种子小镇、星级社区建设，新建科学普及宣传长廊3处。全县各类科技人员8300人，每万人有科技人员312人。全年评选青少年科技创新大赛111个奖项。

【机制创新】 创新联系和服务科技工作者机制，组织和引导科技工作者为县委、县政府建言献策，开展网上“建家交友”，收集社情民意，反馈基层诉求；推进“石嘴山青年科技人才培养工程”“宁夏青年科技人才托举工程”落实，组织“最美科技工作者”推选和举荐活动，办好科技工作者之家、“科技工作者日”、“科协会员日”等活动。改进服务创新驱动发展方式，激发创新创业活力，组织全县企业科技人员参与一线创新工程师培训100人以上。围绕装备制造、能源化工、新材料、电子商务等重点产业科技需求，在符合条件的企业或行业成立企业科协及院士专家工作站。

平罗县归国华侨联合会

【概　况】 2017年，围绕为侨服务和为全县发展大局服务，履行“参政议政、维护侨益、海外联谊、群众工作”基本职能，各项工作取得全面发展，为建设开放富裕和谐美丽新平罗做出应有贡献。

【思想教育】 把抓好理论学习作为提高能力、增强素质、加强侨联队伍建设一项重要任务。县侨联干部通过参加区、市、县座谈会、报告会、专题理论学习、培训班等形式，重点学习中共十八大、十九大精神、习近平新时代中国特色社会主义思想、自治区第十二次党代会精神、中央统战工作会议精神、中国侨联全委会议精神。通过学习，自觉把思想和行动统一到中央、县委的要求和决策部署上来，认清形势、明确方向、推动工作。多次组织成员参加市、县统战系统培训班，“两学一做”学习教育，开展“转作风聚侨力促发展”考察观摩等活动，参加全市侨联系统学习十九大精神学习班。通过学习，提高侨联成员政治思想觉悟、大局意识和服务意识，增强做好侨联工作使命感和责任感。把学习贯彻上级指示精神与推动平罗经济社会又好又快发展结合起来，与加强自身建设、做好新形势下侨联工作结合起来，团结、调动归侨侨眷，在县域经济和社会发展中发挥积极作用。

【普法宣传】 将侨务法规纳入“七五”普法，向社会广泛宣传。侨联委员学习涉侨法律法规，做到知法、懂法、用法。开展“侨法进街道、进社区、进企业”（“三进”）活动。在星海社区设立“七五普法侨法宣传角”，制作展板2块，通过宣传，增强社区群众对侨务法律意识，提高依法护侨的自觉性。

【关爱帮困】 坚持走访慰问困难归侨侨眷、侨联干部和侨眷代表，送去慰问金和慰问品1000余元；联系华侨及侨眷献爱心，向移民群众、宝丰镇特困户和困难侨眷捐款捐物价值2000余元；参加市、县统战部组织“同心·宝丰村”扶贫济困帮扶行动，弘扬中华民族传统美德，体现归侨侨眷大爱无私奉献精神。

【联谊活动】 把服务大局作为中心点，以联谊促活力。与大武口、惠农侨联组织以及平罗县各民主党派和人民团体建立友好关系，加强交流与合作。参加统战系统运动会，展示侨联代表风采，增强交流，增进友谊，扩大侨联影响力。

【工作创新】 按照尊重老侨、关心新侨的要求，在做好老侨工作的同时，把新侨工作摆在更加重要的位置，实现老侨新侨工作并重。针对侨情变化新情况，本届侨联委员会通过摸底挖掘，吸收5名侨眷代表和积极分子，为侨联集聚人气，壮大队伍，实现侨联工作可持续发展，促进侨联事业健康发展。

【参政议政】 参政议政是侨联组织的重要职能之一。侨联委员不断加强学习，提高参政议政能力。组织侨联骨干和政协委员通过开展调研活动，撰写调研报告，为全县经济发展社会稳定建言献策。

台湾同胞联谊会平罗县小组

【概　况】 2017年，县台联小组不断加强学习，提高认识，加强自身素质，主动发挥优势，参政议政，在服务台胞台属、建言献策等方面发挥了一定作用。

【增进交流】 针对台属居住分散，流动性大，搬迁频繁，手机号码变动等因素，一些台属无法联系的现状，县台联小组多次入户调查摸底。截至年底，平罗县在册台胞台属20户，主要是一些因探亲、观光等回到平罗县的台胞台属，以及经常同台湾亲属电话联系台属。县台联通过同台胞台属经常性联系，面对面沟通与交流，想方设法帮助解决生活中存在问题和困难，增进感情。

【学习教育】 县台联小组成员多次参加县政协、县委统战部组织的集体学习。主要学习中共十九大精神，习近平总书记系列讲话精神，《中国共产党统一战线工作条例（试行）》《中华人民共和国反分裂国家法》，中央统战会议精神，以及自治区、市、县党委统战工作会议精神等党的统一战线政策。列席全县统战工作会议，通过学习教育培训，加深对党的统一战线政策理解，及时掌握最新统战政策，明确方向，把握重点。县台联小组成员强化思想、统一认识，一致表示要在中共十九大精神指引下，与党同心同行，为平罗县经济社会又快又好发展献策出力。

【小组活动】 组织台联成员参加县委统战部组织的各项活动。3月捐赠衣物，到庙庙湖村参加脱贫攻坚帮扶困难群众活动；5月到山东社会主义学院，参加党外干部培训；8月到宝丰镇宝丰村开展脱贫攻坚活动，为3户贫困群众发放慰问金900元，参加统战工作座谈会；9月参加平罗县2017年“民族团结月”活动启动仪式；12月13日完成第三届平罗县台胞台属联谊会换届选举工作，产生新一届台联理事会。春节前，市委、县委统战部，以及市、县台联小组分别慰问台联小组成员和生活困难台属16户，慰问生活困难、年龄偏大台属，送去党和政府关怀和温暖。受到台属好评，坚定他们热爱祖国，跟党走信心和决心。9月，为迎接中秋和国庆双节来临，县台联小组组织20余名台属开展联谊活动，参观银川和平罗新区建设，让台属了解区情、县情，感受经济建设变化，关注平罗县发展，台属相互之间加强联系与交流，增强对家乡热爱和赞美之情。鼓励台属加强同在台亲友联系往来，邀请在台亲友来大陆探亲，台属可以通过自己家庭生活变化给台湾亲友讲述改革开放以来祖国取得的巨大成就，通过血肉亲情表达两岸人民反对“台独”，渴望祖国和平统一的良好愿望。

【参政议政】 按照县委统战部《关于认真做好

2017年全县统一战线理论研究工作的通知》要求，组织台联成员调研，完成调研报告《民主党派发挥民主监督作用的思考与建议》，按时上报。根据县政协办工作要求，参加“加快发展生活性服务业”专题协商调研活动；“创建全域旅游示范县”专项视察活动，提出意见和建议。县政协十一届二次全会，向县政协办提交大会发言材料1篇。

平罗县工商业联合会

【概　况】 2017年，以巩固创建“五好”县级工商联为抓手，突出“两个健康”工作主题，加强和改进工商联工作，开展“四好”商会创建工作，巩固基层组织建设，各项工作有序进行。被全国工商联评为“五好”县级工商联。

石嘴山市非公有制企业家及“创二代”培训班在平罗召开

工商联　供

平罗县2017年政银企座谈会　　　工商联　供

【招商引资】 做好全国工商联暨民营企业助推宁夏创新发展专项招商引资工作，与区、市工商联联系，接洽、了解和掌握来宁参加大会企业及企业家名单，掌握相关企业信息，摸清企业基本情况及未来投资意向。与县商务局协调配合，筛选对接企业，梳理符合平罗县产业特点投资项目，建好信息档案，通过电话联系、以企招商、以商招商等多种形式对接，与相关部门联合组建招商小分队开展外出招商，与全县各企业特别是外省来平投资建厂的企业负责人联系，主动走出去，真诚请进来，签约项目30个，签约投资283.29亿元。

【服务县域经济发展】 引导全县广大非公有制企业和非公经济人士承担社会责任，回报社会，开展扶贫帮困、捐资助学、送温暖等公益活动。宁夏晟晏集团有限公司、宁夏陈桥建筑有限公司等15家非公企业捐款捐物近80万元，为贫困学生、困难群众、孤寡老人、移民户及敬老院送去关怀和温暖，展现非公经济人士良好形象。引导非公有制经济人士树立中国特色社会主义共同理想，自觉践行社会主义核心价值观，增强对中国特色社会主义的信念、对党和政府的信任、对企业发展信心、对社会信誉。搭建平台，服务企业，召开全县政银企座谈会，争取县农村商业银行、邮储银行、石嘴山银行、沙湖村镇银行等多家金融部门支持，为企业金融授信。

【思想教育】 组织非公经济人士外出学习、观摩，开阔眼界，寻找企业间交流合作商机。推荐4名非公经济人士参加区市统战部、工商联培训班；组织9名企业家参加中国人民大学企业家管理培训班；组织非公经济人士开展参观黄渠桥红色教育基地、观摩插花移民集中安置点、自治区十二次党代会精神座谈学习等系列活动。

【参政议政】 畅通非公经济人士参政议政渠道，引导非公经济人士为全县经济发展建言献策。在政协十一届二次会议上，工商联界别委员向会议提交提案7件，提高非公有制经济人士参政议政积极性。

【基层组织建设】 以创建“四好”商会为契机，紧扣班子建设好、团结教育好、服务发展好、自律规范好的“四好”标准，深入各基层商协会调研和指导，注重示范点建设，培育典型。投入资金，协助装饰行业商会和头闸镇商会健全和完善各项制度，加强商会阵地建设，培育“四好”商会示范点。加强调研，在条件成熟行业成立商会组织，服务经济发展。平罗县生态渔业商会和平罗县企业家协会正在积极筹备中。平罗县装饰行业商会被自治区工商联评为全区“四好”商会。

【结对帮扶】 开展结对帮扶、脱贫攻坚行动，与黄渠桥镇、四渠村协调配合，做好15户插花移民结对帮扶工作，入户讲解政策，引导规划家庭脱贫项目。配合镇、村统一行动，开展精准帮扶，发放帮扶资金10680元。引导非公企业积极参与脱贫攻坚行动，通过就业扶贫、产业扶贫、捐赠扶贫等形式，累计捐款捐物近80万元，助力全县脱贫攻坚行动。

【“堡垒工程、先锋行动”活动】 按照《关于在机关党组织和非公企业社会组织党组织中开展“堡垒工程　先锋同行”活动实施方案》（平非公社会党发〔2017〕3号）安排部署，联合平罗县祥盛炭素有限公司开展“堡垒工程　先锋行动”活动。围绕目标要求，指导企业支部查漏补缺，协助支部健全和完善党建工作。组织机关及企业党员开展形式多样活动，做到联合共促。

平罗县残疾人联合会

【概　况】 2017年，以加快推进残疾人小康进程为主题，全面推进残疾人康复、教育、就业、培训、扶贫、文化体育等工作，提高残疾人参与社会生活能力，为全县残疾人工作和残疾人事业快速发展奠定良好基础。

【残疾人康复】 争取国家残疾儿童抢救性康复项目资金48万元，系统康复训练0—7周岁脑瘫、孤独症、智力发育迟缓儿童40名，康复7周岁以上残疾儿童56名，为各类残疾儿童家长提供咨询服务96人次，培训残疾儿童家长86人次，残疾儿童康复有效率达89%。为全县203名白内障患者开展手术治疗；为236名精神病患者配发精神病药品21.26万元，为22名住院治疗精神病患者补助3.52万元；配发各类残疾人辅助器具583件；青光眼手术治疗36人次；筛查骨关节置换手术17人；筛查假肢下肢24例、上肢27例，矫形器装配21人39例；筛查贫困残疾儿童辅助器具14人38件；筛查就学、就业残疾人辅助器具7人15件；筛查贫困重度残疾人辅助器具8人24件；残疾人康复需求调查710人，辅助器具需求调查620人，开展成人肢体社区家庭康复训练260人；盲人定向行走培训50名，培训家属及亲友20名；配发盲人辅助器具76件。发挥低视力康复站作用，深入全县13个乡镇、142个村开展白内障、低视力及眼病筛查工作，筛查患者2800名。开展精准康复服务。会同民政、财政、卫计、扶贫办联合印发《平罗县残疾人精准康复服务行动实施方案（2016—2020年）》，对全县有康复需求的残疾儿童和持证残疾人开展精准康复服务，服务残疾人4728名6079人次，服务率75.55%。

【残疾人助学就业】 落实扶残助学政策，通过摸底调查上报学前教育残疾儿童学生23名，上报大中专残疾学生本人5名，残疾家庭学生26人，发放助学金10.6万元。组织15名残疾人专职委员及社区工作者参加清华网络就业指导员提升培训班。结合“双送”“双扶”帮扶活动，聘请农业技术专家在宝丰镇、黄渠桥镇、高庄乡3个乡镇分别举办3期残疾人实用技术培训班，全县301户贫困残疾人、36户建档立卡移民残疾人学习种植技术，提高从事农业生产技术水平。贯彻落实《残疾人就业条例》，宣传《中华人民共和国残疾人保障法》，严格依法征缴残疾人就业保障金，

2017年6月14日，中国残疾人联合会到平罗县督查残疾儿童康复服务工作　　县残联　供

2017年7月7日，县残联为脱贫攻坚户送帮扶资金3150元　　县残联　供

全县400家企、事业单位缴纳残疾人就业保障金550万元，为正常开展残疾人工作提供资金保障。向平罗县沙湖月清真食品有限公司就业基地推荐残疾人就业12人，政府购买公益性岗位安置残疾人就业10名。

【帮扶解困】 贯彻落实自治区人民政府关于残疾人“两项补贴办法”文件精神，通过审核1—6月困难残疾人生活补贴2683人次，发放困难残疾人生活补贴159.35万元；重度残疾人护理补贴3504人次，发放重度残疾人护理补贴166.768万元。为101名残疾人个体工商户补贴养老保险34.26万元，为40名残疾人个体创业户补助创业资金8万元。投入资金22万元，依托宁夏绿春种业有限公司、平罗县兴隆种业有限公司扶贫基地，对残疾人开展“双送”“双扶”帮扶活动，对337户贫困残疾人家庭及适合种植扶持的建档立卡残疾人实施种植扶贫，每户发放油葵原种1.6公斤，优质玉米原种3袋，化肥3袋，签订高于市场价回购协议，激发残疾人家庭开展种植结构调整的积极性。按照区、市、县脱贫攻坚要求，县残联制定《平罗县残联脱贫攻坚和帮扶解困实施方案》，明确帮扶任务和责任，建立“一对一”的帮扶政策。在红瑞村9户帮扶户中，为2户养殖帮扶户发放玉米饲料2000公斤；为1户帮扶户送去鸡苗30只，饲料300公斤；为2户贫困户送去价值1000元的米、面、油、衣服等慰问物品；为11名贫困学生开展助学帮扶，送去助学金0.55万元。在老户村38户43人帮扶解困工作中，为1户帮扶户给予无障碍改造帮扶，为1户养殖户送去玉米饲料500公斤，为4户配发辅助器具7件，为2户提供上门办理残疾人证的帮扶，对9户给予困难补贴和护理补贴帮助，解决低保救助和节日慰问43人。

【残疾人托养】 推进政府向社会力量购买服务，对居住城关镇社区的183名残疾人开展日间照料服务，每人每年服务费1000元。建立平罗县残疾人日间照料及家政服务中心，成立工作领导小组，开通“6093780”服务热线，为残疾人近距离提供便捷服务。全年服务残疾人364人次，服务率达198%。完善城乡服务功能，满足残疾人托养需求，立项新建平罗县残疾人托养中心，规划占地面积1.73万平方米，建筑面积2670平方米，设置床位120张，总投资801万元，其中争取国家专项资金584万元，地方配套217万元现已投入使用。

【残疾人政策落实】 按照政府购买残疾人家庭无障碍改造服务要求，对陶乐镇庙庙湖村、前进农场、城关镇各社区的残疾人家庭开展家庭无障碍改造，通过公开竞标形式，由宁夏鑫源诚达医疗器械有限公司对90户残疾人家庭实施无障碍改造。根据自治区残联文件精神，做好燃油补贴发放工作，对符合条件的残疾人通过见人、见证、见车方式进行调查、登记、申报，为969名残疾人机动车主补助燃油补贴25.19万元。

【残疾人数据动态更新】 制定《全县残疾人基本服务状况和需求信息数据动态更新工作实施方案》，全面实施残疾人基本服务状况和需求信息数据动态更新录入上报工作。调查9425人（查无此人10人，已搬迁113人，空挂户9人，外出21人，死亡197人），入户调查8684人，电话调查391人，入户率95.69%。

【残疾人文化体育宣传活动】 在第二十七次“全国助残日”活动中，对20名建档立卡“脱贫能人”进行表彰奖励，每人奖励资金2000元，宁夏启融通建设工程有限公司为石嘴山市阳光启智康复中心捐赠1.5万元爱心善款，宁夏联通平罗分公司为“脱贫能人”捐赠附带60元通信费手机通信卡20张，为在场观众送上“推进残疾预防，健康成就小康”为主题的文艺节目。向区、市残联及县政府信息网站投稿143篇，宁夏残疾人网站采用53篇、石嘴山日报采用3篇、宁夏残疾人工作要情采用1篇、县政府信息网站采用78篇。推进残疾人“五个一”活动，组织30名重度残疾人和家属参加“五个一”活动，让残疾人欣赏到精彩电影，借阅自己喜欢图书，参观神奇奥妙科技馆，游览五颜六色花博会。组织20名视力残疾人和20名运动员结伴参加“全民健身挑战日——健康宁夏动起来”活动“融合关爱跑1公里越野赛”，视力残疾人丁瑞、王万斌、李学军获得一、二、三等奖。为100名重度残疾人家庭送去康复体育器材210件。筛查上报第九届全国残疾人文艺汇演节目7个；推荐上报艺术人才2人，绘画展览作品3幅；筛选上报残疾人运动员13人。创建残疾人文化进社区1家（城关镇和平社区），通过自治区残联验收。

【送温暖活动】 争取资金8.5万元，为170户建档立卡贫困残疾人家庭发放取暖补贴，解决残疾人过冬困难。在春节“送温暖”慰问活动中，区、市、县慰问贫困残疾人277户，送去慰问资金14.2万元；慰问盲人按摩店2家，送去慰问金0.2万元；向姚伏茗苑残疾人托养服务中心、石嘴山市阳光启智康复中心送去3.15万元慰问金；县直各部门为移民村210户建档立卡残疾人送去7.35万元慰问物品。组织社会力量，实施“快乐雷锋饺子”工程，为651户残疾人送去32.55万元慰问物品，解决残疾人及家庭生活困难。

法治　军事

政法委及综治

【概　况】2017年，以营造和谐稳定社会环境迎接中共十九大胜利召开为任务目标，全面推进政法重点工作，加强社会治安综合治理，维护社会大局稳定，深化平安建设工作，提高人民群众安全感和满意度。

【依法治县】县委、县政府将依法治县工作列入重要议事日程和全县目标考核体系，明确任务目标、推进措施和工作责任。各乡镇、各部门全面推进“七五”普法工作，以“法律八进”为载体，打造提升平罗县公职人员法治教育基地、城关六小“交通安全暨法治教育示范基地”、城关二小“青少年法治教育基地”、灵沙乡法治之声广播电台等平台阵地。全县累计开展大型法治宣传50余场次，受理法律援助案件649件，挽回群众经济损失1625万元。推进法官审判、检察官办案责任制、诉讼制度改革、多元化纠纷解决机制改革、家事审判工作机制改革，县法院被最高院确定为全国家事法庭试点之一。

【政法队伍】开展政法队伍作风提升工程，每季度召开1次政法委全委会研究部署政法工作，在全县政法机关掀起学习宣传贯彻中共十九大精神热潮，深化“两学一做”学习教育，邀请自治区党校教授来平对全体政法干警就中共十九大精神专题辅导讲座，在政法系统开展“不忘初心　牢记使命　做党和人民忠诚”主题演讲比赛。巩固提升政法机关服务型窗口单位建设，建立明察暗访与季度通报长效机制、政法机关窗口内部监督机制、窗口单位领导带班责任制，出台“服务型窗口单位建设一票否决制”，通过加强内外部监督、责任层层下压等措施，形成“比、学、赶、超”局面，保障作风建设压实在“一线”。县法院开展“远学邹碧华、黄志丽，近学孟宪来、陈美荣”活动；县检察院按照政法队伍“五个过硬”要求，开展“两学两做三结合”活动；县公安局开展“清明缅怀英烈”“八条禁令”再学习等专题活动；县司法局围绕提升基层司法所履职能力，开展“双百五化”创建活动。

2017年8月2日，自治区党委常委政法委书记徐广国（中）到平罗县调研指导综治及信访维稳工作

【发挥职能】县综治委履行综治工作领导、协调、督查职能，接到自治区综治委文件或指示

后，第一时间汇报请示县委主要领导，就如何抓好贯彻落实提出意见和建议，得到县委主要领导首肯和支持。在制定全县平安建设贯彻落实意见和措施，既考虑贯彻落实自治区确定工作任务，又考虑结合平罗县实际，征求乡镇、部门意见，出台平安建设“五大工程”“八大专项治理”“六项深化任务”工作方案。每季度由县分管领导带队对各乡镇和责任单位督查1—2次，根据督查情况召开全县平安建设工作推进会，找出问题和不足，开展经验交流和表态发言，安排部署下一步工作。

【矛盾纠纷排查化解】 制定出台《平罗县矛盾纠纷预防排查化解实施办法》，逐级建立矛盾问题排查化解台账，建立完善“三个清单”和销号制度，在各乡镇和各重点部门开通矛盾纠纷排查化解信息系统，定人定岗加强系统的管理应用，初步形成矛盾纠纷逐级分类汇总、责任层层落实、问题层层化解的工作格局；探索建立矛盾纠纷多元化解机制，县法院成立家事法庭和旅游景区、移民区巡回法庭，健全婚姻家庭、土地纠纷等专业调解组织；园区成立联合调解室，针对劳资纠纷、工伤事故等引发矛盾问题提前介入、联合化解；各村（社区）推行“村警联建”和社区警务工作，优化整合网格资源，完善网格员入户回访、排查化解矛盾、监督考核等管理制度。

【基层社会治理】 加强基层星级服务型党组织建设，把基层开展矛盾纠纷排查调处情况、“两抢一盗”等案件发案情况、命案发生数等平安创建成效作为星级基层服务型党组织创建内容，对“两抢一盗”（抢劫、抢夺、盗窃）案件易发多发、矛盾纠纷排查调处不力导致发生“民转刑”命案实行“一票否决”。推进网格精细化管理服务，将城镇网格优化为117个，农村网格优化为1035个，按照“1+4+X”模式，优化设置网格服务队伍，网格公益员队伍达到643人。建立网格管理服务团队，把机关党员、退休干部、社区警察、人民调解员、群众代表等专业化服务要素纳入管理团队，开展送服务、送温暖、送帮扶等活动。全县所有网格为群众服务办事2.9万人次，回复各类咨询902人次。

乡镇公共法律服务工作站

【信访维稳】 完善13个乡镇综治服务中心软硬件设施，整合乡镇综治、信访、维稳力量进驻综治服务中心统一办公，建立“法律服务超市”，完善“一站式”服务、分流督办、矛盾纠纷排查化解、反馈问责“四项”机制，方便群众办理各类事项。实践个性化综治服务模式，如城关镇综治“564”工作模式、姚伏镇综治民生信访司法“一体化”服务模式、黄渠桥镇“大综治服务模式”、灵沙乡“人大+综治工作模式”、渠口乡“联村联治”调处化解矛盾纠纷等经验做法得到上级部门好评、群众称赞。依托派出所警务室，由县综

城关镇民生服务中心综治服务中心大楼

治办牵头，在工业园区建立园区综治中心，园区管委会、公安派出所、劳动监察、司法、社区等单位入驻办公，完善“联防、联控、联调、联宣”工作机制，关口前置，针对劳资纠纷、工伤事故、拖欠农民工工作等问题提前介入，有效化解矛盾纠纷。在全县公共服务中心新建县级综治中心，正在做相关项目申报审核等工作。全县13个乡镇和住建、人社、国土等30个重点部门全部开通矛盾纠纷排查化解信息系统。

【弘扬见义勇为先进】 对全县获得自治区级5名见义勇为先进个人每人奖励1万元，对历年获得见义勇为表彰的12名先进个人每人奖励500元，利用平安平罗栏目对全县见义勇为先进个人宣传报道。掌握见义勇为人员家庭状况，对家庭存在困难人员帮扶慰问，鼓励发扬见义勇为精神，传播正能量。落实自治区综治办《关于认真做好填报见义勇为人员信息的通知》精神，安排专人负责信息录入工作，全县在册见义勇为人员25名全部录入中华见义勇为系统，做到线上、线下监管全覆盖。

法治政府建设

【概　况】 2017年，紧紧围绕“五位一体”总体布局、“四个全面”战略布局和县委、县政府的中心工作，以贯彻落实《平罗县法治政府建设实施纲要（2016—2020年）》为主线，狠抓落实年度法治政府建设工作任务要点，主动融入改革发展大局，多措并举，突出重点、扎实推进，取得新的明显成效。全县各乡镇、各部门主动公开政府信息21740条，新闻动态423条，政府文件91条，政策法规28条，政策解读50件，通知公告209条，公众关注热点和重大舆情117条，办结114条，办结率97.44%。

【组织保障】 县委、县政府高度重视法治政府建设工作，将法治建设摆在工作全局的重要位置，全县效能目标考核内容。党政主要负责人切实履行推进法治建设第一责任人职责，带头尊法学法用法守法，经常深入基层一线了解、指导工作，做到讲话、决策、办事于法有据，多次召开会议听取和研究法治建设工作。研究制定《平罗县法治政府建设实施方案（2016—2020年）》《平罗县法治政府建设2017年工作要点》（平政办发〔2017〕84号）。明确法治政府建设的目标、任务、责任，建立法治政府建设工作台账。制定法治政府建设考核细则，以平时掌握为主，发挥考核指挥棒和风向标作用，通过听取汇报、查阅档案、座谈交流、现场反馈等形式对各乡镇、各部门全面督导，使各项任务落地落实，打造法治政府工作新特色新亮点。

【“放管服”改革】 确保取消和下放行政审批事项衔接落实到位，“两个清单”实行动态管理，“互联网+政务服务”和“最多跑一次”“不见面马上办”改革全面推开，“五证合一”“一照一码”登记模式全面推行。行政审批事项严格实行目录管理，下放行政审批项目在平罗县政府网站公布，规范审批流程，健全完善管理制度，导入电子政务平台，进驻政务服务中心办理。全县保留行政审批事项180项，比2013年的410项减少230项，精简率56.1%，办理时限提速8.7%。推进权责清单录入公示系统工作。向社会公布24个行政职权部门（单位）的3015项、乡镇75项行政职权信息数据全部录入到全区权责清单公示平台中。实行权力清单和责任清单动态管理。全县调整行政职权事项121项，其中包括：变更66项，取消42项，增加承接13项。增加企业和公民负担证照清理工作。对县政府部门及其所属机构依据行政权力或公共资源向企业、公民核发各类证照全面摸底梳理，逐条列明证照名称、设定依据、申请材料、办理时限、收费及依据、年检（年报）、培训等，提出保留、取消或调整优化的意见。梳理县级办理证照126项，其中清单内

116，清单外10项。政府购买服务试点扩大至养老助残、就业创业、公共文化等6类8项，编制指导性目录。

【法治政府示范创建】 研究制定《平罗县开展建设法治政府示范创建活动实施方案》（平政办发〔2017〕95号），明确创建目标、创建任务、创建步骤和创建要求。全县13个乡镇、25个县政府组成部门申报示范创建单位，确定县市场监管局、公安局、城关镇等11个单位为全县2017年示范创建申报单位。建立法治政府建设联络员制度，研究下发《县政府法制办公室关于建立法治政府建设联络员和信息报送制度的通知》（平府法〔2017〕2号），各乡镇、县政府部门都按要求确定一名联络员，专门统筹指导监督本单位的示范创建活动。抓好培养和树立典型示范，汇编全县各乡镇、县政府各部门上报亮点工作和典型经验。

【制度体系建设】 加强行政规范性文件制定、审查和备案。严格执行《宁夏回族自治区行政规范性文件制定和备案办法》，对拟提交政府研究的行政规范性文件，及时征求相关部门、社会公众的意见建议。经县政府法制办进行合法性审查。未经合法性审查的，一律不列入政府常务会议议题，一律不提交政府常务会议研究。按程序制定行政规范性文件在县政府网站上向社会公开，报市政府备案。2017年，审查行政规范性文件17件，发布实施4件，无被提起审查或者撤销行政规范性文件。按照《自治区人民政府办公厅关于开展2017年政府规章行政规范性文件清理工作的通知》（宁政办发〔2017〕91号）和《自治区人民政府法制办公室关于做好政府规章和行政规范性文件清理工作的通知》（宁府法〔2017〕16号）要求，制定下发《县人民政府办公室关于做好行政规范性文件清理工作的通知》（平政办发〔2017〕114号）和《县人民政府办公室关于全面清理行政规范性文件的通知》（平政办发〔2017〕152号），对2001年1月31日至2016年12月30日全县制发涉及公民、法人和其他组织权利义务现行有效133件行政规范性文件全面清理，提出清理意见。将与“放管服”改革、生态文明建设、相关法律法规、调整行政审批事项、职业资格改革等要求不符合的行政规范性文件作为清理重点。其中就涉及生态文明和环境保护行政规范性文件清理3件，继续有效2件，失效1件；涉及“以审计结果作为政府投资建设项目竣工结算依据有关规定”行政规范性文件清理4件，其中需要修改完善4件。

【落实决策程序】 全县各级行政机关严格按照公众参与、专家论证、风险评估、合法性审查和集体讨论决定的程序作出重大行政决策。县政府在研究行政决策事项时，发挥政府法律顾问团的作用，政府律师参加政府协调会议40次，审查合同、协议文本44余件。重大行政决策做出后，县委政府两办督查室加强跟踪落实，确保不折不扣地落地执行。审查重大行政决策15件，全县没有发生因重大行政决策失误引发不良事件。

【规范执法行为】 对全县732名行政执法人员行政执法证件进行年审，对年审合格596名行政执法人员证件加贴印花，对转岗符合换证条件71名行政执法人员换证登记，注销证件65个。开展申领和换发行政执法证件工作，对申领和换发行政执法证件人员严格审核。通过审核439名人员参加综合法律知识线下培训。举行全县申领和换发行政执法证件人员网上在线集中考试。对全县410名执法辅助人员加强管理，规范执法辅助行为。在行政执法中，行政执法人员能够做到持证上岗、亮证执法，遵守执法纪律、规范执法言行，推广说理式执法。严格遵循立案、回避、调查取证、告知、听证、决定、送达、执行等执法程序，落实重大行政执法决定法制审核制度。行使自由裁量权时，做到尺度一致、同案同罚。县人社、工信、卫生计生等部门以书面形式明确委托执法项目、权限、权利义务等内容，推动委托执法规范化。按照客观性、合法性、关联性的原则，及时制作书证、物证、笔录、鉴定意见、电子数据、视听资料等形式的证据。规范立案、笔录、送达、告知、决定、销案等执法文书，加强执法档案保管。在全县20个行政执法部门建立“两法衔接”共享平台，实现行政执法和刑事司法衔接，制定《平罗县行政执法工作与检察监督工作相衔接实施办法》《行政执法与刑事司法衔接工作联席会议制度》等制度，各行政执法单位相继签订《关于建立行政执法与刑事司法“业务衔接、信息共享”工作机制的协议》，2017年，全县信息共享平台录入46起案件，督促行政机关移送涉嫌犯罪案件3起7人。县公安局建立网上执法办案及信息查询系统，推进“互联网+行政执法”。全县有行政执法车辆102辆、执法记录仪596台、摄像机62台。将县林业城管局所属的城市管理大队调整为县住建局管理，城市管理综合执法局由在县林业城管局挂牌调整为在县住建局挂牌，对城市管理综合执法局行政职权、依据、责任事项等梳理，确定行政职权244项。成立平罗县劳动保障监察执法局，受县人社局委托，综合行使16项行政执法权。利用网络、电子屏、公开栏等介质公开执法项目、执法依据、执法人员、执法结果等信息，开展行政执法案卷评查工作，县政府法制办会同检察院对15个部门100余卷行政处罚案卷随机抽查。加大劳动保障、征收补偿、安全生产、环境保护等领域执法力度。2017年，办结行政处罚案件85543件。

【执法监督】 主动向县人大及其常委会报告工作，向县政协通报情况，主动接受人大工作监督、法律监督和政协民主监督，办理人大议案代表建议意见50件、政协委员提案144件，办结率94%。开展基层政务公开标准化规范化试点工作，利用县政府信息网、“两微一端”、民生服务大厅、广播、电视、公示栏、电子显示屏等载体及时公开重点领域、惠民政策、重大决策等信息。通过政务微信发布政府信息1272条；通过政务微博发布政府信息887条；通过《平罗县政务信息》发布政府信息1365篇；通过公开栏、电视、广播等渠道发布政府信息3000多条。“百强平罗”政务微博共发布博文531篇，阅读量503259次；“今日头条”自4月15日上线以来，发布信息275条，阅读量561058次。“活力平罗”客户端发布信息677条，下载量2821次。

【提高政府化解矛盾能力】 四套班子在作出重大决策、调处重大矛盾纠纷，要求律师参与并提供法律服务。通过采取出具法律意见书、参与商务谈判、解答个案咨询以及接受委托出庭应诉等形式，为党委决策、人大监督、政府执行和政协协商提供法律服务。律师参与处理重大信访事件5件次，代理县本级行政诉讼案件142件。加强行政复议工作。热情接待行政复议申请人，及时受理行政复议申请，公正审理行政复议案件，依法作出行政复议决定，发挥行政复议的保障监督功能。全县收到行政复议申请14件，受理8件，结案8件，维持2件、终止3件、撤销2件、驳回1件。接到市政府4件行政复议答复通知，及时提出书面答复，提交当初作出行政行为所有证据、依据和其他材料。按时出庭应诉。主动参加行政应诉，严格落实国办《关于加强和改进行政应诉工作的意见》，促进行政机关出庭应诉常态化、规范化。在被诉行政案件中，被诉行政机关负责人积极出庭应诉，主动履行法院生效法律文书。2017年，各乡镇、部门为被告行政诉讼案件43件，结案31件。制定出台《平罗县矛盾纠纷预防排查化解实施办法》（平综治〔2017〕10号），建立完善“四排查”“三个清单”和销号制度，在各乡镇和各重点部门开通矛盾纠纷排查化解信息系统，定人定岗加强系统的管理应用。建立矛盾纠纷多元化解机制，建立家事法庭、诉前调解、婚姻家庭、劳资矛盾等专业调解组织，深化“警司联调”“村警联建”工作，整合优化网络资源，形成矛盾纠纷逐级分类汇总、责任层层落实、问题层层化解工作格局。全县排查调处矛盾纠纷2337件，调处成功2331件，成功处置各类不稳定因素98件。完善劳动争议仲裁制度，提高仲裁公信力，受理仲裁申请175件，办结112件，调解结案92件，裁决结案20件。加强信访规范化建设，实行领导带班接访制度，县级领导接访55批次、下访6批次、接待群众284人次。各相关部门、乡镇单位接访1988批次，4372人次，化解重点信访问题案件163件。

【网格化管理】 推进网格精细化管理服务，将城镇网格优化为117个，农村网格优化为1035个，按照“1+4+X”模式，建立网格管理服务团队，优化设置网格服务队伍，网格公益员队伍达到643人。开展社区居民健康医疗、法律宣传、文化活动、农业技术指导、劳务信息等多元化的特色服务。全县所有网格为群众服务办事2.9万人次，回复各类咨询902人次，实现社会治理服务全覆盖。

【提升法治能力】 开展法治政府建设宣传培训。将法律法规学习列入全县行政机关领导干部学习内容，明确学习目标、学习任务、学习方法、学习要求。全县387名35岁以下公务员在县党校开展二期法治教育培训。政府工作人员按时参加网络学习，学习有关依法行政方面课程。在领导干部任职前，就遵纪守法情况征求县委政法委意见建议。将法治政府建设纳入领导干部任前考试内容，考试结果作为任职晋升依据。以报刊、电视、网络等媒体，广泛宣传法治政府建设目标任务、做法成效和典型经验，在全县形成崇尚法治、依法行政优良环境。

【家事审判】 发挥“全国家事审判改革试点法院”作用，建立“家事审判庭”，聘请6名家事调查员和家事调解员，以修复家庭关系和维护妇女儿童权益为目标，2017年，受理婚姻家庭类案件316件，审结284件，结案率83.04%，调撤率为76.8%。平罗县家事审判庭被评为全市法院优秀家事审判合议庭。

【规范执法监督】 加强音视频证据的规范运用，形成对外证据，对内监督的证据形式，把110接处警作为执法工作源头，制定现场录音录像制度及操作规范，实施快速出警现场取证制度。接处警实行“五步走”原则，即“一问、二拍、三录、四记、五查”。加强监督管理巡查机制，严把执法“过程关”。建立案件管理中心并制定相应运行制度，严格网上办案规范，加强网上全程监督。执法执勤中涉及物证管理，从软硬件上规范证据管理，加强办案场所的科技含量，案件审批环节严格落实五级把关制度，禁止网下办案，做到公开透明。建成并投入使用智能办案区3个。

【精准执法】 创新管理模式，向社会借力，通过公开招标方式，向社会聘请第三方安全管理机构参与全县重点生产经营单位安全生产监管。形成安监部门联合服务机构定期检查，安监部门受理举报、行政处罚，接到生产安全事故举报电话2小时内赶到现场，在调查存在安全事故企业之前，与第三方服务机构沟通机制。第三方监督有利于扩大安全宣传，促进隐患排查及问题治理；第三方监督机制可以避免费时昂贵诉讼，安全事故企业可以避免高额罚款甚至停业整顿；成为政府和企业间桥梁，使企业感受到第三方实时监测压力。

【法治文化】 头闸镇西永惠村福鑫苑法律进乡村示范点被自治区普法办推荐为“全国民主法治示范村”，打造城关六小“交通安全暨法治教育示范基地”、城关二小“青少年法治教育基地”，灵沙乡法治之声广播电台等平台作用发挥，打造国、地税“法治税务示范基地”、灵沙乡“回乡法治文化广场”，高仁乡“手绘法治文化长廊”等法治文化阵地，实现社会治理的全面法制化。

【“116”机制】 在乡（镇）、村（社区）综治中心建设“116”机制做实做大综治服务工作，即：构建一条服务通道，搭建一个服务平台，坚持六项机制，落实大综治服务模式。打通一条服务通道，搭建一个服务平台。投资60万元规范化建设乡（镇）、村（社区）综治服务中心，整合集中综治、信访、司法、人民调解等办公场所，建立“一体化”服务办事大厅，设置来访接待室、调解室、社区矫正室、网上信访室、法律服务室、安置帮教室、网格化服务管理室、爱心谈话室、情绪疏导室、综合培训室等多功能窗口服务工作室，搭建大综治服务平台。开通“法律服务超市”，设置网上服务查询台，为群众提供书面政策法律服务及全方位电子查询服务，实现“一体化”办理、一个窗口办结模式。建立六项机制：坚持矛盾纠纷“1+N+1”受理督办机制；规范矛盾纠纷受理化解机制；坚持领导包案，限期稳控化解机制；强化信息上报，建立责任追究制；建立公开听证机制；建立平安建设救助机制。

【改革治安交通】 推进“交巡警合一”警务机制改革，因地制宜、因情布建，成立5个交巡警中队，交巡警警力增加1.4倍，赋予交巡警中队维护道路交通秩序、接受群众报警救助、维稳处突等7项职能，同步建立道路交通指挥调度中心1个中枢，城区网格防控网、农村外围封控网、城乡一体视频监控网三张网络，以及绩效考评、教育训练、表彰奖励、警务保障四项机制，形成指挥调度中心控全局、城关交巡警中队控城区、乡镇派出所控农村，交巡警与社区民警既各司其职又密切配合的警务模式新格局，全县交通事故起数、死亡人数、受伤人数、财产损失数“四项指数”分别下降，城关地区接报警下降11%、可防性案件下降34.8%、刑事案件下降7%。

【社区警务】 实施“一警五员”工作机制，由民警会同社区保安员、物管员、网格员、户管员、禁毒专干等“五员”，深入辖区开展安全隐患防范、矛盾纠纷调解、情报信息采集、法律政策宣传、便民利民服务等工作，把警务室打造成老百姓家门口“便民岗”“服务台”；推行“村警联建”工作机制，实行社区民警挂任村干部、村干部兼任警务助理员、乡村干部进警营参与治安管理等在工作机制，社区民警在乡镇综治中心牵头，与村队干部搭伙，共同开展创安行动，解决农村地区“民警下不去，情况上不来”短板问题，起到防控农村地区风险目的；在工业园区推行“四联驱动”工作机制，以园区警务室为平台，组织企业保安队开展治安联防，会同社区网格员开展重点人员联控，借助企业微信群开展普法联宣，协同管委会、信访局、劳动监察、住建局等部门开展矛盾纠纷联调，共同筑牢工业园区“平安堤”。

【农产品质量安全】 从根本上解决平罗县牛羊肉检疫验讫印章字迹模糊、不利于甄别真伪、不利于监管等问题，2017年5月，在平罗县万嘉羊业有限公司、宁夏金福来羊产业有限公司2个牛羊屠宰场开展牛羊肉检疫标志试点工作。制定《试点工作方案》、开发软件、订购设备及检疫标识。增加动物产品检疫及标志技术含量，甄别已检疫与未检疫动物产品，提高防伪辨识度；提高动物卫生监管水平，减少动物产品质量安全隐患，保障畜产品质量安全；消费者对农产品质量信息通过扫描二维码这种新兴方式就能够清楚地了解该产品产地、生产日期以及接受检疫等情况。

公　安

公安工作

【概　况】 2017年，以提高群众安全感和满意度为目标，紧扣县委、县政府重大决策部署和公安工作主业两个重点，聚焦防控风险、服务发展主题，实施“七大工程”，提升“七项能力”，完成党的十九大等系列重大安保任务，不断夺取新胜利、积累新经验、开创新局面，实现“五个严防”“四个确保”“三个不发生”目标，为建设开放富裕和谐美丽平罗创造优良环境。

【维稳筑安】 以维护政治大局稳定和平安为己任，确保中共十九大、中阿博览会等43次重大活动和39次等级以上警卫任务安全。巩固“全国无邪教示范县”创建成果，建成平罗七中等“四有五无”无邪教宣传阵地33处。聚焦矛盾纠纷“雨露”行动，排查化解各类矛盾纠纷1792起，为1335名务工人员解决工资2737万元，妥善处置19起群体性闹访滋事和43名扬言采取极端行为案事件。建立反恐处突应急机制，完善各类事件预案32项，组建四梯级应急处突队伍，开展反恐处突拉练演练11次，设立汽车站警务室，启动治安检查站，构筑维护社会稳定的铜墙铁壁。

【严打保安】 开展禁毒执法战役、打击多发性侵财、涉众型经济犯罪等专项行动，破获“3·28”非法吸收公众存款案、“9·18”新型电信诈骗案件、“11·01”部级毒品目标案件等大案要案及“盗抢骗”等一系列案件，全年破获各类刑事案件1027起，抓获犯罪嫌疑人412名，查获吸毒人员137人，缴获财物总价值273万元，禁毒执法四项指标超额完成，禁毒示范县创建顺利推进，全县刑事案件、严重刑事案件、盗窃案件、电信诈骗案件分别下降2.7%、6.4%、6.8%和9%，破案总数和破案率分别上升12.3%、9.8%，刑事案件实现五连降，命案实现零发案，自治区公安厅先后3次贺电褒奖。

1月平罗县公安局组织开展警务拉练活动　　公安局　供

8月16日，多元化推进城乡社区警务工作

【整治创安】 紧盯事关群众利益突出问题，主动作为，在治安秩序整治上持续发力，推进“黄赌整治”“护校安园”等专项行动，消除管理死角盲区。开展道路交通“清患行动”，查处道路交通违法行为18.6万起，全县交通事故起数、受伤人数、经济损失分别下降16.7%、12.6%、39%，13起交通肇事逃逸案件全部破获。开展火灾防控等治理行动，全县火灾起数下降7%。实现社会治理“面”上平稳可控、“线”上安全畅通、“点”上万无一失。

【防范护安】 聚焦风险防控和工作短板，树立高标准，落实严要求，织牢街面巡逻、城乡社区、重点要素、视频监控、情指联勤、虚拟社会管控等立体化治安防控体系“六张网”，开展城区“N+X”联勤巡防机制，全县26个社区、144个行政村警务室实现全覆盖，全县838名肇事肇祸精神障碍患者、50家加油站全部落实动态管控，投资15万元改造情指联勤中心，提升快速反应集结效能，确保虚拟社会可管可控，利用“视频侦查”破案占比达40%，可防性案件下降39%，公安工作初步实现转型升级。

【规范促安】 严格落实案件审核“五级”把关、刑事案件“两统一”等机制，对8个智能办案区改造升级，审核提捕109案137人，移送起诉250案311人，督促整改执法质量问题1206条，全局涉及行政复议、检察纠违、行政诉讼等案件数同比下降64.7%、47%、66.7%，双向跟班学习机制被评为全区执法亮点，全年没有发生冤假错案和行政复议及诉讼败诉案件，执法质量考评实现“四连优”。

【强基育安】 把握改革机遇，融合创新思维，合成作战实现精准打击大提速，交巡合一改革实现“1+1>2”，“互联网+”模式搭乘新型警务高速路，城乡社区警务战略打造警民和谐新阵地，建立“平安平罗”等13个微信公众号和“旅馆业管理”等108个工作群，累计关注10万人次，推送各类防范信息5000余条，为群众节省办事经费15万余元。投资建设陶乐派出所办公用房、双智系统补点项目、隐患整治项目全部投入使用。

【塑警佑安】 把对党绝对忠诚作为第一位的政治要求，开展“两学一做”学习教育常态化制度化暨主题教育实践活动，举办培训班25期培训1600人次，清华大学集训开创先河，延安忠诚教育锤炼党性，一系列从优待警暖警措施、宣传励警多彩形式、从严治警牢靠防线，凝聚干事创业正能量，县局在全区民警实战基本功考核中荣获第一名，县局获评全区文明单位，县禁毒委被国家禁毒委员会命名为2017年度全国社区戒毒社区康复工作示范单位，涌现出全区公安系统模范集体城关派出所、全国优秀人民警察王宏伟等一大批先进典型，31个基层部门和96名民警受到上级表彰奖励。

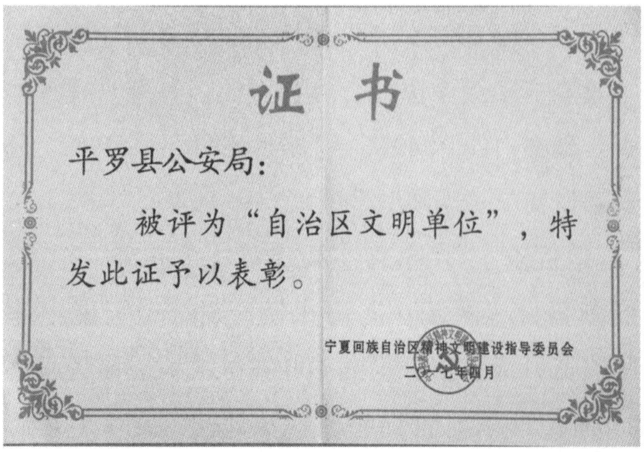

获自治区文明单位证书　　公安局　供

消　防

【概　况】 2017年，推进消防工作社会化，加大公共消防设施建设维护力度，深化消防宣传教育培训，加强消防执法规范化建设，提高社会火灾防控能力，预防和遏制较大以上火灾事故，为社会经济发展创造良好的消防安全环境。

【消防安全领导职责落实】 召开全县消防工作会议暨消防工作联席会议、夏季消防检查工作部署会，由县人民政府印发《关于进一步明确消防工作职责的通知》和《关于成立平罗县消防安全领导小组的通知》及《平罗县2017夏季消防检查工作方案》，明确各级各部门消防工作职责。完成国务院及自治区消防工作考核。

【消防安全监管职责落实】 会同教体、市场监管、安监、民政、住建、卫计、宗教等部门联合开展行业系统消防监督检查30余次，完善消防监督措施，加强火灾隐患整治力度。

【消防安全主体责任落实】 针对行业特点，先后对养老院、公共娱乐场所、宾馆饭店、足浴洗浴负责人进行约谈，召开培训班，明确社会单位消防工作主体责任，确保场所消防安全。

【消防安全排查整治】 开展消防安全排查整治专项工作，重点开展足浴洗浴、宾馆饭店、商场市场、学校幼儿园、老年人建筑、居民住宅小区、道路运输行业、彩钢板用房和易燃易爆等场所消防安全排查整治，落实元旦、春节、元宵节、全国两会、清明节、五一、“一带一路”高峰论坛、开斋节、中秋节、十一、十九大、古尔邦节、圣诞节等重大节日和活动消防安全保卫工作任务。县消防大队全年接警出动451起，其中火灾421起，抢险救援28起，社会救助2起，出动车辆956辆次，出动警力6692人次，抢救财产价值646万元。检查社会单位2452家次，下发《责令改正通知书》1261份，发现并督促整改火灾隐患2616处，下发《行政处罚决定书》68份，临时查封15家，责令“三停”11家，行政拘留10人，办理消防行政审批109起，组织火灾原因调查60起，罚款40.84万元。派出所监督检查出动4909人次，检查单位2277家，发现火灾隐患20处。

检 察

【概　况】 2017年，坚持围绕中心、服务大局，深入推进平安平罗、法治平罗建设，加强队伍建设和自身监督，推进司法体制改革，各项工作取得新进展。荣获全国“检察机关保障律师执业权利示范单位”、继续保留“全国文明单位”荣誉称号；宁夏检察机关“公诉工作先进集体”、平罗县“依法治县先进单位”等荣誉称号。

【保障经济平稳健康发展】 依法惩治各类经济犯罪，开展预防打击电信网络诈骗和非法集资违法犯罪专项治理，批准逮捕破坏市场经济秩序犯罪嫌疑人7人，起诉11人。定向跟踪“黄河防洪工程”等重大项目，通过预防调查、设立工作服务站、廉政约谈、警示教育，加强廉政监督预防，推动相关单位完善管理制度。利用行贿档案查询系统帮助甄别筛选投标方，保障企业、单位及个人投资安全。

【打击危害民生民利犯罪】 开展惩治和预防扶贫领域职务犯罪专项工作，依法查办一起涉嫌套取插花移民工程款贪污案件。加强民生领域检察监督，开展破坏环境资源犯罪和危害食品药品安全犯罪专项立案监督，监督立案3件5人。维护弱势群体合法权益，通过办理支持起诉案件，帮助农民工追偿工资16万元。

【创新社会综合治理】 建立检察官“双助理”联动机制，通过选派检察官担任村干部助理，聘请村支部书记或主任担任检察官助理的方式，在矛盾纠纷化解、社情民意调研、法律政策宣传等方面形成配合机制。成立未成年人刑事检察办案组，建立观护帮教站，加强对涉罪未成年人的考察教育，帮助他们早日回归社会。开展法治进校园、举报宣传周、禁毒、“12·4”国家宪法日等宣传活动，促进全民知法守法。

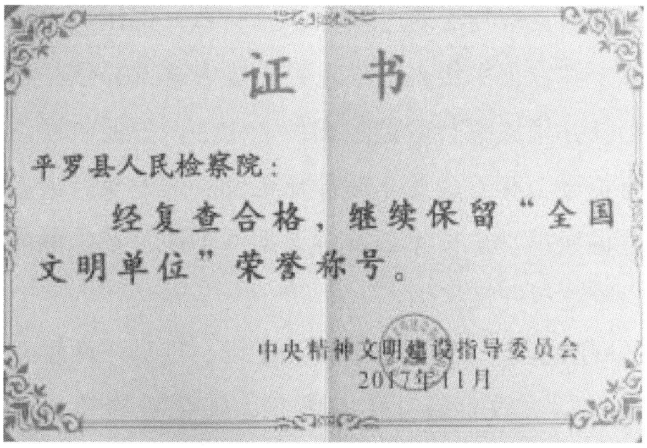

全国文明单位证书　　检察院　供

【维护社会和谐稳定】 批准和决定逮捕101人，提起公诉267人。对不构成犯罪或涉嫌犯罪但无逮捕必要的、犯罪情节轻微的，依法决定不批捕38人，不起诉16人。开展预防打击“两抢一盗”犯罪专项治理，批准逮捕抢劫、故意伤害等严重暴力犯罪和盗窃、诈骗、毒品等多发性犯罪46人，起诉61人。推进涉法涉诉信访机制改革，落实检察长接访、检察官以案释法、邀请律师参与接待等制度，促进当事人息诉罢访。受理群众信访30件次，办理刑事申诉案件8件。

【查办和预防职务犯罪】 加大工程建设、扶贫开发领域职务犯罪案件查办力度，立案5件8人，其中，涉嫌贪污受贿罪4件7人、玩忽职守罪1件1人。落实年度报告、专项预防、案例分析等制度，举办水利系统、新一届村“两委”班子等专题预防讲座24场。开通预防职务犯罪“邮路”和短信平台，推送预防宣传9期、廉政警言4万余条。

【强化诉讼监督工作】 开展侦查立案、行政执法、民事执行以及审判活动专项监督检查，调阅各类案件卷宗1000余册。监督公安机关立案2件4人，撤案14件22人。督促行政机关移送涉嫌犯罪案件线索4件8人。纠正漏捕漏诉6人，纠正侦查及审判活动违法情形12件次。提出刑事抗诉1件，市中级人民法院采纳抗诉意见并依法改判。办理民事行政监督案件104件。督促收回国有资金109万余元。探索开展公益诉讼及打击虚假诉讼活动，立案公益诉讼案件1件，发出诉前检察建议并被采纳。

【队伍建设】 加强思想政治建设，推进“两学一做”学习教育常态化制度化，强化对检察人员的理想信念教育。加强素质能力建设，以检察人员分类定岗为契机，推进全员轮训，开展岗位练兵，组织参加庭审观摩，举办刑事检察业务竞赛，评选刑事申诉、民事行政检察精品案件。重视青年干警培养、考察和选拔，营造干事创业良好氛围。加强党风廉政建设，落实党组主体责任，加强检察队伍政治纪律、党纪党规、职业操守教育。健全本院纪检监察室监督约谈工作机制，及时纠正解决苗头性倾向性问题。对新进人员、初任检察官、新提拔干部开展任前廉政教育，筑牢拒腐防变的思想防线。

【司法体制和检察机制改革】 配合国家监察体制改革，做好人员转隶、职能划转和业务衔接等工作。落实内设机构改革、人员分类管理、办案责任制等改革任务。建立完善检察权运行机制，制定《员额制检察官联系会议制度》《司法档案管理办法》等配套规定，落实入额领导带头办案制度，实行“随机分案为主、指定分案为辅”承办案件机制，完善办案组织形式，明晰司法责任体系及检察官权力清单，增强办案人员责任意识，提升办案质效。

【司法规范化建设】 建立司法业绩考核、错案责任倒查、信息化监管等制度机制，依托统一业务应用系统，实现全面记录办案流程信息，全程同步动态监督办案活动，促进司法公正廉洁。制定《案件质量评查办法》，开展常规抽查、重点评查、专项评查，落实整改责任，确保办案质量。全年评查案件441件，对照问题清单整改到位。

【检务公开机制建设】 促进案件信息由文书公开向执法活动公开，开展审查逮捕诉讼化工作，建成不起诉案件公开宣告室，促进案件公开透明、及时高效办理。举办检察开放日，召开新闻发布会，向县人大常委会专题报告查办和预防职务犯罪工作，广泛接受监督。构建“互联网＋检察”司法公开新模式，实现官方微博、微信、新闻客户端全覆盖，检察新媒体“粉丝”总数达6万余人。

【检务保障】 升级改造法警体能训练场地、多媒体会议室、高清视频会议室，提升检务保障水平。更新完善办公楼消防设施，解决消防安全隐患。扩大图书室规模，绿化机关院落，修建篮球场、塑胶跑道等健身场所，丰富机关文化生活。

11月28日，平罗县首个未成年人关护帮教站成立揭牌仪式

检察院　供

法　院

【概　况】 2017年，围绕“努力让人民群众在每一个司法案件中感受到公平正义”目标和“五位一体”总体布局、“四个全面”战略布局，把握“司法为民、公正司法”工作主线，依法履行法院工作职能，各项工作取得长足进步。全年受理各类案件8002件，审执结7147件，结案率达89.3%。

【刑事审判】 强化刑事审判，维护和谐稳定，助

2017 年 11 月 15 日，沙湖人民法庭法律援助工作站揭牌

县法院　供

力平安法治平罗建设。受理刑事案件 258 件，审结 239 件，判处罪犯 241 人。保持对醉驾犯罪高压态势，判处危险驾驶罪案件 73 件 73 人，维护交通安全。依法严惩严重危害社会治安和侵犯公民人身、财产权利各类犯罪，增强群众安全感，审结故意伤害、抢劫、强奸等严重暴力犯罪以及盗窃、抢夺、诈骗等多发性侵财犯罪案件 50 件，判处罪犯 59 人；依法严惩破坏市场经济秩序、社会管理秩序刑事犯罪，开展打击和防范涉众型犯罪专项工作，依法审理袁辉映等合同诈骗案件，审结非法吸收公众存款犯罪、合同诈骗犯罪案件 2 件 3 人；依法惩处职务犯罪，审结贪污贿赂犯罪案件 8 件，判处罪犯 10 人，追缴涉案赃款及罚金 230 余万元，坚持小贪必惩，推进依法反腐。

【民商事审判】 强化民商事审判，保障经济发展，维护群众合法权益。受理民商事案件 4501 件，审结 4230 件，结案标的额达 154238.32 万元。其中，审结离婚、赡养、抚养、继承等婚姻家庭纠纷案件 501 件，尽最大努力维系家庭关系和睦；审结机动车交通事故责任等人身权纠纷案件 125 件，保护群众生命健康权益，联合社保部门堵塞理赔漏洞，挽回社保经费 7 万余元；审结追索劳动报酬等劳动争议纠纷案件 243 件，依法维护劳动者权益和企业利益；审结买卖合同纠纷案件 472 件，保护诚实守信，促进公平交易；审结金融借款纠纷案件 184 件、民间借贷纠纷案件 646 件，促进防范和化解金融风险，妥善化解经济领域矛盾纠纷，维护良好市场秩序；发挥农村产权流转交易案件合议庭作用，审理农村土地流转案件 34 件，保障农民权益，促进农业发展，维护农村稳定；注重运用调解手段化解民事纠纷，调解撤诉率达 60.2%。

【案件执行】 强化执行力度，维护法律尊严，开展执行攻坚战。受理各类执行案件 3158 件，执结 2575 件，执结率 82%，执行标的额 39745.28 万元，执结到位 10705.02 万元，实际执结率较上年上升 7%。推进执行工作规范化，完善执行指挥中心“总对总”“点对点”银行查控系统，将信息查控拓展至边控、车管、户籍、保险以及第三方支付平台，执行信息化查询覆盖到 21 个部门。推动“党委领导、人大监督、政府支持、法院主办、部门配

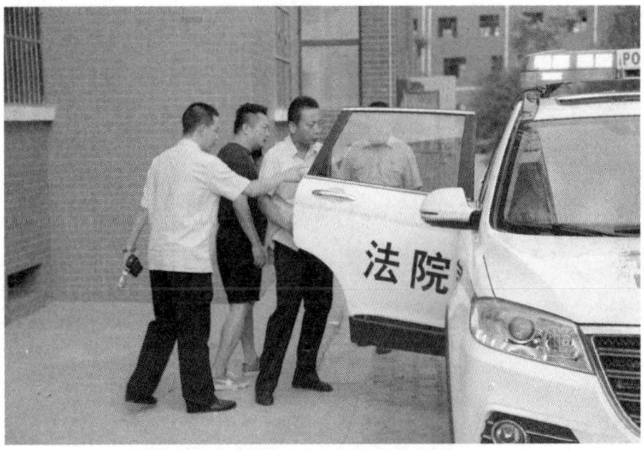

2017 年 8 月 4 日，开展执行攻坚专项行动　　法 院 供

2017 年 5 月 12 日，法院干警到农村开展普法宣传

法 院 供

合、社会各界参与”的基本解决执行难工作大格局形成，初步构建“一处失信，处处受限”信用惩戒机制。构建与新闻媒体的互动平台，将欠债不还的失信被执行人在新闻媒体、网络上曝光，限期清偿债务，使其无所遁形，全面破解执行难题，共同推动“诚信平罗”建设。开展“破解执行难百日攻坚战”专项活动，全年将1281名被执行自然人及216家单位纳入失信名单公开曝光，利用司法协助网络平台查询系统查控13013次，司法拘留173人，14人慑于信用惩戒主动履行义务。

【行政审判】 强化行政审判，化解行政争议，积极服务法治政府建设。依法审理行政案件，提升政府部门依法行政能力。受理行政案件85件，同比上升27%，结案率为78.8%。推进行政案件协调和解机制建设，促使行政争议得到实质化解，行政案件协调处理率达15%；建立完善行政案件通报和联席会议制度，推动落实行政机关负责人出庭应诉，出庭应诉率达到88%。

【服务方式改进】 改进服务方式，发挥司法能动作用，打造“便民法院”。建成集诉讼服务大厅、诉讼服务短信平台、“12368”诉讼服务热线“三位一体”的诉讼服务中心，为当事人提供贯穿“立审执”全过程、多方式、一站式、综合性涉诉服务。在全市法院系统率先成立基层法庭法律援助工作站，力促法院审执工作与法援工作紧密结合，为当事人指定法律援助36件次。加大司法救助力度，对经济确有困难的285名当事人缓、减、免交诉讼费15.87万元。将刑事案件受害人、道路交通事故受害人及老、弱、病、残申请执行人作为重点救助对象，为31名救助对象发放救助资金127.2万元。

【司法公开】 完善“四大平台”，推进司法公开，打造“阳光法院”。深化审判流程公开、裁判文书公开、执行信息公开、庭审公开“四大公开平台”建设，依法应当公开审理的案件，一律公开审理，依法应当公开的裁判文书一律上网公开。在法院诉讼服务中心大厅电子显示屏和法院官方网站上及时公开开庭公告，所有依法公开审理的案件都允许群众旁听。全年在中国裁判文书网公开裁判文书2891份。注重发挥人民陪审员在化解“案多人少”方面的作用，70名陪审员参与审理案件408件，普通程序案件陪审率达98%。开展“走近法院、走进法庭”“主题开放日”活动13次，邀请社会各界群众参观法院建设、旁听案件庭审、开展模拟法庭，拓宽司法公开广度和深度。

【司法宣传】 将信息化技术运用到诉讼服务领域和法院建设，建设“两微一网”，加强司法宣传，打造“智慧法院”。拓宽宣传渠道，建立新闻发布会制度，主动公布重要司法举措和大要案审理情况。开通官方微博、微信公众号、今日头条客户端、官方网站“两微一端一网”新媒体平台，向社会展现法院最新工作动态，发布法治要闻、案例评析、拍卖公告、失信被执行人信息等。县法院官网日均访问230余人次，微博、微信有“粉丝”1200余人，发布各类信息250余条，回复网友各类问题70余条，受到网民关注和点赞，提升法院形象。

【司法体制改革】 坚持公平公正、竞争择优、突出办案实绩、向审判一线倾斜的原则开展入额法官遴选。合理配置权力运行机制，成立刑事、民

2017年11月24日，法院开展举办少年法庭模拟现场

法 院 供

事、行政、执行四个专业法官会议，建立“法官+法官助理+书记员”新型审判团队组合模式。把握“让审理者裁判，由裁判者负责”总体要求，规范审判委员会职能、落实院庭长办案制度等改革，院、庭长主审案件占结案总数的40.5%，员额法官全部回归一线办案。

【刑事诉讼制度改革】 制定《关于全面推进以审判为中心的刑事诉讼制度改革的实施方案》和《关于规范庭前会议程序、规范证人、鉴定人出庭作证程序、依法切实保障被告人、律师权利的规定（试行）》，推进庭审实质化，严守防范冤假错案底线。严格实行非法证据排除规则，通知证人、鉴定人、侦查人员出庭作证7人次，为可能被判处三年以上有期徒刑被告人全部指定律师出庭辩护。落实司法人权保障举措，建立侦查讯问录像移送庭审质证制度。健全轻微刑事案件快速办理机制，32%的刑事案件运用快速办理机制审结，平均审理天数13.5天。

【繁简分流机制改革】 制定简单案件与复杂案件的区分标准和分流规则，成立小额速裁团队（下设2个“法官+书记员”的速裁组），采取随机分案为主、指定分案为辅方式，探索实行示范诉讼和简化裁判文书，实现简案快审、繁案精审。小额速裁团队审结案件850件，法官人均结案425件，结案率为98.84%、调撤率为85.47%。

【家事审判方式和工作机制改革】 发挥“全国家事审判改革试点法院”作用，建立“家事审判庭”，聘请6名家事调查员和家事调解员。印制《家事案件诉讼指南》《关于婚姻，这儿点常识一定要懂》《夫妻劝和歌》等宣传资料，引导夫妻双方理性对待婚姻中存在的问题。引入诉前“离婚案件100问”和《离婚风险十本账》，及时了解当事人对矛盾处理和化解倾向意见。向准予离婚当事人发放《离婚证明书》，简化证明手续，保护当事人隐私。在家事审判中注重修复家庭关系和维护妇女儿童权益，对夫妻双方均不愿意抚养子女案件判决不准离婚。家事审判庭受理婚姻家庭类案件422件，审结375件，结案率88.86%，调撤率为70%。县法院家事审判庭被评为全市法院优秀家事审判合议庭，2名法官分别获得全国和全区维护妇女儿童权益先进个人。

2017年3月3日，法院与宗教人士一起调解案件

法　院　供

【多元化纠纷解决机制改革】 制定《关于进一步开展诉讼与人民调解诉调对接工作的意见》，将法庭庭长、司法所所长任命为各乡镇综治服务中心副主任，形成解纷合力。在院内建立诉调对接中心，在5个基层法庭全部建立温馨调解室，诉前调解案件468件。完善生态移民巡回法庭，服务“脱贫攻坚”工程，妥善化解矛盾纠纷21起。主动服务全域旅游示范县创建工作，强化沙湖景区巡回法庭服务功能，建立“电话、接访、巡回、上门”等多种途径快速立案机制和“导诉、立案、调解、执行”一站式便民服务机制，开展法制宣传、法律咨询、诉前调解等工作。巡回法庭处理旅游纠纷案件16件，提供法律咨询550余人次，为游客挽回经济损失42万余元。

司法行政

【概　况】 2017年，加强队伍建设，不断提高整体素质，深化矛盾纠纷调处，开展矛盾纠纷排查，深化社区矫正管理、安置帮教，强化特殊人员稳控监管，深化法治宣传教育，提升全民法治

素养，实施法律惠民工程，为民服务提质增效

【队伍建设】 加强领导班子建设，发挥排头兵作用。落实党组织主体责任和三重一大制度，定期召开党风廉政专题会议。班子成员带头调查研究，解放思想，深入基层、深入群众，查找工作中存在问题和不足，解决实际问题，确保班子成员和干部队伍无违法违纪行为发生。推进“两学一做”学习教育常态化、制度化。采取集中学习、自主选学、交流心得等多种形式，夯实党员干部理论基础，实现“两学一做”学习教育常态化、制度化。全年开展“两学一做”学习教育专题讨论4次、党委中心组学习10次，党员学习20余次，党委书记集中讲党课2次。加强作风建设，筑牢廉洁思想防线。开展中央八项规定“回头看”和持续整治“四风”活动，严肃组织纪律和廉洁准则，严格执行五不分管等制度，未发生违反四风问题。以“作风效能提升年”活动为契机，打牢服务为民思想根基，提升司法行政队伍整体素质。加强业务能力建设，提高服务水平。开展法律业务知识学习和遵纪守法教育，采取岗前教育、集中培训和日常学习等多种方式，提高工作人员法律知识水平，做到知法、懂法、用法、守法，提高依法办事、秉公执法工作意识。加强制度建设，提升服务意识。建立完善首办责任制、限时办结制、责任追究制等十余项制度，增强司法为民服务意识。

【矛盾纠纷调处排查】 以巩固提高窗口单位建设和星级司法所建设攻坚年活动为抓手，加强基层司法所软、硬件建设，改善服务和工作环境，群众办事和监督更加便捷，提升司法行政公信力。创建宝丰、陶乐司法所为五星级司法所，灵沙、高仁司法所由四星级司法所升格为五星级，五星级占92.3%，四星级占7.7%。全面完成星级司法所创建任务。完善以人民调解为主业，构建以乡镇调委会为核心，以村（居）、企事业单位调委会为基础，以行业性专业性调委会为重点，以说和室、工作室、调解小组为补充的多层次、全覆盖的人民调解“四张网”组织体系。结合各乡镇换届选举，调整人民调解组织人员，新招聘专职人民调解员10人，组织培训87余场次，发放“以案定补”资金16.4万元。全县建立乡镇人民调解委员会13个，村（居）人民调解委员会167个，队（组）、楼（院）人民调解小组1048个、6个行业性专业性调解组织，人民调解员3886名。加强矛盾纠纷预防、排查、调处力度。按照“排查得早、发现得了、控制得住、处理得好”原则，健全完善矛盾纠纷排查调处工作机制，将日常常规排查和重大节假日集中排查相结合，将辖区内全面排查与有针对性的重点排查相结合，形成全覆盖、无盲区的网格化大排查工作格局，采取敏感时期超前排查、共性问题联合排查的大排查大调处措施，防止“小事拖大，大事拖炸”问题发生。中共十九大前开展矛盾纠纷“大排查大调处”专项行动，形成“123”工作法（即列出时间表、流程图和路线图、责任清单、问题清单和统计清单），配合乡镇全方位开展矛盾纠纷排查调处工作。完善多元化解决矛盾纠纷机制，以人民调解为基础，发挥“三调联动”作用。联合县人民法院建立诉前人民调解委员会，推动多元化纠纷解决机制建设，优化司法资源配置，维护辖区和谐稳定。将诉前调解室阵地延伸在5个基层法庭成立人民调解工作站，发挥司法行政指导人民调解化解矛盾纠纷作用，将矛盾问题化解在萌芽，化解在基层，防止矛盾激化，发挥人民调解“第一道防线”作用。全县各级各类人民调解组织排查调处矛盾纠纷2337件，调处成功2268件，其中疑难复杂纠纷740件，调处率100%，调处成功率97%。

【社区矫正管理、安置帮教】 抓社区服刑人员入矫教育，全年接收委托调查156人，接收社区矫正人员172人。对新接收社区服刑人员制作首次谈话笔录172份。对6个月以上服刑人员实行签

订保证人保证书制度，签订保证书122份。建立社区矫正执行档案和工作档案，建档率达100%。发放《社区服刑人员手册》172本，学习笔记122本。做好社区服刑人员入矫工作无缝衔接，在服刑人员接收及分流上做到两个“无缝衔接”，杜绝过去出现社区服刑人员随意报到现象。全年接收刑满释放人员224人（监所释放82人，社区矫正转安置帮教142人）。落实走访排查制度和开展警示教育，司法所会同各乡镇、派出所等部门进行全面排查，掌握两类人员思想动态和生活情况。对排查出的重点人员，制定有针对性的矫正措施，重点监控，责任到人。组织全县135名社区服刑人员到监狱开展警示教育；组织8名未成年社区服刑人员及监护人到石嘴山市看守所开展警示教育。严格履行请销假制度，做好社区服刑人员报备工作。重大节假日及活动期间，严禁社区服刑人员请假外出，对社区服刑人员确需就医和家庭出现重大变故的严格把握审批条件，明确监管主体，落实监管责任人。对违反监管规定，符合给予警告、提请治安管理处罚条件的，按照有关程序办理；对符合收监执行条件的，收集证据材料，依法提请人民法院撤销缓刑、建议收监执行。每天对社区服刑人员进行手机定位，社区服刑人员自觉接受手机定位监管，保持24小时开机，不得借欠费、没电等原因而关（停）机，不得人机分离或由他人携带，一经发现，给予警告。

【依法治县】 起草《2017年全县普法依法治理工作要点》《2017年全县法治县创建工作要点》《2017年平罗县全面推进依法治县工作要点》等重要文件，经县委、县政府会议研究下发，明确责任目标，工作任务。增强单位部门依法决策、依法行政、依法执政、依法监督能力，建立县、乡、村（社区）三级联创的法治县创建工作格局。

【法治宣传教育】 联合县委宣传部、组织部、人社局制定印发《关于完善国家工作人员学法用法制度的实施意见》，对公务员学法用法内容和形式提出明确要求。针对重点普法教育对象开展法治宣传教育活动37余场次，开展公职人员法治教育讲座2期。创新普法宣传方法和途径，组织协调普法讲师团成员、法治宣传志愿者等人员，结合各项法律法规颁布实施纪念日、“12·4”国家宪法日等重大节假日，集中开展各类专题宣传活动267场次，现场解答法律咨询3200余人次，受教育人群达7.8万余人。制定印发《关于开展平罗县2017年度“百名法治模范”“十大法治人物”“十大法治新闻”评选活动的通知》，各单位各乡镇报送“百名法治模范”35人，“十大法治新闻”20条，经县委、县政府研究公示后，推荐5名“百名法治模范”、4条“十大法治新闻”作为平罗地区候选上报市局。结合“全国民主法治示范村”推荐申报要求，下发推荐通知，收到申报单位18个，推荐上报头闸镇西永惠村为“全国民主法治示范村”平罗地区候选单位（已由市局正式上报区厅）。

【法治文化阵地建设】 结合民族乡镇特色，打造灵沙乡“法治文化广场”法治文化阵地建设项目，项目投资24.18万元。以高仁乡辖区244国道两侧、乡人民政府周边为宣传点，打造高仁乡3公里长法治文化长廊，内容涵盖法律知识、矛盾纠纷调解、社会综合治理、信访维稳、安全生产、食品安全、交通安全、禁毒、反邪教、精神文明建设等方面，实现法治宣传形式的丰富和创新，将宣传教育与环境美化结合。

【法律援助】 重视法律援助为民办实事工作，以办实案、办高质量的法律援助诉讼案件为标准，严格规范法律援助案件受理和指派等办案程序，鼓励律师多承办法律援助诉讼案件，确保法律援助为民办实事工作落到实处。全年受理法律援助案件826件，免费为群众代写法律文书704份，免费为5132人提供法律咨询服务，为群众挽回经济损失2720.61万元。通过整合律师、公证员和基层法律服务工作者等法律服务优势资源，建立法律援助体系，扩大法律援助范围，不断畅通法律援助绿色通道。拓展法律援助工作站建设，在县法院5个法庭建立法律援助工作站。以“法律援助集市行”“三下乡”、建立法律图书角等形式深入基层，开展法治宣传教育活动。建成覆盖全县13个乡镇40个法律援助工作站，168个法律援助联系点。

【服务扶贫攻坚】 组建法律援助律师团，为贫困村提供法律咨询、公证、援助服务，对贫困人员摸排建档立卡，摸清底数和贫困情况，将扶贫工作落实到位。扩大受援范围，简化受援程序，让困难群众坐上法律援助“直通车”，实现“应援尽援、尽援优援”。

【公证便民服务】 完善公证服务方式，在办理公证案件过程中，实行边办案、边服务、边普法，实现普法和依法治理相结合；推行公证一条龙、一站式个性化服务，实行咨询、受理、出证由一人办理；对急需办理公证的群众开通绿色通道，实行预约、延时、错时服务，为老年人、残疾人、孤寡老人等提供上门办证服务。全年办理公证业务1717件，其中国内公证业务1674件，涉外公证业务43件。发挥公证职能作用，围绕精准扶贫工作开展对困难群众提供免费公证服务。为420余名办理公证的困难群众减免公证费用8万余元，为全县市场经济建设和维护社会稳定提供法律服务。

【律师参与信访法律服务】 建立律师参与信访法律服务工作机制，推行律师在信访督办局值班制度。要求律师参与法治宣传、涉法涉诉信访、法律援助和人民调解等工作，引导群众合理表达诉求。发挥律师职能作用，组织律师参与涉法涉诉值班和法律援助工作。全年参与信访值班51次，免费为群众咨询280余人次。完善律师工会值班制度，免费为困难职工解答法律咨询。律师参与工会值班24次配合工会深入企业、厂矿等地进行法律知识宣讲，讲课5场次，380多名企业职工接受法治教育。

军　事

【综　述】 2017年，全面贯彻落实强军目标重大战略思想，紧密结合听党指挥、能打胜仗、作风优良目标任务，按照“两学一做”学习教育常态化制度化要求，围绕“维护核心、听从指挥”主题教育和学习宣传贯彻中共十九大精神，突出国防动员、民兵预备役建设、党管武装和双拥共建设等重点，有力推进各项工作落实，圆满完成年度工作任务。

【思想政治教育】 搞好两项重大教育。按计划分步骤开展“两学一做”学习教育常态化制度化和“维护核心、听党指挥”主题教育，采取集中辅导、个人自学、交流心得、笔记展评等方法，坚持把“两学一做”融入日常，抓在经常。围绕“深刻理解确立习近平主席核心地位的重大意义和实践要求，坚定维护核心、看齐追随的政治自觉”“积极投身改革强军伟大实践，以实际行动彰显革命军人的忠诚担当”“大力弘扬光荣传统、传承红色基因，毫不动摇坚持党对军队绝对领导”坚持把中央军委主席习近平系列重要讲话等内容作为重点强化理论武装，始终把坚持党对军队的绝对领导作为强军之魂，高度重视从思想上、政治上、行动上始终同党中央、中央军委保持高度一致，坚持维护党中央、中央军委权威，坚决听从党中央、中央军委指挥。“认真学习贯彻中共十九大精神，庆祝中国人民解放军建军90周年大会上的讲话精神，凝聚起强国强军强大意志力量”五个专题教育内容，教育引导干部进一步铸牢忠诚品格、聚力强军兴军，要以习近平主席强军思想为指引，永远以党的旗帜为旗帜、以党的方向为方向、以党的意志为意志，牢固树立“四个意识”，汇聚起强军磅礴力量，为实现

"两个一百年"奋斗目标和中华民族伟大复兴的中国梦而努力拼搏。把学习宣传贯彻中共十九大精神摆在重要位置，作为一项政治任务，积极主动抓紧抓好抓出成效。采取集中辅导、理论讲解、个人自学、撰写心得、座谈交流、笔记展评等办法，做到"三个一遍"，中共十九大报告和新《党章》至少通读一遍，背记一遍、全文抄写一遍。撰写心得体会每人不少于4篇，更新营区宣传中共十九大精神专栏10幅。学习部队改革实践的系列文件指示，深刻领会习近平主席、中央军委和上级党委决策部署的重大政治意义和深远战略谋划，教育引导干部、职工积极支持拥护改革、投身改革。

【国防动员】 国防动员基础建设。对各专业办公室进行效能目标管理，搞好业务培训和专业训练，提高人员素质和能力。平罗县综合得分99.1分。

兵员征集。完成适应青年网上兵役登记，组织征兵工作人员进行各项业务培训，掌握体检新程序，执行廉洁征兵新措施，按照报名、体检、政考、预定、定兵五公开原则和优先征集高学历青年，优先征集党（团）员标准，落实新兵和直招士官征集任务，办理女兵手续。

退役士兵服预备役登记。接收登记退出现役士兵服预备役，准确掌握服兵役期间的基本信息，为战时动员、参战支前储备详细数据。

年度民兵整组工作。集中力量编实应急队伍、支援队伍、储备队伍等基干民兵队伍，编齐配强干部队伍和民兵骨干力量，通过民兵整组促进民兵队伍整体建设质量上台阶。

【思想作风建设】 抓好创新理论学习。按照党委中心组带首长机关学习计划，组织"两学一做"学习教育、"维护核心、听党指挥"、作风建设、中共十九大精神四个专题学习，落实每月2天集中学习时间，严格干部学习考勤补课，搞好学习理解转化，结合学习宣传贯彻中共十九大精神，准确把握新时代中国特色社会主义理论，提高全体干部理论基础和政治素养。

【双拥共建工作】 始终把支援地方经济建设，参加和谐社会建设和积极推进"双拥"工作发展作为重要政治任务来抓。

主动参与精准扶贫工作。响应习近平主席坚决打赢脱贫攻坚战号召，筹措3万元重点帮扶高仁乡曹文奇等8户贫困家庭实施精准扶贫，经常入户了解困难，解决生产生活问题，重大节日入户慰问，让贫困家庭感受党和政府的关怀。主动与贫困学生结成帮扶对子，集中对高仁乡八倾村马军等23名贫困学生实施资助，资助现金20200元。

参加地方经济建设。组织机关干部、职工参加城关镇许家桥村农田水利建设，开挖排碱沟100米，土方375立方米。

开展军民共建清真寺活动。投入3万元，与黄渠桥镇黄渠桥村清真寺、城关镇园林场清真寺开展军民共建清真寺活动。帮助清真寺建立图书室，配备桌椅、资料柜、图书，制作展板、悬挂图片等硬件设施，利用民族节日走访慰问，开展爱国主义和民族团结政策教育，使广大信教群众知党恩、报党情，争做维护民族团结和社会稳定的模范。

（高　臣）

【政治工作】 4月上旬至12月31日，开展"维护核心、听从指挥"主题教育活动。这项活动围绕迎接中共十九大胜利召开、学习贯彻十九大这条主线，突出忠诚核心、拥戴核心、维护核心这个根本，用好赞颂新成就，展示新面貌这个载体，抓住助力改革强军、助推备战打仗这个落点，把学习贯彻习近平主席系列重要讲话精神特别是"军事篇""改革篇""国动篇"贯穿始终，与全面彻底肃清郭伯雄、徐才厚流毒影响结合起来，聚力强军兴军，坚决维护习近平主席这个核心，坚决听从党中央、中央军委和习近平主席指挥展开的，教育活动贯穿全年。

（高　臣）

【人事改革】 2017年，是军区机关及所属部队规模结构和力量编成、编制体制实质性改革的一年。按照部队隶属关系重新对军政主官进行任职，任命李刚为平罗县人武部部长，赵登科为平罗县人武部政治委员；重新调整人武部党委班子成员。党委第一书记朱剑（县委书记）、书记赵登科（人武部政委）、副书记李刚（人武部部长）。党委成员按程序增补。

2017年2月13日，平罗县人武部组织召开年度民兵整组工作会议　　胡　枫

2017年1月至11月，平罗县人武部组织实施精准扶贫工作　　王明军

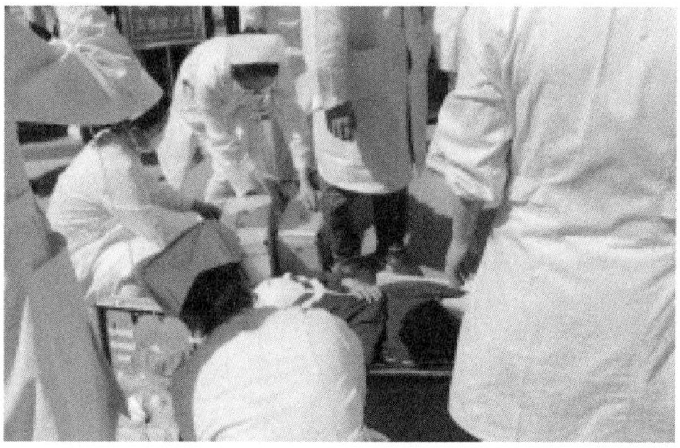

2017年5月12日，平罗县人民政府组织多部门、驻平部队等地震应急救援演练　　周宁山

2017 年 9 月 28 日，宁夏军区司令员郑威波少将到平罗县人武部检查指导工作

胡 枫

2017 年 7 月 5 日，石嘴山军分区司令员刘崇贵到平罗县人武部检查指导工作 胡 枫

2017 年 3 月 29 日至 31 日，平罗县人武部部长李刚深入乡镇检查民兵基层全面建设 胡 枫

社会管理

政务服务中心

【概　况】 2017年，以开展作风效能提升年活动为抓手，坚持“高效、便民、规范、廉洁”原则，深化政务服务改革，简化办事程序，提高办事效率，规范行政行为，以公开透明、办事廉洁高效的政务服务体系，为企业、城乡居民提供服务，助力市、县发展大局。

【简政放权，优化服务】 做好国家及区、市取消和下放审批事项的对接。全面清理并逐步取消各部门非行政许可审批事项，精简前置审批，推行前置审批与项目核准“并联”办理。按照自治区“政务云”试点县建设工作要求，对照自治区公布的县级保留行政审批事项，清理23个部门涉及审批事项和公共服务事项。清理整顿后审批的事项为270项，其中：行政许可类179项，行

11月27日，县政务服务中心搬迁新办公大楼导服咨询台

政务服务中心　供

11月27日，新环境政务服务受理前台　政务服务中心　供

政确认24项，其他服务事项67项；办结时限由原来总事项3985天压缩到1724天，在原来压缩50.46%基础上再次压缩8.7%；平均办理承诺时限由原来18.3个工作日，压缩至9.3个工作日，提速50.7%。

【推进政务服务大提速】 作为自治区“政务云”平台应用试点县，将住房城乡建设、环境保护、市场监管、消防等23个部门行政许可事项及服务事项，按照自治区政务云平台建设“三表一图”要求，对电子政务平台上的审批事项、办理条件、法律依据、办事流程、岗位设置、人员职责、表格规范、承诺时限等进行梳理优化，变多网受理为一网受理，实现一窗受理、一网通办。通过业务内网等方式在中心和乡镇民生中心办件量16.74万件，办结率100%。以“云惠宁夏·服务城乡”为统领，以“政务云”推广应用为抓

手，按照打造基层政务服务的一张信息网络、一套应用系统、一个便民窗口、一支服务队伍和一套保障制度“五个一”要求，依据权力清单、责任清单和相关法律法规，按照梳理制定的27项基层政务服务事项，制定全县统一的标准化模板，明确事项办理主体、流程及时限等内容。按照自治区“云惠宁夏　服务城乡”工作要求，政府投资42万元，为13个乡镇、101个行政村配置高拍仪127台、证照打印机20台，制卡机4台，对网络提速升级。按照《自治区民政厅、信建办、政务服务中心〈关于加快实现乡镇（街道）民政类政务服务事项不见面马上办〉的通知》要求，实现“民政云”和“政务云”应用平台数据整合，在陶乐镇、姚伏镇、黄渠桥镇3个乡镇设立试点落实“老年证”“高龄低收入老年人基本生活津贴证”“60周岁以上农村籍退役士兵生活补助卡”县证乡制工作，群众在乡镇民生中心可就近办理，使城乡居民感受到“政务云”平台带来的实惠。

【证照清理清查】 按照自治区、市关于实现政务服务“最多跑一次”“不见面马上办”相关工作要求，做好改革前期工作。组织入驻窗口部门，将各窗口办理事项种类、办理流程、受理过程所需资料、办理时限、缴纳费用、办理结果等环节再次梳理，最大限度精简办事环节和办事时限，减少群众和企业上门办事次数，梳理全县第一批30项“最多跑一次”事项。做好清单内外证照清理规范工作，抽调专人配合县编办做好全县清单内外、不列入清单、整合事项证照清理规范工作，对全县106项事项法律依据、法定时限、承诺时限审核审查，为实现政务服务“不见面马上办”“最多跑一次”事项最大化打下基础。

【推行政务服务标准化】 按照统一确定原则，编印县、乡镇两级行政审批项目标准流程，明确县、乡镇两级项目标准办理环节、步骤、整体办理时限和各环节标准办理时限。开展多次事项清理工作，统一规范县、乡镇两级行政审批项目，公布通用目录，公布行政审批事项纳入县政务服务中心和乡镇民生服务中心集中办理，实现县、乡镇两级政务服务中心行政审批项目名称和标准统一。打造政务服务标准化，把加强窗口人员服务礼仪和业务培训纳入全年工作计划，安排专项经费，制定培训计划，邀请专业礼仪老师对入驻窗口23个部门和中心57名工作人员打造服务新形象、对沟通技巧、职业压力疏导和业务办理等方面讲解，服务礼仪规范化实操示范；邀请希望公司工程师为乡镇民生中心、村级为民办事全程代办点受理人员162人开展3期“云平台”实操培训。以搬迁新公共服务大楼为契机，印发《关于认真做好新政务服务大厅进驻工作的通知》，对入驻人员身份、工作期限、业务能力进行明确要求，确保中心窗口工作标准、规范。

【完善服务制度，优化服务环境】 实行中心领导带班制，负责协调、督促承办单位按时办结审批事项，完善“一站式”服务功能。出台双休日预约服务制、延时办结制、限时办结制、一次性告知制、公开承诺制等工作制度。实行特殊时期特殊对待，在不动产抵押办件高峰期，安排不动产、房产、税务、银行等部门将上午上班时间提前1小时，下午下班时间推迟1小时，中心整体上班时间由过去的早9点提前至8点半。落实首

3月3日，三八节来临之即，举办妇女运动会

问责任制，明确规定首问责任人，首问责任人要认真履行工作职责，不准搪塞、拖沓或不作为。严谨工作制度，注重平时督察检查，针对窗口工作人员着装不整齐、不挂牌上岗、态度不热情、不文明用语等行为加大惩处力度，严格考核措施，增强窗口服务意识，规范服务行为，提升服务质量。开辟“绿色通道”，对进入大厅办事“老、弱、病、残”人员，设立“无障碍服务绿色通道窗口”，对重点工程和招商项目开设全程代办“绿色通道”，实行专人负责、急事急办、全程跟踪、综合协调全方位服务，为推进项目落户、企业入园、项目开工等营造勤廉高效、服务优良政务服务发展环境。

【新大厅搬迁】 新大厅设立综合审批服务区、企业办税服务区、效能监察投诉中心区、便民服务区、市民热线工作区、自助服务区，设立临时档案室。县政府督查室以督办件形式，对各单位事项进驻、人员进驻、窗口授权、便民服务机构进驻情况督察，做到“行政审批事项”无特殊情况全部进驻，便民服务事项必须无条件进驻。新中心投入运行后进驻单位增至30个，进驻人员增至166人，提升服务环境和服务能力。

信访督办

【概　况】 2017年，从维护和谐稳定大局出发，以打造“人民满意信访”为目标，以打造阳光信访、责任信访和法治信访为引领，以开展信访“责任落实年”活动为抓手，在创新群众工作方法、解决信访突出问题上有新进展，有效化解一大批事关群众切身利益、影响社会和谐稳定的突出信访问题，全县信访总体形势平稳可控并持续向好。局长吴忠山被评为“全国信访系统先进个人”，国家局和自治区领导多次调研观摩平罗县信访规范化和信息化建设工作，对平罗县信访工作做法表示肯定并给予高度评价。

【初信初访】 全县受理、接待、登记办理群众来信来访、网上投诉396件639人次。其中：集体访23件227人次，较上年同期批次、人次分别下降71.95%和74.83%；个体访73件112人次，较上年同期批次、人次分别下降70.08%和72.62%；受理来信61件次，网上投诉239件次，网上投诉率为60.35%。信访部门信访事项及时受理率、按期办结率均为100%，群众满意率为98.8%，全县上访总量较上年同期明显下降。

【化解信访案件】 县委常委会、政府常务会多次听取信访工作汇报、研究重要信访事项，县委、县政府主要领导亲自接待上访群众。制定《平罗县处级领导干部约访工作实施方案》县四套班子领导根据各自分工，主动约访各乡（镇）、各部门信访群众，处理分管领域、分管系统突出信访问题，县处级领导干部约访信访事项18件，化解12件，正在化解6件。对全县范围排查出38件涉及拆迁安置、土地流转及确权等方面重点突出信访问题和18件区、市交办重点信访问题，实行县领导包案限期集中化解制，办结11件，稳控5件，引导到法律程序2件；自行排查出重点信访事项38件，办结15件，稳控2件，引导到法律程序5件，16件正在按期办理。加强和规范联合接访工作，每期三个月分别从全县各乡镇领导班子成员中抽调副科级领导干部到县信访接待大厅接访，发挥乡镇、部门联动优势，及时就地解决信访问题。各乡镇接访人员参与接访200余次，现场成功解决信访问题76件。

【规范化建设】 严格执行《平罗县关于加强信访规范化建设实施意见》文件精神，规范信访事项办理程序，定期开展自查，对各责任单位存在不规范问题及时通报，督促整改，杜绝信访业务流程中粗、疏、漏等问题。实现重复访、越级访、进京访等重要信访事项办理程序规范化。抓信访信息系统深度应用，全县13个乡镇、16个县直部门网上信访信息系统及视频接约访高清同步录音录像设备运行良好，群众来信、来访、来电、网上投诉等不同形式受理的信访事项全部纳入网上信访信息系统统一流转、统一运行。要求责任单位信访工作人员耐心引导信访人优先通过“宁夏信访”微信公众号、“宁夏信访”手机APP，自治区信访局官方网站网上投诉板块进行网上信访。借助信访系统短信告知平台，引导群众对信访事项办理情况满意度评价，提高参评率。成立由律师、各类专业人员及人大代表等组成的平罗县信访事项复查委员会暨专家咨询委员会，完善信访事项办理、复查工作机制，规范信访人依法逐级信访行为，推动信访事项依法终结。全年召开信访听证会8次，依法处置违法信访行为6批29人次，维护信访秩序，树立依法信访正确导向。

【落实责任制】 制定印发《平罗县处级领导干部约访工作实施方案》，深化领导干部群众观念和维稳责任，形成齐抓共管工作格局。修改完善《平罗县信访工作目标管理考核实施细则》。深化“五无”乡镇、部门、无上访村（社区）创建活动，细化认定条件和结果运用。开展信访督察工作，严肃信访工作责任追究制，对因决策不当，不作为，乱作为，引发信访问题或者造成矛盾激化的，按照有关规定，提出责任追究建议，树立失责必问、问责必严的鲜明导向。

【规范秩序】 建立健全应急预案和工作台账，制定印发《平罗县矛盾纠纷排查调处工作实施方案》，规范矛盾纠纷排查调处工作，按照“三抓”（抓重点人员、抓重点部门、抓重大节假日）工作法，落实情报信息每日汇集、每周分析、每月研判和重要敏感期“一日一分析研判”制度，及时跟进处置，最大限度地把问题解决在基层，把人员稳控在属地。全年梳理排查出不稳定因素56宗，重点稳控人员103人，明确责任单位和包案领导，全部稳控在当地，妥善化解处理。在党的十九大等重点时期，建立县级领导每日坐班接访制度和乡镇、部门领导每日坐班接访制度，畅通群众信访诉求表达渠道。集中组织拉网式矛盾纠纷大排查，对凸显和潜在各类矛盾纠纷逐一登记造册，及时跟进掌握信访动态，逐案逐人落实到位，对重点突出信访问题和上访人员制定详细化解、稳控方案。在全国“两会”和中共十九大等重点时期均未发生进京到重点地区上访。

【“人民满意信访”建设】 制定《平罗县关于开展建设“人民满意信访”主题活动的实施方案》，结合“作风效能提升年”大走访活动，查找出突出问题16条，坚持立行立改。召开打造“人民满意信访”活动推进会，压实责任，推动活动上台阶。开展县处级领导约访、局领导包部门、包乡镇，化解关系群众切身利益重点信访问题。由县信访督办局主要负责人带领班子成员深入各乡（镇）在“两代表一委员”中，开展“人民满意信访”大讨论活动，宣传引导群众网上信访。

机构编制

【概　况】 2017年，围绕和服务全县经济社会发展大局，以深化改革为主线，强化服务意识，将改革、服务、管理贯穿工作始终，加快推进政府职能转变，推进事业单位分类改革和重点领域改革，控制和优化配置编制资源，破解影响经济社会发展的体制机制障碍，为全县经济社会持续发展提供有力支持。

【行政审批改革】 按照国务院及区、市有关通知，对县直各有关部门行政审批工作和权责清单制度建设工作专项督查。做好取消和下放行政审批事项衔接落实工作，行政审批事项严格实行目录管理，对于取消行政审批项目，一律停止实施，明确要求不得搞变相审批；对于下放行政审批项目，做好衔接工作，规范审批流程，健全完善管理制度，导入电子政务平台，进驻政务服务中心办理。全县保留行政审批事项180项，比

2013年的410项减少56.1%。通过深化行政审批制度改革，压减行政审批事项，推动审批职能配置科学化、合法化、公开化、透明化，加快政府职能转变，减轻企业负担，最大限度激发市场和社会活力。

【权责清单制度建设】 按照自治区编办部署和要求，推进权力清单录入公示系统建设。向社会公布的24个行政职权部门（单位）的3015项、乡镇的75项行政职权信息数据全部录入全区权力清单公示平台中。促进政府权力网上公开长效机制的建立，初步实现政府权力事项统一公开和权力运行数据电子化、信息公开化，便于社会监督，让权力在阳光下运行，为企业、群众办事网上查询提供便利，促进提高行政效能，优化政务环境。实行权力清单和责任清单动态管理，制定印发《平罗县权力清单和责任清单动态管理实施细则》，建立动态管理长效机制。权力清单和责任清单有行政职权增加、取消、下放、变更等情形的，根据法律法规立改废、机构和职能调整等情况，运用动态管理实施细则及时调整权力清单，并向社会公布。各单位上报调整事项119项，取消42项，变更68项，新增9项，正在进行合法性审查。

【证照清理】 深化简政放权、放管结合、优化服务改革，解决企业和群众“办证难、办事难”问题，按照中央及自治区、市安排部署，推进增加企业和公民负担证照清理工作。对县政府部门及其所属机构依据行政权力或公共资源向企业、公民核发的各类证照全面梳理，精简优化权力清单范围内证照事项，清理规范权力清单范围外证照事项，为企业松绑减负，最大限度利企便民。组织全县各相关单位参加市编办举办全市增加企业和公民负担证照清理工作培训班，就证照清理范围、目标、口径、方法、要求、报批程序等内容讲授，确保全县证照清理工作按时有序推进。组织各部门对本单位及所属机构办理各类证照（办理结果证照、申请材料中的证照）全面摸底梳理，逐条列明证照名称、设定依据、申请材料、办理时限、收费及依据、年检（年报）、培训等，提出保留、取消或调整优化意见，为全面清理打好基础。梳理县级办理证照126项，其中清单内116，清单外10项。

【行政审批改革试点】 按照平罗县空间规划（多规合一）改革试点阶段工作要求，制定《平罗县空间规划（多规合一）建设项目行政审批改革试点方案》，解决建设项目审批政出多门、“肠梗阻”问题，规范空间规划审批行为。编制建设项目审批流程，压缩审批时限，提升审批效率。

【事业单位分类改革】 推进承担行政职能事业单位改革试点工作。报经县委、县政府审核通过《平罗县承担行政职能事业单位改革试点工作实施方案》，明确承担行政职能事业单位改革试点范围、指导思想、原则，内容、相关政策及时间表和路线图，待自治区编办审批后下发组织实施。协调自治区编办做好机构整合、编制置换等相关工作，确保承担行政职能事业单位改革试点工作落到实处。推进生产经营类事业单位改革和公益类事业单位改革。按照自治区编办工作要求，做好经营类事业单位摸底调查工作。按照政事分开、事企分开原则，科学确定机构名称，清理规范职责，将事业单位承担行政职能逐步剥离，发挥事业单位公益服务职能。推进行业体制改革。做好卫生体制改革、检验检测机构认证机构整合改革、国有林场改革等行业体制改革涉及体制机制和机构编制调整工作，推进行业体制改革。落实全县3个国有林场机构编制方案制定和编制调整等工作任务。

【保障服务能力提升】 在坚持机构编制严管严控基础上，通过科学配置机构编制资源，把有限编制资源向经济社会发展重点领域和薄弱环节倾斜，发挥机构编制资源在服务和改善民生中重要保障作用。落实全县乡镇司法所机构升格有关事项，将全县13个乡镇司法所机构升格为副科级，核增副科级领导职数13名。拟定《平罗县社会保险事业管理局机构编制方案》，协调市编办，做好社保经办机构整合有关事宜。协调自治区、市编办做好县价格认证中心更名、健康教育所机构设立等事宜。按照自治区党委办公厅、人民政府办公厅印发《贯彻落实〈关于深入推进城市执法体制改革城市管理工作的实施意见〉任务分工方案》通知精神，做好平罗县城市执法体制改革调查摸底工作，提出初步改革思路。拟定《乡镇职能配置机构设置和人员编制规定》，协调自治区编办做好相关工作。协同人社部门做好空编部门人员补充审核工作，审核招录行政事业单位人员134名，改善基层单位人员短缺和专业技术人员匮乏状况。

【机构编制管理】 以机构编制实名制数据库为基础，对各部门单位机构编制和实有人员信息核实、修改和完善，提高数据真实性和完整性。以每月财政管理一体化人员信息审核和年度财政预算人员审核为抓手，每月对编制实名制信息管理人员动态管理，及时更新编制人员信息，规范机构编制管理流程，建立健全机构编制管理信息台账，健全实名制管理机制。坚持机构编制集中统一管理和“一支笔”审批制度，执行控编进人、核减审核制度，严管严控机构编制。按照严控总量、盘活存量、优化结构、增减平衡要求，创新管理思路，加强编制动态调整力度，核减使用机关工勤岗位和事业单位全额预算事业编制67名，对分类确定为公益一类且财政全额拨款，但现仍然使用差额拨款或自收自支事业编制的5个事业单位64名事业编制调整置换为56名全额预算事业编制，规范事业编制管理。

【事业单位登记管理】 做好事业单位法人年度报告公示工作和统一社会信用代码存量转换工作。对网上审核通过176家事业单位，进行新版证书发放更换工作，全面落实全县事业单位由法人证书登记号转换为统一社会信用代码号存量转换工作。办理法人变更登记11家（其中：办理法人变更事项8家、变更住所2家、变更举办单位1家），名称变更1家、宗旨和业务范围变更1家、经费形式变更1家；新设立法人登记1家；补办法人证书36家。做好机关群众团体统一社会信用代码赋码工作。全县65家机关、群众团体单位，全部网上信息录入，颁发统一社会信用代码证书，落实平罗县机关群众团体统一社会信用代码存量转换63家，落实社会信用代码增量转换2家（宁夏回族自治区平罗县国家税务局、中国人民银行平罗支行）。因部分机关单位负责人更换，为32家机关、群众团体单位统一社会信用代码证书网上变更登记及证书发放工作，统一社会信用代码工作正常有序开展。

【自身建设】 履行“一岗双责”，坚持“两手抓、两手硬”，业务工作与自身建设相互融合、相互促进。落实从严治党要求，以政治站位和工作站位做好机构编制管理和各项改革工作。落实管党治党责任，坚持党建工作和中心工作一起谋划、一起部署、一起考核。开展“两学一做”学习教育，推进“两学一做”学习教育常态化制度化。以深入开展作风效能提升年活动为契机，落实群众评议机关作风各项整改措施，加强制度建设，按照“立、改、废”并举原则，对原有机关规章制度全面修订，重新修订完善包括机关工作日常规范、议事决策、廉政勤政、党务政务公开、干部管理考核、保密管理、财物管理等方面21项制度，印发制作《规章制度汇编》，加强和规范县编办机关管理，提升机关管理科学化、规范化水平。加强干部考核管理工作，加强干部队伍建设。

人力资源和社会保障

【概　况】 2017年，把加强自身建设、提升公共服务能力作为人社事业发展的重要保障，推进

“不见面、马上办”“最多跑一次”政务服务事项改革，打造“阳光人社”服务品牌，群众办理人社业务更加方便快捷，提升公共服务能力。坚持信访工作党政一把手负总责，其他领导各负其责的责任制，通过领导包案，集中解决一大批信访突出问题。平罗县被评为全区“农村劳动力转移示范县”，县人社局被评为全区人社系统“法治人社”优秀单位，石嘴山市“信访维稳”先进集体。

【就业创业】 以就业创业培训为基石，统筹整合各类职业培训资源，开展就业技能培训、岗位技能提升培训和创业培训。全年举办培训班43期2087人，培训后实现自主创业275人。以大学生创业孵化园、返乡创业园等19个创业园为平台，搭建创业就业渠道，培养小老板468人，培育小企业228个，创造新岗位5076个，举办各类招聘会11场次，全县城镇新增就业4754人，农村劳动力转移就业25864人，全民创业带动就业6703人，就业困难人员实现再就业261人，失业人员再就业3164人，实现工资收入2.9亿元。城镇登记失业率为3.8%。大学生创业孵化园被评为区级创业孵化园区，平罗县被评为全区“农村劳动力转移示范县”。以创新为契机，推动创业就业，举办“首届邮储杯”青年创业创新大赛、“大地杯”技能大赛，为27家企业发放援企稳岗补贴资金96.7万元。落实政府购买政策，安置三支一扶122人，事业单位实习大学生70人，公益性岗位407人。宣传脱贫攻坚“双二十条”，为劳务经纪人、劳务中介机构发放奖励资金13.8万元，发放灵活就业人员社会保险补贴1310万元。

【社会保障】 根据自治区统一安排部署，按照《平罗县社会保险“五险合一”经办机构职能整合工作方案》要求，对人员编制、业务职能、经办流程等整合，新成立社会保险事业事业管理局，对涉及业务全面整合，实现工作人员和工作流程有机整合，缩短群众办事时间，提高工作效率。截至年底，全县参加企业职工养老保险人数为70808人，新增参保企业63家，新增参保职工2968人；参加职工基本医疗保险人数为26776人，新增参保企业4家，新增参保职工360人；参加城乡居民养老保险97398人，新增2465人；参加生育保险15451人，新增参保企业4家，新增参保职工164人；参加工伤保险34335人，新增参保企业40家，新增参保职工3157人。

【人才队伍建设】 制定出台《平罗县事业单位管理岗位非领导职责职员等级晋升意见（试行）》，修改完善《平罗县公立医院人事薪酬制度改革实施方案》《平罗县机关事业单位人事调配方案》，健全和完善基层人才队伍培养体系，在政策保障、工资待遇、人文关怀等方面为基层人员提供方便。对于长期在基层一线工作专业技术人员免试外语，符合相应条件，可降低一个学历层次，基层人员优先职称聘任，优先晋级，子女可择校入学或降低分数段等，建立和完善基层人员考核评价机制，年终考核适当增加基层一线优秀人员比例，稳定全县人才队伍。抓好基层人才继续教育工作，加大对基层党政人才、专业技术人才的培训，有任职培训、专业知识培训和更新知识培训。加强对基层人才向先进发达地区学习和交流，学习先进技术，提高业务素质和服务水平。全年组织企事业单位专业技术人员参加公需课网上培训2000多人次。组织指导农林水、教育、卫生等单位举办专业技术人员继续教育培训班7期，培训1300余人，提升专技人员能力素质。加强农村实用人才培训，组织各乡镇31名农村实用人才分别到银川、吴忠、陕西杨凌、浙江等地考察学习，提高农村实用人才技能。

【协调劳动关系】 完善协调劳动关系三方机制，建立“劳动监察123”工作机制，即“一套方案”由县长总负责，同各责任单位一把手签订农民工权益维护目标责任书，制定专项整治方案，明确责任分工；“两项制度”在建筑施工全面推行（劳动用工管理制度和劳动用工管理责任人岗位职责）；“三本台账”（职工花名册、考勤表、工资发放表），全县新建项目全部实行分账管理和农民工工资银行支付制度。成立以政府县长为组长平罗县农民工工作领导小组，针对拖欠职工（农民工）工资突出问题，高度重视，及早谋划。全年为930名农民工追讨工资1052.1万元，农民工拖欠工资投诉案件数量、人数及拖欠金额较往年同期分别下降26.6%、57%和26.4%。坚持“快立、快调、快审、快结”工作原则，优先处理拖欠农民工工资、涉及工伤待遇仲裁案件，提高办案实效，维护弱势群体合法利益，为职工挽回经济损失840余万元。注重监察、仲裁与信访有机结合，推行“三位一体”工作模式，重大信访案件局领导亲自接访、亲自处理，形成上下联动、齐抓共管良好局面，确保信访案件快速高效办结。

民　政

【概　况】 2017年，民政工作围绕“民政为民、民政爱民”工作宗旨，开拓进取，创新发展。荣获全区星级和谐社区创建工作先进县、自治区优秀志愿者组织奖、“庆祝十九大　欢度重阳节”全区老年书画作品展征集评选活动“优秀组织奖”、全区中福在线规范管理先进单位、全市民政工作先进集体、全市救灾减灾工作先进集体等殊荣，中心敬老院和第二敬老院分别被自治区民政厅评为三星级、二星级敬老院，中心敬老院被市妇联命名为2017年度市级巾帼文明岗。中央电视台财经频道专题采访平罗县“以地养老”工作，在经济半小时2017年11月4日播出，受到各方关注。陈桂香、高明真分别荣获全国老龄系统先进工作者和全国“敬老爱老助老模范人物”称号。

【城乡社区服务】 加强城乡社区阵地建设，建成3个城市社区服务站、9个农村社区服务站，争取自治区项目资金375万元，乡村自筹300万元，提升城乡社区服务能力。推进社区“减负增效”，统一公开社区职责和社区准入事项，开展社区减负增效工作，清理社区台账29类146项。推进社区治理创新，启动“三社联动”工作，以点带面，点面结合，开展社区协商制度试点工作，培育做实村民代表会议制度示范村25个，协商制度试点村（居）28个。

【村级民主治理】 落实第十届村“两委”换届工作；全面推进村民代表会议“55124”制度，全县13个乡镇确定25个做实村民代表会议制度示范村和25个村级协商制度试点村，推进做实村民代表大会制度落实；实施“村廉通”工程，建设城关镇、通伏乡、渠口乡3个示范乡镇和城关镇和平村、通伏乡新丰村、渠口乡新桥村3个示范村，强化村务监督，推进村级治理制度化、规范化，提升村级民主治理水平。开展农村社区建设试点工作，确定城关镇新利村、关渠村为“村改居”试点村，陶乐镇庙庙湖村、红崖子乡红瑞村为进行增强农村社区综合服务能力，提升农村社区综合治理水平试点村。新利村、关渠村试点改革工作正在推进，庙庙湖村示范点工作效果明显。

【帮扶解困】 将全县7679人脱贫解困任务分解到78个帮扶责任单位。县帮扶解困领导小组办公室印发帮扶宣传册1万份，在全县营造帮扶解困氛围，引导社会各界参与帮扶解困工作。全年各帮扶单位为帮扶户送去价值125万元现金和物资。县民政局将全县“三无”人员、二级以上重度残疾、完全丧失劳动能力贫困人员全部纳入最低生活保障范畴予以保障；男55岁以上、女50岁以上生态移民90%以上纳入低保；城乡80岁以上无工资性收入高龄老人实现高龄津贴全部覆盖。

【民生项目建设】 第三敬老院和老年活动中心建成并投入使用。宁夏银北养老院一期工程完工，预计2018年2月底投入运行；二期工程附属楼及老年公寓完成土建工程90%，投资1000万元。

开工建设平罗县光荣院，完成主体建设和室内外装饰，投资850万元。争取资金310万元，为2013—2016年度城乡社区服务站配套设备。争取项目资金80万元，在全县12个乡镇建成16个儿童之家，均投入使用。

【社会救助】 做好城乡低保、医疗救助、残疾人补贴、特困人员供养、孤儿养育、高龄津贴、临时救助、流浪乞讨、严重精神障碍患者等社会救助工作，确保群众急难问题得到及时救助。实现高龄津贴城乡一体化，城乡高龄津贴标准为80—89岁高龄老人每人每月450元，90岁以上高龄老人每人每月500元。按照自治区要求，自2017年7月起，由民政部门负责残疾人生活补贴、护理补贴审核发放。全年发放各类社会保障救助兜底资金8105.8万元，惠及城乡困难群众34808人。为民政保障对象交纳居民医保参保费136万元。开展"两节"扶贫帮困送温暖活动，县财政及各乡镇、各部门筹措资金560余万元，走访慰问困难群众及各行业工作人员26195人次。

【双拥优抚】 开展"两节""八一"慰问系列活动，为驻石驻平部队送去慰问金28万元，帮助协调部队解决实际问题；慰问重点优抚对象210人，发放慰问金7.6万余元；开展军民友谊篮球赛、双拥征文和专场文艺晚会。落实复退军人各类优抚安置政策，全年发放重点优抚对象各类补助资金1328万元。解决3名转业士官多年未安置问题，化解信访难题。做好退役士兵数据采集工作，对1978年至2014年期间退伍且符合政府安排工作条件退役士兵、士官信息进行采集。做好涉军信访维稳工作，对生活困难慰问和救助，确保涉军信访事件化解在萌芽状态。

【殡葬改革和治理】 加大公墓监管力度，加强公墓价格、服务管理、公墓年检工作。协调国土部门办理高庄回民公墓、陶乐马山头生态公墓二期供地手续；与开发商签订第一期公墓用地租赁协议等事宜。对红崖子回民公墓审核评估，兑付开发商前期公墓投入补偿金200万元。做好马山头乱埋滥葬区域、崇岗镇暖泉村老湾埋葬点乱埋滥葬专项治理工作，成立乱埋滥葬联合治理工作小组，开展专项治理，确保治理区域不再新增坟墓。制定《平罗县文明祭祀文明殡葬实施意见》，采取政策引导、奖励补助等综合措施，推行文明祭祀和文明殡葬。

【社会组织】 做好社会组织统一社会信用代码制度改革工作，为71个社会组织发放统一信用代码。开展社会组织年检，社会组织年检率96.9%。做好社会组织登记注册工作，全年新增14家，截至年末，全县注册登记社会组织96家。其中：社会团体60家，民办非企业单位36家。开展"送温暖、献爱心"活动，慰问单位7个，发放慰问资金2.3万元；慰问困难群众、党员433人，发放慰问资金16.8万元。做好慈善工作，春节前夕开展慈善重特大疾病患者集中救助活动，救助大病患者29名，发放救助资金11.1万元；临时救助3名大病患者，发放救助资金5.8万元。

【救灾减灾】 修订完善救灾减灾应急预案和自然灾害应急救助工作流程，建立县乡村三级灾害信息员队伍，完善救灾减灾体系。加强县救灾物资储备管理，建立台账，定期进行防盗、防火、防鼠、防霉变等安全处置，储备各类救灾物资价值250余万元。争取自治区救灾资金，根据灾害情况，县乡协同，妥善处置全县大风、雨雪、降

10月27日，县长马莉方（左二）慰问百岁老人　民政局　供

温、沙尘暴等灾害。开展困难群众“寒冬送暖”物资发放工作。做好国家级减灾示范社区创建工作，城关镇唐徕社区和陶乐镇东街社区被评定为全国减灾示范社区。定期组织干部职工开展防灾减灾应急演练，加强防灾减灾知识宣传，重点开展“5·12”防灾减灾演练，增强防灾、减灾、救灾能力。

【社会事务】 通过政府购买服务方式，委托第三方开展第二次全国地名普查，整理地名信息目录7625条，完成预普查登记表填写和打印工作，开展不规范地名清理整治工作。现进入成果转化阶段，组织4套地名图书编辑工作，配合自治区民政厅做好新版平罗县行政区划图印刷出版工作。加强婚姻登记管理，全年办理新婚登记2465对，补办登记449对，离婚登记801对，补发结婚证667对，补发离婚登记2对。加强福利彩票宣传，提升管理销售水平，全年销售额953万元。落实老年人优待政策，在县政务大厅、黄渠桥、姚伏、陶乐设置4个老年卡办理点办理老年优待卡1.3万张。按照自治区民政厅安排，落实年度县界联检任务，妥善处置边界纠纷，维护社会稳定。

财 税

财 政

【概　况】 2017年，面对经济下行压力持续、国家结构性减税和“营改增”减收、增值税税制调整等复杂形势，把握稳中求进工作总基调，狠抓收入征管，合理统筹调度，持续优化结构，全县财政收支运行总体实现稳中向好态势。县本级财政收入9.05亿元，为年初预算数102.1%，与上年同口径相比增长9.5%。财政支出34.36亿元，为预计变动预算数96.9%，比上年增长2.5%。

【综合治税】 克服“营改增”及增值税税制改革等政策性减收困难，把组织收入摆在财政工作首要位置，加大综合治税力度，综合运用收入通报考核有效机制，发挥各部门协税护税作用，强化政府投资项目资金支付与税款收缴联动机制，支持国地税加大历年增值税、营业税、所得税、城镇土地使用税等税款清欠力度，全年清理欠税11130万元。

【招商引资】 瞄准自治区、市政府性投资建设项目，制定2017年全县政府性投资计划，加大招商引资力度，引进发展潜力大、科技含量高、环保标准严、综合实力强的企业落户平罗。全年引进落实招商117个，完成投资154.2亿元，争取中央及自治区无偿资金25.53亿元，实现固定资产投资178.6亿元，夯实税收基础。

【涵养财源】 分析和把握经济形势的发展变化，掌握企业经营状况，加大对优势特色产业扶持力度，投入资金2435万元用于企业转型升级和技术改造，涵养财源，增加财政收入。全年税收收入5.4亿元，同口径增长10.4%。

【民生支出】 全面落实民生提标政策，持续加大财力配置向民生领域倾斜力度，全年民生支出达24.56亿元，占到一般公共财政支出75%。争取自治区财力性转移支付补助11.92亿元，保障干部工资晋级调整、住房公积金、政府效能奖等人员基本支出以及公车改革和单位正常运转。严格落实机关事业单位在职人员养老保险政策，确保全县机关事业单位3924名退休人员养老保险社会化发放。全年各类社会保险基金支出达15.95亿元，实现全覆盖。全面落实最低生活保障、五保供养及重度残疾人生活救助、失地农民养老保险等政策，发放困难群体生活补贴3701万元，兑付失地农民养老保险资金5434万元。安排资金4.11亿元，完善城乡义务教育保障机制，加大教育经费投入，支持崇岗九年制学校迁建，新续建8所乡镇幼儿园，加大义务教育薄弱学校改造和普通高中、职业教育学校数字化校园建设力度，改善全县各层次学校办学条件。落实义务教育“三免一补”、学前教育“一免一补”政策，对所有移民、建档立卡户、低保、残疾等困难家庭学生实行免费乘校车补贴政策，加大普通高中和中职国家助学金等扶贫力度，实现农村义务教育阶段学生营养早餐补贴全覆盖，教育惠民政策惠及全县青少年，教育事业得到均衡发展。安排资金1.1亿元，保障脱贫攻坚；安排农村综合改革资金4445万元，发展村级公益事业、建设农村道路和小型水利设施；安排资金1200万元，在陶乐镇庙庙湖等6个试点行政村实施扶持壮大村集体经济项目；通过“一卡通”发放各类涉农补贴资金1.76亿元，为农业增效、农民增收夯实基础，强农惠农政策执行有力。安排资金4443万元，用于提升县、乡、村三级公共文化服务体系，推进综合性文化服务中心建设，扩大图书馆、体育场等免费开放，改善公共旅游服务环境。安排资金2.41亿元，用于推进公立医院改革、改善乡村公共卫生条件、更新医疗设备和兑现村医补助，实现医疗改革的红利全县人民共享，公共文化卫生水平明显提升。安排资金4.84亿元，重点保障农业特色优势产业、特色小镇等项目建设；安排资金3.6亿元，持续加大工业企业科技攻关和节能减排投入，实施园区基础设施建设、节能减排、污水处理、生态治理等项目；安排资金2.13亿元，推进棚户区改造，改善低收入群众居住条件，全县重点项目建设进展顺利。

【财政监督】 严格执行《平罗县财政局廉政风险内部控制制度》，紧盯预算编制、预算执行、项目申报等廉政风险关键点，完善用制度管人管钱机制，加大财政资金监管和跟踪问效力度。严格

召开部门布置2018年预算会议　　财政局　供

县财政局工作会议　　财政局　供

执行《党政机关厉行节约反对浪费条例》及中央八项规定和区、市、县厉行节约若干规定，实现“三公经费”指标监控、预警提醒、信息公开和监督检查常态化。全县党政机关“三公”经费支出较上年同期下降5%。完善财政大监督格局，重点对县住建局、精细化工基地管委会等5个单位2015—2016年新增地方债券、重点项目建设基金及各乡镇会计信息质量、扶贫资金、救灾资金、涉农资金等使用情况开展监督检查，查处违规资金51.99万元，追缴0.48万元，责令原渠道归还被挪用专项资金，按规定调账处理51.51万元，严格约束预算单位资金支出和核算行为，实现内控完善、管理规范。盘活存量资金，全年清理收回结余结转资金1.21亿元，统筹用于教育、农田水利、城市基础设施等项目建设。通过预算安排、收回结余结转、争取自治区专项、动用超收等途径，压缩化解国库借款5806万元，国库暂付款规模比上年下降9%。注重预算绩效，完善绩效评价指标体系，促进评价结果应用，扩大绩效评价影响力，全年落实4个民生项目绩效评价和3个重点项目事中绩效评价工作，提高资金使用效益。

【政府债务风险控制】 严格执行财政部50号、87号文件精神，完善政府性债务管理体制，成立以政府县长为组长债务管理领导小组，制定《平罗县债务风险防控预警机制实施方案》，完善政

府债务管理系统，对系统内债务申请自治区置换债券方式安排化解，对系统外隐性债务根据项目实施进度和资金支付情况建立台账进行监管。通过预算安排、争取自治区置换债券、收回结余结转资金、超收安排等方式，化解各类政府性债务3.87亿元，确保全县政府性债务风险在可控范围内。全面清理甄别各类政府性债务，划分债务类别，将政府性债务纳入财政预算管理，严格政府性债务举借、使用、偿还、风险控制和监督管理程序，提高债务风险防控能力。

【财政改革】 持续推进“营改增”，落实国家结构性减税相关政策，小微企业减半征收所得税上限由30万元提高到50万元；科技型企业研发费加计扣除比例由50%提高到75%；增值税四档税率简并至三档；对辖区2014—2015年经营困难，符合产业政策工业企业，全额减免城镇土地使用税，支持中小企业发展，增强转型升级动力。推进环境保护税、水资源费改税、个人所得税等税制改革，拟定下发改革方案，核实税源信息，建立共享平台，明确工作责任，夯实税源基础，建立数据准确、信息完备、指标科学的水资源税、环保税数据库。在完善预算决算公开同时，加大涉农资金信息公开力度，利用“平罗县‘村联通’暨涉农扶贫资金信息公开专栏”，及时对农业补贴类、社会保障类、工程建设类等内容进行公开。推进国企改革，组建宁夏德渊市政产业投资建设（集团）有限公司，对集团公司所属8家子公司进行资产、负债审计，完善法人治理结构，激发国有企业生机和活力。严格执行《平罗县政府购买服务改革试点实施方案》，投入资金8000万元支持养老助残、就业创业、扶贫培训、校园安全、校车安保服务、公共文化、法律援助、农村义务教育阶段学生营养早餐、政府投资项目控制价审核服务、竣工决算审计服务等6类95个服务民生项目，完善政府购买服务。执行采购申请逐级审批，建立政府采购申请、审批、公示、验收、支付全程信息化平台，实现“不见面、网上办”快捷工作流程，提升采购效率。全年申报采购计划121笔，涉及金额达7.39亿元，政府采购实现新突破。

国家税务

【概　况】 2017年，围绕“干好税务，带好队伍”目标，把握“法治引领、综合治税；创新驱动、集成发展；品牌带动、重点突破”的工作思路，抓牢绩效管理“指挥棒”，以“严善活”带队伍，“放管服”优化税收环境，全力服务税收事业和地方经济转型升级两个大局，各项工作取得新发展。税收收入10.27亿元，同比增长51.59%，落实年初市局下达计划任务的137.3%，落实调整后收入目标100.39%。其中：落实县级税收收入2.92亿元。获得第五届“全国文明单位”荣誉称号。

【服务地方经济发展】 围绕全县经济社会发展战略部署，打造科学发展样板县、转型发展示范县、西部中等发达县目标，及时掌控税源变化情况，开展税收形势、税收风险、行业发展等税收分析，参与三大工业园区煤炭、化工等集中区重点区域、重点行业、重点污染企业进行环境综合治理，对辖区制造业转型升级调查分析，主动请示汇报，为上级部门决策提供依据。上报落实“放管服”各项措施、国地税合作、落实国务院6项减税政策、综合治税、分类分级管理、精神文明创建等工作17期专报被各级领导批示表扬和肯定。

【优质税源培育】 抓好重点行业龙头企业管理，依托国家优惠税收政策，建立“大抓工业，抓大工业”目标，以冶金、化工为重点行业，突出龙头企业辐射带动优势，培育优质税源，壮大经济税源优势。

6 月 16 日，税政科举办落实国务院六项减税政策专题培训班

国税局 供

4 月 12 日，国地税联合举办党政增政策大辅导业务培训班

国税局 供

【主体税种管理】 实行纳税人分类分级管理后，对重点税源企业重新划分监控，将调整后 120 户年纳税额 50 万元以上重点税源企业建立台账，及时了解税源增减变化，增值税入库 61913.70 万元；所得税汇算清缴 2383 户，加强审核管理，全年所得税入库 7848.64 万元；审核办理出口退免税 9269.50 万元；加强车辆行业专业化管理，车购税入库 3149.34 万元，同比增长 89.67%。

【欠税清理】 加强欠税清理促收入，成立征管数据质量监控小组，每季召开税收征管工作推进会，层层签订《清理欠税目标责任书》，局领导带头包片清欠，全年清理欠税 7924.83 万元，欠税变动率低于全市平均水平，创历史清欠新高。

【零散税源管理】 在征管力量向重点企业、重点项目倾斜的同时，抓大不放小，借助地方政府信息平台，多方联动，跟踪监控辖区内外地施工建筑企业，清理整顿“两头在外企业”，纳税调整增收 3200 万元。加强建筑业外来施工单位预征税款管理，持外管证预缴入库税款 5200 万元，综合治税氛围逐步浓厚。

【征管体制改革】 全面落实国地税征管体制改革方案，深化“放管服”，夯实征管质量，提升服务品质。推行纳税人分类分级管理，按照先规模后行业原则和税源分布特点进行分类，在分类分级管理框架下，初步探索与之相适应的税务组织体系，优化全局人力资源结构。调动风险管理团队和税源管理人员积极性，除按照市局预警监控中心要求完成下发 54 户次全流程风险任务外，税源管理分局（所）结合自身管理中发现问题，下发低风险提醒函 332 份，完成全流程风险应对 42 户次，防范涉税违法行为，风险分析识别命中率 100%，风险管理组织入库收入 1.19 亿元，同期共组织入库收入 9.38 亿元，风险管理成效贡献率 12.68%，在全市考核评比中名列前茅。全面实施营改增工作，用足用活自治区、市惠企业政策。举办 6 期纳税人培训班，召开“营改增”纳税人座谈会，开展“营改增”知识竞赛活动，142 名税务干部、1700 余户纳税人参与竞赛，落实营业税改征增值税工作。贯彻落实国务院六项减税政策，精简办理程序，落地各项优惠政策达 2.53 亿元。其中小微企业减免所得税额 117.96 万元，21 户企业享受重点群体创业就业税收政策，累计扣减金额 6.83 万元。3 户企业享受安置残疾人就业增值税即征即退正常，退税 358.06 万元。严格落实税务行政审批目录、税务执法权力清单制度，做好取消事项和报送资料业务办理。推行实名办税，完成 879 户纳税人、1458 人次信息采集。推进商事制度改革，落实 1849 户纳税人“五证合一”和“两证整合”工作，更换 3402 户纳税人社会统一信用代码。

【优化纳税服务】 推广“互联网＋税务”，推进网上申报缴税、24小时自助办税、预约办税，实现“线上线下”服务互补。加强智慧税务建设，加大办税硬件设施投入，在办税服务厅入驻政务大厅之际，县局投入资金20万元，新购置6台自助机，打造24小时自助办税服务区。代开终端开具5897份发票，征收税款569.52万元；自助办税终端领用发票26170份，验旧发票34033份，认证专用发票17101份，申报983户次，车辆购置税自助机办理车购税236笔，通过电子税务局申报户数达3273户，网上文书受理系统受理涉税事项1579条，让纳税人尽享互联网办税便利快捷。

地方税务

【概 况】 2017年，树立“经济决定税源、征管决定税收”组织收入理念，确定主攻方向，抓重点，带全面，各项工作进展平衡，推进有力。组织各项收入12.13亿元，其中：税收收入3.73亿元，自治区地税局下达年度税收计划97.43%，落实石嘴山市地税局调整后年度税收计划101.4%，可比口径（扣除营改增和耕地占用税不可比因素）增长17.99%，增收5388万元；社保费收入6.96亿元，同比增长49.19%；其他收入1.44亿元，同比增长66.31%。

【综合治税】 围绕自治区地税局打造税收征管新模式工作安排，创新工作思路，强化征管措施，研究县域经济形势和清欠难度，提出“平罗县处级领导分片包干清欠”工作建议，平罗县委、县政府组织实施《关于印发平罗县处级领导帮扶欠税企业责任分工的通知》，明确县处级领导帮扶欠税企业责任分工，对历年欠缴县级财政收入税费20万元以上39户正常经营企业欠税清理集中攻坚，清理欠税1629万元。以局领导分片包干为总抓手，发挥班子成员作用，实施14户重点企业包括石嘴山市政府全市税收清欠专项工作明确9户企业、和石嘴山市地税局确定5户企业清欠工作，清欠入库1153.13万元；开展31户重点突破企业清理欠税工作，清欠入库283.59万元；落实石嘴山市地税局下发的2批市财政拨款企业和1批非公企业表彰户欠税核查工作，清理欠税593.78万元；与平罗县国税局对41户企业欠税实施联合清欠，清欠入库123.7万元。通过精准应对、综合施策，遏制欠税增长势头，提高组织收入质量。清理核算类欠税4939.67万元。

【信息管税】 深化信息管税，提高征管效能。对石嘴山市地税局推送2.15万条信息核查，提升税收数据质量。对石嘴山市地税局传来748户股权转让信息进行核查，入库税款196.64万元。主动获取涉税信息部门耕地占用数据，协调入库税款1982万元。参与石嘴山生态经济区环境综合整治工作，依法做好《石嘴山经济开发区僵尸企业回收统计表》所列27户企业土地面积信息核实、税款追征工作，追缴税款、滞纳金50多万元。参与由县政府各部门组成的宁夏贺兰山国家级自然保护区平罗段生态环境恢复治理领导小组开展各项清理工作，对11户纳税人2015—2017年度应缴纳税款进行清算，入库税款25.32万元。协调国土部门获取纳税人土地信息，推送税务所核查，按月督查督办，实施“以地控税、以地节税”常态化管理。

【税收征管】 研究经济形势和征管状况，开展固定业户平罗县国税局代开增值税发票地方税费核实追征工作，对2016年5月至2017年3月1379户未入库信息核实追征，入库税款95.46万元。做好疑点数据修正工作，4次自行提取数据筛选，强化数据补录修正工作。对8月以后自治区地税局下发14847户单管户信息全部核查比对，对存在问题户及时修正处理。加强征管重点工作督查督办，依据金税三期系统数据，按月对申报率、征收率、处罚率、网报率、扣缴率、欠税增减率适时提醒、监控，对征管重点工作通报，查找原

平罗县地方税务局税收工作会议　　地税局　供

因，抓好整改，提升质效。

【风险评估】 制定税收风险管理工作方案，落实全员查找风险点活动。根据“税种＋行业”风险管理试点要求，下发风险指标模型，收集整理有效需求，为建立模型指标打牢基础。风险管理工作多次受到自治区地税局征管处通报表扬，被自治区地税局表彰为“加强征管、堵漏增收、全员查找税收风险点”活动先进集体。

【税种管理】 强化2016年度应申报企业所得税汇算清缴工作，预缴所得税额2507.05万元，补缴所得税额786.17万元，汇算面100%。年所得12万元以上自行申报409人，比2016年增加24人，补缴税额3.62万元。建立股权转让个人所得税电子台账，加强监管。按照“四规程两指引”要求，及时更新和完善城镇土地使用税、车船税、耕地占用税、印花税税源数据库，强化征收管理，土地使用税、印花税、车船税同比分别增长42.02%、46.47%、20.1%。与平罗县国税局协调，建立联合清欠工作机制，清理营业税500万元。加强土地增值税管理，入库1504万元。依法做好房地产交易税收管理，征收契税2258万元，减收313万元。加强重点建设项目地方税种管理，对资源税征管状况分析测算，向自治区地税局、石嘴山市地税局汇报，自治区地税局专门发文予以明确，依法加强土地使用税、房产税征管，入库税款61万元。按照自治区地税局、石嘴山市地税局安排部署，开展环保税、水资源税开征测算、信息采集、税收宣传等工作，做好新税种开征准备工作。

【执法督察】 抽调业务骨干成立检查小组，现场指导税务所进行检查、整改。对2016年疑点核查回头看，针对存在问题进行整改。

【纳税服务】 围绕开创地税服务新境界工作理念，开展“问需求优服务促改革”大走访活动，走访3800多户，完成石嘴山市地税局下达指标3000户的129.8%，针对纳税人服务需求，与平罗县国税局联合开展“营改增政策大辅导”税企座谈会、企业所得税汇算清缴培训等重点工作。围绕“放管服”优化税收环境工作要求，与平罗县国税局共同建设进驻政务服务中心联合办税服务厅以及陶乐税务所联合办税服务厅，率先在全市地税系统建成国地税联合办税服务模式。围绕深化国地税合作，与平罗县国税局建成“全市税收普法教育示范基地”；共同开发“平罗税务”微信平台，8月上线以来，成为纳税人关注的热点，搭建纳税服务新平台；联合组织税收宣传月活动等纳税服务工作，促进纳税服务深度融合。围绕依法落实税收优惠政策，结合贯彻国务院第四次大督察以及大众创业万众创新优惠政策，印制6项减税政策宣传资料1500张，行政审批办事指南1000本，行政许可与处罚公告500本，税收服务“一带一路”手册800本，行政审批业务手

平罗县地方税务局清理欠税培训暨收心会　　地税局　供

税法宣传　　地税局　供

册500本，行政权力与责任清单500本，残疾人保障金宣传手册1500本，刻录大众创业万众创新及小微企业优惠政策光盘1500张。利用群众评议机关作风大走访活动，开展上门服务，宣传税收政策，促进税收政策落实，依法落实税收优惠政策117户次，减免金额3096万元，其中备案类减免73户，合计减免1286.06万元；核准类减免44户，合计减免1810.61万元。

【规费征管】 坚持“六同”工作机制，加强规费征管与服务工作，清理欠费7288万元，其中：陈欠967万元、新欠6321万元。撤单数2966万元。

【营造良好税收环境】 树立安全维稳政治意识、大局意识、责任意识，为完成税收工作创造有利条件，突出抓好中阿博览会、民族团结月、十九大召开期间安全维稳工作。制定印发“办税服务厅维稳工作实施方案等制度，重点做好税收征管、纳税服务、政策落实等15个方面涉及安全维稳工作。编发信息简报、学习专刊、地税调研148期，做好政务公开和税收工作宣传，加强社会舆情引导。落实班子成员办税服务厅值班要求，做好纳税服务工作，加强工作纪律监督，利用视屏监控系统监督纳税服务和税收征管工作开展情况，确保各项安排落到实处。依法做好欠税、欠费清理工作，确保依法行政与维护稳定两手抓、两促进，针对资金紧张的宝马化工、恒大水泥和长期停业的沙湖纸业等欠费企业职工诉求，协调社保经办机构进行剥离缴纳，应对欠费企业职工诉求，维护税收工作环境，未发生越级上访、群体舆情事件，做到小事不出县局，大事不出平罗县。

经济管理

发展改革

【概　况】 2017年，贯彻落实中央及区、市、县党委、政府关于调结构、促转型、增投资、稳增长一系列决策部署和政策措施，坚持稳中求进工作总基调，牢固树立和贯彻落实发展新理念，适应引领经济发展新常态，按照“五位一体”总体布局和“四个全面”战略布局要求，千方百计提升经济发展质量和效益，确保全县经济稳中向好、稳中有进，全县各项事业发展取得新成效。全年地区生产总值157.8亿元，增长7.6%；全社会固定资产投资160.7亿元，增长8%；一般公共财政预算收入8.04亿元，同口径增长11.1%；社会消费品零售总额26.03亿元，增长9%；城乡居民人均可支配收入分别为24607元、13276元，增长8.2%和8.6%。

【工业转型】 落实自治区工业新10条等政策，实施升级改造、增量培育、龙头带动、主动减量“四大工程”，做实“腾笼换鸟”“浴火重生”“无中生有”三篇文章。大地循环、晟晏实业集团等24家企业实施循环化改造，吉元冶金矿物棉、晟晏能源纯净锰合金等36个技改项目进展顺利，加快传统工业“浴火重生”步伐。推进大地全钢子午线轮胎、慈溪高品质轴承加工制造等项目建设，新兴产业经历“无中生有”后取得新进展。做好“腾笼换鸟”文章，实施兼并重组化解过剩产能，开展工业园区环境综合整治，清理“僵尸企业”35家，收储闲置土地93.33公顷，为新建项目落地提供土地、能耗空间。聚焦打造低成本园区，推进污水处理厂、黄河水厂、土地平整等重点项目，实施水电路气等基础设施配套工程，完善园区基础设施，提升园区承载能力。建立落后产能退出机制，淘汰丰华冶金、蓝白黑2家企业9条生产线1.36万吨落后产能。把创新驱动作为提升发展活力的重要抓手，建立科技投入稳定增长机制，拥有授权专利数221件，国家高新技术企业6家，自治区级科技型中小企业39家，46个科技合作项目有序推进。深化“双创”示范城市工作，打造16个创业创新基地，新增小微企业1131户，小微企业新增就业人数6703人。全社会新增能耗控制在40万吨标准煤，单位GDP能耗下降6.59%。

【农业产业化】 做精“一优四特”产业，优化“一带三路八个示范园区”布局，以点带面推动农业提质增效，落实各类高效农业示范园区95个。举办中国宁夏·石嘴山（平罗）第四届种业博览会。优质水稻、制种、瓜菜、水产面积分别达1.11万公顷、1.47万公顷、0.43万公顷，粮食产量33万吨以上，实现十四连丰；牛、羊饲养量分别达17万头、220万只。农业“一优四特”产业比重达90%。依托泰金种业、乐牧·高仁、华泰农瓜菜等龙头企业，加快推进农业一二三产业深度融合，形成集研发、种植、加工、营销、生态和观光于一体的现代农业全产业链。全县实现农林牧渔总产值38.9亿元，同比增长5.1%；实现农业增加值21亿元，同比增长5%。

【服务业发展】 实施“旅游+X”工程，推进全域旅游、现代物流、电子商务、康养产业融合发展。围绕构建“大沙湖”旅游模块，加快国家全域旅游示范县创建，实施西线景观廊道等旅游公共服务基础设施和红崖子黄河公路大桥、乡村旅游道路等旅游交通路网建设；推进黄渠桥、陶乐特色小镇等乡村旅游项目建设，提升旅游业发展层次，全年接待游客236.7万人次，旅游收入12.37亿元。深化全国电子商务进农村综合示范县创建，建成集商务办公、仓储物流等配套服务于一体的综合型电子商务产业园区和100个村级服务站点。48个品牌140多种农产品实现网上交易，电子商务交易额3.5亿元，线上零售额0.6亿元。加快平罗铁路综合货场建设，支持晟晏能源建设铁路物流专线，提升物流辐射带动能力。建成平罗电商快递物流园，入驻邮政、申通、圆通等企业6家，基本形成覆盖县乡村三级物流服务体系。加快城市商业网点规划布局，激活商贸消费市场，汇融新天地、阳光商业广场等商圈特色日益突出。加快完善养老基础设施，改造提升中心敬老院，县城区第三敬老院、老年活动中心等建成投用。依托银北“医养结合”养老院，规划建设大健康产业园，探索医疗机构与养老机构融合发展新模式。传统商贸服务业和电商、康养等新兴服务业共同发展，促使全县服务业经济总量不断攀升。服务业比重上升到30.6%。

【招商引资】 落实县级领导包抓和部门帮扶规上工业企业及预入规企业责任制，抓好要素供给，提速项目审批。全县80个重点项目年度计划投资87.48亿元，实际投资95.4亿元。神州轮胎钢帘线、大唐火电2个自治区重点项目加快推进，万顺冶金硅锰矿热炉、哈纳斯天然气管道等33个市级重点项目陆续投产达效。把招商引资作为“一号工程”，“筑巢引凤”“精准招商”“以商引商”，赴江苏、浙江等地对接洽谈项目50余次，组织本地企业参加“东亚食博会”“丝博会”等展会活动；加强对外开放合作，落实招商项目131个，实际到位资金158.5亿元，增长11.6%；储备招商项目26个、重点对接线索16个；落实工商联签约项目30个，计划投资283.29亿元。坚持借力发展、借船出海原则，加强与国家及自治区、市沟通，加大项目申报力度，争取各类无偿资金25.5亿元。

【城乡面貌】 开展空间规划（多规合一）编制工作，形成“1+6+1”成果体系，划定“三区三线”（三区：生态空间、农业空间、城镇空间；三线：生态保护红线、永久基本农田保护红线、城镇开发边界），提出“一核一极，一轴双廊”总体空间结构。永安东路、文昌路等7条道路及排水工程开工建设，城区地下管线维护改造、县城供水水质净化等工程顺利推进。改造建成早市、林荫停车场、城市景观小游园11个。开展城市管理提升年活动，实施市民休闲广场、景观亮化、公园绿化等提升工程；推进互联网+政务、治安、城管、医疗等领域发展，加快智慧城市建设。推进城市棚户区改造、老旧小区综合改造、旧城改造等工程，落实城市棚户区改造4321户，综合改造老旧住宅21万平方米。开展爱国卫生日全民行动，抓好占道经营、沿街门店等专项治理，巩固自治区文明县城、卫生县城创建成果，在石嘴山市创建全国文明城市中贡献平罗力量。加大农村人居环境治理力度，落实村镇体系规划，加快推进新型城镇化试点，实施陶乐特色小城镇和宝丰镇渠羊村等4个美丽村庄建设等工程，落实农村危房改造325户，建成农村公路7条13.2公里。落实户籍制度改革，加快公共服务城乡一体化进程，城镇化率提高到53.5%。

【生态治理】 巩固提升中央第八环境保护督察组

督察整改成果，开展“蓝天碧水·绿色城乡”专项行动，统筹开展治气、治水、治土协同防治。贺兰山国家级自然保护区清理整治效果得到中央及有关部委肯定。统筹推进大气污染防治，实施热电联产项目，淘汰燃煤锅（茶）炉142台，关停“小散乱污”企业126家。推动新能源替代工程，加快推进煤改气、煤改电，实施光伏发电项目25个、小城镇天然气气化工程2个；建成覆盖城乡的洁净煤配送体系，推广和引导使用洁净煤。建立雾霾天气联动预警机制，县城区空气质量持续改善。开展水污染治理，建立县乡村三级河长责任体系，确定22个县级、107个乡级重点保护河湖名录，设置22个县级总河长、179个乡级河长，实现境内河、湖、沟、渠水生态保护和修复全覆盖。生态经济开发区工业污水处理厂、第二污水厂提标改造等项目顺利推进。加强土壤和固废防治，启动土壤环境质量调查，强化2家涉重金属企业、23家医疗单位、16家产生危险废物企业管理，危险废物安全转移率100%。推进绿化造林工程，实施平原绿化提升工程和县城区景观绿化建设，营造林面积2000公顷，新增城市绿地180万平方米，城市绿化覆盖率达到43.8%。申报国家沙漠公园，建设天河湾国家级湿地公园，全区引黄灌区平原绿洲绿网提升工程启动会在平罗召开。

【民生事业】 落实十件民生实事，全年民生支出24.5亿元，占一般公共财政支出75%。落实“十三五”期间异地搬迁安置324户1590人，推进异地搬迁安置地区基础设施建设；“双20条”扶贫政策助力产业脱贫攻坚，实施3个贫困村集中养殖园区等项目建设，兑现产业发展扶持资金1013万元；引进新丝陆服装加工厂等企业，带动就业500人；创新“征信+信贷”金融扶贫模式，发放扶贫贷款5637万元；推进贫困线与低保线“两线合一”，对建档立卡贫困人口发放低保金707万元。保障体系日趋完善，落实“五险合一”经办体制改革工作，城乡居民养老保险参保9.7万人，医疗保险参保率达到98%，被征地农民养老保险参保率达100%；实现城镇新增就业4754人，失业人员实现再就业3164人，登记失业率控制在4%以内；落实新建项目分账管理和农民工工资银行支付制度，农民工拖欠工资投诉案件数量下降31.4%；加快社会养老服务体系建设，探索以地养老、以权养老及民建公助养老模式，建成2个互助幸福院、2个养老服务中心。

【社会事业】 提升基本公共服务水平。巩固国家义务教育发展基本均衡县成果，实施头闸幼儿园、崇岗九年制学校迁建等工程；农村学生免费营养早餐实现全覆盖；举办“大地杯”2017年李宁全国青年男子篮球锦标赛（平罗赛区）和“全民健身挑战日——健康宁夏动起来”活动；“国家健康促进县”创建工作通过考核评估，惠民生态健身公园暨居民健康主题公园建成投用；落实县级公立医院综合改革“4+4”配套政策，建成紧密型医联体4个，分级诊疗服务体系初见成效，全面取消药品加成，公立医院药品零差率销售，让利群众1378万元；加快实施“宽带中国”战略，巩固网络基础，实施宽带乡村及光纤到户改造和网络整治等信息基础设施建设项目。创新社会治理。建立完善“三个清单”和销号制度及矛盾纠纷多元化解机制，全年排查各类矛盾问题2569件，化解2501件，化解率97.35%，处置各类不稳定因素98件。开展命案防控和预防打击“两抢一盗”犯罪等专项治理，保障人民群众生命财产安全。推进国务院安委会安全生产巡查及反馈意见整改落实，落实安全生产“党政同责、一岗双责，失职追责”制度，开展安全生产大排查和大整治，安全生产形势总体平稳。开展4D厨房明厨亮灶工作，落实994家餐饮单位明厨亮灶改造，实施率达96.4%。推进“七五”普法，依法治县进程加快。全国政务公开标准化试点工作全面展开。创建全国民族团结进步示范县全面启动，和谐稳定大好局面持续巩固。

【深化改革】 农村土地制度改革三项试点、农村“两权”抵押贷款、农村集体资产股份权能改革等试点工作，取得明显成效，全县13宗6.84公顷农村集体经营性建设用地入市交易，农村产权抵押贷款累计突破10亿元。推进“政务云”试点县建设，整合“民政云”和“政务云”应用平台数据，实现“五个一”，审批办理时限提速8.7%。全面落实“双随机、一公开”制度，完善“五证合一、一照一码”制度，新登记各类市场主体3269户。推进社会信用体系建设，实行行政许可和行政处罚等信用信息“双公示”制度、守信联合激励和失信联合惩戒制度。推进供销社改革。国有企业改革全面完成，成立德渊市政产业投资建设集团。

【科技创新】 围绕主导产业创新发展，落实创新驱动政策。建立多渠道科技投融资体系，在政府投入引导资金的同时，开展小额担保贷款贴息、小微企业创业创新贷款贴息、“科保贷”、股权质押等多种投融资服务，全县科技研发投入9035.1万元，比上年增长61.6%。扶持建设科技创新平台，落实自治区、市、县创新驱动政策，对创建高新技术企业、科技型中小创业、区级创新中心等平台建设给予20万—100万元不等的奖励。全县国家高新技术企业达到6家，建立自治区级企业技术创新中心11个，自治区级科技型中小企业39家，市级科技型中小企业99家；完善产学研合作机制，企业先后与北京化工大学等34家大专院校、科研院所建立长期稳定合作关系，设立研究生工作站1个、科研基地1个，开展技术合作项目54个。实施项目带动战略，开展科技攻关，申报各级各类科技计划项目78项，争取区、市科技发展资金1012.88万元。执行知识产权“倍增”计划，落实区、市、县专利补助、奖励政策，对发明专利、实用新型等取得知识产权技术，给予5万元、2万元、5000元不同程度奖补，落实各类专利奖补项目87项，奖励资金194.5万元，促进知识产权事业发展。2017年，全县专利授权量达到622件。整合科技特派员创业队伍，特派员总数达到193名，有90人成为法人科技特派员，建立专业协会、专业合作社41个，引进新品种、新技术62项，带动就业3200人。

审　计

【概　况】 2017年，围绕县委、县政府中心工作，坚持“依法审计、服务大局、围绕中心、突出重点、求真务实”审计工作方针，推进对公共资金、国有资产、国有资源、领导干部履行经济责任情况审计监督全覆盖，促进领导干部用好权、理好财、尽好责，发挥审计“免疫系统”功能。年初安排审计项目47项，全年审计项目106项，其中：预算执行审计4项、领导干部经济责任审计14项、政府投资审计74项、专项审计调查3项、跟踪审计3项、国有企业资产负债损益审计8项，超计划59项。核减政府投资6513.33万元，核减率9%，移送执法主体部门事项11项，审计查出违规、管理不规范金额10亿余元，追回税金57.15万元，追回多计工程设计费、监理费13.81万元，督促沉淀资金上缴财政85.56万元。

【预算审计】 以维护公共资金安全为目标，深化财政预算执行审计。开展县本级预算执行情况和县国土局、卫生局、司法局3个重点部门预算执行情况审计，查出违规金额和管理不规范金额54668.87万元，追回财政资金1386.49万元，重点揭示虚增预算收入、预算收入短收、预算支出不真实、专项资金拨付不及时、违规动用预备费等问题，保障公共资金安全高效使用和经济社会发展健康平稳运行。

【经济责任审计】 以规范权力运行为目标，优化领导干部经济责任审计。开展渠口乡、司法局、国土局、安监局等14个单位17名领导干部经济责任审计和县文化馆、图书馆、档案局等12个单位领导干部离任经济事项交接监督工作，揭示征地补偿监管不到位、截留乡镇国土所人员经费、接收不合规票据、固定资产未入账、挤占挪用专项资金等问题。组织召开全县经济责任联席会议，加强与纪检、组织、财政等部门协同配合，健全完善结果公告、督促整改、问责问效等联动机制，促进领导干部主动作为、有效作为。

【政府投资审计】 以提高资金使用效益为目标，加大政府投资审计力度。制定印发《平罗县社会中介参与政府投资审计管理办法》，从强化审计质量控制、规范操作、权责明确等方面规范中介机构参与投资审计行为，防范审计风险。落实政府投资审计74个，送审投资额72334.61万元，审定投资额65821.28万元，核减投资6513.33万元，核减率9%，追回多付设计费及监理费13.81万元，为政府投资节约宝贵财政资金。对4个单位建设项目实施过程中监理、设计未招标等违纪违规问题及时移送执法主体部门11项，规范政府投资管理行为。

【专项资金审计和审计调查】 以改善民生服务发展为目标，强化专项资金审计和审计调查。开展保障性安居工程、基本养老服务体系建设情况、基层卫生院管理运行情况、扶贫资金管理使用情况等6项审计调查和跟踪审计。重点揭示农村危房改造任务未完成；精细化工基地公租房建设项目开工三年未建成、影响保障性住房按期分配入住；县第三敬老院项目建设管理不规范，施工进度较慢，项目未按批复工期完成建设任务；县基层卫生院专业技术人员缺失、库存物资管理不规范、旧办公用房长期闲置、新建村卫生室产权不清；县扶贫资金管理使用存在资金支付率低，项目完工验收不到位，部分房屋收储质量存在问题，挤占挪用专项资金，教育培训不规范、效果不明显等问题，审计查处违规、管理不规范金额6325.20万元，追回挤占挪用资金28.32万元，推动各项惠民政策落地生根、发挥效益。

【国有企业审计】 开展县德渊市政有限公司、水利工程公司、陶乐吉兴水利水电工程公司、翰苑水利水电工程等8个单位资产负债损益审计，查出违规金额和管理不规范金额43675.04万元。重点揭示固定资产账实不符、部分国有资产闲置浪费、股权归属不清存在潜在风险隐患等问题，真实反映国有企业资产组成和经营现状，为县委、县政府推动国有企业资产重组、提质增效提供科学参考依据。

【依法履行审计职责】 主动向县委、县政府主要领导专题汇报，全面清理退出与审计法定职责无关或可能影响依法独立审计监督议事协调机构17个，保留4个，集中精力专注于主责主业。主动函告有关单位审计人员不再参与政府投资项目可研论证、项目审批、招投标、合同签订、物资采购、项目结算和决算、竣工验收等工程管理工作。通过开展审计质量控制业务培训会议，明确要求审计人员要客观、准确反应审计所掌握相关情况，不得发表主观判断性意见，更不能超越审计所涉及内容发表评价性意见，确保审计机关客观、公平、依法、独立地行使审计监督职责。

【强化审计整改落实】 将审计整改落实作为提高审计质量重要突破口来抓，建立审计问题整改清单，县政府常务会议专题研究审计查出问题整改工作，对发现问题不重视、整改落实不力单位，在全县范围内通报批评，由政府督查室督促被审计单位限时整改、对账销号；主动与县人大常委会沟通，强化人大监督和审计监督深度融合、同频共振，县人大常委会11月专题听取审计整改落实情况报告，对整改不到位的单位质询，督促相关部门落实整改。

【提升审计质量水平】 制定出台《平罗县中介机构参与政府投资审计管理制度》，召开中介机构联系会议，从强化审计质量控制、规范操作、明确权责、廉洁从审等方面规范中介机构参与投资审计行为，防范审计风险。推行本级预算与其他审计项目结合和信息共享，力促实现审计成果最大化；实行领导班子成员包抓项目责任制，深入一线、靠前指挥，严把审计实施方案制定、质量控制、线索搜集、审计取证、复核审理、文书档案等关口，确保“审深、审细、审透”；每落实一个审计项目，要求审计人员深入总结和思考，至少撰写 1 篇调研文章和多篇信息宣传稿件，促进审计成果深入加工和转化运用，实现“一花多果”高层次审计目标，打造审计精品项目。

【审计队伍建设】 结合干部教育培训中长期规划》，加大对年轻干部队伍培养，合理安排奖励措施、约束机制，通过让年轻干部担任主审方式，倒逼审计干部能力提升；推行审计实务导师制度，选聘 3 名审计业务骨干，聘为审计实务导师，结合审计项目安排，与新参加工作的审计人员实行“一对一、手把手”培养，每年对培养情况进行综合考评，促使年轻干部快速成长。

【审计信息宣传】 注重信息宣传，拓宽审计工作视野，将全年信息和调研文章任务细化到人，指定专人负责督促检查，探索建立每月一统计、每季度一通报、每半年一兑现奖惩管理措施，实现信息信息宣传工作制度化、规范化管理。促进审计干部不仅能将问题审深审透，又能撰写出高质量审计报告，提出合理可行审计意见建议。通过信息和调研文章撰写，促进审计干部及时吸收总结审计好经验、好方法，指导审计实践。全年撰写信息 328 篇、论文 33 篇，被审计署、审计厅和《中国审计》、《宁夏审计》、政府信息网等采用 656 篇次，上半年对外宣传工作在全区市县审计机关排名第一。

统　计

【概　况】 2017 年，树立五大发展理念，围绕县委、县政府中心工作，落实各级各项工作部署，深化统计改革，强化经济运行监测预警分析，努力提高数据质量，为推动全县经济社会发展提供统计保障。

【主要经济指标】 全县地区生产总值按可比价格计算，同比增长 7.5% 以上。其中：第一产业增长 5% 左右；规模以上工业增长 8.5%；第三产业增长 7% 以上；全社会固定资产投资 160.7 亿元，同比增长 8%；实现社会消费品零售总额 26 亿元，同比增长 9%；财政一般公共预算收入 7.86 亿元，同口径增长 8%；城乡居民人均可支配收入分别增长 8%、8.7%。

【第三次全国农业普查】 按照自治区、市普查办要求，全面完成第三次全国农业普查工作。按照时间节点进行入户普查；五次核实修改农户普查表、规模农业经营户普查表、农业经营单位普查表中的错误提示；配合石嘴山市农普办对 13 个乡镇 1 个国营前进农场数据质量巡查；代表宁夏接受国家对自治区第三次农业普数据质量事后抽查，得到抽查组认可。

【常规统计】 贯彻落实各专业统计报表制度，夯实统计年报、定期报表基础工作，落实 2016 年各专业年报和 2017 年工业、固定资产投资、能源、建筑及房地产、商贸、服务业等各行业数据催报、审核、验收、查询、汇总等工作。各专业围绕负责行业统计报表加强审核力度，主动沟通交流，指导服务基层统计调查对象开展统计工作，每月抽出时间深入一线帮助解决业务难题，帮助基层调查对象建立完善电子台账、基础资料等基础工作，各一套表报送单位按时保质完成各类报表，未发生迟报、逾期未报等情况。

【统计服务】 发挥统计部门参谋助手作用，做好全县主要经济指标监测预警分析。加强同自治区、市局相关业务处室沟通联系，及时了解产业发展动态，分析全县经济发展情况。每月第一时间将自治区统计局反馈县（区）主要经济指标完成情况向县委、县政府主要领导汇报，每月参加全县工业、固定资产投资形势分析会，通报指标完成情况，与各部门共同分析研判经济发展趋势并提出意见建议。每月编辑手机短信、印制统计信息手册分发县四套班子主要领导、相关部门，及时对外发布县域经济运行情况。编印平罗统计年鉴、发布国民经济和社会发展统计公报，为县委、县政府和有关单位部门提供各项统计数据和咨询服务。每季度深入一线，摸底掌握经济运行情况，撰写统计信息和分析报告，把“死”数字变为“活”情况，及时向县委和政府反映经济发展中出现新情况、新问题，为领导科学决策提供参考依据。全年撰写统计动态信息90篇、统计分析报告60篇。

【专项调查、统计监测】 按照自治区开展各专项调查工作要求，组织相关专业人员抓好专项调查任务落实。开展企业创新调查、宁夏老年人医疗服务现状调查（两乡两村20户）、农业“三新”统计、妇女儿童发展规划统计监测、生态移民收支、各乡镇农民人均可支配收入监测、小康监测、劳动力抽样调查（16个点）、人口变动抽样调查（27点）等专项调查，各专业主动与相关部门对接，指导调查单位准确如实填报，严格对照报表制度要求，认真审核报表逻辑关系，完成各项专项调查任务。

【统计基础建设】 加强基层统计能力建设，对乡镇、工业园区统计站、规上企业从机构设置、人员配置、制度建设、服务能力、设立电子台账、档案管理等方面监督指导，规范统计工作。加大对统计业务知识的培训力度，分专业组织召开年报会；组织全县15家重点服务业企业参加全区服务业培训班；两次组织全局各专业20多人次参加全市统计系统第一期法律知识暨业务知识培训班和自治区统计局宏观经济形势及统计知识讲座；邀请自治区农村处，与市统计局配合，组织乡镇统计人员、农牧系统业务骨干20余人，对农业统计业务知识系统培训，全年组织参加各级各类培训500余人次，强化法律意识、提升统计业务能力。利用电话访问、QQ群、微信群等抓好日常统计业务工作指导服务，对基础工作薄弱企业、统计站查漏补缺。及时更新维护基本单位名录库。对全部“一套表”171家调查单位属性等指标逐户全面实地核查并接受自治区抽查。

【法治建设】 加强统计法律法规宣传，与发改、司法、残联、东苑社区等部门配合，在县城中心地段、社区悬挂条幅进行统计法律法规宣传，发放《中华人民共和国统计法》《统计违法违纪行为处分规定》《统计法实施条例》宣传单1000余份。强化统计执法队伍建设，申报执法公务人员参加宁夏首届全国统计执法考试，2名公务员通过执法资格考试。开展全县“四上企业”统计信用等级申报活动，申报1家五星级企业。开展工业统计、规模以上工业2016年财务年报统计数据核查、固定资产投资数据核查等专项数据核查，房地房产去库存调研。联合市统计局，重点对辖区内24家屡次迟报、拒报、经济指标波动比较大乡镇和企业采取“听、看、查、议”方法进行执法检查。通过执法检查活动开展，提高统计调查对象依法统计意识，强化数据来源，提高数据质量。

国家统计局平罗调查队

【概　况】 2017年，坚持改革创新、锐意进取，不断夯实调查基础，狠抓数据质量，强化队伍管理，提高统计信息服务能力，努力推进调查工作向前发展。被国务院第三次全国农业普查领导小组评为“中国农业普查先进集体”，被国家统计局宁夏调查总队评为2017年度综合考核先进单位。

【常规调查】 坚持直接调查机制，确保数据质量，提高各专业工作规范化、科学化水平。组织开展居民收支、农民工监测、农作物产量、主要畜禽监测、规模以下工业、规模以下服务业、农产品生产价格、限额以下行业、新设立小微企业跟踪调查、主要农产品中间消耗、农户固定资产等各项调查工作，准确、及时完成各专业报表。

【农作物面积遥感测量】 农业调查以第三次全国农业普查农作物面积遥感测量样本为基础进行整合，建立全新对地抽样调查体系，农作物面积遥感测量调查工作步入常态化。因地制宜，加强组织，延伸调查触角，选聘学习能力强、综合素质高、责任心强乡镇干部担任调查员，纳入农业网格化管理体制，配备熟悉样方情况村级向导；通过业务人员讲、领导干部提、辅调员问及实战演练“四步走”方式培训，使调查员独立承担调查任务；加强检查指导，保证数据质量同时减轻调查员压力；严格审核，通过辅调员自审、业务人员集中审、分管领导全面审“三级把关”模式完成数据审核，避免数据登记误差。

【居民收支样本轮换】 严格按照国家样本轮换方案和总队要求，加强县直部门沟通、提前制定时间表，规划、协调各专业人员力量展开工作。通过悬挂横幅、张贴宣传标语和海报，发放“致调查户一封信”，入户发放礼品等方式，提高社会公众对样本轮换认识和支持力度；坚持直接调查机制，业务人员全程参与样本框核实、调查小区落实、绘图、摸底及开户等工作环节；采取“程序审核＋人工三级审核”模式，层层把关，级级核查，确保样本轮换数据质量。

【主要畜禽监测摸底调查】 按照总队相关文件要求，因地制宜，统筹安排，与地方各部门加强联系，加强实地摸排，多方式、多渠道核准畜禽摸底数据，为2018年调查数据打下基础。

【农民工市民化进程动态监测调查】 贯彻总队调查方案要求，按照基础工作流程调查，业务人员直接入户登记、审核，出现疑问当场解决，确保数据真实可靠。在规定时间内对50户农民工家庭数据采集、现场核实、数据审核及上报工作。

【业务培训】 根据调查工作需要，合理安排培训班，召开乡镇统计人员、调查点辅调员、调查户、企业统计人员培训会30次，培训1277人次，提高基层调查人员业务水平，提高调查对象责任意识和记账准确性。居民收支一体化调查坚持访户制度，有针对性地为记账户讲解记账方法和规则，组织集中培训3次，培训记账户480人次。

【调查工作信息化】 推广电子记账。全县现有城镇电子记账户48户，占城镇记账户88.9%，农村电子记账户9户，占农村记账户9%。创建电子记账户微信交流群，加强互动，提醒记账户按时记账，对记账户发现的问题，专业人员即时处理。在样本轮换工作开展后，与电信部门联系，为新户开展电子记账打下基础。推行联网直报工作，畜禽监测调查、规模以下工业调查、服务业调查、农产品价格调查及中间消耗调查已全部实现联网直报。

【基层管理】 进一步完善《平罗调查队网格化辅调员考核办法》《平罗县网格化辅调员管理办法》和《平罗县网格化辅调员例会制度》，将辅调员补贴与工作绩效挂钩，调动辅调员积极性，强化基础工作质量，促进网格化工作提质增效；全年对各专业基础工作和数据质量进行实地核查35次，检查调查点60个，记账户830户次。加强管理的同时加大情感投入，表彰奖励优秀辅调员27人次，购置慰问品慰问辅调员123人次，慰问各类调查对象961户次，增强调查对象的支持配合程度，提高原始数据质量。

【统计信息分析】 全年撰写各类统计分析40篇，调查信息85篇，重大信息35篇，工作动态54篇，为各级领导决策提供统计服务。撰写的信息分析被宁夏调查总队内网采用78篇，《统计与经济》杂志采用1篇，平罗县“两办”采用28篇，被县领导批示9篇。1篇工作动态被国家局内网工作交流栏目采用；1篇工作动态被《中国信息报》统计动态专栏采用；1篇分析被国家局内网采用。

价格监督检查

【概　况】 2017年，全面深化价格机制改革，适应经济发展新常态，推动价格机制改革向纵深发展，以稳定价格总水平为首要任务，“稳增长、调结构、惠民生”为工作目标，为全县经济持续健康发展、社会和谐稳定做好服务。

【价格监测和预警】 做好应急监测与常规监测衔接工作，抓好每月4日、14日、20日、24日常规99个品种监测、每周2次平价监测、每月1次劳动力市场监测、每月1次重要生产资料等监测，确保价格监测数据的准确性、及时性和上报率，及时分析价格运行中的苗头性、倾向性、潜在性问题，增强监测预警的前瞻性，提高分析研判的准确性，为领导决策提供有价值的数据支撑和价格预警分析。

【蔬菜价格政策性保险】 人保财险、平安产险、太平洋产险三家保险公司与全县2589户农户（合作社）种植1159.56公顷蔬菜签订价格保险合同，总保费746.09万元。其中：自治区财政补贴596.87万元，县财政补贴44.77元，农户自缴保费104.45万元。人保财险、太平洋产险两家公司向菜农赔付355.91万元，投保理赔款及时兑现，释放价格保险“兜底”利农作用，缓解“菜贱伤农”现实问题，稳定市场供给。

【平价商店建设及管理】 把平价商店建设作为控制市场价格的抓手，起到平抑市场价格引领作用。全县建成平价商店（超市）15家，其中清真牛、羊肉直销店3家。平价商店粮、油、肉低于市场价5%、蔬菜低于市场价15%销售。定期对平价商店进行检查和考核，将执行价格在平罗政府信息网、活力平罗手机APP向社会公布。

【涉企收费清理】 清理涉企行政事业性收费和中介服务收费，减轻企业负担。取消收费项目27项，对政府定价、收费实行清单化管理，制定《平罗县政府定价目录》《平罗县行政事业性收费目录》《平罗县经营服务收费目录》，在平罗县政府信息网站予以公布。

【政府平价农贸市场建设】 在县城翰林大街与人民西路交汇处投资4700万元建设政府投资平价农贸市场。市场建成后，将成为周边地区农副产品集散中心之一，为城区居民提供90%以上鲜活农副产品。拓宽就业渠道，方便县城居民生活，转移农村剩余劳动力，发挥“城乡对接”作用，优化资源配置，直接起到平抑物价作用。争取到自治区价格调节基金600万元，支持平价农贸市场建设，项目建设接近尾声，2018年5月可投入运营，发挥平抑市场价格，利民惠民作用。

【冷链设施项目建设】 打通蔬菜生产“最先一公里”屏障，促进蔬菜生产供应，保持价格稳定，破解“菜贱伤农”问题，作为全区开展蔬菜生产基地冷链设施建设项目试点县之一，开展冷链设施项目建设工作。2017年申报冷链建设项目1家，获得自治区扶持资金139万元。

【价格信息服务】 推进民生价格信息化发布工作，利用政府信息网站、手机APP、微信等信息化平台及时发布价格政策信息，让社会大众享有知情权，群众消费公开透明，打造面向全社会的价格信息发布和服务平台，提升价格信息公共服务水平。

【价费监管】 开展涉农价格和收费专项检查，落实国家强农惠农政策；开展银行业收费专项检查，解决实体经济尤其是小微企业融资难问题，为企业发展营造宽松融资环境；开展电力价格专项检查，减轻经营者电价费用负担；开展涉企收费专项检查，减轻企业不合理负担；开展商品房明码标价专项检查，增强价格透明度，保护购房者利益；发挥“12358”举报平台作用，受理群众价格举报和咨询，全年受理价格举报和咨询106件，其中：举报33件，咨询47件，议政网投诉20件，上级和信访部门转办6件，退还消费者600元，办结率100%。全年查处价格违法行为案件6件，违法所得金额247.19万元，实施经济制裁288.2万元，其中：没收违法所得237.19万元，罚款51.01万元，全部上缴财政专户。

【价格认定】 全年为公、检、法等司法行政部门出具涉案物品价格认定结论书75件，总标120万余元，保证司法和行政执法工作正常开展，维护司法公正、保护当事人合法益。

【农产品成本调查】 落实平罗县2016年度小麦、玉米、粳稻、露地茄子、西红柿、马铃薯、黄瓜、大白菜、设施黄瓜、苹果、散养生猪、小规模生猪、中规模生猪、奶牛、肉牛、肉羊、本种绵羊、改良绵羊、山羊等成本收益汇总和平罗县2017年农户种植意向，农资购买，农户存售粮情况，小麦成本收益，生猪直报等调查，撰写分析报告上报自治区价格成本监审局。

安全生产监督管理

【概　况】 2017年，全面深入开展安全生产大检查和安全生产专项整治，防范和遏制各类重特大生产安全事故发生，确保安全生产形势持续稳定。自治区下达平罗县亿元GDP生产安全事故死亡率控制指标为0.160%，全县生产经营性事故死亡人数为17人（其中：道路交通领域生产经营性事故10起，死亡10人，工矿商贸领域7起，死亡8人），亿元GDP生产安全事故死亡率为0.114%，在自治区下达的0.160%指标范围之内。

【领导责任】 召开县安委会全体（扩大）会议5次，传达学习国家、自治区、市关于安全生产工作重要决策部署和有关领导批示指示精神，通报阶段性安全生产工作开展情况，安排部署安全生产工作。将县安监局明确为政府行政执法机构，成立平罗县安全生产执法监察大队和安全生产应急救援中心，制订完善《平罗县安全生产监督管理行政责任规定》《平罗县安全生产委员会工作制度》《平罗县安全生产巡查工作办法》等规范性文件，完善安委会工作机制。国务院安委会巡查组巡查后，一些负有安全生产监管职责单位，提高对抓安全生产工作认识，推动相关责任落实。

【企业主体责任落实】 依托政府购买安全生产服务，对化工、冶金等80家重点企业安全生产工作监督检查，服务指导企业263家次，排查整改各类隐患1124条。执行年度执法检查计划，对列入年度执法计划80家企业进行检查，查治隐患724条，行政处罚7家，罚款16.2万元。“7·26”金海阳光爆炸事故发生后，组织区内化工领域知名专家对全县在役化工企业全方位诊断，排查隐患306条，整改隐患304条，为实现分级分类监管奠定基础。推进企业风险防控体系建设，按照企业安全生产分级化管理要求，将全县189家重点企业全部纳入风险防控体系建设，指导企业制定隐患排查项目清单1653个，辨识安全风险点16387处，督促企业严格落实月查、周查、日查、时查常态化隐患排查工作机制。全年查治上报各类安全隐患12197条，隐患整改率达97%。

【巡查反馈意见整改落实】 完成国务院安委会第八巡查组到平罗巡查各项工作。针对巡查组反馈问题，制定整改方案，细化整改措施、明确责任单位和完成时限，15项整改事项全部整改到位。

【安全生产专项整治】 按照国家、自治区、市安全生产工作安排部署，有关部门采取联合检查、专家会诊、技术抽检、明察暗访等方式，对危险化学品、道路交通、建筑施工、人员密集场所、烟花爆竹等重点行业领域开展集中专项整治。7月至10月，全县各单位在安全大检查中排查整治各类生产经营单位2973家次，排查各类隐患8575条，整改隐患8317条，隐患整改率97%，责令限期整改49家，责令停产停业整顿17家，打击惩处严重违法违规企业8家，关闭取缔违法违规企业3家，曝光严重违法违规典型案例3起，行政罚款50.84万元，追究刑事责任7人。

市场监督管理

【概　况】 2017年，履行市场监督管理职责，落实商事制度改革，促进经济平稳发展；发挥职能优势，以高效服务助推经济提升；创新社会治理，全面开展食品安全监管工作，强化药品、医疗器械、保化产品市场监管，规范经营秩序，严查特种设备安全，保障三大领域安全；立足部门职能，维护市场秩序；加强计量监管，推进标准化建设；加强法制建设，推进依法行政。被自治区精神文明建设指导委员会命名为2017—2020年度自治区文明单位，被自治区工商行政管理局评为全区企业年报公示工作先进单位。

【商事制度改革】 全面推行“五证合一、一照一码”登记模式，落实先照后证登记制度。全年完成核发“一照一码”营业执照1.2万份，核准“先照后证”市场主体营业执照3208份。加快推进登记便利化及注销简易化改革，与工商银行、农业银行合作推出“工商企业通”便民项目，方便申请人办事。全年核发电子化登记营业执照28份，发放电子营业执照19份，企业名称全程电子化登记141件，“工商企业通”24件。核准简易注销个体户927户，个人独资13户，农民专业合作社6户。抓好企业年度报告和“双随机，一公开”工作，加强事中事后监管全年年报公示企业3278户，年报公示率89.47%。引导48户市场主体纠正不规范行为，移出经营异常名录。企业年报公示抽查96户、投资类企业抽查78户、“工业生产许可证”企业抽查23户。公示市场主体登记信息2465条、处罚信息116条，录入股权冻结信息14条、解冻信息4条。

12月12日，国家质监局督查平罗县市场监管局质监工作

“3·15”消费者权益纪念日活动、图为将假冒伪劣商品装车运往销毁地点

【市场监督管理服务】 发挥股权出质及动产抵押登记作用，搭建银企平台，解决企业贷款难、担保难等问题。全年办理动产抵押54件，融资额47亿元；办理股权出质30件，融资额24亿元。建立市场主体信用体系，组织申报区级“守重”企业26家、市级“守重”企业68家、市级文明诚信市场、商场（超市）18家、县级文明诚信企业、文明诚信市场、文明诚信经营户、文明诚信商场（超市）、文明诚信餐桌经营户119家。做好就业创业工作，扶持小微企业、大学生创业，全县新增小微企业750户，商贸集聚区创业基地新增小微企业68户；其中注册资本50万元以下小微企业占新增企业总数86%。培育小企业327户，培养小老板464个，新增就业岗位3618个。开展个体转企业工作，全年办理“个转企”21户，兑现奖励资金3.2万元。

【食品安全监管】 开展食品安全示范乡镇创建工作，创建5个先进乡镇和110个示范店（单位）。全面推行网格化监管，建立二级监管网格1个、三级监管网格9个、四级监管网格36个，将56名执法人员、225个信息员纳入网格监管，落实监管责任制。开展食品安全专项整治，开展校园周边、旅游景区、畜禽防疫、私屠滥宰、重大节日期间等20余项食品专项集中整治行动，办理食品违法案件89起，罚没款55.2万元。开展食品企业风险分级分类监管，按照确定抽检频次对71家正常经营食品企业（其中A级12家、B级49家、C级10家）监督检查。开展小作坊“一点多证”监管，解决食品加工小作坊不能销售其他外购食品问题。做法受到自治区食药局领导好评，建议在全区推广。在全县各批发市场、农贸市场、农产品集散中心和超市建立并实施食用农产品准入制度，严把农产品进入流通领域关口。开展餐饮后厨“4D”管理模式和“明厨亮灶”改造升级，全县49家学校托幼机构食堂、宝丰路明厨亮灶示范街35家餐饮单位等大型餐饮服务单位落实“4D厨房”改造。“4D”管理模式作为平罗经验经自治区食药局组织在全区推广。全县“明厨亮灶”实施率达96.4%。推进餐饮单位量化分级管理，对405家餐饮服务单位全部量化分级。其中，A级28家，B级113家，C级264家。

【药品、医疗器械、保化产品市场监管】 开展药品GSP专项检查，完成2017年GSP跟踪检查任务，责令19家存在问题经营单位立即整改。组织开展特殊药品专项整治工作，检查药品批发企业2家、连锁公司3家、药品零售店96家、特药使用单位8家。开展“两小一室”及城乡结合部药品质量安全专项检查，辖区内小药店、小诊所、村卫生室检查率达到100%。开展保健食品经营环节违法行为专项整治行动，检查保健食品专兼营单位108家、成人用品经营单位28家，对9家保健食品索证索票不全经营单位责令限期整改。加强药品、药械、保化产品抽检力度，抽检药品60批次，中药饮片15批次、医疗器械5批次，化妆品21批次，保健品30批次，完成2017年抽检任务。推进医疗机构管理规范化建设，开展示范单位创建，督促全县医疗机构创建“双规范”单位，13家乡镇卫生院通过验收。

【特种设备监管】 明确安全主体责任，与特种设备生产、使用单位签订特种设备安全责任书和承诺书各200余份，发放特种设备安全监察手册及彩页1000余份。开展重点时期、重点行业、重点领域等特种设备安全专项整治12次。排查特种设备使用单位325家（次），检查特种设备1070余台（套），下达安全监察指令书98份，排查隐患137处，经复查各企业基本完成整改。办理一般程序案件6起，结案6起，收缴罚款13万元。开展特种设备专项演练及作业人员培训30余次，培训各类作业人员219人，考试取证206人。全面推进电梯电子监管，加快电梯“黑匣子”安装进度，安装电梯电子监管系统136部，张贴“96333”电梯应急处置标识300余张。

【市场秩序维护】 推行市场监管巡查制，延伸监管触角，巡查中做到监管留痕，便于经营者整改和监管部门互相监督。开展生产和流通领域产品质量靶向性抽检，加强打假治劣工作，全年抽检化肥、农膜等17家41个样；建材、能源化工产品、轻工产品、油品等239个批次产品；煤样85个批次；成品油26个批次，查处经销质量不合格产品案件28起。开展打击传销规范直销工作，经自治区打击传销领导小组办公室验收，全县22个社区荣获“无传销社区”称号。加强商标监管服务，全县有商标864件，其中“宁夏著名商标”38件。2017年新注册商标35件，培育著名商标59件，正在培育的地理标志证明商标1件、驰名商标2件。办理商标侵权案件12起。规范网络市场秩序，促进网络经济持续健康发展，对辖区193户网站、网店（其中网站45户、网店148户）实施监管，检查网站125户，责令整改15家；实地检查网店7户，放入淘汰库、排除库25户。畅通“12315”“12365”“12331”投诉举报热线，建成

2017 年 3 月，平罗县市场监管理局对全县加油站实施抽检，图为抽检的样品

“12315”消费维权服务站 75 个。受理消费者各类诉求 468 件，为消费者挽回经济损失 187 万余元，投诉举报处理率 100%。

【计量器具监管】 全年检定医用计量器具 445 台；检定压力表（包括送检和现场检定）220 批次 7000 余块，较上年同期增长 40%，检定血压计 10 批次 324 台，较上年提高 69%；检定电子天平 130 台、大小台秤 553 台。对全县 53 个加油站 460 把加油枪实施周期检测，覆盖率 100%。开展大米、面粉和植物油出厂检验工作，面粉 94 批次、大米 143 批次、食用油 238 批次出厂（委托）检验，及时出具检验报告。

【标准化建设】 指导全县 13 个乡镇开展标准化示范项目确认和考核工作。申报第 10 批县级农业标准化示范项目，确认 12 个乡镇 27 个示范项目。

【依法行政】 做好权力清单和责任清单动态管理工作，拟调整权力清单由 628 项变更为 611 项。公示部门责任事项 4872 项，追责情形 6766 项，担责方式 3152 项，制订公示行政许可和行政执法流程图，接受社会监督。严格案卷核审，提高执法办案水平，对各办案单位处罚决定实施前案卷全面审核，做到一案一卷、文书规范、适用法律正确。全年办理案件 271 起，当场处罚案件 7 起，264 起一般程序案件全部经过审核，核审率为 100%。开展行政执法检查，规范行政执法行为，评查各办案科室、队、所执法案卷 93 份，评选出办案先进单位 3 个、优秀案卷 10 个、办案能手 10 个，将评查情况通报。行政处罚信息公示公示率 92.98%。与县法制办沟通协调，完成执法证核审准备并组织 16 名新招录和无证执法人员参加行政执法资格认证网络考试，15 人通过。建立执法人员执法资格信息库。

农　业

农业概况

【概　况】 2017年，优化农业产业结构，落实支农惠农政策，加快产业融合步伐，实施农产品品牌建设，提升农业科技创新能力，进行农村改革，加大农业基础设施建设力度，实施农业产业脱贫攻坚行动，重视农产品质量安全工作，农业物联网建设实现新突破。全县粮食总产33万吨，实现“十四连丰”，农业总产值达40.2亿元，实现增加值21.2亿元，农村居民人均可支配收入13450元。

【产业集聚化】 “调结构、促转型、保增长”，调减玉米2533.3公顷。落实各类高效农业示范园区95个，比上年新增33个，建成制种、草畜两个产业核心区，制种面积达1万公顷，牛、羊饲养量分别达17万头、220万只，瓜菜面积增至1.47万公顷，水产品产量增长54%。

【农作物】 建设制种基地1.02万公顷，比2016年增加60公顷。其中建设蔬菜种子基地7933.3公顷，占制种面积的77.7%；建设粮食制种基地2266.7公顷，占制种面积的22.3%。全县生产种子3706万公斤，其中蔬菜种子1618万公斤，粮食种子2088万公斤。建设高标准制种示范园区16个，其中蔬菜制种示范园区14个，428.7公顷，杂交玉米制种园区2个，190.7公顷。

【支农惠农政策】 贯彻落实自治区27号文件，实施农业支持保护、壮大村集体经济、盐碱地改良、机深松等36类56个项目，兑现各类支农资金1.74亿元。综合运用风险补偿、贷款贴息等方式，扶持特色产业关键环节，发放风险补偿贷款293笔，1.05亿元；为116个新型经营主体贷款贴息148笔155万元，撬动贷款1.4亿元，缓解农业融资难问题。

【产业融合】 发展农产品精深加工，建成宁夏泰金种业产业园、乐牧·高仁草畜一体化等项目。培育国家级示范企业2家，区级龙头企业26家，市级龙头企业22家，农产品加工产值达24.3亿元。开展全域旅游示范县创建活动，举办种业博览会、大漠桃花节、拉巴湖沙漠文化旅游节等9个节庆活动，全县休闲农庄43家，接待游客17万人次。

【农产品品牌】 落实“三品一标”双认证，成功申报绿色产品1个，无公害农产品22个，地理标志产品1个，全县15个农产品获得宁夏名牌产品，13家企业获得宁夏著名商标，被农业部批准为全国首批区域性良种繁育基地，被自治区确定为“宁夏大米”主产区。

【产业园区】 建成石嘴山国家农业科技园区农作物制种、清真羊肉两个产业核心区，通过国家科技部验收。与宁夏农科院合作建立技术试验示范点15个，引进各类优良品种188多个，示范推广精量播种、水肥一体化、杂交制种等种养技术

18 项。

【农村经济试点项目】 启动实施壮大村集体经济试点项目，开展 4 个类型试点，中科院专家组给与肯定和好评。培育新型经营主体 371 家，其中示范性家庭农场 51 家，评选国家级示范社 10 家，区级农民示范社 24 家，市级示范社 37 家，带动全县规模流转土地 2.67 万公顷，占全县总耕地的 41%。

【基础设施建设】 加大河东地区农业基础设施建设力度，整合项目和资金，多策并举，多点施力，改善河东地区农业基础设施。全年新开耕地 1606.67 公顷，建成蓄水池 8 个，破解老灌区 1420 公顷和庙庙湖生态移民区 1066.67 公顷农田灌溉争水难题，为移民区农业产业发展提供保障。

【脱贫攻坚】 推进农业产业脱贫攻坚，实施脱贫攻坚“四个一”工程，做好瓜菜种植指导和动物疫病防控工作。建成两茬瓜菜种植 4241 棚，发展庭院养殖 1178 户，建设肉牛养殖园区 2 个。实施沙漠瓜菜产业园、枸杞番茄种植和菌菇种植基地等 13 个扶贫项目，就近吸纳务工人员 650 人，增加移民务工收入 1300 万元。

【农业物联网建设】 建成“12316”农业信息服务平台，实现互转互拨。建成农业物联网示范点 22 个，其中畜牧 4 个，渔业 15 个，制种 2 个，瓜菜 1 个，提升种养精准化和智能化水平，在“互联网 + 农业”上取得新突破。

【安全生产】 启动农业废弃物回收处理工作，化肥农药减施量下降 1.9%；建成秸秆禁烧综合利用示范区 4 个，秸秆综合利用率达 80%；开展政府购买防疫服务试点，畜禽免疫密度 100%。引入保险竞争机制，种植业投保 6.43 万公顷，畜禽 8.85 万头（只），受理保险案件 1900 起，缓解农业灾害损失。

【重点农技项目实施】 实施粮食绿色高产高效创建、银北百万亩盐碱地农艺改良、冬牧 70 黑麦复种青贮玉米两熟制示范研究、耕地质量保护与提升、农药化肥零增长使用、农作物病虫害绿色防控等重点项目，加大新技术示范推广力度。

【农业技术社会化服务】 做好配肥站运行工作，调试配肥机，邀请有关专家进行指导，生产个性化配方肥。开展综合服务站星级评定工作，宁夏华泰农农业科技发展有限公司综合服务站、高仁乡综合服务站完成星级自评工作。鼓励技术干部进驻龙头企业、种植大户开展个性化服务。扩大服务范围，以种植大户、专业合作社、农业企业等新型经营主体为重点，开展送信息、送技术、送服务植保个性化服务。服务新型农业经营主体 113 家，上报服务信息 28 次，指导各类技术培训 32 场次，培训人数 1.68 万人次，发放各类资料 8000 份，辐射带动周边农户 1.5 万户。

【畜牧业生产】 羊只饲养量 223.26 万只，同比增长 0.50%，出栏 124.75 万只，存栏 98.51 万只；肉牛饲养量 17.56 万头，同比增长 1.09%，出栏 8.55 万头，存栏 9.01 万头；奶牛存栏 10020 头；生猪饲养量 14.58 万头，同比增长 0.55%，存栏 5.92 万头，出栏 8.66 万头；家禽饲养量 173.88 万只，同比增长 0.22%，存栏 91.19 万只，出栏 82.69 万只。

【草畜产业发展】 优质牧草种植 5866.7 公顷，青贮 12.9 万吨，秸秆打捆收储 4.2 万吨。支持引进澳洲白种公羊 75 只、湖羊母羊 1200 只，全县产杂交羔羊 18.6 万只、黄牛冷配改良 5177 头。依托羊产业发展基金、宁养羊产业基金等为养殖户担保贷款 42 户 887 万元。审定享受贷款贴息企业（合作社）30 笔 614 万元。加强河东草畜产业建设。肉牛饲养量 1.2 万头，羊饲养量 19.2 万只。建设石嘴山国家农业科技园区清真羊肉产业区，完成 38 项指标及四大体系、专家大院建设，顺利通过国家验收。建成天源復藏、宁羊、鑫伟辉、乐牧高仁等 4 家物联网企业技术应用示范点。与宁夏农林科学院开展院地合作肉羊饲养关键技术研究。

【污染防治】 制定畜禽养殖污染防治规划、养殖禁养区划定方案等，实施农业资源环境监测与保护项目；督查养殖场粪污治理进展情况90余场次，发现问题及时下发整改意见书并反馈给规模场负责人。动员6家养殖场建设粪污治理设施，全县畜禽规模养殖场废弃物处理设施比例达66%以上，畜禽粪污资源化利用率88%以上。

【动物产地检疫】 全县设置动物检疫申报点18个，加大检疫申报点官方兽医人员管理，落实农业部“六条禁令”，执行《动物检疫管理办法》和《畜禽产地检疫规程》要求，规范产地检疫，全面实施电子出证。全县发放使用“动物检疫合格证明”353本，产地检疫动物47.8万头（只、羽）、检疫出省动物22.4万头（只）、出省动物产品44.82万公斤、皮张19.7万张。

【动物屠宰检疫】 按照宰前、宰中、宰后检疫程序实施检疫，规范检疫操作，严把“入场关”“待宰关”“同步检疫关”“宰后处理关”，各项检疫台账、记录齐全。全县4个屠宰场检疫动物2.87万头（只），检出病害动物产品1080公斤，全部无害化处理，处理率100%。

【流通环节监管】 加强流通环节畜禽及其产品监督检查力度，严厉打击无证运输和经营行为。流通环节监督检查动物20.7万头（只、羽）、动物产品6.5万公斤。

【畜禽规模场监管】 印制《平罗县规模养殖场动物卫生监督检查记录》400本、《平罗县畜禽规模养殖场畜产品安全档案》120本。规范规模养殖场监管，与61个规模养殖场、养殖园区签订“规模养殖场动物卫生监督管理责任书”明确监管责任，严格实行奖惩，使责任落实到人。对符合条件10个新建畜禽规模养殖场、屠宰场发放“动物防疫条件合格证”。

【病死动物无害化处理】 制定下发《平罗县规模养殖环节、定点屠宰环节病死猪无害化处理等项目实施方案》，开展《中华人民共和国动物防疫法》《病死动物无害化处理技术规范》等法律法规和规范文件宣传。对发现病死动物及动物产品，严格按照《病死动物无害化处理技术规范》要求，及时监督处理病死动物4975头（只、羽）。落实病死畜禽无害化处理财政补助政策，按照“公开、透明、公平”原则，无害化处理资金专款专用，全部通过转账形式直接拨付给处理人员，兑付资金5.56万元；兑付2017年规模养殖场、畜禽交易市场、荒滩等场所无害化处理病死动物4698头（只、羽），补助金额3.9万元。

【兽药、饲料投入品监管】 制定《全县兽药经营使用双百创优示范活动方案》，在全县创建13个兽药经营使用创优示范单位。在20家兽药经营企业开展兽药投入品在线管理，建立进、存、销档案，实施有效监管。严把兽药GSP复验关，按照《宁夏兽药经营质量管理规范实施细则》和《宁夏兽药经营质量管理规范现场检查项目打分表》要求，对申请复验20家兽药GSP经营企业复验。加大兽药GSP经营企业后续监管力度，与20家兽药经营企业签订《兽药监督管理及安全生产责任书》，印制《平罗县畜产品质量安全档案》和《平罗县兽药监督检查记录》，县乡两级监督管理人员对辖区所有兽药经营店开展每月2次监督检查，每季度开展一次集中和专项检查，全方位对GSP制度落实情况监督检查。对全县61个畜禽规模养殖场、1个兽药生产企业、20个兽药经营企业、6个饲料生产企业、23个饲料经营户日常监管，检查饲料生产企业45余次，检查兽药饲料经营网点120余次，检查规模养殖场160场次，下发责令整改通知书14份。加大畜禽规模养殖场“瘦肉精”检测工作，抽检尿样123份（其中牛15户43份、羊18户50份、猪12户30份），检测结果全部为阴性。配合区药监所完成规模养殖场畜禽畜产品兽药残留检测任务，落实自治区17份兽药、40份畜产品、尿样6份抽捡任务，检测结果全部为阴性。

【违法案件查处】 加大违法案件查处力度，办理各类违法案件13件，罚款4411元，没收不合格兽药5个品种，44袋（盒），对各类违法行为及时纠正，打击不法商贩，规范经营秩序。

【畜禽免疫】 推进集中免疫和平时补针工作，全县羊小反刍兽疫疫苗免疫86.9万只；牛羊口蹄疫免疫分别为9.6万头、86.9万只；猪O型口蹄疫免疫9.8万头，猪A型口蹄疫免疫9.8万头，猪瘟免疫9.8万头，高致病性猪蓝耳病免疫5.8万头，应防数免疫密度及标示率均达100%。高致病性禽流感免疫260.2万羽，免疫密度达100%。秋防对存栏羊布鲁氏菌病免疫46.2万只，存栏免疫密度达100%。因病设防开展羊梭菌病免疫14.1万只、羊痘免疫22.3万只、狂犬病免疫狗5000条，犬存栏1.13万只，免疫密度达45.5%，整体达到免疫要求的≥30%目标任务。全县无重大动物疫情发生。

【动物免疫抗体水平检测】 全年兽医实验室开展免疫抗体集中检测，前三季度兽医实验室开展免疫抗体检测，采集血液样品2955份，经检测免疫抗体合格率为牛、羊、猪口蹄疫分别为96.8%、97.9%、76.4%，猪瘟98.6%，猪蓝耳病78.6%，高致病性禽流感99.5%，新城疫99.1%，全部达到国家规定合格率标准以上，起到群体保护作用。

【疫情监测】 按照合理布局、科学布点要求和“定点、定期、定量、定性”常态化监测安排，主抓固定监测点63个。采集血清样品2955份，开展免疫抗体检测工作，建立监测分析机制，及时掌握、分析全县疫情风险。开展H7N9流感监测，在家禽养殖场和活禽交易市场采集血液、咽喉和泄殖腔拭子各480份，检测结果全部为阴性。人畜共患病牛布病检测510头、结核病检测510头；采集动物狂犬病监测样品34份、羊脑50份、羊粪便180份、非洲猪瘟监测样品200份、马传贫监测样品200份送区动物疾控中心检测，入户诊断和接收病料65例。

【水产养殖】 全县水产养殖面积6906.7公顷，其中池塘1813.3公顷，湖泊5093.3公顷。成鱼养殖面积6310.9公顷，水产品产量达到3.25万吨。鱼种养殖面积196.3公顷，鱼种产量5185吨。全县渔业总产值达3.5亿元，从渔农民人均纯收入达到11500元。

【渔业标准化养殖基地建设】 抓好渔业标准化养殖基地建设工作，改造标准化池塘148公顷，开展池塘清淤改造，水、电、路等基础设施配套建设，提升生态水产业基地发展水平。

【新品种引进推广】 加强水产养殖结构调整工作，推广河蟹、泥鳅、虾、六须鲶、草鱼、团头鲂、鲈鱼、鳜鱼、福瑞鲤等市场前景好的水产新品种，提高渔业发展层次和水平。全县水产新品种养殖面积4353.3公顷，占全县水产养殖面积62.8%以上。

【水产品质量安全】 增强水产品质量安全责任意识、大局意识，推进水产健康养殖，抓好15个、2378.4公顷水产健康养殖示范场建设，全面推行生产日志，科学用药等登记备案制度，指导养殖户建立健全生产记录、用药记录、销售记录等，发挥示范场示范、辐射带动作用。加大渔业投入品检查力度，加强对苗种、渔药、饲料等渔用投入品检查力度，杜绝未经检疫苗种、违禁渔药、不合格饲料投入渔业生产，确保产地水产品质量安全。全面强化质量监控，配合农业部和自治区渔业环境与水产品质量监督检验中心做好水产苗种、水源和水产品检测工作，抽取水产品样本68个，水源样本12个。发挥平罗县水生动物疫病防治站作用，为渔户做好水质化验、鱼病监测等服务工作。

【禁牧封育】 全年巡查禁牧49次，查处偷牧违法行为12起，发现偷牧羊群14群，羊只507余只，牛三群22头。重点做好重大封育禁牧巡查工作，配合乡镇按照安排时间和地点全方位开展巡查，确保禁牧巡查工作收到实效。

【草原生态保护】 按照国家关于草原生态补奖机制工作要求，全面做好全县3万公顷天然草原生态保护补助奖励机制工作。“十三五”期间，草原生态补偿资金由过去的每亩6元提高为每亩补助7.5元，全县草原生态补偿资金达到122.86万元。对承包户重新进行登记造册，确定草原承包户72户，让国家惠民政策落到实处，将符合政策的草原承包户通过一卡通兑付到户。按照区农牧厅草原站要求，对全县区域内草原进行草地资源调查，落实40个样地、120个样方生产力监测工作，上报区草原站录入草地调查系统。

【扶持村集体经济发展资金监督】 2017年，采取听取汇报、查验账目、实地走访等方式，对2014—2016年37个市级发展壮大村集体经济项目自查自验。通过检查验收，37个项目村财政扶持资金全部拨付到位，并按照项目内容组织实施，大部分项目总体运行情况良好，实现收益111.95万元。通过项目实施，使项目村集体经济不断发展，带动当地农业优势特色产业发展和农民增收，达到项目预期目标。

【农村集体“三资”管理】 完善县、乡、村联网的集体“三资”网络管理平台，推动会计电算化规范化管理，各村“三资”信息网络监管系统平台平稳运行，农村财务治理工作更加规范。按照《宁夏回族自治区农村集体经济审计条例》规定和上级业务部门安排，制定印发《关于开展2017年农村集体经济组织财务审计及检查工作的通知》，全面做好2017年全县农村集体经济组织财务审计及检查工作，推动全县农村集体经济组织财务管理常态化、制度化、规范化建设。审计20个村，检查30个村。加强乡镇农经人员、村级财务人员业务知识培训，提高专业知识和业务水平。

【“村廉通”建设】 探索推行村级财务信息公开“村廉通”机制。加强农村集体“三资”管理平台监管，对全县村级财务委托代理会计进行培训，强化对“三资”平台的维护、村级财务代理等工作的指导和监督。开通电话自助结算终端，通过与各村对公账户开户行沟通，协调开户行免费向平罗县各村集体提供安装终端POS机，并负责操作人员培训及系统维护等工作，方便广大农村居民办理各项业务。搭建“村廉通”信息发布平台，指导各乡镇在村集体“三资”委托代理服务中心设立云MAS信息发布平台，通过平台将村集体各项财务收支、涉农惠农政策、资金、市场、气象等信息以短信方式向村两委班子、村监会成员、村民代表发送，接受群众监督，提供相关信息服务。全县13个乡镇“村廉通”工作全面推开，推进农村党风廉政建设。

【新型农业经营主体规范化建设】 开展新型农业经营主体培训工作，培训新型农业经营主体负责人120人。以创建市级、区级农民合作社示范社、示范家庭农场为抓手，开展规范化建设，培育市级示范农民合作社5个，示范家庭农场5个，培育区级示范合作社4个，示范家庭农场4个。

【农村经济运行态势固定监测】 按照农业部和自治区、市农经站安排，平罗县承担国家农村固定观察点住户调查、农经统计年综报表2项国家级统计监测任务；农户家庭经营状况、农民专业合作组织运行状况、农贸市场、农产品成本效益、农村土地承包及土地流转情况、农村土地纠纷及调处仲裁情况、家庭农场运行状况、村级债务情况、村集体经济运行状况、主要农产品价格调查等10项区级监测和调查统计任务。为确保监测统计任务保质保量完成，将12项监测工作责任到人，明确任务和时间要求，每月深入记账户家中指导，督促记账户及时、真实、准确做好记账工作。按照月报、季报、半年报和年报要求，按时完成数据采集、汇总、分析，为各级领导科学决策提供依据。

【农资执法】 开展种子、农药、肥料市场专项检查62次，出动执法人员231人次，检查种子生产经营企业23家，检查种子标签71个，农药标签106个；检查农资经营门店208家，农资经营档案188个，接待农民投诉9起，为农民挽回经济损失约3余万元。全年未发生重大农资质量事故和农产品质量安全事件。

【农资打假专项治理】 制定《2017年全县农资打假专项治理行动实施方案》，开展“农资打假保春耕”“夏季农资打假百日行动”“秋季农资打假行动”等专项治理行动，以种子、农药、肥料为重点，突出重点季节、重点市场、重点区域，查处农资经营违法行为。市场检查62次，派出执法人员231人次，检查种子生产经营企业23家，检查种子标签71个，农药标签106个，检查农资经营门店208家，检查农资经营档案188个。

【农资源头管理】 加强农业投入品质量监管，开展农资质量抽检，确保种子质量安全。主要农作物种子质量抽检5次，抽检55个品种，开展农药质量抽检1次，抽检品种10个。加强农资经营企业及网点管理，对纳入在线管理系统199家农资店再调查，再摸底，建立系统管理名册，发放在线管理设备，宣传、引导、培训、督促农资经营业户实行网上备案，网上进货销货，严格质量责任，实现农资质量从进货到销售全程跟踪和可追溯管理。

【农资案件事故调处】 妥善处理矛盾纠纷，开展农资案件事故调处工作，实现“小事不出门、大事不出局、矛盾不上交”工作目标，将矛盾化解在基层，避免矛盾扩大化，全年未发生群访、越级上访事件。调处农资案件事故9件，其中种子5起，农药4起，为农民挽回经济损失3余万元。

农村土地经营管理制度改革

【概　况】 2017年，全县农村改革紧扣目标任务，坚守改革底线，突出创新发展，全面发力、多点突破、纵深推进，增加改革整体性、系统性、协同性。增强全县农村发展活力落实，增加农民收入。中央电视台及全国30余家省级卫视观摩报道平罗县农村改革工作。

【农村产权确权】 扩大农村产权确权范围，夯实农村改革基础。全面落实农村土地承包经营权确权登记颁证工作，颁发农村集体土地所有权证141本；农村土地承包经营权证6.55万本；农村土地流转经营权证123本；登记确权连片3.33公顷以上集体荒地3666.67公顷发证119本；设施农业用地使用证76本；集体经营性建设用地不动产权证14本。

【集体资源管理】 规范集体资源管理，实现资源公平占有。全县登记确权未利用荒地806宗3133.33公顷。加强集体荒地承包费、宅基地超占有偿使用费管理，清理规范连片3.33公顷以上村集体荒地承包租赁合同，收缴荒地承包费和宅基地超占有偿使用费2300多万元，解决集体资源占有不公问题，增加村集体收入。

【农村产权抵押贷款机制】 完善农村产权抵押贷款机制，拓宽农业融资渠道。赋予8项农村产权融资权能，探索农村产权捆绑抵押贷款，对农村承包土地经营权抵押贷款按照30年评估，提高农户抵押额度。全年办理农村产权抵押贷款3349笔2.47亿元，其中土地承包经营权3250笔1.82亿元、流转经营权7笔725万元、设施农业用地使用权26笔3261万元、农村林权3笔2220万元、住房财产权63笔300万元。累计办理农村各类产权抵押贷款1.99万笔10.38亿元。

【农村产权自愿有偿退出转让机制】 完善农村产权自愿有偿退出转让机制，盘活农村闲置资源。按照“采取四种退出方式、坚持五个必须、严格六个程序”思路，完善农村产权自愿有偿退出转让机制。开展闲置宅基地、房屋整队退出，在黄渠桥镇四渠村、灵沙乡胜利村集中收储20宗闲置宅基地新建移民安置房，安置移民44户，打造道路硬化、卫生净化、环境美化移民安置点，盘活农村闲置资源。2017 年，农业部办公厅确定平罗县为农民集体收益分配权退出、农村集体产权制度两项改革任务试点县，经管司确定平罗县为农村土地经营权有偿退出试点县。

【农村土地规范化流转机制】 完善农村土地规范化流转机制，保障流转双方权益。全县培育种植业新型经营主体 15 个，流转土地 706.67 公顷，准入工商资本 6 家。全县土地流转 2.67 万公顷，占耕地面积 41%。

【经营主体和农业社会化服务体系培育】 培育经营主体和农业社会化服务体系，促进农村一二三产融合发展。出台《平罗县星级经营主体评选办法》，开展新型农业经营主体评星定级，对各乡镇上报 226 个经营主体行验收评选，认定星级经营主体 56 个。培育统种分管、代耕代种、联耕联种、土地股份、统防统治等社会化服务主体 44 个，服务面积 2 万公顷。探索培育“龙头企业 + 专业合作社 + 家庭农场”的现代农业产业联合体 2 家。

【土地集约节约利用】 统筹推进农村土地制度改革，实现土地集约节约利用。加强农村宅基地管理，全县新增审批宅基地 6 宗，缴纳有偿使用费 4.86 万元，收缴宅基地超占面积有偿使用费 1080 万元，清理腾退闲置宅基地 580 宗。加快推进农房、农地“房地一体”不动产数据整合，发证 5.58 万本，发证率 90%。加快推进农村集体经营性建设用地入市，全县 14 宗 8.09 公顷农村集体经营性建设用地入市交易，出让金 732.5 万元，其中土地增值收益 223.49 万元。为完善土地征收制度，制定《平罗县土地征收办法》等文件。

【农村集体资产股份制改革】 探索农村集体资产股份制改革，增加农民财产性收入。依托扶持村级集体经济发展项目，选择集体收入较高 10 个村成立村集体股份经济合作组织，股份量化资金近 4000 万元。出台《平罗县村集体收益分配使用管理暂行办法》。2017 年，高仁乡高仁村集体股份合作社给村集体分红 11 万元。

农业综合开发

【概　况】 2017 年，以加快转变发展方式为主线，以增加农民收入为核心，重点围绕农业“一优四特”产业发展，实施土地治理、产业化经营、部门项目和科技示范推广项目，建设高标准农田，加强项目和资金管理，农业综合开发重点建设项目以及其它各项计划任务。

【高标准农田建设模式创新试点项目】 启动实施 2016 年城关镇高标准农田建设模式创新试点项目，2017 年 3 月开工建设，渠道砌护 21 公里，配套建筑物 60 座，沟道治理 3.1 公里，新建电排站 1 座；新建蔬菜钢架拱棚 54 座。投资 1710 万元。

【农田建设项目】 自治区农发办批复平罗县 2017 年高标准农田建设项目 3 个，即：高仁乡东沙村高标准农田建设项目、陶乐镇马太沟村高标准农田建设项目、黄渠桥镇侯家梁村农业开发专业合作社高标准农田建设项目，总建设面积 1540 公顷，总投资 3748 万元。8 月开工建设。

【产业化发展项目】 自治区农发办批复平罗县 2017 年第一批农业综合开发产业化发展财政补助项目 4 个，即：平罗县 700 头奶牛标准化养殖扩建项目、平罗县 10000 平方米蔬菜日光温室扩建项目、平罗县 1000 头肉牛标准化养殖扩建项目、平罗县年产 300 万枚种蛋肉种鸡养殖扩建项目，总投资 1021 万元。项目开工建设。

【银北地区百万亩盐碱地改良工程】 按照《银北地区百万亩盐碱地改良骨干排水沟道治理规划》，2016 年度自治区农发办批复平罗县实施五三支沟（上段）、三二支沟、五二支沟、五四支沟治理工程，治理总长度 21.85 公里，总投资 1829.91 万元。治理工程全部完成建设任务投入运行。

【亚洲开发银行贷款农业综合开发项目】 2017年，实施利用亚洲开发银行贷款农业综合开发项目第四包工程，砌护渠道0.71公里，沟道治理2350米，配套建筑物53座。投资200万元。

生态移民安置及扶贫开发

【概　况】 2017年，重点围绕“两不愁、三保障”工作目标，着力强基础、补短板、建机制，推进脱贫攻坚工作。全县有贫困村3个，建档立卡贫困人口2636户13425人，2017年脱贫453户2701人。未脱贫739户3107人，全县贫困发生率1%，贫困村贫困发生率6.4%。2017年，移民人均可支配收入6450元，同比增长9.3%；建档立卡贫困人口人均可支配收入4700元，同比增长11.9%。2017年自治区第三方评估平罗县因村因户帮扶工作满意度达98.46%，国家发改委广西交叉检查组对平罗县“十三五”时期易地扶贫搬迁工作交叉检查，给予充分肯定。

【产业带动脱贫】 加大脱贫攻坚产业发展带动就业创业“双20条”政策扶持力度，鼓励支持建档立卡贫困户发展产业。以庭院瓜菜种植和肉牛、肉羊、肉鸽、肉兔、肉鸡养殖为主，依托华泰农、天源復藏、中青科技等16家农业企业，带动发展庭院拱棚种植2000座，户均增收800元；带动发展庭院养殖1575户，其中建档立卡户1079户，占68%，羊只存栏18650只、牛存栏1943头，兔、鸡、鸽达1.5万余只，全年发放产业发展补助资金1000万元，户均增收6349元。同时，建成肉羊集中养殖园区1个，新建肉牛集中养殖园区2个、肉鸽养殖基地1个、枸杞番茄辣椒种植基地1个、菌菇种植基地1个。

【拓展就业创业渠道】 开展就业技能培训，举办服装加工、驾驶员、电焊工、手工编织、刺绣等技能培训班30期1500人。搭建就近就业平台，引进宁夏新丝陆服装加工项目，打造精准扶贫车间，当年培训就业300人，实行“一企一策”，兑现制衣工培训补助资金50万元。发挥贫困村周边农业企业和宁夏精细化工基地、石嘴山生态经济开发区用工优势，有3045名建档立卡劳动力实现季节性务工或稳定就业，其中周边农业企业吸纳就近务工1045人、宁夏精细化工基地、石嘴山生态经济开发区企业吸纳就业人员近1000人、县外务工人员近1000人。红翔新村、红瑞村、庙庙湖村3个移民自主创业园实现自主创业近300人，全年发放就业创业补助资金13.03万元，其中自主创业符合条件的79人9.84万元，劳务经纪人符合条件的4人3.19万元。

【推进贫困线与低保线“两线合一”】 推进贫困线与低保线“两线合一”，落实兜底政策，确保应保尽保。农村低保标准由每人每年2400元提高到3150元，对4585名无法依靠产业、就业、创业脱贫的建档立卡户贫困人口强化社会保障，落实资金1104万元，其中：为2806名建档立卡人员发放低保金707万元，为7名建档立卡户孤儿发放津贴4.2万元，为36名建档立卡特困供养人员发放津贴18.58万元，为114名建档立卡户高领人员发放高领津贴69.8万元，为332户建档立卡户356名残疾人发放补贴76.89万元，为1266名建档立卡贫困人员发放养老金228万元。全县建档立卡人口基本医疗保险实现全覆盖。

【教育扶贫】 对建档立卡贫困家庭学前教育、义务教育、高中教育、中职教育和大学生实行分类帮扶，落实资金270万元。751名学前建档立卡学生享受政府助学金90.12万元；794名义务教育阶段建档立卡学生享受寄宿生生活补助55.39万元；264名普通高中建档立卡学生享受助学金29.8万元；48名中职建档立卡学生享受助学金16.7万元；为156人发放春季“雨露计划”23.4万元；为11名新考入大学的建档立卡学生发放助学金4.4万元。县财政全年安排专项资金50万元，落实移民中小学生免费乘坐校车政策。

【金融支持模式创新】 创新金融支持模式，解决发展资金问题。新增风险补偿金150万元，累计达550万元，放宽贷款条件和年龄限制，提高贷款额度全年累计发放金融扶贫贷款16757户12.95亿元，其中建档立卡户扶贫小额贷款1233户5637万元，总体贷款覆盖率达68.1%，超额完成自治区下达的扶贫小额信贷任务，为370名建档立卡户到期扶贫小额贷款贴息28.3万元。为宁夏兴隆种子销售有限公司、平罗县盛夏文化产业有限公司、宁夏绿春种业有限公司和241户残疾人家庭发放康复扶贫贴息资金53.76万元。发放互助资金借款876户813.5万元，建档立卡户“扶贫保”实现全覆盖。设立扶贫产业担保基金3000万元，为扶贫龙头企业、生态移民发展产业提供金融保障。

【完善配套基础设施】 投资2.2亿元，实施庙庙湖调蓄补灌水库、B区500公顷黄土压沙、A区农田水利配套工程、红崖子万亩沙荒地整治等24个脱贫攻坚基础设施配套项目。投资290万元在贫困村实施美化绿化工程，建设道路2.8公里、新建垃圾池100座、新砌护引黄灌渠6公里，打造主干道路绿化带1条、景观廊道2条、景观点3处，改善贫困村发展环境。

【易地扶贫搬迁】“十三五”时期易地扶贫搬迁安置任务1590人。收储、修缮住房335套，收储土地106公顷，完成搬迁安置324户1590人，通过发展牛羊、肉鸽、芦花鸡养殖等后续产业项目，鼓励易地扶贫搬迁人口发展生产，确保如期脱贫。

【精准扶贫】 因村因户精准发力，安排107个市级单位和76个县级单位开展帮扶工作，各结对帮扶部门精准施策、精准帮扶，入户率100%。各结对帮扶部门从支持产业发展、劳务奖补、教育扶贫等方面投入帮扶资金近600万元。市、县组织部门为3个贫困村派驻驻村工作队和驻村第一书记14人，结合村“两委”换届，为庙庙湖村、红瑞村各增加村干部职数2人。市、县农牧、发改等部门为贫困村派驻科技特派员8人、“三区”科技人才3人。

【扶贫资金整合】 自治区全年拨付财政专项扶贫资金共计9985万元，其中2017年第二批扶贫资金6433万元、“十三五”时期易地扶贫搬迁安置住房建设资金552万元、扶贫产业担保基金3000万元。支付资金9929.44万元，其中支付3个贫困村基础设施建设1350万元、产业发展和资金收益扶贫项目944.64万元、电商服务站补助18万元、到户到人政策补助和扶贫保600.8万元；移民培训673万元、“十二五”时期生态移民“多代多人”住房2775万元、项目管理费16万元、“十三五”时期易地扶贫搬迁安置住房建设资金552万元、扶贫产业发展担保基金3000万元。尚未支付资金55.56万元。

水　利

【概　况】 2017年，按照“节水优先、空间均衡、系统治理、两手发力”治水新思路，围绕全县经济社会发展大局，坚持“统筹城乡、改革创新、节约高效、开放治水”原则，以保障饮水安全、生态安全、防洪安全、改善农业基础设施条件及水资源优化配置为重点，推进发展方式、治水方式、用水方式、投入方式“四个转变”；深化农村水利改革；提升现代农业综合生产能力，促进现代农业发展和美丽平罗建设。平罗县获得2017年度全区农田水利基本建设“黄河杯”竞赛一等奖，县水务局被评为2017年度全区水利安全生产先进单位。

【重点水利工程项目建设】 2017年，全县水利项目投资计划重点水利工程26个，下达资金计划1.94亿元。主要有中小河流治理、高效节水灌溉工程、农村人饮安全工程、盐碱地改良项目支沟治理、大中型水库移民后期扶持工程、应急抗旱

渠道砌护施工

水源工程等。26个水利项目开工建设23个，开工率88%，正在招标3个。黄土梁泵站改造及庙庙湖抗旱补灌水库，宝丰、黄渠桥镇抗旱应急水源工程、2016年千亿斤粮食项目完成主体工程建设。1200公顷高效节水灌溉工程落实建设任务866.7公顷。2016年和2017年盐碱地支沟治理工程规划治理支沟21条90.57公里；中小河流大水沟上段工程规划治理沟道3条9.82公里；3项大中型水库移民后期扶持工程正在建设之中；高速公路改扩建工程平罗县境内沟、渠、路恢复工程；2017年骨干道路两侧农田水利设施配套改造工程；渠口乡、通伏乡、高仁乡、头闸镇末级渠系改造工程。

【水利基础设施建设】 开展农田水利基本建设“黄河杯”竞赛活动。制定《平罗县秋冬农田水利基本建设实施方案》，规划13个重点水利项目区，3个国土整治项目区和4个农发高标准农田建设项目区，在各乡镇建设38个农水建设示范方。实行“整合项目、分级负责、划片实施”农水建设模式，整合项目资金5.53亿元，以水务盐碱地改良、千亿斤粮食、国土耕地占补平衡、农发高标准农田建设等项目为依托，以姚伏镇高荣村、陶乐镇施家台子村、陶乐镇庙庙湖村、城关镇步口桥村等4大片区为中心，辐射带动面上农水建设和边缘死角治理。实行网格化施工模式，由水务局、国土局、农发办等涉农部门拉开建设框架，具体负责项目区平田整地、干、支沟道清淤扩整合水利基础设施配套建设，各乡镇以示范方为点，面上农水建设为面，点面结合，具体负责组织机械和干部群众筹工筹劳进行斗农沟道清淤扩整、新开农沟和小型农田水利建筑物维修改造，形成组织有序，分工明确，上下联动农田水利基本建设新局面。

【防洪减灾体系建设】 推进黄河综合治理，实施2017年黄河宁夏平罗段二期防洪工程，第四排水沟综合治理工程。实施灾后水利薄弱环节工程建设，完善贺兰山东麓防洪体系。全面落实防汛抗旱行政首长负责制，建设布局协调、防控结合、蓄泄兼筹的水防灾减灾体系；严格落实24小时防汛值班制度，及时传达气象信息，迅速反映灾情情况，准确果断处理突发问题，最大限度保障人民群众生命财产安全，全县“两山一河”安全度汛。

【抗旱应急保灌】 针对黄河来水持续偏枯，自治区分配平罗县2017年用水指标4.83亿立方米，比正常年份减少0.39亿立方米的现状，加大水利工程维修养护力度，抓好种植结构调整，严格水资源总量控制、定额管理和计划用水。加强与气象部门沟通联系，做好预测预报和抗旱救灾准备工作。抓好高效节水灌溉项目建设，发挥井渠结合、沟水补灌以及湖库调蓄作用，实施黄土梁泵站改造、庙庙湖生态移民区、高仁乡上八顷、威镇湖抗旱补灌水库、引五济昌等抗旱应急水源项目建设。启动2016年新打及维修抗旱机井461眼，在四排、五排、五一支沟、五三支沟等区域新建补水泵站6座。各乡镇清挖三级渠道10189条、5665公里，维修渠道配套建筑物877座。制订全县抗旱应急调度预案，做好抗旱物资储备和应急抢险队伍建设，应对各类突发灾情。对陶乐地区扬水泵站进水池和引水渠清淤开挖，降低进水池池底高程，确保最大限度提引黄河水，灌溉农作物。

【深化改革】 根据自治区分配平罗县灌溉用水控制指标水量，全县13个乡镇，4个农场，519个干渠直开口，6.17万公顷农田水资源确权工作。贯彻落实中央、区、市关于全面推进河长制工作相关要求，编制印发《平罗县推行河长制工作方案》；确定22个县级、107个乡级重点保护河湖名录，对河湖名录中确定重点河湖逐一落实河长责任清单，建立县、乡、村三级河长责任体系，设置22个县级总河长、179个乡级河长。在县电视台、网络等媒体将河长及联系部门职责、河湖治理措施、达到目标等进行公示；在各河湖显著位置设置安装39块河长公示牌，181块警示标牌，接受群众监督，提高群众生态保护意识。

【依法治水】 制定出台《平罗县计划用水及考核管理规程》《平罗县凿井审批管理规定》等规章制度。严格取水许可审批，为4家企业办理换发取水许可证，为40家用水单位核定计划用水指标，全年征收水资源费233万元。对用水计量设施不合格企业及时更换设施，依法关闭拆迁企业、个体户、大水沟水源地保护区内工业自备井37眼。创建节水型学校7个，节水型机关45个，节水型小区10个，落实“三条红线”制度，推动节水型社会建设。利用“世界水日”“中国水周”，开展“水法治宣传月”活动，举办水利普法宣传，提高水法制意识。全年依法立案查处各类水事违法案件22起，立案4起，限期恢复、调解18起，维护正常的水事秩序，加强水行政执法能力建设。

林　业

【概　况】 2017年，以改善城乡生态环境、人居环境和投资环境为目标，坚持科学规划、突出重点、全民动员、狠抓落实的工作要求，推进城乡造林绿化及生态建设工作，全年营造林面积2012公顷，栽植各类苗木215.59万株（乔木86.98万株，灌木128.61万株）；其中：新增造林面积311.56公顷，补植补造724.56公顷，经果林309.2公顷，封山育林666.67公顷。

【重点任务】 实施平原绿网提升工程，以高速公路两侧林网建设为重点，造林45.96公顷，栽植各类苗木7.88万株；实施主干道路补植补造工程，围绕109国道、110国道、红陶路、滨河大道、乡村主干道路等补植补造，完成造林226.77公顷，栽植各类苗木32.45万株；实施美丽村庄绿化工程，推进陶乐镇庙庙湖村、黄渠桥镇四渠村等8个美丽村庄绿化23.4公顷，栽植各类苗木30.71万株；实施玉皇阁大道延伸段、太沙路绿化工程，玉皇阁大道延伸段、太沙路绿化工程26.8公顷，栽植各类苗木7.9万株；实施湿地项目建设工程，天河湾国家湿地公园植被恢复建设62.67公顷，黄河护岸林退化林建设133.33公顷，栽植各类苗木19.6万株；实施关渠8队闲置土地造林，高速公路西侧闲置土地造林62.4公顷，栽植各类苗木46.2万株；实施高仁、红崖子草畜一体化项目治沙造林，治沙造林230.92公顷，栽植各类苗木4.4万株。各乡镇、农发、国土以及个体造林533.07公顷，栽植各类苗木66.45万株；按照自治区下达封山育林任务，在陶乐治沙林场实施封山育林666.67公顷。

【县城绿化】 结合实施旧城改造，加大城区景观绿化建设力度，逐步推进老城扩绿、新区提档，

开展城市主要出入口和主干道路环境综合整治

巩固提升国家园林县城创建成果。全年新增县城绿化面积24.14万平方米，绿化改造提升补植苗木121.2万株。开展县城主干道路绿化工作，对翰林大街、萧公大街、民族大街、山水大道、西环路等道路进行改造提升，提升面积180万平方米，补植苗木59.43万株；做好生态园建设工作，新区行政服务中心、社会服务中心、公检法广场南侧、文体广场北侧、文化中心广场、饮马湖广场、白马拉缰广场，老城区小广场等区域生态园改造提升及苗圃基地等绿化补植工作，种植彩色落叶树1917株、常青树587株、花灌木3.02万株（含苗圃续建数量2.75万株）、地被26.37万株；结合旧城改造，改造提升七一广场、东花园、汇融新天地等3处景观小游园，占地面积1.58万平方米。

【义务植树】 组织全民义务植树活动，发动全县机关干部1800余人，在关渠8队高速公路西侧闲置土地义务植树62.4公顷；对接、争取，协调武警宁夏总队官兵、市直部门机关干部到平罗县义务植树造林，市直部门机关干部2200多人，在黄河湿地保护林场河滩地义务植树62.67公顷；武警宁夏总队官兵600余人，在陶乐镇陶鄂路及红崖子乡红瑞村主干路义务植树32.53公顷；各乡镇春季投身义务植树干部职工及群众达5万多人次，确保各项重点绿化任务圆满完成。

【森林、湿地资源保护】 依法进行森林资源管理，加强林地占用征收和林木采伐限额管理，加大盗伐、滥伐林木案件查处力度。加强森林防火设施装备、人员队伍、现代科技和信息平台建设，提高森林火灾处置能力。明确管护主体、管护范围和管护责任，加强林木管护队伍建设，巩固造林绿化成果。推进森林抚育，以主干道路两侧及农田林网为重点，开展林木灌水、修枝、林带除草等抚育工作，中幼林抚育973.33公顷，实现全县中幼林抚育全覆盖。开展以臭椿沟眶象为重点的林业有害生物防治等工作，全县林业有害生物成灾率控制在6‰以内，无公害防治率86.8%以上，测报准确率89%以上，种苗产地检疫率达到100%。强化湿地资源保护与恢复工作，实施天河湾国家湿地公园奖励和补助项目，投资800万元，建设监控设施一套，亭廊建设6座，建设监测平台18个，水系清淤等基础设施建设，提高黄河湿地资源保护与恢复水平。

春季造林成果

【国有林场改革】 落实自治区国有林场改革工作会议精神，摸清黄河湿地保护林场、陶乐治沙林场、平罗县林场机构、人员及经营管理现状，制定改革方案，经县委常委会议正式印发。按照自治区国有林场改革工作进度要求开展工作，落实3个国有林场“三定”方案、人员岗位设置实施方案；对3个国有林场进行勘界和开展森林资源档案建立工作；编制《国有林场森林经营方案（初稿）》；国有林场改革中需要制定和完善11项相关工作制度审核制定完毕；根据自治区通过的《平罗县国有林场改革中央财政补助资金使用实施方案》开展各项工作；将国有林场道路按属性纳入相关农村公路规划；县林场“组织机构代码证”办理完毕。

【林业科技推广项目】 2017年中央财政林业技术推广项目《宁夏引（杨）黄灌区林木良种盐柳1号造林示范推广》；2017年造林任务34.33公顷（任务数33.33公顷）；落实自治区林业站林业技术推广项目《平罗县“鲁蜡5号”引种繁育试验项目》10亩；石嘴山市财政科技推广项目《平罗县

主干道路绿化带

油用玫瑰栽培试验项目》5 亩，成活率 85% 以上。

【贺兰山生态恢复治理】 开展贺兰山自然环境保护区平罗段生态恢复治理，协调相关单位开展天气沟、大佛寺、老西轴主干道路两侧等 5 个整治点清理整治，出动机械 366 余台次，人员 569 余人次，转运，推整土石方 7.7 万立方米，清理废旧物资 60 吨，覆盖土方 1.2 万立方米，种植各类树木 2000 余株，平整场地 24.33 公顷，拆除建筑物 2071 平方米，播撒草籽 2150 公斤，治理面积 31.13 公顷。

工业　电力

工　业

【概　况】 2017年，树立“产业第一、项目推动、调整转型”的产业经济发展理念，以做大做强工业经济板块为目标，全力以赴稳增长、调结构、促发展，推动精细化工、多元合金、煤化工、装备制造、农产品加工实现规模化、特色化、集群化发展，工业经济呈现平稳较快发展的良好态势。面对经济持续下行压力，以落实“三去一降一补”任务为重点，加强对工业经济的运行监测，提升服务企业的能力和水平，全力以赴稳增长、推项目、促转型，工业经济呈现企稳回升、逐月向好态势。实现工业增加值同比增长8.5%；全县全社会综合能源消费量为752.39万吨标准煤，同比增长5.6%，新增能耗39.93万吨标准煤；万元GDP能耗为4.6286吨标准煤/万元，同比下降1.87%。全县规上工业综合能源消费量为706.5万吨标准煤，同比增长12%，单位工业增加值能耗同比增长3.3%。

2017年全县工业经济工作会议

【产业转型升级】 做好“有中生新”“无中生有”两篇文章，推动新旧动能加快转换。传统产业提质增效，实施技改项目36个，神州轮胎钢帘线、吉元矿棉二期、万顺尾气发电、晟晏富锰渣再利用等项目投产达效，泓升新材料、丰华医药中间体等项目即将投产，滨河供热站、贝利特氰胺下游产品等项目加快建设，新增规上企业19家，高新技术企业达6家，自治区级科技型中小企业达39家，大地公司等5家企业入选“宁夏百强企业”。

【“僵尸企业”整治】 以石嘴山生态经济开发区环境综合整治为抓手，强化园区基础设施建设。按照“五个一批”（即整治关停一批、兼并重组一批、政府收储一批、涉案处理一批、土地清理一批）处置方案要求，细化任务，形成问题清单，明确责任人，限时按批次有序开展处置工作。全年处置连续多年停产的“僵尸企业”35家，治理“小散乱污”企业126家，收储闲置土地93.3公顷。

【产业集聚集群发展】 按照“大集团引领、大项目支撑、集群化推进、园区化承载”发展战略，鼓励支持企业通过重组合作、产业链延伸、上下游配套，推动产业集聚集群发展。依托晟晏集团、吉元冶金公司等龙头企业，加强行业兼并重组，做强做大传统产业。全年兼并重组企业12家。

【工业企业对标管理】 加快转变经济发展方式，实施《平罗县工业企业开展行业对标活动的实施意见》，引导规上工业企业在内部管理、技术装备、质量标准、技术研发、节能减排、安全生产等8个方面开展对标行动。组织滨河碳化硅、凌云化工、吉元冶金集团、大地循环等10家规上工业企业开展对标活动，分别涉及碳化硅、化工、冶金、装备制造4个行业。

【两化融合推进】 实施《平罗县两化融合三年行动计划》，推进两化融合评估和贯标试点工作，申报国家两化融合管理体系贯标试点企业。申报大地循环、吉元冶金　中粮米业、鑫昊缘特种合金4家企业入选2017年国家两化融合贯标试点企业。

【运行监测】 在坚持处级领导包抓规模以上工业企业责任制和月度分析、季度汇报等工作机制，对规上工业企业和重点项目实行部门（园区）、企业家和统计员网格化三级联动包抓责任制，将建设项目、安全生产、节能降耗等指导目标落实到具体责任人，实现第一季度工业增加值增速9.3%“开门红”，二季度增长10%，三季度增长9.7%，四季度增长8.5%。

【项目备案】 落实县处级领导包抓重点项目责任制，协调县领导现场办公会议6场次，解决征地、拆迁、用电等突出问题120余件。对工业项目实施挂牌监督，每月跟踪进度。在工业项目审批中，严把产业政策、节能降耗、环保安全“三道红线”，审批备案各类工业项目126个，举办4次重点项目开工仪式。

【节能降耗】 制定节能降耗预警调控方案和节能监察工作方案，依法开展节能监管和监察，聘请节能专家，对列入国家节能“万家企业”16家企业开展节能监察，送达节能监察通知书16份，限期整改通知书15份，节能监察建议书6份，责令有问题企业限期6个月整改结束。

【惠企政策落实】 紧盯国家和区、市支持工业发展的优惠政策，抓好自治区“降成本30条”、创新驱动战略实施意见、市政府加快工业转型升级若干政策等政策落实。全年组织26家工业企业参与全区直供电交易，享受优惠电量61.06亿度，优惠金额1.55亿元。召开政银企座谈会，落实9家企业与9家金融机构签订授信贷款2.97亿元。大地公司获批国家绿色制造系统集成项目，获批扶持资金2700万元；大生生物、思科达生物等7家企业被认定为自治区“专精特新”示范企业，获批奖励资金140万元，宁夏众力科技园有限公司被认定为自治区示范平台企业；组织17家企业申报石嘴山市小微企业贷款贴息补助资金，获批资金268万元；组织神州轮胎、阳光焦化等24家企业申报2017年自治区工业企业贷款风险补偿资金；组织13家企业申报2017年自治区新型工业化发展专项贷款贴息（第一批），获批资金1578万元；组织12家企业申报2017年新型工业化发展专项贷款贴息（第二批），获批资金1062万元；组织格瑞化工、参进宁宇达、滨河碳化硅等21家企业申报石嘴山市促进工业转型若干政策扶持资金，获批资金938万元。

【安全环保责任落实】 落实企业安全生产主体责任和隐患排查治理体系建设，推动重点行业、重点时段专项治理，夯实安全生产基础。联合相关部门安全生产专项督查3次；配合上级部门开展安全生产大检查4次。对全县93家工贸行业企业、3家涉氨制冷企业和1家使用硝酸铵企业开展安全生产督导工作，下发整改通知书93份，整改企业62家。对照中央第八环境保护督察组督察反馈意见，配合县市场监管局开展“燃煤煤质超标问题”整改落实工作，对全县散煤使用情况进行摸底调查并制定燃煤替代台账；联合县发改和科技局制定《平罗县小火电机组淘汰关停整改方案》，对天瑞电厂、吉青矸石电厂下达淘汰关停计划，天瑞电厂正在整改，吉青矸石电厂已拆炉台并实施关停；做好大水沟水源地5家企业搬迁关闭工作，有3家企业关停和资产评估工作。

电　力

【概　况】 2017年，坚持“厚植严管强基根本，彰显转风树形成效”工作总要求不放松，应对产业结构调整加快、各项改革进程加速、电力市场竞争加剧等多重压力，各项工作取得良好成绩。全年售电量92.49亿千瓦时，售电收入35.59亿元。综合线损率0.99%，10千伏公网线损率6.30%，综合电压合格率99.84%、城镇供电可靠率99.9056%，农村供电可靠率99.7360%。未发生较大影响电网安全事件，实现长周期安全生产3410天。荣获2017年度宁夏电力公司营销基础管理提升先进集体；被平罗县授予支持地方经济社会发展先进单位、优化发展环境先进单位、平罗县公共服务行业行风评议第一名。

【安全生产】 落实“到岗到位”和安全稽查制度，领导班子、部室、班组管理人员到岗到位688人次，稽查队伍稽查现场683个，查处违章现场并立即整改14起，下发违章通报8期。开展隐患排查治理工作，结合春、秋检等各项检查工作，发现隐患1886起，其中重大隐患12起，全部建立一患一档，下达隐患通知书239份，向平罗县安监局备案1057处，重大隐患消除率100%，提升配电网安全运行水平。全年执行风险预警26份，严格落实风险预控措施，确保特殊运行方式下电网可靠运行。落实日常应急管理，全面修订应急处置预案，强化日常演练培训，开展各类演练10次，提升人员应对突发事件处置能力，增强应急处置能力，各项重大活动保电任务。规范“两票”执行，执行配电工作票765份、操作票1316份，合格率100%。严格外委施工队伍考评机制，开展“外委施工单位安全信用评价”，实行“黑名单”和“负面清单”管理，建立淘汰机制，对5支施工队伍安全约谈告诫，对3支施工队伍给予淘汰清退，确保辖区内施工队伍整体安全水平提升。

3月14日，供电公司召开2017年安全生产暨“春检”动员会

【运行维护】 及时调整投资建设策略，将网架结构调整、老旧线路改造等作为重点。全年各类工程项目32项，总投资金额3590.26万元。城区配网10千伏线路全部满足“N-1”运行要求。做优做细工程管理，打造精品工程，落实“两年攻坚战”既定目标，其中高庄乡远景四队抗旱机井工程项目被评为宁夏电力公司“百佳工程”。开展春、秋检及设备综合整治，提升配网抗风险能力，10千伏线路实现“集约化”综合检修模式。加大人防、物防及新技术应用，补强配网薄弱点，对89条线路进行超声波检测，对24台环网柜开展带电检测，提升配网安全运维水平。利用用电信息采集系统与PMS2.0系统，持续对辖区内1530台公配变进行监测，针对低电压、三相不平衡、重过载等异常情况进行筛选，下发督办单，限时督办，供电质量明显提升。加快配电自动化系统建设，12条线路纳入配调调管范围，归调线路全部实现“三遥”“二遥”功能。

【基础管理】 开展营配贯通工作，完成城网148台小区变低压接入点、用户计量箱坐标现场测查及 GIS 系统沿布图整改，高低压用户资源一致率 100%。层层分解台区线损指标，开展线损治理，同期线损率合理率 91.67%，0.4 千伏同期线损率 4.90%，治理成效显著。深化应用用电信息采集等系统，有重点开展反窃查违工作，查处窃电和违约用电 13 起，追补电量 4.74 万千瓦时，追补电费和违约电费 11.84 万元。以客户需求为导向，开拓电力市场，累计新增 10 千伏及以上客户 179 户，新增低压客户 9929 户，新增用电容量 15.70 万千伏安，业扩报装服务规范率 100%。严格执行公司低压用户“一户一档一合同”工作方案，累计完成实名制开卡售电 3380 户，确保新增客户用电信息真实准确。落实执行自治区电价政策文件，对 16074 户一般工商业用户和 362 户执行居民电价的非居民用户电价调整。

【服务模式拓展】 拓展“互联网 +”营销服务新模式，全年开通远程充值 22911 户，充值 23193 笔，购电金额 165.38 万元；实施高低压线上办电工单 662 份。全面落实“两年攻坚”建设任务，提前 40 天实现全县 13 个乡镇 335 眼机井、3820 公顷农田灌溉用电。实施 18 户分布式光伏发电接入，为城乡清洁新能源使用起到示范推广作用。提升故障报修快送响应，处理故障报修、远程充值等工单 6726 份，解决客户用电急需。开展“进园区、访客户、讲政策、提服务、促和谐、树形象”用电服务专项活动，向客户下发优化建议书 109 份，引导客户科学合理用电，督促指导千喜合苑等 5 家客户安全隐患排查治理。宣传自治区清洁供暖用电价格政策，落实 8 户“煤改电”项目用电接入和 20 户电价调整。配合政府开展“蓝天工程”，对相关企业开展错峰生产和停产整治，涉及企业 195 家，大幅削减企业污染排放。

【农电管理创新】 推进“全能型”供电所试点工作，姚伏供电所“全能型”供电所试点工作初见成效。四个供电所 QC 成果在农电公司获奖，姚伏供电所 QC 成果在宁夏电力行业 QC 小组活动

7 月 1 日对简泉中心二村移民安置新村电网建设

6 月 23 日，合普生（宁夏）储能技术有限公司开工仪式

成果评比中荣获三等奖。渠口供电所被中国电力传媒集团有限公司评为 2016 年度“中国最美供电所”。加大农电教育培训力度，组织四批“全能型”供电所人员专业技能拓展提升培训和二期“服务与质量管理提升”培训，提升员工综合素质。创新开展城关供电所生产业务移交、人员分流工作，解决部分供电所结构性缺员及职工老龄化问题，减轻人员工作负担，提高服务效率和服务水平。及时掌握农电员工思想动态，公司领导分别与 11 个供电所面对面沟通、交流，帮助和解决工作生活中的实际困难，农电队伍保持和谐稳定。

石嘴山生态经济开发区

【概　况】 2017 年，按照“整合资源、融合发展、精准服务”思路，发展循环经济，落实中央

“三去一降一补”目标任务，深入推进传统产业提升工程、特色产业品牌工程、新兴产业提速工程，实现优势再造和换道超车，提升经济发展质量和效益，打造绿色、低碳、循环、智慧发展的健康园区。2017年，开发区实现产值224亿元，固定资产投资75亿元，分别增长38.2%和20%，形成电石化工、多元合金、碳基材料、装备制造、生物制药、新能源、农产品加工七大产业。

【重点项目建设】 重点推进医药产业园泓升新材料、丰华生物科技、格瑞精细化工、丽珠集团和新安科技等企业投资项目建设。医药产业园重点项目建设进展顺利，力争顺利投产达效。在做好存量企业提档升级同时，抓好增量企业培育，以大地循环发展、晟晏能源循环经济、吉元冶金集团循环产业链等为代表的循环经济产业链走在全国前列，经济总量快速增长，宁夏吉元冶金集团有限公司被国家工信部确定为全国工业领域电力需求侧管理示范企业，宁夏大地循环发展股份有限公司被国家工信部评为绿色工厂。

【产业转型升级】 实施产业集群工程，重点推进大地轮胎二期、炭黑和钢帘线下游项目建设进程，建立以晟晏集团、吉元冶金为代表的冶金产业集团，发展绿色闭合式循环经济模式，打造特色鲜明的循环经济园区。实施产业整合工程，依托浙江尖峰集团技术人才资金优势，对接江苏长青农化股份有限公司，建立产业联盟，提高产品附加值，合作工作进展顺利。实施行业提升工程，依托晟晏集团、吉元冶金等，鼓励炉型等量或减量置换，发展尾气余热发电，废渣综合利用项目及中高端墙体材料项目。稳步推进循环化改造工程，加快推进园区21个循环化改造项目中期评估验收工作，完成循环化项目技术改造提升工程，提高园区企业整体循环经济发展质量。实施碳基材料行业对标工程，发挥行业协会的凝聚作用，鼓励冶金、电石化工企业对标大地和吉元先进管理模式，提高重点行业达标质量。

【产业发展】 以宁夏大地循环发展股份有限公司为代表的循环经济产业，把延伸产品链条、发展循环经济、提高技术含量作为主攻方向，促进产品精细化、集群化发展。以宁夏贝利特化学股份有限公司为代表精细化工产业，重点发展氰胺—胍盐—医药中间体产业链，打造氰胺之都。以宁夏晟晏实业集团福华冶金有限公司为代表的特色冶金产业，鼓励发展高品质合金炉料、稀土硅钡钙合金，提高产品多样性和附加值。以宁夏德信恒通管业有限公司为代表的装备制造产业，重点发展管件制造、特种金属制品、设备等。以平罗县滨河碳化硅制品有限公司为代表碳基材料产业，重点发展高级耐火级碳化硼新材料，鼓励开发高石墨优质炭块、惰性阴极炭块等高技术含量产品。以宁夏银晨太阳能科技有限公司为代表新能源产业，重点发展太阳能、风能、生物质能等产业，打造宁夏新能源产业示范区。以中粮米业集团为代表农产品加工产业，带动和促进农产品加工企业提档升级，发展休闲食品等项目。

【招商引资】 按照“以商招商、产业链招商”要求，加大招商引资力度，以京津冀、长三角、珠三角招商对接14个项目，招商任务22亿元，招商项目12个，年度计划投资47.3亿元，为新动能转换增添动力。截至12月底，实施80个工业项目，投资75亿元，同比增长20%。其中：新建项目53个，投资35亿元；技改项目15个，投资16.3亿元；续建项目12个，投资23.7亿元。

【基础设施】 实施排水管网项目3个，全长12.36公里，总投资3916万元，实施管道铺设；坤维路排水管网开挖基槽铺设管道3.5公里。推进污水处理厂项目建设，医药产业园日处理1.8万吨污水处理厂项目和循环经济实验区日处理3万吨污水处理厂项目，总投资1.99亿元，12月30日试通水调试。蒸汽管道建设，全长7.5公里，总投资7786.36万元。医药产业园和循环经济实验区给水管网8.99公里，建设丰华路0.6公里。

【环境整治】 按照“六扫”“六净”要求，对开发区道路两侧绿化除草、灌水和卫生保洁全过程管理；整治原料堆场及环境“脏乱差”企业105家，砌护、粉刷围墙8.5公里，粉刷面积13万平方米，硬化1050平方米；查处道路遗撒车辆145辆，清理整治废旧收购站12家；整治商业门点38家；清理卫生死角46处，清运建筑垃圾和生活垃圾5.62万吨，拆除违规宣传牌、路牌25个，对违法违规洗沙、配煤、选渣、废渣制砖企业12家拉闸断电，强制责令退出，治理偷排或违规排放废气、废渣、废水13家；对开发区A区、B区道路两侧实施绿化整治8条，绿化面积26公顷，栽植各类苗木23.7万株。

【创新驱动】 石嘴山科技产业园被工信部评为2017年度国家中小企业公共服务示范平台，成立服务联盟，以资金、技术、市场、人才、政策为企业提供服务，搭建生态经济区一站式信息化服务平台，建立滨河碳化硅技术创新中心、银晨太阳能光热利用技术创新中心、宁夏兴平精细化工公司氰胺技术创新中心3个自治区级企业技术创新中心，成立大地化工、滨河碳化硅、兴平化工3家企业研究院，提升开发区科技创新能力。银晨太阳能获批国家高新技术企业，众力科技产业园被评为“国家级科技企业孵化器”，宁夏德信恒通管业有限公司董事长张勇入选科技部创新创业人才，宁夏大地循环发展股份有限公司董事长魏彦辉被自治区授予“塞上英才”荣誉称号。

【安全生产】 召开安全生产工作会议、专题会议7场次，与50家企业签订《2017年度安全生产目标责任书》，制定《关于开展安全生产大检查的通知》，邀请自治区专家配合检查、复查企业86家。在“安全生产月”活动期间，各企业利用宣传栏、电子屏幕、悬挂横幅等，宣传《中华人民共和国安全生产法》《中华人民共和国消防法》法律法规知识，悬挂安全生产横幅标语60条，发放《中华人民共和国安全生产法》《企业员工反

12月8日，环保部门对活性炭、碳素等企业进行关停

三违防事故》教育培训读本280余册。举办《安全生产防范及职业病危害预防》《交通安全知识讲座》《企业消防安全防范》培训25场次、参与职工近1万人，提高干部职工安全生产意识和业务技能。

【党的建设】 把企业中有理想、有能力、有威信、懂管理优秀党员选配到党组织书记岗位上来，党建工作指导员6名和党务工作者39名充实到各个网格，确保党组织活动开展和作用发挥。组织党务干部培训7次，外出观摩学习4次，对党建工作指导员和党务工作者工作情况考核测评。安排部署“四单两卡一评”工作，对“互观互检”查找出来的和市、县组织部门通报的问题，及时整改。推进党的组织和工作覆盖，新组建党总支2个，成立党组织6个，党组织正常换届6个。强化党员管理，按期转正党员28名，培养入党积极分子126名。围绕生产经营开展“双强六好”党组织和星级服务型党组织建设，新安科技、中粮米业等企业党组织创建党员教育积分

制管理新模式，把学习教育和工作绩效结合。在“两节”期间，开展困难职工帮扶救助及困难企业慰问工作，慰问企业39家，帮扶救助困难职工近200人。“三八节”期间，实施女职工爱心帮扶工程，关爱基层优秀女职工，为开发区40名基层工会女主席、优秀女职工购买“女职工安康团体保险”，保障女职工权益。与人社局联合在晟晏集团公司举办现场招聘会，免费为各类求职人员提供近千个岗位，参与招聘企业50余家，解决就业岗位500多个。联合人社部门深入企业开展各类技能培训、转岗、创业、就业、职工技能提升，开展各类技能培训11场次，培训职工800多人，开展各类劳动竞赛16场次，参与职工4500多人。组织园区企业工会主席、职业化工会干部及党建指导员55人前往蒙牛乳业（银川）公司、檀溪谷水上拓展训练中心等地观摩学习和拓展训练，拓宽开发区干部职工、各企业工会主席视野。开展“送清凉”活动，慰问重点项目、企业、一线工作单位53家，发放西瓜、矿泉水等防暑用品计价值6.8万元。

宁夏精细化工基地

【概　况】 2017年，进一步解放思想，振奋精神，苦干实干，加压鼓劲，以务实的作风，攻坚克难，持续求进，紧紧围绕党工委、管委会年初确定的“12346+6”工作思路，紧扣加快园区建设和发展目标，贯彻落实自治区工业经济“新十条”，加大宣传力度，用活用足各项政策，帮助企业做好节能降耗、优惠电价落实、企业融资等工作，提振企业发展信心，确保企业正常运行。全年实现工业总产值32亿元，实现工业增加值7.47亿元；落实固定资产投资22.52亿元。

【招商引资】 把招商引资作为“一号工程”来抓，抓住东部产业转移有利时机，树立以商招商、全员招商、环境招商理念，加大园区招商引资力度，全年对接洽谈招商项目21个，计划总投资54.9亿元，开工3个；与区、市有关部门对接，争取资金564万元。

【基础设施】 以园区总体规划为引领，启动园区公用工程11个专项规划、二期拓展区规划、二期环境影响报告编制、生产生活服务区规划，打造集生产、生活、优质、环保为一体综合性园区。实施道路、绿化、固废处置场等七项基础设施建设项目，概算总投资1.95亿元。绿化工程、排水收集管网工程完工，道路工程、供水工程现完成工程量80%，固废处置场项目完成招标工作。探索实施“园区＋企业”运营模式，变管资产为管资本，通过园区水、电、气、供热、固废处置等经营权参股形式，吸引社会资本参与园区基础设施建设，提升园区造血功能。管委会现有经营管理公司与石嘴山矿业集团合作，成立园区固废运营公司。

【重点项目】 实行重点项目领导责任包抓制，工作落实督查制，加强服务，积极与项目单位对接，破解建设项目在建设中遇到的困难。大唐火电、康德权化工等5个项目全部开工，全年投资13.4亿元。

【环境整治】 按照《市人民政府办公室关于印发工业园区城市主要出入口和主干道路环境综合整治实施方案的通知》精神，环境综合整治，加大人员、经费投入力度，高标准、严要求开展园区环境综合整治。平整土地面积326.7公顷，对主干道路两侧土岭开挖平整，开挖土方量40余万立方米；对园区“僵尸企业”，通过兼并重组方式，盘活重组僵尸企业2家；改造不符合园区规划要求的电力、通信线路，迁移供电线路3处，将联通、电信、移动三家光缆合为一杆。拆除淘汰落后产能厂房400平方米。拆除腐殖酸钠厂1家；投入资金40余万元，购买铲车1辆，垃圾清运车1辆，垃圾箱60个，配备多功能抑尘车1辆，清理生活垃圾500余吨，粉刷企业围墙面积9500平方米，新建、修复挡风抑尘墙1.5万平方米。

【安全生产】 管委会与各企业层层签订目标责任书，责任到企业、到人，不定期组织检查，查隐患、堵漏洞、抓整改、保安全。全年安全生产检查10次，专项检查6次，下达整改通知书15份，治理事故隐患，预防各类生产安全事故发生。

8月27日，宁夏精细化工基地园区基础设施建设协调会

【平安创建】 做好企业及职工来信来访工作，及时协调农民工工资拖欠问题，妥善解决部分企业拖欠农民工工资问题，预防和处置各类群体性事件发生，化解和消除不稳定因素，防患于未然。

【基层组织建设】 发挥党工委核心领导作用，加强非公企业党建工作。新组建成立非公企业党支部2个，预备党员按期转正16人，发展预备党员15人，吸收积极分子30人。落实“四单两卡一评”党建工作制度，在18个支部中开展“堡垒共建　先锋同行”、星级服务型党组织建设创建活动；开展作风效能提升年活动，制定《宁夏精细化工基地开展作风效能提升年活动实施方案》，整治作风效能问题，解决庸、懒、散、软、拖等作风顽疾，转变干部作风，提升行政效能。

2017年宁夏精细化工基地规上企业情况一览表

表3　　　　单位：万元

序号	企业名称	主要产品	工业产值
1	宁夏金海永和泰煤化有限责任公司	兰炭、白灰、煤焦油、片碱、精洗煤	51305.4
2	宁夏金海永和泰冶化有限公司	电石	70521
3	宁夏五聚硅粉有限公司	金属硅粉	16138.1
4	宁夏福泰硅业有限公司	三氯氢硅、四氯化硅	27019.1
5	宁夏金海昊越冶金集团有限公司	75#硅铁	24946.3
6	宁夏金海峰晟超阳化工有限公司	电、硅锰合金、低碳锰铁	47478.9
7	宁夏金海峰晟煤化工有限公司	兰炭、白灰、煤焦油	16349.2
8	宁夏昌茂祥冶金有限公司	95#硅铁	22723.1
9	平罗中电科能源有限公司	电	12161.2
10	宁夏金海东泰思源煤化有限公司	兰炭、白灰、煤焦油、精洗煤、片碱	8533.8
11	宁夏新龙蓝天科技股份有限公司	低汞触媒	10878.3
12	宁夏金海永和泰尾气资源综合利用发电有限责任公司	电	5012.2
13	宁夏新加源化工有限公司	二苯甲酰酒石酸、噻吩、噻吩乙醇、1-氟萘等	561.2

平罗县煤炭集中区

【概　况】 2017年，煤炭集中区规模以上企业10家，实现工业总产值6.35亿元，实现工业增加值2亿元。落实固定资产投资7亿元。实现税收1.56亿元。

【服务企业】 面对经济下行压力，实行领导、部（室）包抓企业责任制，了解企业生产情况，帮助企业解决困难和问题。

【招商引资】 全面摸底调查企业生产经营情况，盘活土地资源，开展招商工作，发展新兴产业。全年引进项目11个，计划投资6.34亿元，实际投资5.55亿元。

【环境整治】 崇岗镇、煤炭集中区及园区44家企业形成合力，每天组织人员150余人，出动运输车6辆、铲车1台、吸尘车1辆、洒水车3辆，清理整治主干道路，清理杂物垃圾3600余吨；清理面积42万平方米；主干道路两侧裸露地面铺设石子9000平方米、铺盖防尘网7000余平方米；粉刷墙面1250米；粉刷面积3200余平方米；清理广告牌224个，整修姚汝路、老110国道、银汝路两侧绿化带。由银龙公司牵头自发组织园区44家企业成立义务环保队，出动1350人次、洒水车等清理园区内道路及两侧树池、洒水降尘。

煤炭企业煤场综合治理

企业安全生产大检查

【综合治理】 开展联合执法综合治理工作，停卡关闭5个税控计量站，封锁便道，禁止所有货运车辆拉运货物经过计量站，降低道路扬尘；联合成立执法组3个，对煤炭经营企业采取断电措施，断电352家（其中断电停产洗煤212家，碳素75家316台炉，“小散乱污”企业及个体户62家，其他企业3家）；由崇岗镇、崇岗煤炭集中区抽调人员组成4个检查组，检查企业堆料覆盖情况，下发企业整改通知，对苫盖不彻底企业，要求企业全面覆盖裸露堆料，对厂区门前裸露地面采取喷洒降尘或覆盖措施，防止扬尘产生。全年下发整改通知200余份，企业苫盖率96%，苫盖面积43万平方米。

【水源地监管】 加强水源地24小时监管巡查，建立和完善水源地煤炭经营户档案监管，“一户一档”，采集现场图片，实时对比，确保水源地内取缔企业“反弹”经营。查处违法乱建行为，形成管护长效机制，优化集中区软环境。全年清理存煤22.2万吨。

【封闭运行管理】 加强集中区税控计量站运行管理，筹措资金10余万元检修维护税控计量站软硬件设施，完善、修补计量站安全防护设施，确保各税控计量站安全正常运行。综合治税，对未按时交税煤炭经营企业（户），不予领取IC卡，确保依法征税、应收尽收。

【平安建设】 采取常规检查与专项检查相结合方式，定期不定期检查企业安全生产工作。对检查出安全隐患，采取“人盯人”“人盯事”方式督促整改，确保企业安全生产主体责任落实到位。实行安全生产管理工作分片管理，签订《安全生产目标管理责任书》102份，形成一级抓一级，一级对一级负责，人人有责任，人人肩上有担子安全生产责任体系网络。强化隐患排查，开展“安全生产专项整治行动”“安全生产月”“打非治违”“危险化学品”“安全生产大检查”和“预防高处坠落”“公共安全保障”等安全生产专项活动。全年专项检查15次，检查企业632家次，查出各类安全隐患825条，销号治理803条。

2017年平罗县煤炭集中区规模以上企业一览表

表4 单位：万元

序号	企业名称	主要产品	工业总产值
1	中煤宁夏增炭剂厂	增碳剂	5146
2	平罗县豫平炭素有限公司	碳素	5440
3	宁夏平罗光辉煤炭有限公司	煤炭及煤制品	2511
4	宁夏博宏煤业有限公司	煤炭及煤制品	1654
5	石嘴山市兴云煤业有限责任公司	煤炭及煤制品	12789
6	平罗县丰源炭素有限公司	碳素	2211
7	平罗县永宝工贸有限公司	煤炭及煤制品	45766
8	宁夏懿鑫煤业有限公司	煤炭及煤制品	7755
9	宁夏晟晏煤制品有限公司	煤炭及煤制品	2282
10	平罗县宇宙煤业有限公司	煤炭及煤制品	19143

交通　通信

交通运输

【概　况】 2017年，立足于建设“综合、智慧、绿色、平安”交通要求，以构建“人便于行、货畅其流”交通运输环境，保障服务县域经济社会改革发展为目标，解放思想，勇于突破，攻坚克难，锐意进取，在项目建设、公路养管、运输服务等方面取得阶段性成效。平罗县被自治区交通厅命名为全区第一批“四好农村路”示范县。

【农村公路建设项目】 争取自治区交通厅项目、资金支持，新建、改建农村公路7条13.173公里，项目预算总投资1375万元。全线按三/四级公路标准设计，均采用沥青混凝土路面。工程于4月中旬开工建设，8月初通车，投资1375万元。

【危桥改造项目】 拆除新建危桥33.04米/2座，即统一路中闸子渠桥和东灵路四支渠桥，设计荷载等级为公路－Ⅱ级，项目预算总投资234万元。工程于9月5日滂渠灌溉期结束后正式开工建设，11月初通车，投资234万元。

【公路安全生命防护工程】 对东六公路等14条安全隐患路段完善标志标线、加装护栏等交通安全设施，项目预算总投资520万元。项目于5月8日施工招投标工作，年内全部通车，投资337万元。

【坤维路延伸段道路工程】 实施石嘴山生态经济开发区坤维路延伸段道路工程，项目全长0.65公里，概算总投资358万元。工程于10月11日施工招投标工作，年内落实路基沙砾垫层和桥涵工程。预计2018年6月通车。

红崖子黄河大桥工程建设现场　　交通局提供

【重点项目建设】 协助自治区交通运输厅征占林木、土地征收、房屋拆迁等相关工作，推进石嘴山红崖子黄河公路大桥、石银高速公路石嘴山至平罗连接线工程、京藏高速平罗段改扩建工程等重点项目。红崖子黄河公路大桥项目桥梁钻孔灌注桩和下部结构建设，投资5.8亿元。石银高速公路石嘴山至平罗联络线工程，路基填筑、桥梁和路面工程施工建设，投资14亿元。平罗县京藏高速公路改扩建工程，路基填筑、桥梁和涵洞建设，投资3亿元。

【公路养管体制改革】 探索公路养管体制改革，将农村公路223.84公里日常养护面向社会公开招标承包，严格考核监督，实行计量支付，为推进农村公路养护市场化改革作出尝试。

【公路养管】 突出路面病害修补作业，提升路况质量和通行能力，抢抓5月至9月气候有利时机，投入养护资金130余万元，规范、高效处置坑槽、沉陷、松散、裂缝等各类路面病害37497平方米。投入资金51万余元，对滨河大道K56+000—K66+000段及平西公路K4+000—K6+300段12.3公里11.1万延米路面裂缝集中处治，减少和降低病害蔓延、扩散、加深。落实道路整容“十程序”要求，做好路面保洁、路肩边坡整修、路树及道路沿线各类设施管护工作，整修路肩、边坡1224.6万平方米，清扫路面、桥面1894万平方米，清理涵洞和桥下淤积物370立方米，矫正倾斜标志标牌及警示桩175块，清理堆积物162立方米。把路容路貌整治同各乡镇公路沿线村庄环境整治工作融合衔接与道路沿线乡镇配合，解决宝丰镇、头闸镇集市占道经营等公路环境治理难题。

【依法治路】 加大路政法规宣传，落实“四四”巡路制度，增加路巡工作密度，扩大路巡工作覆盖面，全年路政巡查2376人次，依法查处路政案件13起，收取公路赔补偿费52.46万元，预防和减少占路毁路、侵害路产路权案件发生。依托红陶公路治超站，联合交警、运政执法力量，对驶入滨河大道平罗段及绕行周边农村公路超限超载车辆实行24小时不间断严查，巩固超限超载治理成果。

【整治道路隐患】 投入资金3万余元，整治滨河大道、平黄公路、平西公路、沿河公路等7条道路存在26处安全隐患，栽设危桥限载标志4块，维修波形梁钢护栏40米，设置减速带110米，维修涵洞破损台帽3处，确保公路沿线设施完整无缺损，提升管养道路安全保障能力。

【安全生产】 以春运为重点，开展“道路运输平安年”“安全生产月”“平安交通”等安全生产专项活动。召开安全生产例会4次，开展专项安全生产大检查11次，日常安全生产检查280余次，

养护工人进行路灌缝　　交通局提供

督促道路运输企业排查整改安全生产隐患161条，辖区全年未发生安全生产责任事故。开展安全生产培训62场次，培训人员6000余人次。开展应急演练6次，组织危货运输企业开展消防应急演练及技能比赛1次。强化重点营运车辆动态监管，实现联网联控车辆上线率90%。

【市场管理】 开展以道路运输政策法规及乘坐“黑车”危害等为主要内容宣传活动，执法稽查165次，出动执法车辆201辆次，查扣非法营运车辆158辆，维护客运市场稳定发展。规范运输市场，注销班线客车12辆、普通个体货运车辆431辆，清理货运公司6家，对11家货运源头治超企业公示，对7家客运企业质量信誉考核。规范经营行为，治理整顿驾驶员培训市场恶意竞争、乱收费、超配学员等不规范行为。在全县3家驾校率先推行“先培后付”驾培服务模式。推进出租汽车改革，定期上报出租车稳定暨改革进

路政执法人员对过往超限车辆进行检查　　交通局提供

展情况，做好维稳工作。组织全县二类以上维修企业系统学习《道路运输车辆技术管理规定》。办理道路运输市场管理各项业务8183件，按时办结率及窗口服务群众满意度均达到100%。

【公交惠民】 科学合理规划公交运行线路，在原3条公交线路基础上，优化和调整县城公交车109路和106路运营线路，调整线路后辐射康湖小区、妇幼保健所、公共服务大楼、五小、八中、34号地等路段，满足沿线群众乘车需求，方便广大市民办事出行。购置纯电动公交车27辆，为节能、环保首要交通方式。

【环境治理】 成立道路环境整治执法组，设立执法检查点，对园区内运输车辆不间断检查和巡查，严防各类运输煤炭、渣土废料、工业垃圾等车辆不遮盖篷布现象发生，教育引导车辆驾驶员遮盖篷布清洁运输，做到不扬尘、不抛撒、不遗漏。

道路运输管理

【概　况】 在“抓安全、保稳定、促发展、树形象”基础上，围绕“团结拼搏　依法行政”思路开展新常态下道路运输管理工作，按照“依法履职、依法管理、依法监督”要求，明确各股室站队安全生产职责，促进各股室站队树立安全生产红线意识、担当意识，勇于负责，推进全县道路运输行业健康稳定发展。

【安全监管】 组织开展春运工作、“道路运输平安年”“安全生产月”“平安交通”“安全大检查”等活动。全年召开安全生产例会5次，开展专项安全生产大检查11次，日常安全生产检查118次，督促道路运输企业排查整改安全生产隐患121条。开展安全生产培训150场次，培训人员1.18万人次。强化重点营运车辆动态监管，实现联网联控车辆上线率90%。

【服务提升】 办理业务8939件，受理“12328”、“96779”热线、石嘴山议政网等各类客运投诉236起，按时办结率及窗口服务群众满意度均达到100%。

【绿色运输】 协调发展绿色运输，锦涛公交公司有68辆新能源公交车，其中27辆为纯电动车，开通3条线路，为节能、环保首要出行方式。

【扬撒治理】 出动执法车辆178辆次，执法人员615人次，检查工业园区货运车辆1081辆，处罚2.13万元。工业园区扬撒治理初见成效。

【清患行动】 联合交警队、路政大队开展为期20天“清患行动”，检查各类车辆946辆，其中市级营运快客、大巴、出租车118辆；普通货车650辆；危货车辆60辆，处罚交通违法行为115起，暂扣营运证13本，暂扣车辆5辆，现场批评教育1人次。检查客运企业5家，检查危货运输企业5家，发出清患通知书10份。

【实名制购票】 贯彻落实全区长途客运班线实行实名制管理规定，平罗汽车站于8月26日起，提前对市级以上客运班线实行实名制售票查验工作，售票人员按照要求，落实实名制售票查验工作。

天豹公司平罗汽车站（客运九分公司）

【概　况】 2017年，发扬“奋进、求实、真诚、勤俭”的企业精神，齐心协力，攻坚克难，务实苦干，奋力拼搏，抓安全、抓质量、创效益，稳步推进各项工作。汽车站客票营收1346万元。站务设施费46.3万元。输出旅客148万人次，同比减少22万人次，下降12.9%。客运九分公司客运量输送旅客13.5万人次。客运周转量863万人公里。运输收入280.5万元。成本支出支出费用27.32万元。

【客运管理】 以节假日等客流高峰期为重点，科学调度，精心组织，加班加点，创收增效。自3月份开始，车站每天下午延长发班售票时间，由以往18:30分下班调整为19:20分下班，增加站售收入，维护站外客运市场秩序，杜绝黑车运营现象。车站日均发送旅客4311人次。车站在周末及节假日客流高峰增开售票窗口，延长售票时间，做到应收尽收。干勤人员在周末和节假日客流高峰增补到车站生产一线支援，重点到三品查验岗位、售票窗口、检票口岗位协助维持秩序、车辆出站查验岗位协助车辆出站查验工作等，避免因客流高峰而降低安全管理和服务质量方面不足。鉴于平罗站发班和车辆线路运行特点，车站发班和售票采取“扬长避短”原则，在节假日和客流高峰期，站内和宁夏卫校（平罗职教中心）安排公司车辆，利用加班和包租车形式，发往直达银川火车站、吴忠、灵武、中宁、固原班次增加收入。主动联系过往长途线路车辆进站补客，主要以吴忠、中宁、同心、固原、平凉、西安、西峰、靖边、榆林、东胜线路为主，既方便长途旅客出行，又增加站务收入。

【市场开拓】 开发直达线路5条，安排加班（包租车）123车次，运送客源4454人次。利用站司合一有利条件和地域特点，引导员工树立市场营销意识，走出去开拓客运市场，到机关、企业、宁夏卫校、乡镇、居委会、旅行社、民办艺校等上门洽谈包租车、通勤车、会议用车、旅游包租车、校园直通车等业务。车站利用公众微信平台、宁夏出行微信公众号、“96966”服务热线、宣传栏、电子屏、宣传横幅等形式宣传车站、公司经营范围及服务项目和服务标准，利用企业自身资源和优势吸引社会各界及团体、旅行社拓展旅游市场及各类用车业务，弥补客运收入下滑局面，增加运输收入。开展市场营销业务，到沙湖旅游公司洽谈用车业务，签订恶劣天气应急保障长期用车业务合同，从沙湖景区沙滩向外接送游客。延伸服务范围，挖掘运输潜力，走进民办艺术学校和幼儿园，开展包租车市场营销业务，安排艺校学生包租车外出29车次，运送小学生1216人次。发挥客运站服务功能，实现“运游结合、运邮一体”，推进站商一体化服务格局，4月，引进宁夏智慧时代旅行社有限公司和平罗县旅游协会合作进驻车站，车站加入平罗县旅游协会会员单位，开通旅游直通车业务，组织团体游和散客游，发送旅游直通车53车次，运送游客1971人次。针对平罗县政府公车改革实施，抢抓机遇，通过公开招投标，中标平罗县2017—2019年度县直部门、乡镇公务用车定点服务项目，签订公务用车业务合同15家。九分公司根据原有道路运输经营许可证经营范围，对道路运输经营许可证经营范围申请变更，班车客运（县内、县际、市际、省际）新增农村客运，包车客运（县内、县际、市际、省际）新增定线旅游（县内、县际、市际、省际）。

【实名制购票、验票】 根据有关规定，实施实名制购票、验票。为最大限度方便未携带身份证旅客办理临时身份证明，协调公安局将公安网接入车站派出所警务室，提高工作效率，减少客流流失。

【安全管理】 坚持“安全第一、预防为主、综合治理”安全管理方针，落实法律法规及公司安全生产规章制度。结合客运工作和汽车站各项业务实际，站长、分管安全生产领导、进站参营车辆所属公司、全站员工分别签订安全责任书、岗位承诺书，层层落实安全生产责任，实现安全管理全覆盖，建立各负其责、组织严密责任体系，夯实安全生产组织保障体系。落实汽车站源头管理及“三不进站、六不出站”制度，加强旅客进站行包查验和车辆出站查验管理工作，把好车辆安全运行最后关口。车站出站查验全年查出不符合规定营运客车86车次。车站严格落实安全生产及工业安全和治安防范工作，每日安排专人对工业安全及治安防范工作巡查，做好检查记录，每月由主管安全生产副站长带队进行工业安全、消防管理、危险源和治安防范监控设备检查，严格落实安全生产隐患排查、督查工作，消除各类安全隐患。

【车辆行驶总里程与安全四项指标】 车辆运行总里程63.08万公里，比上年同期减少0.9万公里。安全四项指标：事故起数0起，死亡人数0人，受伤人数0人，经济损失0元。

【客运服务环境】 坚持“安全、正点、舒适、快捷、顾客满意、持续改进”质量方针，规范经营行为，提升客运服务质量。开展“挂牌评星”活动，每季度对员工和车辆进行考评，公示考核结果，规范员工岗位操作、文明服务等，提高员工、驾乘人员爱岗敬业和优质服务水平。加强“文明窗口”建设，加强同行业监管部门的配合协调，加强硬件建设和疏导管理，加强站内外环境卫生清扫保洁、不文明行为劝阻（随地吐痰、随处吸烟等）和文明公约、道德规范宣传等工作，打击县城及站外“黑车”非法揽客等违法行为，为进出站旅客营造舒适、洁净乘车环境，为参营车辆经营者创造公平、宽松、有序经营环境。加大服务质量检查，站服务质量小组每月对全站员工服务质量开展2次以上定期检查或抽查，每周对旅客意见簿、旅客意见箱开箱检查并由专人负责整理记录，每季度由客运科发放旅客满意度调查表和参营者满意度调查表，通过多种形式，全面查找客运服务中存在问题和不足，完善服务措施，提高服务质量和群众满意度。

邮　政

【概　况】 2017年，深化客户走访，发挥资产配置功能，拓增量，稳存量，提升万元以上客户规模，促进以余额为核心的金融总资产增长，为全年金融业务收入完成打好基础。邮务类通过组建营销队伍针对性走访，建设揽投突击小组，提升邮务收入，为完成全年计划奠定基础。

【邮务收入】 截至年末，邮务类收入633.01万元。其中：函件收入135.02万元；报刊收入59.08万元；集邮收入115.78万元；包裹快递收入115.53万元；电子商务103.77万元；分销配送收入33.16万元；机要收入0.07万元；商品销售收入3.14万元；其他收入67.46万元。代理金融收入850.86万元。

【行业服务】 以转型创新发展为抓手，以项目带动业务发展，向商务、媒体、文化结合方面转型，实现转型发展。通过数据库商函业务、廉政学习笔记本、社保账单业务、供电局用电手册、学生毕业留念册等营销项目，拉动函件业务发展。加大市场开发力度，发挥名址数据库作用，针对当地企事业单位使用宣传册、页制作及投递工作。把浪西北和刮刮卡营销工作发展成一项常态化工作，通过储蓄网点、营业网点，便民店，电商进农村渠道展开销售，带动函件业务发展。

【新邮预订】 新邮预订完成套票1500套，小版500套，大版6套，年册380套，封片3套，会员折1222套。集邮市场复苏，集邮业务发展呈上升趋势，全年集邮业务以“个性化邮票”、集邮进校园、集邮进军营、集邮进社区、集邮品鉴会为抓手，拉动集邮收入实现，以畅销票品为主题召开高质量集邮品鉴会，拓展集邮中高端市场。开展集邮进校园、军营、社区等宣传活动，抓好集邮队伍建设，培养更广泛集邮爱好者。加快项目开发力度，寻找一些投资大、影响力广项目开展合作，寻求企业形象册开发，在项目开发上有所突破。利用网点电子屏及微信扩大宣传面，积极回访老客户，通过老客户介绍新客户，通过“以老带新”发展新集邮客户。

【报刊收订】 报刊大收订178.36万元，其中，公费119.84万元，私费58.52万元。行业报刊49.53万元，20种畅销报刊26.43万元，新华社系列12.04万元；重点校园报刊3.89万元。加强欠费回收工作，私费一律不准欠费，公费回收率80%

以上。后期加强私费订阅、校园报刊、续订报刊等工作。

【电商进村】依托邮乐网平台技术优势及村邮站渠道优势，在全县范围内开展农村电子商务试点工作，推出线上线下一体化便民服务——邮掌柜。系统可实现商品批发、线下代购、进销存管理、会员管理、便民服务等五大功能，通过邮掌柜，农民购物不出村，销售不出村、生活不出村、金融不出村、创业不出村。在平罗县七镇六乡建立村邮站50家，通过建设50家村邮站和邮掌柜系统，带动代理金融和快递包裹业务发展。

电　信

【概　况】2017年，落实“2+5+6”发展战略，推进划小承包，精耕六大市场，发扬团结拼搏，求真务实的工作作风，抓党建、促发展，攻坚克难，各项工作稳步推进。全年业务收入5348万元，同比增加436万元。移动业务发展3.8万户，同比增长28.76%。宽带业务发展9491户，ITV发展9132户，融合套餐新增12919户。

【拓展营销】平罗公司商圈按照区公司渠道建设要求，拓展渠道网点。新建数码城1家，鼓楼大型手机卖场1家，全网通门店3家，拓展开放渠道，建成开放渠道网点24家。建立8人专促营销队伍，每人承包2—3家开渠店面，驻店开展营销，提升开渠销售占比，从6月开始，商圈开渠销售占比达50%以上。以分公司营销政策、营销路径为导向，以终端引领带动移动业务发展，坚持开展节假日、周末炒店活动。对各项业务提炼卖点，包装营销。组织代理商成立销售团队，开展小区营销，以融合产品为导向发展业务，取得良好效果。

【网络服务】将8个支局装维人员全部落实到位，做到与营销网格片区相对应，提高社区店装维服务工作。加强社区店面建设，全年新开社区店面11家，城市支局社区店面18家。对社区店覆盖小区，根据每店服务3000户划分，提高业务量，填补片区服务营销空白。发展翼支付商户90家，为后期红包业务发展奠定基础，发展翼支付绑卡业务1050户，和商家接对举办业务宣传活动15场。在业务维系宽带续包方面，提前3个月做续包工作；维系和装维人员结对上门，以主动服务方式续包，城市支局续包率保持在84%以上。在欠费催缴方面，提高预付费用户的占比，对用户分类催缴和上门催缴。

电信业务营业厅

【网络建设】开展渠道网点建设，发展专营渠道网点2家，独立店4家，拓展翼支付商户52家。在农村区域建设益农社55家，依托益农社发展农村泛渠道网点50家。泛渠道80%加载翼支付业务和电商。推进以店包村营维一体工作，以店包村建成5家并签订正式协议，培训上岗新增5名装维人员。

【市场发展】全年校园班班通项目开通学校12所，班融合套餐251户，开通班班通校园卡553张；按照商客创值营销活动要求，组建5人商客攻坚团队，对城区沿街店铺走访营销宣传电信业务，摸排用户2564户。

【客户服务】在VIP星级客户服务团队基础上，组建2支专业维系队伍负责公众客户维系，其中2人负责营业商圈、农村支局移动单产品维系；

电信服务队上街宣传 电信局 提供

4人负责城市支局所有融合及宽带客户维系。围绕分公司存量客户保有管理办法，开展3升4换卡、实名认证、宽带续约、欠费催缴等基础工作，将各项工作目标按日、按人管控，在易信、内网QQ通报每天工作进度，提升存量保有基础工作。落实四季度剔减欠费回收专项活动，目标分解到五级人员、代理商，责任到人，日管控、周通报、月考核，确保收入流失降到最低。

【装维指标】 宽带24小时全程开通率93.48%（≥81%）、宽带用户装移机履约准时率100%（≥85%）、宽带用户故障修复履约率100%（≥98%）、重复申告率降至3.8%（≤10%）、装移机预约及时率100%（≥95%）、宽带障碍响应及时率100%（100%）。

【运行维护】 落实7.64万线对公里退铜工作；开通电子政务外网平罗县医疗19个单位，跳纤114条，环保及政府单位29家，跳纤174条安装烽火设备48台；新开政企电路18条，新加OLT 5台，新加医保专线9条，公安内网升级改造9个派出所，邮政银行6个营业网点新加烽火820设备，卫生院、村部及乡政府银行电路迁改21条；配合政府政务大楼搬迁，开通中继电路6条。线路维护方面，处理人井及跟换井盖60余处，光缆抢修及障碍查修熔接光缆接头420处，更换4芯光缆6公里，12芯光缆5公里，24芯光缆2公里；光网小区340处光衰达标整治；宽带裂化整治3151户。客户装维方面，客户装移机29325张工单，其中ITV业务10435张工单、固话业务1826张工单、宽带业务12064张工单；查修障碍工单8472户；查修平安城市故障1689件。

农村通信服务队

【固定资产核查】 开展政企客户端及局端计算机固定资产核查及盘点工作，资产核查数3589条。OLT、OBD及标准地址提质2800条。对新建智能图控、2017农村FTTH等工程资源核对及现场核查工作。开展存量资产三码融合工作，提高资产资源联动能力，提高卡实匹配率实现资产基础管理。1.7万条三码匹配、粘贴接入网固定资产标签7832张、二维码标签更换4513张。全年农村FTTH七、八期、城域网扩容等230万元投资建设项目。

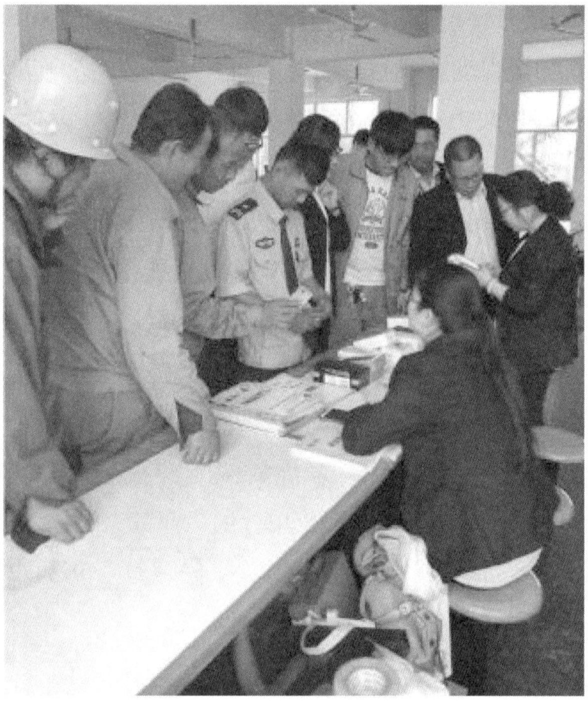
移动集团客户现场办理业务　移动公司　提供

移动通信

【概　况】2017年，以区公司“1234”工作思路为主线，“四轮驱动”为抓手，按照“一个中心、两个底线、三项任务、四个原则”基本思路，深耕4G市场、突破家宽运营、创新集客经营，努力实现“市场收入份额、客户份额”只升不降，筑牢市场主导地位和领先优势。

【业务拓展】结合公司现有套餐资费，扩大宣传力度，拓展新增客户，扭转竞争对手资费降价，导致新增乏力现象。提高新增客户触点4G激活率。培养新增客户流量使用习惯，使其成为稳定在网4G用户。结合公司沉默客户送流量政策，激活客户流量，刺激用户使用流量，推动零流量向低流量4G客户过渡，低流量向高流量4G客户过渡。细分存量用户群体，匹配客户日常使用习惯，结合现有套餐组合，在不降低ARPU值基础上，为客户组合符合日常习惯套餐，加强4G客户保有，增加客户归属感和认同感。

【家庭业务】根据区域划分，建设9个家宽服务站，通过家宽服务站方式，解决1.5公里以内家宽营销及售后，对覆盖小区承包，建立小区用户信息台账，对覆盖小区内用户“看管”。指定家宽专员对宽服站点对点帮扶，业务培训，每周2场现场办公，帮助家宽服务站健康发展。完善管理办法，实现宽服站精细化耕作。通过宽服站建设，社区型厅店初成规模，实现家庭宽业务发展。通过渠道走访，市场考察，完善宽服站管理办法，在精准宣传、工单梳理、信息收集，售后服务等方面完善和补充，实现宽服站从粗犷式发展到精细化耕作转变，引导宽服站健康持续发展。

【客户服务】以定期培训、日常巡检、检测考核相结合方式，规范营业厅、渠道服务方式，增强服务意识。加强新员工基础服务培训，从源头上紧抓服务工作，将定期服务培训和业务测试作为常态化管理工作。针对业务口径和营销话术等方面服务举措，制定前台标准化营销术语，统一解释口径，做到服务工作一致性，提升整体服务满意度。针对投诉问题，争取做到随时出现随时处理，不拖沓推卸，将问题严重化。对服务人员核实，如有问题，从严处理，做到服务工作不妥协，零容忍。在业务办理方面，要求营业员主动引导客户，定期电话回访，调查服务满意度。对

家庭宽带现场营销　移动公司　提供

重要行业集团单位全面梳理，完善集团单位建库、人员纳入，设置关键人、联系人。通过收集梳理集团信息，剔除集团内虚假成员，及时纳入系统内维护，利用现有集团预存话费送话费等政策，提升集团成员渗透率及稳定性。通过短彩信、电话、微信群组等方式做好基础宣传工作，提高星级及集团用户服务举措知晓率和整体感知度。

联通通信

【概　况】 2017 年，以“提升服务价值、提升服务水平、提升客户忠诚度”为主线，以市场为导向，以效益为中心，统一规划网络建设，合理利用网络资源，注重利用社会力量，应对压力和挑战，保持持续、健康、平稳发展，为社会、为客户提供综合、便利、特色的电信服务。

【客户服务】 发挥客户认识企业、提升企业品牌的窗口作用，做好客户演示和业务办理工作，为客户提供面对面服务，对外树立高效品牌，宣传品牌形象，收集市场信息与情报，接收用户的意见和反馈情况，提高公司持续、健康、平稳发展水平。

【扶贫帮困】 成立以公司总经理为组长，各经营网点负责人为成员“通伏乡建档立卡帮扶小组”，按照帮扶计划，确定帮扶责任人，实行帮扶工作问责制，确保脱贫帮扶工作顺利进行。为 21 户扶贫户配备联通号码，金额 2400 元；给予生活补贴（米、面、油）1.55 万元；对 16 户扶贫户（共 26 名学生）开展教育扶贫，帮扶资金 1.95 万元；为 25 户扶贫户每户送去煤炭 2 吨，价值 3.24 万元。

商　贸

商务经济合作

【概　况】2017年，树立招商引资是“一号工程”、实体经济是“一号引擎”、培育新经济新业态是“一号任务”工作理念，围绕做精“一优四特”产业、培育壮大“4+4”工业产业、推进现代服务业扩量提速工作目标，推进招商引资，激活商贸消费市场，扩大品牌消费影响力。平罗县获自治区人民政府2017年度全区招商引资指导性目标任务一等奖。

【招商政策】围绕工业“4+4”产业和农业“一优四特”重点产业，汇编《平罗县招商项目册》，为定向招商打好基础；梳理区、县招商优惠政策，编印《宁夏回族自治区及平罗县招商引资优惠政策摘要汇编》，发挥政策吸引效应；重新编印《平罗投资指南》《塞上明珠　活力平罗》宣传片、唐山及浙江招商推介宣传PPT，推介宣传平罗；整理招商基础资料，为项目前期接洽提供详实依据，提升招商实效。

【主体责任】把招商工作作为推进经济发展重中之重，将全年156亿元招商目标任务分解落实到全县各乡镇、县直各部门。定期召开会议，研究解决项目推进中存在问题。针对重点项目，挂图作战，推进项目提速建设。全县开工建设招商项目131个，到位资金158.48亿元，增长11.6%。

【合作交流】以承接沿海地区产业转移为招商引资重点，做深做细做实产业对接和产业配套等基础性工作。通过县委、政府领导带队外出招商、部门乡镇组团招商、企业以商招商等方式，外出开展招商60余次，赴长三角、珠三角、京津冀等区域与20多个省市对接，寻求商机，成功与江苏方舟新能源股份有限公司、江苏浦士达环保科技有限公司、江苏剑牌农化股份有限公司、青岛裕盛源橡胶制品有限公司、常熟市德美化工科技有限公司等众多企业对接。紧抓石嘴山市党政代表团赴杭州、金华、绍兴、苏州等地开展区域合作活动契机，宣传推介平罗县投资优势，洽谈落实项目。借助2017亚布力夏季峰会、第三届中阿博览会有利契机，与成员企业、各地商会开展沟通联系，寻求商机、接洽项目。组织本地企业参加“东亚食博会”“丝博会”“厦洽会”等展会活动，助力企业走出去发展，引进来合作，加强对外开放合作，助力开放型经济发展。

【投资环境】项目包抓单位、职能部门密切配合，为项目建设提供全方位、保姆式服务，形成投产达效一批、开工建设一批、跟踪对接一批、备案储备一批项目梯次建设推进机制。对推进情况较好项目，督促项目建设单位集中精力，抢抓工程建设黄金期，按照计划高效推进；对推进速度缓慢项目，采取“一企一策”和现场办公等方式，共同研究分析，查找瓶颈，分解落实，限时办结，消除梗阻，推动项目顺利开工；协助新落户项目办理立项、土地、工商注册等手续，扫除开工障碍，力促项目尽早开工建设，培育新的投资增长点；对重点意向性项目，采取紧盯包抓办法，力争早签约、早落地。

【专项招商】 结合全国工商联暨民营企业助推宁夏创新发展专项招商引资工作，县领导带领专项招商小分队，主动出击、重点对接。有25个项目签约，计划总投资276.16亿元。

【消费稳增】 引导商贸企业加大创新转型力度，发展新业态、新模式。培育壮大消费热点，推动消费扩容升级。做好商贸集聚区创业创新基地认定及个体工商户转型升级为小微企业工作，提高商贸集聚区辐射带动能力。组织商贸流通企业、农业龙头企业举办春节文化年货博览会、大漠桃花休闲旅游节、美食啤酒音乐节等具有地域特色消费促进活动，吸引外来消费，促进消费稳步增长。全年实现社会消费品零售总额26亿元，同比增长9%。

【市场供应】 做好“元旦”“春节”“十一”等重大节日市场供应及市场运行监测工作，科学反映消费发展。建立县级储备制度，实施政府储备菜集中投放工作，投放储备蔬菜635吨、保障供应、平抑“菜篮子”商品价格、惠民利民效果。

【对外贸易】 加强政策引导，强化企业服务，组织进出口企业30家参加全区外经贸业务培训。为企业争取各类外贸扶持资金626万元。鼓励企业走出去开拓国内国际市场。引导企业加大技改投入，加快新产品开发和具有市场竞争优势出口品牌挖掘培育，优化外向型产业结构，降低企业生产成本，巩固传统出口市场，提升“一带一路”沿线国家出口占比。全年外贸进出口实现“三增长”，其中：进出口总额20.23亿元，同比增长92.3%，占全市进出口总额的55.2%；出口总额13.56亿元，同比增长136.5%，占全市出口总额的54.5%；进口总额6.67亿元，同比增长39.4%，占全市进口总额的56.8%。

【电子商务】 投入753.85万元，打造综合型电子商务产业园区，建设县级电子商务公共服务中心、塞上农夫体验馆、仓储物流配送区、电商孵化及培训基地、农产品包装生产基地、电商快递物流园等，形成“一园两馆五中心”电商产业聚集、线上和线下齐头并进、实体和电商共同发展新格局。以“村邮乐购——平罗馆”平台做响平罗品牌，推动农产品上行，实现网上交易地域化；建成乡、村级电商服务站100个，开展“快邮合作”，整合优化14条邮路，实行投递员直投＋网点、站点转投相结合投递模式，电子商务物流成本逐步下降。引入外埠电商平台企业，帮助中小网商实现网店企业化、标准化、规范化管理；通过京东平罗中心店、苏宁易购平罗旗舰店引入、运营，鼓励电商企业开展区域合作，为更多企业及农村电商从业者搭建交流、推介、销售平台。开展电商实务培训，举办电子商务培训32期，参训人员4100人次。开展电商精准扶贫工作，在庙庙湖村、红瑞村、红翔新村3个建档立卡贫困村建设村级电商服务站9个，实现贫困村站点100%覆盖。通过产业带动，使贫困村村民215人实现就业，增加收入31.15万元。全县电商交易额实现3.51亿元，同比增长50%，全县从事电子商务企业105家，个体从事电商经营活动123家，吸纳、带动就业、创业1000余人。

【引资工作】 全年争取到自治区财政项目资金及区、市主管部门扶持资金等1471万元。

粮食购销监管

【概　况】 2017年，加强粮食流通监督检查和粮油安全监督管理工作，开展粮食库存检查、粮食收购资格审查等监督检查，开展企业品牌创建和企业诚信建设，提高粮食安全系数。县粮食局被评为石嘴山市粮食流通工作先进集体和统计工作先进集体，被自治区评为粮食流通统计工作优胜单位。

【市场监管】 开展粮食流通监督检查活动32次，出动人员106人次，检查单位299个次。对107家粮食收购企业“粮食收购许可证”年度审核，注销“粮食收购许可证”33家，维护粮食流通秩序和粮食市场稳定。开展粮食行业安全储粮和安全生产专项检查和治理，规范粮食流通市场和粮食加工企业经营活动，促进粮食产业经济健康持续发展。

【信用平台】 利用证照联动、粮食行政执法、成品油管理、企业信用信息库等平台，发挥企业网络信息公开与监督作用。对经营者年审结果、诚信等级、认证奖惩以及变更事项等及时采集、录入信息平台，保证企业信息完整性，发挥公开共享作用。

【企业诚信】 按照规定做好粮食经营者守法诚信等级评定工作，引导粮食企业坚持合同管理和资金信誉管理制度，严防失信行为发生。建立与消费者及供应商合作制，严守诚信承诺，促进企业市场竞争力提升。

【基础建设】 实施大兴墩粮库危仓老库维修改造工程，改善储粮设施。推广建设科学储粮新装具，建设大农户科学储粮仓13座，解决农民企业合作社、种粮大户储粮难题。

供　销

【概　况】 2017年，以推进供销改革统领工作全局，以密切与农民利益联结为核心，以提升为农服务能力为根本，以强化基层社和创新联合社治理机制为重点，按照政事分开、社企分开方向，推进供销社综合改革，确保年初确定各项工作任务得到有效落实。全系统商品销售总额9100万元，实现利润80.5万元，供应各类化肥3.24万吨；协调专业合作社和行业协会帮助农民销售农产品总额3.64亿元。

【供销改革】 贯彻《自治区人民政府关于加快供销合作社改革发展的意见》和《平罗县供销合作社综合改革实施方案》精神，转变县供销合作社职能，将县供销社职能定位为负责指导全县供销合作事业指导、负责制定供销合作社改革发展规划，对基层社实行行业管理，政策协调、资产监管、教育培训等职能。按照市、县供销社事业单位进行法人登记、财政全额拨款要求，落实县供销社事业单位法人登记注册工作，核定财政供养人员12人，人事管理按照“老人老办法，新人新办法”原则，逐步规范，平稳过渡，确保人员、工资、经费得到落实。在财政、审计部门参与下，全面清查县供销总社资产。对所有社有资产和社有实体，采取招商引资、投资入股等方式，通过对外出租、承包等方式，盘活社有资产，提高资产保值增值水平，落实资产使用收益。拟定《平罗县供销社社有资产管理暂行办法》，规范资产使用、处置管理。落实自治区级项目资金保值增值目标，落实参股企业分红收益5万元，保障资本收益落实。协调、沟通，落实县供销社长期财务挂账资金240.5万元，解决历史遗留欠账问题。落实上缴财政资产出租、出借、对外承包收入56万元，占应上交收入的60%。参与电商建设，争取项目资金动员宁夏塞上春农产品物流公司投资260万元，在县城宏泰商业广场建设220平方米电子商务中心。

讨论供销社体制改革方案　　供销社　提供

【服务创新】 发挥现有基层社作用，通过建立模式、争取政策、项目、资金支持，提升基层社服务能力和水平，提升全系统服务农业、服务农村、服务农民的能力和水平。开展农业社会化服务，按照“龙头公司＋基层社＋专业合作社”运行模式，以宁夏塞上春农产品物流公司为引领，在渠口供销社建设一个功能再造型基层社，在姚伏供销社建设一个功能提升型的现代农业综合服务中心，发挥供销合作社基层组织的服务功能；按照“公司＋基层社＋专业合作社＋基地”运行模式，在城关供销社建设一个组织再造型的基层社，健全组织机构，拓展服务领域，发展多种形式的社会化服务。按照“社会化服务体系和基层组织建设体系”建设要求，以宁夏塞上春农产品物流有限公司和宁夏沙湖清真食品有限公司为实施主体，开展平罗县蔬菜产业融合项目建设，拓展供销合作社服务领域，转变服务方式，促进农业转型升级，落实项目资金800万元。确定城关供销社为申报主体，申报全国供销总社基层组织发展专项贴息资金50万元项目，为加强供销合作社基层组织建设，夯实供销合作社基层基础，提升供销合作社为农服务综合能力打下基础。

烟 草

【概　况】 2017年，坚持“稳中求进”工作基调，深化“实干、创新、担当、进取”工作要求，明确“缩小差距，追赶发展”目标定位，突出“争先进位”工作导向，提倡“求实创新、严谨认真”工作态度，坚定“爱岗敬业、爱企如家”工作理念，紧扣“基层创优”这一年度重点目标，狠抓卷烟销售、客户服务、专卖管理、卷烟打假、队伍建设、基础管理等项工作。销售卷烟9558.7箱，区、市毛利5839.3万元，条单价98.1元。重点品牌销量7420箱。细支卷烟销售628.6箱。

【卷烟销售】 营销管理岗定期对市场进行走访，

供销社召开干部职工办会议　　　　供销社　提供

了解社会库存、卷烟动销、消费环境变化等情况，按月开展需求预测，做好计划分解。按照每天盯销量、每周盯进度节奏把控销售进度。客户经理在市场走访服务中，增加在店停留时间，与客户更深层更细致沟通交流，通过了解掌握客户需求，调整投放策略，满足市场需求。发挥激励政策作用，按照月度销量计划完成情况，以贡献度为依据分配奖励，激发客户经理工作劲头。加强对新品卷烟和细支烟培育力度，对每月上市新品规格首轮上柜监控，确保100%上柜。对中心按月下达重点新品培育目标分解，按周通报进度，提高营销人员品牌培育意识，发挥品牌培育对销量毛利提升作用。

【终端建设】 按照终端建设目标要求，以新入网客户为目标，通过沟通引导，替换新增20户对

烟草公司营销人员帮助零售客户改造卷烟陈列设施

供销社　提供

经营状态不佳，提高现代终端建设总体质量。按照终端陈列改造要求，优先在现代零售终端建设目标客户中开展陈列改造60户，对前阶段改造标准把握不严格客户补充改造维护。均衡现代终端建设目标责任，将城网一定数量终端目标客户划分给农网客户经理维护建设，均衡工作量，全面指导建设城网客户经理做精做细，农网客户经理承担相应终端建设任务，解决资源调配问题。全年开展三期终端观摩活动，提高客户思想认识和自主维护意识，树立起“庆峰名烟名酒”“昌泰商行”等一批建设质量较高示范客户。将80%现代终端客户纳入市场信息采集目标范围，按周对扫码销售和库存准确率监督指导，在规范进销存系统使用同时，提高市场信息采集准确性和便捷性。

【客户服务】 开展季度客户需求采集，在实施客户拜访时就货源和需求面对面沟通。按月组织开展卷烟陈列改善活动，帮助客户制作烟模陈列，重点对新上市的新品和细支卷烟陈列面积扩大。针对宁夏旅游定制烟，开展主题陈列竞赛活动，在目标客户中陈列创意收集和评比，对定制烟宣传起到推动作用，提升卷烟经营形象。组织开展客户内训师选拔工作，将有经营思想、有进取精神、有卷烟经营热情的5位零售客户分别聘为市级客户内训师和县级内训师，利用线上微课和线下互动两种方式培训引导客户，发挥内训师对卷烟经营经验总结提炼优势，引导发挥零售客户作用。

【品牌发展】 协同山东中烟、安徽中烟、玉溪红塔集团、湖南中烟开展品牌宣讲活动，对新上市黄山（硬记忆）、玉溪（初心）、芙蓉王（红带）等规格卷烟卖点特点宣传，帮助客户掌握发展趋势和培育技巧，使辖区零售客户对细支烟培育信心有所增强。盯住新品上柜率指标，对上市目标投放新品首轮上柜都要求100%，对全网投放新品，根据品牌价位和各片区市场情况分析确定上柜目标。通过努力，转变营销人员对品牌培育思想认识，做好新品上市认识统一、行动一致。

【企业管理】 做好对内管系统预警信息分析、筛选和处理，做好对经营大户监管。系统全年产生各类预警3362起，预警调查处理及时率100%，启动异常预警调查核实271起，调查核实处理率8.06%。开展市场专项调研，对辖区货源投放、配送环节、内部人员规范情况调查了解，及时掌握辖区客户社会库存、价格波动等。对卷烟规范经营情况集中检查，针对存在问题及时下发整改通知书，全年下发各类整改书及整改建议40份，落实整改验证情况。

【市场监管】 抓好专项整治，强化毗邻区域、重点区域监管，重点突出对毗邻内蒙古巴音陶亥红崖子工业园区监管。采取夜查、节假日检查方式，对“卷烟经营大户”实时监督管理，防止大户出现“二次批发、左右价格、扰乱市场”问题。广泛宣传，提高守法经营意识，组织物流快递人员开展烟草专卖法律法规、宣传举报奖励制度等内容学习和宣传，营造群防群治打假氛围。定期召开专销联席会议，做好与营销部门信息互通互馈，通过市场信息共享，提高市场监管效率。

【卷烟打假】 利用节假日检查、夜间检查、专项行动等方式，组织开展市场日常检查和集中清理整治，保证辖区卷烟市场规范稳定。通过QQ、微信等网络平台以及系统预警、市场走访、案情分析和受理投诉举报等渠道广泛收集案件线索，为提高卷烟打假工作效率提供资源。联合市邮政管理局、公安部门，检查物流寄递企业及各网点门店往来快递，对不法分子试图利用物流快递购假售假行为给予打击。全年查获各类违法案件218起，同比增加92.92%；查获卷烟62.1万支，同比增加59.84%，涉案金额88.91万元，同比增加41.53%。查获物流寄递案件81起，同比增加800%，查获卷烟20.82万支，涉案金额60.43万

烟草公司专卖人员检查打击卷烟非法经营行为

烟草公司提供

元；查获真烟案件134起，同比增加44.09%，查获卷烟40.97万支，涉案金额28.13万元。查获5万元案件9起，其中，真烟案件2起，假烟案件7起，同比增加125%，查获卷烟16.9万支，涉案金额52.2万元。成功侦破“9·29”非法经营案件，案值9.11万元，刑拘1人。

【行政许可】 落实行政许可“五日办结制”，修订完善行政许可大厅制度和行政许可公示栏，推行电子政务，及时受理网上预约，实现信息向社会公开共享。受理办结各类行政许可申请406份，审批注销135户。平罗辖区有持证户1199，其中正常经营1189户，停业10户。落实“双随机一公开”工作，建立“一单两库一细则”监管机制，制定抽查依据、抽查主体和抽查方式等内容事项清单，规范执法行为，提升监管效能。梳理和细化案卷制作标准，制作行政处罚案卷范本，规范各类性质案由文书制作标准，对存在问题及时整改，提高文书制作规范化程度。

盐　业

【概　况】 2017年，按照国家发展改革委、工业和信息化部落实盐改跨区经营政策电视电话会议精神，加快盐改步伐，通过竞争释放活力，做好盐业经营，加强市场动态监督，强化企业管理，开展“安全生产月”活动，提高风险防控，激发活力，增强核心竞争力，实现企业可持续发展。

【经营指标】 销售食盐1408.73吨。畜牧盐销售278.73吨，小工业用盐销售517.15吨；实现营业收入356.05万元。费用率计划25.55%，实际发生35.42%，比计划多9.87%；利润总额计划实现12万元，剔除不可比因素，亏损20.96万元。

【质量安全】 为保证食盐市场稳定和质量安全，保障人民群众身体健康，落实中国盐业总公司《关于进一步加强食盐安全管理工作的通知》要求，按照区公司《关于加强仓库规范化管理的通知》以及先检后销等文件制度精神，加强食盐购进、验收、储存、运输、销售等环节质量管理工作。

【食盐市场】 盐业体制改革方案正式实施后，市场形势错综复杂，云南白象等13家生产企业进入平罗县食盐市场。直面竞争激烈盐业市场，严格执行国家食品安全标准，在保证盐品质量前提下，调整食盐品种，稳定销售价格，提高服务质量。根据市场供求状况，增加400克深井岩盐和400克精制盐，淘汰320克深井岩盐，食盐价格也随生产企业经营成本降低逐渐调整，稳定食盐市场，保证市场占有率。

【牧盐供应】 抓好畜牧用盐供应，合理安排调运计划，提前做好储备，确保市场供应。与上规模的养殖专业户对接，保持良好合作关系，安排配送，扩大市场份额，提高销售量。

【工业用盐】 走访太沙工业园和宁夏精细化工基地生产企业，与33家生产企业对接，加强沟通和交流，及时调整工业盐价格，降低企业生产成本。关注生产企业发展动态，收集掌握新建企业信息，及时跟进销售。

【规范市场】 盐改政策落实后，利用下乡检查和配送机会，宣传盐改政策，让群众更透彻了解盐改政策，增强群众对“中盐”品牌认知度。落实盐改跨区经营政策，按照国家陆续出台有关文件要求，规范食盐跨区经营行为。加强辖区内市场动态和食盐安全管理，按照自治区盐业局《关于全面排查“异味盐”的紧急通知》精神，与县市场监督部门联合检查，责令商家停止销售，立刻下架，确保盐业市场稳定。根据自治区食药监局、经信委和盐业局联合下发的《关于开展全区食盐质量安全专项检查的通知》文件精神，安排部署专项检查活动，确保全县食盐质量安全。全年查获涉盐案件 2 起，罚没盐 29.52 吨，防止不合格盐产品流入市场，规范盐业市场秩序。

金 融

人民银行平罗支行

【概　况】 2017年，贯彻执行稳健中性的货币政策，防范和化解金融风险，提升金融服务水平，抓重点促创新，强化履职效能，为助推县辖经济社会又好又快发展作出贡献。截至2017年末，全县金融运行保持健康平稳，扩大信贷总量，优化信贷结构，加大支持实体经济力度。全县各项存款余额147.13亿元，同比增长7.84%，增速比上年末高2.5个百分点。各项贷款余额116.75亿元，同比增长6.10%，比上年末高8.87个百分点，全年新增贷款6.72亿元。被石嘴山市精神文明建设指导委员会命名为“2017—2020年市级文明单位”。

【“两权”抵押贷款试点】 加大对农村“两权”抵押贷款的增量扩面引导力度，截至12月末，全县发放“两权”抵押贷款1.98万笔10.2亿元。2017年办理农村“两权”抵押贷款3349笔2.5亿元。自试点以来，为贷款农户节约利息2600万元，降低农户贷款成本。农村“两权”抵押贷款“平罗模式”成效显现。

【农村信用体系试验区建设】 完善服务平台功能，对“平罗县城乡居民信用信息服务平台”系统升级改造及信息补充，该平台归集26万城乡居民信用信息，类别达30多个近700万条信息。截至12月末，辖区银行机构通过平台查询量2.6万笔，促成信贷交易及中间业务占比75%。拓展创建覆盖面。开展信用评级授信，依据农户各类情况综合评定信用等级，最大限度发挥信用户辐射带动效应。评选出8个信用示范乡（镇）、42个信用示范村、32756个信用示范户，其中：建档立卡贫困农村信用户2451户。信用乡（镇）、村、户“三位一体”信用工程建设拓宽试验区覆盖面。

【反假货币示范区创建】 平罗县反假示范区建设领导小组成立，以制度为保障，加大反假货币宣传力度，组织辖区各银行机构面向社区、农村、学校、企业等多渠道、多载体反假货币宣传，营造良好社会舆论。建立以人民银行、商业银行及公安部门为核心反假货币工作直联反应机制，加大对涉假敏感信息监控力度，建成标准化农村反假工作站点13个，反假货币示范区创建初见成效。

【金融服务宣传】 制定以“银行网点、乡镇集市、移民村”为宣传据点，有针对性、多形式国债宣传方案。发挥银行网点宣传主阵地作用，组织销售机构按季开展“送国债下乡　助农民理财”国债知识赶大集、进移民村主题宣传活动。突出通俗易懂地贴近百姓宣传，以农村百姓喜闻乐见的音乐快板、道情说唱等形式，组织编排“经理国库惠民生　投资国债收益盈”为主题专场文艺汇演，将国库知识和国债理财深入人心。

2017年，平罗辖区八期凭证式国债和十期电子式国债发行4560万元，较上年增加2880万元，增长171%。

【防范金融风险】与公、检、法部门建立合作机制，共同签订《反洗钱合作备忘录》，明确各自权责义务，发挥部门联动优势。召开反洗钱工作联席会议2次，分析当前辖区反洗钱形势，提出工作重点、措施及建议。通过宣讲比赛、现场培训、邀请反洗钱司法协作联席成员单位共同参与反洗钱活动等形式，强化公、检、法部门对反洗钱相关知识解读，对形成工作合力起到推进作用。

【惠农资金直通业务】落实《宁夏回族自治区推进金融扶贫示范区建设活动实施方案》，人民银行与财政部门通力协作，国库集中支付一体化和支付电子化在辖区全面普及，实现数据贯通和资源共享，资金可在最短时间内准确到达指定单位或个人账户。针对移民区居民生产、生活需要，在前期充分调研基础上，把国库直接支付与移民村"金融超市"有机结合，使各类惠农、扶贫等补贴类资金通过国库集中支付直达农民账户，并在"金融超市"内实现补贴资金支取、转账、消费等，为移民区居民提供更加优质、高效金融服务。

【"1+N"支付服务模式】引导涉农金融机构将助农取款业务与农村电商、农村特色产业多种组合，丰富农村地区便民支付渠道，优化农村支付服务环境，实现支付助力精准扶贫工作目标。截至12月末，在全县10个乡镇21个行政村布设20个"助农取款+电商"服务点；拓展3个"助农取款+农村特色产业带头人"服务点和1个"助农取款+农村电商+农村特色产业带头人"服务点。

【金融精准扶贫】引导金融机构创新信贷产品和服务方式，运用央行支农再贷款等货币政策工具，引导金融机构扩大金融扶贫信贷规模。全县建档立卡贫困户2636户13425人，脱贫1897户10318人。金融机构向16757户农户发放扶贫小额贷款12.95亿元。其中：向1233户建档立卡贫困户发放贷款5637万元。

【农业特色产业基金】与政府相关部门加强沟通协作，引导金融机构支持农业特色产业发展，满足企业和农户多样化融资需求。截至12月末，发放羊产业基金贷款47笔金额945万元，草畜一体化基金贷款3笔900万元，水产业发展基金贷款30笔金额1280万元，促进地方政府实施"一优四特"产业化提升工程，为平罗县社会经济发展注入金融动力。

建设银行平罗支行

【概　况】2017年，围绕区分行"转型发展促双提、四轮驱动拼一流、党建引领抓队伍、风控案防保平安"及市分行"一个中心，两根支柱"工作思路，突出重点工作，强抓市场机遇，齐心协力，砥砺前行，实现支行业务快速发展。截至12月末，支行一般性存款时点余额7.89亿元，时点新增1.4亿元，是年度计划137.30%，日均新增2.26亿元，是年度计划297.28%，其中企业存款时点余额4.25亿元，时点新增0.46亿元，是年度计划109.74%，日均新增1.62亿元，是年度计划577.91%，个人存款时点余额3.63亿元，时点新增0.94亿元，是年度计划156.58%，日均新增0.64亿元，是年度计划133.58%，个人存款余额及新增创支行历史新高。

【客户拓展】针对支行没有大企业现状，将机构客户作为重点营销客户。支行负责人争取县委、县政府对建行支持，保持与县财政局、住建局、发改局等部门联系，及时捕捉信息，承接政府类资金。在获悉平罗县拆迁资金即将到位消息后，支行负责人第一时间联系有关领导，将2.3亿元拆迁资金落户支行，带动支行存款快速增长。

【服务民生】 借助政府推行社保卡代发养老金有利时机，加强与县社保局联系，协助加快推进速度，激活支行存量社保卡。通过每月社保卡代发养老金人数增加，支行代发社保养老金 6323 人，代发金额 2100 万元，分别比年初 1687 人，代发金额 632 万元，增加 4636 人、1468 万元。社保卡代发业务带动支行个人存款稳步增长。

【个人客户】 12 月末，支行营业厅个人全量客户 73754 户，新增 2518 户，全区网点排名第十二。个人有效客户 38272 户，新增 4939 户，全区网点排名第四；平罗新区支行个人全量客户 5507 户，新增 4703 户，全区网点排名第十四位。

【对公客户】 以机构业务双提升和百名行长访客户活动为契机，对全行客户进行梳理和分层，制定对应维护措施。支行领导经常向县委、政府领导汇报工作，争取支持，沟通合作，获取信息，牢固和深化合作，稳定全行机构类业务。

【优势服务】 以建行龙支付、扫码付、ETC、信用卡等优势产品的发展拓展个人客户，组织客户经理营销团队深入企事业单位、商圈、社区宣传营销产品。

【贷款业务】 把握国家能源政策调整机会，适时启动大唐发电平罗县有限公司贷款投入，以最快速度成功发放 2 亿元固定资产贷款。深入工业园区，营销优势、龙头企业贷款，宁夏吉元君泰新材料有限公司 5000 万元固定资产已基本项目评估工作。发展小微快贷业务，全年新增近 1000 万元。个人贷款以发展“快贷”“分期通”为重点，在县城重点区域，悬挂宣传条幅，扩大客户对快贷产品知晓度，得到客户认可。抓住住房市场有所回暖有利时机，做好个人住房按揭贷款。发展信用卡现金分期、分期通业务，全年信用卡分期业务新增 5989 万元。扭转全行贷款连续三年下降态势。

【产品营销】 龙支付、龙商户、信用卡发卡及客户新增、信用卡分期、建信财险、ETC 等重点产品营销成果突出。信用卡客户新增、发卡新增位居全区第六名，信用卡一般分期市分行网点第一、建信个人财险全区网点第七名，ETC 发卡增速明显。

【不良贷款清收】 截至 12 月 31 日，全行不良贷款余额 217.8 万元，不良率 0.41%，个人不良贷款 217.98 万元。加强日常逾期贷款清收力度，逐户上门催收，加大对保证人、担保人追缴力度，利用法律手段，向法院起诉，最大限度确保信贷资产安全。落实宁夏国海餐饮娱乐有限公司 400 万元不良贷款批量转让，对公不良贷款清零。

【“裕农通”业务】 深入乡镇实地考察，了解情况，利用联通公司乡镇网点优势，与联通公司合作，加快业务推广，成功签约落实“裕农通”商户 8 家。新增自助银行，推进新增网点工作。

【风险防控】 树立“大风险”意识，将风险防控贯彻到业务每一处、每一点，天天讲，时时防，加强对员工日常行为管理。以“合规建行、知行合一”“三线教育”活动为契机，提升员工合规意识、观看警示教育片，以身边人身边事，教育身边人，引导员工守住底线，不碰红线，筑牢合规经营防线。

农业银行平罗支行

【概 况】 2017 年，以“六维方略”为引领，以转型提质、控险增效为主线，加快转型步伐。各项业务发展稳中向好，在宁夏农行各经营行综合绩效考核及经济增加值排名第 11 名，较上年提升 5 个名次，综合绩效等级 C+，较上年提升 4 个等级。

【服务创新】 开展“春天行动”“激情仲夏”“赢在金秋”等综合营销活动，各项业务稳健发展，在全区排名中实现“春天行动”第 13 名、“激情仲夏”第 15 名、“赢在金秋”第 13 名，个人存款 100% 完成分行计划任务，基金业务全区排名第三，个金中间业务收入完成105.34%。个人存款时点、日均、个人理财时点增量、日均增量、个金中间业务收入、基金销售收入、贵金属销售收入、信用卡等零售业务指标均超额完成分行下达计划。个人核心存款时点增量、日均增量完成率均超过全区平均水平，存量、增量均居当地四大行首位。

【服务“三农”】 立足县域发展“三农”业务，发放妇女创业贷款5370万元，较年初增加2083.70万元。扶持水稻种植大户发展，推进农村经营主体向集约化、规模化发展，涉农贷款余额88338.79万元。依托“金穗惠农通”工程，利用惠农卡和电子渠道有机结合，搭建现代化农村电子化结算网络，以稳定覆盖面和建设有效服务点为核心，为农户提供全面广泛、方便快捷、简单直接的支付结算金融服务，形成覆盖广、效率高、可持续的农村普惠金融服务新模式。在保持“金穗惠农通”工程覆盖面稳定基础上，加强电子机具布放和服务点建设，安装ATM自助存取款终端及发卡机47台，POS机转账电话500余台，加强“e农、e商管家”金融产品营销力度，提升农村电商水平，实现惠农通工程服务点达500多户，基本覆盖全县各乡镇，改善农村支付环境。

【支持小微企业发展】 贯彻落实国务院、银监会各项政策规定，从改善银行服务、降低和减少收费、创新业务品种和服务模式等入手，降低企业融资成本，提高企业融资效率，对能正常还本付息的存量客户，不抽贷、不压贷，确保企业现金流充足。年末，小微企业贷款余额16220.03万元，比年初增加4590.22万元，增速39.47%，高于各项贷款平均增速19.79个百分点；小微企业贷款户数177户，较上年同期增加39户；小微企业申贷获得率95%，总体实现监管部门监管目标。

【风险防范】 加强各业务条线操作风险管理，开展案件风险排查、治理电信网络诈骗、防范和打击非法集资专项排查、重点业务风险排查、员工行为排查、“三化三铁”、“三化三达标”考核等，举办“我的合规　我的服务”演讲比赛，“我心中的三线一网格”演讲比赛，开展案例警示教育，反腐倡廉形势教育，全员重温制度禁令，引导员工知敬畏、明底线。在全行范围倡导“我的合规我负责，别人的合规我有责”理念，形成自律、他律、律他三方面相结合监督约束机制，提高员工合规操作意识、风险防范意识和整体风险防控能力，各项业务操作风险关键指标持续向好，2017年未发生重大负面舆情和操作风险事件。

【金融扶贫】 发放建档立卡贫困户贷款125.6万元，其中：精准扶贫“脱贫致富贷”贷款55万元，户数15户，带动贫困人口75人；“农民安家贷”贷款70.6万元，；发放“脱贫致富贷”11户贷款37万元。“春节”前对2016年包片贫困户再回访，为26户贫困户配送大米、白面、食用油等慰问品，对特别困难家庭送上一份现金红包。被平罗县政府评为脱贫攻坚和帮扶解困“先进单位”。

工商银行平罗支行

【概　况】 2017年，结合县域经济发展和金融市场实际，以强化风险管理，加大市场拓展，加快经营转型，提升经营效益为工作目标，严格强化内部管理，运行核算质量指标均控制在全行平均水平以上，未发生案件及较大风险事件。截至年末，各项存款余额52551万元，各项贷款余额40300万元，实现中间业务881万元，客户总数10万户。

【存、贷业务】 截至年末，各项存款余额52551万元，较年初增加4727万元，增长9.88%。其中：8月末储蓄存款余额27975万元，较年初增加1295万元；对公存款余额22581万元，较年初

工商银行平罗支行召开“工迎新春”银企座谈会

增加1437万元。各项贷款余额40300万元，较年初增加5555万元；增长15.98%。其中：公司贷款余额28830万元，较年初增加8240万元；8月末个人贷款余额12227元，较年初减少1926万元。

【经营管理】 截至年末，实现中间业务881万元，其中：公司中间业务收入194万元，比同期增加183万元。销售对公理财产品200万元，销售个人理财产品12694万元，余额为5491万元，较年初增加2147万元。销售保险489万元，余额为927万元，较年初增加662万元。三方存管客户确认为1388户，较年初增加479户，余额为219.3元，较年初减少2.2万元。客户总数为10万户，其中：公司客户383户，较年初增加37户，年日均5万元以上客户增加4户；截至8月末，个人客户总数99767户，有效客户为60231户，占总客户60.37%，年日均1万元以上客户4622户，较年初增加352户。借记卡存量64082张，较年初增加7502张。新增企业网银证书客户43户，是全年任务58.9%；融E行客户新增5293户，是任务121.4%；工银E支付新增5977户，是任务164.2%；一键支付新增2293户，是任务158.14%；融E联客户新增6697户，是任务78.60%；非金融交易额15.47万元，是任务0.39%，电子银行交易额36.49亿元，是任务91.23%。

工商银行平罗支行到农村社区营销“二维码”信用卡、电子银行使用培训班

【新型业务】 围绕“以客户为中心、以市场为导向”经营理念，开展关联营销、捆绑营销、换位营销，根据客户实际情况，向其提供一站式综合服务，满足客户金融业务服务需求。在巩固储蓄存款、对公存款等传统业务基础上，重点开拓新型业务市场空间，发展委托贷款、电子银行、银行卡等新型业务和产品，深抓存款，推进核心竞争力提高。

【信贷业务】 根据支行公司贷款客户较少、贷款总量较小现状，以推进公司客户贷款发展，促进存款稳步增长为特点，发展公司信贷业务，带动存款及其他业务全面发展总体思路，对平罗县域企业走访摸排，筛选出经营较好企业对接营销。

【营销体系】 把建立市场营销新体系、健全市场营销新机制作为重要工作来抓，根据分层、分级、分包工作要求，针对不同层级客户，由行长、分管行长、网点负责人、客户经理和员工维护营销，形成主次分层、重轻结合营销体系和营销维护力量，为实现良好营销成效提供可靠保障。完善考核办法，建立公平的营销激励机制，明确“谁营销谁受益，谁多劳谁多得”薪酬分配原则，激励全员参与营销，发挥全行员工主观能动性和积极性，激发员工营销热情。

【拓户工程】 以代发工资客户、结算客户、企业通业务拓展为重点，抓个人1万元（含）以上及对公5万元（含）以上优质客户拓展，通过数据挖掘，筛选临界日均资产客户清单，开展精准营销，通过精准营销，提升个人1万元（含）以上及对公5万元（含）以上优质客户规模。

【内控管理】 把加强内控管理、防止案件事故发生作为保障稳健经营重要工作任务，通过抓好客户经理飞单、违规销售理财产品等十大领域禁止行为排查、检查工作，增强客户经理自觉落实学习各项规章制度自觉性，筑起案件防范"大坝"，为全行经营良好运行提供可靠保障。

农业发展银行平罗支行

【概　况】 2017年，挖掘贷款营销潜力，加大贷款营销力度，夯实信贷基础管理，强化风险防控，加强队伍建设，提高全员素质。截至12月末，全行各项存款余额32042万元，比年初减少21989万元；各项贷款余额59008.14万元，比年初增加13100万元；实现利润1320万元。

【考核指标】 截至12月末，账面利润1320万元，在岗职工人均利润66万元。各项存款日均余额50533万元，比年初减少11761万元，其中：企事业单位存款日均余额46621万元，比年初减少10176万元；财政存款日均余额939万元，比年初减少386万元；同业定期存款日均余额2973万元，比年初减少1199万元。中间业务收入1.69万元，全部为人民币结算手续费收入。

【主体业务】 贯彻落实国家各项粮食调控政策，把支持粮油收储工作作为全行业务工作重中之重，配合粮食部门做好粮食收储资金供应工作，坚持在不打"白条"前提下防控风险，支持宁夏储备粮平罗储备库做好粮食收购工作，维护种粮农民利益。全年支持宁夏储备粮平罗储备库小麦轮换任务1172万公斤，水稻轮换任务300万公斤。企业库存粮食4634万公斤，库存值6621万元。其中：地方储备水稻库存数量550万公斤，库存值882万元；地方储备小麦库存数量3125万公斤，库存值4013万元；商品玉米库存数量959万公斤，库存值1726万元。

【支持县域经济发展】 主动与县委、县政府、财政、住建、水利等有关部门联系协调，宣介棚改贷款相关政策，支持纳入国家年度棚改目标任务项目。成功营销PSL棚户区改造贷款2笔。其中：平罗县2017年度棚户区城中村改造项目（一期），合同金额2.1亿元，发放贷款2.05亿元，加快城乡统筹发展步伐，改善平罗县区域内1218户居民居住条件，消化县城存量商品房1256套；平罗县2017年城中村棚户区改造项目（三期），确定棚改户数2235户，申请贷款金额3亿元，通过区分行审批，根据县住建局实际支付需求放款。与县政府及住建部门对接棚户区改造项目2个，分别为平罗县2017年城中村棚户区改造项目（二期），确定棚改户数1000户，拟申请贷款金额2.5亿元，安排力量专项负责该笔贷款资料收集及申报工作；平罗县2014年南北片区棚户区城中村改造项目，拟申请贷款金额3亿元。

【重点建设基金投资业务】 截至年末，投放中国农发重点建设基金14笔，金额64140万元，带动社会投资30多亿元，发挥政策性银行逆周期调节作用，投放基金在支持地方经济发展中起到"稳增长、调结构、惠民生"引导作用。截至12月末，支付中国农发重点建设基金60897万元，支付比例为95%。

【借力基金抓存款】 通过与项目承建单位和项目实施主体沟通，在不影响工程进度前提下，尽可能要求交易对手在行开立存款账户，最大限度确保资金不外流。截至12月末，借助农发重点建设基金带动存款6690.36万元。

【非贷客户存款营销】 借助贷款营销及信贷资金拨付时机，深挖潜能，发展上下游相关联客户，通过及时了解借款人交易对手信息，提前筹备，主动上门宣介资金拨付手段，协调下游关联企业到行开立存款账户。截至12月末，争取非贷客户23家，非贷客户存款日均30789.8万元，占比66.04%。

【存款来源渠道拓宽】 以营销棚户区改造贷款为抓手，提前安排、科学谋划，主动向地方党政及贷款企业主要负责人汇报棚户区改造贷款政策，说服贷款企业提前存入贷款项目资本金13356万元。

【收贷收息】 督促企业尽早将本季度应归还贷款利息及基金收益提前存入本行账户，确保贷款利息及基金收益按时足额收回，同时间接性促使日均存款增长。截至年末，催促企业将贷款利息及投资收益3094万元提前存入账户。按合同约定收回贷款本金7400万元；与客户和地方财政部门沟通，将收贷收息提示函下发到客户，主动与客户、当地政府进行协商、督促，确保收息资金及时到位。截至12月末，应收尽收政策指导性贷款利息2314万元。

【客户评级授信】 按照总行《关于做好2016年度评级授信管理工作的通知》要求，规范操作，合理测算，对4家贷款客户评级授信。

【押品重评】 依据总行关于押品重评周期要求，对存量贷款超过重评周期的抵质押物开展重评工作，押品重评采用内部评估方法，经CM2006系统直接认定，抵质押物评估价值14.04亿元，经过重新评估抵质押物价值均未发生变化。

【贷款风险分类】 对贷款风险分类做到早预警、早处置、早化解。截至12月末，各项贷款余额5.9亿元，其中：正常类贷款5.77亿元；关注类贷款1308.14万元；无次级、可疑、损失类贷款。分类结果真实准确。

【贷款资金支付】 按照总行《中国农业发展银行贷款资金支付管理办法（2016年修订）》和《关于进一步规范贷款资金支付管理工作的通知》要求，对发放贷款分别实行非系统流程审批支付和CM2006系统流程审批支付。截至12月末，通过非系统审批支付贷款资金1.41亿元，通过系统审批支付贷款资金2.05亿元。

【绩效考核】 加强各项收入核算管理，重点加强贷款利息收入管理，按月对收息情况进行分析，全面掌握各项贷款利息资金来源，真实反映贷款利息计、收、欠情况，及时收回贷款利息，做到计息准确，应收尽收。加强费用管理监督，严格成本控制、规范费用报销程序，规范全行财务行为，推动全行节支增效工作开展围绕业务经营绩效考核指标，以利润为中心，按季对影响财务成果资产负债结构、财务收支、成本利润等指标分析，针对业务发展影响财务收支因素，提出建议和措施。加强结算管理，提供方便快捷满意结算服务。加强对账管理工作，全年对账单发出率100%，收回率100%，准确率100%。完善会计风险防控体系和内控制度体系，防范操作风险。多措并举，做好“营改增”工作。完善反洗钱内控制度，加强宣传与培训，确保工作落到实处。

中国银行平罗支行

【概　况】 2017年，围绕平罗县域经济发展特点，结合中国银行各项产品优势，支持地方县域经济发展，拓展客户基础，适应经济发展新常态，发展存款业务，截至12月31日，各项人民币存款时点余额34942万元，其中个人存款时点

中国银行平罗支行与吉峰农机公司洽谈农机分期业务

余额15280万元，较上年新增3108万元；公司存款时点余额19662万元，较上年末增加12466万元；各项贷款余额16748.35万元，其中公司授信余额15841万元，个人贷款余额907.35万元；信用卡专项分期180万元。

【支持新兴产业】 策应平罗重大发展战略，加大重点项目重点企业信贷投放。重点支持新兴产业和骨干企业，推动产业结构调整升级。支持晟晏能源、吉元冶金等大中型企业发展，为企业提供各类表内外授信11.34亿元，较上年末增加5.38亿元。创新服务模式，成功为晟晏集团发行5亿元短期融资券，办理宁夏首笔黄金租赁业务172公斤。

【助力中小微企业】 加强与政府部门、工业园区、专业市场、行业协会等联系沟通，对养殖、种植、粮食加工、建筑、科技等行业调研分析，加快“中银信贷工厂”推广，开展集群化、批量化业务运作。创新担保和抵质押方式，发展“种植贷”“养殖贷”“结算通宝”“联贷通”“快易贷”“富农分期”等业务，提供融资便利。中小微企业贷款投放4819.95万元。

【服务民生】 作为签约行，以客户为中心，配合县建设局做好棚户区拆迁补偿款发放工作，按时按点将款项发放到拆迁户手中。全年实现代发6500户，代发金额5883万元，发放近万户，金额近3亿元。

【贷款方式】 为助力农业企业发展，结合总行信贷产品，通过福农卡分期业务，解决企业融资难问题。在种子行业开展福农分期业务，与宁夏绿茵种业有限公司达成合作意向，由该企业作为龙头企业，获批额度800万元，为下游客户解决资金紧张问题。与绿茵种业联手上门到经销商和农户家里讲解产品，全年办理信用卡分期业务180万元，实现首笔福农卡分期业务投放。

【普惠金融】 在小微企业贷款、个人经营贷款，房贷、车贷、消费贷、卡分期等方面加大拓展力度，丰富产品体系，满足市场不同需求。加快推进服务模式转变，由以前物理渠道为主，向物理、电子渠道并行转变。通过电子网络建设，与互联网企业合作，把金融服务延伸到社区，延伸到无网点地区，更好地服务客户。推进手机银行建设，发展中银e贷便利消费金融贷款。降低社会融资成本，为减轻小微企业负担，实施动态利率定价管理体系，用足用好各项优惠政策，降低小微企业融资成本。杜绝对中小企业收取各类中间业务费，严格执行国家各项规章制度和法律法规，全年减免企业负担100余万元。

【金融扶贫】 开展教育扶贫，为37户建档立卡户高中生、大学生每年每人资助2000元，全年资助5万元。强化金融精准扶贫，为养殖户提供5万元融资。开展劳务扶贫，推荐5名困难户到本行业务合作企业工作。

邮政储蓄银行平罗支行

【概　况】 2017年，全行员工主动作为，奋力攻坚，统筹做好稳健发展、防风险、调结构、促转型各项工作，加快推进“创建+转型”，提升七大能力，全面实现“第四个三年发展战略”开局之年目标。

【经营指标】 2017年收入1381.4万元，同比增幅-7.75%，是年计划83.2%。利润509万元，同比增幅-37.5%。储蓄余额1.41亿元，年净增569万元。其中定期净增516万元，活期净增53万元，是年度计划19%，活期占比41.13%。手机银行年注册656户，是年度计划82%。年销售理财9301万元，年度理财新增保有931.3万元。保险年销量406.2万元。黄金定投年结存33户。国债年度销量145.5万元。公司账户177户，（银行155户、邮政22户），年增长户数5户。余额1.61亿元，年度净增2223万元。发放各类贷款982笔，金额1.27亿元，年净增66笔，金额819万元。其中：小额放款801笔，金额8856万元，年净增2538万元，是年度计划211.5%；消费类放款54笔，金额908万元，年净增-157万元，是年度计划-19.6%；个商放款127笔，金额2911万元，年净增-1562万元，是年度计划-260.3%；小企业放款6笔，金额2040万元，年净增550万元，是年度计划55%。不良贷款计69笔852.96万元，不良率5.22%，其中小额不良贷款55笔为181.37万元，不良率为2.35%。个商不良贷款14笔671.59万元，不良率为13.34%。

【储蓄业务】 把储蓄业务发展始终放到业务发展的核心地带，全体员工立足“储蓄立行”工作理念不动摇，把“年度跨赛”活动与首季“开门红”活动有机结合起来。主抓节日营销不手软，在“元旦节”“情人节”“元宵节”“三八妇女节”“母亲节”“端午节”“七夕节”“国庆节”“中秋节”之际，利用送鲜花、砸金蛋、“存款邮礼、惠动全城”“金秋钜惠、享九重礼”、存款送豪礼等活动配合日常外拓营销，营造节日气息，增加客户黏度。以代发养老金、少生快富资金为突破口，创新服务手段，提高服务质量，为客户提供人情化、贴心化、细心化服务，帮客户理财，使客户收益达到最大化，巩固老客户、发展新客户、带动“潜在”客户，推动存款稳步增长。与社区居委会联系开展活动，通过拜访客户和开展走进社区摆摊设点、走向农村逐村摸排等方式加大宣传力度，形成以县城为中心，以周边乡镇为辐射圈的金融圈。抓重点客户维护，建立大客户档案，培养忠诚客户。与客户勤联系、勤沟通，以日常维系和亲情维系相结合，围绕电话邀约、亲情维系展开定期存款营销。开展“营销之星”评比活动，对月揽储明星进行物质奖励，鼓励先进，鞭策落后。通过激励措施，引导员工由被动到主动，由“要我做”到“我要做”，激发全员发展业务积极性。运用个人客户营销系统，及时了解客户资金动态，做好客户维系与回访，将客户挖转工作做到实处。落实客户信息建档工作，提升客户信息完整度。零售金融生态圈建设初显成效，通过电话邀约采集有效信息，经过筛选后实地走访客户，增加实现零售金融生态圈商户。打造全员参与、小组分配、细分客户，围绕衣、食、住、行、游、学、儿、康乐、美等商家类型，与有效商户商圈洽谈。

邮政储蓄银行平罗支行工作人员深入农村现场办理贷款业务

【中间业务】 组建专职营销团队利用“9元洗车”“19元观影”等活动，结合旅游信用卡优势、运用总行及区、市分行开展各项信用卡优惠活动，采取上门拜访、团队营销。创新宣传方式，吸引客户，激发办卡兴趣。以团办为抓手，兼顾散客进件，扭转发展缓慢势头，年成功发卡1058张。以电话邀约为抓手，实现保险业务开门红，单日销售保险287.1万元，销售保险产品406.2万元。以厅堂为主阵地，在大厅开展厅堂微沙龙，营造活动氛围，结合理财产品收益高、期限灵活、风险小等优势吸引客户眼球。梳理客户群体，利用个人营销系统筛选理财客户，编发最新理财产品信息，使客户得到最新理财资讯，刺激客户购买欲望。本着“客户收益最大化”原则，推荐适合客户需求产品，为客户打造资金使用灵活、收益最大化、长期投资资产配置，销售理财产品9321.4万元、年新增保有931.3万元。做好贵金属业务发展，销售30.54万元，实现收入5.52万元，是全年收入计划88.33%。在电子银行发展上，柜员与大堂默契协作，集中在新开卡客户、信用卡客户、年轻客户、转账需求较大、网络快捷支付客户中展开宣传，通过手机终端操作为客户实景演示手机银行各项功能，使客户体会到网银及手机银行交易方便快捷。联系纯快捷支付客户，运用一句话营销模板，引导客户前往网点加办电子银行。部门负责人跟进每日电子银行注册量，每日督导，使柜员之间形成“比、学、赶、帮、超”的业务氛围，年注册524户，是年度计划65.5%。基金定投通过厅堂开展微沙龙或外拓营销，针对不同客户合理规划期限及金额，为客户提供最适合自己长期投资产品，寻求效益最大化，年注册黄金定投33户、基金定投34户。

【公司业务】 公司存款业务着力于“稳余额、促发展”。坚持以公司存款、支付结算为基础，以现金管理、票据贴现为手段，扩宽公司业务规模。加强沟通与联系，关注政府平台信息，经过勤走访多沟通营销模式成功营销有关部门，财政专户资金流入支行达到1.2亿元。

【信贷业务】 深化银政企平台合作，依托营销平台进行产品及服务方式创新，引入企业参与，协会主导的创新模式，成功与政府、企业对接，实现放款33笔1340万元；提升妇女创业贷款放款速度与服务，全年实现放款284笔1621万元，放款443笔2329万元，为全年零售信贷发展奠定坚实基础。贯彻总行“立足三农，普惠金融”发展理念，结合当地农业产业特色，响应分行“整村推进”活动安排，通过熟人介绍和引荐，加大与各乡镇村委会沟通与联系，召开产品推介会，扩大影响力和知名度，整村推进，放款113笔754万元。

【不良资产处置】 不良资产清收过程中，以自主清收为主线，采取措施，按流程做好贷款诉讼、呆账核销移交相关工作，与法院、律师事务所加强联系，借助司法部门合力清收，对老赖进行集中执行，全年收回不良贷款421万元。其中百日清收活动收回不良贷款85.4万元。

【风险管控】 加强内控制度建设，健全案防体系。树立“合规”意识，强化内部流程控制，加强对营业网点及相关环节安全检查，对存在隐患及时整改，以“十条禁令”“两个加强、两个遏制回头看”开展检查16次，网点负责人不定期检查达55次，加强安全保卫工作，夯实人防、技防、物防基础。以预防为着力点，开展规章制度教育和警示教育活动，落实案件防范工作责任制，提高员工防腐拒变能力，培养员工爱岗敬业讲奉献职业精神，端正行风，树立正气。把防火灾、防抢劫、防盗窃、防诈骗作为安全工作重点，提高对高科技犯罪防范能力。全面落实工作责任制及追究制度，齐抓共管，共同防范，为业务稳健经营保驾护航。

【客户服务】 做好营业人员服务礼仪培训，增强柜面人员主动服务意识，通过量化考核杠杆提高一线员工服务质量。发挥大堂经理作用，引导客户选择电子服务渠道和自助设备，及时排除故障、合理分流客户，为客户提供高效、快捷金融服务。加强对VIP客户服务力度，深化差异化服务内容。落实服务责任制、首问负责制，以神秘人检查为支点，以服务质量分析会为抓手，寻找差距、改善服务质量，全年网点转型神秘人评分平均成绩92.56分，其中四个月评分96分以上。

平罗农村商业银行

【概　况】 2017年，确立“班子团结、带好队伍、防范风险、结构转型、稳健发展”工作方针，全力推进宁夏黄河银行系统“支农服务主力银行，县域经济主流银行，风险可控良好银行”战略发展定位，在扎根“三农”助力精准扶贫上夯基础、在聚焦“小微”解决资金瓶颈上创实绩、在服务“县域”助推经济发展上下功夫，明确思路，逆势而上，攻坚克难，各项工作取得较好成绩。

【经营指标】 2017年末，各项存款62.7亿元，较年初增加3.8亿元，存款余额和增量分别占全县银行业金融机构42.7%和37.7%，均居全县首位。各项贷款58.5亿元，较年初增加1.4亿元，贷款余额和增量分别占全县银行业金融机构贷款50.8%和41.3%，均居全县首位。通过成立不良贷款清收处置协调领导小组，调整不良贷款管理考核方式，制定不良贷款清收、奖励、责任追究、尽职免责管理办法，加强与法院协调合作等措施，调动各方面清收不良积极性和能动性，信贷资产质量逐步向好。全年实现各项收入35385万元，较上年同期增加3353万元；实现利润总额2318万元，较上年同期增加1027万元，净利润529万元，较上年增盈283万元。

【存款营销】 调整营销策略，优化完善激励考核机制，通过组织开展“赢在春天”“赢在仲夏”“赢在金秋”和“大干100天”等专项营销活动，调动各层面营销积极性，提升全行负债业务竞争力。全行单位存款和活期存款较年初稳步增长，增强存款稳定性，降低存款成本，调整存款结构。

【支持县域经济发展】 秉承扎根“三农”、聚焦“小微”、服务“县域”经营宗旨，坚持支农支小，坚守农村阵地，深耕城市市场，促进县域经济稳步发展。截至年末，涉农贷款余额达40.83亿元，较年初增加1.1亿元，增幅2.78%；小微企业贷款余额39.17亿元，较上年同期增加9313万元，增幅2.44%，涉农小微贷款持续增长。2012年，平罗县被国家确定为农村产权改革试点以来，办理“两权”抵押贷款，推出“农地贷”“农房贷”小额信贷产品，激活农村沉睡资产，破解农户融资难、担保难问题，助推农民实现增收致富。2013年以来，办理农村土地产权抵押贷款2.02万笔、金额9.38亿元，其中：2017年办理5676笔、金额2.22亿元。截至2017年末，“两权”抵押贷款余额1.61亿元，发放金额占全县该项业务90%以上。加大新型农业经营主体贷款投放力度，探索金融服务现代农业发展新路子，采取有效措施提升家庭农场、专业合作社、种养殖业大户、农业企业等新型农业经营主体服务水平，满足新型农村经济组织资金周转需求。截至2017年末，全县有新型农业经营主体697个，向415户给予信贷支持，金额2.69亿元。

【随薪贷业务】 创新推出面向党政机关、事业单位、国有及国有控股企业员工的随薪贷业务，以无需抵押和保证，凭信用方式办理优势，受到广大公职人员青睐。截至2017年末，随薪贷客户总量3085户、授信总额2.16亿元，较年初增加1196户、金额8717万元，其中：已用信1942户，用信金额1.1亿元。

【基金类贷款】 与平罗县农牧局、就业创业服务局、妇女联合会等多家单位签订合作协议，推广办理各类基金类贷款，满足城乡居民和企业信贷需求，降低贷款融资成本。围绕县域优质水稻和制种、草畜、瓜菜、生态水产产业发展，开办农业特色优势产业基金贷款，截至2017年末，投放“一优四特”产业基金贷款1.4亿元，余额为8918万元。开办妇女创业贷款。投放全民创业贷款，解决下岗失业人员、大中专毕业生、复原转业退役军人、就地就近创业农民等资金短缺难题，全民创业贷款存量32户、金额307万元。与城关镇星火村签订合作协议，支持城关镇星火村村民从事农业特色产业及进城从事第三产业。

【按揭贷款】 为满足居民对住房刚性需求，响应有关政策要求，为城乡居民办理住房按揭贷款，助推全县城镇化发展。自2013年以来，准入楼盘22个，个人住房、二手住房和商用房按揭贷款1600笔、金额1.79亿元，其中2017年发放各类住房按揭贷款388笔、金额4705万元。

【金融服务】 截至2017年末，在全县13个乡镇、144个行政村布放ATM机、POS机、自助电话终端、便民服务终端、万村千乡服务终端等基础金融服务设施，强化金融服务渠道建设，推广银行卡、手机银行等非现金支付工具，加强银行卡助农取款服务，满足全县各乡镇尤其是移民村等金融服务薄弱地区金融需求。在全县建设标准化网点31家，安装布放各类电子机具1368台，其中，ATM机58台、POS机1059台、电话终端220部、便民自助终端24台、现金循环机7台；打造便民金融服务点109个，农村基础金融覆盖率达100%。

【金融扶贫】 完善精准扶贫机制，围绕脱贫攻坚目标，建立县、乡（镇）、村三级联动金融扶贫攻坚工作机制，加大金融精准扶贫工作推动力度，确保贫困户小额信贷及时发放。明确重点，加强示范带动作用，确定红崖子乡为金融精准扶贫示范乡镇，通过合理规划、重点引领，支持示范乡镇主导优势产业和特色产业发展，为贫困人口、扶贫搬迁户和农村创业人员提供资金支持，优先扶持种养大户、家庭农场、农民专业合作社等新兴农业经营主体，发挥其对贫困村、贫困户带头作用。用活支农再贷款，向人行平罗县支行申请支农再贷款，优先支持精准扶贫示范乡镇信贷需求，为贫困地区和贫困人口提供金融支持。强化工作落实，把扶贫贷款投量、任务进度、扶贫效果等主要目标作为工作督查重点，加强督办和检查指导。完善金融扶贫工作反馈问题解决机制，建立问题台账，逐级落实责任，简单问题限时解决，复杂问题会诊解决。截至2017年末，发放建档立卡贫困户贷款7767万元，户数1321户，余额4950万元，户数1137户；发放产业扶贫贷款900万元，户数3户，余额300万元，户数2户。向8户教育帮扶对象资助教育资金1.1万元，向20户建档立卡贫困家庭捐赠生活慰问品价值5590元，向1户意外受伤贫困户捐助医疗补助1000元。为6户没有参保的帮扶户缴纳医疗保险。

【电子银行业务】 2017年，开通便民自助终端3台，增设现金循环机3台；方便广大客户，提升现代化服务水平。提高电子银行替代率，截至2017年末电子银行替代率62.42%，缓解柜面压力，为客户提供更加高效服务。截至2017年末，社保卡激活率为61.7%，新增激活社保卡8431户。2017年新开工会卡8989张，加大优质产品覆盖范围；加大新业务拓展营销力度，截至2017年末，“e码付”商户390户，在方便广大城乡居民同时，提高产品市场竞争力。

宁夏银行平罗支行

【概　况】 2017年，坚持“服务中小企业、服务城乡居民”市场定位，以支持地方经济建设和社会发展为己任，各项业务保持稳健发展。截至年末，支行资产总额7.74亿元，各项存款余额7.49亿元。各项贷款余额7.47亿元，全年信贷资金投放10.56亿元。

【金融服务】 贯彻落实国家深化农村金融改革创新要求，规范承包土地经营权抵押贷款及农民住房财产权抵押贷款管理，加大金融对“三农”有效支持，制定《宁夏银行农民住房财产权抵押贷款管理办法》《宁夏银行农村承包土地的经营权抵押贷款管理办法》，与平罗县农村改革工作领导小组办公室签订《平罗县农村产权抵押贷款合作协议》，与平罗县扶贫办签订《金扶工程 · 互助资金合作协议》，通过合作，加大对平罗县农业生产流通、养殖业、种植业和扶贫贷款信贷扶持力度，降低信贷资产风险，确保信贷资金安全运行，确保更好地为农业、农村、农民生产融资提供优质金融服务。发放农村产权抵押贷款9笔201万元，解决农户贷款“担保难”路径。

【深化服务】 借助先进移动终端，及时关注特殊群体，为客户提供上门服务。利用摆放测压仪等简易医疗设施广场宣传，吸引广大市民，拉近距离，提升宣传营销效果。以“金融知识进校园，义务宣传我先行”为主题，走进宁夏卫校，开展防范金融风险、防范网络诈骗、假币识别、反洗钱，个人信息保护等金融知识讲堂。将柜台进行业务分类，提高服务质量与速度，使普通客户享受到贵宾客户待遇，提高客户满意度，实现银行和客户双赢。

【安全营运】 强化长防长治工作意识，加强完善安全保卫制度，开展多形式日常应急演练，加强日常监督检查力度，提升安全运营管理能力，严防重大安全责任事故，确保实现安全运营无事故，保障各项业务健康发展。

石嘴山银行平罗支行在黄渠桥镇举办 2017 石嘴山首届市民文化艺术节暨 2018 春晚海选活动

石嘴山银行平罗支行

【概　况】 2017 年，支行存款余额 8.53 亿元。日均存款 7.04 亿元，较年初增长 7299 万元，是全年任务 173.82%（其中储蓄日均存款 6.58 亿元，较年初增长 8275 万元，对公日均 4861 万元，较年初下降了 1072 万元），非保本理财时点余额 2.29 亿元，较年初增长 4149 万元。麒麟卡新增 2838 张，达到 71126 张，有效率 36.6%。办理二维码收单 276 户、办理 POS 机 47 户，销售保险 6.8 万元，销售黄金 13.2 万元。柜面业务量 166476 笔，月均业务量 15134 笔，业务差错率 0.25‰。账户对账率 99.7%。

【存款营销】 紧抓存量客户不放松，对存量客户分层管理、分户到人，积极营销存款产品及保本理财，使非保本存款向保本及存款产品转化。及时调整策略，在存款增长缓慢时调整营销策略，保证存款稳步增长。

【营销宣传】 采取“地毯式营销”“小区张贴海报”等多种形式，利用下班时间，督促各支行每天安排人员外出拓存款、二维码、POS 机商户；以节日为契机，开展丰富多样的营销宣传活动。对产品后期使用情况实时监督，保证有效。支行二维码有效率 86%。POS 机完成全年任务 130%。发动支行员工微信时时发产品、公众号推送营销活动等，宣传存款产品。在商场、二维码及 POS 机商户等处摆放宣传海报、彩页，借助商户拓存款。借助各项宣传，将客户领进门，监督大堂经理分发彩页，讲解产品，以激励措施发动保安营销，确保厅堂内宣传无遗漏。

【业务拓展】 成功营销平罗县汇融新天地广场、阳光商场两大商场成为 POS 机特约商户，与两商场举行 4 场次营销宣传活动。通过拓展住建局 1600 余万元拆迁补偿款，成功将其中 60% 以上定活两便存单转化为幸福存存款，稳固增长存款。成功拓展平罗县公益性岗位、“三支一扶”等工资代发业务，代发户数 290 余户，成功营销 170 户公益性岗工资代发业务。借助平罗县国有企业整合，营销 7 个国有企业在开立存款账户。与平罗县供热公司达成合作代收及上门收款业务，代收采暖费 3080 余万元，各户日均存款 800 余万元，带来客户资源 2882 人。代收活动期间，存款增长 3900 万元。

【风险管控】 严格执行支行每月自查、区域支行内交叉检查、管理部不定期督查工作机制，严把各类问题风险关，杜绝风险事件发生。不定期组织全员学习总分行各类制度、通报，将总、分、支行各类检查问题通报进行梳理，管理部对整改结果监督，确保各类问题逐步减少。对自查中存在问题，涉及责任人决不姑息，提高全员风险意识认知。通过对差错率等指标重点关注，支行各项合规指标显著提高，全年差错率0.25‰，较考核指标低0.1个千分点。

沙湖村镇银行

【概　况】 2017年，坚持“立足三农、支持小微、服务城乡”的市场定位，以“助农致富、助企成长、助民兴业”为宗旨，推进结构调整，加强重点领域信用风险管控，稳步降控不良，各项业务稳健运行，主要监管指标符合监管要求。经营指标中，存款余额稳中略增，各项存款余额15.04亿元，较年初增长4.38%；贷款余额有所下降，各项贷款余额10.81亿元，较年初减少7.16%；经营效益下滑，部分监管指标未能达标，各项收入呈下降趋势。

【全员营销】 根据年度经营目标任务，分解到季、月、周，落实到各部（室、中心）、支行，明确目标任务；营造宣传声势，加大存款营销，保持存款稳定；强化考核促激励，通过完善月度考核制度，调动全员营销存款积极性；在利率市场化机制的背景下，结合石嘴山地区利率市场情况，合理确定和调整本行存款利率，维护存款稳定。

【信贷结构调整】 回归本源，坚持市场定位指导方向，加大“支农、支小”支持力度，坚持服务“三农”、支持小微战略方向不动摇。贷款额度向“小”倾斜，实现由大额贷款营销向小额分散营销转变，改变大额贷款集中度过高现状。做好“小微”贷款投放，探索“政府＋担保”合作方式，合理布局区域信贷投放，加强对个体工商户、小微企业金融支持力度。做实金融精准扶贫、便民金融服务等方面的工作，助力县域脱贫攻坚。

沙湖村镇银行到扶贫点进行精准扶贫

【不良贷款清收】 强化内外部合作，建立统筹协调机制，参与债权人委员会寻找解决问题新途径。与法院、政府对接，对恶意逃费债务行为实施曝光、限制消费。与其他金融机构对接，对系统内黑名单管理实施暂退互助，转化盘活不良贷款。建立以营销部门为主体、资产负债部门为中心、信贷管理部门为督导的内部联动处置体系，各部门各负其责、加强沟通，通过制定方案，加强管理与督导，实时监测，定期分析和通报等方式，掌握贷款质量，控制不良贷款总量。分批列出清收重点、坚持以收现金为第一目标和压缩不良贷款的主导方式，提高收现比例。按照《平罗沙湖村镇银行不良贷款清收实施方案》推出清收化解措施，开展不良贷款转化盘活工作。

【风险防控】 按月开展流动性风险压力测试、与发起行签订流动性救助协议、加强日常备付金资金头寸管理、计量和监测流动性风险，加强流动性风险防控；加强声誉风险管控，通过日常关注、搜集、分析、判断涉及本行的舆情信息，加强舆情监测和及时处理负面舆情信息，防范声誉风险；完善内部制度及业务流程，加大专项审计检查力度，加强风险预警系统非现场监督和加强条线管理及指导等方式，强化操作风险防控；通过强化不良贷款组织领导，制定不良清收奖罚等制度，加大不良贷款清收力度，规范信贷操作流程，严格把关贷款准入，强化贷款三查制度的执行等方式，防控信用风险。

【合规经营】 定期召开各类会议，对重大经营决策、重要人事管理、重大项目安排和大额费用审批、大额贷款审批等事项进行讨论决定；主动开展自查，强化重点环节监督，根据年度内审计划开展各项业务专项审计、履职审计，适时开展轮岗离任审计，强化日常柜面操作监督，把控风险，加强合规管理；配合银监局、人行、发改委、黄河银行，开展“三违反”、“三套利”、“整治市场乱象”、“四不当”、金融统计、抵押登记费、专项审计等专项检查整治活动，通过制定整改方案及台账，明确整改责任部门、负责人、时限、整改措施等方法，落实整改，评估问题整改效果，实提高整改率；坚持从严治行，对整改不彻底，屡查屡犯违规行为坚决处罚，全行处理违规人员 49 人次。

石嘴山市住房公积金管理中心平罗县管理部

【概　况】 2017 年，全年归集住房公积金 1.76 亿元，归集余额 5 亿元，提取住房公积金 5114 人 1.32 亿元，发放贷款 379 户 0.93 亿元，贷款余额 2.63 亿元。

【服务水平】 执行中心制定《标准化服务规范》，按照规范要求，规范服务行为；组织管理部和银行工作人员讨论，理顺工作流程，不让办事群众多跑路；开展上门服务、延时服务和预约服务。全年开展上门服务 63 次，延时服务 76 次，预约服务 16 次。

石嘴山市住房公益部平罗县管理部工作人员办理异地转移接续业务

【归集扩面】 深入非公企业、个体工商户中，宣传住房公积金政策，动员其建立住房公积金制度，全年到个体工商户、农民工等群体中开展扩面宣传 200 余人次，到宁夏吉元冶金、神州轮胎等 51 家非公企业开展扩面宣传。全年有个体工商户开户 59 人，16 个单位新开户缴存 160 人。

【内部管理】 针对季度业务考核工作中出现的问题，分析原因，明确整改责任人和整改期限，进行整改；加强业务复核和检查，对业务办理进行动态跟踪，及时发现问题及时解决；建立内部工作绩效奖罚机制，惩罚工作履职不认真、不作为，奖励积极工作、差错率低，引导工作人员以严谨认真的态度工作。

【网上办事大厅】 通过微信群众、上门服务等方式，向缴存单位和个人宣传推广网上办事大厅，引导单位和职工开通网上办事大厅，在网上办事大厅办理业务。向协管员解答网上办事大厅出现问题，将协管员对网上办事大厅提出建议上报中心，完善网厅功能。梳理缴存单位中未开通网上办事大厅的，主动上门动员其开通网上办事大厅；

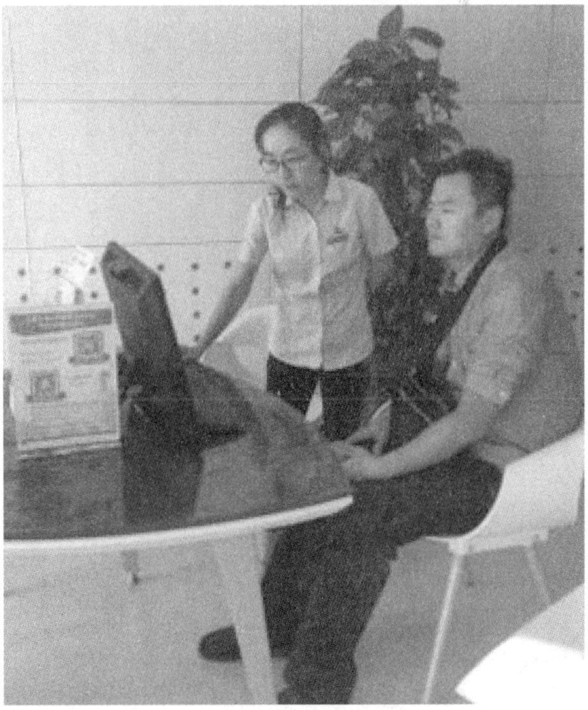

石嘴山市住房公积金管理中心平罗县管理部工作人员指导办事人员网上办理流程

对已开通网上办事大厅的，预约上门为协管员培训网厅操作，及时解决出现问题。全县有205个单位已开通网厅，指导职工在网上办事提取、合同变更及按月对冲还贷等业务321笔。在完善网上办事大厅已有签约公积金对冲、合同变更、解除劳动合同提取、还贷提取、离退休提取功能基础上，网上办事大厅单位补缴、单位人员转移、个人购房提取功能开发和部署，投入运行。

中国人民财产保险公司平罗支公司

【概　况】 2017年，按照分公司提出“认清一个市场、确保公司和员工‘两个利益’、打造份额和人才‘两个高地’，实现发展、盈利、服务‘三个超越’，争夺西部第一”“企划1223战略”，履行岗位职责，推动公司业务发展。公司全年实收保费8397.09万元，同比增长15.02%，其中：车险4476.47万元，同比增长11.95%，农险3212.25万元，同比增长20.92%，意外险445.16万元，同比增长8.41%，责任险192.98万元，同比增长17.09%，企财险48.79万元，同比增长-12.41%，家财险15.25万元，同比增长73.36%，货运险6.2万元，同比增长8.15%。

【激励措施】 结合县域市场竞争实际，公司经理室研究出台多项激励政策，实行按月考核，按月兑现各项奖励，奖罚分明。调动员工积极性，让员工从根本上转变态度，由“要我干”转变为“我要干”。

【业务拓展】 利用公司理赔政策及资源杠杆，提升渠道产能，拓展修理厂渠道。利用银行渠道，办理借款人意外险，提升渠道产能。银保渠道业务发展迅速，依托农商行19个网点和邮政储蓄银行合作，借款人意外险保费收入78万元。

【农村业务】 落实“县域长青”计划。发挥农网优势，发展农村业务。利用农网点多、覆盖面广优势，全面拓展农险业务，全年收取农险保费3212.25万元。利用农险搭建平台，拓展农村小额意外伤害险，收保费157.38万元，中老年意外伤害保险19.6万元。

【保险服务】 坚持“服务无小事”理念，推行微笑服务，对签单、理赔人员全员月度评分考核，对连续两周考核倒数第一员工进行处罚，实行末位淘汰制，提高服务质量。提高服务质量，为业务提高提供良好基础，提高公司在县域市场份额。

【关爱员工】 在传统节日送上福利，让员工感受公司大家庭的温暖；对员工及家属红白事或者有困难及时送去问候和关怀，提升员工幸福指数。

中国人寿保险公司平罗支公司

【概　况】 2017年，以分公司提出的“正视自我、放大格局”发展理念为指引，解放思想，加快业务发展，狠抓队伍建设，加强基础管理，提高服务水平，有效防范风险，提升经营效益，全年总保费收入12579.4万元，同比增长27%，长险首年保费3109.8万元；短期险保费1351.4万元，同比增长28%；长险续期保费6572.1万元。个险渠道：首年期交保费2191.76万元，完成率103.4%；十年期及以上1281.51万元，同比增长13.6%；标准保费收入1090.94万元，完成率106%；短险保费收入399万元，同比增长20%。银保渠道：总保费收入3553.5万元，同比增长25.5%。其中：首年期交保费收入898.1万元，完成率147.5%；实现标准保费收入253.62万元，完成率130.9%。团险渠道：短期险889.53万元，完成率118.76%；其中，意外险587万元，同比增长17%。短险赔付率52%。

【窗口服务】 注重服务细节，提升公司品牌。按照柜面标准化服务要求，落实柜面服务“六个一样”，即：理赔与展业一样主动，退保与投保一样对待，大小客户一样重视，新老客户一样热情，咨询与业务处理一样耐心，对待批评与表扬

中国人寿保险公司平罗支公司总经理接待业务客户

一样诚恳，为客户提供全方位服务，树立公司窗口服务良好形象。开展“3·15”消费者权益日活动，“6·16”国寿客户节户外宣传活动，“7·8”全国保险公众宣传日活动，树立企业形象、宣传企业文化，提升公司品牌形象和美誉度。

【民生服务】 在服务客户的同时，发挥央企职责，履行社会责任，参与地方公益事业、就业、综治等方面建设，把公司工作与平罗县美丽城市建设、精准扶贫、春秋季植树造林、农田水利建设等工作相互融合，发挥社会职责，为促进地方经济发展、社会管理和和谐建设发挥重要作用，“成己为人，成人达己”，最终实现社会效益和经济效益双赢。

中国人寿财险公司平罗支公司

【概　况】 2017年，中国人寿财险公司平罗支公司不仅完成筹建开业任务，而且主动融入并迎接市场挑战，经受住市场洗礼和考验，初步站稳脚跟，打开局面，赢得市场地位，摸索出发挥自身优势、符合自身特点发展路径。

【公司筹建】 2017年2月6日正式启动筹建工作，完成职场选址、谈判和钥匙交接、资料申报、高管资格考试、临时办公室场所选租、信息系统搭建、规划图纸设计、招聘广告发布、工作营销人员约谈等工作，为顺利启动筹建铺平道路。3月2号正式启动装修，筹备组前期人员一边督促施工进度，一边招聘培训人员，一边准备筹建资料，一边调研市场拓渠道。5月22日取得保险经营许可证，5月24日取得工商营业执照，6月8日正式挂牌营业。截至开业，筹备组人员18人，基本架构初具雏形，锦涛公交公司和金通出租车公司业务渠道基本谈成，实现从一无所有到井然有序，在3家县支率先开业，开启平罗支公司发展新起点。

【业务发展】 开业后，经理室成员明确分工，公司紧盯6月、三季度和四季度业务激励方案，提升和巩固日平台，业绩日渐好转，在年末最后一天完成四季度考核任务。在开业不到7个月内，保费收入529.52万元（不算上半年互动业绩），3家县支机构排名第二，在平罗市场排名第五，仅比前一位主体全年业绩相差148万，为赶超进位奠定基础。对标各项经营指标，在实践中边学边干，提升成本管控、算账经营能力，全年保费收入217.14万元，占41%；赔付成本218.72万元（提取未决赔款准备金196.22万元），综合赔付率100.73%，实际支付赔款31.56万元，简单赔付率14.4%，为3家县支最低；费用成本249.61万元，综合成本率215.68%，承保利润率为-115.65%。

【市场开拓】 加大市场开拓力度，渠道建设初具雏形，业务结构得到优化。利用人脉优势，争取和发展政府、企业、其他主体非车险业务，主动出击拓展全市及银南部分地区电动自行车职能管理平台项目，实现顺利签约，非车险业务占比10%，居分公司前列；维护和改善与寿险关系，多次在业务滑坡关键时刻调整人员、政策，稳定互动渠道基础，互动渠道实现保费收入188.85万元，占整体业务36.66%；利用广告资源、送修资源、人脉资源，开拓出租车、公交车和二网车商渠道，与领鲜物流、智慧物流、锦涛公交公司、金通出租车公司、凌云汽贸城等县域内大客户建立合作关系，接洽宏盛、龙升出租车以及天豹、泰安、龙江、华泰、信安等运输公司保险业务，车行渠道保费收入145.91万元，占整体业务27.56%；发展个代增员和咨询服务各代，连续两个季度超额完成下达增员任务，个代人力126人，服务专员4人，实现渠道保费收入134.69万元，占整体收入25.44%。支公司开拓布局银保、中介、电网销、重客7个渠道，其中：互动、车行、个代三个渠道收入占到公司整体保费收入88.66%。银保、中介、电网销、重客4个渠道贡献保费收入60.3万元，占11.34%.

【企划宣传】 发挥广告在提升公司影响力、促进业务合作方面作用，设立沙湖擎天柱广告牌、翰林大街4公里灯箱广告牌、公交车车体和站台广告、出租车顶灯后档广告、交流会和水上大冲关、全县社火花灯节等赞助广告，开通平罗支公司微信公众号，在平罗发布、平罗微生活、飞翔广告、电视台、58同城招才猫、个人朋友圈等坚持发布公司动态信息和招聘启事，形成线上线下、立体动态宣传攻势，使国寿财平罗支公司在短期内做到家喻户晓，展现出自信、实力、活跃、正规良好品牌形象。

安邦保险平罗支公司

【概　况】 2017年，安邦财险宁夏分公司平罗支公司在编员工8名，前台服务人员1名，客户经理7名。全年保费收入423.72万元，其中车险364.53万元，非车险59.19万元。

【内控建设】 全员强化学习、提高认识，树立合规经营意识，强化内控建设，转变发展理念，提高服务质量，提升风险管理能力、坚决守住不发生系统性区域性风险底线。开展以“树立风险意识，远离非法集资”为主题防范非法集资专题宣传教育活动，提醒公众在购买保险产品时不要对回报率抱有非理性期待，学会鉴别产品和单证真伪，配合保险公司回访，发现非法集资嫌疑及时举报，牢记“高收益、高风险”投资准则，树立风险意识，选择正当合法投资渠道，将安全放在第一位，自觉远离非法集资。

【风险管理】 重视机构反洗钱工作开展，在客户身份识别方面，及时核对客户有效证件、证照并登记信息，留存证件、证照影像或复印件。召开反洗钱专题会议及培训，留存会议签到表、培训文件等工作记录。针对反洗钱工作人员异动方面，及时向人民银行平罗县支行报备。与当地人民银行保持沟通，落实人民银行与公司下发关于反洗钱相关通知及工作要求，根据人民银行要求做好反洗钱相关报表，自评工作及资料报送工作。在“反洗钱宣传月”活动中，以通过悬挂横幅、发放反洗钱小知识宣传折页及彩页，滚动播放电子屏，在机构内展板、柜面上放置反洗钱宣传折页，向往来客户讲解反洗钱知识等形式，宣传反洗钱知识，提升机构人员及广大消费者对洗钱风险防范能力。

住房和城乡建设

城市建设

【概　况】 2017年，树立创新、协调、绿色、开放、共享发展理念，以加快推进新型城镇化为主线，以创新发展为动力，以保障和改善民生为根本，推进区域协调发展和城乡一体化发展，实施规划引领、提质扩容、城乡安居、美丽乡村、绿色建筑、质量安全“六大工程”。

【惠民生态健身公园项目】 项目位于县城新区31#与32#地块内，用地面积27.67公顷，工程概算投资9877.27万元。完成“三区”（运动区、休闲区及游憩区）、“两带”（园区内的两条园路）、一内湖（园区的“绿色心脏”）和绿化种植、铺装硬化等配套服务设施全部建设内容，投资9877万元，已开放使用。

【县城新区生态治理工程】 项目总用地面积231.11公顷，涉及11个居民点592户13.3万平方米房屋征收及各种线路移置，实施湖面开挖、湖系连同、湖湃砌筑及绿化区域土方换填、灌溉设施安装等工作，形成县城南域生态“一心一带二轴六片区”空间结构。项目概算总投资7.8亿元，2017年计划投资4亿元。现落实项目区内房屋及土地征收工作；康家湖湖面开挖整治21.4万平方米、土工膜铺设4.6万平方米、绿化土方换填13.6万平方米、地下管线铺设25000米，广场硬化4.7万平方米、园路基层铺设2040米及观景平台、亲水平台、风雨长廊、栈桥、管理房等构筑物主体施工；望芦湖土地平整66.6万平方米、湖面开挖7.7万平方米，投资4.6亿元。

惠民公司全图

【市政道路及排水工程】 2017年计划实施县城永安西路延伸段、永安东路、萧公大街南延伸段等7条市政道路及排水工程，道路总长5.54千米，工程概算总投资20084.7万元。萧公大街、永安东路和姚福路桥涵和排水管道，文昌路铺设管道173米，永安西路雨水管道300米，鼓楼东街排水管道500米，投资6000万元。

【城市棚户区老旧小区改造项目】 实施综合改造老旧住宅10.25万平方米。其中：新利新村东区改造面积55589.43平方米，16栋651户；新利新村西区改造面积46947平方米，12栋595户。建筑节能、立面改造、环境整治等。总投资1974万元。

【新世纪家园四期旧城改造项目】 项目规划总用

地面积3.36公顷，概算投资1.5亿元。实施1—6号楼主体砌筑，正在进行7号楼基础施工，投资2005万元。

【美丽小城镇、美丽村庄、危房改造建设项目】 实施陶乐镇1个特色小镇和陶乐镇庙庙湖村、黄渠桥镇四渠村、宝丰镇渠羊村、高庄乡同进村等4个美丽村庄新建试点建设；自治区下达农村危房改造任务100户，概算总投资32503万元。加快推进特色小镇，项目总投资2.59亿元；4个美丽村庄主要工程投资5600万元；危房改造全县开工建设危房325户，开工率141.3%。

【城市棚户区改造项目】 城市棚户区、城中村、国有工矿棚户区53项4801套房屋征收，总征收面积54.11万平方米，概算总投资15.45亿元。超任务909套，实施房票安置，畅通商品房与保障房接续渠道，去库存、化风险。

【公共服务中心及配套附属用房项目】 平罗县公共服务中心项目总建筑面积3.3万平方米，总投资2.1亿元，于9月8日竣工验收，政务服务中心、教育、市场监督管理、水务、住建等20家行政事业单位已于10月入驻办公。同时建设公共服务中心配套附属用房，建筑面积3850平方米（含便民超市），概算总投资2670万元。

【房地产开发项目】 房地产计划总施工面积66.84万平方米，计划投资5.9亿元。施工建筑面积66.2万平方米，其中住宅施工56.34万平方米，投资金额2.95亿元。土地已批未建计18家企业，面积72.17万平方米，收回批而未建房地产项目闲置土地4宗35.2公顷。

【空间规划改革试点】 编制县空间规划（多规合一）文本图纸、说明书、基础评价报告和市县联动专题报告，形成覆盖全域“一张蓝图”，构建县域统筹“三区三线”空间规划管控体系。收集整理各类空间性规划115个，梳理各类问题建议208条，建立任务、责任、整改三个清单。深入现场调研，制定空间规划编制工作方案及技术路线图，落实三个承载力与三个专题报告，为空间规划编制奠定基础。科学编制空间规划，立足银川都市圈，提出“一核一极，一轴双廊”总体空间结构，召开专题会议4次，研究生态红线划定事宜，调整优化黄河、镇朔湖湿地公园红线，科学调出小校场水源地、高庄乡威镇村国家一级公益林、庙庙湖旅游区国家一级公益林、县域重大基础设施与公共设施用地，最终划定生态保护红线570.2平方公里，构建“两带多点”生态空间格局。打破部门壁垒，处理建设用地与非建设用地差异图斑362处8.6平方公里，处理非建设用地内部差异3大类20小类390.81平方公里，形成总体工作专项报告，确保土地的单一属性。依据93.6平方公里建设用地规模，对原审定县城、小城镇及产业园区规模核减，明确发展底线，科学划定城镇、产业园区开发边界，合理腾挪建设用地，为“十三五”期间244个重大项目提供用地保障。推进行政审批改革，建立保密机房，搭建规划管理信息平台，再造审批流程，变过去串联式审批为并联式审批，由被动式服务转变为主动式服务，由多环节多层次管理转变为扁平化管理，涉规项目审批时限由过去225个工作日，压缩到86个工作日。

【新型城镇化试点】 多次召开国家新型城镇化综合试点工作推进会，调整工作领导小组成员，制定年度实施方案、年度工作要点及任务分工和重点项目任务，县新型城镇化办公室联合县委、县政府督查室每季度对重点工作、重点项目进展情况督查，并在全县通报。将新型城镇化建设工作纳入全县2017年年度考核内容。推进平罗县空间规划（多规合一）改革试点工作，加快城镇基础配套设施建设，加大城镇棚户区改造力度，推进小城镇和美丽乡村建设，推进户籍制度改革，加强农村土地制度改革试点，建立多元化投融资平台，增强城镇辐射功能，实现农村有序向城镇转化、农民有序向市民转变。改造棚户区住房72万

美丽村庄建设

平方米7416户，综合整治老旧小区35.6万平方米3649户，建设美丽特色小城镇6个、美丽村庄示范点25个，改造农村危房5439户。争取国开行、农发行贷款资金8.55亿元，用于棚户区改造、重点项目建设。全县随迁子女接受教育入学率100%，全县农村劳动力转移就业6万人，城乡医保惠及困难人群2.2万人，发放宅基地使用权证60557本，清理腾退闲置农村宅基地1000宗，收缴宅基地超占面积有偿使用费1088万元。农村土地经营管理制度改革创造“平罗经验”，在全区推广、全国交流。

【房地产去库存】 落实各项去库存政策，棚户区拆迁改造工程全部采取房票安置，商品房回购率85%以上。住宅销售由持续走低到逐渐升温，商业营业住房也随着住宅人气的聚拢有所增加。商品房成交面积24.13万平方米，其中企业自主销售面积20.25万平方米，成交金额5.07亿元。棚改货币化安置回购商品房39.5万平方米。待售面积回落，去化周期缩短。全县房地产待售面积65.62万平方米，其中：住宅商品房库存40.36万平方米，占61.5%，非住宅商品房库存25.26万平方米，占38.5%，房地产库存消化周期降至20.5个月，其中商品房住宅消化周期降至15.7个月，房地产去库存工作成效显著。全年商品房销售35万平方米，库存较上年降低21.76以上，消化周期控制在18个月以内，去库存压力基本得到缓解。

【安全生产】 做好元旦、春节安全生产工作，对局属各单位及在建工程等安全生产重点隐患部位全面自查。加强跨年度工程复工申报管理和检查验收工作，下发《关于开展2017年全县建筑工程春季复工工作的通知》和《关于进一步做好冬季施工工程质量安全管理工作的通知》，确保全县建筑施工现场无安全事故发生。加强培训教育，强化安全意识，组织举办平罗县建筑行业工程质量安全管理人员培训班和平罗县建筑行业“三类人员”培训班，加强各在建项目负责人及农民工安全意识和自我保护能力。转变安全监管方式，采取“四不两直”（不发通知、不打招呼、不听汇报、不用陪同接待、直奔基层、直插现场）监督方式不定期安全监管，督促企业落实安全生产主体责任。开展“安全生产月”活动，在各施工企业自查自纠基础上，对全县在建工程质量安全执法大检查。开展安全隐患排查，排查隐患711条，要求各相关单位、企业限期整改，跟踪督查整改情况，确保整改到位。加强燃气企业检查，就各企业落实燃气安全生产责任制情况，执行有关燃气安全生产法规、规章情况，日常巡检情况以及从业人员持证上岗情况检查，日常检查13次，现场勘察46家，填写日常检查记录单218份，下发整改通知单23份，要求企业立即制定整改措施，限期整改，并跟进复查。

【城市运行】 实施道路、广场、苗圃基地绿化工程和绿化养护管护工作，整治面积204万平方米，种植各类苗木35.4万株，补植各类苗木77万株，种草1.2万平方米；维修养护绿化机井11次，打深水绿化井3眼，改造、维修、铺装绿化管道3610米，缓解各地段灌水难问题；做好各地段苗木灌水及修剪管护工作，各地段平均灌水8轮次，施肥2轮次，清挖死株3000株，病虫害防治7轮次，对县城行道树及广场公园树木涂白，确保树木安全

质监、建管质量安全大检查

过冬。综合整治县城卫生、城中村两侧道路卫生以及因建筑施工造成县城道路污染，清理垃圾815吨；实行环卫一线人员绩效工资考核管理，抓好环境卫生日常督查检查，加强机械化清扫管理力度和垃圾收集及清运管理，做好31个箱池、43处散点生活垃圾清运，对12座垃圾转运站及52座公厕评星定级管理，奖优罚劣，强化日常维修维护。完善城市基础设施和城市照明体系建设，维修垃圾箱35个，安装果皮箱199个，集中清洗垃圾箱和环卫车辆12轮次，保持环卫设施干净整洁；改建生活垃圾场30吨/日渗滤液项目；对广场破损地砖、机械设备、灌溉机井维修养护，维修广场地砖1141平方米，新铺设人行便道445平方米，改造铺装绿化微喷管道3000米。排查整治县城道路有路无灯情况，维护更换各类灯泡、镇流器等754个，安装路灯45盏；实施路灯亮化LED试点改造工程，改造人民西路、萧公北街、翰林街LED路灯169盏。对县城违章建筑查处，配合石嘴山市经济开发区（工业园区）拆迁闲置企业4次，强拆县城区违章建筑3处，督促自拆9处。

建筑施工管理

【概　况】 2017年，贯彻落实《中华人民共和国建筑法》《中华人民共和国安全生产法》《建设工程安全生产管理条例》等法律法规和建设工程安全法律法规和技术标准，强化工程全过程监督，做好施工现场安全管理工作，落实工程安全企业主体责任和属地监管责任，打击工程建设违法违规行为，确保全县建筑工程安全总体受控，杜绝建筑施工现场各类安全事故发生。

【安全生产监管】 制定《平罗县建筑施工预防高处坠落事故专项整治工作方案》，开展预防高处坠落事故专项整治活动，重点对预防高处坠落事故安全技术措施、安全知识教育和安全技术交底、高处作业安全防护、物料提升机、施工外用电梯、脚手架、模板工程、塔吊安装拆卸、吊篮、电梯井门、屋面施工、各类作业平台等12个方面进行整治。

【起重机械管理】 全年办理起重机械安装告知及使用登记93台，其中，塔式起重机70台，物料提升机1台，电动吊篮22台。全县24项工程使用塔式起重机30台，均按要求办理安装告知以及使用登记手续。排查全县备案塔式起重机、物料提升机、施工升降机、电动吊篮等起重设备，对不合格（淘汰、禁用、过期）起重设备予以注销备案，注销塔式起重机86台（本年度注销11台）、施工升降机5台、物料提升机20台（本年度注销13台）。

【管理人员培训教育】 举办平罗县建筑行业工程质量安全管理人员培训班，对各在建项目建设单位负责人，施工企业负责人、质量安全管理人员，监理单位项目总监、专业监理人员，检测机构负责人，商混企业负责人等170余人培训教育。举办平罗县建筑行业“三类人员”培训班，对施工企业2家“三类人员”90多名培训教育。各施工单位结合生产实际，对本企业管理人员、技术工人和外来务工人员培训，开展三级教育。全县在建工程办理平安卡1600余张，培训3000余人。

【规范建筑市场行为】 规范建筑市场行为，对未办理施工许可证擅自开工建设的项目13项行政处罚，罚款13.5万元。在各类专项检查中，对7个项目经理、5个总监理工程师、5个“四大员”记分处理，对企业9家信用扣分处理。

【冬季施工管理】 强化建设工程参建各方冬季施工质量安全意识，消除建设工程冬季施工质量安全隐患。组织召开第四季度建筑施工质量安全专题会议，对参建各方主体提出明确要求，严格施工管控，杜绝赶工期、抢工等行为，对未按要求编制冬期施工方案且不符合《建筑工程冬期施工规程》要求和不具备质量安全生产条件的项目一律不得冬季施工，严格做到“四个一律停工”。严格施工条件，抓好冬期施工管理，对确需冬季施工工程，严把审查关，要求施工企业必须按照经监理单位审核批准后冬施方案，并上报质监站、建管站审查备案，对不进行冬期施工工程要确保停工在合理部位，做好越冬维护工作。按照住建厅《关于开展第四季度工程质量安全监督执法检查的通知》，对全县在建24项工程开展第四季度建筑施工质量安全综合检查，联合石嘴山生态经济开发区管委会、宁夏精细化工基地管委会对2个工业园区13个工业建设项目联合检查，下发隐患整改通知书2份，停工整改通知书12份。

【施工现场扬尘治理】 印发《关于进一步加强建筑工地施工扬尘控制和标准化管理的通知》《平罗县建筑工地扬尘污染控制工作方案》，加强建筑施工现场扬尘治理，推进绿色施工，改善大气环境质量，要求建设、施工、监理单位落实各自责任，从施工围挡、场地硬化、车辆冲洗、材料堆放、建筑垃圾、土方、渣土清运、非道路移动机械等方面提出具体要求。自11月起，对全县建筑工地多次排查，检查项目96项次，下发《住房城乡建设领域环境污染治理停工整改通知书》15份。全县建筑工地全部停工，各项目按要求对现场料堆、裸露地面、堆土用防尘网覆盖，洒水固化处理，安排专人定期对现场扬尘治理情况维护。

【农民工管理】 规范劳务用工管理模式，在全县建筑领域全面实行农民工实名制管理和银行代发劳务工资制度，在日常检查和专项检查中，将农民工管理以及工资支付情况纳入必查项，联合人社部门对全县建筑工程农民工管理及工资支付情况开展检查5次。全县建筑工程均按时间节点发放农民工工资，无欠薪投诉发生。

【合同备案管理】 按照自治区住建厅《关于做好非国有资金投资建筑工程项目监管工作的通知》要求，对社会投资项目由建设单位自行选择决定工程发包方式，按要求对项目建设程序和承包单位资质、资格审查备案，按要求提供相关资料备案。非国有资产投资工程直接发包备案52项，总面积49.24万平方米，总造价52010万元。

【节能与墙体材料改革】 扶持新型墙体材料企业健康发展，加大墙改工作宣传力度，整理汇编墙改方面资料文件规定等宣传资料2000余份，宣传节能墙改工作重要性。全年验收使用新型墙体材料工程30项，工程造价2674万元，建筑面积24.3万平方米。严格执行新型墙体材料专项基金征收和管理工作，收缴专项基金426万元。

建筑工程质量监督

【概　况】 2017年，全县新建工程122项，建筑面积58.33万平方米。其中：2016年结转工程21项，面积14.38万平方米；竣工备案工程91项，建筑面积41.14万平方米。全年开展工程质量监督综合执法检查11次，专项检查9次，迎接区市检查8次，下发质量整改通知书65份，对未履行建筑施工项目经理质量安全责任十项规定的5名项目经理扣分处理，全县通报批评；对26家施工、监理单位不良行为通报批评；对8家施工单位责令停工处罚。全县工程质量总体受控，未发生质量事故。

【培训教育】 举办由各在建项目建设单位负责

人，施工企业负责人、质量安全管理人员，监理单位项目总监、专业监理人员，检测机构负责人，商混企业负责人等470余人参加的平罗县建筑行业工程质量安全管理人员培训班，对质量通病防治、实体质量控制要点和施工现场安全管理要点等内容培训，加强建筑行业从业人员业务能力，提高建设工程质量安全管理水平。

【提升工程质量】 开展工程质量提升行动，定期开展工程质量监督执法巡查、检查，打击工程质量违法违规行为。推行工程质量管理标准化，实行施工样板间（件）引路，推行标准养护室，推进质量行为管理标准化和工程实体质量控制标准化。以住宅分户验收为抓手，开展“用户开放日”现场观摩活动，专项治理住宅工程渗漏问题质量常见病，提高住宅工程施工质量。开展进场材料抽检和混凝土实体结构检测专项活动。整顿规范工程质量检测机构、商混企业试验室及检测试验人员质量行为，通过企业资质动态核查、实验室检测试验能力比对验证、诚信建设等措施，确保检测数据真实可靠。组织引导企业开展优质工程创建工作，评选优质结构工程2项。

【专项整治行动】 按照全区工程建设领域突出问题专项整治行动要求，对全县在建、新建、未竣工验收备案、未审计政府投资和在建、社会化投资项目，逐项核查，其中续建项目40项，新建项目65项。新建项目实现建设项目100%履行基本建设程序、交付使用项目竣工验收备案率和按时结算率91.7%。专项整治工作中约谈施工、监理企业6家，停工整治工程3项，通报施工、监理企业5家，上报典型案例3个。

【建筑节能执法检查】 按照自治区住建厅《关于深入推进绿色建筑工作的通知》的规定，开展建筑节能监督执法专项检查，配合区住建厅检查2次。主要针对建筑节能原材料、建筑节能重点部位和施工环节及建筑节能质量检测情况进行检查，建筑节能达标率100%。

【工程质量检测和商混企业实验室专项治理】 落实《2017年全区质量安全监督工作要点》关于“组织开展整顿规范全区工程质量检测机构和预拌混凝土企业试验室专项治理活动，提升检测质量和能力”具体要求，于6月、11月、12月开展专项检查3次。其中：商品混凝土企业5家，检测机构3家，下发整改通知书8份，提出整改意见26条。通过检查规范预拌混凝土企业和工程质量检测行为，从源头上预防工程质量安全事故发生，确保工程主体结构质量安全。

【房屋质量投诉处理】 按照《宁夏回族自治区建设工程质量投诉管理规定》建立投诉受理登记，坚持谁监督谁负责原则，畅通投诉渠道，公开投诉方式，对存在质量问题的房屋进行调查处理。全年受理工程质量投诉79起，办结77起，办结率97.47%。

房地产市场监管

【概　况】 2017年，以强化房地产市场监管为着力点，着力完成房地产去库存任务，促进全县房地产市场平稳健康发展；以推进“机关效能作风建设年活动”为立足点，加强服务窗口建设、狠抓内部管理和队伍建设，实现房产交易以及档案管理的信息化、网络化，提升群众满意度。

【房屋权属交易】 按照《房屋交易与产权管理工作导则》等文件规定，依法办理房屋交易业务，与不动产登记事务中心建立联系会议、档案互查、信息共享等制度，完善房屋交易管理信息平台内容，保证房屋登记和交易管理平台的正常运行。全年受理房产交易362件3.45万平方米；办理各类备案业务及数据更新业务6688件137.8万平方米；补录、更新登记簿数据8878件272.26万平方米；办理租赁房备案登记80件，发放租赁登记备案证明80本；办理商品房网签备案2693套45万平方米；补建自建房楼盘16件；协助办理法院查封解封业务 827 件。

【商品房预售管理】 严格预售许可、预售方案管理，全面实施商品房预售资金监管。2017 年，全县房地产开发企业 34 家，计划总施工面积 66.2 万平方米，投资 7.65 亿元。施工项目 18 项 66.2 万平方米，其中住宅 56.34 万平方米，同比上升 4.8%，续建项目 10 个 29.18 万平方米，新开工项目 11 个 37.02 万平方米。房屋竣工面积 60.49 万平方米，较上年同期上升 225.01 百分点。批准商品房预售面积 18.48 万平方米，同比下降 42.1%，其中住宅 16.46 万平方米，同比下降 34.4%。

【房地产领域专项整治】 开展房地产领域专项整治，落实安全生产常态化管理，开展商品房明码标价专项检查，解决房地产开发过程中存在的问题，促进全县房地产市场健康、平稳发展。强化房地产中介机构管理，摸底、调查，完善中介机构营业执照、执业诚信等基础建档备案信息，对房地产中介机构存在违规违法行为专项检查，净化房地产中介市场环境，维护房地产中介市场秩序。

【规范管理】 测绘工作。商品房开发测量 36.5 万平方米，出具测量报告 120 份，测量面积认证书 265 份；55 个地块拆迁房屋测量 63.51 万平方米，出具拆迁测量报告 165 份；自建房办证测量 27 宗 38.2 万平方米，出具测量报告 81 份；国有资产测量 0.5 万平方米，做到零差错，零失误。

住房补贴。做好县直机关行政事业单位干部职工住房货币补贴工作，审核审批住房补贴 178 个单位 7369 人，核发住房补贴 352.47 万元。

档案管理。做好房屋档案管理工作，建立健全执行档案管理制度，做好档案资料完善与整理工作，归档扫描房屋档案资料 7452 份，整理归档装订入盒上架房屋档案资料 7452 份；合并注销上架房屋拆迁、抵押档案资料 6920 份；登记上架房屋抵押、转移备案资料 6791 份；提取调阅房屋拆迁、查封、预告登记档案 5561 份；查调房屋档案资料 18462 份；开具各类房屋档案证明 1.28 万份。

【网上服务】 发挥网络信息优势，建立平罗县房产信息网，及时公布更新房产政策法规、新闻咨询、办事指南、公示公告、房源信息、房产动态等服务事项，方便人民群众。

城市管理

【概　况】 2017 年 9 月，成立平罗县城市管理综合执法局。根据县人民政府办公室《关于印发平罗县城精细化管理提升年活动实施方案的通知》和《关于认真落实 2017 年城市管理工作十件实事的通知》文件精神，按照“围绕中心、把握大局、突出重点、抓住关键”要求，坚持“以人为本、堵疏结合、文明执法”工作理念，破解市容环境管理重点、难点问题，组织开展以市容市貌、环境卫生、市场秩序等为主要内容城市管理活动，为广大市民创造干净、整洁、有序、优美城市环境。

【门前五包】 建立长效管理机制，推进《平罗县门前五包责任书》签订工作。利用一个月时间与沿街商户签订《平罗县门前五包责任书》4042 份，对门前五包落实情况回头看，出动 3 台执法车辆、20 名执法人员对县城区翰林大街、玉粪路、109 国道等街道“六乱”现象全面清理整顿，清理违规行为 192 起、处理灯箱、杂物 25（堆）、下发《门前五包限期整改通知》54 份。

【规范城市管理】 加大巡查力度，集中治理渣土车及乱倒建筑垃圾，查处未按相关规定遮盖篷布渣土车 42 辆，暂扣违规倾倒垃圾车 10 辆。雇用铲车清理建筑垃圾 15520 平方米，清理农牧场沿线 5 公里长两侧杂草、白色垃圾。摸排登记长期在主次干道、公共停车场、居民小区通行道路上违法停放“僵尸车”，通过电视通告，电话通知形式，清理“僵尸车”48 辆。开展校园周边市容环境治理，劝离流动摊点 502 台次，查处校园周边无证经营案件4起。整治占道经营12次，依法取缔各类占道、流动摊点71处，清理店外经营2280处，占道经营3620余处，乱堆乱放1960处。强化监管，清除城市“牛皮癣”，粉刷覆盖非法喷绘墙体广告4次144处5036平方米，清除电杆树木、墙面非法小广告1.64万处，清理街面门店对联及橱窗广告5078处，拆除违规软条幅1600余条；审批户外广告宣传378次，审批户外广告设置166次，督导更换破损灯箱广告600余块、街道指示牌83块，签订《户外广告安全管理协议书》4份；依法拆除违章“一店多牌”门头牌匾32块，破损灯箱广告80余块。对辖区范围内多处路段道牙斜坡开展专项清理行动3次，清理道牙斜坡275处2200米52立方米。加强县城车辆乱停乱放治理工作规范主次干道非机动车乱停乱放2800余辆次，校园周边非机动车乱停乱放2300余辆次。加大县城违章建筑查处力度，配合石嘴山市经济开发区拆迁闲置企业4次，强拆县城区违章建筑3处，督促自拆9处。对居民反映强烈扰民流浪狗治理，经过为期三周抓捕行动，捕捉流浪狗81只，遏制县城流浪狗蔓延问题。

【城区公共服务设施】 经县人民政府批准，在原建筑公司家属院片区及原东门工商局家属院片区建设早市及林荫停车场，新增停车泊位654个，划定摊位518个，改善马路市场现象，占道经营、流动经营及停车难问题。

【助力创城】 实行校园周边全时段覆盖管理模式，在设有晚自习平罗中学、平罗回民高级中学附近设立夜间值守组，治理两所学校周边环境卫生、交通秩序，确保学校周边无流动摊贩堵塞交通。加强日常管理，清理“城市六乱”，创城期间清理流动摊点682起，整治店外店经营476起，占道经营568起，规范非机动车辆乱停乱放266起，清理非法“小广告”乱贴乱画400余处，软条幅233条，破损灯箱广告、街道指示牌39块，查处私搭乱建违法行为10起。贯彻“以人为本”管理理念，对沿街摊贩采取疏堵结合的方；在主要道路严禁摆摊设点，小街巷、小道路以规范摆放，适时摆放为原则，使流动摊贩基本纳入规范管理之中，杜绝流动摆放，乱摆、乱放现象。创建自治区卫生县城、文明县城通过验收。

【燃气市场安全管理】 对到期换证燃气企业（站点）44家、新开办燃气企业（站点）13家现场勘察77次；强化责任监管，推进规范化建设，与各燃气经营企业签订《安全生产目标责任书》18份；开展“安全生产月”系列活动，举办全县燃气经营企业18家从业人员消防安全培训及演练活动1次、燃气安全专业培训1次、燃气安全使用常识现场宣传活动3次、燃气安全知识进社区活动3次，解答群众现场咨询35人次，发放《燃气安全使用常识》《城管温馨提示》《安全使用手册》等宣传资料1200余份。加强对燃气行业生产、经营、储存、充装的安全监管力度，严格排查治理隐患。在全县范围内开展燃气行业安全隐患排查专项治理2次，开展燃气企业各项燃气安全检查13次，填写日常检查记录单228份，下发整改通知单23份，对立即整改的立行整改，对暂时未能整改，要求企业立即制定整改措施，限期整改，跟进复查。联合县市场监管局查处沙湖前进农场2处无证销售液化气经营点，当场查处液化气钢瓶61个。邀请自治区燃气行业专家对燃气企业17家巡查，对全县燃气企业负责人及安全管理人员安全培训讲座，对前期发现问题督促企业尽快整改落实，后期跟进复查，确保燃气市场安全平稳运行。

【智慧城管运行】 信息采集员巡查上报案卷1850件，立案1765件，立案率95.41%，结案数773，结案率43.91%。专业部门按期结案数713件，按期结案率40.4%。事件高发是街面秩序类店外经营，部件高发是公共设施类电力设施。县城管队自行处置案件4126件。平罗县智慧城管系统共享公安视频监控资源，从2月28日开始实行，视频巡逻发现100处城市管理问题。

宁夏德渊市政产业投资建设（集团）有限公司

【概　况】 宁夏德渊市政产业投资建设（集团）有限公司于2017年3月20日经平罗县委、县人民政府批复，整合平罗县国有资产经营公司、平罗县水利工程有限公司、平罗县陶乐吉兴水利水电工程有限公司、宁夏翰苑水利水电工程有限责任公司、平罗县陶乐供排水站（原陶乐供水公司）、平罗县供热公司、平罗县陶乐供热公司8家国有企业而成的国有独资企业，隶属平罗县人民政府直接管理。主要从事供水、供热、污水处理及再利用、市政、水利水电工程、房地产开发经营等业务，承接执行政府委托开发、建设城市基础设施、土地储备、公建项目，授权管理国有资产并进行资本运营，负责政府投资项目的投融资和建设管理，是一家集供水、供热、污水处理及再利用、市政、水利水电工程、房地产开发经营等为一体的大型建筑企业。2017年，公司注册资本3亿元，总资产22.43亿元，实现营业收入2.4亿元。

【内设机构建立】 按照现代企业发展管理模式，理顺党委会、董事会、监事会、纪委、群团组织之间的关系，全面落实党委会决策、经理层经营、监事会监管、纪委执纪、群团组织协调配合原则，按照全国国有企业党的建设和自治区国有企业党的建设工作会议精神，制定集团公司章程，将党的领导作为集团公司的根本原则写入章程。

【企业管理】 制定下发《财务资金管理办法》《关于集团公司领导班子成员分工的通知》等50余项管理制度；集团公司严格执行财务管理制度，凡是5000元以上资金事项必须通过党委会研究通过后予以支出，按照财务收支“两条线”，强化对各子公司资金管控，项目建设资金按照合同和工程进度予以支付，逐级会审会签，严控未审先支。

【队伍建设】 以配齐领导层、充实人才队伍、选齐配强子公司负责人为抓手，强化干部职工队伍建设。县委考察任命5名干部充实到集团公司领导班子，提高集团公司领导层经营管理水平。集团公司经过考察，严格按照程序任命各子公司经理。集团公司和子公司，形成坚强领导核心，为集团公司发展提供强大动力。面向社会招聘70余名职工充实到集团总部和子公司，提高总部科学化管理水平。项目建设管理专业技术人员聘用工作有序进行。

【发展规划制订】 与甘肃省建材科研设计院宁夏分院合作制订集团公司“一五”规划，正在推进专家论证工作。

德渊集团工会成立大会

热电联产——蒸汽管道建设

【子公司设置】 分离平罗县绿源污水处理有限公司，按照职能归属将陶乐供排水站、陶乐供热公司划归平罗县德渊市政产业有限公司、平罗县供热公司管理，组建新的平罗县德渊水务有限公司和平罗县德渊热力有限公司，成立平罗县德渊物业经营管理有限公司、宁夏德远商贸有限公司；宁夏水投平罗水务公司股权划拨和股东任职，翰苑公司控股注资工作。

【资质升级】 启动吉兴水利工程公司资质增项工作，按照全面提升、整体推进、差异发展、优势互补原则，加快扩容提质工作；研究德渊热力、德渊水务公司转型，推进由民生型企业向市场化方向发展，推进德渊水务、德渊热力企业改制，拓宽发展渠道。

【融资工作】 按照县委、县政府对集团公司的发展定位，承担政府融资职能，推动融资工作，全年为县政府棚户区改造融资2.1亿元，为政府历年贷款还款付息1360万元，化解债务7770万元；以政府融资平台市场化转型为方向，加大与中国银行、农发行、国开行、方达资产管理公司等机构合作，向县财政局呈报2套融资方案，为集团公司2018年项目建设奠定资金基础。

【项目建设】 2017年，集团公司承担全县重点项目6个。在推进重点项目建设中，公司采取一线工作法，实行一个项目一个领导包抓，将工程建设进度与工程款支付挂钩，抢时间，赶进度，加快重点项目建设进度。截至2017年底，县第二污水处理厂提标改造工程、县城西区热电联产一期工程建成投入使用，其他4个项目完成总工程量80%以上。石嘴山生态经济开发区医药产业园污水深度处理、循环经济试验区污水处理项目，按照国家环保督导组要求时间节点实现通水试运行。集团公司年内项目投资3.3亿元，是计划任务数83%。

【民生服务】 对供水、供热、污水处理、物业管理等民生服务业务，坚持便民服务原则，创新工作方式，简化办事程序，提高为民服务能力和质量。德渊水务、德渊热力公司结合“互联网+”发展模式，通过微信公众号收费功能、金融机构代收、网银加营业厅方式，方便群众缴费，完善收费大厅软硬件设施，更新收费系统查询终端，开展供热缴费送礼品活动，加快采暖费回收，通过便民惠民政策实施，方便群众。

【安全生产】 每月召开安全生产形势分析会，聘用第三方机构做好安全生产工作，按照“下通知、明分工、领导抓、按月督、销号办”，狠抓安全生产工作，发现问题及时整改。推行“一岗双责”制，开展项目建设、生产运营等各方面安全隐患大排查大管控大整治专项行动，全年安全生产态势平稳向好。

【党的建设】 按照“四个全面”战略布局，推进全面从严治党工作，强化党员干部“四个意识”。落实“党员教育积分”、“三会一课”、组织生活会等制度，规范各党支部研究讨论重大决策前置程序，理顺党支部与子公司权责关系，健全完善党组织议事决策机制，保障党员政治权力。加强廉政建设，突出党委主体责任和纪委监督责任，完善各类制度建设，强化廉政教育和监督检查，推进两个责任制落实。推进“两学一做”学习教育常态化制度化建设，学习《中国共产党廉政自律准则》等法律法规，引导党员干部牢记党规党纪，牢记党的优良传统和作风。实行财务收支“两条线”管理、设备材料采购统一招标、重大资金集体研究等制度，实现资金收支公开、透明，推进集团公司及各子公司惩治和预防腐败体系建设。对规范项目建设、费用征收等重点领域出现苗头性、倾向性问题早提醒、早纠正。

城市供热

【概　况】 2017年，围绕县城供热重点工作，以提升县城供热服务功能和加快县城供热基础设施建设为中心，以提高企业经济效益和社会效益为主线，以加强安全供热和提高服务质量为重点，推进城区、西区热电联产集中供热项目建设，为促进县域经济快速、健康发展和供热企业转型升级，提供经济发展平台。

【经济指标】 截至2017年末，实现集中供热入网面积430万平方米，实际供热面积306万平方米，新增入网面积52万平方米，资产总额4.11亿元，供热入网总用户3.6万户11.6万人，企业负债总额4620万元，企业资产负债率11.24%，固定资产折旧2895万元。全年营业收入5605万元，同期增加132万元，同比增长2.36%。营业总成本4533万元，同期减少146万元，同比下降3.20%。落实职工养老统筹金、住房公积金、医疗保险和生育保险、工伤保险和失业保险，全年利润亏损6.73万元。

【重点项目建设】 实施西区热电联产集中供热建设项目一期工程，主要实施北线管网建设，管线由大地电厂至兴平化工到站前大街至丽珠大道末端。一期工程于4月开工建设，11月12日全部建设投入使用，DN630毫米管道安装8500米，投资5800余万元。实施城区热电联产集中供热三期工程主要实施科技产业园、东环路（109两侧）等路段管网建设，概算投资5987万元，工程于7月28日招标完毕，8月10日一二三标段同时开工建设，管网铺设7.8公里，工程任务75%，投资3500万元。

【供热基础设施建设】 实施县城老旧小区管网改造工程，实施金辉苑、世纪家园、唐徕小区、沁春园、西花园小区等街区路段DN40—DN250毫米管道2377米更新改造及换热站设备改造，投资260万元。实施换热站建设项目，34号地、银北医院等各换热站土建、机电设备建设工程，换热站水、电、机组全部安装投入运行，投资280万元。供热维修南区、西区热源厂5台应急备用锅炉检修工程，投资190万元；对城区42座换热站设施设备、一二级管网主控阀门检修保养，更换板片300余片，更换主控阀门80多台，维修检查井20余处，维修保养电机水泵、控制柜200多台套，投资135万元。配合县住建局、环保局淘汰20吨以下燃煤锅炉62台114.8蒸吨，对淘汰锅炉供热区域全部并网供热。

【供热收费】 规范供热入网，全年59号地三期保障性住房、34号地保障性住房、康湖水岸、金都家园、公共服务大楼、桥馨家园等52万平方米入网工作，增容费收缴221万元。加强采暖费收缴工作，强化维修收费人员素质教育，提高维修服务质量，开展缴费“送礼品”活动，全年采暖费收缴5472万元，年度收费97.2%。加大供用热稽查综合整治，全年核查用热户800余户、停断锁417户5万多平方米，查处违规用热193起1.6万平方米，巡查排除安全隐患35处，遏制违规用热行为。

【基础管理】 建章立制，规范管理，修订完善《职工管理规定》《考勤制度》《职工理论学习》等19项管理制度，完善各项制度机制及考核奖惩机制，提升企业管理水平。加强内控制度建设，严格资金支出、工程施工及竣工验收等审批流程，确保公司各项工作规范高效。规范重点工程建设程序，严格按规定办理工程建设报批手续，确保各项工程严格按照项目建设管理办法建设。强化服务窗口建设，升级完善收费大厅软硬件设施，将供热入网、开停暖办理、供热收费、业务变更及热费收缴查询等全部纳入收费大厅实行一站式办理。建设石嘴山银行各营业网点采暖费代收窗口，开通“平罗供热”微信缴费，方便群众办事缴费。强化服务意识，改进工作作风，落实服务承诺制，设立热线投诉电话，利用平罗发布、平罗供热等信息平台，向社会公布热线投诉电话及收费项目标准，提升社会满意度。做好设备检修保养、物资储备、人员调配、应急处置和后勤保障等各项工作，提高供热保障能力。加强供热监督检查，强化供热设备及管网巡回检查工作，及时调整运行参数，提高突发事故快速处置能力，确保安全稳定供热。强化维修服务工作，落实24小时值班制度，做好来电来访接待，全年受理办结各类供热问题360多起。落实安全生产责任制，完善供热预案，不定期开展安全生产检查，落实整改措施，全年组织安全教育培训4次200多人，开展安全检查12次，整改安全隐患6处，无重大安全事故发生。做好材料采购及进出库审核，加强职工劳动纪律、各项保险交费项目及厂务公开等工作，推进企业民主科学化管理。

城市供水与污水处理排放

【概　况】 2017年，围绕以“供水为中心、服务为龙头、效益为根本、发展为主线、管理为基础、安全为保障”工作思路，以服务平罗县经济发展为己任，构建和谐供水环境，弘扬“团结、创新、求实、奉献”企业精神，强化措施，狠抓落实，为全县经济发展提供供水保障。

【生产经营状况】 管网压力合格率99%，出厂水水质综合合格率100%，管网水水质综合合格率99.9%；售水收入1422余万元，比上年同期增长12%，水费回收率80%，减亏486万元；未发生饮用水安全事故。

【水源地保护】 将水源地保护工作纳入重要议事日程，成立水源地保护工作领导小组，组织、协调、监督、检查、宣传水源地保护工作工作。按照《中华人民共和国水污染防治法》和《国家生活饮用水卫生标准》规定，实施县城水质净化工程，工程总造价2417万元，第一标段为大水沟水质净化工程，投资465万元，土建工程投资135万余元；第二标段为西区水厂水质提升工程，工程总投资1600余万元，土建工程投资400余万元。在电视台、报纸上公布监督举报电话，接受群众的监督和举报，对污染水源地行为及时查处，防患于未然。

【安保系统建设】 在水厂重要生产部位安装电子设备设备，实施严密监控和防范，对于蓄水池和各井口等进行焊接和封闭，提高反恐怖、反破坏能力。实行24小时值班制度，加强人员防范力度，严格控制外来人员进入水厂。建立和健全公司应急救援管理体系，建立紧急情况下快速、有效组织事故抢险、救援和应急机制，提高应对风险和防范事故能力，完善供水事故综合应急预案。

【重点项目工程】 完成丽都药业DN160—DN400管道4707米，陶乐治超站DN500管道446米，五湖四海水系DN600—DN1000输水主管网1394米。京藏高速公路LJ2连接线供水主管网改线工程是石嘴山市重点项目，实施LJ2连接线DN600球磨铸铁管改线工程，总造价289万余元，工程于10月20日通水。

【小区给水工程】 对金都家园、山水名居、康湖水岸、东方明珠B区等10余处，铺设DN63—DN160以上供水主管道8115米，工程总造价298余万元，保证县城新建续建项目通水。

【老旧小区管网改造】 为居民维修管道1132次，有偿维修291次，无偿维修841次（无偿中包括绿化、拆迁堵漏730次）。对10余处老旧小区管道改造，收回维修改造款15万余元。施工期间与用户沟通，商讨最佳方案，降低改造费用，合理收费，降低自来水漏损率，确保用户正常用水，得到用户好评。

【完善营销服务】 采取多种方法，提高水费收缴。开通微信缴费、网银缴费以及和支付、翼支付等网络服务功能，完善抄表催收环节，全年水费收缴1200余万元，抄表率99%，回收率80%以上。

天然气输配

【概　况】 2017年，强化安全生产管理，狠抓责任落实与安全隐患排查，确保安全稳定发展。拓展经营思路，加快工程建设进度与欠款清收，努力发掘新的增长点。坚持以问题为导向，建章立制，落实全面从严治党要求，加大员工培养教育，统一思想行动到公司各项任务目标上来，为安全稳定发展保驾护航。

【应急管理和抢修】 贯彻重大节庆安全维稳要求和报告制度。接收报修电话7737户，第一时间上门查看802户，实际维修用户保修和稽查问题665件。开展应急抢修31件，其中低压11处，中压19处，次高压1处。在京藏高速扩建野蛮施工导致DN250次高压管线穿孔泄漏抢修、明珠家园用户操作不当燃气爆燃等事故中，迅速控制现场，妥善勘察并制订方案，注重舆情控制与信息发布，杜绝次生事故发生和负面影响，保障正常供气和公司形象。

【管网管理】 全年巡检大平支线180次，城网718次，施工盯守51次，带气碰口作业114处（含小区管网改造56处）。开展徒步巡线1次，粉刷亮化标志桩牌1479根。安装地标砖280块，是全年计划186%。完善24个小区及部分路段管线测绘定位工作，刷刻标识箭头2209个，装订不锈钢燃气警示牌248块，确保管网安全、设施完整和标示醒目、警示。

【阀井管理】 保持每月至少2次巡检力度，对所有阀井巡视检测25遍。对阀井卫生清理36口，抽水处理25口，对平沙1#阀井加装阀兰盲板1块，井盖刷漆亮化93口，维修阀井阀体泄漏16口，确保阀井安全和发挥功能。

【设备管理】 以春秋检和专项工作为契机，对平罗站、工商业用户、过滤、调压、计量等设备全面保养维护、检测和标定，确保各类设备安全、高效、精准运行。全年巡检861台调压设备5遍，超压切断试验、阀口关闭试验2次，对255台调压柜内放空阀超压放空试验2次，查处设备漏气183处，攀压设备34台，切断关闭不严50台。更换滤芯、球阀等配件174件，处置其他问题57件。校验压力表821块，更换不合格压力表52块。安装壁挂式调压柜底护板68块，处置压柜基础应力倾斜9台，对1883B2调压器切断阀因运行年限长导致超压不切断设备更换切断阀12台。加强日常基础资料管理，做到工作有记录，巡检有痕迹。

【安全隐患消除】 实施孔洞检测、打孔排查、激光检测仪户外排查、臭剂检测、电位桩检测、入户稽查、侵占燃气设施排查七项查改，消除安全隐患。重点对支线、城网、调压箱及小区中低压管线、用户室内排查，建立完善隐患排查常态化机制。排查发现30处地埋管线泄漏，其中中压11处，低压19处，对泄漏燃气管线及时确定维修处理，恢复正常供气。

【计量安全】 按规定送检、标定涡轮流量计13台，罗茨流量计8台，对平罗中学、农村商业银行流量计改造更换，查处金卡12年表具需换芯片399户，查处计量表具异常68块，确保科学计量、安全计量。

【安全宣传教育】 全年开展应急抢修实战演练2次，消防灭火演练1次。开展消防安全、燃气生产工艺与技术、PE管道工程技术规程等培训教育，受训人员600余人次。结合入户安全稽查工作，开展星瀚服务进社区工作，协助政府职能部门开展安全检查，在百日安全、“3·15”、国家宪法日等工作中，深入街头小区、用户家中，宣传有关燃气法规、安全知识，解决用户合理诉求，全年发放各类宣传材料近2万份。提升全员应急处突能力和用户安全防范意识，履行公司承担社会责任和义务。

【经营收入】 年收入9082万元，是全年计划总收入100.6%。其中主营收入7796万元，是全年计划99.9%；工程款1246万元，是全年计划102.9%；灶具及其它收入40万元，是全年计划400%。

【市场拓展及用户发展】 年计划发展居民用户1919户。与开发商签订天然气整体安装合同7份，工程建设费859万元，签订居民用户2370户，是计划124%；发展商业餐饮用户23户，发展工业锅炉用户1户。平罗县天然气用户达59221户。其中居民用56984户，公服用户13户，商业用户2038户，商业餐饮用户183户，加气站2户，工业用户1户。

【新开工、续建工程】 2017年新建小区9个，正在随开发商施工进度施工中；老旧小区新建工程1个，已完工并通气；商业餐饮用户23户，全部点火送气；锅炉用户1户，正在施工中；新开工壁挂炉采暖商业等43户，表具全部安装完毕。新建城网管线5条，其中西环路、民族大街延伸段、纬八路、发行路4条中压完善工程完成过半。因开发商2016年未完工产生的续建工程11个，全部完工。全年立管安装2954户，集中挂表5375块，室内零星挂表461块。

国土资源　环境保护

国土资源管理

【概　况】2017年，以促进经济发展为出发点，以优化国土资源配置为主线，以保护与合理利用国土资源为目的，探索国土资源保障科学发展的新机制，进一步完善工作管理体制、创新工作机制，提高干部队伍素质，国土资源管理工作再上新台阶。

【土地规划管控】在严格按照指标控制、科学安排建设用地的前提下，合理调整产业用地结构，保障重点基础设施、产业项目和民生项目用地。加大建设用地预审力度，对符合土地利用总体规划59宗建设项目土地预审。按照办事流程办理设施农用地备案手续，对全县15宗养殖、家庭农场设施用地备案。在做好项目选址、用地定额审核、土地预审工同时，全面落实土地利用总体规划评估调整完善工作，为平罗县"十三五"规划开好头。

【建设项目用地保障】以规范土地征收程序，做好重点项目土地征收工作，保障失地农民权益为目标，按照区、市、县重点项目建设计划，实施京藏高速公路拓宽、供热管道建设项目、平罗县新区修复生态项目等重点、民生项目土地征收工作，征收国有、集体土地676.8公顷，兑付资金7497.6万元；补偿款全部兑付到位。审核失地农民参加养老保险1646名。

【用地报批供应】通过积极对接、主动服务等手段，加快全县项目用地报批供应工作，上报14个批次34个城镇、工业项目项目用地193.87公顷；划拨、挂牌出让神州轮胎、高端轴承等重点建设项目用地50宗397.6公顷国有土地，收缴出让金1.36亿元。开展城镇土地级别和基准地价更新工作。

【不动产统一登记】核发"不动产权证"4077本，"不动产登记证明"6182本，为用地企业融资8.7亿元；制定出台惠民政策，解决老旧小区不动产登记问题，化解社会矛盾。

【耕地保护】建立健全耕地保护考核和监管机制，签订县、乡、村三级耕地保护目标责任书154份，落实领导干部离任耕地保护审计制度。按照"落地块、明责任、设标志、建表册、入图库"任务，永久基本农田划定4.79万公顷，在原有数据库基础上，对城市周边229.13公顷和城市外围补划592.17公顷补划和更新，更新数据库；埋设基本农田保护标识499处，制作下发4.89万张农户明白卡，划定永久基本农田。开发与保护并重，续建2015年度崇岗镇兰丰村和跃进村耕地占补平衡项目，新建2016年度黄渠桥镇和2017年度陶乐镇耕地占补平衡项目，总建设规模2080公顷，总投资4787.12万元，可新增耕地726.67公顷，确保全县耕地在保证数量基础上提升质量，保持总量动态平衡。根据供给制约和引导需求要求，统筹安排各业用地。保障重点建设项目用地，对包兰铁路复线、京藏高速公路改扩建、大地物流铁路专用线等国家、区、市、县重点项目，提前规划、科学布局。合理安排旅游用地 108.18 公顷，为平罗县全域旅游提供用地支持。建设用地总规模、新增建设用地指标均在控制范围内，规划调整耕地保有量、基本农田保护面积。

【土地整治】 以“增加耕地面积、提高耕地质量、改善农业生产条件”为目标，实施高标准基本农田建设和生态移民土地整治项目 7 个，总建设规模 3613.33 公顷，新增耕地 800 公顷，总投资 1.22 亿元。落实平罗县“十三五”土地整治规划编制工作。全面落实红崖子乡生态移民土地整治项目 2 个 673.33 公顷实施工作，新增耕地 600 公顷，总投资 6096.52 万元；对高标准基本农田建设项目 4 个 2160 公顷实施，总投资 4545.96 万元。实施 2017 年度陶乐镇高标准基本农田建设项目 780 公顷，总投资 1561.64 万元，截至年底完成建设任务 35%。落实宁夏生态移民土地整治补充工程平罗县红瑞村项目、2013 年度庙庙湖生态移民土地整治项目、2015 年度姚伏镇耕地占补平衡项目竣工验收工作。

【节约集约用地】 建立节约集约用地长效机制，完善土地利用标准，明确用地准入条件，按照项目用地投资强度、容积率等标准，作为项目用地准入门槛，严格用地控制指标，提高用地容积率。开展批而未供和闲置土地处置工作，建立分类处置办法，对工业园区内闲置低效利用土地专项清理，收回闲置低效利用土地 25 宗 44.27 公顷，“腾笼换鸟”，拓展用地空间。实施城乡建设用地增减挂钩项目，投资 350 万元，拆除旧居民点 7 处 178 户、迁移坟墓 1928 座，拆旧总面积 86.47 公顷，项目实施后，可新增耕地 83.92 公顷，可周转使用建设用地指标 83.92 公顷，提高土地节约集约利用水平，促进城乡统筹发展。

【执法监察】 落实卫片监测图斑执法检查 622 个面积 1343.6 公顷；开展动态巡查 600 余次，查处违法占地、盗采矿产资源行为 74 起，收缴罚款 83.2 万元；对黄河湿地游乐场违法占地典型案件查处，拆除违法占地硬化地坪 2.45 万平方米，彩钢房 994.68 平方米。

【专项行动】 开展贺兰山自然保护区打击盗采专项行动，构建国土、公安等部门联合执法长效机制，对 15 处砂石盗采点昼夜巡查，封路设障，设点盘查，遏制盗采矿产资源违法行为发生。

【环境恢复治理】 争取矿山地质环境恢复治理项目，投资 5082 万元对贺兰山东麓 3.7 平方公里采沙坑治理，实施土地征收、房屋拆迁、迁坟等工作。

【环保督察反馈问题整改】 落实中央第八环保督察组反馈问题整改，投资 122 万元，对贺兰山自然保护区内 3 个石料厂闭坑治理，对 1 座储煤场拆除，恢复治理矿山地质环境。开展“绿盾 2017”行动，对大水沟原西北轴承厂遗址生态环境整治，治理面积 20.37 公顷，投资 2983 万元。

【宅基地制度改革】 在全区率先启动农房普查建库和农房农宅“两证合一”确权登记不动产发证工作，投资 220 万元。颁发农房农宅“两证合一”“不动产权证书”3053 本，批量制证 1.8 万本，全县农村“房地一体”确权登记颁证工作 70%。

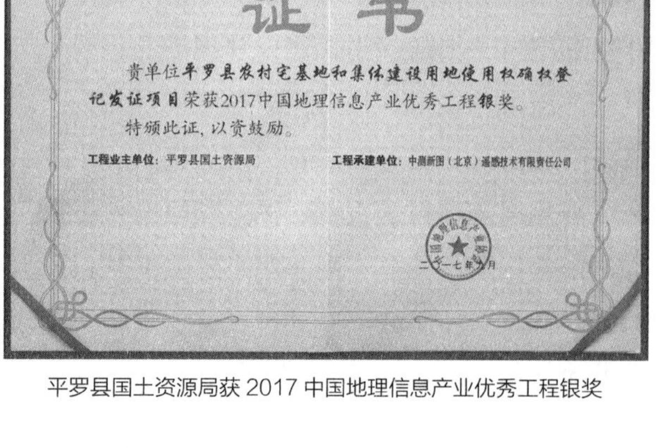

平罗县国土资源局获 2017 中国地理信息产业优秀工程银奖

探索宅基地“超面积有偿使用、新增有偿取得、转让政府补贴、审批县域统筹”管理模式。收取超占宅基地有偿使用费980.5万元，开展村级土地利用规划编制工作，开展5个村，启动13个村规划编制工作。编制《平罗县农村集体建设用地综合整治实施方案》，经自治区国土资源厅、农牧厅批复，落实整治资金。

【集体经营性建设用地入市】 开展全县农村集体经营性建设用地现状调查，经调查核实全县经营性建设用地327宗201.35公顷，建立农村集体经营性建设用地数据库。按照“村委申请、地价评估、民主决策、乡镇审查、部门审核、政府审批”入市流程，探索农村集体经营性建设用地以协议、挂牌入市方式。出让农村集体经营性建设用地13宗6.84公顷，出让价款617.88万元，土地增值收益184.5万元。建立土地增值收益分配机制，依据土地区位、用途、入市方式不同，建立差异化土地增值收益分配标准，按照村集体分享土地增值收益与土地征收补偿大体平衡原则，确定土地增值收益调节金提取比例30%—50%；制定集体内部收益分配办法，明确集体与农民“6 ∶ 4”内部分配比例，保障农民权益不受损。

【土地征收制度改革】 制定《公共利益用地目录划分方案》，以“留地、留物业”方式解决被征地农民生计问题。城关镇和平村土地征收中保留3.3亩集体建设用地，由村集体建设综合农贸市场，摊位优先承包给本集体经济组织成员经营，增加保障失地农民权益渠道。优化土地征收程序落实土地“两公告一登记”制度，事先进行社会风险评估，保障被征地农民知情权、参与权、申诉权、监督权。

环境保护

【概　况】 2017年，认真履行中央环保督察组反馈问题整改落实领导小组办公室职责，从整改目标、整改措施、完成时限等方面细化分解，制定清单，定人定责，推进整改落实。实施“三治”工程，坚持“治、建、管、防”并举，以大气、水、土壤三项整治为重点，开展“蓝天碧水·绿色城乡”专项行动，解决大气、水、土壤污染突出问题，改善环境质量。加大贺兰山环境整治，保护自然生态环境，严格执法监管，保障区域环境安全，完善环境管理，服务县域经济发展。

【落实中央督察整改】 履行中央环保督察组反馈问题整改落实领导小组办公室职责，从整改目标、整改措施、完成时限等方面细化分解，制定清单，定人定责，推进整改落实。牵头负责市级整改任务2项。平罗县整改方案中20项整改任务72条整改措施中，立行立改、长期坚持12条整改措施和应在2017年完成40条整改措施。应在2018年完成20项整改措施全部制定整改方案，按时序推进。收集体现整改过程性、痕迹性资料，确保整改档案前后形成闭环，经得起推敲，经得起检验，整改工作取得阶段性进展。

【大气污染防治】 加强燃煤锅炉淘汰整改巡查力度，采取销号整改制，整改一处销号一处，对已拆除整治燃煤锅炉专项巡查。推进露天烧烤摊点巡查整治，对县城餐饮场所例行巡查，发现75家需要整改露天烧烤摊点，均按要求整改合格。建立渣土车辆管理清单，明确责任人和整治期限，采取定点与流动检查相结合方式，在重点路段设立监控点，重点对出入车辆未遮盖篷布、抛撒漏等行为查处，查处7起渣土车不按规定遮盖篷布行为，责令其立即整改。建立城市裸露地综合整治清单，采取铺装、绿化、洒水降尘等措施治理裸露地扬尘污染，加强对县城区主次干道日常巡查，对防尘措施达不到要求的场地，限期整改，对违法占地一律取缔，梳理58块裸露地，总面积179.4万平方米。对城区内37处裸露地覆盖防尘网，覆盖面积6.1万平方米。12月5日19时起，对城区内裸露地块洒水，洒水面积总计97.1万平方米，总用水量5436吨。

淘汰燃煤锅炉142台252.86蒸吨，完成率145.45%。天瑞电厂脱硫脱硝设施投入运行，坤水水泥、恒达水泥完成脱硫脱硝提标改造，大气重点治理项目24个，邀请行业专家对制药企业挥发性有机物异味污染“把脉问诊”，企业挥发性有机物治理6家。落实“三个一批”，实行错峰、削峰生产企业146家，对崇岗煤炭集中区284家企业、经营户312家实施断电停产，排查“小散乱污”企业199家，关停126家，限期搬迁4家。淘汰黄标车和老旧车860辆，淘汰率100%。全县52家加油站全部实施油气回收治理。划定建成区高污染燃料禁燃区面积14.2平方公里，建成洁净煤配煤中心12个，抽检炉前使用煤质29批次。控制施工工地、园区、道路等扬尘整治和秸秆禁烧。通过采取一系列措施，县城区优良天数292天，达标率80.0%，达到68%的目标，相比全市其他区域达标率较高；沙湖旅游区站点优良天数214天，与上年相比增加15天。

【水污染治理】 从源头、过程和末端实施水污染综合治理，新安科技、丽珠制药、大地化工等重点企业加强废水深度治理和长效管理，废水预处理后均达到行业污水综合排放标准；石嘴山生态区循环产业园污水处理厂、医药产业园污水厂建成进水调试，园区内直排口6个全部取缔。县城第一污水处理厂提标改造，出水水质达到一级A标准，第二污水处理厂提标改造工程建成调试运行。威镇湖截流净化工程土方工程完工，绿化工程完成种植土换填、灌溉管道铺设和部分乔木种植，环保工程提升泵站基础建设，道路工程联通管道铺设和路面平整。18家加油站双层管更新或防渗层设置。乡镇污水处理站13处稳定运行。黄河石嘴山段Ⅲ类水质达标率100%，城市集中式饮用水水源水质保持良好，三排、三二支沟平罗段水质为劣Ⅴ类。

【土壤和固废防治】 启动土壤环境质量调查，确定土壤环境重点监管企业。引导企业固体废物综合利用，监督企业将不能综合利用的固废全部送往固废处置场处置。强化涉重金属企业2家、医疗单位23家、产生危险废物企业16家管理，执行管理台账和转移联单制度，严格危险废物跨区域转移监管，全县危险废物安全转移率为100%。土壤环境基本保持安全状态。

【贺兰山生态环境整治】 环保、国土、林管、公安等多部门联合对贺兰山保护区4个片区6处综合整治，实施天气沟内原有非煤矿山开采企业拆除和恢复治理，拆除房屋59间、生产设备4套，拉运土方1.2万立方米，平整场地22.5万平方米，清理废渣1.4万立方米，播撒草籽2250公斤，播撒面积22.5万平方米。落实老西轴厂公路两侧恢复整治，整修树池3千米、换填土方3782立方米、栽植树木2000棵。清理整治储煤场1处，拆除拉运洗煤设备1套，外围陡坡修降1500米，平整渣台2.1万余平方米，换填土方5200立方米，播撒草籽5400公斤。各部门组成联合执法组，对贺兰山东麓砂石盗采区域常态化巡查和夜间抽查，依法查处和严厉打击顶风作案非法盗采行为，制止在煤场内因建设洗煤机和洗煤池开采矿产资源违法行为2起。

【执法监管】 落实环境监管网格化管理，对污染源实行全覆盖、全方位、全时段管控，采取专项检查、日常监察、夜间突击查、随机抽查和联合多部门检查及行政执法约谈、下达限期整改、查封扣押、立案处罚等方式，加大环境执法力度，推动企业落实环境保护主体责任，及时发现和处理企业环境违法行为。全年出动检查6500余人次，检查企业800多家，下达责令改正违法行为决定书271份，查封240家产污企业310台（套）产污设备，立案查处违法行为79起，收缴罚没款424.6万元，行政执法约谈6家，取缔3家非法生产窝点，移交司法机关案件4起，其中涉嫌环境犯罪案件2起，涉案4人，行政拘留4人。

【环境管理】 实施县城空气质量、水质环境监测，建立雾霾天气联动预警机制，发布雾霾天气预警，开展监督性监测，聘请专业公司对园区异味气体在线监测和系统分析，对涉气企业环保设施电力运行情况在线监控。对全县重点项目专人跟踪服务，协助通过区、市环保审批验收，简化项目审批程序，对环境影响较小项目实行网上备案登记，提高审批效率。落实排污许可证分级发放制度，指导重点企业填报排污许可申报登记46家，做好排污许可证发放。制定工业污染源全面达标排放计划实施方案，对污染源排放情况排查，对超标问题整治。

气象服务

【概　况】 2017年，开展农村气象灾害防御建设，发挥气象服务地方经济、社会发展、助力精准脱贫和人民生产生活职能，当好地方政府防灾减灾、造福百姓参谋。

【部门合作】 在2016年与民政、农牧、国土、交通、林业、水务等部门签订合作协议基础上，2017年分别与县网信办、城管、旅游、移动公司达成合作协议，开拓气象服务面，为开展气象灾害防御体系和公共气象服务体系建设增加新内容，在气象灾害防御和公共服务方面，合作成效显著。如与县网信办多次沟通协调，达成协议，不定期利用“县域新媒体发布平台——平罗发布”发布气象信息14期，阅读量在903至15677人次之间。向县政府上报“平罗县全域旅游气象服务方案”，主动谋划筹建平罗县重点旅游区气象服务，为促进全域旅游服务水平发挥气象行业应有作用。

【农村气象灾害防御】 按照“六有”建设标准，在全县13个乡镇建成气象信息服务站，其中6个实现与乡镇农技中心融合。建成23个行政村气象信息服务站，3个社区气象信息服务站。按照“七有”建设标准，建成2个气象灾害示范社区；建立多渠道信息发布平台，安装电子显示屏19块、气象预警大喇叭144套，占全市75.6%。针对不同用户群体建立短信、微信、微博等发布平台，通过互联网发布气象服务和预警服务材料，通过电视台滚动和插播气象预警信息，利用“县域新媒体发布平台——平罗发布”开展重大天气过程发布和节假日天气预报气象服务，做到气象预警信息全覆盖；在地质灾害易发区、农业、产业示范区建设区域自动气象站73个，小气候观测站2个，土壤水分站2个，农业田间可视化小气候站1个。

【农村气象信息员】 建立以部门领导、乡镇分管领导、村委会主任、中小学校校长、种（养）殖大户等责任人组成气象信息员队伍160多人，及时发布气象预警信息，做到气象灾害预警到部门、到乡镇、到村、到学校，乡村气象信息员覆盖率100%。

【人工影响天气】 按照防灾减灾工作需要和县人工影响天气工作领导小组要求，严格执行区、市人工影响天气作业机构作业指令，开展人工影响天气作业工作，使人工影响天气工作在防灾减灾和生态建设中发挥应有作用，取得良好经济和社会效益。全年实施地面火箭增雨作业4点次，发射增雨火箭弹21枚。

【气象服务】 根据农业生产、农业产业化结构调整需要，开展现场服务和各种专题服务，农业气象旬（月）报、气象信息专报、农用天气预报、生态环境监测报编发及时、准确，无迟、漏发报现象。编发各种气象服务材料249期，其中《气象信息专报》44期，《天气预警》121期、《农用天气预报》67期、《水稻专题气象服务》17期，为党政部门和全县人民做好防灾减灾工作提供气象依据。

教育　体育

教育综述

【概　况】 2017年，以办好人民满意的教育为目标，开展教育领域综合改革，提高教育教学质量，持续改善办学条件，落实教育扶贫政策，突出“质量、文化、特色、安全”四项重点工作，多措并举，综合施策，促进全县教育均衡发展。

【教育综合改革】 按照《关于改进小学期末教学质量测查工作的意见》，开展小学考试评价改革，探索适合学校教学质量评价体系；按照《平罗县在初中以下学段开展创新素养教育试点工作实施方案》，形成适合学生特点学前、小学低学段和高学段开展素养教育创新工作模式；探索“三分教育”改革试验，开展“青蓝结对”“请进来走出去”“一师一优课、一课一名师”等校本教研活动，提高教师教育教学水平。围绕课程改革，开展各学科中心教研和幼儿园与小学、小学与初中、初中与高中部分学科衔接等活动，提高全县各学段教育协调发展水平；组织教师参加区、市、县各学科教师素养大赛、特岗教师基本功大赛，达到以赛促研、以赛促教目的，提高教师课堂教学实效性；实施“一师一优课、一课一名师”活动，推进全县各学科教师的教育教学水平。加大教师培训力度，组织校园长和教师参加心理咨询师、国培、班主任提升、骨干教师、课堂改革、校园长能力提升等各类培训，优化教师队伍结构。

【改善办学条件】 实施各类教育续建项目学校（幼儿园）8所，项目单体15个，续建项目概算总投资7737.4万元。其中迁建平罗县崇岗九年制学校项目，续建通伏、渠口、头闸、庙庙湖幼儿园，续建宝丰、沙湖、红崖子小学塑胶运动场项目，全部投入使用。改扩建项目学校（幼儿园）6所，项目单体7个按计划正常施工。新建和改扩建项目学校（幼儿园）12所，项目单体14个，总概算投资2653.38万元。新建红崖子乡中心幼儿园，建筑总面积3000平方米，概算投资1076.9万元，主体封顶，正在安装施工。新建庙庙湖小学运动场，建设总面积7302平方米，概算投资214.8万元。对10所学校进行维修改造，总概算投资680.84万元，维修改造体育场18603平方米，概算投资308.93万元。实施平罗县崇岗九年制学校，通伏、渠口、头闸、庙庙湖幼儿园等教育项目。

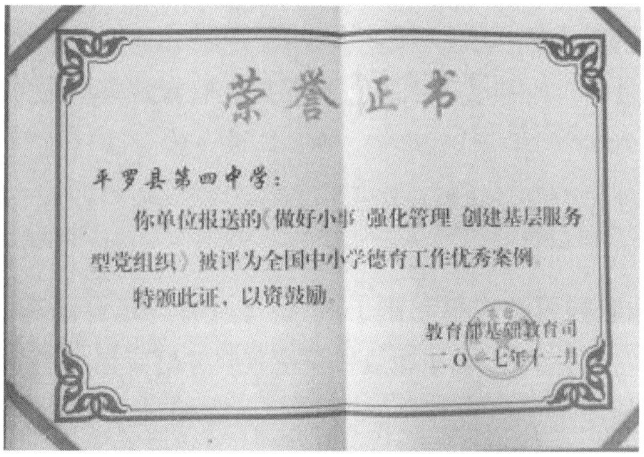

平罗县第四中学获全国中小学德育工作优秀案例

【教育扶贫政策】落实中央、区、市、县各类教育扶贫政策，资助学生 1.44 万人次，资助金额 910.05 万元，为 1531 名大学生办理助学贷款 1000 万元。实现农村义务教育阶段学生营养早餐全覆盖，对所有移民、建档立卡、低保、残疾等困难家庭学生免除校车费用 500 万元，全面减轻困难家庭经济负担。

【教研活动】指导各学校开展校本教研考核，使教研活动常态化。开展学科教研活动 30 多项，分析课堂教学存在问题及原因，确定教研活动主题，开展各学科中心教研和幼小、小初、初高部分学科衔接等活动。组织各学科参加区、市、县各级各类“各学科教师素养”大赛、教师基本功大赛、教师教学能力提升、组织学生参加全国初中英语、物理、数学、语文知识竞赛等竞赛活动。为一线教师搭建教学比武、岗位练兵舞台，提高一线教师专业能力，促进特岗教师专业发展，以赛促研、以赛促教，提高课堂教学实效性，推动教育持续、快速、均衡、协调发展。开展“听课月”、同课异构、送教下乡等活动，提升教育教学质量。

【信息技术资源应用】对全县任课教师为期一个月信息技术应用水平测评，开展各学科教师有效应用信息化资源教学展评活动，发挥信息技术在教育教学中作用，提升各学科教研员信息技术应用意识和水平。

【课题管理与指导】鼓励、支持、指导教研员和各学校、教师开展课题申报、课题研究、课题结题、课题推广等工作。坚持课题基于问题，融于教育教学，服务实践，前瞻性和实践性并重。召开课题开题论证会，中期汇报会，阶段总结会等，加强课题管理，规范课题研究，实现课题有推进，团队有提升，争取早出成果，出好成果，加快课题成果转化，实现课题研究价值。

【教研基地学校培养】深入学校定点指导和研究，总结经验、树立典型，发挥名师、优课辐射带动作用，发挥课改实验学校榜样示范作用，以点带面，推动课改深入进行。学校间建立教研合作体，教研合作体由县城学校牵头，学校之间开展系列化教研交流活动，牵头学校向教研合作体成员学校送课，合作体成员学校主动到牵头学校听课、学习，达到共同提高，加强城乡之间，学校之间教研交流与合作，提升薄弱学校教研能力和教师整体水平，推进教育均衡发展。

【督导检查】加强对义务教育学段各个学校的监督检查监控力度，定期对各部门工作职责落实情况专项督导和考核。利用开学工作督导和日常检查中发现问题制定专项方案，专项督导义务教育均衡发展。开展秋季中小学控辍保学专项督查，解决学校工作中普遍性问题，推进义务教育均衡发展。加大对全县中小学均衡发展工作督导评估、考核、认定及工作中存在问题整改力度，做好均衡系数跟踪监测，提升均衡水平。做好教育事业统计工作，确保数据准确、办学条件相关指标达到义务教育均衡发展巩固提高要求。

【责任督学挂牌督导县活动】修订完善开展创建责任督学挂牌督导县活动方案，整合挂牌责任督学、兼职督学联合督导力量，发挥挂牌督学参与学校常规督查作用。加强教育督导队伍建设，采取集中、自学、参加培训等形式，提高教育督导人员政策理论水平、专业素质和职业道德修养。完善督导制度建设，重新印发《平罗县责任督学挂牌督导制度》，强化责任督学工作职责，量化责任督学工作目标。按照《中小学校责任督学挂牌督导办法》和《中小学校责任督学挂牌督导规程》要求，规范流程，突出重点，问题反馈、整改环节，确保督学发现问题及时反馈到相关责任部门解决。

【高校招生】做好报名考生资格审查工作，采取教育部门审查学籍，公安部门审查户籍，工商税务部门审查投资情况联动机制，重点对注册生、无学籍考生、户籍有迁移考生审查，将审查名单在班级、学校及教育部门公示，接受社会监督。考试期间，按要求做好安全保密工作，严格考务管理，严肃考风考纪，规范考试行为，保证高考安全顺利进行。全县2048名考生中，二本以上录取人数846人，录取率41.3%。其中：一本录取人数417人；二本录取人数429人。三本以上录取1230人，录取率60.10%；专科以上录取1808人，录取率88.28%。

【中考工作】 全县初中毕业及高中阶段教育招生考试报考生3246人。对全县中考报名考生公民道德与素养、英语口语交际能力、理化生实验操作能力、信息技术能力、运动与健康等综合素质全面测试，量化评分。考试期间按要求做好试卷安全保密工作，严格考务管理，严肃考风考纪，规范考试行为，保证中考文化课考试安全顺利。根据普及高中阶段教育目标和任务，改革高中招生录取办法，采取按考生中考总成绩和考生志愿分批划线录取，保护考生合法权益和切身利益，维护教育招生考试录取公平性和严肃性。平罗中学招生录取20个班1080人，平罗县回民高级中学招生录取16个班866人，平罗县职业教育中心招生28个班1519人。全县普高和中职比例大体相当，为实现普及高中阶段教育目标奠定基础。

【成人高校招生】 按照自治区教育考试院安排，成人高校招生实行网上报名，当地考试中心现场确认。根据全区统一安排，设计现场确认工作流程，方便广大考生现场确认，为确认考生提供服务。全县成人高校招生网上报名考生649人。按照自治区统一部署，做好成人高校招生考试各项备考工作和安全保障工作，在平罗回民高级中学标准化考点22个，考务管理工作到位，组织有序，成人高考工作顺利完成。

【各类考试安全保障】 制定《教育考试安全保障工作方案》，印发《教育考试各有关部门工作职责》等文件，根据考试级别，明确各成员单位和联系部门责任、完成时限。发挥国家教育考试考务网上巡查系统及防无线电信号作弊系统作用，从技术层面上防止试题安全保密责任事故和利用高科技手段作弊违纪考试行为的发生，全面提升平罗县教育考试考务管理的标准化、规范化工作水平。

【招生政策宣传】 执行自治区普通高校招生规定，实施招生“阳光工程”，增加招生工作透明度。利用各种宣传媒体，通过办专栏、发消息等多种形式及时公开招生政策规定和各类招生信息，为考生提供全面、准确、快捷的招生政策咨询平台，使整个招生过程在“阳光下”操作，确保招生公平、公正。

平罗中学

【队伍管理】 创新干部队伍管理方法，实行任期目标管理和责任追究制，激发干部谋事、干事热情，在新的岗位上充满活力，具有落实学校决策执行力，履职更加快捷有效，服务加管理作风日渐形成。抓教师队伍建设，提升教育教学质量。强化教师队伍师德师风建设，转变教风。强化三支质量团队建设。加强青年教师培养，搭建成长平台。师德师风健康发展，学校工作作风明显改观。团队意识、质量意识和团队战斗力建立和形成，团队成员荣誉共享责任同担意识在教育教学质量提升中发挥出重要作用。

【高效课堂模式】 以推进教育改革、提高课堂教学有效性为目标，针对目前课堂教学效率不高现状，学习、借鉴教改先进地区课改经验，推进课堂教学改革，以行政手段强力推行以导学案为主线教学模式，打造高效课堂。学校课堂教学出现新气象，高一高二年级多数学科在使用导学案教学，以导学案为主线高效课堂教学模式。

【高三备考教学】 从备考计划、高考信息获取、教学推进、动员誓师、激励士气等细节入手，层层递进、稳扎稳打、步步落实。2017年，平罗中学高考取得重大突破，创造历史性的辉煌，首次全面实现“741”目标，二本上线773人，一本上线456人，田欣同学以661分获石嘴山市理科总分第一名，被清华大学录取。

【学校文化】 加强学校文化建设，弘扬平中优良传统。加强物质文化和服务文化建设，优化办学环境。争取自治区项目资金400万元，全面更新所有教室教学媒体设施、数据中心和校园广播系统，为数字化智慧校园建设和教育教学质量提升奠定硬件发展基础。加强制度文化和管理文化建设，提高精细化管理水平。为充分发挥学校各部门、年级职能作用，对管理人才重组，将目标管理、常规管理、过程管理、民主管理和全员管理有机结合，促进学校可持续发展，加强安全文化建设，做好安全稳定和综治工作。

【教科研成果】 聚焦课堂，打造高效课堂，推进教学改革，推进教育教学研究，取得成果。在2016—2017年度全国“一师一优课”、“一课一名师”评比活动中，6名青年教师获得部优课奖；在评比晒课活动中，平罗中学获奖人数居全市高中学校第一名；9月21日英语教师参加国家基础教育实验中心外语教育研究中心举办第七届全国农村少数民族地区中小学英语课堂教学与教师发展研讨会，18名教师分获论文评比一、二、三等奖，11名教师分获优课评比一、二等奖；马少军老师参加石嘴山市2018语文高考复习课例说课研讨展评交流活动，获得最优课例奖；8名教师发表11篇论文，其中在《宁夏教育》发表2篇；自治区规划课题2项，其中吴鸿燕老师主持《提高高中生英语课堂参与度的教学模式及策略研究》和白生奇《普通高中通用技术“设计学习”有效策略的研究》于2017年12月结题；何会玲、郭荣霞老师参加全市心理健康教育主题班会展示活动评比，分获二、三等奖；2017年全市高中教育信息化推进现场会召开，5名教师做公开课，学校在会上交流信息化建设经验；参加2017年平罗县教体系统优秀论文评选，2名教师获得一等奖；3名教师在全区高考备考教学研讨活动中交流备考经验。

4月22日，平罗中学高三高考冲刺复习备考家长动员会

平罗职业教育中心

【概　况】 2017年，遵循“以人为本，面向群体培养特长，和谐发展”办学思想，坚持以德育为首，以教学为中心，强化教育教学研究，狠抓常规管理，加强专业建设、基础设施建设、制度建设及校园文化建设，深化校企合作，推进现代职业教育创新发展理念，有计划、有步骤地完成各项工作任务，办学水平与办学质量实现双提升，赢得社会各界认可。

【德育教育】 加强对学生言行、卫生、学习等行为习惯进行科学规范教育，以行为习惯培养深化德育教育内涵，为学生终身发展奠定坚实基础。通过感恩教育活动、传统节日教育活动、竞技类主题等活动开展，加深学生爱父母、爱家庭、爱同学、爱老师、爱社会、爱国家和爱民族激情；培养学生懂感恩、讲公德、善待他人高尚品质；加深对中华民族传统节日理解，弘扬中华民族优秀传统文化；提升学生专业操作水平，以多种主题活动丰富德育教育内容，为学生奠定先做人后做事基石。以志愿服务活动为抓手展示德育教育成果，与周边社区、阳光康复中心、敬老院等地开展志愿服务活动，以爱心捐赠、义务理发、爱心体检、卫生清扫、情亲陪伴、文艺演出为载体，开展丰富多彩服务活动，向社会展示学校德育工作成果，得到社会各界认可，多次被平罗电视台、石嘴山日报和宁夏日报报道，荣获石嘴山首届志愿服务项目大赛铜奖、自治区志愿服务三等奖。

【硬件设施】 全年争取质量提升教育资金822万元和职教专项资金179万元，用于操场改造、教学楼和宿舍8栋楼顶维修、助产专业和汽修专业设施设备购置、师资培训等。

【专业建设】 为适应社会需求，扩宽就业渠道，在现开设6大专业基础上拟对医学检验技术、医学影像技术、康复技术、助产、家政服务、高铁服务与管理、无人机技术应用、电子商务等专业，以及在护理专业中对老年护理、母婴护理、社区护理方向等调研。围绕上述拟设专业及专业发展方向，组织相关人员对区、市医疗卫生单位、社区、养老院、企业、人力资源部门以及到甘肃医疗机构和卫生学校等部门，通过书面问卷、座谈、访谈、考察、专家咨询等形式开展调研。通过调研论证，秋季开学新增开助产、新能源汽车技师2个专业。

【职业教育宣传招聘】 深入学校、街道、社区，对职业教育政策精细解读和广泛宣传，提升学生、家长对职业教育认识。5月下旬，学校如期举办毕业生招聘会，诚邀区内外各大医院及相关企业代表参加招聘会，北京天坛医院、北京同济医院、北京仁德医院、银川蓝孔雀养生美容美体中心、银川利宁康复医院、平罗佳和医药公司等37家用人单位到会，与学生交流、面试，为学生就业搭建良好平台。2017年毕业学生1345人，签订就业合同1293人，就业率96.20%。6月上旬，学校面向初中学生、家长及市民开放校园。将办学方向、办学理念、办学模式、办学成果等全面系统展现，让学生、家长和城乡市民亲身体验职业教育内涵与功能，感受现代职业教育特色与魅力，发现职业乐趣，为未来职业启智启蒙，提升社会各界对职业教育认同度。通过宣传，使社会各界了解平罗职业教育中心办学遵旨、办学方向、办学模式、办学质量以及就业状况，获得社会各界对职业教育认可和信任。2017年护理、药剂、助产专业录取最低限控制在420分以上，提高生源质量。

【师资培训】 针对学校专业教师严重不足状况，从宁夏医科大学、银川市第二人民医院、银川市第三人民医院等8家知名医院聘请32名专家、教授、护士长做兼职教师，担任临床、专业课程和实训课程教学，充实学校专业教师队伍，弥补专业教师不足短板。安排3—5名教师进入高校参加专业培训，提升教师专业水平；每年安排6—8名教师深入医院、药厂等企业顶岗培训，提升教师实训实践能力。实施“青蓝工程”，骨干教师与新聘任教师结“师徒对”，加大新教师培养、培训力度，引导新教师在“教学能力、专业技术能力、创新能力、创业能力、社交和协调能力、管理能力”六个方面得到发展，打造一支“工作上有信念、科研上有潜力、教学上有特色、发展上有后劲”青年教师队伍。

【课堂改革】 深化课堂教学改革，坚持“以服务为宗旨，以就业为导向”办学方针，以校院（企）合作为基础、以岗位需求为引领、以工学结合为切入点，构建“教—学—做”一体化教学体系及“模块化”课程体系。护理专业形成“校院合作、工学结合”教学模式，突出“技能训练三步走”实践教学形式；机械加工专业形成“阶梯分段式，工学结合”教学模式；学前教育专业形成“校园合作、学岗结合”等教学模式，提高人才培养质量。使学校办学更加符合职业教育发展要求，更加服务于区域经济发展。加大教育科研力度，以科研成果，促进职业教育发展。

【校园文化】 突出职业学校特点，打造特色鲜明、内涵丰富、形式多样、蕴意深刻校园文化。2017年新增校园文化长廊、宣传栏等，将宿舍文化、班级文化、企业文化、校园环境文化融为一体，形成有益于师生发展校园文化。成立礼仪队、书法兴趣小组、舞蹈队、轮滑兴趣小组等学生团队，丰富校园文化生活。定期开展学生“技能大赛”“文明风采大赛”“校园文艺汇演”“体育运动会”等四大主题活动；组织校园文明之星评选、核心价值观教育等活动，营造健康向上校园文化氛围。

【精准扶贫】 春季为贫困学生发放助学金93万元，秋季发放燕宝基金奖学金20万元，发放助学金79.64万元，为移民学生、建档立卡困难学生以及孤残学生减免书费和住宿费5.33万元。

【技能大赛】 重视全区中职学生技能大赛工作，强化学生技能训练，以赛促学、以赛促教，提升学生技能水平和综合素养，增强学生就业竞争力。为备战一年一度的全区职业学校技能大赛，每年12月定为学生技能大赛月，依据大赛要求和专业特点，设置竞赛项目，制订训练计划。利用课余时间开展技能大练兵活动，以技能比赛方式强化训练，做到有备而战。2017年34名学生参加，有28名学生获奖，获奖率82.35%，创下学校历年来参赛成绩新高。安雪在护理技能大赛中成绩居全区第三名，荣获二等奖，代表宁夏参加全国护理技能大赛，获宁夏唯一全国三等奖。

【校企合作】 学校与宁夏德信恒通集团股份有限公司和湖北崇瑞教育咨询有限公司签订合作协议，在人才培养模式方面加大深度合作。宁夏德信恒通集团股份有限公司，为学校机械制造专业提供以电焊为重点实训基地。湖北崇瑞教育咨询有限公司郧阳科技学校以培养新能源汽车技师为重点，与学校汽修专业深度合作。与浙江金华职业技术学院、江苏无锡卫生高等职业技术学院和福建闽东卫生学校深度合作，建立师资培养培训基地，将骨干教师、中层以上领导定期到上述三院培训，探讨专业建设、课程建设、学校管理等问题，实现资源共享，共同发展。与北京（富田）、西安（比亚迪）、无锡（美的）、北京香山医院、宁夏医科大学附属医院、宁夏人民医院、宁夏丽珠药业、银晨太阳能公司、平罗县一幼等45家企事业单位深度合作，建立长期实习基地，为学生专业发展提供良好平台。

【社会服务】 以服务企业发展、服务产业转型和产业升级为己任，利用师资、设备、场地等资源，开展职教富民工作，发挥职业技能培训基地职能作用，本着“提升技能、加强就业，科技兴农、人才强农”理念，在全县范围内开展职业技能、生态移民、新型职业农民、养老护理、孤残儿童康复护理等培训工作，取得显著社会效应。2017年，培训农林技术人员581名，养老护理人员47名，孤残儿童康复护理员40名，制种产业人员100名。职教富民培训工作，提升特殊行业及农村劳动者素质和现代农业管理水平，为全县经济社会发展提供优质职业教育服务。

体 育

【概 况】 2017年，以创建自治区级体育公共示范县为抓手，备战自治区第十五届运动会，构建惠及全民体育健身公共服务体系，以提高群众身体素质，促进平罗县体育事业全面协调发展。先后获宁夏“迎新春全民健身季”二等奖、宁夏第三届全民健身节暨宁夏社会体育指导员交流展示大赛（广场舞）优胜奖、庆祝中国人民解放军建军90周年暨创建全国文明城市双拥模范城市第三届“福彩杯”全民健身节门球邀请赛体育道德风尚奖。

【示范县创建指标体系建设】 对全县13个乡镇144个行政村和22个社区体育设施、体育场地摸底调查，建立健全平罗县体育公共示范县创建指标体系，制定《平罗县创建宁夏基本公共体育服务体系示范县实施方案》，明确各项工作目标，为创建平罗县体育公共示范县奠定基础。

【基础设施改造】 争取自治区体育局体育彩票公益金200万元，其中乡镇基础设施建设投资100万元，新建村级篮球场7个，招标采购安装移动篮球架15副，室外乒乓球台30副，16件健身路径10套；惠民休闲公园体育设施改善投资100万元，400平方米儿童乐园投资19.8万元，招标采购安装16件健身路径15套，8件健身路径10套，室外羽毛球柱30副，7人制足球门1副，室外乒乓球台20副，投资80.2万元。争取自治区体育局8件健身路径66套，篮球架66副，乒乓球台122副，资金总额200万元。争取“民生计划”工程80万元，建成沙湖社区和康湖水岸社区多功能运动场，总建设面积1600平方米。

【全民健身活动】 举办2017年迎新春全民健身季教职工趣味运动会，规模人数150人；在拉巴湖举办2017年中国沙漠总队全国越野车平罗站挑战赛，规模人数600人；围绕全国“龙腾狮跃闹元宵”大联动活动，开展舞龙舞狮、健身秧歌、划旱船、广场健身舞等节庆体育文化活动，规模人数1500人；在沙湖旅游景区举办2017年“迎新春”“冰雪节”全县机关事业单位干部职工全民健身活动，规模人数1000人；组织“送体育活动下乡”活动，在陶乐镇举办迎新春农民篮球赛，规模人数200人；集中一个月时间，组织全县13个乡镇141个行政村开展“百乡千村”农民体育月活动；组织教体系统女职工“庆三八”运动会，规模人数150人；协助公共事业管理所和县人大组织“庆三八”职工运动会，规模人数480人；举办平罗县2017年全国青年男子篮球锦标赛第一阶段（平罗赛区）比赛，规模人数近1万人；与贺兰县组织“全民健身挑战日——健康宁夏动起来”活动，规模人数近2万人，其中六项挑战项目中平罗县获五项全能奖。组织全县校园啦啦操比赛，1200多人参加；组织平罗县庆“八一“军民篮球友谊赛”，规模人数约150人；组织全民健身季——“洋河杯”羽毛球邀请赛；组织全县中小学生田径运动会，规模人数500人；组织“喜迎国庆.共筑中国梦”全县干部职工运动会，规模人数约1500人；组织平罗县中小学生校园足球第一阶段联赛。

【群众体育】 全县有80多个晨晚练点开展健身活动，健身项目主要有羽毛球、乒乓球、篮球、太极（拳、剑）、健身球操、广场舞、健身气功等。各乡镇、社区、健身站点都有自己的特色团队和特色项目。如城关镇老年协会夕阳红艺术团队、东苑社区小红帽志愿者服务队、明珠社区民间艺术团、健身中心站点气功、姚伏镇冰雪、龙舟、项目、陶乐镇棋牌、沙漠越野项目、宝丰镇农民篮球项目、黄渠桥镇社火项目、灵沙乡钱鞭项目等。其中有2个乡镇被自治区体育局评为体育特色小镇。

【民间体育】 随着全县全民健身活动开展，民间体育培训机构发展到10多家。如自行车骑行俱乐部、台球俱乐部、乒乓球俱乐部、钓鱼协会、信鸽协会、体育舞蹈协会等。2017年，新成立跆拳道、足球、乒乓球协会。民间体育机构多次代表平罗县参加区、市各级各类比赛，在比赛中取得优异成绩，同时也向区、市运动学校培养和输送优秀体育人才。

【后备人才】 对运动员选材、注册、输送进行安排，抓体育后备人才培养。向自治区武术田径中心输送田径、武术项目运动员何杰等7人，向自治区体校输送运动员马佳杨等16人，其中田径5人、射击2人、武术1人、篮球4人、跆拳道1人、体育舞蹈2人、摔跤1人。

【竞技体育】 选派参加自治区锦标赛运动员184名，参加项目田径、摔跤、武术、跆拳道、举重、足球、乒乓球、篮球、射击、游泳、排球、羽毛球等。其中，田径获得2枚银牌、4枚铜牌；摔跤1枚金牌、2枚银牌5枚铜牌；游泳获得2枚银牌；武术获得1枚银牌、1枚铜牌；跆拳道获得1枚铜牌；李阳等12名运动员获得二级运动员称号。

【特色项目培育】 完善学校训练项目布局，重视特色项目培育。平罗二中侧重摔跤排球项目培育，平罗三中侧重举重、摔跤项目培育，平罗中学侧重篮球、田径项目培育，平罗四中侧重田径项目培育。校园足球特色项目布局日趋完善，普及城关四小、城关六小、城关回小、城关七小、平罗回中、平罗四中等14所中小学校园足球联赛，提高青少年足球竞技水平。重视传统项目学校培养，全县体育传统项目学校达标9所，通过2017年自治区高水平人才基地考核验收。建立小学、初中、高中一条龙体育后备人才业余训练梯队。

【体育产业】 打造拉巴湖沙漠越野项目基地，举办沙漠纵队拉巴湖越野车挑战赛及宁夏沙漠纵队年会、文化旅游节会、沙漠文化旅游系列活动、首届赛马大会等10项群众喜闻乐见活动，吸引宁夏、内蒙古、陕西等36个俱乐部选手近400人参加。打造沙湖旅游景区“冰雪”项目基地，培育冰上冰车、龙舟、滑雪、陀螺、自行车、铁环、雪地滑圈7个项目。落实平罗县体育产业法人单位信息采集、审核及录入工作，丰富体育休闲健身服务业内容，提升体育竞技表演市场品牌影响力。

文化　旅游　广电

综　述

【概　况】2017年，按照发展要有新思路，改革要有新突破，各项工作要有新举措要求，全面推进以做新文化、做特旅游、做强产业的发展思路，全方位推进全县文化旅游广电事业健康、持续发展，为全面建设开放、富裕、和谐、美丽平罗作出积极贡献。

【公共文化服务】起草制定平罗县《加快构建现代公共文化服务体系的实施意见》，经县委常委会议通过印发实施。县人民政府第82次常务会议研究印发《平罗县基层综合性文化服务中心建设实施方案》，规范基层文化服务中心管理运行。《平罗县“十三五”文化发展规划》经政府常务会议通过。

【服务设施】提升县、乡、村三级公共文化服务体系，推进基层综合性文化服务中心建设，基层群众文化始终贯穿老百姓“乐在其中”主题。争取区市支持，为城关镇、灵沙乡、头闸镇建设数字化乡村大舞台，为12个社区按需配置相应文化活动设备器材，为部分广场舞团队配置拉杆音响。

【文化服务】以文化馆为主体，发挥全县各类文化艺术人才、文艺团队积极性，全方位、多渠道、多途径开展各类艺术培训，对全县各类民间艺术社团、社区群众性文化活动规范管理并提供辅导服务，全年组织参加各类文化艺术培训1600多人次。建设图书馆微信公众平台、网站、移动图书馆、免费公共WIFE等宣传服务平台；开展文化信息资源共享工程活动20次，参与人数1194人次；通过自治区国家一级图书馆评估验收，成绩位列全市各市县图书馆第一。督促各乡镇制定乡镇综合文化站基本服务项目目录，扩大图书免费开放公众知晓率。全县各乡镇综合文化站、公共电子阅览室每周免费开放均达42小时以上。

自治区文物局对平罗县玉皇阁进行安全检查　文广局　提供

【群众文化】推进文化惠民工程，组织文化事业单位和民间文艺团体开展文化服务活动。组织、承办、举办全县各类群众文化活动657场（次），丰富活跃广大群众的文化生活。

【文化遗产保护】落实2017年第一次全国可移动文物普查工作，加强国保单位文物保护，争取文物保护资金547万元，国家级文物保护单位玉皇阁安防消防工程组织实施工作，《玉皇阁防雷工程方案》正在报批中，编制《玉皇阁文物保护编制规划》。争取到国家非物质文化遗产项目资金640万元，泥哇呜传承保护基地正在建设。县文管所荣获全区第一次全国可移动文物普查先进集体。

【旅游规划编制】 把握发展机遇，在组织保障、旅游规划、项目实施和宣传动员四个方面强化措施，狠抓落实，凝聚合力，统筹安排，推动创建国家全域旅游示范县工作全面展开。以规划引领全域旅游发展，编制《平罗县旅游业发展“十三五”规划》工作。结合平罗县空间规划（多规合一）改革试点工作，旅游规划与空间规划、服务业发展规划、林业发展规划等规划衔接，全县形成以全域旅游规划为引领发展大格局。

【发展旅游业】 研究制定《平罗县促进旅游业发展扶持办法》《平罗县乡村旅游全域化实施方案》，加大旅游业发展的政策资金支持力度。将旅游业发展列入乡镇、部门年度效能目标考核内容，对照《平罗县创建国家全域旅游示范县2017年工作要点》，加大创建工作督查力度。

【配套服务功能提升】 建立文化旅游项目库，争取国家、区、市项目资金1.195亿元，全县新开工建设项目30个，续建、扩建项目15个。各类项目的实施，改善县境内旅游公共服务环境，提升城市旅游目的地形象，为全域旅游示范县建设打下坚实基础。

【旅游队伍建设】 以“十百千万”工程为抓手，加大旅游行业培训力度，举办各类培训班10期，培训乡镇、部门及旅游企业业主、从业人员近300余人次。指导成立平罗县旅游协会，发展会员单位50余家。

【创星创A】 提升创星创A质量，组织宾馆（饭店）、农家乐、旅游景区开展评星定级和增星提标活动，全县新增国家AAA级、AA级、A级旅游景区各1家，新增星级农家乐9家，有6家农家乐完成星级农家乐初评。加强旅游市场联合执法监察和监管力度，强化旅游餐饮服务许可和景区特种设备监管，保障旅游市场安全运行。

【文化旅游】 加大宣传力度，宣传平罗旅游；加强对外交流合作，组织旅游企业到外省区促销。开展平罗县“塞上明珠.多彩平罗”旅游节庆赛事系列活动，成功举办、承办协办各类文化旅游活动27场次，提升多彩平罗旅游品牌知名度和影响力。全县A级旅游景区和星级农家乐接待游客179.06万人，实现旅游业总收入1.4亿元，与2016年同比分别增长47.11%和6.4%。

【广电工作】 以“做精、做实、做活、做强”新闻宣传为目标，以广播电视、微信微博为载体，以《平罗新闻》、自办栏目创作为抓手，强化中心、重点工作宣传报道工作，采访播发《平罗新闻》178档1200多条，采访播发《每周关注》37期，对外宣传450条（篇）。做好十九大宣传报道工作，制定宣传报道方案，在《平罗新闻》中开设系列报道《砥砺奋进的五年》、采访制作等“印象平罗”系列报道。加大公益宣传，播放节能减排、环保、全民健康等内容公益广告在固定时段播发。每天安排公益广告平均播出时间55分钟，播出各类公益广告50多条。严格节目播出管理，美化荧屏，确保电视节目安全传输。做好摄录编播设备高清数字化全台网系统更新改造项目工程，对所有编采播录设备更新改造，实现由模拟设备向高清设备的跨越。

【行政执法】 抓安全生产工作，将日常安全监管和重大节假日开展集中整治检查相结合，联合县安监局对局属各单位、全县文化旅游市场经营单位安全生产大排查10余次。抓专项整治，提升文化市场监管能力，针对突出问题，对重点区域、高发时段，制定整治方案，对各类经营场所全面开展专项整治，强化日常巡查和监督平台作用，打击各类违规经营活动。开展“平安文化市场创

2017年11月，"赛上明珠·多彩平罗"文化旅游节活动启动暨拉巴湖越野车挑战赛发车仪式

建”活动，联合环保部门对噪音扰民投诉经营业主8家下发整改通知书；对有违规经营现象歌舞娱乐场所3家停业整顿，对图书、音像制品出版物经营业主23家专项排查整治。贯彻落实全区“扫黄打非”电视、电话会议精神，制定行动方案，突出抓好校园周边文化环境整治，出动行政执法人员200余人次，检查各文化娱乐场所113余家次，查缴非法出版物100余册。

档案　史志

【概　况】 2017年，围绕中心，服务大局，依法履职，加快档案信息化进程，丰富馆藏，科学利用，发挥档案服务功能，规范档案业务指导，加强管理，档案实体安全得到保障，档案业务及各项工作取得新进展新成效。注重史料收集，弘扬文化精神，开展方志研究，史志编纂工作再创新高。

【档案宣传】 以“6·9国际档案日”“5·18地方志条例宣传日”“12·4国家宪法日”等为载体，开展形式多样、内容丰富宣传活动。同时利用“机关干部下基层”活动，发送档案法规宣传资料，通过编写档案知识宣传单内容、张贴宣传挂图、组织参加国家档案局举办的有奖知识竞赛活动等形式宣传。制作以宣传全社会档案意识、贴近百姓生活、展示馆藏老照片等为主题展板8块，悬挂档案日主题横幅，LED屏滚动播放字幕，在展览现场向社会各界群众分发档案知识问答宣传资料、《平罗县志》《平罗史话》等书籍200余册。利用全县重点工作、重大节庆活动、档案业务培训以及档案执法检查等工作，对档案法律法规、专业知识方面宣传普及。邀请广播、电视记者及时报道特色活动，鼓励干部职工编写信息，全年上报综合信息75期，被区级采用12条，县级采用3条。在平罗县电视台多个频道连续滚动字幕播放宣传标语，受到社会各界和公众的热情关注，增强全社会档案意识，提升档案部门知名度和影响力，拉近党和政府与百姓的距离，群众了解档案、认知档案，让档案更好地为人民群众服务，彰显档案存史、资政、惠民、育人职能。

【信息化建设】 为加快数字化档案馆建设，全年投入资金近10万元，购置电脑8台、档案数字化专业扫描仪7台、专用复印机1台。按照全县软件正版化工作部署要求，健全建立软件正版化制度，购买、安装正版软件5套，达到县软件正版化领导小组办公室要求的配备比例。

【纸质档案数字化】 按照数字化加工标准要求，建立完善数字化加工流程，做好档案全文数据的挂接校对。聘用专业人员开展目录录入，数据扫描。截至年末，馆藏档案目录录入2.41万条，培训班录入2.87万条，婚姻档案录入5495条，微机总录入量达73.48万条；馆藏档案全文扫描465.18万页，占馆藏总量扫描任务90%。实现馆藏档案查阅量95%以上全文数据即查即“印”，提高档案查询效率，受到社会各界好评。

【档案信息化建设】 及时更新网站内容，每周动态栏目更新1次以上，专题栏目两周更新1次，重要信息及档案工作信息做到及时更新，根据开展“两学一做”学习教育的新形势及时开辟专题栏目。网站访问量达到491.58万人次，单日最高达到651人次访问量。

【土地确权档案数字化】 建立土地确权档案数据库，实施土地确权档案目录数据录入全文扫描、目录打印、数据挂接工作。解决4000余张大幅面图纸扫描难题，节省外包扫描经费约10万元。

【档案基础业务建设】 建设覆盖人民群众、内容丰富、机构合理档案馆馆藏体系，修订“平罗县档案馆档案接收范围细则”，制订档案接收计划。接收全县138个村土地确权登记簿档案1594盒67931件；接收9个乡镇土地确权档案9盒271件；接收2015年婚姻档案133盒5159件，接收平罗县公安局1966年形成的“地富反坏右”、“六种人”、平反档案等697卷；接收住房和城乡建设局1993年至2010年文书档案184盒297卷3914件；接收中共平罗县委2016年文书档案21盒386件，整理、核实、登记、上架，做好移交手续。馆藏总量达到40多万卷、件。

【档案服务利用】 推行便民措施，简化工作流程，完善服务平台。优化窗口建设，简化利用手续，使群众查档更加便捷。续建民生档案信息数据库，涉及婚姻、公证、土地确权、招工招干、职务任免、知青等方面；打造便利的查档环境，档案查阅室布置在楼梯口附近，方便群众查阅；规范查档制度，让群众查档“零等待”；开通电话、信函、电子邮件等查档，做到有电必复、有信必查。全年利用文档3000多人次1万多卷件次，复印3万多页。围绕国家安全巡查、1978年以来军人安置、清理规范性文件，为各单位工作提供信息参考，婚姻、土地确权、人事等档案资料、照片，为人民群众贷款、土地纠纷、退休、参加养老保险等提供可靠依据。

【档案资料编研】 为更好地为广大人民群众提供高质量、便捷的服务，利用档案信息资源，挖掘档案利用价值，加强档案资料编研工作。将馆藏和散存于各立档单位的民生档案，进行梳理，摸清馆藏民生档案种类和数量，将散落在各单位的民生档案进行收集、建档，建立土地确权、职务任免、婚姻、公证等不同种类民生档案专题目录，对其进行数字化统计。编辑、精选档案利用效果明显典型事例8例，上传到平罗县政府信息网、平罗县档案局信息网。续编平罗县住房和城乡建设局等6个单位全宗介绍、组织沿革、全宗指南。

【档案业务指导】 制订全县2017年档案业务指导计划，指导13个乡镇整理农村土地承包经营权确权档案26盒653件；指导全县138个村整理农村土地经营权确权登记簿2843盒12.7万件；指导婚姻登记处整理移交2015年婚姻档案133盒5159件；指导整理报刊42本杂志16盒；指导住建局1993—2007年文书档案移交工作。

【档案整理培训】 对全县13个乡镇、69个部门文档管理人员进行集中培训，分散指导整理归档2015、2016年度办理完毕的文件材料，整理档案657盒1.19万件，发文汇集134盒288卷，永久、30年保存档案全部扫描。

【档案执法检查】 推进依法行政，编制档案局行政权力和责任清单，制定法治政府实施方案、建立法治政府建设情况台账、撰写档案法治工作调研材料。开展行政规范性文件清理工作，清理行政规范性文件2件，其中保留1件，废止1件。开展档案执法检查，检查13个乡镇档案工作，针对检查发现问题，当场发出整改通知书，对不合格单位通报。

完善各项档案安全制度，建立以局馆长为“第一责任人”、科室工作人员为安全员的档案安全责任体系。定期检查消防设施，及时更换过期消防器材，举办消防、地震灾害知识讲座，开展消防设备使用及火灾事故演习。建立档案馆档案鉴定销毁制度、开放档案暂行实施细则、查阅利用制度、保密制度、行政执法内部监督制度、安全防火制度、库房安全管理制度、突发事件应对制度、突发事件应急预案、地震应急预案等，确保档案安全。

【档案安全体系建设】 坚持实行档案库房专人保管，专人查阅。坚持上下班检查库房安全，节假日安全大检查，对档案库房、用电线路等重点检查，排除隐患。适时根据控温控湿设备记录，采取措施使库房温湿度达到保管档案需求标准。库房内设“八防”设施，确保现存档案无霉变、褪色、破损等现象。凡因录入、扫描移出、移入库房案卷进行检查、登记，严禁档案借出馆外。档案利用95%以上采用电子档案查阅，查阅人员没有接触原始档案机会，确保档案实体安全。

建立信息安全制度及灾备防范措施，健全突发事件应急预案体系，成立相应网络信息安全机构。定期对网站整站打包下载备份，严格控制登录账户访问权限，防止人为非法删除、修改数据。对档案目录数据库和全文数据库采取定时自动备份、脱机备份、异地备份等数据保全方式。实行内、外网物理隔离，定期检查系统漏洞，确保档案信息安全。

【年鉴编纂】 8月5日，中指组字〔2017〕4号《关于对全国地方志优秀成果（年鉴类）的通报表扬》中，《平罗年鉴（2016）》在第四届全国地方志优秀成果（年鉴类）质量评审中，被评为一等年鉴。

坚持一年一鉴，全面、客观、系统记述平罗县自然、地理、地貌、文化历史和经济社会发展及改革开放成果。征集99个部门文件，收集资料200余万字，收集图片200余张，整理、编辑、出版《平罗年鉴（2017）》。

【方志研究】 编辑出版《中共地下党在平罗县早期活动档案史料汇编》，反映20世纪20年代至1949年平罗县解放中共地下党在平罗县早期活动的重大事件、重要活动，完整再现中共地下党在平罗县早期活动光辉历史。

【地情资料收集】 从不同角度、不同方面收集全县重大活动资料24次，收集资料10余件，拍摄照片600余张，从不同的角度和方位反映全县经济社会发展进程，是全县供给侧改革缩影，反映平罗县社会各项事业进步与成果。收集各类地情资料，如照片20余张，风景和城市航拍图片10余张，部门基层志书编修《财政志》《档案志》等启动《黄渠桥镇志》等，指导全县第二次全国地名普查成果《地名志》《地名词典》《地名录》《地名图集》的编纂工作，特别是《地名志》编纂体例得到自治区有关专家的认可，并在全区推广应用。

卫　生

卫生计生

【概　况】 2017年，以“健康中国2030规划纲要”为统领，以新时期卫生与健康工作方针为指引，以“工作落实年”和“作风效能提升年”活动为抓手，创新思路，完善机制，强化管理服务，统筹推进卫生计生工作持续健康发展，较好完成自治区、市下达的指标任务。

【保障机制】 安排年度工作经费1.94亿元，保障卫生计生工作有序开展。其中安排基本公共卫生服务经费1390.6万元，人均50元，增长10%；兑现2016年卫生计生工作目标管理考核奖励资金73万元；投资665万元实施崇岗镇中心卫生院门诊楼、高仁乡卫生院和宝丰镇卫生院扩建、改建项目；投资3.58亿元建设银北医院养老院，增强社会办医能力。

【人口指标】 年内新出生儿童2601人。自然增长1548人，自然增长率5.18‰；全面“两孩”政策出生271人，政策外出生77人，出生政策符合率97.04%。出生男孩1341人、女孩1260人，出生人口性别比为106（女性为100）。

【健康指标】 出生缺陷儿19人，出生缺陷发生率64.1/万；孕产妇死亡1人，死亡率35.08/10万；婴儿死亡9例，死亡率3.52‰；新生儿死亡6例，死亡率2.11‰，其中新生儿死亡占婴儿死亡87.5%；居民健康素养水平11.6%。

【医改指标】 县域内住院3.57万人次，县外住院就医5220人次，县域内就诊率85.4%；县级公立医院医疗收入2.45亿元，药品收入8916.2万元（不含中草药），药占比为36.4%；医疗服务收入5570.9万元，医疗服务收入占比为22.74%；卫生材料费4430.4万元，百元医疗收入消耗卫生材料费用29.77元。公立医院门诊次均费用209.14元，同比下降0.63%；住院次均费用5021.73元，同比增幅5.15%。

【疾病控制】 国家免疫规划疫苗接种11类5.82万人剂次，单苗接种率99.79%以上，其中基础免疫接种38694人剂次，接种率99.82%；乙肝疫苗首针及时接种率97.60%。加强免疫接种1.95万人剂次，接种率99.74%。高血压患者规范管理1.95万例，血压控制达标1.67万例，健康管理率46.4%，规范管理率87%，血压控制率74.75%；2型糖尿病患者系统管理4738例，血糖控制达标3360例，健康管理率42.8%，规范管理率84.7%，血糖控制达标率70.95%。报告法定传染病19种912例，调查处置率100%，法定传染病报告发病率329.08/10万。

【民生实事落实】 加强基层医疗卫生服务体系建设，投资629万元，新建标准化村卫生室19所，主体工程全部封顶；15立方米冷库、冷链冰箱45台和DR8台、500MAX光机2台配置到位。实施“关爱妇女儿童健康”行动，宫颈癌筛查

12806人，完成率100%；宫颈癌HPV筛查2000人，完成率100%；乳腺癌筛查5643人，完成率161%；开展孕前优生优育检查1787对，完成率105.15%。开展48种疾病筛查1567名，完成率104%；免费开展新生儿4种先天遗传代谢性疾病筛查2936名，筛查率99.1%；听力筛查2888名，筛查率97.5%。开展“千名医师下基层”对口支援活动，县级医院与基层医疗卫生机构建立稳定帮扶和分工协作机制，实行为期1年2人轮岗制，安排高级专业技术人员54名，对基层医疗卫生单位11家对口支援；落实“凡晋必下”制度，安排县级卫生计生单位职称晋升人员85名，下沉到基层卫生计生单位，开展诊疗技术“传帮带”活动。公开招录医务人员27名，解决高级专业技术人员47名职称聘任问题，稳定卫生计生服务队伍。开展城乡贫困妇女“两癌”免费筛查，筛查城乡贫困妇女453人，完成率100%；对检出妇科疾病39例，均进行针对性治疗。

【计划生育管理】 贯彻落实“全面二孩”政策，完善“三项制度”，开展生育关怀和“关爱女孩行动”，建立特扶家庭联系人制度，促进计划生育家庭和谐发展。将计划生育项目户、贫困户476户分解到县直部门40个和13个乡镇，结对帮扶资金20万元，实现计划生育户政策、产业、就业等全方位帮扶。享受农村部分计划生育家庭奖励扶助1804人，其中国家奖扶618人，“少生快富”提前享受全国农村部分计划生育家庭奖励扶助843人，提前5年享受奖励扶助343人（含节育奖3户），计划生育家庭特别扶助169人，兑现各级奖扶资金387.4万元；兑现独生子女保健费3010人160万元，开展生育关怀行动195户10万元。推进流动人口基本公共卫生计生服务均等化，建成流动人口服务项目示范点1个。创建自治区级“五星级乡镇”1个、市级“四星级乡镇”2个。

【计划生育服务】 健全县乡村计划生育服务网络，村居计划生育专干、避孕药具发放点全覆盖。依法打击政策外生育和“两非”行为，执法检查医疗机构和私人诊所80家。规范生育服务登记流程，实行出生人口实名制登记，加强出生人口动态监测。年内实名登记出生儿童2507人，常住人口信息录入完整率98.08%，已婚育龄妇女录入逻辑关系准确率98.45%。加强育龄妇女避孕知识宣传，设立避孕药具免费发放点234个，免费发放避孕药具138万余盒，药具应用率98.37%。

【医改工作】 推进医疗联合体工作，建成紧密型医共体4个，在陶乐镇中心卫生院挂牌成立平罗县人民医院陶乐分院，建立责权利为一体利益共同体。县人民医院胸痛中心通过国家胸痛中心认证，成为全区首个基层胸痛中心；县中医医院和北京中医药大学东直门医院结成战略联盟医院，设立中医药院士专家工作站和国医大师师承工作室，举办第二届“北京中医药专家平罗行”活动。开展家庭医生签约服务，组建服务团队122个，与10类人群建立固定契约式服务关系，建立基层首诊，分级诊疗制度。在开展高血压“四免”诊疗服务工作基础上，在全区率先实施2型糖尿病基本药物免费治疗试点工作。县级公立医院药品全部取消加成，实现零差率销售全覆盖。2017年，县级公立医院取消药品加成1337.43万元，让利群众6756.73万元。深化人事薪酬制度改革，印发实施《平罗县县级公立医院人事薪酬制度改革实施方案》，2家县级医院实行全员岗位聘任制，实行以岗位考核为主要内容绩效工资分配制度，岗位工资和绩效工资分配比例达到3∶7，实现多劳多得，优绩优酬。核定增量绩效激发基层活力，核发12家医疗卫生单位2016年增量绩效1372.26万元。加快推进医药卫生信息化建设，投入815万元，实施县人民医院、中医医院信息化模块升级改造工程。

【“国家健康促进县”创建】 启动实施“健康平罗2030”发展规划和健康县城健康村镇建设工

作。实施“将健康融入所有政策”策略，以“健康细胞”场所创建和支持性环境建设为抓手，落实“爱国卫生日”制度，实施“美丽乡村”八大工程，建成健康主题公园1个、健身广场2个、健康步道3条1.53万米，人均体育场地面积2.18平方米；创成国家生态乡镇1个、文明村镇2个，自治区生态村镇14个、文明村镇19个，建成美丽小城镇6个、美丽村庄示范点25个、健康村32个、健康社区9个，县级无烟单位142家、健康促进机关44家、健康促进医院17家、健康促进学校23家、健康促进企业10家、健康家庭120户；成人吸烟率20.7%，同比下降19.8%；经常参加体育锻炼人口比例32.3%以上；高中阶段教育毛入学率92.48%，95%学生健康体质达到《国家学生体质标准》合格以上等级。农村生活垃圾集中处理率90%以上，无害化卫生厕所普及率68%。“国家健康促进县”创建工作通过国家、自治区级考核评估。

【妇幼健康服务】 以巩固提升“全国妇幼健康优质服务示范县”和“全国科学育儿试点县”建设活动为载体，规范妇幼健康服务内容和流程，拓宽服务领域，优化服务模式，实施孕产妇一对一管理，强化妇幼卫生工作。补助农村产妇免费住院分娩2408人96.4万元、完成率和补助率100%，免费婚前检查3168人、完成率和婚检率均100%，孕产妇艾滋病梅毒乙肝检测3050人，完成率232.2%，免费孕前优生健康检查1815对，完成率106.7%，叶酸增服2660人，完成率100.2%，服用率98%，服用依从性85%；孕产妇系统管理率98.05%，孕产妇住院分娩率100%，高危孕产妇住院分娩率100%，产妇产后访视率99.39%；规范儿童健康管理，完善儿童体检设施设备，3岁以下儿童健康管理7279人，管理率96.6%；孕产妇早孕检测率97.3%，新生儿访视率97%以上。

【基层卫生工作】 投入571万元，为基层医疗单位配置全自动生化分析仪5台、彩超4台和中医诊疗设备，实现19所基层卫生单位彩超、全自动生化仪、放射和中医药服务诊疗设备全覆盖；推行药品购销“两票制”管理，落实基层医疗卫生单位选用156种非基本药物目录，国家基本药物使用率100%；基层医疗卫生单位业务收入1816.54万元，诊疗量占总诊疗量59.43%，较2016年上升4.05个百分点；建成县级43所“群众满意的基层医疗机构”，落实5家社区卫生服务站星级评定工作。开展职业化乡村医生队伍建设，在岗村医199人，安排委培大专生村医轮岗实习23名，落实全县离岗乡村医生生活补助349人276万元。建设“中医馆”17个，基层医疗机构标准化中医科设置率100%；投资271万元，购置熏蒸治疗机、远红外按摩理疗床等中医诊疗设备174台件，基本满足中医诊疗需要。落实《国家基本公共卫生服务规范（第三版）》，建立上门随访联系制和“周二公卫服务日”制度，建立纸质档案24.33万份，健康档案建档率85.71%，电子档案23.55万份，建档率82.96%；动态档案使用12.71万份，使用率52.25%；老年人健康管理1.73万人，健康管理率79.45%。

【公共卫生服务】 开展鼠疫疫情监测工作，调查样方102公顷，平均鼠密度2.4只/公顷，细菌学血清学检验阴性，鼠疫疫情总体平稳。转诊肺结核病595人，是转诊任务95.2%。发现饮水型地方性砷中毒可疑病例3例，新增严重精神障碍患者190例，管理精神障碍患者997例，癫痫病人328例，艾滋病病例40例，布病病人43例，包虫病病人20例，家犬驱虫20473只，驱虫率90.58%。死因监测报告1217例，报告率5.86‰；肿瘤发病报告670例，性病报告211例，心脑血管事件报告636例，食源性疾病信息报告220例，农药中毒报告15例。

【监督执法】 2017年，立案83起，没收违法所得830元，没收药品器械31件，收缴罚款8.29

万元。案件查办位居全区第四。推进行政执法公示制度、执法全过程记录制度、重大执法决定法制审核制度等“三项制度”试点工作。强化公共场所监督抽检，抽检1560件，合格率99.1%。创建全区卫生监督协管示范县，监督协管工作实现8个“统一”和6个100%。落实725家公共场所、生活饮用水、学校、放射、医疗、职业卫生和计划生育等单位日常性监督工作，监督覆盖率100%。落实53家“双随机一公开”任务及72家国家重点监督抽检工作任务。简化医疗机构审批流程，缩短审批时限，办理许可证265个。建立举报投诉快速处置机制，调查处理投诉案件8起。

【健康扶贫】 推进健康扶贫和“因病致贫 因病返贫”农村人口精准医疗工作，实行农村贫困住院患者县域内“先诊疗后付费”和疾病应急救助制度。建立定期回访和集中复查制度，成立7个医疗工作小组，对全县1107名“因病致贫、因病返贫”建档立卡户农村贫困人口4次入户病情调查，对核实161名患者精准医疗，实行《贫困患者医疗服务优惠证》制度，建立专项健康档案并制定救治方案，做到一人一档，一人一策、精准施救。集中复查42人，住院治疗4人次，垫付检查及治疗费用5万元。

民族宗教

综　述

【思想教育】 支持民主党派和无党派人士开展“不忘合作初心、继续携手前进”教育学习。召开全县统战工作会议，传达学习全国、全区统战、宗教工作会议、习近平总书记系列讲话、自治区第十二次党代会精神；坚持重大事项通报制度，定期向党外人士通报区、市、县党委、政府重要决策部署。做好县处级领导干部与党外人士联系交友工作。组织各民主党派、非公经济人士传达学习自治区第十二次党代会精神。通过学习交流、辅导讲座、专题培训等形式，引导统一战线广大成员学习习近平总书记系列重要讲话和中央和区、市、县党委重要会议精神，统一思想认识和行动。贯彻落实全国、全区统战部长会议精神和《贯彻落实区、市统一战线工作领导小组调研检查反馈意见整改措施》5个方面11项内容整改。按照“三个带头”“四个纳入”要求，制定《平罗县统战系统2017年度教育培训计划》，建立统一战线工作联席会议制度，召开全县统一战线工作领导小组会议2次，传达学习全区宗教工作会议精神，落实区、市、县党委统一战线重大决策部署。

【“同心＋”行动】 开展“统一战线”助力脱贫攻坚活动，引导全县统一战线广大成员围绕精准扶贫工作要求，开展“光彩事业”“企业帮扶”“教育支持”等助力脱贫活动，组织各民主党派到移民村开展义诊6次、免费发放药品等医疗服务活动，为移民捐赠图书、衣物等物品，发放药品1.6万元，送衣物300余件，送书籍价值3000元，发放宣传资料1万余份，免费为600余名群众义诊。筹措资金5万元，向14户结对帮扶户赠送基础母羊28只，开展慰问3次。开展教育扶贫，筹措资金1.35万元资助18名学生。引导和动员非公企业及非公经济人士助力全县脱贫攻坚行动，通过节日慰问、帮扶解困、捐资助学、就业扶贫等形式，为全县脱贫攻坚出力献策。动员和组织宁夏新安科技有限公司等13家会员企业，捐款捐物10万余元慰问移民。

【政党协商】 贯彻自治区党委《关于加强政党协商的实施意见》，做好2017年度政党协商工作，《2017年全县统战工作要点》向民主党派广泛征求意见；将2017年调研课题纳入协商内容。健全落实民主党派、无党派人士意见建议“直通车”制度，完善协商反馈机制，推动协商成果转化。党外人大代表和政协委员参加区、市、县人大和政协组织各类活动。在十七届一次人代会和县政协十一届一次会议上，党派界别人大代表、政协委员上报提案、意见建议39件。2017年各民主党派开展参政议政、建言献策活动，上报调研文章19篇。拓宽建言献策渠道，创新建言献策环境，推动民主党派、工商联与政府部门对口联系制度落实，拓宽知情明政渠道。

【**自身建设**】 落实自治区党委《关于支持民主党派加强自身建设的若干意见》要求，明确工作职责，推动各项工作落到实处。指导协助民主党派开展与基层支部结对帮扶活动，组织党外干部和少数民族干部53人参加区、市统战部举办培训班，为民主党派发展和提高参政议政能力提供优质服务和帮助。完善民主监督形式，拓宽民主监督渠道。县委把民主党派干部队伍建设纳入全县干部队伍建设总体规划，抓好后备干部推荐工作，筛选政治素质高、工作表现好、专业水平强的党外人士作为后备干部，做到备用结合。

【**民族团结**】 贯彻落实《自治区民族团结进步创建活动“十三五”规划》，制定印发《平罗县创建全国民族团结进步示范县工作实施方案》，明确组织协调、考核评价、督促检查、典型引领、政策保障五项机制，制定“八进”创建标准。按照指导实践、梯次推进、全面推广的工作方法，坚持示范带动，树立以高庄乡为代表示范乡2个，以城关镇金顺社区为代表示范社区2个，以渠口乡渠口村为代表示范村2个，以宁夏大地化工公司为代表示范企业2个，以城关五小为代表示范学校3个，全方位、分层次、递进式推进全国民族团结示范县创建活动，得到自治区互观互检组、测评组对平罗县民族团结进步创建工作的肯定。2017年，获得自治区级民族团结进步示范单位2个、市级民族团结进步示范单位8个。开展民族团结月活动启动仪式，举办“民族团结一家亲、同心共筑中国梦”专场文艺演出。组织城关镇、黄渠桥镇、宝丰镇、灵沙乡等乡镇开展美食节、农民篮球赛、民族团结专场文艺演出和斗羊比赛等丰富多彩的文体活动。开展“军警民共建文明清真寺”、“回汉一家亲”、“邻里要互助”、“国旗进清真寺”、民族团结主题小故事有奖征文、微视频征集活动，在全县营造民族团结进步创建氛围。

【**清真食品管理**】 做好“清真”泛化专项治理，加强清真食品监督管理，把好入口关，核发清真食品准营证179家，开展专项检查和日常巡查相结合，全年检查382家，对擅自用清真标识的，移交市场监管部门处理。

【**争取项目**】 落实优惠政策，为沙湖辣椒清真食品公司等民品企业争取贷款贴息90万元。争取少数民族发展资金200万元，改善少数民族聚居乡村基础设施建设。

【**宗教事务管理**】 贯彻落实全国、全区宗教工作会议精神，召开县委常委（扩大）会、政府常务会议，传达学习全区宗教工作会议精神，举办全县副科级以上领导干部、主要教职人员和乡镇分管民族宗教工作领导干部培训班，组织统战、宗教干部、宗教人士100余人参加市委统战部、市民宗局培训学习2次，选派15人到自治区社院参加培训学习2次。在全县13个乡镇举办“三定”学习班26场次。实行县级领导联系宗教界人士和信教群众制度，由26名县级领导联系52个重点宗教活动场所宗教人士，加强与宗教人士沟通联系。开展伊斯兰教经文学校（班）、非法宗教活动、基督教聚会点专项治理工作。深入推进“四进”宗教活动场所工作，加强宗教活动场所建设，严格宗教活动场所翻建审批要求，开展宗教活动场所普查。

【**安全管理**】 建立健全各项管理制度。制定《宗教活动场所民主管理职责》《宗教活动场所翻扩建、维修审批制度》《宗教教职人员职责》《宗教人士例会学习制度》等工作管理制度，并通过现场指导、日常检查等方式，狠抓各项制度的落实，推动宗教事务向制度化管理转变。依法加强对宗教活动的管理。严格按照《宁夏回族自治区宗教活动安全管理暂行办法》要求和“谁组织、谁负责”“谁审批、谁负责”，就地、从简、小型、安全、有序的原则，坚持属地管理，履行宗教活动审批程序，开展“安全年”活动，制定防范突发事件应急预案，组织人员对宗教活动安全大排查4次，维护正常宗教活动秩序，确保信教群众人身财产安全。

平罗县伊斯兰教协会

【概　况】 2017年，县伊协高举中国特色社会主义和爱国爱教、团结进步伟大旗帜，以“强素质、树形象、促发展”为目标，依靠全县伊斯兰教界人士，学习宣传贯彻中共十八届六中、七中全会，十九大及习近平总书记系列重要讲话精神，全面贯彻落实科学发展观，引导伊斯兰教与社会主义社会相适应，与时俱进，开拓创新，加强协会自身建设，发挥桥梁纽带作用，为建设“四个平罗”做出积极贡献。

【思想教育】 坚持以“爱国、团结、进步、稳定、发展”为主题，按照“突出两点，抓好两头”工作思路，做好伊斯兰教人士和信教群众思想教育，即突出爱国主义和社会主义教育这两点，又抓好宗教人士和信教群众教育这两头。通过举办培训班、“卧尔兹”演讲等形式，学习宣传贯彻中共十八届六中、七中全会，十九大及习近平总书记系列重要讲话精神，提高伊斯兰教界人士大局意识、责任意识、爱国意识。组织宗教人士参加各级各类培训班。教育伊斯兰教人士和广大穆斯林群众充分认识到宗教活动要服从和服务于国家最高利益和民族整体利益，一切宗教活动必须在宪法允许内开展，形成爱国爱教、团结进步、服务社会氛围。要求开学阿訇要紧密结合《古兰经》和“圣训”经典教义，作出与时代相适应、有利于民族团结、有利于社会进步、人民幸福的阐释。把县委、县政府中心工作明明白白地告诉信教群众，利用各种宗教活动场合给信教群众讲政策、讲稳定、讲团结、讲发展、讲新农村建设等等。组织60名阿訇参加自治区经学院大专班招生考试。组织36名寺管会主任到自治区社院培训。

【主题实践活动】 在伊斯兰教界开展“念好两本经　再做新贡献”主题实践活动。教育引导伊斯兰教界人士在助推经济发展、促进宗教和谐、配合依法管理宗教事务、弘扬宗教文化、反对暴恐和抵御极端、服务社会、推进慈善事业发展七个方面做出新贡献。在清真寺悬挂横幅66幅，刷写标语156条，引导伊斯兰教界人士、广大信教群众参与全国双拥模范县、健康促进县创建活动。在伊斯兰教界开展弘扬社会主义核心价值观实践活动，发挥传统宗教优秀文化在培育和践行社会主义核心价值观方面的养成和促进作用。

【伊斯兰教事务管理】 加强对清真寺和开学阿訇的规范管理，严格落实清真寺、礼拜点等活动场所建设报批程序和登记制度，杜绝滥建、乱建清真寺现象。按程序完成县城规划区2处伊斯兰教场所（平罗城关南寺、平罗城关北寺）新建报批手续，筹建工作全面启动。举办伊斯兰教教职人员培训班，对全县203处清真寺阿訇和寺管会主任进行轮训。组织开学阿訇、寺管主任296人次参加全市宗教人士培训班，提高伊斯兰教教职人员综合素质。协助城关、通伏、高庄、灵沙、宝丰、渠口、红崖子等回族群众相对集中乡镇举办宗教人士培训班，专题宣讲《宁夏回族自治区宗教事务若干规定》《宁夏回族自治区宗教活动安全管理暂行办法》，参训人员1000多人。利用斋月举办平罗县第十次《古兰经》诵读暨“卧尔兹”巡回演讲。建立伊斯兰教工作报告制度。对一些非法宗教活动早发现、早处置，将影响宗教稳定的隐患解决在基层，消除在萌芽状态。配合宗教、公安部门处理非法传教活动。建立完善阿訇聘用制度。落实大型宗教活动管理暂行办法，做好大型宗教活动的管理服务工作，确保信教群众宗教活动有序、安全，抵御非法宗教的渗透，维护宗教领域和谐稳定。及时摸清移民村宗教格局构成、信教群众数量、构成及教职人员情况，在红瑞村和庙庙湖举办宗教教职人员培训班，配合宗教局、移民办做好宗教场所规划建设工作，理顺情绪，化解矛盾，确保移民村宗教和顺和社会稳定。

【发挥桥梁纽带作用】 在全县清真寺开展以“端正教风”为主题“和谐清真寺”创建、评比活动和民族团结进步创建活动。做好伊斯兰教教职人员考核工作，确保生活补贴发放。汲取吴忠清真寺火灾教训，针对部分清真寺建设早，存在用电线路、设备老化实际情况，在县供电局配合下，对全县所有伊斯兰教场所进行用电安全检查，排查出存在严重用电安全隐患场所36处，报县人民政府安排专项资金全部整改。通过发挥伊协桥梁纽带作用，激发伊斯兰教界人士和信教群众依法进行宗教活动，为创建和谐平罗做贡献积极性。全县伊斯兰教、穆斯林群众展现出团结鼓劲、凝聚人心、排忧解难、理顺情绪、协调关系、化解矛盾、消除隐患、维护稳定新场景，确保全县经济发展和社会稳定。

【服务社会】 与宁夏大地化工有限公司联合举办“民族文化与企业管理座谈会”，组织伊协常委4名为1200名企业回族职工演讲“卧尔兹”，促进回族文化与企业文化相互交融。协调大地公司等单位为清真寺建设、维修投入资金近100万元。通过设立穆斯林文化夜校、穆斯林普法夜校、穆斯林说和室、人口与计划生育宣传点等形式，参与民族经济、文化体育、计划生育、生殖健康、消防安全、纠纷调处等社会事业，拓宽伊斯兰教服务社会领域。

【工作配合】 县伊协配合县委统战部、宗教局中心工作，服务统战和民族宗教工作大局。配合宗教局对全县范围内清真食品加工企业、零售企业、餐饮网点检查，维护清真食品生产经营市场秩序。参与、服务朝觐工作，组织232名穆斯林群众朝觐功课并安全返回。做好部门包村工作，为宝丰镇陆渠村解决村部建设资金1万元，筹措资金3000元慰问困难户10户。参与“两节”慰问活动，主动做好贺节各项服务工作。

乡 镇

城关镇

【概 况】 2017年，以全镇47项重点工作为统领，围绕创新驱动、脱贫富民、生态立区三大战略，振奋精神，真抓实干，各项事业稳步推进，为与全县同步建成全面小康社会奠定坚实基础。被评为全区社区戒毒社区康复工作示范点、全区“书香之乡（镇、街道）”、2017年度全市食品安全先进乡镇。

【农业生产】 农作物种植面积2323.67公顷，其中小麦807.61公顷、玉米974.1公顷、水稻59.87公顷，各类经济作物482.09公顷，在沿河村连片66.67公顷以上玉米全程机械化示范园区1个，辐射推广面积666.67公顷。沿109国道扩大高端蔬菜产业带，实施小兴墩村2队连片22.4公顷露地蔬菜种植示范园区，实施773.33公顷高标准农田产业融合项目排水沟、灌溉渠等基础设施建设，改造园区一期200座旧棚，小兴墩村8公顷40座大中型拱棚投入建设，沿河村43座拱棚建设投入生产。围绕泰金种业实施“育繁推一体化”种业园区建设，协助举办第四届种业博览会，特色种子小镇项目获批实施。

6月14日，全国人大农委一行到平罗县城关镇调研土地改革和农业生产

【畜牧水产养殖】 落实养殖羊2.45万只、牛2335头、猪1783头、禽8.26万羽、水产164.8公顷。逐级落实动物疫病防控责任，推广“政府购买社会化服务”防疫模式试点，全年无重大动物疫情发生。在翰泉海水域配合实施以渔治碱稻渔综合种养示范项目和低碳高效池塘循环水养鱼示范项目，示范规模28.07公顷，总投资300余万元，大水面和标准化养殖并举、生态水产和精品渔业并重发展模式逐渐形成。

【农业基础设施建设】 以实施项目为契机，夯实基础设施。在沿河村实施“增减挂钩”土地复垦项目，复垦土地20余亩。在步口桥村实施全国新增千亿斤粮食生产能力规划田间工程，辐射面积266.67公顷，平整土地80公顷，新开斗沟1.1公里，新开农沟7.2公里，新建沟道配套建筑物81座；新建并砌护农渠13.9公里、斗渠2公里，新建渠系配套建筑物1476座。在小兴墩村、沿河村、前卫村实施高标准农田产业融合项目，建设高标准农田860公顷，治理沟道3.56公里，沟道

秋季农田水利建设工作现场

清淤5.0公里，砌护斗渠0.85公里、农渠5.6公里，实施暗管排水461.33公顷，新建配套建筑物698座，平整土地50公顷，在全县农田水利基本建设评比中名列前茅，为农业增产农民增收奠定基础。

【招商引资】 争取平罗陈桥房地产开发有限公司平罗鼓楼大厦开发项目、宁夏方舟新能源材料有限公司年产1万吨电池级磷酸铁及2000吨磷酸铁锂项目等各类新建续建招商项目11个，投资2.65亿元。申报前卫村渠道砌护、星火村巷道硬化等一事一议财政奖补项目9个，批复实施沿河村2、8队，三闸村3队，步口桥村6、7队，老户村8队，星火村4、5、6队等5个巷道硬化项目6.78公里，总投资382万元。

【市场功能配置】 推进利民市场关停，整顿玉皇阁市场经营秩序，对12座锅炉实施“煤改气”淘汰置换，提升富乐民蔬菜批发市场基础设施，引进客商投资300余万元新建仓储库房4600平方米，投资15万元改造供暖管网。紧盯和平村公益性标准化菜市场建设进度，投资2146万元。

【启动村级互助担保基金】 争取自治区金融办农村金融改革创新试点工作经费80万元作为引导资金，指导前卫村、星火村注册成立村级互助担保基金，分别与沙湖村镇银行、农村商业银行合作以1比5至10倍提供低息贷款，发放贷款64万元，解决村民创业融资难问题。

【全县重点项目建设】 配合改造棚户区5614户，整治老旧小区21万平方米，配合推进唐徕渠带状公园、“五湖四海”、西线高速连接线及景观走廊、京藏高速公路改扩建、德渊路、文昌路、永安东路延伸段、萧公大街南延伸段、公安局训练基地、热电联产二期三期等全县重点项目建设，征收土地243.99公顷。

【农村改革】 将改革作为激发农村活力、促进增效惠民的重要举措，产权抵押贷款发放120笔373.5万元。落实5369户农村土地、2795宗农村不动产（两证合一）确权登记颁证，发证率分别达96.6%和100%。收缴农村集体荒地承包费13.18万元、宅基地超占面积有偿使用费38.97万元，收缴率100%。首批集体经营性建设用地入市交易2宗15.29亩，小兴墩村、星火村分别收缴出让金48.52万元和33.42万元。实施关渠村、新利村“村改居”，和平村、合作村股权量化，前卫村3队、4队村庄整队退出等试点工作。

【扶贫帮困】 全镇特困供养人员80人，城乡低保覆盖1479户2179人。全年发放城乡居民临时生

和平村公益性标准化菜市场大楼

“秋之果”采摘节暨最美城关人颁奖仪式

活困难救助资金19.39万元，惠及138户465人；发放残疾人护理补贴640人5.12万元，残疾人困难补贴553人5.53万元。

【社会保障】 城镇新增就业4125人，失业人员再就业4321人。城乡居民养老保险参保4188人、医疗保险参保38999人，参保率分别达到53%和75%。被征地农民养老保险参保4076人，参保率100%。

【医疗卫生】 开展国家免费孕前优生健康检查455对；落实已婚育龄妇女免费“两癌”筛查500对；落实独生子女保健费55万余元，落实率100%。配合通过国家健康促进县验收，申报健康村居11个、打造“健康小屋”示范点12个。

【文化事业】 以“舞动城关·畅想平罗”为主题，开展“春夏秋冬”四个篇章等各类文化活动近20场，参与群众数万人，春节社火荣获市、县奖项，巾帼T台秀、建党文艺专场、果蔬采摘节等活动获得较大反响。投资16余万元建成400平方米群众文化活动中心，引进投资30万元群众大舞台项目落地饮马湖广场，为群众展示自我搭建平台。推动移风易俗，选举建立红白理事会33个，村居覆盖率100%，打造平罗县首个“移风易俗主题公园”，举办“故事会”等系列活动，表彰“最美城关人”20名。

【社会治理】 实施20个老旧小区物业管理交接，投入80万元，加强老旧小区安保配备和日常管理。打造东苑社区411平方米、铁东社区844平方米社区服务站项目，实施二闸村阵地置换，落实前卫村、前进村、新民村阵地建设。以服务为遵旨，创新社会治理，形成“一居一品”特色社区。和平社区争取自治区民政厅建设资金，建成投用1296平方米日间照料中心，以“三社联动”项目深化社区服务水平。唐徕社区以居民需求为导向开展多方联动服务，打造智慧社区，推行“菜单式服务暖民心”工程，被评为2017年全国综合减灾示范社区。阳光社区形成“一警七员”（1名片警，网格员、公益员、户管员、调解员、消防员、安防员、禁毒专干）工作模式，提升社会治理水平。明珠社区注册成立“明珠红马甲志愿帮扶协会”，根据服务群体和需求不同提供精细化服务，全年开展各类志愿服务活动100余场次、帮扶慰问孤寡老人及困难家庭320户、资助困难学生300余名、夜校培训1039人并为891人发放资格证书，通过志愿服务搭建起联系居民的桥梁。

【平安建设】 建立社区警务室18个，对特殊人群基础信息和动态变化全面准确掌握，以“564工作法”形成平安建设工作合力。推进“禁毒示范乡镇”创建，完善3个社区禁毒康复站功能，高标准打造古城社区规范化戒毒康复站，星海社区被确定为全县唯一禁毒示范社区。开展安全生产培训40余场次，对重点领域行业开展安全隐患

“夏之火”七一文艺专场演出

大排查700余次，建立整改台账落实整改，荣获“石嘴山市食品安全示范乡镇”荣誉称号。深化“无访乡镇”和“无访村居”创建，实行派遣单、领导包案化解机制，97%以上的矛盾纠纷被化解在基层，消除在萌芽状态，维护十九大等重要时间节点社会大局稳定，镇人民政府荣获“石嘴山市党的十九大安保维稳工作先进集体”。启动全国民族团结进步示范乡镇创建，巩固民族团结、宗教和顺、社会稳定良好局面。

【生态环境整治】 结合中央第八环保督查组整改要求，开展主干道路、城市出入口、城乡结合部专项整治及拆迁场地平整，投入资金77万余元，改善环境面貌。造林面积27.65公顷，栽植各类苗木2万株，实施关渠村和农牧场闲置土地以育代植，抓好109国道、109国道新线、京藏高速东侧等农田林网建设，优化生态环境。管控秸秆禁烧，采取“封、禁、堵、压、打、用”综合措施，严格追究焚烧当事人和监管责任人责任，发放宣传彩页万余份，推动秸秆机械化还田回收打包小麦秸秆186.67公顷，旋耕复种80公顷，回收打包玉米秸秆9600余吨用于牛羊饲养节本增效，综合回收利用率83%。落实河长制，对流经镇域9条重点河湖全面建立镇、村两级河长体系，构建责任明确、协调有序、监管严格、保护有力河湖管理保护机制。

【自身建设】 以“强基进位·星级创优”为总抓手，形成班子成员“三联系一接访”制度，18个村居支部成功创建三星级及以上服务型党组织，占总数55%，提升基层服务水平。落实村“两委”班子换届及后续村民代表、村监会、村妇女组织建立，优化村居干部年龄、学历结构。协调落实东苑、铁东社区服务站阵地建设项目，实施明月、明珠、新世纪社区、二闸村等阵地维修改造项目，打造镇党建工作室、人大之家、金顺社区“两代表一委员”工作室等示范点，投入资金220余万元，提升硬件保障水平，完善组织建设。创新党建载体，鑫盛社区“鼓楼商圈党群活动服务中心”、新利社区“党员互助站”、金顺社区“一线五联七服务”和“爱心储蓄银行”、和平社区“党建+项目”、和平村“双创行动”等载体示范、带动、辐射作用发挥显著。落实为民服务资金管理办法，投资80万元分配到村用于农村基础设施建设及环境治理、公共服务、文化体育、农村教育等77个项目开展，创新党建载体。修订完善《干部管理制度》《财务管理制度》《站所职能分工》等规章制度，规范社区管理办公简化、理顺社区业务、人事、财务管理流程建章立制。推进基层政务公开标准化规范化试点工作，利用政府信息公开网、公示栏等公开信息1700余条，在全镇16个村实现“村廉通”工作全覆盖，实现阳光透明村务。主动接受社会各界监督，承办或协办各级政协提案1件、各级人大建议5件，办结率87%，政务运行透明。开展作风效能提升年活动，坚持制度化导向压实责任、问题导向深入走访、务实导向真抓实干，处理违反作风效能规定干部6人次，走访收集问题246件，建立台账整改销号，转变干部作风。落实党风廉政建设“一岗双责”，推进中央八项规定精神“回头看”，开展查处涉农扶贫领域腐败问题专项行动，初核问题线索3件，转立案1件，深化廉政建设。

陶乐镇

【概　况】 2017年，树立新发展理念，全面落实各项决策部署，开拓创新，苦干实干，镇村面貌明显改观，群众福祉显著提升，社会事业全面进步，为打赢脱贫攻坚战、全面建成小康社会奠定坚实基础。全年招商1.2亿元，引资3730万元，财政拨款收入3509万元；固定资产投资4.11亿元，比2016年增长190%；农民人均可支配收入12231元，比2016年增长7.3%。特色小镇总体规划及培育方案编制通过，被自治区列为全区首批十个特色小镇培育试点之一，获得“全国第四批美丽宜居示范村、中国最具发展特色名镇、自治区级特色小镇、石嘴山市田园小镇试点、石嘴山市文明镇、全县尊师重教先进集体”等称号。

【基础设施】 争取各类资金1亿多元，实施施家台子村600公顷新增千亿斤粮食生产建设项目、马太沟村和东园村366.67公顷六大沟片区暗管排水农田改造项目、东园村及治沙林场片区200公顷耕地占补平衡项目、王家庄和东园村600公顷耕地国土高标准农田整治项目，新开斗渠4条5.1公里，砌护斗渠8条5.6公里，农渠130条48公里，新开农沟66条38公里，平整土地240公顷，铺设暗管71.33公里，清淤各类支斗农沟301条162.2公里，砌护干支渠287条138.5公里，修建配套建筑物479座，整修农路316条384公里，新增畦田口7500座，改善农业基础设施，提升农业生产能力，代表全县顺利通过自治区“黄河杯”农田水利建设验收，取得一等奖。

【优化生产结构】 在稳定粮食生产基础上，发挥制种、草畜、瓜菜等特色农业优势，依托上海西繁种业、鑫宏种业、金丰种业等龙头企业，建设洋葱和南瓜杂交制种示范园区2个，带动全镇发展制种面积533.33公顷；打造河东沙漠瓜菜高端示范基地，抓好华泰农等4个瓜菜园区建设，采用集约化基质穴盘育苗和嫁接育移栽、滴灌水肥一体化、测土配方施肥等新技术，种植西甜瓜100公顷、各类蔬菜66.67公顷，瓜菜远销重庆、广州、香港等地，促进700余人就近务工，实现劳务收入800余万元；依托天源復藏和庙庙湖生态移民养殖园区，推动草畜产业一体化发展，全年肉牛饲养量3100头，基础母牛存栏896头，羊只饲养量13.5万只，禽饲养量20万羽。

【农村综合改革】 全面完成农村宅基地确权颁证，收取宅基地超占面积有偿使用费73.3万元，发证2565本，发证率100%，率先落实宅基地超占面积收费任务；在庙庙湖村开展宅基地使用权和房屋所有权“两证合一”不动产登记发证工作，发放不动产登记证926本；全年审核办理土地抵押贷款192笔1350万元。开展农村“三项制度改革”工作，调查测量集体建设用地17宗，解除干草坑53.33公顷水面及周边6.67公顷集体土地租赁合同；庙庙湖村与客商通过协议出让形式入市3.33公顷集体建设用地，为村集体增加收入30万元。增强农村经济发展新活力，新培育农业新型经营主体18个，争取壮大村集体扶持资金200万元。摸清农业发展“家底”，对全镇2447户农户、19户规模户及20家单位户进行全国第三次农业普查入户摸底调查，全部录入PDA国家数据库。

【特色小镇建设】 以康养为核心产业，以生态旅游、休闲农业、养生养老为基础产业，发展“康养+旅游”“康养+农业”“康养+生态”多元一体的康养特色小镇。根据特色小镇总体规划，编制《平罗县陶乐镇康养特色小镇培育建设方案》，计划投资11.3亿元实施40个项目，加快推进西环路道路及给排水工程、人民广场提升改造工程，安装维修太阳能路灯547盏，陶鄂路北侧、红陶路东侧段8.6公顷生态绿化及庙庙湖村73.33公顷经果林，6家农家乐、庙庙湖生态旅游景区、拉巴湖生态旅游景区5个基础配套项目投入运营，庙庙湖村庄公厕、肉牛养殖园区等5项美丽村庄建设项目。

2017年4月1日庙庙湖景区“大漠桃花节情定庙庙湖”活动

2017年8月17日，新华社、宁夏石嘴山日报媒体记者进陶乐

【农村环境综合整治】 投资159万元，争取资金配套铲车1辆，清除垃圾1600余吨，拆除私搭乱建780处，治理农村面源污染。实施主干道路两侧及各村（居）环境综合整治工程，清理垃圾9000余吨，平整绿化带5000平方米；打造“一园两路”绿化经济宽幅林带，实施多层次村庄绿化，栽植绿篱带10公里，补植绿化树木1.5万株，经果林11.53公顷，总投资500余万元，全镇绿化面积达到73.33公顷，改善镇村人居环境。

【矛盾纠纷排查】 结合“打牢基层基础工作年”活动，以“大走访、大排查、大接访、大化解”为载体，健全信访维稳长效机制，解决影响社会和谐稳定的源头性、根本性、基础性问题，网格干部47名走访群众4243人次，发现并解决隐患184件、求助242件，调解各类矛盾纠纷192件，调解成功率98%以上，接警报案率同比下降48.6%，其中：社会治安案件同比下降45%，刑事案件同比下降42.9%。

【社会救助】 加大社会救助力度，全年发放低保、五保、残疾人津贴等各类救助款226万元，改造农村危房6户，统筹城乡居民养老保险和医疗保险参保率分别为27.2%和54%。

【文化事业】 投资300万元提升改造镇人民广场，硬化绿化广场6410平方米，完善休闲廊道等活动设施，夯实群众精神文化生活平台；举办“宁夏·平罗第二届大漠桃花节”、中国宁夏平罗拉巴湖第四届沙漠越野车大赛嘉年华、陶乐休闲农业观光体验节等活动，接待游客13万余人次，实现经济效益65万元；组织广场文化体育活动30场次、各类民间艺术团体演出33场次，分别荣获全县广场健身操大赛一、二等奖。

【和谐社区】 开展为老为小服务活动，打造民便、民乐、民康、民安“四民”社区。陶乐镇东街社区打造日间照料中心，推行“456”为老为小服务模式，西街社区推行“6310”组团式为老服务模式，和谐社区创建取得良好效果，评选最美家庭3个，白琴被评为第六届全国道德模范。

【村级民主治理】 落实村民代表职责、村民代表议事规则等制度，推进村级民主自治制度化、规范化、程序化，形成在党组织领导下充满活力、和谐有序的村级民主自治管理新格局，落实第十届“村两委”换届工作。

【脱贫攻坚】 落实党政“一把手”脱贫攻坚工作责任制，建立镇党委领导班子成员包区、网格干部包户，帮扶单位、驻村工作队、村“两委”班子成员共同参与的五位一体脱贫攻坚工作体系，推行“互联网+”、一揽子式工作方法，解决群众民生诉求、矛盾纠纷、产业发展等方面问题，精准施策促脱贫。实施肉牛养殖园区、新丝陆服装加工、80万立方米抗旱调蓄补灌水库、黄土梁泵站改造等扶贫项目，做大做强华泰农、天源復藏、中青、上海西繁等农业龙头企业，全年实现移民就业1200人次，收入500余万元；自主创业193户，兑现“双20条”扶持资金350万元，通过平罗农商行、沙湖村镇银行、妇女创业贷款、村级资金互助社等平台为群众提供资金支持1800余万元，贷款农户近700户；实施农村贫困人口健康状况普查和“因病致贫返贫”家庭、患者、病种核准工作，建立贫困人口基本医保信息身份识别系统，联合平罗县人民医院陶乐分院对移民群众义务检查身体11次；全面核查低保、五保、高龄、残障、孤儿底数，取消低保人数103人，调整新增低保人数356人，为895户1383人发放低保金132.82万元；与金融机构对接，为农户发放贷款总户数549户909万元。全年脱贫退出159户922人。

【党风廉政建设】 开展作风效能提升年活动，推进“两学一做”学习教育常态化制度化，执行中央“八项规定”，建立干部日常管理月度统计、公示、通报、处罚工作新机制，持之以恒整治“四风”，政风行风明显好转。强化制度监督约束，按照《平罗县落实〈建立健全惩治和预防体系2013—2017年工作规划〉实施方案》要求，强化全镇惩治和预防体系建设，完善《党风廉政建设和反腐败、廉政风险防控工作实施方案》，严格落实“三重一大”集体决策和“一把手”末位表态议事决策制度，主动公开接受各方监督；开展“三资”及财务专项检查，加大农村涉农扶贫领域中出现骗取冒领、截留挪用、优亲厚友、吃拿卡要、挥霍浪费及监守自盗等案件查处力度，全年办理案件6起，对本镇损害群众利益1人立案查处。严格落实党风廉政建设和“一岗双责”，镇党委书记同班子各成员、村（居）、站所主要负责人签订党风廉政建设责任书21份，突出重点领域、关键部位、特殊岗位审计监察，下发督查通报22期，问责工作人员11名，形成“一把手”负总责、一级抓一级、层层抓落实工作格局。

黄渠桥镇

【概　况】 2017年，坚持“历史名镇、文化兴镇、饮食靓镇、旅游旺镇、特色立镇、产业强镇发展定位，开拓创新，真抓实干，凝聚改革发展正能量，推动镇域经济持续健康发展。被共青团自治区委员会授予全区五四红旗团委，在市、县“金鸡报晓闹新春”秧歌社火展演比赛中荣获一等奖，被评为全市政策性农业保险“先进集体”。镇妇联区域化工作、制种产业、壮大村集体发展项目、美丽村庄建设等项目接受国家、区、市、县主要领导数次观摩。

【制种产业】 打造全区蔬菜黄金制种第一镇品牌，按照“企业+基地+农户”产业化经营模式，依托泰金、绿春等种子企业，在五星、西润、惠北等村落实33.33公顷蔬菜制种示范园2个、20公顷蔬菜制种示范园3个，核心面积166.67公顷，带动全镇蔬菜制种面积1333.33公顷。

【养殖业】 以规模养殖场建设为抓手，加大对红斌、广润源等养殖企业扶持力度，投资500万元建设前光种禽养殖场二期建设，提升企业市场竞争力，力促畜牧业向产业化、规模化方向发展。全镇肉牛饲养量2.8万头，存栏1.5万头；肉羊饲养量29.8万只，存栏6.7万只；其他家禽家畜饲养量10万羽。

【村集体经济发展】 投资344万元，在五星村建设惠民蔬菜合作社，建成种子精选加工车间1200平方米，田间培训学校、仓库等设施500平方米，购置一体化种子精选、色选、比重机、包装机等设备，建设生产线一条，年可精选蔬菜种子400万公斤，村集体可增加收入30万元。整合资源，争取自治区农牧厅田间学校培训项目资金20万元、自治区残联残疾人扶贫培训基地项目资金20万元，就地办学取得实效。支持广地集团宁夏益昇公司投资1000万元，建设86.67公顷高端蔬菜种植基地。

【农业保险】 宣传、推广政策性农业保险工作，落实小麦、玉米、架豆、番茄等农作物政策性农业保险面积6000公顷，保费收缴25万元。赔付90万元。

【农村综合改革】 推进农村三项制度改革工作。宅基地确权登记收费50.79万元，收费率95%以上，率先实施农房普查工作。集体经营性建设用地入市改革方面取得新进展，由五星村把闲置多年脱水厂收回12.61亩，存量集体经营性建设用地作价66.07万元，通过土地作价入股方式入市，建设种子精选加工项目，发挥集体建设用地资本功能，助力壮大集体经济。推进农村集体产权制度改革。完善土地规范化流转机制，建立完善农村产权电子交易平台。全镇流转土地总面积1666.67公顷，流转租金500万元。办理“三权”抵押贷款255笔，贷款金额1235.3万元。

【重点项目建设】 全镇实施各类项目31个，总投资3845万元。投资1420万元，实施四渠村4、5队美丽村庄建设项目1个，落实20户移民集中安置点建设，1.6公里巷道和3300平方米广场硬化工作。投资405万元，实施“一事一议”财政奖补项目8个，硬化道路6条11公里，硬化广场2个。投资70万元，实施为民服务项目14个，改善农村基础设施条件。投资800万元，实施京藏高速公路黄渠桥段拓宽征地拆迁项目，征地11.47公顷，拆除房屋10户48间；争取县交通局通达工程项目1个，硬化道路2.9公里。投资1100万元，实施“引五济昌”项目工程，收储农户土地2.83公顷，拆除房屋6户12间，改善农业灌溉条件。落实红光村、万家营村、四渠村国土整治项目后续工作，清淤支、斗、农沟281条，维修建筑物136座，解决农业生产问题。投资50万元，实施绿色长廊工程，春季造林面积27.07公顷，6.5万株。

【精准帮扶】 按照“1+1+1”模式（1名县直包扶干部加1名镇村干部帮扶1户移民），对98户建档立卡户628人一对一精准帮扶，找准帮扶户脱贫致富项目，加强帮扶户培训，培训2期，培训人员110人，实现外出务工就业171人，发展种养业38户，建档立卡户脱贫50户。

【民生工程建设】 完善移民新村设施建设，投资60万元对移民居住点道路及其他设施建设，对“十二五”时期125户移民房屋顶全部做防水处理，对22户移民房屋维修，确保移民搬的来、稳的住、能致富；危房改造70户，其中对全镇极度贫困户采取政府指导，群众自建形式，每户建造住宅36平方米41户，解决弱势群体住房需求。

【村级民主治理】 实施村委会、村监会、村民代表选举工作，配齐配强村委会班子，落实好村委会职责，村民代表会议制度等，加强村级民主治理；打造西润村、渠中村两个村级民主治理示范点。

【养老服务体系建设】 健全“三留守及为老服务”体系，完善各项制度，推进黄渠桥社区日间照料中心正式运行，在通润村建设“儿童乐园”，解决社区周边36名孤寡老人及部分留守儿童生活问题；完善西润村养老互助院管理机制，解决养老社会问题。

【特色小镇建设】 投资36万元建成红色教育基地附属设施，投资30万元新改造2座旅游厕所，投资16万元完善旅游标识、宣传牌，红色教育基地被石嘴山旅游委批准为国家A级旅游景区，接待社会各界观摩学习120批次8500余人。挂牌成立平罗黄渠桥古镇景区管理委员会，与文化、旅游、农牧、发改、财政等部门沟通对接，精心编制项目，在旅游设施、园区道路、生态绿化等方面争取项目支持。同时，与县档案、县志办等部门积极沟通，搜集资料，启动中国名镇志文化工程《黄渠桥镇志》编修工，弘扬平罗县文化产业的发展。

【群众文化】 组织330多人社火队，在区、市“两节”社火展演中取得“全市第一，全区名扬”成绩。参加全县老年人广场舞大赛、“金桥杯”广场舞大赛、庆“三八”趣味文化体育活动、第六届农商行杯运动会、庆“五四”青年节等文化体育活动和“秋收乐”文化宣传月等活动，在创建国家公共文化体系示范区建设中发挥作用。

【乡村旅游文化节】 举办历时8天宁夏·平罗（黄渠桥）第二届（羊羔肉）特色美食暨乡村旅游文化节，参加评比餐饮企业及餐饮经营商户近百家，每天到场群众近万人之多，实现经营收入800万元。通过媒体、美食文化节推介羊羔肉、糖麻丫等黄渠桥镇四大名小吃，提升“黄渠桥”知名度、美誉度和影响力。

【道德讲堂活动】 引导干部群众崇德向善，开展“道德讲堂”活动6期，开展“推动移风易俗、树立文明乡风”为主题活动2期，参加人员396人。评选最美道德模范20户。利用集市发放宣传册，张贴宣传海报、刷写标语，设置宣传栏，利用黄渠桥微信公众号、微博等形式广泛宣传，培树典型、凝聚党心、民心，夯实群众思想道德基础。

【妇女工作】 村“两委”换届时，将500户以上4个村妇代会改建成为妇联。突出创业带动巾帼致富项目，办理妇女创业小额担保贷款500余万元，举办各类技能培训8场次，培训妇女技能人才700余名。发挥党建带妇建，依托革命传统教育基地，将妇女之家建在黄渠桥镇文化活动中心，用红色文化引领妇女工作，达到阵地共建、资源共用、成果共享效果。

【“两学一做”学习教育】 将“两学一做”学习教育与履行党风廉政建设主体责任、加强基层组织建设及各项重点工作结合起来。落实“党员活动日”和“三会一课”制度，组织镇村干部开展“作风效能建设提升年”活动，走访农户500多人次，征求意见及梳理问题136件，答复意见7件，解决问题65件，提升党员干部队伍整体素质。

【党建工作】 开展以活力党建为基础，文化党建为支撑、产业党建为载体、幸福党建为目标“四为党建”新模式，实现各支部党建从粗线条管理向精细化、标准化管理转变，从“一为党建”逐步向“多为党建”完善，最终实现“四为党建”，全面提升黄渠桥镇党建工作质量，增强基层党建生命力、创造力和影响力。

【“星级服务型党组织”创建】 抓好“星级服务型党组织”创建工作，打造西润村、渠中村2个党建示范点。申报四星级党组织3个，三星级党组织6个，二星级党组织4个，一星级党组织1个，投资10万元改造通润村村部，营造氛围，功能完善，党的基层阵地焕然一新。

【党风廉政建设】 落实党风廉政建设主体责任和领导干部“一岗双责”，推进惩治和预防腐败体系建设，贯彻落实两个条例，解决群众反映强烈突出问题，查办各类违纪违法案件，全年查处违纪案件3起，处理3起。投资4.8万元打造纪委谈话室，结合党建示范点开展西润、渠中两个新的高标准“勤廉为民”示范村建设，以点带面，扩大廉政文化宣传范围；开展党务、政务、村务公开，广泛征求群众意见，促进党员干部作风转变。

【信访维稳】 落实领导接访和责任人包案工作制度，按照大综治服务模式，强化矛盾纠纷调处“四项机制”，对一些缠访、积案，坚持多元调解，把矛盾化解在基层。举办信访联系会3次、法治培训班8场次，发放宣传资料1850份，化解各类矛盾纠纷65件，调解率96%，无非正常进京上访事件。

【平安建设】 投资10万元建设标准化禁毒室。每季度开展一次法律政策和禁毒宣传工作，发放宣传资料550份，举办法治培训班5场次，参与群众200人次。吸毒人员较上一年同期有所下降。

【安全生产】 落实“党政同责，一岗双责”责任制，做好食品安全、道路安全、防震减灾等工作，每月组织各村开展一次对辖区内宗教场所、小微企业、个体作坊、养殖场等场所安全生产宣传和自查工作，及时发现问题立即督促整改，做到逢节必查，全年未发生重大安全事故。

【招商引资】 推动深中天然气加气站项目、广地集团宁夏益昇高端蔬菜种植项目、五星村壮大村集体经济发展项目，引进外地客商在前光村、侯家梁村建设肉羊养殖及配套有机肥颗粒饲料加工等项目，招商项目到位资金1亿元。

姚伏镇

【概　况】2017年，适应经济发展新常态，以助农增收为前提，以产业发展为支撑，以完善基础设施建设为保障，以改善民生工作为切入点，以打赢脱贫攻坚战为任务，依托区域优势，挖掘潜力，发展特色农业，全镇呈现出经济发展、社会稳定，社会各项事业健康协调发展的良好态势。

【农业优势特色产业】沿109国道培育培优蔬菜产业，建成北营子优质蔬菜园区36公顷、团庄村供港菜园区200公顷、周城村蔬菜园区45.33公顷、灯塔村蔬菜园区34公顷，示范带动全镇优质蔬菜种植面积2066.67公顷。沿302省道打造优质水稻统种分管基地，按照“科研院所+企业+基地+农户”模式，实行“六统一、一分管”的“统种分管”模式，在永胜、团庄、小店子村建设自治区农科院合作项目200公顷、水稻制种133.33公顷、水稻综合种养观光园66.67公顷（含水稻以鱼治碱项目20公顷），带动全镇种植优质水稻面积1733.33公顷。在京藏高速公路两侧张家墩、北营子村实施水产鱼塘浅改深项目200公顷。抓好畜禽防疫和畜牧生产工作，全镇有养殖户2611户，全年生猪饲养量2.73万头、牛饲养量3696头、羊饲养量1.59万只。

【民生服务】登记认证80岁以上老人享受高龄津贴209人，临时救助136户7.78万元，重要节日期间慰问特困户、五保户、军烈属、复退军人、残疾人150户7.5万元。推进全民创业转移就业，劳动力转移就业2078人，实现工资收入1795.2万元；创办小企业30个，培育小老板45个，创新岗位430个，带动就业400人；创建农民工返乡创业园区1个，带动就业39人。

姚伏镇团庄村苦瓜生产基地

【农村改革】落实超占面积有偿使用费收缴，收缴率100%。推进农村产权抵押贷款工作，全年办理抵押贷款138笔，贷款687.2万元。全面推进农村改革“五个一”项目。实施农村改革经营性股份合作制度改革试点1个（小店子村），“以地养老、以权养老”试点2个（小店子、团庄村），集体经营性建设试点2个（永胜村、灯塔村），2宗土地入市交易，村庄退出整治试点3个（永胜、灯塔、赵渠），对永胜村4队实施村庄退出整治，建设农业社会化服务体系1个（平罗县宁田农业服务公司）。

【基础设施建设】争取一事一议财政奖补项目8个。对109国道和302省道姚伏段绿色长廊补植补造、京藏高速公路两侧62条沟道平原绿网提升工程造林和小城镇街道绿化，补植树苗9万余株，造林面积53.5公顷；实施高标准农田示范方2个，整修农路672条、清淤渠道714条，辐射改造面积906.67公顷。

【精准扶贫】全镇建档立卡户141户814人，已脱贫64户379人。开展产业帮扶，鼓励扶持发展牛羊养殖，协调帮扶建设圈舍、补栏羊只，上半年脱贫攻坚产业验收，全镇养殖业验收符合补贴标准22户，其中，建档立卡户15户，建标准化圈舍14户1066.3平方米，肉牛1户3头，肉羊1户46只。种植业验收符合补贴标准3户，均在周城村移动式大棚蔬菜园区种植苦瓜，种植面积2.1亩。开展就业创业帮扶，提升建档立卡户就业素质，举办为期20天的电工、电焊工培训班，参加培训85人，73人取得技能证书。落实教育帮扶，配合姚伏小学、周城小学，提供建档立卡户家庭

4月7日，县长马莉方（左二）到姚伏镇团庄村调研设施农业生产情况

学龄儿童名单，保证学生及时享受各项教育补贴；落实“雨露计划”，春季申报并享受政策16人，解决因学致困问题。协调金融帮扶，与黄河农村商业银行沟通，为符合贷款条件的25户建档立卡户发放贷款84.5万元。对接帮扶部门7个单位，落实帮扶资金16.07万元。

【平安建设】 按照提升“五项工程”，开展“八大专项治理”，推进“六项深化”工作任务落实要求，将镇综治、民生、信访、维稳、司法工作力量整合，优化网格，加强国家安全宣传、矛盾纠纷排查，联合驻镇派出所、卫生院打造戒毒康复中心，建立姚伏镇精神障碍患者爱心服务站，沈渠、北营子、大兴墩、赵渠村开展平安电话联防试点。开展“矛盾纠纷大排查大调处活动，对排查出的矛盾纠纷责任到人，限时化解。全年化解疑难信访案件12件，全镇社会治安稳定，无命案发生，无重大民刑事案件，无重大矛盾纠纷。

【精神文明建设】 健全完善党委中心组理论学习，加强意识形态领域工作，加强思想文化宣传、精神文明建设。全年组织群众性广场舞活动17场次，开展道德模范、“最美人物”等评选，营造人人争先进、户户促和谐良好氛围。开展趣味运动会、文艺汇演等4场次，丰富群众文体生活。

【招商引资】 全年引进鑫源绿源养猪场、天然气项目、沙湖水上人家、谭劲松养鱼休闲山庄4个招商项目，概算总投资1.9亿元；对接招商项目1个，正在洽谈，计划投资2000万元；全年固定资产投资4亿元。

头闸镇

【概　况】 2017年，适应经济发展新常态，加强党的建设，创新社会管理，完善基础设施，着力改善民生，培育特色产业，打造繁荣富强、和谐美丽头闸。红岗村被评为自治区民族团结进步创建活动示范村，头闸九年制学校被评为自治区级文明校园，红岗村等7个村被评为石嘴山市文明村。

【优势特色产业】 以打造银北蔬菜制种产业第一镇、创建国家级制种核心区为目标，将制种产业作为农民增收的有力抓手，依托泰金、绿茵、兴农等6家制种企业，在西永惠村、永惠村、双渠村、东通平村流转土地233.33公顷，建设高标准瓜菜杂交制种核心示范区5个，辐射带动全镇发展制种面积1120公顷；在西永惠村建设33.33公顷玉米绿色增产攻关示范园区，在头闸村建设小麦匀播制种园区13.33公顷，推进制种产业健康发展，促进农民增收。西永惠村制种基地承接中国·宁夏·石嘴山（平罗）第四届种业博览会。推进草畜产业，以宁羊集团、千叶青、丰德

头闸镇西永惠村蔬菜制种园区

全县秋季农水建设观摩头闸镇

牧业有限公司等龙头企业为支撑，发展草畜一体化产业，苜蓿种植面积666.67公顷，以草产业带动畜牧业发展，全镇羊只存栏6.5万只，实现草畜产业深度融合，草畜一体化产业发展势头良好。

【农村综合改革】 推进农村土地经营权证登记发放工作，发放土地经营权证5593本，发证率99.2%，收取荒地承包费58万元。落实宅基地发证和超占面积有偿使用费收缴工作，发放宅基地证5100本，收缴宅基地超占面积有偿使用费61.8万元；推进农村宅基地制度改革，第一阶段“两证合一”工作入户登记，第二、第三阶段纠错张榜公示，为农房农地不动产权证发证工作奠定基础。探索农村集体经营性建设用地入市工作，西永惠村、东永惠村集体土地入市2宗5.4亩，增加村集体经济收入21万元。开展三权抵押贷款工作，土地抵押600户，抵押土地面积825.59公顷，贷款金额2575.6万元。探索土地股份制合作经营，在西永惠村成立田佳盈农业专业合作社，与69户农户签订5年土地入股合同66.8公顷，开启现代农作物制种发展新模式。

【基础设施建设】 投资184万元，实施小城镇休闲游园续建工程，硬化场地7804平方米、道路2185平方米，绿化面积1593平方米，建设亭廊4座，提升小城镇品位。实施春秋两季农田水利基本建设，清淤支沟24条64.6公里、斗沟54条62.7公里、农沟447条268.9公里，整修农路756条448公里，新建及维修各类配套建筑物55座，建设高标准农田示范方2个。实施头闸镇二渠、末级渠系砌护项目和红岗村何张渠翻建工程，砌护斗渠、农渠22.5公里，新建维修配套建筑物21座；开挖沟道3.8公里，平田整地36.67公顷，清淤沟道435条232公里；争取县水务局盐碱地改造沟道治理项目，实施永惠村一丁子、二丁子沟、双渠村双五支沟、头闸镇东沟、红岗村和立新村交界沟干砌石砌护17公里，解决灌排难问题。争取高效节水项目，在双渠村、永惠村、西永惠村实施节水滴灌项目300公顷，提高农业生产基础条件。实施机深翻、机深松1933.33公顷，受益农户2068户。争取财政“一事一议”道路硬化项目7个，实施东通平、裕民、立新等5个村村庄道路硬化8.8公里，解决出行难问题。

【民生服务】 开展创业富民工程，全年转移劳动力2560人，新培育小企业18个、小老板19个，实现劳务收入2037.5万元；申请妇女创业小额贷款172户，贷款金额865万元。完善社区日间照料中心、老饭桌及技能培训室、电子阅览室、健康理疗室、文化活动室等功能，为社区居民及周边群众提供优质服务。推进脱贫攻坚工作，落实“十三五”时期异地扶贫移民搬迁30户150人；与各帮扶单位对接，为44户建档立卡贫困户落实帮扶资金2.05万元；实施精准扶贫，为有养殖意愿移民建设标准化圈舍31座、面积2517平方米，

头闸镇人大代表讨论镇政府工作报告

帮助其发展养殖业，实现脱贫致富；争取移民基础设施建设资金62万元，硬化道路1200米。统筹做好弱势群体帮扶工作，实施危房改造23户，发放五保、临时救助、救灾、残疾人等惠民资金332万元；做好医疗保险、养老保险收缴工作，医疗保险16258人、养老保险4563人。挖掘民族文化，打造翰林文化广场，投资32万元，建成乡村大舞台1个；利用元旦、春节、“七一”等节假日和农闲时期，开展“送戏下乡”、社火表演、市民文化节和干部职工运动会等各类文化体育活动18场次，丰富群众文化生活。开工建设东通平、正闸等4个村级卫生室，提升村级医疗保障水平。争取基层政权项目资金45万元，新建立新村村级活动场所；筹资24.5万元，维修改造西永惠村、正闸村、双渠村村部，提升村级为民服务功能。

【环境综合治理】 投资2万元，整治维修镇污水处理厂，提高污水处理能力。投资9万元，整治镇西入口环境卫生，清理垃圾200余吨，粉刷围墙2600平方米，铺垫土方920立方米；开展环境卫生整治月活动，集中清理镇域街道、翰林广场、市场、主干道路两侧及村庄柴草垃圾、乱堆乱放等，改善镇域环境面貌。开展生态林业建设，造林面积22.31公顷，栽植各类苗木12601株，抚育修剪林带42条56.5公里，树木涂白8.02万株，清理杂草及整修树池36.87公顷。投资11.5万元，对滨河大道邵家桥段2公里宽幅林带实施土方换填，解决土地碱性大、树木难以栽活问题。加强水源地保护，加大巡查管护力度，保障农村饮用水安全。推进土壤污染防治，落实测土配方施肥技术，加大畜禽养殖场粪便还田综合利用技术推广，动员回收农药瓶8.8万个，防止土壤深度污染。抓大气污染防治，禁止秸秆禁烧巡查4801人次，发放宣传资料1.16万份，秸秆打包2306.67公顷，禁止遏制秸秆焚烧污染大气现象。

【社会综合治理】 加强村级民主治理工作，落实12个村委会、村监会换届选举工作。抓好社会治安综合治理，打造12个村级综治服务中心，与渠口派出所联合，建设头闸镇东片、西片村级治安警务室2个。加强矛盾纠纷排查调处力度，全年排查各类矛盾纠纷120起，成功调处118起。做好来访群众接待及信访事项办理工作，坚持领导班子成员接访制度，畅通信访渠道，全年办理答复各类信访问题70余起。强化重点人员服务管理，做好流动人员、严重精神障碍患者、涉毒人员、社区矫正等重点人员监管工作，打造标准化“三区一室”社区戒毒康复工作站，落实禁毒工作责任，加大禁毒宣传教育，从源头上消灭毒品危害。加强社会治安防控工作，健全群防群治队伍，充实工作力量，开展安全生产、危化品行业、道路交通、打非治违等专项整治活动，加强安全隐患排查整治，全年开展安全检查18次，排查整治隐患51条，整治交通安全隐患，新增道路标线6处，设置减速带7处11条，加装道路防护栏4处121米，增加指示牌3处，交通事故率明显下降。做好民族宗教工作，红岗村创建为全区民族团结示范村，红岗北寺被评为市级和谐寺观教堂先进单位。开展“三八”维权周和“送法到家”“法律八进”等活动、举办法制宣传6场次，参加人员3600余人。

【“两学一做”学习教育】 把“两学一做”学习教育、深入学习贯彻自治区第十二次党代会精神和中共十九大精神紧密结合在一起，通过聆听党校讲师宣讲、开展主题党日活动、专题学习、研讨交流，理解和把握自治区第十二次党代会、中共十九大对农业农村工作提出新战略、新思想、新要求。

【党建基础工作】 落实“三会一课”制度，召开各类党组织会议392次，参加党员8800人次，党组织书记讲党课56次，组织开展各类学习研讨48次。接收积极分子13名，发展预备党员10名，转正党员8人，落实党组织和党员信息采集工作，录入党员信息人数584人。

【星级服务型党组织创建】 按照星级创优5个服务项目，16+X项服务指标内容，对照各村党组织发展现状，量体裁衣制定提升创建任务目标计划，创建三星级党组织2个，巩固提高二星级党组织7个、一星级党组织4个。

【载体创新应用】 将"云支部"APP、公众号、微信交流群和党员学习教育管理相结合，发挥新媒体传播效果，拓宽党员教育形式渠道。"云支部"APP覆盖全镇14个党支部，纳入305名党员，头闸镇人民政府公众号发布各类信息260余条，400余名网友关注公众号。

【主题活动】 每月通过开展固定主题活动以党建带群团，以党建促发展，"微党课演讲比赛""七一表彰大会""市民文化节"等活动，提升党组织凝聚力，增强党组织活力，提高党组织服务群众的能力。以党建工作为切入点，对开展各类主题活动拍摄制作成头闸镇"扬帆起航风正劲"党建工作纪实片，记录党建重点工作整体推进情况。

【"两个带头人"工程】 贯彻落实"三大三强"行动，推广"两个带头人"工程。加大村干部选拔力度，全面摸排本村40岁以下"村两委委员""致富带头人"、复转军人、返乡大学生、党员代表，对摸排人选全方位立体化考察测评，保障选拔出想干事能干事干成事的村干部，为村党组织注入新鲜血液。

崇岗镇

【概　况】 2017年，固定资产投入2.15亿元，农民可支配收入13276元，同比增长8.9%，落实各类招商项目9.65亿元。被石嘴山市精神文明建设指导委员会命名为"2018—2021年度石嘴山市文明镇"。

【农业生产】 建成水稻示范、制种园区6个233.33公顷；小麦示范园、制种园区2个46.67公顷；小麦套种园区2个30.67公顷；山地西瓜、螺丝菜、枸杞等种植园区3个80公顷；与宁夏农林科学院合作建成水稻品种展示示范点1个，展示品种12个。扩大政策性农业保险覆盖范围，鼓励农户投保政策性农业保险，全镇农业保险投保4666.67公顷，投保率100%。安装太阳能热水器1490套；新增土地流转218.8公顷，新成立家庭农场1个、专业合作社1个、种植大户1个。

【农田水利建设】 开展面上农水建设，清淤及维护渠道989条535公里；清挖排水沟57条40.5公里；新开排水沟17条12.5公里；整修农路150条107.4公里。争取崇胜村2队道路硬化和跃进村斗渠砌护2项目"一事一议"项目。投资12.95万元，实施常青村大水沟农业灌溉引水工程、崇胜村中央后期资金农水项目工程；投资10万元，实施崇岗村120米浆砌石渠道工程。

【农村综合改革】 实行村集体产权改革，通过政策扶持，产业带动、股份合作方式，成立崇岗村农业供水服务专业合作社，争取自治区财政扶持资金200万元，实施农业灌溉和企业用水管道铺设6000多米。在全县率先实施股权颁证，全村1150名农民成为"股东"。实施农村"三权改革"，落实9个行政村62个村民小组3288户村民农村土地承包经营权确权登记工作。土地总面积4647.88公顷，其中A类地面积1538.85公顷，

12月获石嘴山市文明镇称号

B类地面积2780.04公顷，争议土地面积43.99公顷，集体土地面积285.01公顷。实施3257户村民农村土地承包经营合同签订，合同签字率99.2%，农村土地承包经营权证发证率100%，农村宅基地土地使用证发证率100%，为236户村民办理土地抵押贷款1542万元。

【畜牧养殖】 成立畜牧专业合作社，通过政府购买服务方式，加强技术服务指导和安全监管工作。以暖泉宏伟万只羊场和兰丰鑫辉肉牛养殖场为龙头，辐射带动周边散户发展养殖业，全镇养殖业户数1286户，猪存栏2676头，牛存栏827头，羊存栏3.52万只，家禽存栏1.23万羽，水产养殖面积786.8公顷，春季放养28.34万公斤。

崇岗镇兰丰村水稻种植　　崇岗镇　提供

【招商引资】 引进浙江慈溪市金洛莱轴承科技有限公司年产2.1亿套高端精密轴承制造项目、年产20万吨洁净型煤项目2个，6万吨煤焦油改制项目和年产60万吨环保型煤项目。

【环境整治】 开展贺兰山综合整治工作。做好大水沟水源地5家企业搬迁关停及易成林葡萄基地清理取缔相关工作，清理整治清峰石料厂，实施贺兰山生态治理6个点整治工作，在贺兰山坡设点监控对非法盗采矿产资源联合执法，投资8万元圈界管理暖泉老湾墓区。推进大气污染防治攻坚战。全面开展专项整治，综合整治辖区新老110国道、姚汝路、银汝路、下沙路、下庙中心路两侧环境卫生，对“小散乱污”企业进行关停；

崇岗镇环境整治督查

加强秸秆禁烧巡查监管，推广秸秆还田技术，改善生态环境。推行“河长制”，对全镇9条河湖实施网格化管理，建立“一河一档”、分类实测，常态治理。推进生态绿化建设。春季造林面积61.67公顷，栽植苗木20.2万株，加强管护、抚育，苗木平均成活率86.6%。

【社会综合治理】 开展“七五”普法，尊法学法守法用法氛围更加浓厚。创新矛盾纠纷排查化解机制，实施“7+1+X”大综治模式，成立大综治中心，实行“以案定补”“以奖代补”，组建“流动调解服务团”、设立“特色调解室”、推行“警司联调”、建立“联调专家库”，在规范发展煤炭市场整治、汝矿拆迁、农村土地、棚户区遗留问题，新镇区建设引发的矛盾纠纷调处稳控上取得良好效果，全年排查各类矛盾纠纷86件，化解82件，受理并办结信访督办件2件，受理信访转送件9件，办理3件，成功化解信访积案3件，接待法律咨询72人次，法律为民工程代书12件。崇岗村成功创建全国无邪教示范村，跃进村、崇岗村被评为平罗县无访村。

【民生服务】 投资32万元新建兰丰社区服务站及“儿童中心”，崇岗社区服务站及日间照料中心正式运行。加强3个“农村老饭桌”运行管理，为辖区老年人营造温馨舒适服务环境。落实民生政策，做好粮食补贴农户信息核对、公示等工作，城乡居民养老保险认证1951例，被征地农民养老保险审核报送392人，灵活就业人员社会保险补贴办理审核234人，落实临时救助、城乡低保、城乡高龄补贴等政策。农村劳动力转移就业1420人（县内1300人、县外区内108人、区外12人），实现总收入301.2万元，创办小企业57个，培育小老板38个，带动就业岗位490个。对帮扶解困对象283人及“十三五”时期易地安置移民6户20人，实行动态监测，联系帮扶单位争取扶贫资金8000元为移民户搭建牛棚，帮助其早日脱贫。开展健康促进县和“无烟单位”示范县创建工作，丰富群众文化活动，举办崇岗镇首届市民文化艺术节，配合县文化馆“三下乡”演出3场次；组织开展“道德讲堂”“文明餐桌”等活动；评选市级“最美家庭”1户，县级“最美人物”2名，市级文明村镇7个，县级文明村镇9个。

【党建工作】 制定下发《2017年基层组织工作要点》《关于进一步调整完善基层组织建设机构的通知》，落实《党委中心组学习制度》《党委民主议事制度》。按照“两学一做”学习教育常态化制度化要求，学习中共十九大精神，召开党委中心组学习，开展各类专题宣讲，邀请专家教授、巡回宣讲团成员开展讲座培训。开展“作风效能提升年”活动，制定《崇岗镇社区干部管理办法》《崇岗镇项目管理办法》《村党组织基础达标考核办法》等10项工作制度。落实“三大三强”战略，深化“双培养一加强”工作，选优配强村“三委”班子，充实党组织书记后备干部27名，培养两个带头人56名，新发展党员10名，培养积极分子21名。利用“七一”、春节等重要节日，对困难党员及离任村书记进行走访慰问；争取农村基层党组织为民服务资金45万元，建设14个为民服务项目。创新工作载体。打造全县基层党建观摩示范点，开通“平罗县崇岗镇人民政府”微信公众号，落实“两群一端一号”（QQ群、微信群、云支部APP、微信公众号）政策宣传，廉政警示教育和平罗发展变革主题观摩。推进从严治党，开展专项整治，公开举报电话，设立举报箱，坚持领导干部接访制，定期调处和解决来信来访问题；开展查处发生在群众身边“四风”，中央“八项规定”回头看和涉农扶贫领域等专项整治工作。镇纪委通过自查发现问题线索三起，立案3件，初核了结1件，协助第一、第四办案协作区查办案件9件。打造崇岗镇党风廉政建设阵地，开展党风廉政大约谈和述职述廉述德活动，建立“廉政谈话室”，实施“村廉通”工程。

农牧局组织全县农技人员参观崇岗镇民生服务中心

崇岗镇　提供

宝丰镇

【概　况】 2017年，围绕“一手抓菜、一手抓肉”总体发展思路，加快推进蔬菜产业和清真羊产业发展，推进特色小城镇建设，夯实基础设施、培优特色产业、增进民生福祉，全镇经济社会发展保持健康向好态势。被石嘴山市精神文明建设指导委员会命名为“2018—2021年度石嘴山市文明镇”；宝丰村被中央文明办命名为“第五届全国文明村”。

【农业生产】 以东湾、三和、昊兴三个千亩蔬菜基地为抓手，沿线布局蔬菜产业园区。种植“双茬”蔬菜66.67公顷、脱水蔬菜80公顷、菜心80公顷，辐射种植蔬菜333.33公顷，亩均增收3000元以上，黄宝路、灵宝路蔬菜产业经济带初具规模。支持返乡创业青年流转土地6.67公顷，建成

千亩蔬菜基地——菜心　　宝丰镇　提供

兴胜村金花葵中药材试种园区，配套建设生产加工车间，生产加工销售金花葵系列保健品，亩均纯收入达7000元。全镇种植麦套菟丝子133.33公顷，玉米套种菠菜200公顷，亩均增收1500元左右；建设小麦宽幅匀播示范园区，亩均增产4.7%。

【羊产业】 发挥传统优势，羊产业链条初步形成。争取区商务厅活畜储备项目，在原有9000只储备量基础上增加3000只。项目一定三年，每年补助资金36万元，用于万只羊场基础设施改造提升。坚持“扩量”做规模，加大小群多户培育力度，创建小群多户示范村2个，带动全镇小群多户肉羊养殖50—200只320户，200—500只150户，500只以上60户。全镇年羊只饲养量达38万只，宝丰镇成为银北地区最大羊只饲养基地。坚持“提质”打品牌，云顺合作社繁育杂交新品种杜胡羊，以新品种促进羊产业大发展。坚持“流通”拓销路，加强清真牛羊交易市场管理，打击强买强卖、规范市场秩序，提升肉羊交易量，市场年交易量达50万只以上，交易额2.7亿元。坚持“防疫”固保障，做好畜禽基础免疫和防疫规范管理，集中开展春秋两季防疫工作，防疫率100%。

宝丰镇牛羊交易市场——羊只交易场地　　宝丰镇　提供

【小城镇建设】 实施美丽小城镇续建项目，新建健康公园1个，翻建农贸市场南大门，实施小城镇3个入口及主干道路绿化美化工程；投资1000万元，实施昊兴蔬菜基地及冷库建设项目，建设蔬菜基地80公顷，蔬菜保鲜冷库5座；投资172万元，建成可日处理400吨污水处理站1座；投资90万元，实施少数民族特色村寨建设项目。

【美丽乡村建设】 投资470万元，在渠羊村建设文化广场1座，明沟改暗沟砌护500米，建设景观凉亭2座，安装太阳能路灯30盏，完善中心村基础设施。高标准实施危房改造工作，全年改造危房52户，保障困难群众住房安全。

【招商引资】 全年招商1.67亿元；引资513万元；固定资产投资3.9亿元。

【生态建设】 加快小城镇及黄宝路、灵宝路、简滨路三条绿色长廊建设，春秋两季造林面积21.6公顷，栽植各类苗木9.5万株。开展环境大整治活动，投资35万元，清运各类垃圾近3000吨。推行河长制，加强沟渠管护工作，完善水治理体系。加大秸秆禁烧工作力度，做好大气污染防治。

【基础设施建设】 高标准实施渠羊、马家桥、兴胜春秋两季农田水利示范方，改造中低产田880公顷。砌护黑龙沟2公里，清淤渠羊中心支沟、黑龙沟9公里，翻建各类建筑物18座；争取财政“一事一议”、插花移民村道路建设项目9个，混凝土硬化宝丰村、吴家湾村等9条村级巷道10.6

公里；马家桥、新渠等4个村安装太阳能热水器2300台，阳光沐浴工程实现全覆盖；实施机深翻、机深松1066.67公顷，受益农户1250户。

【农村综合改革】 全镇首宗农村集体经营性建设用地成功入市，村集体增收6万余元。落实宅基地超占面积有偿使用费收缴，收缴率100%。推进农村宅基地制度改革，实施农房普查4618户，发放农房农地不动产权证2831本。办理农村产权抵押贷款6笔76.7万元。

【脱贫攻坚】 落实产业带动、就业创业、社保兜底等五项帮扶措施，争取养殖贷款18.5万元，实现家庭肉羊养殖13户497只，肉牛养殖12户68头；自主创业1户，辐射带动就业33户90人；协调各类助学、补助资金4万元；将25户30人建档立卡户家庭纳入低保救助。4户建档立卡户脱贫。

【社会治理】 抓好社会治安综合治理，打造村级综治服务中心6个。加强矛盾纠纷调处力度，全年排查各类矛盾纠纷19次38件，成功调处36件。设立信访督查办公室，及时解决群众合理诉求，受理来访群众45批56人次，答复办理41件，成功化解疑难信访案件2件3人次，全年未发生赴京上访和群体性上访事件。宝丰镇荣获全县“无访乡镇”称号，陆渠村等5个村荣获“无访村”称号。强化重点人员服务管理，为24名严重精神障碍患者申报监护补贴，强化刑满释放人员、社区矫正对象教育监管，全年未发生一起重新违法犯罪行为和肇事肇祸行为。建设“三区一室七统一”社区戒毒康复中心，规范涉毒人员管理，戒毒康复管控率100%。落实安全生产责任制，开展安全生产大检查大整治21次，全年无重大安全生产事故发生。推进“七五”普法，开展“法律八进”活动，开展各类法治宣传活动17场次，干部群众尊法学法守法用法氛围更加浓厚。加强民族宗教工作，巩固民族团结、宗教和顺、社会稳定良好局面。

【文化建设】 举办“宁夏·平罗·宝丰赛羊大会暨首届文化旅游体育节”和第35届“迎新春”农民篮球比赛，开展全市农民篮球邀请赛、民间特色小吃评比、文艺演出等系列活动26场次，传承和弘扬宝丰畜牧大镇、“篮球之乡”优良传统。开展道德模范、最美家庭等评选活动，兴胜村马金玉荣获全国“最美家庭”、新渠村吴绍学荣获市级“最美家庭”，吴家湾村马燕荣获市级“第五届道德模范”称号、渠羊村马会琴荣获市级“最美人物”称号。宝丰镇荣获市级文明镇，陆渠村、新渠村荣获市级文明村，宝丰村荣获“第五届全国文明村”。

【民生服务】 新增农村低保106户116人。办理临时救助320户，发放救助资金15.2万元。办理灵活就业人员社保补贴241人。办理农村妇女小额担保贷款191笔976万元，实现农村劳动力转移就业1988人，劳务收入1718.6万元。全面提供计生优质服务，免费孕前优生健康检查，流动人口录入率98%以上。

【作风效能建设】 确权明责，依法履行政府职能，向社会公布75项权利清单和责任清单，明确14个站所56位干部岗位职责。加强政务公开，接受民主监督和社会监督，公开政务信息932条。以“村廉通”强化村集体“三资监管”，向群众公开各类信息200余条，保障群众知情权、参与权、决策权和监督权。完善服务功能，改造提升民生服务大厅，设置服务平台和惠民政策宣传栏，将16项为民服务事项汇集到民生服务中心，受理办理各类民生事项3951件。加强正风肃纪，对工作落实不力21名镇村干部通报曝光，提升干部作风效能。强化监督执纪问责，构筑廉洁政府，开展14项涉农惠农资金使用情况排查，查处侵害群众利益不正之风和腐败问题，提高政府执行力和公信力。

通伏乡

【概　况】2017年，以党建为引领，以农业增效、农民增收为目的，以基础设施建设、产业发展、平安建设、脱贫攻坚等为抓手，农村经济全面发展，完善基础设施，深化农村改革，社会民生持续增彩，精神文明成果丰硕，改善生态环境，社会治理成效明显，提升政府效能。马场村被评为国家级、自治区级文明村，永华村等4个村被评为石嘴山市文明村。

【稻米产业】引进水稻新品种，推广新技术，转变经营模式，提升水稻品质和品牌知名度。举办平罗县首届水稻产业发展论坛和水稻种植新技术观摩会，依托超娃米业、穗丰种业等龙头企业，建立“企业+合作社+农户”发展模式，推行统种分管、订单种植等现代农业生产方式。推广先进播种技术，机插秧83.33公顷，保墒旱直播933.33公顷，精量穴播142.67公顷，播后上水5906.67公顷；宁粳43号、宁粳50号等水稻优质品种种植面积1493.33公顷。建设东正兴家庭农场、祥发农业合作社等7个优质水稻种植示范园区。争取发展壮大村集体经济项目，注册成立新丰金明农业专业合作社，采取“院社”合作新模式，实现亩产620公斤，总产量600余吨，收入160余万元，村集体增收28万元，为全乡水稻品质提升起到示范引领作用。

12月宝丰镇获“石嘴山市文明镇”荣誉称号

农牧局组织全县乡镇 领导观摩通伏乡农业示范园区

通伏乡　提供

【经济合作项目引进】全年引进经济合作项目5个，投资9000万元，宁昊晶、玉礼、宁夏新潮农产品综合开发有限公司等一批带动能力强、经济效益好的农副产品加工企业相继建成，扩能增效，为全乡水稻产业发展奠定基础，发挥引领作用。

【动物防疫】全乡肉牛饲养量1.8万头，肉羊饲养量4.5万只，生猪饲养量1.1万头，家禽饲养量9万羽。在全县率先成立平罗县兴农畜牧兽医技术服务合作社，建设通伏乡动物防疫人员业务技能实训基地，全面落实动物防疫、动物检疫监督、畜牧业保险投保等各项工作任务，提升动物疫病防控水平。

【农田水利建设】落实春秋两季农田水利基本建设，清淤支斗农沟407条205.5公里，整修农路387条190.5公里，新建及维修各类建筑物10座，建设高标准农田示范方2个，砌护支斗农渠126条；争取宁夏西北部盐碱地改良工程沟道治理项目，砌护支沟2条2.5公里，解决灌排难问题。

【农村道路建设】争取一事一议财政奖补资金、交通厅“通达工程”等项目支持，引资787万元，对10个村14条12.34公里主干道路及巷道硬化，解决群众出行难的问题。

【重点工程】实施南部人饮水厂项目一期工程，新建通伏水源地水源井及泵房3座、配水厂1座，水源地至新建水厂输水管道5190米，配套建筑物5座，改善全乡居民饮水安全和饮水质量。黄河防汛码头项目投资6800万元，涉及团结村、马场村、通伏村3个村，新建码头13座，维修码头14座。750特高压输变电项目涉及5个村277户群众，永久性占地2.12公顷，临时性占地29.71公顷，补偿金额238.86万元。

【农村改革】 开展农村土地经营权证登记发放工作，全乡宅基地确权登记7023宗，确权发证7023宗，收缴宅基地超占面积使用费79.67万元；开展土地流转工作，流转土地面积639.13公顷。全乡办理农村产权抵押贷款877笔5138.17万元，累计办理4262笔22046.4万元，为推进农业生产集约化规模化经营，实现农业农村现代化奠定基础。培育新型农业经营主体4个，办理稻米加工企业、新型农业经营主体贴息贷款22笔；种粮补贴及时到位，提高农民种粮积极性，粮食补贴面积6166.67公顷，发放补贴金额675万元。全面推行河长制改革，根据“一沟一档、一沟一策”工作要求，严格管理，落实责任，为实现沟道“水美、岸绿、景优”目标打下基础。

【社会民生】 开展创业富民工程，全年转移劳动力2587人，新培育小企业38个、小老板9个，实现劳务收入4200万元。完善老饭桌、电子阅览室、健康理疗室、文化活动室等功能，为农村群众提供更加优质的服务。推进脱贫攻坚工作，移民房屋维修138户；与各帮扶单位对接，为67户建档立卡贫困户落实帮扶资金3万余元；实施精准扶贫，为有养殖意愿的移民建设标准化圈舍23座、面积1780.5平方米，帮助其发展养殖业，脱贫致富。投资105.3万元，落实“十三五”时期易地扶贫搬迁基础设施完善工程，硬化道路2.62公里。统筹做好弱势群体帮扶工作，实施危房改造29户，发放五保、临时救助、救灾、残疾人等惠民资金384.65万元；申请妇女创业小额贷款15户，贷款金额86万元。做好医疗保险、养老保险收缴工作，参保率分别为98%和94%。组织300多名育龄妇女免费健康检查，优生健康检查155对，发放计生优抚特抚帮扶金8万元，通过健康促进乡、健康促进村验收，落实永兴村、金堂桥村卫生室标准化建设，提升村级医疗保障水平。

【精神文明建设】 与姚伏镇合作举办首届石嘴山市市民文化节，评选推荐20名群众参与石嘴山市文明市民评选；参与平罗县“多彩平罗丰收乐”文化展演和“喜迎国庆节　共筑中国梦”职工运动会等活动；利用元旦、春节、“七一”等节假日，开展“送戏下乡”、社火表演和干部职工运动会等各类文化体育活动12场次，丰富群众文化生活。新配套乒乓球桌11台、篮球架8座、体育健身器材6套72件，提升村级文体服务功能。做好文明村镇复验工作，创建集中、金堂桥、通城、罗家庄、通伏县级文明村5个，永华、五香、新丰、新潮市级文明村4个，马场村被评为国家级、自治区级文明村。

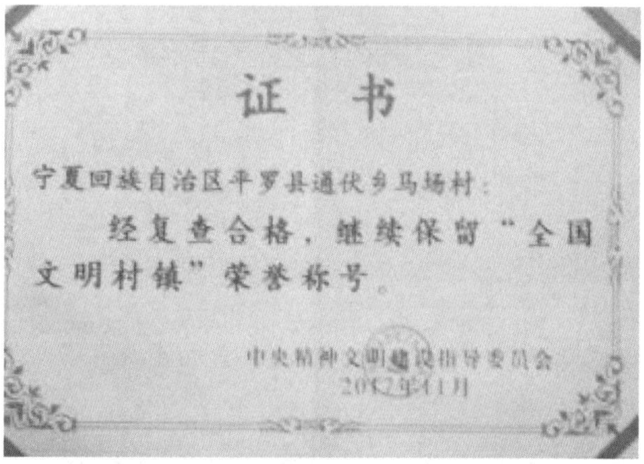

11月，通伏乡马场村荣获继续保留“全国文明村镇”荣誉称号

【生态环境治理】 采取政府购买服务方式开展环境卫生整治工作，优化人居环境。开展环境卫生整治月活动，利用冬季农闲时间，清理全乡各村主干道路两侧及村庄柴草垃圾、乱堆乱放等，改善环境面貌。全年新栽补植各类树木6.37万株，林地灌水53.33公顷，林木抚育修剪8万株，整修树池及除草33.33公顷，涂刷树木12万株，改善生态环境。加强水源地保护，加大巡查管护力度，保障农村饮用水安全。推进土壤污染防

治，动员回收农药瓶11.52万个，防止土壤深度污染。抓大气污染防治，召开秸秆禁烧工作专题会议5次，成立秸秆禁烧巡查小组，不间断网格化巡查，落实村干部值班巡查，开展秸秆禁烧巡查500余人次，印发秸秆禁烧宣传资料1万余份，机深翻2133.33公顷，秸秆打包5200公顷，遏制秸秆焚烧污染大气现象。

【社会治理】 加强矛盾纠纷排查调处，建设13个村级综治服务中心，全年排查各类矛盾纠纷80起，调处80起，化解率100%。做好来访群众接待及信访事项办理工作，坚持党政领导接访制度，畅通信访渠道。全年受理信访事项38起，其中初信初访信访问题32起、疑难信访问题6起，按期办结率100%。强化重点人群服务管理，为严重精神障碍患者购买保险、为其监护人发放监护费；落实涉毒、社区矫正等重点人员监管，加强与家属、村居沟通，强化帮扶措施，对符合条件的，帮助办理低保、农村医疗等手续，开展技能培训、安置就业。落实禁毒工作责任，打造标准化“三区一室”社区戒毒康复工作站。开展安全生产、危化品行业、道路交通、打非治违等专项整治活动，加强安全隐患排查整治，全年开展安全检查18次，排查整治隐患36条，加强交通安全隐患整治，签订《预防道路交通事故工作责任书》，发挥交通协管员作用，交通事故明显减少。落实《平罗县推行6995电话平安联防工作实施方案》精神，落实兴林、永兴、团结、罗家庄4个村信息录入工作，全乡平安联防试点村录入信息600余条，软件安装推广使用率达80%。开展民族团结教育活动，对非法传教活动进行严厉打击，创建民族团结示范点，引导全乡各族群众为维护民族团结贡献力量。开展“七五”普法、“送法到家”等活动、举办法制宣传6场次，参加人员2800余人。

【政府效能】 维修通城村村级活动阵地，新建罗家庄村活动阵地，重新规划布置13个村级活动阵地。落实村民委员会和村务监督委员会换届工作，选优配强村“两委”班子。坚持“两学一做”学习教育制度化常态化，增强乡村干部“四个意识；落实全面从严治党新要求，把纪律和规矩挺在前面，把全面从严治党落实到政府工作中，加强村干部的管理。锲而不舍落实中央八项规定精神，执行廉洁自律准则、纪律处分条例等规定，整治乡村干部“四风”问题。投资2万元，建设标准化纪检谈话室，建立“村廉通”村级财务管理新模式，健全厉行节约长效机制，严控“三公经费”。推进依法行政，完善政务服务、政务公开，推进行政权力在阳光下运行，完善决策程序，健全权力运行制约和监督体系。改进和优化公共服务流程，提高公共服务质量和水平。开展“作风效能提升年”活动，强化效能督查、政务督查，整治“为官不为”“慵懒散软拖”等问题，营造风清气正干事创业氛围。

高仁乡

【概　况】 2017年，高仁乡以作风效能提升年为契机，狠抓责任落实，立足实际，踏实苦干，深化农村综合改革，完善农村基础设施，发展优势特色产业，实现全乡经济社会又快又好发展，全乡农村居民人均可支配收入13565元，同比增长7.5%左右。

【草畜一体化产业】 乐牧高仁草畜一体化项目投资近1.2亿元，一期项目建成投入运营：落实电网、节水灌溉设施建设，平整土地333.33公顷，整修观光大道8500米，栽植各类苗木13万株，建成标准化牛舍31栋6.2万平方米，其中活畜隔离场建成圈舍8栋1.6万平方米，繁育基地建成圈舍23栋4.6万平方米，牛存栏1560头，其中进口安格斯母牛500头，西门塔尔、秦川黄牛等1060头，为周边600多人提供就业岗位，发挥较好地社会效益和经济效益。由高仁村党支部牵头

高仁乡牛羊肉产业园区进行动物防疫工作

成立平罗县高仁兴农农牧专业合作社，以“土地入股、收益分红”形式与宁夏正好草业有限公司发展苜蓿种植及深加工产业，四茬苜蓿全部收割并机械化打包发酵，市场稳定向好。

【沙漠西瓜产业】 争取自治区扶持壮大村集体经济项目，投资200万元，六顷地村与“乐海山”西瓜专业合作社采取村企合作经营共建模式，发展设施西瓜产业，落实34座钢屋架节能日光大棚以及配套节水灌溉设施建设、整修农路3条。建成13.33公顷新技术、新品种、高效益示范园区1个，带动全乡建成33.33公顷集中连片沙漠西瓜园区1个，全乡种植面积800公顷。新引进农业项目2个，分别种植53.33公顷甘蓝和233.33公顷土豆。

【生态农业旅游】 依托盛华阳光、乐牧高仁两个龙头企业，定位旅游发展方向，打造沙漠优质瓜菜示范园区、生态农牧业休闲观光和绿色有机草畜一体化产业园全域旅游带。扶持乐海山沙漠西瓜专业合作社发展沙漠优质瓜菜产业园、采摘园和航天新品种试验基地，鼓励蕾牧高科休闲农庄和欣凯休闲度假山庄，发展休闲观光农牧业。分别于6月下旬、7月中旬、11月，成功举办、承办首届“大漠生态旅游暨牦牛文化节”，石嘴山首届“沙漠西瓜文化节”，国际鸽联世界排名赛及北方十一省鸽联公棚锦标赛等活动，全面展示、宣传和推介本乡人文特色，提升地方知名度和产品市场影响力，促进乡村休闲旅游业发展，促进第一、第三产业融合，带动周边群众参与种养殖、就近就业等。

【农村基础设施建设】 开展春秋两季农田水利工作，争取农发项目资金2200万元，国土整治项目资金1400万元，整治盐碱地1466.67公顷。争取沟道治理项目资金520万元，治理东井至杨柜5.5公里干沟滑坡。争取资金580万元，改造六顷地村5、6组末级渠系。争取资金285万元，砌护八顷村、高仁村南干渠。争取“一事一议”项目资金262万元，分别砌护高仁村4、5组、六顷地村7组、八顷村3组渠道，硬化八顷村1组、东沙村4组村庄巷道。

【农村环境治理】 全面实施春秋季植树造林、林木抚育任务，实施主干道路大整治大绿化工作，整治植树带2.7公里，更换土方7790立方米，244国道两侧补植树木5580棵。指导乐牧高仁、盛华阳光项目区栽植其它造林2.3万株。造林面积82.78公顷，栽植各类苗木8.3万株，营造良好人居环境，提升农村生态环境质量。实施可再生能源项目，争取可再生能源项目资金47.9万元，在六顷地村4、5、6组安装节能路灯130盏，安装道路总长5公里，实现村庄亮化、可再生资源循环利用。实施农村环境大整治工程，配备垃圾箱75个，各村聘用保洁员4名，集中开展环境整治4次，清理垃圾150吨；开展夏秋两季秸秆禁烧工作，实现秸秆还田300公顷。

【优化农业结构】 种植小麦套种大豆间种菟丝子1146.67公顷，种植玉米664.4公顷，种植水稻189.33公顷。发挥产业优势，在六顷地村建成集中连片53.33公顷瓜菜园区1个，在清真牛羊肉产业园建设集中连片20公顷瓜菜园区4个，在小淌口建立集中连片240公顷马铃薯园区1个，辐射带动全乡瓜菜种植面积1066.67公顷。

【农业政策性工作】 开展政策性农业保险工作，落实小麦、玉米、水稻等农作物政策性农业保险面积266.67公顷。加大农业科技培训，举办科技培训24期7500人次，确保农业生产安全、高效。开展农田机深松深翻工作，落实深松面积333.33公顷，深翻面积533.33公顷，为解决土壤板结，增产增收做出贡献。

【农产品质量安全】 提高全乡农产品质量安全水平，对蔬菜生产基地及农户生产的蔬菜进行农药残留检测，全年检测203个样品，全部合格。建立农业标准化生产园区2个，严格执行标准化操作规程，不定期对投入品、标准执行情况等监督检查，提升农产品质量，确保消费者安全。春秋两季动物防疫工作，免疫密度100%，抗体水平监测全部合格，加强畜产品检疫检测，保证上市产品质量安全。

【农村综合改革】 落实宅基地确权颁证工作，全乡登记农户2087户，落实宅基地确权证书发放1772户，收缴有偿使用费92.1万元。加快“房地一体”农村宅基地和集体建设用地确权普查登记工作，全乡普查房屋2151户，其中砖房2087户，普查总面积32.18万平方米。规范国有土地管理，依法清理和完善过去签订国有土地合同。落实安全生产百日集中整治和环境综合治理工作，与交通、国土、路政、公安、安监、环保等部门联合执法，集中清理全乡范围内砂石转运场，依法查处违规经营砂石转运场4家并下发限期停工通知。探索农村综合改革“五个一”试点，在高仁村和六顷地村成立村集体经济合作社，发挥村集体经济组织对集体资产的所有权。沿244国道两侧开展村庄整治工作，重点整治八顷村一组村庄点，实现农村人口适度集中、土地节约利用。

【文化活动】 结合元旦、三八、五一、五四等节庆日，组织群众开展农民体育文化活动4场次，参加群众200余人；开展文化系列活动，开展广场舞比赛、文艺汇演，丰富群众文化生活。组织干部群众百余人参加全县广场舞大赛、“百乡千村”农民运动会、全民健身日等活动。完善村规民约，成立村级红白理事会，加强农村移风易俗工作，推选20名石嘴山市文明市民、最美家庭、健康家庭，推动文明乡风建设。

【移民和扶贫工作】 全乡建档立卡贫困户16户，成立精准扶贫帮扶小组16个，每个工作组由乡领导牵头，各站所包扶，积极协调、精心安排，发放帮扶手册，争取上级部门支持，帮助种植户协调贴息贷款和产业扶贫项目资金，解决帮扶资金6.4万元，购置畜禽100头（只），新增低保6户，为4户移民协调金融扶贫贷款12万元，解决帮扶计划中需要解决的困难和问题。

【民生服务】 依托产业发展，投资10万元，打造盛华阳光合作社就业创业示范基地，开展就业培训5场100余人次，提供就业岗位600余个，扩大就业创业。打造八顷村清真寺妇女儿童之家，利用宗教场所普及惠民政策，增强弱势群体自我保护意识。发放困难救助资金18万元，帮助110户解决生产生活困难，办理三权抵押贷款195笔1200余万元，解决农民生产资料资金困难问题。

【矛盾纠纷排查化解】 完善信访工作例会制度，综合运用村委会调解、司法调解、行政调解、网上信访等手段，落实领导包案制度，化解信访积案。定期对部分疑难重大信访案件回访，集中解决涉及群众切身利益宅基地收费、土地确权、农田水利设施建设等涉及民生信访问题，化解矛盾纠纷58起，化解率90%以上。

召开信访专题工作会议　　通伏乡　提供

【平安建设】 落实目标责任制，每月召开一次信访专题会议，每周二召开网格员会议。落实全乡40名特殊人群管控工作，安置帮教工作13人，戒毒人员11人跟踪随访工作等。创办“平安高仁”综治专刊，宣传综治战线先进人物先进事。加强基层政法服务窗口建设，按照“综治中心+N”模式，统筹综治、信访、司法、派出所民警、人民调解员、禁毒专干等工作人员，通过协作联动工作机制，参与综治中心工作。创新工作方法，在全乡三个清真寺建立“阿訇说和室”和平安建设政策法规宣传点，发挥宗教人员说和调解作用，维护社会平安和谐稳定。

【安全生产】 开展道路交通安全“百日”专项活动，辖区内未发生重大交通事故。开展全乡安全生产大检查，确保全乡安全生产顺利进行。对全乡21家生产企业、道路运输、农机作业、食品安全、项目实施等开展安全生产大检查6次，与相关责任人签订责任书18份，查处安全生产隐患21起，限时整改18起，整改率85.71%。

【基层组织建设】 以党支部为基本单位，以“三会一课”“两学一做”学习教育常态化制度化、党员活动日等党组织生活为基本形式，落实党员教育管理制度，规范党组织生活。召开作风效能提升年动员大会，重新修订干部管理办法、信息管理办法，制定信访维稳责任追究办法等，传导压力，落实责任，转变机关干部工作作风，提升为民服务能力。抓好基层服务型党组织建设，结合县委组织部“强基创优”工程，以“五个服务”为抓手，落实“16＋X”服务项目。打造党建示范点，由高仁村党支部和六顷地村党支部按照“支部+企业+农户+产业”模式，建立党员示范田，找准党建促发展，发展强党建的结合点，促进支部、党员双增收。加强阵地建设，加大党建工作经费保障力度，发挥为民服务资金作用，解决村级组织活动场地建设。投资72万元，结合社区服务站项目，新建275平方米东沙村社区服务站投入使用；维修改造140.25平方米高仁村综治服务中心和157平方米高仁乡综治和民生服务中心，解决群众“最后一公里”问题。

调解民事纠纷

【党风廉政建设】 强化纪律审查，加大惩腐力度，坚持有案必惩，挺纪在前，运用好“四种形态”。深挖问题线索，集中排查基层群众反映虚报冒领粮食补贴、截留挪用惠民资金、低保享受优亲厚友、办事吃拿卡要等“六类”问题。初核问题线索4件，立案5人，请示提级领办3件。正风肃纪，推进作风建设，对2017年以来有关涉农扶贫领域违纪问题线索“回头看”，督促全乡10个站所（中心）对14项扶贫领域项目资金进行自查，取消不符合条件五保户4户，低保13户，高龄补贴12人。在全乡4个村同步启动“村廉通”，建立包括乡党委班子成员在内所有乡村干部廉政档案，开展作风效能提升年活动，严格考勤制度，发出督查通报13期，通报批评52人次。

高庄乡

【概　况】 2017年，按照“工作项目化、项目表格化、责任具体化”项目推进工作要求，以发展特色产业、改善社会民生、推进农村改革、加强社会管理为重点开展工作，全乡经济和社会事业发展取得新成效。全乡社会生产总值7.55亿元，较上年增长7.5%；实现农民可支配收入13029元，较上年增长9.5%。高庄乡被自治区党委统战部、自治区民委命名为第七批全区民族团结进步创建活动示范单位。

【重点项目建设】 投资1600万元建设平罗县怀川农副产品加工项目，实施带动农副产品加工流通产业；实施宁夏千叶青牧草种植有限公司牧草颗粒加工项目，计划投资1800万元，前期机器设备采购300万元，为推进全乡草畜一体化建设进程打下基础；实施平原绿洲项目，栽植各类苗木6.01万株，全长5000米、面积4.93公顷民族大街北延伸带宽辅林带建设，改善全乡林业生态环境。

【农业产业结构调整】 按照“一优四特”产业发展要求，重点抓好制种、草畜一体化产业、生态水产养殖业和农副产品加工流通业。建设20公顷以上蔬菜瓜果制种示范园区4个，建设66.67公顷以上优质牧草制种示范园区1个，改扩建养殖场2个，全乡牛饲养量4.8万头，羊饲养量28.8万只；实施威镇湖86.67公顷生态水产立体养殖建设项目，依托威镇湖自然资源优势，发展威镇湖乡村旅游开发项目，抓好带动乡村旅游产业及生态水产业发展；新建农副产品收购加工流通企业3家，全乡以农副产品加工为一体的流通企业有22家；新建农村电商服务站3个，全乡电商服务站9家，遍布全乡6个行政村，成为服务“三农”的综合平台。全乡农业项目固定资产投资1.3亿元。

【综合改革】 推进农村土地制度改革三项试点，全面落实宅基地超占地面积缴费工作，缴费67.4万元，农村土地集体经营性建设用地入市4宗1.31公顷，增加集体经济收入53.24万元，实现集体资产保值增值；推行农村集体产权制度改革试点，以威镇村为试点，在全县实施集体资源评估折价，成立全民持股的集体经济组织，落实农村集体经营性资产股份合作制改革，于8月1日落实股权颁证，保证农民财产性收入和股权性收入，得到自治区农牧厅肯定；完善农村土地经营管理制度，规范土地流转工作，全乡流转土地580公顷。新培育有准入资格的新型经营主体7个，发展农业产业新业态，规范农村产权流转交易窗口，搭建便利快捷抵押贷款平台，全乡办理农村产权抵押贷款190笔746万元。借助农村综合改革，争取发展壮大村集体经济项目7个，项目资金550万元，年内实现集体经济收入61万元。

【基础设施建设】 以保障改善民生为目标，推进新农村建设，争取美丽村庄建设项目1个，项目概算总投资216万元；争取一事一议、少数民族发展资金等项目10个，硬化乡村主干道路及村庄巷道16.08公里；争取社区服务站建设项目，解决东胜村无村级活动场所问题；实施“万成源”农牧业专业合作社高标准农业综合开发项目，项目投资375万元，解决166.67公顷耕地排灌难题；落实秋季农田水利示范方266.67公顷，解决4个生产队310户群众灌排难问题。

【脱贫攻坚】 开展精准扶贫工作，建立建档立卡户精准档案84户，落实一户一策帮扶措施，筹措扶贫资金120多万元，联系对接帮扶部门，对46户具有养殖意愿移民群众帮扶羊只230只，带动移民发展养殖，羊只存栏1078只，牛存栏149头；协调农行、高庄农商行为28户移民贷款84万元；开展2期移民技能专业培训班，培训人员108人，取得职业资格50人，实现技能就业13人；引导乡域内企业开展结对帮扶，安排移民就业17人，介绍移民外出务工19人；投入奖励资金28万元，鼓励农户、乡村干部投入脱贫攻坚工作，定期召开脱贫攻坚协调推进会，促进全乡精准脱贫工作，年底精准脱贫24户。

【社会管理创新】 建立“一体化”社会服务办事大厅，实现综治、信访、法律服务等事项“一体化”服务模式，成功创建自治区级五星级司法所，高标准打造高庄乡社区戒毒康复中心，推进全区禁毒示范乡镇创建；为60名严重精神障碍患者购买人均216元第三方责任险，全乡无严重精神障碍患者肇事肇祸事件发生；开展民族团结进步创建工作，民族团结进步创建工作接受全区观摩检查；以创建公共文化服务为重点，开展平罗县第六届威镇火龙燎疳节，参与群众达6000多人，燎疳节区级非物质文化遗产正在申报之中；开展平安创建系列活动，在全乡范围开展“平安高庄·共建共享”活动，对“平安创建示范村”“最美网格督导员”“最美网格员”“最美尊德守礼示范户”“最美团结和谐示范户”进行表彰奖励，教育引导全乡干部群众参与平安平罗创建，营造稳定、和谐、团结、进步社会环境；开展高庄乡首届“最美家庭 最美人物”等道德模范评选表彰活动，打造移风易俗宣传阵地，移风易俗代表户受到县委表彰；建设村级文化活动场所1个，开展各类群众性文体活动19场次；支持非物质文化遗产项目传承人幸福村杨小梅设立剪纸工作室，杨小梅专题采访作为“辉煌中国”中共十九大献礼专题片走进中央电视台。

【党的建设】 以党建工作统领全乡工作全局，以加强支部班子建设，抓实党员教育、健全工作制度、落实廉政建设责任为重点，将党建工作与产业发展、民生改善、农村改革、社会管理、党风廉政建设相结合，党委班子自身建设、村两委班子建设、乡村干部队伍建设、党员队伍建设、党风廉政建设得到加强。党委班子学习、议事、考核、落实主体责任制度，提升执行力，制定《党委班子组织纪律制度》，修订完善乡村干部管理制度四项，新增制度两项，落实制度管人管事。以星级服务型党组织创建为抓手，创建三星级党组织1个，二星级党组织8个，一星级党组织4个。全面落实党风廉政建设主体责任和纪委监督责任，乡村干部无违纪违法事项发生。

非物质文化遗产传承人杨晓梅（左一）

灵沙乡

【概　况】 2017年，坚定不移贯彻新发展理念，锐意进取，合力攻坚，在建设“美丽灵沙、活力灵沙、和谐灵沙”征程上迈出坚实一步。全乡实现农业生产总值22269万元，较上年增长8%，农民人均可支配收入12075.9元，较上年增长8.9%。

【产业结构调整】 全乡种植玉米2564.13公顷、小麦1327.4公顷、水稻991公顷，与2016年相比，玉米种植面积减少466.67公顷，小麦套种菟丝子增加到1266.67公顷，成为全乡种植结构调整重要模式。以草畜产业发展为突破口，试点种植青贮玉米333.33公顷，促进种植业结构调整。坚持“龙头企业+小群多户”养殖模式，重点依托鑫伟辉农牧开发有限公司，发展清真肉羊养殖，开展肉羊杂交改良，培育发展规模养殖场5个，专业合作社3个，养殖大户12户，存栏羊3.3万只，畜牧产业稳步回升。探索全乡产业发展新路子，引进5000只芦花鸡投放建档立卡等贫困户养殖，取得良好示范效果，为促进农民增收探索新途径。

【农村综合改革】 围绕全县农村改革工作要点，立足乡域实际，推进各项改革试点工作。落实农村宅基地测绘5677宗，办理登记5054宗，全面落实宅基地超占面积收费任务。在尊重群众意愿基础上，收储胜利村11队农户拟建未建宅基地12宗，用于安置插花移民，得到国土资源部调研检查和肯定。登记测绘闲置学校、未办理使用证书的仓储、企业用地、街道商服用地等农村集体经营性建设用地20宗。以灵沙乡胜利互助幸福院为试点，探索农村老人将土地、宅基地、房屋三权有偿退出，以退出“三权”补偿费置换幸福院养老服务，解决部分留守老人养老问题，为实践以地养老、以权养老提供有益探索，该项工作先后被《农民日报》、新华社及中央电视台宣传报道，受到社会各界广泛关注。

【基础设施建设】 实施小城镇建设项目，新建、维修集镇街道排水管网3公里，新增绿化面积5000平方米，硬化面积3万平方米，新建公共休闲场所1万平方米，公共厕所2座，完善小城镇绿化、硬化、亮化设施，改观环境面貌。争取自治区财政一事一议项目、少数民族发展项目、移民基础设施配套等项目11个，投资696万元，硬化灵沙村、东灵村、先锋村、西灵村、胜利村、光明村等村庄道路11.76公里，面包砖铺装6000平方米，围墙砌筑240米，安装路灯27盏，改善群众生产生活条件。加强农田水利设施建设，新建电排站1座、板桥16座、配套建筑物30座，维修建筑物22座，砌护农渠5条，清淤沟渠379条233.8公里，整修农路553条333公里，完善灌排设施，解决群众灌水难问题。

【环境综合整治】 开展以“两整”“三清”（两整，即乡镇驻地和乡村主干道路两侧整治；三清，即清垃圾、清杂物、清违章建筑）为目标的农村环境综合整治，清理街道卫生死角150余处，动用各类车辆200余车次，收集清理乡村垃圾2000余吨，农村危房改造51户，农村环境综合整治成为常态，村容村貌得到改观。以主干道路、村庄为重点，开展植树造林，春秋两季造林18.19公顷，栽植各类苗木1.68万株，造林成活率86%，提升全乡主干道路绿化水平。乡政府成功申报市级园林化单位。开展秸秆禁烧宣传教育、巡查督查及秸秆综合利用。全面推行河长制，明确6条重点河湖水系，落实乡村河长17人，制作标示标牌12处。

【脱贫攻坚】 按照“合作社+基地+农户”发展模式，向全乡建档立卡等贫困户投放芦花鸡苗5000只，带动76户移民实现增收。启动实施胜利村插花移民肉牛养殖园区建设项目，开工建设养殖圈舍24栋；为移民兑现产业发展扶持资金26.48万元，发放贷款14万元，扶持移民发展养殖76户，存栏牛157头、羊424只。

【精神文明建设】 举办《灵沙乡第二届最美家庭、最美人物表彰暨文艺汇演》，评选表彰最美家庭1户，最美人物9人；举办《灵沙乡手抓鸡美食大赛暨回乡文化旅游节》，弘扬回乡美食文化，提升对外知名度和影响力；创建东灵村、田家村等5个市级文明村镇，富贵村、光明村2个自治区文明村镇，西灵村通过国家文明村镇复验。

【就业创业】 劳动力转移就业2381人、创收2047.7万元，创办小企业17个、带动就业218人，培养小老板30人、带动就业26人，培育农村电子商务站点4个，创建农民工返乡创业园1个、带动就业210人；争取妇女创业小额贴息贷款328户1312万元。

【社会保障】 全乡享受最低生活保障1090人，享受残疾人护理补贴387人，发放临时救助520户38.89万元；养老保险参保人数7495人，医疗保险参保率98%。

【平安建设】 创新矛盾纠纷多元化解机制，深化“三官一员”工作室工作模式，村级综治中心规范化建设实现全覆盖，建设回乡法治文化广场、平安建设宣传长廊，加强平安建设阵地和力量。全年受理各类矛盾纠纷162起，调处162起，调处率100%，成功调处151起，调处成功率93%。开展安全生产大检查，加大道路交通等领域安全隐患整改，安全形势总体平稳。加强民族团结宣传教育和宗教事务管理，全乡民族团结、宗教和顺、社会稳定良好局面得到巩固。

【自身建设】 开展作风效能提升年活动，推进“两学一做”学习教育常态化制度化。加强干部作风建设，增强服务意识，提高服务能力，严格考核机制，促进勤廉为民，激发干部干事创业激情，推动服务型政府建设。落实村民自治法，建立健全村干部管理机制，加大党务、村务、政务公开力度，推进村级民主治理，落实村民代表会议制度，解决群众反映热点难点问题。加强同党员干部、人民代表联系，听取各方面意见和建议，办理人大代表议案、建议意见16件，办结13件，办结率81.39%。

渠口乡

【概　况】 2017年，坚持转变工作作风，围绕经济建设中心推进各项工作，现代农业稳中提升，农村改革稳步推进，基础设施逐步完善，招商引资稳中求进，脱贫攻坚扎实推进，社会事业和谐发展，基层党建工作扎实开展，社会各项事业全面进步。渠口村被评为自治区美丽乡村文明创建工程示范村、全区民族团结进步示范村。

【现代农业】 落实优质水稻133.33公顷，玉米制种533.33公顷，中药材1000公顷、瓜菜100公顷，优质饲草玉米333.33公顷，“冬牧70”牧草66.67公顷，以粮食创高产园区建设为抓手，全乡优质粮食创高产面积1666.67公顷，种植业扩面提质；汇众鑫、乳源、溢方大型奶牛养殖专业合作社存栏奶牛2600头；依托41户235万元妇女创业贷款项目，在金桥村、永光村、渠口村扶持小群多户肉牛养殖，全乡牛饲养量1.18万头，存栏8147头；羊饲养量6.5万只，存栏3万只；生猪饲养量2547头，存栏879头；家禽饲养量7万羽，存栏3.5万羽；畜禽防疫密度100%。

【农村改革】 开展“五个一”改革试点工作，对13个村19宗11.38公顷集体建设用地面积测量打点，建档立库；农村土地承包经营权确权颁证7066.67公顷，收缴荒地承包费67.24万元；宅基地确权颁证6120户，收缴宅基地超占面积使用费98.5万元，对摸底、调查、丈量河滩地16宗656公顷收缴承包费18万元；培育新型经营主体47个（家庭农场16个、专业合作社16个、农业公司5个、种养大户10个）流转土地面积1666.67公顷；“三权”抵押贷款471笔2171万元，解决种养大户资金短缺问题。

【基础设施建设】 争取水利和村民“一事一议”项目，全面综合治理沟、渠、田、林、路，改善农业灌溉条件。投入资金56万元，清淤支斗农沟354条211.9公里；整修农路446条251公里；新建维修各类配套建筑物78座。实施红旗村高效节水项目。争取财政“一事一议”项目5个，投入资金258万元，道路硬化六羊、红旗等6个村8公里。争取移民基础设施项目资金150万元，维修红旗村村部和红阳村道路硬化2.3公里。加大301省道、滨河大道、城滨大道、沿黄公路等主干道路和环村巷道环境综合整治及生态绿化和秸秆禁烧工作，造林面积32.67公顷，新植补植各类树木5.5万株，清运、填埋垃圾320吨；林木抚育、树池整修、修枝除草、打埂除草、涂白灌水投工投劳3020多人次，调用车辆100余台次。

【招商引资】 平罗中兴碳素有限公司高性能新型环保炉衬材料生产等招商项目4个，计划投资2.5亿元，实际投资1.3亿元；对接众合新农农业服务公司等招商线索2个；固定资产投资3.9亿元；引资354万元。

【脱贫攻坚】 实施“产业带动、就业创业、社会保障兜底、社会帮扶”四个一脱贫工程，确定78户建档立卡户，建立干部一对一结对帮扶制度，严格扶贫工作考核问责，实行不脱贫不脱钩，脱贫35户，争取落实帮扶资金3万多元。建立“三册一表”台账，每月一统计，按户记账，动态管理。31 户养殖户存栏牛 42 头，羊 465 只；对长期在外务工的 200 多人电工、电焊工、面点、驾驶员技能培训，掌握务工技能。

【民生服务】 核实发放农村最低生活保障 1091 户 1126 人 22.34 万元；重度残疾人护理补贴发放 292 人 2.3 万元；困难残疾人生活补贴 234 人 2.3 万元；发放临时救助资金 17 万元；抓好渠口村“四民”服务中心、六羊村“六福苑”、交济村和分水闸村老饭桌，为 100 多位老人提供日间照料服务工作，实现老有所养、老有所依、老有所乐。落实危房改造 28 户。

【社会管理】 加强村级民主治理，落实“四议两公开”制度，规范议事规程。每月召开信访维稳安全生产分析研判会，坚持问题导向，创新联村、联治、联调工作新模式，划片包干压实责任，妥善排查和处置各类矛盾纠纷维护农村社会稳定。全年排查化解各类矛盾纠纷问题 49 起；为 17 名精神障碍患者购买意外伤害保险，建立排查建档；提升“两中心”服务功能，启动“七五”普法；争创“无毒村”“无上访村，推进平安渠口建设。受理信访事项 20 起，化解 18 起。落实政策性农业保险 6800 公顷，养殖业保险 5600 头只、农机补贴 128.3 万元、阳光沐浴工程 1300 台、机深松深翻 1600 公顷。

【精神文明建设】 以渠口村美丽村庄为示范，挖掘家风故事，打造以家风家训家规、村规民约为载体的传统文化巷、文礼学堂，弘扬社会主义核心价值观。开展第四届“黄河金岸·最美农家”评选活动，评选出环境卫生清洁美、文明风尚孝亲美等 5 类 12 户先进典型；举办第二届“舞出精彩”广场舞比赛和“石嘴山市优秀市民”表彰会，参与人数 1200 人次，活跃村民业余文化生活；成立 13 个村红白理事会，开展移风易俗活动；贯彻落实中共民族宗教政策，永光村、渠口村为区级民族团结示范村，红旗村法华寺为区级和谐寺观教堂，推进民族团结，宗教和顺；以聚贤庄，农民新居农家乐为平台，借助“五排”“城滨路”等优越地理条件发展乡村休闲旅游。

【基层党建】 坚持每周乡村干部集中学习制度，提高乡村干部为民意识和服务能力。将“两学一做”学习教育常态化制度化，结合转作风、提效能、亮承诺，边学边查边改。开展“亮身份、亮承诺、亮形象“三亮三创”活动，深化纪律作风建设。争创满意站所、争创优秀窗口、争创岗位先锋”，优化服务程序，落实限时办结制、跟踪问责制，做到转作风、提效能、敢担当。开展党性教育、党组织关系摸排、为民发展服务资金使用、评星定格为主的星级服务型党组织创建，制定考评和奖励办法，鼓励各支部“强基进位”和“星级创优”，13 个村党支部创建二星级党组织

5 月 11 日石嘴山市委常委、市公安局局长苏发坤到平罗县渠口乡调研农村社区警务工作

召开党委班子成员会议研究决定全乡工作

5个、三星级5个、四星级3个；2017年转正党员8名，培养积极分子10名。结合干部“干事档案”，开展“评先评优”活动。按照党要管党、从严治党要求，强化党风廉政建设主体责任意识，层层签订党风廉洁目标管理责任书，形成一级抓一级，层层抓落实责任体系。开展“村廉通”工作，公开党务、政务信息630条，村级“三务”210次；对5624.86万元涉农资金进行自查，对13个村“三资”清查整治，清查资金338.87万元、资产17549件、资源466.67公顷。

红崖子乡

【概　况】 2017年，围绕“打基础、强特色、求突破、保稳定”工作思路，推进新农村建设，不断完善社会保障体系建设，攻坚克难，锐意进取，开拓创新，全乡呈现出经济发展、社会稳定、民生和谐、民族团结良好局面。红瑞村被国家民委命名为第二批中国少数民族特色村寨。

【农业生产】 粮食种植面积3200公顷，油料200公顷，蔬菜243.33公顷，其中露地蔬菜133.33公顷，大中拱棚蔬菜110公顷；沙漠甜瓜、枸杞番茄23.33公顷，建成23.33公顷以上优质瓜菜生产及制种园区5个，推动农业由“生产导向”向“消费导向”转变。瓜菜产业突出提质增效，巩固提升现有66.67公顷设施蔬菜产业，开展永久性蔬菜基地创建工作，创建并巩固永久性蔬菜基地2个166.67公顷，扩大外销蔬菜面积100公顷；巩固提升现有蔬菜自供基地2个，保障“菜篮子”供应。加大农作物病虫害防治力度，成立统防统治服务组织，全乡统防统治面积2333.33公顷以上。创新农业保险方式，扩大政策性农业保险覆盖范围，全年政策性农业保险2466.67公顷。挖掘沙漠西甜瓜品质优势和潜力。

【畜牧养殖】 全年牛饲养量3013头，存栏1913头；生猪饲养量849头，存栏605头；羊饲养量15.41万只，存栏4.2万只；家禽饲养量1.06万羽，存栏6532羽。

【新型农业经营主体培育】 加大政策、项目、资金扶持力度，引导准家庭农场向家庭农场升级。鼓励农业产业化龙头企业把产业链、价值链等现代产业组织方式引入农业，从事农产品加工流通和农业社会化服务，带动农户和农民合作社发展规模经营。全年培育新型农业经营主体6个，培训新型职业农民180人次，培育县级示范农场1家、新型合作社1家，申报星级新型经营主体8家。加强农业社会化服务体系建设，探索政府购买服务形式，引导农民合作社等经营性组织为社员提供微利性服务，为其他经营主体提供盈利性服务。

【基础设施建设】 春秋两季农田水利基本建设，清淤支斗农渠684条246公里，清淤支斗农沟460条260.8公里，新开支农沟4条1.5公里，整修农路914条501公里，新建及维修各类建筑物54座；建设高标准农田示范方1666.67公顷；砌护红崖子干沟2.4公里、五堆子加油站支沟4公里，解决灌排难问题。实施五堆子村、水泉子村、王家沟村、三棵柳村等“一事一议”财政奖补项目6个，总投资297万元，村庄主干道路硬化6条，总长7.97公里；投资131.5万元建成红瑞村2.05公里环村北路硬化；投资49.9万元维修红瑞村ABCD区破损道路，解决群众出行难问题。推进基层党组织阵地建设，投资30万元，解决移民村村部冬季取暖问题，夯实基层为民服务基础。

【农村改革】 做好农村土地经营权证登记发放工作，全乡宅基地确权登记1255宗，收缴宅基地超占面积使用费64.41万元。做好土地流转工作，流转土地639.13公顷。规范农村集体“三权抵押”工作，激发农村发展活力，全年办理农村产权抵押贷款201笔1427.6万元，累计办理531笔3987.3万元，为推进农业生产集约化规模化经营，实现农业农村现代化奠定基础。种粮补贴及时到位，提高农民种粮积极性，粮食补贴面积2080公顷，发放补贴资金34万元。推行河长制，根据“一沟一档、一沟一策”工作要求，严格管理，落实责任，为实现沟道“水美、岸绿、景优”目标打下基础。

【重点工程】 投资164万元，完善草畜一体化养殖园区基础设施建设，硬化4.1公里园区中心道路、亮化；投资51万元，建设红瑞活禽交易市场（一期）；投资1279万元，实施红瑞肉牛集中养殖园区；投资48万元，实施红瑞村1.3公里产业配套道路硬化。

【精神文明建设】 推动移风易俗，树立文明乡风，发放移风易俗倡议书5000余份，悬挂宣传条幅20条，文明祭祀倡议书500余份，墙面粉刷融入民族特色、地域特色移风易俗标语60余条。全年撰写信息712篇。评选移风易俗家庭2个，“最美人物”10个，全乡7个村红白理事会工作顺利开展。五堆子村获批自治区级“文明村”，红瑞村、水泉子村获批石嘴山市“文明村”，红瑞村入选第二批全国少数民族村寨。开展文体活动14次，上级单位慰问演出9次，群众参与观看超过1万人次推动高台社火、秦腔等非物质文化遗产的发展，投资49.89余万元建设红翔剧院，投资45万元改造红翔文化站。

【生态环境】 全年造林面积68.09公顷，栽植各类树木9.05万株。开展大气污染攻坚战，多次召开秸秆禁烧工作专题会议，在各村设立警示牌30个，动用3辆宣传车，对全乡范围内宣传时长720小时，巡查次数1032次，巡查人数2460人次，发放宣传彩页5200余份，各村河滩地秸秆打捆606.67公顷，遏制秸秆焚烧污染大气现象。

【社会民生】 全乡低保户1925户2643人，全年新增120人，低保核查工作取消不符合低保条件82人。多渠道开展帮扶工作，全年实施危房改造10户，享受政府补助资金16.95万元；发放五保、低保、临时救助、残疾人、高龄等惠民资金871.66万元；2个贫困村商业贷款总数达到941户3519万元（建档立卡户571户2099万元），互助金与妇女小额创业贷款发放554户近800万元，为贫困村产业发展提供金融支撑。做好医疗保险和养老保险收缴工作，城乡居民养老保险参保5482人，医疗保险参保10203人，缴纳医疗保险145.08万元。实施“阳光沐浴”工程，安装太阳能615台。

【社会治理】 加强村级民主治理及矛盾纠纷排查调处力度，落实7个行政村村委会、村监会换届选举工作。处理重大疑难上访案件14件，化解各类纠纷106件。落实领导干部接访、下访和包案工作制度，接待群众来信来访110多人次，其中群体访2起21人次；受理来信来访14件，化解14件，化解率100%；创建“无访村”3个（红崖子村、水泉子村、五堆子村），通过“五无乡镇”验收。打造红崖子乡戒毒康复中心，社区戒毒2人，开展宣传24次，发放传单1000余份。妥善处理吉庆机砖厂安全生产事故、单氰胺爆炸事故善后维稳工作。检查100余处经营场所、100余台农机安全生产，查处违规车辆32辆，对违规运行的农业机械下发整改通知书，限期改正。开展“七五”普法、“送法到家”等活动。

【社会事业】 坚持教育优先发展战略，做好贫困大学生资助工作。落实人口与计划生育工作责任制，促进由管理型向服务型转变。完善基层日常管理服务制度，创新宣传教育，提高依法行政水平和服务能力。强化利益导向机制，加大出生缺陷预防力度，落实现行各项奖扶政策，集中发放计划生育家庭帮扶资金。孕前优生检查98例。新增石嘴山市提前五年奖励扶助3户，新增少生快富户1户，享受各类奖励扶助金3.72万元。

【脱贫动态调整】 全乡建档立卡户1303户6729人，分布在红瑞、红翔两个生态移民村，其中红瑞909户5007人，红翔299户1380人。按照《平罗县2017年贫困户精准脱贫退出工作方案》，严格对照“两不愁、三保障”脱贫标准，规范脱贫程序，对两贫困村187户1054人脱贫销号退出。1144户6033人（含整户死亡销户的3户4人）脱贫销号，占全乡脱贫任务89.6%，剩下未脱贫及返贫建档立卡户162户700人（红瑞村143户619人，红翔村17户71人，插花移民2户10人）。

【庭院经济】 探索庭院种植模式，为贫困村2000座庭院拱棚免费发放育苗瓜菜80万株，解决群众吃菜问题；巩固庭院小群多户养殖，两村养殖户达到850户，30平方米以上标准化圈舍增至659座，牛存栏1098头（建档立卡户691头）、羊存栏7560只（建档立卡户5133只），两村补贴养殖户408户，圈舍324座，肉牛513头，肉羊2500只，发放圈舍与养殖补贴231.92万元，夯实贫困村庭院经济基础。

【完善脱贫产业链条】 以项目化、产业链化思路推动脱贫项目创新发展，发展多元养殖产业链条。在红瑞村建设肉鸽养殖基地，首批养殖肉鸽2400对，引进青铜峡肉鸽养殖企业，以“养殖示范+繁育推广+统购统销”模式带动庭院养殖，农户通过帮扶单位帮扶入股、农户进鸽场务工、农户庭院自养形式发展新的产业增收点，对首批养殖农户发放分红资金3万元。完善移民村周边养殖产业配套，实施红瑞肉牛集中养殖园区项目，可发展80户适度规模养殖；红瑞活禽活畜交易市场（一期）基本建成，预计2018年投入使用。完善特色种植产业链条，投资50万元，新开19.67公顷沙荒地项目，扩大枸杞番茄、枸杞辣椒种植33.33公顷。投资600万元，建成枸杞番茄果脯加工厂二期工程，形成“基地+合作社+农户+原产地初加工”产业链，壮大“宁农红翔”特色沙漠瓜菜品牌。引进菌菇种植企业，在祥瑞菌菇种植加工基地投资建设整修温棚4座、新建加工车间1座，首批培育30万包茶树菇、反季节香菇荷包。为壮大菌菇特色产业，对符合发展标准农户逐户摸排登记造册，并施工建设。

【就业创业】 加大劳务输出力度，促进就业创业，建档立卡户向外输出劳动力呈现出稳中有增趋势。输出稳定就业1898人，其中红瑞村1281人，红翔村617人，两村户均1.57人在外稳定务工。鼓励发展劳务公司和劳务经纪人，两村培育劳务公司2家、劳务经纪人14名，组织贫困群众赴内蒙古、棋盘井矿区等地务工，户均增收均不低于2000元/月。对建档立卡户中16岁以上，60岁以下劳动力人数进行“四个底数”（劳动力、就业、培训意愿、“两后生”）摸底，做到培训对象底数精准，助县有关部门做好培训工作，提高就业竞争力。

【自身建设】 强化政府服务职能，抓干部思想作风、工作作风和纪律作风建设，结合作风效能建设提升年活动，推进“两学一做”学习教育常态化制度化，制定完善乡村干部学习例会、乡村财务管理等制度，锤炼出作风扎实、纪律严明、敢打硬仗、勇争第一的干部队伍。坚持民主集中制原则，大兴“民主、团结、和谐”之风，坚持集体领导和个人分工负责相结合，增强“全局一盘棋、拧成一股绳、心往一处想、劲往一处使”整体合力。落实全面从严治党要求，把纪律和规矩挺在前面，把全面从严治党要求切实体现到政府工作中；落实中央八项规定精神，执行廉洁自律准则、纪律处分条例等规定，健全厉行节约长效机制，严控“三公经费”。推进依法行政，完善政务服务、政务公开，推进行政权力在阳光下运行，完善决策程序，不断健全权力运行制约和监督体系。

荣　誉

先进集体

获得国家部级、自治区党委、政府表彰

表 5

单位	荣誉	时间	表彰单位
平罗县	创建无邪教示范县	2017.03	国务院防范和处理邪教问题办公室
平罗县	中国好粮油示范县	2017.11	财政部国家粮食局
平罗调查队	第三次全国农业普查先进集体	2018.01	国务院第三次全国农业普查领导小组
宁夏大地循环发展股份有限公司	厂务公开民主管理先进单位	2017.05	全国总工会
宝丰镇宝丰村	第五届全国文明村	2017.11	中央精神文明建设指导委员会
县检察院	全国文明单位（继续保留）	2017.11	中央精神文明建设指导委员会
通伏乡马场村	全国文明村（继续保留）	2017.11	中央精神文明建设指导委员会
灵沙乡西灵村	全国文明村（继续保留）	2017.11	中央精神文明建设指导委员会
黄渠桥镇林业站	全国标准化林业工作站	2018.01	国家林业局
县工商联	2016 年全国“五好”县级工商联	2017.03	全国工商联
县工商联	2017 年全国“五好”县级工商联	2017.12	全国工商联
县国土资源局	平罗县农村宅基地和集体建设用地使用权登记发证项目获中国地理信息产业优秀工程银奖	2017.09	中国地理信息产业协会
陶乐镇	2017 中国最具发展潜力特色名镇	2017.09	中国报业协会 自治区党委宣传部 宁夏日报报业集团
黄渠桥镇	2017 中国最美村镇	2017.12	上海第一财经传媒有限公司尧中国最美村镇评选活动组委会
国网平罗县供电公司渠口供电所	2016 年度“中国最美供电所”	2017.05	中国电力传媒集团有限公司
县妇联	2016 年度全国妇女新闻宣传阵地建设“先进单位”	2017.08	中国妇女报社
平罗县项目办（县团委）	2015—2016 年度大学生志愿服务西部计划绩效考核优秀项目办	2017.01	全国大学生志愿者服务西部计划项目管理办公室
县第四中学	叶做好小事强化管理创建基层服务性党组织曳被评为全国中小学德育工作优秀案例	2017.10	教育部基础教育司

续表5

单位	荣誉	时间	表彰单位
黄渠桥镇	第四届中华小导游中国文明旅游魅力线路展播评选活动要最佳人气线路景点黄渠桥羊羔肉美食名镇	2016.12	中国未成年人网
陶乐镇东街社区	全国综合减灾示范社区	2017.10	国家民政部
平罗县	自治区“双拥模范县”	2016.12	中共宁夏回族自治区委员会
县公安局城关派出所	全区公安系统模范集体	2017.08	自治区人民政府
县商务经济合作局	2017年度全区招商引资指导性目标任务完成一等奖	2018.02	自治区人民政府
县纪委	“四化一覆盖”廉政档案新模式被确定为全区纪检监察特色亮点工作	2017.12	自治区纪委
县检察院	宁夏检察机关公诉工作先进集体	2017.02	自治区人民检察院
平罗县地方志办公室	全国县级综合年鉴一等奖	2017.08	中国地方志指导小组 中国地方志学会

获得自治区厅局及市委市政府表彰奖励

表6

单位	荣誉	时间	表彰单位
平罗县	2017年度全区农田水利基本建设“黄河杯”竞赛一等奖	2018.01	宁夏回族自治区农田水利基本建设指挥部
平罗县	全区第一批“四好农村路”示范县	2017.04	自治区交通厅
平罗县	国家小康用电示范县	2017.08	国家能源局
平罗县	星级和谐社区创建工作先进县	2017.03	自治区社区建设工作领导小组
县公安局	2017—2020年度自治区文明单位	2017.04	自治区精神文明建设指导委员会
县市场监督管理局	2017—2020年度自治区文明单位	2017.04	自治区精神文明建设指导委员会
渠口乡渠口村	第二届自治区美丽乡村文明创建工程示范村	2017.10	自治区精神文明建设指导委员会
平罗汽车站	全区交通运输行业文明单位	2017.10	自治区交通厅
高庄乡	全区民族团结进步创建活动示范单位	2017.11	自治区党委统战部自治区民委
头闸镇红岗村	全区民族团结进步创建活动示范村	2017.11	自治区党委统战部自治区民委
渠口乡渠口村	全区民族团结进步创建活动示范村	2017.11	自治区党委统战部自治区民委
头闸九年制学校	自治区文明校园	2017.04	自治区文明委
县市场监督管理局	全区企业年报公示工作先进单位	2017.11	自治区工商行政管理局
县妇联	全区妇联系统2017年度效能目标考核先进单位“优秀一等奖”	2017.12	自治区妇女联合会
县教育体育局	全区实施妇女儿童发展规划先进集体	2017.02	自治区人民政府妇女儿童工作委员会
“平罗团委”微信公众号	最具影响力新媒体平台	2017.09	自治区团委
县团委	2016年希望工程筹资动员先进单位	2017.06	宁夏青少年发展基金会宁夏希望工程办公室
县公安局交警大队	十九大安保工作先进集体	2017.12	自治区政法委
县公安局太沙派出所	十九大安保工作先进集体	2017.12	自治区政法委
县公安局交警大队	全区党的十九大安保维稳工作先进集体	2017.12	自治区社会治安综合治理委员会
县公安局太沙派出所	全区党的十九大安保维稳工作先进集体	2017.12	自治区社会治安综合治理委员会
县公安局交警大队	优秀基层单位	2017.01	宁夏公安厅

续表 6

单位	荣誉	时间	表彰单位
县委宣传部	2017 年度党报发行先进单位	2017.10	宁夏日报报业集团
县人社局	全区人社系统“法治人社”优秀单位	2017.11	自治区人社厅
县公安局缉毒大队	全区社区戒毒社区康复工作优秀组织单位	2017.09	自治区禁毒委办公室
县综治办	2013—2017 年度社会治安综合治理先进集体	2018.02	自治区社会治安综合治理委员会
县人民法院	2013—2017 年度社会治安综合治理先进集体	2018.02	自治区社会治安综合治理委员会
县财政局	2016 年度全区财政监督工作先进单位	2017.03	自治区财政厅
县水务局	2017 年度全区水利安全生产先进单位	2017.12	自治区水利厅
县水务局	2017 年度全区工程质量监督管理先进单位	2017.12	自治区水利厅
县地税局	“加强征管、堵漏增收、全员查找税收风险点”活动先进集体	2017.08	自治区地税局
县地税局陶乐税务所	青年文明号	2017.05	自治区地税局
县国税局纳税服务科	2015—2016 年度宁夏青年文明号	2017.03	自治区团委等 13 部门
平罗调查队	2017 年度信息考核先进单位	2018.01	国家统计局宁夏调查总队
平罗调查队	2017 年度综合考核先进单位	2018.01	国家统计局宁夏调查总队
平罗调查队	2016—2017 年度规模以下工业调查工作先进单位	2017.11	国家统计局宁夏调查总队
国网平罗县供电公司	2017 年度宁夏电力公司营销基础管理提升先进集体	2017.11	国网宁夏电力公司
城关镇太西社区	全区铁路护路联防工作先进集体	2017.05	自治区铁路护路联防工作领导小组
城关镇明珠社区	自治区学雷锋志愿服务“四个十佳”先进典型	2017.05	自治区文明办
高庄司法所	五星级司法所	2017.11	自治区司法厅
城关镇	全区社区戒毒社区康复工作示范点	2017.01	自治区禁毒工作委员会
城关镇	全区“书香之乡（镇、街道）”	2017.08	自治区宣传部、自治区文明委
城关镇人民调解委员会	全区优秀人民调解委员会	2017.12	自治区司法厅
县物价检查所	2017 年度成本工作优秀集体	2018.01	自治区物价局
县物价检查所	2016 年度农产品成本调查先进集体	2017.01	自治区物价局
黄渠桥镇团委	全区五四红旗团委	2017.04	自治区团委
县民政局	中福在线规范管理先进单位	2017.01	自治区民政厅
城关镇明珠社区	消防宣传教育示范社区	2017.11	自治区公安消防总队自治区民政厅
民盟平罗中学支部	先进基层支部	2017.12	民盟宁夏区委会
农工党平罗县总支	2017 年度先进基层组织	2017.12	农工党宁夏区委会
民盟平罗中学支部	先进基层组织	2017.01	民盟宁夏区委会
农工党平罗县总支	2017 年度先进基层组织	2017.12	农工党宁夏区委会
民盟平罗中学支部	先进基层组织	2017.01	民盟宁夏区委会
平罗县装饰行业商会	全区“四好”商会	2017.12	自治区工商联
县审计局	平罗县中医院原院长任期经济责任审计获全区审计系统“表彰审计项目”	2017.01	自治区审计厅
县审计局	县扶贫办 2016 年度扶贫资金管理使用情况的专项审计调查获全区审计系统“表彰审计项目”	2018.01	自治区审计厅

续表 6

单位	荣誉	时间	表彰单位
县财政局	教育系统 2014—2015 年会计信息质量和义务教育经费专项检查被评为 2016 年度优秀财政监督检查项目	2017.05	自治区财政厅
县财政局	2017 年政法绩校考核以奖代补资金预算指标一等奖	2017.05	自治区财政厅
县财政局	2017 年政法绩校考核以奖代补资金预算指标二等奖	2017.05	自治区财政厅
县财政局	2016 年度全区部门决算工作先进单位三等奖	2017.11	自治区财政厅
县财政局	2017 年度全区预算执行旬月报及分析工作先进单位二等奖	2017.11	自治区财政厅
县教育体育局	2017 年宁夏第三届“全民健身节”暨宁夏社会体育指导员交流展示大赛（广场舞）优胜奖	2017.07	宁夏体育局宁夏体育总会
县教育体育局	2017 年全区青少年羽毛球锦标赛体育道德风尚奖	2017.07	自治区体育局
县教育体育局	2017 年全区青少年篮球锦标赛体育道德风尚奖	2017.07	自治区体育局
县教育体育局	2017 年全区青少年排球锦标赛体育道德风尚奖	2017.07	自治区体育局
县教育体育局	2017“沙坡头杯”首届全区大漠健身运动大赛　沙漠定向三等奖	2017.09	自治区体育局中卫市人民政府
县教育体育局	2017 年宁夏迎新春全民健身季二等奖	2017.04	宁夏体育局宁夏体育总会
黄渠桥镇社火队	2017 年“新春乐”第十三届全区社火大赛金奖	2017.09	自治区文化厅
县文化馆	2017 年“新春乐”第十三届全区社火大赛优秀组织奖	2017.09	自治区文化厅
县民政局	“庆祝十九大　欢度重阳节”全区老年书画作品展征集评选活动“优秀组织奖”	2017.10	自治区文明办、民政厅、文化厅、老龄办、文联
县民政局	自治区优秀志愿者组织奖	2017.05	自治区文明委、区团委、志愿者协会
县委宣传部	石嘴山市创建全国文明城市暨“六城联创”先进集体	2017.12	中共石嘴山市委石嘴山市人民政府
县委宣传部	石嘴山市创建全国文明城市未成年人思想道德建设工作先进集体	2017.12	中共石嘴山市委石嘴山市人民政府
县公安局刑侦大队	全市实施妇女儿童发展规划先进集体	2017.10	石嘴山市人民政府妇女儿童工作委员会
县地税局	依法征收残疾人就业保障金工作先进单位	2017.12	石嘴山市人民政府残疾人工作委员会
人行平罗支行	2017—2020 年石嘴山市文明单位	2016.12	石嘴山市文明委
城关市场监督管理所	2018—2021 年石嘴山市文明单位	2017.12	石嘴山市文明委
姚伏市场监督管理所	2018—2021 年石嘴山市文明单位	2017.12	石嘴山市文明委
城关镇	2018—2021 年石嘴山市文明镇	2017.12	石嘴山市文明委
宝丰镇	2018—2021 年石嘴山市文明镇	2017.12	石嘴山市文明委
崇岗镇	2018—2021 年石嘴山市文明镇	2017.12	石嘴山市文明委
陶乐镇	2018—2021 年石嘴山市文明村	2017.12	石嘴山市文明委
城关镇新建村	2018—2021 年石嘴山市文明村	2017.12	石嘴山市文明委
城关镇和平村	2018—2021 年石嘴山市文明村	2017.12	石嘴山市文明委
城关镇三闸村	2018—2021 年石嘴山市文明村	2017.12	石嘴山市文明委
城关镇前锋村	2018—2021 年石嘴山市文明村	2017.12	石嘴山市文明委
城关镇前卫村	2018—2021 年石嘴山市文明村	2017.12	石嘴山市文明委

续表 6

单位	荣誉	时间	表彰单位
宝丰镇陆渠村	2018—2021 年石嘴山市文明村	2017.12	石嘴山市文明委
宝丰镇新渠村	2018—2021 年石嘴山市文明村	2017.12	石嘴山市文明委
崇岗镇暖泉村	2018—2021 年石嘴山市文明村	2017.12	石嘴山市文明委
崇岗镇镇朔村	2018—2021 年石嘴山市文明村	2017.12	石嘴山市文明委
崇岗镇崇胜村	2018—2021 年石嘴山市文明村	2017.12	石嘴山市文明委
崇岗镇崇岗村	2018—2021 年石嘴山市文明村	2017.12	石嘴山市文明委
崇岗镇常青村	2018—2021 年石嘴山市文明村	2017.12	石嘴山市文明委
崇岗镇崇富村	2018—2021 年石嘴山市文明村	2017.12	石嘴山市文明委
头闸镇外红岗村	2018—2021 年石嘴山市文明村	2017.12	石嘴山市文明委
头闸镇双渠村	2018—2021 年石嘴山市文明村	2017.12	石嘴山市文明委
头闸镇头闸村	2018—2021 年石嘴山市文明村	2017.12	石嘴山市文明委
头闸镇正闸村	2018—2021 年石嘴山市文明村	2017.12	石嘴山市文明委
头闸镇红岗村	2018—2021 年石嘴山市文明村	2017.12	石嘴山市文明委
头闸镇东永惠村	2018—2021 年石嘴山市文明村	2017.12	石嘴山市文明委
头闸镇立新村	2018—2021 年石嘴山市文明村	2017.12	石嘴山市文明委
通伏乡永华村	2018—2021 年石嘴山市文明村	2017.12	石嘴山市文明委
通伏乡五香村	2018—2021 年石嘴山市文明村	2017.12	石嘴山市文明委
通伏乡新丰村	2018—2021 年石嘴山市文明村	2017.12	石嘴山市文明委
通伏乡新潮村	2018—2021 年石嘴山市文明村	2017.12	石嘴山市文明委
灵沙乡灵沙村	2018—2021 年石嘴山市文明村	2017.12	石嘴山市文明委
灵沙乡田家村	2018—2021 年石嘴山市文明村	2017.12	石嘴山市文明委
灵沙乡何家村	2018—2021 年石嘴山市文明村	2017.12	石嘴山市文明委
渠口乡交济村	2018—2021 年石嘴山市文明村	2017.12	石嘴山市文明委
渠口乡金桥村	2018—2021 年石嘴山市文明村	2017.12	石嘴山市文明委
渠口乡红旗村	2018—2021 年石嘴山市文明村	2017.12	石嘴山市文明委
	石嘴山市文明委（2017）17 号	2017.12	石嘴山市文明委
县教育体育局	2016 年度石嘴山市禁毒工作先进集体	2017.04	石嘴山市禁毒委员会
县财政局老干部党支部	石嘴山市先进离退休干部服务型党组织	2017.07	石嘴山市离退休干部工作委员会、石嘴山市委老干部局
县人社局	石嘴山市党的十九大安保维稳工作先进集体	2017.12	石嘴山市社会治安综合治理委员会
陶乐镇人民政府	石嘴山市党的十九大安保维稳工作先进集体	2017.12	石嘴山市社会治安综合治理委员会
城关镇	全市社区戒毒社区康复示范点	2017.04	石嘴山市禁毒委员会
城关镇金顺社区	园林化小区	2017.03	石嘴山市绿化委员会
城关镇金顺社区	石嘴山市优秀志愿服务社区	2017.03	石嘴山市委宣传部市文明办　市团委
渠口乡新桥村	石嘴山市党的十九大安保维稳工作先进集体	2017.12	石嘴山市社会治安综合治理委员会
民盟平罗总支	先进集体	2017.01	民盟石嘴山市委员会
城关镇东苑社区	石嘴山市优秀志愿服务组织奖	2017.03	石嘴山市委宣传部市文明办　市团委
城关镇明珠社区	石嘴山市优秀志愿服务组织奖	2017.03	石嘴山市委宣传部市文明办　市团委

续表 6

单位	荣誉	时间	表彰单位
县教育体育局	“诵读中华经典　传唱优秀童谣”活动优秀组织奖	2017.05	石嘴山市委宣传部　石嘴山市文明办　石嘴山市教育体育局
城关镇	全市“金鸡报晓闹新春”秧歌社火展演比赛二等奖	2017.02	石嘴山市委宣传部、市文明办、文化新闻出版广电局
黄渠桥镇社火队	2017 年全市“金鸡报晓闹新春”秧歌社火展演比赛一等奖	2017.02	石嘴山市委宣传部　市文明办　市文化新闻出版广电局

先进个人

省部级先进个人

表 7

姓名	单位	荣誉	时间	表彰单位
朱　辉	县纪委	对在纪检监察工作中表现突出的个人嘉奖	2017.08	中央纪委监察部
吴忠山	县信访督办局	全国信访系统先进个人	2017.07	人力资源和社会保障部国家信访局
白　琴	陶乐镇	全国孝老爱亲模范	2017.11	中央宣传部等六部门
陈桂香	县民政局	全国老龄系统先进工作者	2017.08	人力资源和社会保障部全国老龄委
高明真	县民政局	全国敬老爱老助老模范人物	2017.	全国老龄委
何志兵	县法院	全国维护妇女儿童权益先进个人	2017.03	中华全国妇女联合会
马金玉家庭	宝丰镇	全国最美家庭	2017.05	中华全国妇女联合会
马少军	县公安局	2017 年 8 月刑事技术破案会战优秀刑事技术民警	2017.09	公安部野三打击一整治冶专项行动办公室
刘伏新	县公安局	2017 年 10 月刑事技术破案会战优秀刑事技术民警	2017.11	公安部野三打击一整治冶专项行动办公室
杨　乐	县公安局	2017 年 11 月刑事技术破案会战优秀刑事技术民警	2017.12	公安部野三打击一整治冶专项行动办公室
樊　燕	民革平罗支部	民革全国社会服务先进个人		民革中央
陆永华	农工党平罗县总支	全国“十二五”地方病防治工作先进个人	2016.4	卫生部疾病防治中心
袁　莉	九三学社平罗县委员会	中国第一届宋庆龄最美基层呼吸医生奖	2017.10	中国宋庆龄基金会
潘　东	民进平罗支部	坚持和发展中国特色社会主义实践活动先进个人	2017.11	民进中央

地市级先进个人

表 8

姓名	单位	荣誉	时间	表彰单位
徐红川	星瀚集团星泽燃气平罗分公司	塞上技能大师	2017.12	自治区人才领导小组办公室尧人力资源和社会保障厅尧　财政厅尧总工会
逯　水	县市场监督管理局	第三届宁夏好人	2017.10	自治区精神文明建设指导委员会
王其玲	县统计局	全区实施妇女儿童发展规划先进个人	2017.02	自治区人民政府妇女儿童工作委员会
吴银涛	宝丰镇	全区实施妇女儿童发展规划先进个人	2017.02	自治区人民政府妇女儿童工作委员会
付小刚	县团委	双微平台榜样小编	2017.09	自治区团委

续表 8

姓名	单位	荣誉	时间	表彰单位
杨春玲	县委政法委	2013—2017 年度社会治安综合治理先进个人	2018.02	自治区社会治安综合治理委员会
谢生亮	崇岗镇	2013—2017 年度社会治安综合治理先进个人	2018.02	自治区社会治安综合治理委员会
李学磊	县公安局	2013—2017 年度社会治安综合治理先进个人	2018.02	自治区社会治安综合治理委员会
张志祥	县公安局	全区党的十九大安保维稳工作先进个人	2017.12	自治区社会治安综合治理委员会
李长青	县公安局	全区党的十九大安保维稳工作先进个人	2017.12	自治区社会治安综合治理委员会
汪立平	县公安局	全区党的十九大安保维稳工作先进个人	2017.12	自治区社会治安综合治理委员会
郭新惠	县公安局	全区党的十九大安保维稳工作先进个人	2017.12	自治区社会治安综合治理委员会
吴宝清	县公安局	全区党的十九大安保维稳工作先进个人	2017.12	自治区社会治安综合治理委员会
王庆生	县公安局	全区党的十九大安保维稳工作先进个人	2017.12	自治区社会治安综合治理委员会
王 璐	县公安局	全区党的十九大安保维稳工作先进个人	2017.12	自治区社会治安综合治理委员会
郭 宏	平罗县消防大队平罗中队	第三届宁夏十佳民警暨侯金知式优秀民警	2017.08	宁夏公安厅
秦建平	县公安局	第三届宁夏十佳民警暨侯金知式优秀民警提名民警	2017.08	宁夏公安厅
杨 梅	县公安局	执法规范化建设工作成绩突出个人	2017.12	宁夏公安厅
李晓云	县禁毒委员会办公室	全区禁毒工作成绩突出个人	2017.12	宁夏公安厅
马学文	高庄乡	全区党的十九大安保维稳工作野先进个人冶	2017.12	自治区社会治安综合治理委员会
裴桂枝	县财政局	2016 年度政策性农业保险先进个人	2017.11	自治区财政厅
郭兴斌	县财政局	2016 年全区财政支农政策培训工作先进工作者	2017.11	自治区财政厅
罗 祥	县水务局	2017 年度全区水利安全生产先进个人	2017.11	自治区水利厅
闫建军	县水务局	2017 年度全区工程质量监督管理先进个人	2017.11	自治区水利厅
黄小菊	县水务局	2017 年度全区工程质量监督管理先进个人	2017.11	自治区水利厅
李鼎陶	县国税局	全区国税系统五好党员	2017.03	自治区国税局
张金娥家庭	国网平罗县供电公司	2017 年自治区最美家庭	2017.03	自治区妇女联合会
马立银家庭	高庄乡	2017 年自治区最美家庭	2017.03	自治区妇女联合会
马英文	灵沙乡	全区人民调解员	2017.03	自治区司法厅
贺小艳	灵沙乡	全区十大孝媳	2017.03	自治区文明委
付 强	县审计局	全区审计系统野审计标兵冶	2017.01	自治区审计厅
梁 馨	县发改科技局	自治区科普工作先进个人	2017.05	自治区科技厅党委宣传部尧科协
于惠芳	县发改科技局	2016 年度农产品成本调查先进个人	2017.01	自治区物价局
吴化民		2017 年度优秀农调户	2018.01	自治区物价局
杨 彦	民盟平罗县总支	全区百名法治模范	2017.12	自治区依法治区领导小组
逯 水	县市场监督管理局	全区最美红十字志愿者	2017.05	自治区红十字会
尹志强	县市场监督管理局	2016 年度全区重大活动餐饮食品安全保障工作先进个人	2017.01	自治区食品药品监督管理局
李小铃	县文化旅游广电局	全区第一次全国可移动文物普查先进个人	2017.06	自治区文化厅
路海霞	县文化旅游广电局	2016 年全区野扫黄打非冶先进个人	2017.01	自治区野扫黄打非冶工作领导小组
吴 泽	县文化旅游广电局	全区非物质文化遗产保护工作先进个人	2017.06	自治区文化厅

续表 8

姓名	单位	荣誉	时间	表彰单位
邢海敏	县文化旅游广电局	全区新闻出版广电系统党的十九大安全保障工作先进个人	2017.12	自治区新闻出版广电局
周惠琴	县文化旅游广电局	全区卫星数字农家书屋工作先进个人	2017.03	自治区新闻出版广电局
安　雪	平罗职教中心	全国护理技能大赛三等奖	2017.05	
赵丽华	农工党平罗县总支	2017 年度参政议政先进个人	2017.08	农工党宁夏区委会
孙学枝	农工党平罗县总支	2017 年度优秀党员	2017.08	农工党宁夏区委会
韩晓莉	九三学社平罗县委员会	2012—2017 年度社会服务先进个人	2017.08	九三学社宁夏区委会
王学刚	民盟平罗县总支	参政议政先进个人	2017.04	民盟宁夏区委会
马玉萍家庭	陶乐镇	石嘴山市最美家庭	2017.12	石嘴山市妇联尧文明办尧总工会
杨玉霞家庭	陶乐镇	石嘴山市最美家庭	2017.12	石嘴山市妇联尧文明办尧总工会
呼天堂	陶乐镇	石嘴山市文明市民	2017.09	石嘴山市委宣传部石嘴山市文明办石嘴山新闻传媒集团
王　芳	头闸镇	石嘴山市文明市民	2017.09	石嘴山市委宣传部、石嘴山市文明办、石嘴山新闻传媒集团
马立银家庭	高庄乡	石嘴山市文明家庭	2017.06	石嘴山市精神文明建设指导委员会
杨丽红家庭	高庄乡	石嘴山市文明家庭	2017.06	石嘴山市精神文明建设指导委员会
王　娟家庭	灵沙乡	石嘴山市最美家庭	2017.12	石嘴山市妇联、文明办、总工会
陈宝余	崇岗镇	石嘴山市优秀文明市民	2017.12	石嘴山市精神文明建设指导委员会
杨淑梅	崇岗镇	石嘴山市优秀文明市民	2017.12	石嘴山市精神文明建设指导委员会
冯　旗家庭	崇岗镇	石嘴山市最美家庭	2017.06	石嘴山市妇联、石嘴山市文明办
马占平	崇岗镇	2017 年度优秀预备役军官	2018.01	石嘴山陆军预备役工兵团
李　娜	民进平罗支部	全市公共文化服务体系建设先进个人	2017.08	石嘴山市委宣传部
马　蕾	县禁毒委员会办公室	2017 年禁毒示范创建工作优秀通讯员	2017.11	石嘴山市禁毒委员会
拓红艳	县禁毒委员会办公室	2017 年禁毒示范创建工作优秀通讯员	2017.11	石嘴山市禁毒委员会
郑婷婷	县公安局	2017 年禁毒示范创建工作优秀通讯员	2017.11	石嘴山市禁毒委员会
高迎春	高庄乡	2017 年禁毒示范创建工作优秀通讯员	2017.11	石嘴山市禁毒委员会
王云华	高庄乡	2017 年禁毒示范创建工作优秀通讯员	2017.11	石嘴山市禁毒委员会
张　红	城关镇	2017 年禁毒示范创建工作优秀通讯员	2017.11	石嘴山市禁毒委员会
闫凤梅	城关镇	2017 年禁毒示范创建工作优秀通讯员	2017.11	石嘴山市禁毒委员会
罗　娟	城关镇	2017 年禁毒示范创建工作优秀通讯员	2017.11	石嘴山市禁毒委员会
马　燕	黄渠桥镇	2017 年禁毒示范创建工作优秀通讯员	2017.11	石嘴山市禁毒委员会
王云华	高庄乡	2017　年创建全区禁毒示范城市优秀禁毒专干	2017.11	石嘴山市禁毒委员会
高迎春	高庄乡	2017 年创建全区禁毒示范城市优秀禁毒专干	2017.11	石嘴山市禁毒委员会

石嘴山市“五一劳动奖状”获得者

徐红川　星瀚集团星泽燃气平罗分公司　2017 年 4 月　石嘴山市总工会

平罗县第五届道德模范和“最美家庭·最美人物”

（2017 年 5 月 24 日）

一、道德模范

敬业奉献道德模范

孙永凯　平罗县法院立案庭庭长

魏学军　平罗中学教师

李尚荣　宁夏大地循环发展股份有限公司职工

黄晓菊　平罗县水务局工程师

见义勇为道德模范

何国强　崇岗九年制学校教师

康进才　通伏乡永华村 3 队村民

周学成　通伏乡永华村 11 队村民

县林业城管局志愿服务队（集体 6 人）

诚实守信道德模范

任秀娟　平罗英伦世家窗帘店创办人

马　季　宁夏马季清真食用油有限公司董事长

孝老爱亲道德模范

陈淑红　头闸镇邵家桥村 5 队村民

王艳霞　通伏乡新丰村 8 队村民

马　燕　宝丰镇吴家湾村 5 队村民

助人为乐道德模范

逯　水　平罗县市场监管局干部

李红梅　城关镇明珠社区党支部书记

马　兵　宁夏凌云集团职工

二、最美家庭·最美人物

最美家庭

徐玲家庭　城关镇家和春天小区居民

王立萍家庭　陶乐镇东园村 2 队村民

移风易俗文明户

周志远家庭　城关镇金税苑小区居民

尹彦娟家庭　城关镇西花园小区居民

李金花家庭　黄渠桥镇通惠村 1 队村民

安常伏家庭　高庄乡幸福村 1 队村民

最美人物

最美妻子（媳妇）

黄桂霞　崇岗镇崇胜村 4 队村民

边秀云　陶乐镇马太沟村 5 队村民

骆永霞　崇岗镇崇富村 2 队村民

袁春梅　城关镇东方明珠 C 区居民

路金花　姚伏镇姚伏村 8 队村民

最美丈夫

孙晓东　城关镇星海花园小区居民

马利兵　高庄乡同进村 1 队村民

最美乡村教师

陈学宝　陶乐中学教师

叶梅红　黄渠桥中心小学教师

曹红顺　周城小学教师

最美乡村医生

丁晓燕　黄渠桥镇卫生院药师

李怀宗　崇岗镇跃进村卫生室医生

郭宝林　头闸镇红岗村卫生室医生

最美致富带头人

马兴红　灵沙乡禾旺家庭农场创办人

徐迎平　姚伏镇高荣村党支部书记

最美村官

张福生　渠口乡六羊村党支部书记

马占虎　灵沙乡胜利村党支部书记

最美村民

贺秀兰　高仁乡高仁村5队村民

杨晓梅　高庄乡幸福村7队村民

王惠琴　宝丰镇渠羊村5队村民

自立自强之星

王吉斌　崇岗镇常青村6队村民

李玉佳　头闸镇九年制学校学生

马明治　红崖子乡红瑞村二组村民

附 录

平罗县城镇居民可支配收入

2017年以来，平罗县主动适应经济发展新常态，致力稳增长、促改革、调结构、惠民生，努力提高经济发展效益，保障县域经济平稳运行，为城镇居民稳定增收创造有利条件。2017年，平罗县城镇居民人均可支配收入24607元，同比增加1868元，增长8.2%，比去年同期提高1个百分点。

2017年平罗县城镇居民人均可支配收入情况表

表9

指标名称	2017年（元）	2016年（元）	比2016年±（元）	增幅（%）
人均可支配收入	24607	22739	1868	8.2
工资性收入	15999	14742	1257	8.5
经营净收入	3246	2990	256	8.6
财产净收入	591	559	32	5.7
转移净收入	4772	4448	324	7.3

一、城镇居民收入情况及特点

2017年，四大类收入呈现全面增长态势，其中工资性收入、经营净收入、财产净收入、转移净收入在总体人均可支配收入中的比重分别为65.0%、13.2%、2.4%、19.4%，增长速度较快的是工资性收入和经营净收入。

（一）政策性增资主导工资性收入增长。一是2016年度行政事业单位效能目标考核奖按照考核等次标准分别提高2500元、1800元和1000元，并于2017年初发放到位；二是平罗县公车改革补贴从2016年8月份开始发放，人均700元/月左右，2017年每月保证按时发放，带动2017年行政单位人员工资收入增长；三是2017年平罗县工业经济效益有所好转，铁合金、煤炭制品价格增长较快，工业企业效益恢复性增长。截至11月底，平罗县工业增加值同比增长8.9%。据调查了解，企业工人工资水平人均上涨150元左右，拖欠工资大多数补发。2017年，城镇居民人均工资性收入15999元，同比增加1257元，增长8.5%，增速比2016年提高1.7个百分点，占人均可支配收入的比重为65.0%，拉动收入增长5.5个百分点。

（二）经济新常态催生经营净收入增长活力。在经济新常态背景下，平罗县持续推进大众创业、万众创新的政策机制激励，在培训、资金以及税收等方面给予支持，居民创业积极性提高。同时随着进城农民数量增加，居民消费能力增强，二、三产业经营活动活跃，带动经营净收入增长。2017年，城镇居民人均经营净收入3246元，同比增加256元，增长8.6%，增速比2016年提高4.9个百分点，拉动收入增长1.1个百分点。

（三）财产净收入稳中有增。房屋租金是平罗县城镇居民获得财产净收入的主要来源，2017年，平罗县房地产市场行情依然保持平稳，没有出现大幅好转，房屋租金增长幅度较缓。与此同时，城镇居民购买各类理财产品收益所占份额过少，城镇居民获得财产净收入的渠道相对较窄。2017年，城镇居民人均财产净收入591元，同比增长5.7%，增速比2016年下降0.7个百分点。

（四）惠民政策推动转移净收入增长。自2017年7月起退休人员养老待遇提高，企业和机关事业单位退休人员分别按人均137元/月和247元/月的标准提高。最低生活保障金、高龄补贴、失业金标准全面上调，从2016年7月开始城镇居民低保标准从216元/人/月上调至346元/人/月；高龄津贴标准由300元/月提高至400元/月；失业金标准人均提高109元/月。2017年，城镇居民人均转移净收入4772元，同比增加324元，增长7.3%，拉动收入增长1.4个百分点。

二、制约城镇居民收入增长的因素

（一）收入增长领域局限性大。工资性收入增长是城镇居民收入增长的主要依靠，占人均可支配收入的比重和拉动收入增长的幅度均为四大类收入之首。同时工资性增收十分依赖政策性措施推动，一旦增资政策减少或者滞后，必然会抑制工资性收入的增幅。不仅如此，企业工资标准与企业经营效益联动，一旦遭遇经济气候波动，势必会导致企业经营效益下滑，从而影响企业工人工资水平和福利待遇。

（二）经营净收入增长压力较大。目前平罗县正处于供给侧结构性改革的关键时期，经济面临转型升级，中小微企业、个体经营户经营压力较大，特别是以互联网经济为特点的“三新”经济在一定程度上挤占实体经济空间，使二三产业在经营上面临的困难和压力与日俱增。

（三）财产净收入潜力有待挖掘。城镇居民财产性收入所占可支配收入的比重仅为2.4%，在四大类收入中的比重最低，并且主要是利息、出租房屋收入所得。对于储蓄、债券、保险、理财、股票、期货、黄金、外汇市场等金融产品方面的投资较少，导致财产净收入渠道单一。

（四）转移净收入持续增长面临较大压力。随着社会老龄化程度不断加大，离退休人员不断增加，养老保险、最低生活保障、高龄补贴等政府财政转移支付的需求加大，依靠提高养老保险、最低生活保障、高龄补贴等标准来维持转移净收入增长的压力较大。

三、促进城镇居民增收的建议

（一）出台新的增资政策。要主动发挥工资性收入对城镇居民收入增长带来关键性作用，可参照其他县区，适时出台一些增加职工补贴政策，适当提高补贴标准，加大补贴力度。落实国家及自治区出台的各项增资政策，按照政策督察企业职工工资水平，及时调整地方最低工资标准。

（二）加大就业创业支持力度。加大全民创业扶持力度，为创业者做好信息平台、资金扶持等工作。出台优惠政策如实行减征或缓征税收政策，切实减轻企业税负压力，并鼓励金融机构对中小企业资金扶持，加大对发展前景好、就业容量大中小企业扶持力度，提升企业吸纳就业能力。加大公益性岗位购买力度，重点解决困难群体就业问题。

（三）完善社会保障体系。加大对城镇低收入群体的帮扶力度，做好下岗失业人员、城市低保户、特困户、残疾人等特困群体的社会救助、社会福利、社会保障等服务。适时提高最低工资和最低生活保障金标准，确保低收入群体收入得以提高。

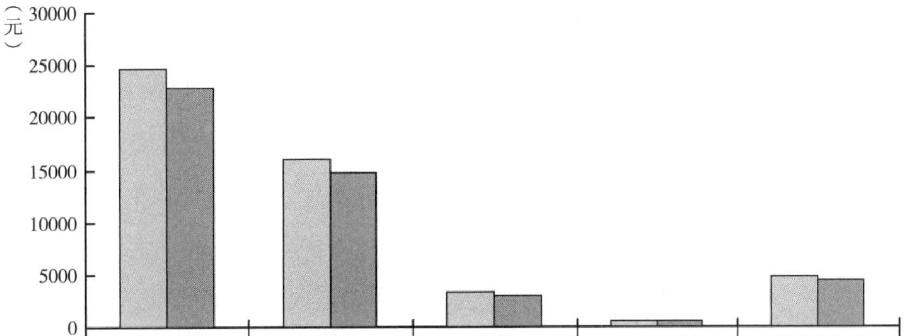

	可支配收入	工资性收入	经营净收入	财产净收入	转移净收入
2017年	24607	15999	3246	591	4772
2016年	22739	14742	2990	559	4448

平罗县城镇居民人均可支配收入

全面建设小康社会，重点在农村，难点在农民，增加农民收入也是建设社会主义新农村基础。2017 年，把发展农村经济、增加农民收入作为农业和农村工作的首要任务来抓，在各项惠农政策推动下，全县农村经济形势保持稳定增长，全年实现人均可支配收入 13276 元，同比增加 1081 元，增长 8.9%，比 2016 年同期提高 1 个百分点。

2017 年平罗县农民人均可支配收入情况表

表 10

指标名称	本年（元）	上年（元）	比上年 ±（元）	增幅（%）
人均可支配收入	13276	12196	1081	8.9
工资性收入	3832	3557	275	7.7
经营净收入	6545	5887	657	11.2
财产净收入	454	426	29	6.8
转移净收入	2446	2326	120	5.1

一、农民收入基本情况

（一）工资性收入平稳增长。2017 年，平罗县农民人均工资性收入 3832 元，同比增加 275 元，增长 7.7%，占人均可支配收入的比重为 28.9%，拉动人均可支配收入增长 2.3 个百分点。务工形势向好是助推农民工资性收入增长的重要原因。据农民工监测调查结果显示：2017 年平罗县农村外出从业劳动力从业人数同比增长 5.5%，从业时间同比增长 18.4%。同时伴随平罗县工业经济效益好转，三大工业园区恢复生产、扩大规模企业增多，工资标准小幅增长，据调查，企业工人工资水平人均上涨 150 元左右。除此之外，2017 年平罗县有关劳动部门加大治理拖欠农民工工资力度，共为 1180 名农民工追回欠薪 1349.1 万元。

2017 年，平罗县加大农业种植结构调整力度，规模户压减玉米面积，增加蔬菜、制种、西瓜、牧草等经济作物，带动农民就近务工。百万亩盐碱地改良工程持续推进以及美丽乡村、小城镇建设等工程实施，为农民工提供本地务工机会。

（二）经营净收入占据可支配收入的半壁江山。2017年，平罗县农民人均经营净收入6545元，同比增加657元，增长11.2%，增速比上年提高6.7个百分点，占人均可支配收入中的比重为49.3%。其中：农业收入4304元，同比增长10.3%，牧业收入1076元，增长14.3%，二三产业收入1158元，增长3.3%。

2017年以来，平罗县清真牛羊肉产业发展向好。肉牛价格保持稳定，23—26元/公斤，养殖效益较好。活羊价格25元/公斤，同比上涨19%。三大粮食作物整体种植效益较好。小麦种植面积同比增长36.2%，总产量同比增长36.2%，价格2.75元/公斤，同比增长4.0%；水稻种植面积同比增长3.1%，总产量同比增长5.3%，价格2.9元/公斤，同比增长7.4%；玉米虽然种植面积和总产量分别同比下降12.3%和9.9%，但是单产同比增长2.8%，价格1.76元/公斤，同比增长15%。

（三）财产净收入占比过低。2017年，平罗县农民人均财产净收入454元，同比增加29元，增长6.8%。占人均可支配收入的比重为3.4%。房屋租金、转让承包土地经营权租金是平罗县农民获得财产净收入的主要来源。

（四）转移净收入持续增长。2017年，平罗县农民人均转移净收入2446元，同比增加120元，增长5.1%，占人均可支配收入的比重为18.4%。县完善农村社会保障制度，提升养老保险覆盖率，提高养老金、最低生活保障金和高龄补贴标准，加大社会救济和补助力度，为农民转移净收入增长贡献重要动力。

二、制约农民收入增长的因素

（一）劳动力素质偏低，就业矛盾凸显。受自身文化程度制约，农村劳动者知识、能力、技术水平滞后，劳动技能薄弱，外出务工多数只能从事体力劳动，工作性质导致增收空间有限。而且当前正面临经济结构转型的特殊时期，随着新技术、新装备推广应用，企业的用工需求也在同步转型，现有农民工的劳动素质很难满足新形势下企业用工需求，农民工就业矛盾日后会逐步凸显。

（二）农产品价格起伏影响农民收入。经营净收入作为农民收入的半壁江山，农产品价格起伏对农民经营净收入带来挑战日益严峻。农业生产形势往往具有循环式变动的特点，一旦遭遇农产品价格下降不利趋势，经营净收入增长压力就会激增。

（三）农民农业生产费用增加。据调查资料显示，2017年，平罗县农民人均生产经营费用支出同比增长7.5%，其中：农业费用同比增长5.3%，牧业费用同比增长11.2%。平罗县农业生产资料价格指数（1—11月累计）涨幅4.1个百分点，其中：饲料、仔畜幼禽及畜产品、化学肥料分别涨幅6.4、6.2、4.3个百分点，导致农户生产经营成本费用增加。

（四）转移净收入增长压力较大。各级财政收入增速有所放缓，继续以直接补贴等形式增加农民转移净收入所面临的压力较大。

三、促进农民增收的建议

（一）提高农民劳动素质，拓宽就业渠道。目前平罗县农民务工的行业仍然以建筑业为主。建议县有关部门继续狠抓农村劳动力技能培训，增强致富就业能力。突出对农村富余劳动力、失地农民的培训，加强培训针对性和实用性，提高农民工技能含量，增强农民的就业能力。

（二）加快农业产业化进程，优化农民收入结构。大力推广新技术、新品种，积极扶持特色优质农业，扩大产业规模，促进农民增收。积极扶持龙头企业和农产品加工业，延伸农产品产业链，提高农产品附加值。积极发展农村二三产业和个体、私营经济，逐步加大农民非农产业收

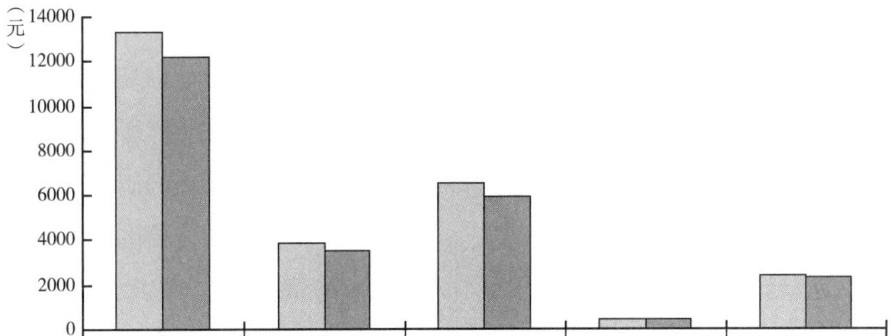

	可支配收入	工资性收入	经营净收入	财产净收入	转移净收入
2017年	13276	3832	6545	454	2446
2016年	12196	3557	5887	426	2326

平罗县农村居民人均可支配收入

入比重，优化收入结构，促进农民收入稳定较快增长。

（三）加大惠农政策扶持力度，促进农村产业发展。出台特惠政策，通过贷款、贴息、补助等方式加大对农业经营主体和农民的扶持力度，帮助其解决生产经营中的困难，认真落实农业政策性保险和蔬菜价格政策性保险政策，提高其抵御市场风险的能力，促其健康有序发展。

（四）加强农村社会保障建设。提高农村基本养老、医疗保障待遇标准和水平，让农民减少后顾之忧。完善农村社会保障和救助体系建设，加大对困难户帮扶力度，帮助低收入群体早日脱贫。

重要文献

关于加快发展农业“一优四特”产业的实施意见

平党发〔2017〕2 号

为加快推进全县农业“一优四特”产业聚集升级，充分发挥农业资源优势，调整农业产业结构，转变农业发展方式，提高农产品竞争力，全面提升现代农业发展水平，促进农业增效、农民增收、农村繁荣，现就“十三五”期间加快农业“一优四特”产业发展提出如下实施意见。

一、总体思路

牢固树立创新、协调、绿色、开放、共享发展理念，以促进农民增收为核心，以发展现代农业为目标，以转变农业发展方式为主线，围绕石嘴山市国家农业科技示范园区建设，把优质粮食、制种、草畜、瓜菜、生态水产产业作为推进现代农业发展的主攻方向，实施扩量、提质、增效工程，推进特色优势产业区域化布局、标准化生产、产业化经营、一二三产业融合发展，促进资源优势向产业优势、经济优势转变，走具有平罗特色的现代农业发展之路。

二、主要目标

坚持粮食安全的理念，稳定发展优质水稻，优化品种结构，提高单产和品质；加快发展制种、草畜、瓜菜、生态水产产业，扩大产业规模，提高质量效益。到 2020 年，农业特色优势产业产值占农业总产值的比重达到 90% 以上；农业机械化率达到 90% 以上，农产品加工转化率达到

70%以上；农产品残留合格率达到98%以上。

三、产业发展重点和任务

（一）做精“一优四特”产业。按照“优势布局，突出特色，做精做强，提高效益”的工作方针，推进农业一二三产业融合发展。

1. 优质粮食。推进粮改饲，调减籽粒玉米面积，适度增加水稻面积，依托中粮、昊帅、宁禾谷等龙头企业，以姚伏镇、通伏乡为核心，以优化品种结构、推广新技术为重点，大力实施水稻品质提升工程，主推宁粳系列水稻优良品种，推广水稻规范化栽培、统防统治、全程机械化等先进技术；发展产加销一体化，推进优质水稻链式开发，鼓励企业自建原料基地，开展订单农业。推进农业标准化建设，推广优良品种，规范种植技术，提高粮食品质，创建优质品牌，形成以本土粮食加工企业为龙头、科技园区为支撑的优质粮食产业化格局，建设国家优质商品粮基地。到2020年，全县优质水稻种植稳定在10万亩以上，培育产值过亿元稻米加工企业5家。

2. 制种产业。依托泰金种业、中青公司、上海种业西繁基地等龙头企业和当地蔬菜制种企业，建设制种科技产业园，配备先进设备，培育自主知识产权制种品牌。重点建设蔬菜制种基地，构建以企业为主体、基地为依托、产学研相结合、育繁推一体化的现代农作物种业体系。整合本土种子生产、加工、流通企业，组建蔬菜制种产业集团，办好每两年一届的种业博览会，打响蔬菜制种品牌，打造全区制种之乡、全国蔬菜制种第一县，构建黄金制种产业区。到2020年，引进制种新品种20个，培育具有自主知识产权的优良品种，制种面积稳定在15万亩以上，年产种子4000万公斤以上，产值达到4亿元以上。

3. 草畜产业。依托盛华阳光、乐牧高仁、宁羊等龙头企业，实施畜牧业节本增效工程，加快建设标准化养殖场，推行智能化管理和工厂化养殖模式，提高牛羊饲养管理水平。加大牛羊品种改良繁育力度，培育地方牛羊品种，全面提升牛羊肉品质。肉羊以现有滩寒杂交为母本，以萨福克、杜泊、澳洲白等优良品种为父本，培育我县肉羊主打品种；肉牛以西门塔尔、秦川牛等改良牛为母本，以纯种肉用安格斯牛、西门塔尔牛（冻精）为父本，培育乳肉兼用型新品系，引进安格斯种畜，大力发展原种繁殖；奶牛以现有荷斯坦奶牛为母本，建立高产种子母牛核心群。坚持走草畜一体化、产销一体化发展道路，着力创建优质清真牛羊肉品牌，提高产品附加值，形成以加工企业为龙头、以标准化养殖园区为核心、优质牧草种植加工为补充的草畜产业化格局，打造全区肉羊之乡。到2020年，全县规模养殖场达158家，其中肉牛34家，奶牛22家，肉羊66家，建成优质饲草基地10万亩，秸秆调制加工利用率达到80%以上。

4. 瓜菜产业。依托华泰农、乐海山等龙头企业，坚持保供与增收兼顾，巩固扩大现有外销蔬菜生产规模，鼓励外销蔬菜经营企业按照标准化生产技术规程，推广水肥一体化技术，集中建设高端瓜菜科技园区，带动农户采取统种分管模式，实现连片种植，走直销终端发展道路。改造提升现有设施农业生产能力，配套完善卷帘机、保温被、滴管设施、环境控制等设备，整合脱水菜加工企业，改造提升技术设备，开展原料基地认证。立足河东地区沙漠资源优势和成熟的技术路线，培育做大“宁月”沙漠无籽西瓜、“乐海山”沙漠西瓜、红翔沙漠甜瓜等优势品牌，提高蔬菜加工转化率，形成“南有硒砂瓜，北有沙漠瓜”的品牌格局，打造全区蔬菜之乡。到2020年，全县瓜菜面积稳定在20万亩以上，总产达到100万吨以上。

5. 生态水产业。依托农垦沙湖生态渔业公司、马兰花、华源等龙头企业，坚持大水面和标准化养殖并举，生态水产和精品渔业并重，提升鲤鱼、草鱼、鲢鱼、鳙鱼等主打品种生产水平，示范推广对白虾、河蟹等市场前景好的新品种。改造扩大标准化池塘养殖面积，大力推广优质水产新品种，优化水产品种结构，加快推进设施渔业，提升渔业发展层次和水平。积极与大型加工企业合作，发展水产品和水禽养殖深加工，提高产品附加值，打造全区水产之乡。到2020年，全县水产标准化养殖面积达60%以上，建成水产健康养殖示范场20个，名优水产品稳定在7万亩以上。

（二）优化“一带三路”布局。按照河东地区、滨河大道、109国道、京藏高速“一带三路”区域布局，集中打造农业特色产业带，促进农业产业向优势区域集聚。

1. 河东地区现代农业产业带。按照“生态、安全、绿色、高效”的原则，重点发展河东地区草畜一体化、沙漠瓜菜和休闲观光农业，实施农业综合开发，布局一批重大项目，高标准配套农业基础设施，形成河东地区以草畜一体化、沙漠瓜菜、休闲观光为重点的现代农业产业带。

2. 沿滨河大道两侧优质水稻、优质清真牛羊肉产业带。沿滨河大道两侧，在巩固提升现有水稻、草畜产业规模的基础上，以新品种、新技术示范应用为重点，规划建设一批标准化优质水稻科技示范园区，形成优质水稻产业带；以头石路为轴线，规划建设一批标准化肉牛、肉羊养殖场，发展高端精品牛羊肉产业，形成优质清真牛羊肉产业带。

3. 沿109国道两侧蔬菜制种和高端蔬菜产业带。沿109国道两侧，在巩固现有蔬菜制种产业规模的基础上，以争创全国蔬菜制种示范区为载体，规划建设一批蔬菜良种繁育科技示范园区，形成农作物制种产业带；以产加销一体化为方向，规划建设一批高效外销瓜菜科技园区、高端设施农业科技示范园区和优质露地瓜菜科技园区，形成优质瓜菜产业带。

4. 沿京藏高速两侧精养水产产业带。沿京藏高速两侧，在巩固提升现有水产业规模的基础上，以提高单产、品质和效益为方向，引进新品种，推广新技术，建设一批生态水产和名优特新水产品科技示范园区，形成优质水产产业带。

（三）建设“八个示范园区”。坚持绿色、精品、高端发展，优质水稻产业突出产业链提升，重点打造姚通路、周滨路两侧两个优质水稻示范园区；制种产业突出提质扩面，重点打造制种科技产业园和以头闸、黄渠桥为核心的蔬菜制种示范园区；草畜产业突出扩量增效，重点打造河东现代农业示范区和河西优质清真牛羊肉示范园区；瓜菜产业突出设施与露地并重，重点打造河东沙漠瓜菜和沿109国道高端蔬菜示范园区；生态水产突出名优特新，重点打造京藏高速两侧精养水产示范园区。全面加快国家农业科技园区建设，推行“互联网+”模式，促进一二三产业融合发展，转变农业发展方式，提高农业质量和效益。

四、推进措施

（一）创新组织领导机制。成立县农业“一优四特”产业指导组，加强对全县农业特色优势产业发展的组织协调、政策落实和服务指导。建立“一个产业一个规划、一套扶持政策、一支研发队伍、一批龙头企业、一个物流体系”的产业协作推进机制，健全完善县级分管领导和部门包抓产业项目责任制和定期会商机制，及时帮助协调解决项目建设中的土地、融资等具体困难和问题，加快推进产业项目建设。

（二）创新财政支农机制。统筹推进资金结构性整合，对性质趋同、用途相近、使用分散的涉农资金捆绑打包，向农业特色优势产业关键环节集中，针对每一产业实际采取不同的扶持方式（但同一环节只能享受一种扶持政策）。制定出台支持“一优四特”产业发展办法，建立农业“一优四特”产业发展专项资金逐年增长机制，在2016年县财政安排的500万元农业“一优四特”产业发展专项资金基础上，每年增幅不低于

20%，重点加强对农业特色优势产业核心区内的现代农业示范基地、标准化种养基地、农产品精深加工、品牌培育等重点领域和关键环节的扶持引导。落实国家涉农税收优惠政策，切实减轻企业税负，同时按照自治区下达的农业产业化补助资金总额不低于 1.5% 的比例安排项目管理经费，主要用于本地农业产业化项目的储备、开发、实施和管理。

（三）创新社会化服务机制。鼓励成立专业的农业社会化服务组织，采取以技术、资金入股的方式，整合分散的农机和技术人员等，建立农业耕种收服务队、植保专业队、农业经营管理公司，为农户提供代耕、代种、代收服务，有效解决农村季节性劳动力紧缺、科技推广不到位等问题。创新服务方式，采取托管、半托管、定产、全程社会化服务等模式，提高社会化服务效率，扩大服务规模，降低生产成本，促进农民增收。

（四）创新金融保障机制。建立由农业特色优势产业龙头企业牵头、政府监管、农户参与的产业发展基金，协调地方商业银行按基金池资金 8 到 10 倍的比例放大贷款，提高“三农”融资能力，解决农业发展融资难问题，力促农业产业链、价值链和资金链延伸，推进特色优势产业提质增效。建立贷款贴息机制，对已享受贷款的农业经营主体，根据实际给予不同额度、不同期限的贴息。建立农业政策性担保保证金规模持续增长机制，提升融资担保能力。建立农业产业化担保风险补偿机制，化解担保风险；扩大农业政策性保险，提高农业抗风险能力。

（五）创新科技支撑机制。实施沃土净土工程，加快高标准基本农田、中低产田改造、盐碱地改良步伐，提升耕地质量。实施农业科技提升工程，完善产业指导组、技术服务专家组和产业协会“两组一会”机制，推进农科教、产学研协同创新，助力农业先进适用技术推广应用。加快产业融合发展，注重龙头企业建设、特色产业精深加工，推进生产、加工、流通一体化发展。实施特色产业精准扶持工程，整合资金、技术等要素资源，发挥与高校、科研院所建立的科技创新平台作用，强化配套技术研发，助推特色产业精深发展。

（六）创新产业发展经营机制。进一步深化农村综合改革。拓展农村产权确权颁证工作，扩大农民用益物权；健全完善农村产权交易市场建设，推进农村集体资产股份权能改革试点；完善“两权”抵押贷款机制，拓宽农村产权抵押贷款范围。建立农村产权抵押贷款担保机制，扩大特色产业发展融资渠道。培育壮大新型经营主体，打造一批能带动农民、连接市场、引导发展的特色产业研销一体化企业。加强新型职业农民培育，大力发展农民田间学校，打造一支高素质现代农业生产经营队伍。

（七）创新激励机制。加快完善现代农业质量标准体系、动植物疫病防控体系、农产品市场流通体系、农业社会化服务体系、农业气象服务和农村气象灾害防御体系、金融支撑体系、农产品质量安全追溯体系，建立健全龙头企业、家庭农场、专业合作社等新型农业经营主体评价机制，规范运作模式，提高质量效益。建立农业特色优势产业发展效能目标责任制和产业引导激励机制，充分调动各乡镇、各部门的积极性和创造性，形成部门协作、上下联动的工作合力。

中共平罗县委员会

平罗县人民政府

2017 年 1 月 11 日

关于深入推进全面从严治党若干问题的实施方案

为认真贯彻落实党的十八届六中全会、自治区党委十一届九次全会和中共石嘴山市委十届二次全会精神，深入推进全面从严治党，根据自治区党委《关于推进全面从严治党若干问题的意见》（宁党发〔2016〕55号）和石嘴山市委《关于深入推进全面从严治党若干问题的实施意见》（石党发〔2017〕1号）要求，结合我县实际，制定本实施方案。

一、总体要求

高举中国特色社会主义伟大旗帜，坚持以马克思列宁主义、毛泽东思想、邓小平理论、“三个代表”重要思想、科学发展观为指导，全面贯彻党的十八大和十八届六中全会精神，深入贯彻习近平总书记系列重要讲话精神，以全面从严为主基调，坚持严字当头、真管真严、敢管敢严、长管长严，把加强和规范党内政治生活、加强党内监督作为党的建设重要基础性工程，严格落实《关于新形势下党内政治生活的若干准则》和《中国共产党党内监督条例》等党内法规，切实把严的要求贯彻到管党治党全过程、落实到党的建设各方面，进一步增强各级党组织的创造力凝聚力战斗力，努力营造风清气正的政治生态，为加快建设开放富裕和谐美丽平罗，实现全面建成小康社会目标提供坚强政治保证。

二、工作重点及责任分工

（一）加强思想政治建设，推动理想信念入脑入心

坚持把思想政治建设摆在首位，毫不放松加强党性教育，持之以恒加强道德教育，教育引导广大党员干部铸牢信仰之基、补足精神之钙、把稳思想之舵，做共产主义远大理想和中国特色社会主义共同理想的坚定信仰者和忠实实践者。

1. 强化理论武装和思想教育

工作目标：紧紧抓住政治理论、党性观念、思想道德等基础关键，加强法治教育和意识形态正面引导，中国特色社会主义道路自信、理论自信、制度自信、文化自信不断增强，政治意识、大局意识、核心意识、看齐意识明显强化。

工作措施：（1）把马克思主义理论作为必修课，认真学习马克思列宁主义、毛泽东思想、邓小平理论、“三个代表”重要思想、科学发展观，深入学习习近平总书记系列重要讲话特别是来宁视察重要讲话精神和治国理政新理念新思想新战略，把增强“四个意识”作为干部教育培训的首要内容，突出抓好党的十九大和自治区第十二次党代会精神的培训轮训。（2）制定“两学一做”学习教育常态化制度化实施意见，推动“两学一做”融入日常、抓在经常。（3）坚持不懈抓好社会主义核心价值观教育，把培育和践行社会主义核心价值观融入党员教育、干部党性修养、基层党组织建设之中，深入开展核心价值观“六进”“传家训、立家规、扬家风”“诚信平罗”等主题活动，推动核心价值观落实落细、深入人心。（4）广泛开展道德模范、最美人物评选、身边好人现场交流和先进事迹基层巡讲等活动，营造见贤思齐、崇德向善的良好氛围。（5）深入开展爱国主义宣传教育，举办爱国主义、集体主义、社会主义、革命传统教育和国情区情市情县情等专题辅导讲座，加强爱国主义教育基地、国防教育基地建设。（6）大力弘扬“不到长城非好汉”的宁夏精神和“五湖四海、自强不息”的石嘴山精神。

牵头领导：谢丽

责任单位：县委宣传部、县委组织部

2. 加强和改进中心组学习

工作目标：以党委（党组）理论学习中心组为龙头，层层示范带动，推动理论学习常态化，扎实推进学习型党组织建设，中心组全年集中学习不少于12次，主要领导全年集中学习不少于8次、带头到基层讲理论至少1次，其他成员全年集中学习不少于10次、到基层讲理论至少1次。

工作措施：（1）严格落实《党委（党组）理论学习中心组学习规则》，制定党委（党组）中心组和干部理论学习安排，精心组织实施并严格落实。（2）明确学习主题，坚持集体研讨与个人自学相结合，把重点发言与集体研讨、专题学习与系统学习结合起来。（3）完善讲学、述学、评学、考学、督学制度，建立中心组干部理论学习档案。（4）加强对基层理论学习的指导，举办乡镇、部门党委（党组）中心组学习秘书、理论骨干培训班及学习型党组织建设经验交流会，常态化开展指导检查，推动理论学习的规范化常态化，不断提升中心组学习的质量。（5）利用“互联网+”形式，探索建立“平罗微学习”等新媒体学习平台，更加有效地推送最新的理论学习内容。

牵头领导：谢丽

责任单位：县委宣传部

3. 增强干部教育培训针对性

工作目标：聚焦全面从严治党，把《党章》和《准则》《条例》等党内法规制度作为干部教育培训的重要内容，积极开展经常性纪律教育、廉政警示教育、法治教育、道德教育和诚信教育。每年培训各类干部3000人次左右。

工作措施：（1）严格落实干部教育培训学时和点名调训制度，将接受教育培训情况作为干部年度考核、任用考察的重要内容。（2）分期分批开展各类干部教育培训，精准谋划实施深化改革、经济转型、脱贫攻坚、社会治理、依法行政等一批专业培训项目。（3）抓好任职培训、专题培训，提升干部网络教育培训质量，综合运用多种教学方法，增强干部教育培训的感染力和吸引力。（4）严格落实干部教育培训学分要求，每人每年不少于12学分，5年内需累计完成60学分以上的学习培训任务。

牵头领导：吴永福

责任单位：县委组织部、县委党校、县人力资源和社会保障局

4. 牢牢掌握意识形态工作主动权

工作目标：认真落实意识形态工作责任制，牢固树立抓意识形态工作是本职、不抓是失职、抓不好是渎职的理念，建立健全意识形态管理长效机制，推动意识形态工作深化、细化、实化。

工作措施：（1）建立健全党委统一领导、党政齐抓共管、宣传部门组织协调、有关部门分工负责的工作格局，完善组织领导、责任分工、分析研判、督查考核、责任追究“五大工作体系”。（2）加强对理论武装、新闻舆论、网络宣传、文化传播等主流舆论阵地的建设和管理，坚守传统阵地，拓展新兴阵地，加强对重大思想理论问题的引导，旗帜鲜明批驳错误观点。（3）实施“网络清朗”行动，及时有效处置意识形态领域的问题，建立健全意识形态领域工作分析研判机制，加强对一些苗头性、倾向性问题的分析预判，切实增强意识形态工作前瞻性和针对性。（4）坚决贯彻落实党管媒体原则，对各类报告会、研讨会、讲座、论坛等严格审核把关，确保所有宣传思想文化阵地可管可控。（5）完善意识形态领域定期排查机制，对各类阵地进行经常性全方位排查，实现整治工作常态化。

牵头领导：谢丽

责任单位：县委宣传部、县委统战部、县委党校、县文化旅游广电局

（二）强化党内纪律约束，严格监督执纪

坚持把纪律挺在前面，严明党的政治纪律和政治规矩，从严加强党内监督，抓住领导机关和

领导干部特别是主要领导干部这个重点，明确监督责任，强化监督措施，着力构建不敢腐、不能腐、不想腐的体制机制，坚持以“零容忍”的态度惩治腐败。

5. 坚决维护和执行党的政治纪律

工作目标：各级党组织和党员干部必须坚持党的基本理论、基本路线、基本纲领、基本经验、基本要求，自觉向以习近平同志为核心的党中央看齐，向党的理论和路线方针政策看齐，向党中央决策部署看齐，坚决维护党中央权威，自觉在思想上政治上行动上与以习近平同志为核心的党中央保持高度一致。

工作措施：（1）严格执行重大问题请示报告制度，全县各级党组织要自觉接受县委领导，对县委负责，重大事项和重要情况及时向县委请示报告，执行县委重要决定的情况要专题报告。遇有突发性重大问题和工作中重大问题要及时向县委报告，情况紧急必须临机处置的，要尽职尽力做好工作并迅速报告。（2）加强对“六大纪律”执行情况和县委确定的各项重大决策部署执行情况的监督检查，坚决纠正和严肃查处不守纪律、不讲规矩的行为。（3）开展执行政治纪律和政治规矩专项监督检查，引导党员干部自觉做到“四个服从”，牢记“五个必须”，防止“七个有之”，坚决反对和制止搞小团伙、小圈子、乱接“天线”等不良现象，坚决反对和制止搞人身依附，坚决反对和制止拉拉扯扯、吹吹拍拍，坚决反对和制止以单位划线、以地域划线，推进形成清清爽爽的同志关系、规规矩矩的上下级关系。

牵头领导：朱辉

责任单位：县委办公室、县纪委

6. 全面履行党内监督职责

工作目标：认真贯彻落实《中国共产党党内监督条例》，强化各级党委（党组）切实担负起全面监督的职责，党的工作部门要发挥职能监督作用，各基层党组织要加强日常监督，逐步建立起全方位、多层次的党内监督体系。

工作措施：（1）要把运用监督执纪“四种形态”作为管党治党的日常工作，谈话提醒、批评与自我批评经常开展。（2）把党内监督同民主监督、审计监督、司法监督、社会监督等外部监督结合起来，形成监督合力。（3）严格执行党内谈话、述责述廉、廉政审查等制度，强化对领导干部特别是主要领导干部的监督。（4）落实纪律检查工作双重领导责任制，强化上级纪委对下级纪委的领导。（5）认真执行《中国共产党纪律检查机关监督执纪工作规则（试行）》，严格工作规程，落实请示报告、回避、保密等制度规定，加强管理监督，严控自由裁量权，防止“灯下黑”。（6）建立健全内控机制，深入查找监督执纪风险点和薄弱环节，加强对信访举报、线索处置、执纪审查、定性量纪、涉案款物管理等重点岗位和关键环节的监督。

牵头领导：朱辉

责任单位：县纪委

7. 加强权力运行的制约和监督

工作目标：不断完善用制度管权、管事、管人的工作机制，建立健全决策权、执行权、监督权既相互制约又相互协调的权力结构和运行机制，着力构建决策科学、执行坚决、监督有力的权力运行体系。

工作措施：（1）健全完善重大事项集体决策、权力公开透明运行、领导干部因公出国（境）、个人重大事项报告和从严管理干部制度，全面推行“三重一大”监督目录清单制、党政主要负责人“五不直接分管”制度。（2）认真落实权力清单和责任清单，梳理权力运行流程，公开权力运行流程图。（3）建立健全领导干部插手干预重大事项记录制度。（4）认真处理信访举报，做好问题线索分类处置，对社会反映突出、群众评价较差的领导干部情况及时报告。引导党员干部通过党内正常渠道实名反映他人问题，各级领导干部要自觉接受并尊重来自各方面的监督。（5）进一步加强对党务、政务和村务公开的监督检查，推广“村廉通”做法，着力保障群众知情权、参与权、表达权、监督权。（6）深化村务监督委员会制度，充分发挥人民群众民主监督的作用，确保村“两委”权力阳光运行。

牵头领导：李彦炜

责任单位：县委办公室、县纪委、县委组织部、县政府办公室、县编办、县信访督办局、县民政局、县农牧局

8. 发挥巡察监督作用

工作目标：紧扣党组织和党员领导干部坚定理想信念、落实党的路线方针政策、执行党的纪律、严肃党内政治生活、落实中央八项规定、选人用人等内容，加大监督检查力度，实行巡察监督全覆盖。

工作措施：（1）加快巡察节奏，提高巡察效率，扩大巡察范围，创新巡察方式，坚持综合巡察和专项巡察相结合，抓住个性、把握共性，牢牢盯住重点人、重点事和重点问题。（2）综合运用受理举报，抽查账务、个别谈话、明察暗访以及理论测验、抽查档案等方式及时发现问题，重点巡察问题反映集中的单位和职责职权重要的行业，精准查找问题，形成有力震慑。（3）增强巡察力量，提高巡察频次，每年至少开展两轮次巡察，同时对巡察过的单位进行整改回访，确保巡察反馈意见整改落实到位。

牵头领导：朱辉

责任单位：县委巡察工作领导小组办公室

9. 始终保持惩治腐败高压态势

工作目标：高举反腐利剑，保持惩治腐败的力度不减、节奏不变、尺度不松，发现一起查处一起，发现多少查处多少，进一步强化不敢腐的氛围。

工作措施：（1）突出惩治重点，“防止带病提拔”，严肃查处十八大后不收敛、不收手、问题线索反映集中、群众反映强烈、现在重要岗位且可能还要提拔使用的领导干部作为重中之重。（2）紧盯重点领域和关键环节，严肃查处土地征用、房屋征收、惠民资金、扶贫救济等领域侵吞挪用、截留私分，领导干部利用职权插手工程项目谋取私利，干部选任违规提拔，政法机关和行政执法部门执法不严不公甚至司法腐败等问题。（3）认真落实《宁夏纪检机关“一案双查”实施办法（试行）》，健全责任追究情况定期报告、违纪问题公开曝光制度，使问责和曝光成为常态，形成震慑。（4）健全完善与组织、公安、检察、法院、审计等部门的协作配合，强化反腐败工作合力。（5）坚持依纪依法、不枉不纵，对受到诬告、错告的党员干部，及时澄清事实，消除负面影响。

牵头领导：朱辉

责任单位：县纪委、县检察院、县法院、县审计局、县信访督办局

（三）严格党的组织生活，发挥基层党组织战斗堡垒作用

党的组织生活是党内政治生活的重要内容和载体，是党组织对党员进行教育管理监督的重要形式。要进一步增强党的组织生活制度的政治性和严肃性，创新方式方法，增强党的组织生活活力，使党内组织生活真正严起来、实起来、规范起来，充分调动各级党组织和广大党员的积极性创造性。

10. 严格执行民主集中制

工作目标：坚持集体领导、民主集中、个别酝酿、会议决定的原则，凡属重大问题，由集体讨论、按少数服从多数的原则作出决定，不容许以其他任何形式取代党委（党组）的领导。

工作措施：（1）进一步规范全县各级党政正职职责分工，推进民主集中制具体化程序化规范化。（2）认真贯彻《中国共产党地方委员会工作条例》《中国共产党党组工作条例（试行）》

《党委（党组）讨论决定干部任免事项守则》。（3）出台重大事项集体决策、常委会议事决策规则等制度，严格落实县委常委会向全委会定期报告工作并接受监督制度。（4）建立领导班子重大事项全程纪实、责任倒查追究制度，加强对执行民主集中制情况的监督检查，从严落实问责追责制度。（5）建立上级党组织在作出与下级党组织有关的重要决策前，征求下级党组织意见的制度。（6）尊重党员主体地位，落实党员知情权、参与权、选举权和监督权，保障全体党员享有党内规定的党员权利、履行党员规定的义务。（7）完善党内重要情况向党员通报、党员参与党组织重大决策等制度，坚持党代表列席县委常委会、党员旁听基层党（工）委会议制度，完善以乡镇党代会年会制为主的党代表常任制。

牵头领导：李彦炜

责任单位：县委办公室、县纪委、县委组织部

11. 完善和落实党的组织生活各项制度

工作目标：严格落实民主生活会、组织生活会、“三会一课”、谈心谈话、党性定期分析、民主评议党员、诫勉谈话等制度，丰富党内组织生活内容，创新组织生活形式，增强组织活动的吸引力，营造良好的组织生活氛围。

工作措施：（1）严格落实上级党组织对下级党组织民主生活会和组织生活会方案、班子和个人对照检查材料审核制度，上级党组织领导班子成员定期、随机参加下级党组织领导班子民主生活会。（2）建立遇到重大问题召开专题民主生活会制度，各级党委（党组）发生班子成员腐败、重大工作失误、受到上级党组织问责等情况时，及时召开专题民主生活会，必要时由上级党组织责成召开专题民主生活会。（3）建立民主生活会批评意见和整改事项清单管理制度，落实整改承诺制和公示制，加强党员和群众对整改效果评议监督。（4）严格落实双重组织生活制度，党员领导干部必须以普通党员身份参加所在支部的组织生活。（5）坚持对党员进行民主评议，对党性不强的党员及时批评教育，限期整改；经教育仍无转变的，劝其退党或除名。将组织生活落实情况纳入对党组织工作的督查考评和星级评定。（6）对无故不参加组织生活的党员，及时批评教育，限期整改，并作为民主评议党员和不合格党员处置的参考依据。（7）坚持谈心谈话制度，领导干部要带头谈，也要接受党员、干部约谈。（8）严格规范“三会一课”，突出政治学习和教育，突出党性锻炼，坚决防止表面化、形式化、娱乐化、庸俗化。党支部要制定年度“三会一课”计划并报上级党组织备案。（9）各级党员领导干部要带头参加所在支部（总支）“三会一课”、带头落实讲党课制度，每人每年至少为党员讲1次党课。（10）探索推行“支部主题党日”“四式党课”，每月确定1天开展特色鲜明的主题党日活动，集中评选推广一批基层党组织“三会一课”精品案例。（11）充分运用网络信息技术，打造党建工作“云支部”，探索“智慧党建”新模式，拓宽党内政治生活制度实现形式，增强组织生活的生机和活力。（12）制定考核指标，强化督促检查，将“三会一课”作为各级党委（党组）履行党建主体责任的考核内容。

牵头领导：吴永福

责任单位：县委组织部

12. 全面加强和改进基层党建工作

工作目标：强化党的基层组织基础地位和政治功能、服务功能，健全党的基层组织体系，建好骨干队伍，大力推进党的基层组织建设全面进步、全面过硬。

工作措施：（1）建立乡镇党委组织委员管理考核评价办法，确保专岗专责。（2）实施村级服务能力提升工程，用好为民服务资金、发展村集体经济专项资金、党员创业小额担保贷款和农村党员增收帮扶基金，培育一批集体经济强村和党

员创业先锋。（3）深化“双培养一加强”工作，充实村级后备干部库和党员创业人才库，实施村干部学历提升工程，健全村干部报酬待遇稳定增长机制。（4）持续抓好社区“联合党委”、在职党员到社区报到等工作，促进社区和机关事业单位组织共建、资源共享、文明共创、难题共解、活动共办。（5）充分发挥国有企业党组织的领导核心和政治核心作用，把党的领导融入公司治理各环节，把企业党组织内嵌到公司治理结构之中，明确国有企业党组织在公司法人治理结构中的法定地位以及在决策、执行、监督各环节的权责和工作方式，健全完善国有企业重大决策前党委会议专题研究讨论机制，强化党组织参与企业重大问题决策。（6）坚持和完善“双向进入、交叉任职”领导体制，原则上国有企业实行党委书记、董事长一人兼任，党员总经理兼任副书记，配备专职副书记，党委副书记可同时兼任工会主席。（7）规范机关基层党组织设置，机关党组织书记由部门（单位）主要负责人兼任。（8）坚持机关干部“六真心三提升”、结对帮扶、一站式服务、窗口单位为民服务创先争优等做法，开展新一轮“下基层”活动，推动机关党建走在前、作表率。（9）发挥事业单位党组织在履行本单位职责中的政治核心作用，明确党组织和行政负责人职责范围、重大事项决策程序。（10）理顺非公经济组织和社会组织工委成立后的党建工作体制，确保有人抓、有人管。（11）扩大非公经济组织和社会组织党的组织覆盖和工作覆盖，通过单独组建、区域联建、行业统建等方式集中开展党组织组建工作，对已建党组织重点在夯实基础、提升水平上下功夫、求实效。（12）深化“双强六好”党组织创建活动，落实“四单两卡一评”工作机制，拓展党组织和党员发挥作用途径，常态化开展党员公开承诺、党员示范岗、党员责任区、党员突击队、党员技术攻关小组等活动。（13）抓好园区党建工作，充分发挥党建工作指导员作用，完善非公经济组织和社会组织党建项目化管理工作，建设和巩固提升一批党建工作示范点，完善党务工作者津贴制度。

牵头领导：吴永福

责任单位：县委组织部

13. 扎实推进基层服务型党组织星级评定

工作目标：每年对各领域基层党组织进行一次星级评定，力争到2020年全县三星级及以上的服务型党组织在机关事业单位达到75%以上，在农村和社区达到65%以上，在非公企业和社会组织达到100个以上。

工作措施：（1）以争创星级服务型党组织为抓手，深入实施“强基进位·星级创优”工程，促进基层党组织强化服务功能、建设服务骨干、创新服务载体、健全服务体系。（2）落实党建工作成绩清单、问题清单、任务清单、责任清单。（3）集中整顿软弱涣散党组织，制定个性化整顿方案，选派党组织“第一书记”，力求精准解决问题、促进转化。（4）严格落实基层党组织按期换届制度，对不能够、不及时按期换届的，对其上级党组织进行问责。（5）坚持和落实“评星定格”党员党性定期分析制度、“三建四关心”党内关怀机制、“三建一创”工作机制。（6）建立健全星级评定督查考核制度，把开展创建活动情况，作为党组织书记述职考核评议的一项主要内容和加强基层服务型党组织建设的重点内容。

牵头领导：吴永福

责任单位：县委组织部

14. 从严加强党员发展和教育管理

工作目标：在发展党员和党员教育管理中突出先进性，坚持成熟一个发展一个，着力把各方面先进分子和优秀人才更多地吸收到党内，让党员在生产、工作、学习和社会生活中发挥先锋模范作用。

工作措施：（1）严格按照党章规定发展党员，严把质量关，注重从青年工人、农民、知识分子中发展党员，提高党员发展质量，优化党员队伍结构。(2)探索建立从严开展党员教育培训长效化机制。(3)健全党员组织关系定期排查机制，实行流动党员双重组织生活会和双重评议考核制度及动态管理机制。流动党员凭党员证明信和《流动党员活动证》，可编入所在地基层党组织参加组织生活，行使党员权利。(4)完善党员信息管理，依托基层党委和党群服务中心，探索建立党员档案集中托管制度。(5)加强离退休党员日常管理，充分发挥离退休党工委职能，强化离退休党员的教育、管理和关爱。(6)严格规范党费收缴、使用和管理，基层党组织定期开展自查自纠，组织部门和各级党委（党组）要定期检查抽查。(7)依托智慧党建平台，推广党员教育管理积分制工作。(8)严格落实中央、自治区、市关于不合格党员处置相关规定，妥善做好不合格党员处置工作，保持党员队伍的先进性和纯洁性。

牵头领导：吴永福

责任单位：县委组织部

（四）坚持正确选人用人导向，建设忠诚干净担当干部队伍

坚持党管干部原则，坚持德才兼备、以德为先，坚持五湖四海、任人唯贤，坚持信念坚定、为民服务、勤政务实、敢于担当、清正廉洁的好干部标准，推进干部管理科学化、民主化、制度化，造就具有铁一般信仰、铁一般信念、铁一般纪律、铁一般担当的干部队伍。

15. 进一步完善选人用人机制

工作目标：强化党委（党组）在选人用人中的领导和把关作用，坚持正确选人用人导向，选准用顺干部，严格按制度、规矩和程序选用干部，提高选人用人公信度，优化选人用人环境。

工作措施：(1)认真贯彻《党政领导干部选拔任用工作条例》，强化党委（党组）在选人用人中的领导和把关作用，扩大干部提名主体，拓宽选人视野，按制度、按规矩、按程序选用干部。(2)完善和落实干部任前征求纪检、政法、计生、信访等职能部门意见、任前公示、任职试用期、任职谈话、任职承诺、任职回避等制度。(3)加大竞争性选拔干部工作力度，适时开展科级领导干部公开选拔工作。(4)注重在基层一线、重点项目和急难险重任务中检验和识别干部，突出对重要岗位和承担中心工作、重点项目干部的跟踪考核和选拔使用。(5)严格落实干部选拔任用全程纪实制度、“凡提四必”“三个不上会”“两个不得”“五个不准”要求和“一报告两评议”等规定。(6)认真落实任前廉政考试、离任审计等制度规定，加强选人、考察、决策等各环节的监督，对选人用人失察的严肃追究责任。

牵头领导：吴永福

责任单位：县纪委、县委组织部、县审计局

16. 进一步营造干部干事创业良好氛围

工作目标：把严格管理干部和热情关心干部结合起来，加大激励力度，以形成公平公正、充满活力的干部人事制度为重点，着力解决干部队伍建设中存在的与当前发展形势不适应、不符合的问题，努力营造求真务实、真抓实干，破难攻坚、敢于担当的浓厚氛围。

工作措施：(1)积极推行容错纠错机制，严格坚持“三个区分开来”，旗帜鲜明地为敢于担当的干部担当，为敢于负责的干部负责，树立鲜明的选人用人导向。(2)深化干部“干事档案”制度，将干部平时考核与年度考核、推荐考察结合起来，与工作实绩、群众评价联系起来，有效调动和激发干部谋事干事的积极性和主动性。(3)强化干部“干事档案”考核结果运用，对年度目标责任制考核获得一等奖且干部“干事档案”工作比较规范的单位，公务员优秀等次比例可以适当提高；根据干部“干事档案”考评结果及年度目标责任制考核结果进行奖励，拉开奖励差距，不搞平均主义。(4)坚持实绩晋升原则，认真落实县以下公务员职务与职级并行制度。(5)关心关爱干部，开展经常性谈心谈话活动，解决干部工作生活中的困难问题。(6) 结合评议、督查等方式，对完不成工作任务、工作存在重大失误造成不良影响的、效能目标考核及群众评议机关作风排名靠后的部门（单位），要责成召开专题民主生活会，并对党政主要负责人进行约谈批评。

牵头领导：吴永福

责任单位：县纪委、县委组织部、县人力资源和社会保障局

17. 进一步畅通干部交流渠道

工作目标：统筹全县干部资源，积极探索打通体制内与体制外干部人才交流渠道，加大干部交流轮岗力度，加强干部多岗位锻炼，优化干部队伍结构。

工作措施：(1) 出台《平罗县机关事业单位工作人员调配办法》，进一步规范机关事业单位工作人员调配管理，促进干部资源优化配置和合理流动。(2) 建立干部上派下挂工作机制，按照专业对口、业务相通要求，选派一定数量的优秀干部进行跨部门、跨行业轮岗交流或挂职锻炼。(3) 建立年轻干部跟班学习培养锻炼工作机制，提高综合素质。(4) 认真落实《宁夏回族自治区事业单位领导人员管理暂行办法》，对事业单位领导干部连续任职时间较长的，有计划地进行聘任交流。(5) 做好不定级别事业单位领导干部聘任交流工作。

牵头领导：吴永福

责任单位：县委组织部、县人力资源和社会保障局

18. 进一步推进干部“能上能下”

工作目标：通过规范领导干部的组织调整，形成能者上、庸者下、劣者汰的用人导向和从政环境，着力解决为官不正、为官不为、为官乱为等问题。

工作措施：(1) 出台《平罗县认定和调整不适宜担任现职领导干部的实施办法（试行）》，完善相关配套措施，对政治上不守规矩、廉洁上不干净、工作上不作为不担当的领导干部及时调整。(2) 强化机关和干部作风效能建设，着力整治干部在作风方面和“在岗不作为不履职不担当”方面的突出问题，提高工作效能，优化发展环境，提升群众满意度。(3) 综合平时考核、年度考核与换届考察、任职考察、巡察结果等情况，加强综合分析研判，把考核结果和研判情况作为干部选拔任用和管理监督的重要参考。

牵头领导：吴永福

责任单位：县纪委、县委组织部

19. 完善从严监督管理制度体系

工作目标：加强干部日常管理监督，把从严管理干部的各项要求落实到干部队伍建设各个方面，把从严管理的各项制度和措施落到实处，推动县委、政府各项工作任务有效落实。

工作措施：(1) 突出对领导班子换届、干部调整等重要节点和重要岗位干部、“三重一大”重要事项监督，用好提醒函询诫勉制度。(2) 持续推进超职数、超规格、超范围配备干部问题和“裸官”、公职人员投资办企业等专项整治，巩固和扩大整治工作成果。(3) 严格机关事业单位工作人员和退出领导岗位干部日常管理，探索解决一把手监督难题，大力整治“三不为”干部。(4) 完善干部监督联席会议制度，收集汇总纪检、巡察、政法、审计、信访等方面信息，增强干部监督工作合力。(5) 严格落实个人有关事项报告，抓住如实填报、深入核查、结果处理三个环节，重点抽查坚持“凡提必核”，随机抽查按10%比例开展。(6) 完善领导干部经济责任审计制度，强化审计结果运用。(7) 畅通监督渠道，完善“12380”举报管理制度。

牵头领导：吴永福

责任单位：县纪委、县委组织部、县审计局、县信访督办局

（五）持续加强作风建设，保持党同人民群众的血肉联系

坚持全心全意为人民服务的根本宗旨，持续开展作风突出问题整治，推动广大党员特别是各级领导干部贯彻党的群众路线，站稳群众立场，增进群众感情，当好人民公仆。

20. 健全贯彻落实中央八项规定精神长效机制

工作目标：巩固落实中央八项规定精神“回头看”成果，坚决防止“四风”问题反弹，着力构建科学规范、长效管用的作风建设机制体制，促进改进作风规范化、常态化、长效化，推动党风政风根本好转。

工作措施：（1）严格落实中央八项规定精神和自治区、市、县若干规定，针对行业特点，建立定期分析和监督检查机制，对实施情况作出客观评价。（2）紧盯重要节点和突出问题，看住“关键少数”，加强监督执纪和通报曝光，对查处违反中央八项规定精神的问题，一律点名道姓公开通报曝光，把作风建设抓到底。（3）将违反中央八项规定精神问题作为执纪审查、线索处置、巡察的重点，对存在“四风”问题的，要先于其他问题查处和通报。（4）探索建立公安、审计、财政等部门定期向纪检监察机关移送“四风”问题线索机制，形成相互配合、协同推进的良好态势。（5）畅通信访举报渠道，利用新媒体、新技术广泛发动群众有序参与，形成无处不在的监督网络。

牵头领导：朱辉

责任单位：县纪委、县财政局、县公安局、县审计局

21. 改进和创新联系服务群众方式方法

工作目标：正确处理人民内部矛盾，密切党群、干群关系，坚持党的群众路线，加强和改进新形势下的群众工作。

工作措施：（1）创新群众工作方法，认真落实调查研究、定点联系、驻村走访、定期接访、带案下访、结对帮扶等制度，推动联系服务群众工作常态化、机制化，领导干部要确保每年深入基层调查研究的次数和时间。（2）健全完善领导干部征求群众意见制度和联系民主党派、无党派人士、宗教界人士制度，健全完善各级党委委员联系党代表、党代表联系党员、党员联系群众的“党群联系链”，发挥好“两代表一委员”工作室作用。（3）继续抓好新一轮机关干部“下基层”工作，切实解决基层组织和群众关心关注的热点难点问题。（4）以党建带群建，进一步加强和改进群团工作，更好组织动员群众、教育引导群众、联系服务群众、维护群众合法权益。

牵头领导：吴永福

责任单位：县委办公室、县人大办公室、县政协办公室、县委组织部、县委统战部、团县委、妇联、总工会

22. 打造风清气正发展环境

工作目标：加快政府职能转变，推进“放管服”，建设法治政府和服务型政府。

工作措施：（1）深化行政审批制度改革和集中行政许可权改革，加快推进“互联网＋政务服务”，健全完善建设项目并联审批和网上审批机制。（2）深化群众评议机关作风活动，把群众评议机关作风活动纳入效能目标管理考核和党风廉政建设责任制考核内容，根据评议对象的工作职责和性质进行分类评议，增强工作实效。（3）健全机关效能建设公开承诺机制，统筹推动各项措施落实。（4）聚焦群众反映强烈的突出问题，严肃查处行政审批、服务群众等工作中的“中梗阻”行为，坚决查纠推进发展中各种为官不为、落实不力、效率低下等问题。

牵头领导：朱辉

责任单位：县纪委、县委组织部、县政府办公室（法制办）、县编办、县政务服务中心

三、深入推进全面从严治党的保障措施

1. 发挥领导干部示范带头作用。全县各级领导干部尤其是县处级领导干部要以上率下、做好

表率。要增强党员意识、自律意识、标杆意识、表率意识，模范遵守党章党规和宪法法律，认真对照习近平总书记强调的“五个必须”要求和标准，自觉做坚定理想信念、增强党性修养、坚持民主集中制、开展批评与自我批评、弘扬优良作风、注重家风建设的表率。各部门“一把手”要在严格落实党的组织生活制度、培养选拔干部、推进反腐倡廉、尊法学法守法用法、接受党员和群众监督等方面，严以自律，不断提高标准和要求。领导干部要带头树立良好家风，对亲属子女严格教育、严格管理、严格监督、管好家人。

2. 严格落实党建责任制。各级党组织必须认真履行全面从严治党主体责任，各级纪委切实履行监督责任，把抓好党建作为最大的政绩。坚持党建工作和中心工作同谋划、同部署、同考核，层层传导压力，逐级压实责任，着力形成一级抓一级、层层抓落实的工作格局。各级党组织书记经常听取党建工作专项汇报，召开党建工作专题会议。党组织领导班子成员认真履行“一岗双责”，抓好分管领域的党建工作。各级党的工作部门要切实抓好职责范围内的党建工作。

3. 深化党的建设制度改革。积极稳妥扎实推进党的组织制度、干部人事制度、基层组织建设制度、人才发展体制机制等改革，着力构建系统完备、科学规范、运行有效的党的建设制度体系。推动党员干部带头尊法学法守法用法，在法定范围内履行职责、在法定程序中行使权力、在法治轨道上开展工作。深化全面从严治党规律认识，不断提高党的建设科学化水平。鼓励基层改革创新，形成一批可复制、可推广、务实管用的制度成果。

4. 强化党建工作基础保障。加强基层党务干部队伍建设，选拔政治强、善治理、敢担当、作风正和熟悉农村工作的优秀干部充实基层力量。切实加强对党建工作的财力支撑，逐年增加党建专项资金额度，加大村级办公经费保障力度。建立村干部工作报酬正常增长机制，落实党员教育培训、党建服务阵地建设、村级组织为民服务等经费。强化督促检查，对重视不够、履职不力、措施不实、落实不到位的，采取提醒、约谈、问责等方式，督促整改。

各级党组织要结合实际制定贯彻落实配套实施办法、工作举措，进一步压实工作责任、抓好统筹协调，推动全面从严治党各项任务落到实处、取得实效。

平罗县加快构建现代公共文化服务体系实施方案

为深入贯彻落实《自治区党委办公厅、人民政府办公厅印发〈关于加快构建现代公共文化服务体系的实施意见〉的通知》（宁党办〔2015〕45号）精神，结合我县实际，制定本方案。

一、总体要求

（一）指导思想。深入贯彻落实党的十八届三中、四中、五中、六中全会和习近平总书记系列重要讲话精神，牢固树立以人民为中心的工作导向，以改革创新为动力，以基层为重点，以保障人民群众基本文化权益为目的，构建体现时代发展趋势、适应基本县情和人民群众文化需求、具有平罗特色的现代公共文化服务体系，促进基本公共文化服务标准化、均等化，推动社会主义文化大发展大繁荣，为建设开放富裕和谐美丽平罗、全面建成小康社会提供强大精神动力和文化支撑。

（二）工作目标。力争到2020年，基本建成覆盖城乡、便捷高效、保基本、促公平、具有平罗特色的现代公共文化服务体系。县、乡镇、村（社区）三级公共文化设施网络全覆盖，人才队伍充实壮大，产品供给更加丰富，服务能力明显增强，管理、运行和保障机制进一步完善，基本公共文化服务标准化、均等化水平显著提升，人民群众基本文化权益得到更好保障。

二、重点任务和实施标准

（一）统筹推进公共文化服务均等化

1. 加快全县少数民族聚集地区及偏远地区公共文化发展。加大对灵沙、通伏、宝丰、渠口、高庄等少数民族聚集乡镇及红崖子、高仁等偏远乡镇公共文化建设投入力度，集中实施一批文化建设项目，进一步完善文化基础设施。重点完善少数民族聚集乡镇和边远乡镇综合文化站、社区综合文化服务中心和村级综合文化服务中心（以下简称“两室一站”）标准化建设。集中采购并为少数民族聚集乡镇和偏远乡镇、村（社区）配置一批文化活动器材，提升文化服务装备水平。组织各文化单位有针对性地开展流动演出、流动图书借阅、电影放映、文艺辅导下基层、进乡村活动。组织具有一定文化专长的志愿者深入相关乡镇，开展“结对子、种文化”活动，形成送文化下乡常态机制。

2. 保障特殊群体基本公共文化权益。将中小学生定期参观展览馆纳入中小学教育教学活动计划，开辟中小学“第二课堂”。在公共文化场所开办公共电子阅览室、“四点半学堂”，探索建立行政村、城市社区留守儿童和农民工子女校外辅导员制度，为农民工子女提供课外文化学习服务。实施青少年体育活动促进计划。组建老年人合唱团、舞蹈队，面向老年人开展文化培训、艺术展演等活动，辅导和推广柔力球、木兰扇、太极拳等适合老年人的体育项目，组织开展老年人民间体育竞赛活动。公共文化服务机构为残疾人提供无障碍设施。在县图书馆设立盲人图书室。充分发挥工会、共青团、文联、妇联、残联、科协、工商联等群团组织密切联系部分群体优势，定期开展特殊群体文化需求调研，提供“菜单式”服务。要通过赠阅书刊报纸、减免有线电视收视费、免费放映电影等方式，进一步丰富特困群众文化生活。

（二）促进公共文化服务社会化

3. 夯实公共文化基础设施。推进“两馆”标准化建设。完善文化馆服务功能及流动文化服务设施，创新服务机制，延伸服务领域，提升专业化服务水平，使广大群众能够就近便捷享受公共文化服务；建设非物质文化遗产保护中心（陈展室）；加强管理和规范化建设，使其达到国家一级文化馆标准。新建平罗县图书馆大楼，运用智能化、数字化手段升级传统服务方式，建立两馆信息网站，提升综合服务功能。增加馆藏图书，全县人均藏书量达到 0.4 册以上，人均年增新书在 0.02 册以上；拓宽服务渠道，加大图书流通量，提高利用率，平均每册藏书年流通率达到 0.5 次以上，人均到馆次数达到 0.2 次以上。完成城关镇、灵沙乡、红崖子乡、黄渠桥镇等乡镇综合文化站改造升级；完成全县社区、行政村综合文化服务中心（中心）达标建设工作。争取区、市文化部门支持，为全县民间文艺团队、农村电影放映队、流动图书借阅点配备流动舞台车、演出交通车、流动图书车、电影放映车，有针对性地为社区、行政村综合文化服务中心、民间艺术团队、农民文化大院配置相应文化活动设备器材。整合农村篮球体育场和健身路径资源，推进乡镇和行政村文化广场建设。

4. 促进文化消费和引导社会力量参与。落实国家及区、市促进文化消费政策措施，培育和壮大文化消费市场。探索建立文化消费补贴新机制，由直接补贴文化经营单位向补贴居民文化消费转变，为广大群众提供“普惠式”文化消费。支持中小民营文化企业向文化产业园区和基地聚集发展，挖掘非物质文化遗产等特色资源，加强文化创意产品研发，引导特色文化产品进入群众日常消费。积极发展与公共文化服务相关联的教育培训、体育健身、演艺会展、旅游休闲等产业，满足群众多层次文化消费需求。采取激励措施，在现有城市影院中，定期安排低价场次或门票，鼓励经营性文化单位向公众提供优惠或免费的公益性文化服务。建立和完善政府向社会力量购买公共文化服务机制，将政府购买公共文化服务资金纳入财政预算，推动公共文化产品生产和服务供给市场化、多元化。鼓励和支持社会力量通过投资、冠名或捐助设施设备、兴办实体、资助项目、赞助活动、提供产品和服务等方式参与公共文化服务体系建设。鼓励党政机关、国有企事业单位和学校的各类文体设施向社会免费或优惠开放。创新公共文化设施管理模式，通过委托或招投标等方式吸引有实力的社会组织和企业参与公共文化设施的建设和运营。

5. 大力开展文化志愿服务活动。设立图书馆、文化馆、体育馆等文化志愿服务组织机构，建立健全文化志愿服务供需机制，及时公布文化志愿服务项目，开展常态化文化志愿服务活动。完善文化志愿者登记注册、管理评价和激励保障机制，人社、民政、住建等部门要在职称评定、就业保障、困难救助、保障房分配等方面对优秀文化志愿者给予倾斜。培养文化志愿服务典型。加强对文化志愿队伍的培训，提升文化志愿者服务意识、服务能力和服务水平。

（三）推动公共文化产品和服务供给多元化

6. 免费开放公共文化设施。拓展图书馆、文化馆（站）等公共文化设施免费开放内容，扩大服务范围，提升服务水平。积极更新理念、丰富服务内容、创新服务形式、扩大服务范围，完善农民工、残疾人、老年人、少年儿童等特殊群体服务项目，不断提升基本公共文化服务质量。做好县图书馆、文化馆、文化展览中心和乡镇综合文化站、村（社区）综合文化服务中心、电子阅览室、图书室、农家书屋等向社会免费开放工作，县文化馆、文化展览中心每周开放时间不少于42小时，县图书馆每周开放时间不少于56小时，乡镇综合文化站电子阅览室、社区文化活动中心电子阅览室为社会公众提供免费上网服务每周不少于42小时。完善相关措施，根据冬季、夏季时间特点和本地区居民的实际需要，因地制宜实行错时延时开放。建立群众文化需求反馈机制，制定公共文化服务免费开放目录，开展“菜单式”“订单式”服务。

7. 丰富公共文化产品供给。激励创作生产更多思想性、艺术性、观赏性相统一的优秀文化艺术产品，对获得国家级、自治区级、地市级优秀文艺作品进行奖励。通过演出补贴、配套奖励等方式，鼓励各类文艺团队创作演出群众喜闻乐见的文艺节目。以城促乡，带动农村广场文化繁荣发展，提高广场演出质量和水平。扩大社会主义核心价值观教育、法制教育、廉洁教育等主题公益广告生产量。围绕群众读书看报、收听广播、观看电视基本需求，增加公共图书馆、文化馆、乡镇综合文化站、村（社区）综合文化服务中心图书、报刊和电子书刊，在城镇主要街道、公共场所、居民小区等人流密集地点设置阅报栏或电子阅报屏，提供时政、“三农”、科普、文化、生活等各类信息服务，推进农村数字电影放映和广播电视户户通工程建设。

8. 活跃群众文化生活。突出平罗特色，深入开展“我为乡亲送戏来”“百姓健康舞”等文化服务品牌活动。以“欢乐平罗”为主题，组织开展特色广场文化展演、群众文艺会演、书画摄影作品展、社火大赛和全民健身等系列群众文化活动。全年完成各类文化活动不少于300场次，其中，每年完成“广场文化艺术节”演出40场次以上，完成“我为乡亲送戏来”暨文化下基层演出活动60场次以上。积极申办全区大型文化体育活动。鼓励乡镇、村（社区）群众自办文化。乡镇综合文化站年均开展较大规模群众文化活动不少于6次，村（社区）综合文化服务中心年开展群众文化活动不少于4次。加大民间社团扶持力度，每两年开展一次评星定级活动，"以奖代补"实行动态化管理。支持民间文艺团队开展农村小戏小品、传统文艺节目、农民书画作品、优秀手工艺品等民间文艺交流互动。积极开展全民艺术普及、全民健身、全民科普和群众性法治文化活动。

9. 传承发展特色文化。以创建全域旅游示范县为契机，立足平罗文化禀赋和资源优势，加大对回族文化、西夏文化、黄河文化、农耕文化、红色文化资源的挖掘提炼，全面打造大沙湖度假休闲区。开展《平罗年度文学作品集》、《艺术作品集》创作出版活动，围绕"多彩平罗·神奇宁夏"等主题，创作一批反映平罗地域风情的优秀文学艺术作品。加大文化遗产保护传承投入力度，新申报的文物保护单位和新确定的非物质文化遗产传承保护名录，依照国家级、自治区级、市级、县级，分别按10万元、5万元、2万元、1万元标准给予一次性奖励，奖励资金全部用于遗产保护。实施非遗保护"绿芽计划"，加强对国家和自治区级代表性项目、传承人的扶持和管理，推进非遗传承基地（点）和非遗传习展示馆（室）建设，资助佛教音乐"渣渣子"、回族乐器泥哇呜、黄渠桥爆炒羊羔肉制作技艺等非遗衍生品的开发。

10. 整合公共文化资源。积极参与全区公共图书馆联盟建设，尝试实行区域内图书通借通还，数字资源共建共享，展览讲座互联互通。加强与全区各县（区）图书馆之间的图书流动互补活动，逐步推行县图书馆与全县各乡镇图书室、农家书屋建立总分馆制。发挥基层党委和政府作用，加强各类文化项目的统筹实施，探索整合基层公共文化服务资源的方式和途径，建设集宣传文化、党员教育、科学普及、普法教育、体育健身等功能于一体的乡镇综合文化站和村（社区）综合文化服务中心，配套建设群众文体活动场地。制定完善管理制度和服务标准，实现共建共享、统管统用，提升公共文化综合服务效能。

（四）推动公共文化服务与科技融合发展

11. 加快推进公共文化服务数字化建设。结合"智慧宁夏"等重大信息工程建设，推进文化信息资源共享、公共电子阅览、数字图书馆推广、农村数字电影放映等公共文化服务数字化建设。以图书馆、文化馆为中心，逐步建成图书馆、文化馆等分工合作的数字资源加工和服务平台。推进有线电视网络建设和数字化双向改造，实现地面数字电视全覆盖。

（五）创新公共文化管理体制和运行机制

12. 深化公益性文化事业单位改革。逐步推进图书馆、文化馆等公益性文化事业单位法人治理结构改革，组建理事会。完善事业单位年度报告、信息公开、公众监督制度，强化对文化事业单位的约束与激励。加强文化行业作风建设，严格教育管理，规范服务行为，提高服务质量。

13. 创新基层公共文化管理体制。加强对乡镇综合文化站和村（社区）综合文化服务中心的年度考评，考评结果与经费投入、设备支持、职称评定等挂钩。对国家和区市文化、新闻出版广电、体育等部门配送的设备器材，由县文化行政主管部门牵头会同有关部门进行动态检查评估，对长期闲置不能发挥作用的，收回并重新调配使用。

14. 完善公共文化服务工作评价机制。改进目标考核办法，邀请人大代表、政协委员、专家和群众代表参与检查考核。开展社会调查及新闻媒体监督，提高考核的科学性、客观性。建立公共文化需求自下而上的表达反馈机制，开通公共文化服务热线电话、互动信箱、微信平台，鼓励广大群众建言献策，参与公共文化服务项目规划、建设、管理和监督。

三、保障措施

（一）加强组织领导。成立由县人民政府县长任组长，县委、人大、政府、政协分管领导为副组长，县委办、人大办、政府办、政协办、组织部、宣传部、政研室、编办、总工会、团委、妇联、残联、文联、财政局、文广局、发改科技局、教体局、人社局、住建局、国土局、民政局、农牧局及各乡镇主要负责人为成员的平罗县现代公共文化服务体系建设工作领导小组，统筹推进全县公共文化服务体系建设的规划编制、政策制定、重大项目决策、财务监督、督查评估等工作。领导小组办公室设在县文广局。领导小组每半年召开一次专题会议，研究解决工作中存在的突出问题，及时总结经验，形成共建合力。领导小组办公室实行重大事项会商、季度工作汇报制度，负责组织实施公共文化服务体系建设各项工作，确保各项工作有序进行。各单位要将构建现代公共文化服务体系纳入重要议事日程，建立工作协调机制，切实加强组织领导，结合全县"十三五"规划，抓紧制定完善相关配套政策，明确责任和时间表、路线图，集中力量推进工作落实。

（二）加大财税支持力度。建立健全基本公共文化服务财政保障机制，按照基本公共文化服务标准，落实提供基本公共文化服务项目所必需的资金，保障公共文化服务体系建设和运行。提高文化支出占财政支出比例，人均公共文化财政支出年均增长 20% 以上。整合公共文化发展专项资金、文艺精品创作专项资金、文化产业发展专项资金、人才队伍建设专项资金，形成逐年按比例增长机制。鼓励和引导民间资本参与公共文化服务，逐步形成以政府投入为主、社会力量积极参与的多元化公共文化服务投入机制。

（三）加强基层文化队伍建设。建立健全乡镇综合文化站工作人员岗位管理制度，落实乡镇综合文化站人员编制 3 名以上，行政村和社区有至少 1 名财政补贴的文化管理员（文化指导员），城市社区设有公共文化服务岗位。推行分级培训机制，加强人才队伍培训，每年举办各级各类文化业务培训班 20 班（次）以上、培训各类骨干 300 人（次）以上，确保县级文化单位在职员工参加脱产培训时间每年不少于 15 天，乡镇、街道、村、社区基层文化专兼职人员参加集中培训时间每年不少于 5 天，不断提高公共文化队伍整体素质。发展壮大文化、体育指导员队伍，鼓励文化单位专业人员通过挂职、蹲点、结对帮扶等形式，到乡镇、社区公共文化机构开展业务培训和指导。

（四）建立人才引进和激励机制。按照《关于印发〈平罗县进一步稳定用好现有人才和引进急需紧缺人才的若干规定（试行）〉的通知》（平党办发〔2013〕166 号）要求，通过选调、招考、交流转岗、聘用等形式，吸引各类优秀人才进入公共文化服务领域，发展、稳定公共文化服务专业人才队伍，确保县级文化事业单位业务人员占职工总数不低于 80%。建立健全扶持激励机制，加大文化艺术精品和文艺拔尖人才的奖励和扶持力度，营造尊重人才的良好氛围。

（五）加强督查落实和考核激励。领导小组办公室及时会同县委、政府督查室，对全县公共文化服务重大项目建设、主要活动开展、制度创新设计、人员经费保障和有关政策落实情况开展每年不少于 1 次的专项督查。将公共文化服务体系建设纳入全县效能目标管理考核体系，科学制定考核办法和考核指标，对全县公共文化服务设施建设、公共文化服务供给、公共文化队伍建设、财政投入保障、群众满意度等情况进行专项考核，并依据考核结果奖优罚劣，通过"以奖代补"的形式，培育文化先进典型，带动全县公共文化服务体系建设水平全面提升。

组织机构及负责人名录

中国共产党平罗县委员会

书记：朱 剑

副书记：马莉方 李彦炜

常委：朱 剑 马莉方 李彦炜 李 刚
任 杰 谢 丽 吴永福 王彦锋
刘 超 朱 辉（4月任）
全明亮（4月离任）
杨 超（4月离任） 李绍峰（4月任）
代 彬（10月离任） 李宇华（挂任）
李振永（1月任，11月离任）

平罗县第十七届人大常委会

党组书记、主任：马长青

党组副书记：顾自军

副主任：顾自军 金凤霞 杨连银 李维元

委员：贾学军 马海忠 骆根川 刘仲富
李志听（8月离任） 姚东海 徐明忠
马新民 肖天文 王久林 杨金萍
班学忠 徐 锋 黄善清 马学福
马会玲 苏万龙 段学平 黄学梅
张爱娟 闻立锋 艾治东（9月离任）
张建荣 黄晓菊 刘静萍 王怀东
杨晓君 周 红（9月离任） 莫良宗
李 宏

办公室主任：贾学军

副主任：王建军（3月离任）
马春燕（3月任）

教委主任：马海忠

财经委主任：骆根川

法工委主任：刘仲富

选委主任：李志听（7月离任）
张燕萍（7月任）

平罗县人民政府

党组书记、县长：马莉方

党组副书记：杨 超（4月离任）
李绍峰（4月任）

副县长：杨 超（4月离任）
代 彬（挂任，10月离任）
李宇华（挂任）
李振永（1月挂任，11月离任）
蒋新录 周福祯 李晓坤
郭建军 寇立红（5月挂任）

政协第十一届平罗县委员会

党组书记、主席：毛精明

党组副书记：杨树仁

副主席：杨树仁 张建丽 张宝华

秘书长：王玉林

常务委员：毛精明 杨树仁 张建丽
张宝华 王玉林 吴会军
樊 燕 王 娟 李 娜
赵丽华 陈淑香 王燕霞
李宁娣 赵 洁 潘 东
李晓庆 杨占云 韩晓莉
马文燕 冯奇刚 姚志强
柴 清 胡崇智 马 志
王丽娟 代正礼 马保云
简 军 马建军 薛丽娟
谷 亮（12月离任）
尤建民（12月增补）
郭兆芹（12月增补）
王 军（12月增补）
王 浩（12月增补）

提案法制学习委员会主任：杨树仁（兼）

专职副主任：姚 农（3月任）

经济资源环境保护委员会主任：张宝华（兼）

专职副主任：李　杰（3月任）
教科文卫联络委员会主任：张建丽（兼）
专职副主任：马建忠（3月任）
办公室主任：尤建民
副主任：马亚西（9月任）
县政协专委会办公室主任：李惠霞

中共平罗县纪律检查委员会

书记：全明亮（4月离任）　朱　辉（4月任）
副书记：王　志　梁海霞　王学军（3月任）
办公室主任：王学军（3月离任）
　　　　　郭华利（6月任）
副主任：孔　丽（7月离任）
党风政风监督室主任：雍海威（3月离任）
案件审理室主任：刘君芹
案件监督管理室（信访室）主任：马宝红
宣传教育中心主任：沈红建
纪检监察一室主任：王　轩（6月任）
纪检监察二室主任：田学东（5月任）
纪检监察四室主任：李建江（12月任）

平罗县监察委员会

主任：朱　辉（12月任）
副主任：梁海霞（12月任）
　　　王学军（12月任）
委员：刘君芹（12月任）　马宝红（12月任）
　　郭华利（12月任）　李建江（12月任）

平罗县人民武装部

部长：李　刚
政委：赵登科

平罗县人民法院

党组书记、院长：杨光明
副院长：梁宁平（4月离任）　龚明胜
　　　张宁喜　王　强（4月任）
审判委员会专职委员：林　森（12月离任）
　　　　　　　　　王华勇（10月任）
　　　　　　　　　何志兵（10月任）
执行局局长：童占海（10月离任）
　　　　　杨惠琴（10月任）
副局长：徐　迁（12月任）
纪检监察室主任：杨国林
政工科长：王　强（4月离任）
　　　　万　娟（4月任）
办公室主任：林　森（4月离任）
　　　　　冯彩红（4月任）
司法警察大队队长：路泽宁
立案庭庭长：孙永凯
刑事审判庭庭长：杨惠琴（10月离任）
　　　　　　　燕　峰（10月任）
民事审判一庭庭长：何志兵（10月离任）
　　　　　　　　许　静（10月任）
民事审判二庭庭长：魏香玲（10月离任）
　　　　　　　　马瑞玲（10月任）
审判监督庭庭长：吴莉红
行政审判庭庭长：赵文琴
执行一庭庭长：燕　峰（10月离任）
　　　　　　杨金国（10月任）
执行二庭庭长：吴建军（10月离任）
　　　　　　金　婧（10月任）
陶乐人民法庭庭长：王华勇（10月离任）
负责人：王永碧（12月任）
姚伏人民法庭庭长：王学宗（10月离任）
　　　　　　　　吴建军（10月任）
头闸人民法庭庭长：李　蕾（4月离任）
　　　　　　　　石良玉（10月任）
沙湖人民法庭庭长：左　军（4月离任）
　　　　　　　　王学宗（10月任）
黄渠桥人民法庭庭长：马瑞玲（10月离任）
　　　　　　　　　任学斌（10月任）

平罗县人民检察院

党组书记、检察长：李　洁

副检察长：张　钢　路　联　范秀红

郗景新（5月挂任）

政工科科长：丁建国（4月离任）

白　天（4月任）

反贪污贿赂局局长：王　卫

专职检委：杨雪峰（6月离任）

高云峰（6月任）

办公室主任：田　巍（4月离任）

公诉科科长：李　伟

侦查监督科科长：姚　涛

反渎职侵权局局长：虎桂花（4月离任）

李建江（4月任）

控告申诉检察科科长：王建胜

民事行政检察科科长：王华燕

检察技术科科长：高云峰（6月离任）

李风花（10月任）

纪检监察室主任：白　天（4月任）

职务犯罪预防办公室负责人：陈惠萍

司法警察大队队长：李　磊

政委：徐　迁

县委工作部门

【县委办公室】

主任：郭建军（3月离任）　姚东海（3月任）

副主任：马学军（9月离任）

王立刚（9月离任）

杨占斌（3月离任）

王　波（4月任）　苏万龙（9月任）

县委督查室：王立刚（9月离任）

王　波（4月分管）

县委机要局局长：郭建军（3月离任）

姚东海（3月任）

县委保密办主任：马学军（9月离任）

苏万龙（9月任）

县档案局党支部书记、局长、县志办公室主任：

邢宏亮（3月离任）

县档案局局长、县志办公室主任：

刘彦龙（3月任）

县档案局党支部书记：李兴文（3月任）

县档案局副局长：田梅玲

【组织部】

部　长：吴永福

常务副部长：姚东海（3月离任）

樊利军（3月任）

副部长：樊利军（3月离任）　简　军

王利民（3月任）　姜　峰

县直机关工委书记：姚东海（3月离任）

王利民（3月任）

副书记：张　川（3月离任）

王　霞（3月任）

非公有制经济组织、社会组织工作委员会党工委书记：简　军（4月任）

副书记：陈晓亮

老干部局局长：姜　峰

副局长：强永清

【宣传部】

部长：谢　丽

常务副部长：许立辉（7月离任）

徐明忠（9月任）

副部长：王　军（9月离任）　赵燕萍

【政法委员会】

书记：李彦炜

副书记：任　杰

常务副书记：罗占华

副书记：王占宏　杨春玲

【统战部】

部长：刘　超

常务副部长：吴会军（9月离任）

郭兆芹（9月任）
副部长：马建忠（3月离任）
代正礼（9月离任）
罗少荣（9月任） 王　军（9月任）

【政策研究室】

主任：徐明忠（9月离任）
马学军（9月任）
副主任：耿　锋（11月离任） 征自武

【机构编制办公室】

主任：周　洋
副主任：解永忠
事业单位登记管理局局长：
郭华利（6月离任） 王文志（7月任）

【党校】

校长：李彦炜
第一副校长：简　军（4月任）
党支部书记、常务副校长：万慧军
副校长：周志文

【网络安全和信息化办公室】

主任：叶荣宏
副主任：岳　荣（9月离任）陆平安

群众团体

【总工会】

主席：杨连银
常务副主席：吴成宁
副主席：赵冬梅（4月离任）
工会经费审查委员会主任：许瑞民

【共青团平罗县委员会】

书记：王　浩（9月任）
副书记：谷　亮（9月离任） 郭　琦
高晓娜（挂职，10月离任）
梁　雯（兼职、12月任）
许　丹（挂职，12月任）
田婷婷（挂职、12月任）
何博文（挂职，12月任）

【妇　联】

党支部书记、主席：黄学梅
副主席：马树新（6月离任）
余春梅（6月任）
县妇儿工委办副主任：马春霞（3月任）

【残疾人联合会】

党支部书记、理事长：丁光林（3月离任）
许东铭（3月任）
副理事长：白海涛

【工商联】

党组书记、副主席：代正礼（9月离任）
王　军（9月任）
主　席：王丽娟
副主席：李晓佳（3月离任）
马海龙（3月任）

【科学技术协会】

主席：刘德军

【伊斯兰教协会】

秘书长：吴忠明（9月离任）
吴学贵（9月任）
副秘书长：杨树华

【文　联】

主席：岳昌鸿

政府工作部门

【政府办公室】

党支部书记、主任：魏振国
副主任：王宗涛（6月离任） 王　林
黄　飞　张燕萍（7月离任）
贺　波（6月任） 蔡少峰（9月任）
政务服务中心主任：童海军
副主任：李宁娣　马英才
机关事务管理中心主任：任　娟
副主任：翟淑娟　白　岗

【信访督办局】

局长：吴忠山

副局长：路建宁　牛慧强

马凤斌（9月离任）

刘　宁（9月任）

【公安局】

党委书记、局长、督察长：任　杰

党委副书记、政委：陈东升

党委副书记：马增贵

纪委书记：范怀志

副局长：马增贵　王宏伟　贺立兵　张志祥

政工监督室主任：马学兵

警务保障室主任：林　云

副主任：马瑞芳

指挥中心主任：刘　宁

副主任：郭永平　薛　玲　马桂军

法制大队队长：杨　梅

教导员：郭　锐

国内安全保卫大队大队长：马学林

教导员：何耀华

治安管理大队队长：吴宝清

教导员：刘勇鸿

副队长：余建国　苏建平

刑侦大队队长：杨怀斌

教导员：王尚海

副队长：吴会民　王彦峰

经侦大队队长：杨　兵

教导员：王志维

副队长：张星宁

缉毒大队队长：何文东

教导员：朱进峰

县禁毒办副主任：李晓云

网络安全保卫大队教导员：徐　红

交警大队队长：李学磊

教导员：刘　冬

副队长：李学章　王学惠　郭志力　秦建平

车管所所长：高吉业

城关派出所所长：李长青

教导员：李学虎

副所长：马保英　顾海涛　雍　杰　吴军平

丁海军　刘志明　闫生旗

太沙派出所所长：马建红

教导员：余宏亮

副所长：崔　超　岳建国

崇岗派出所所长：吴建国

教导员：陈维义

副所长：朱　杰　赵金豹

姚伏派出所所长：张　军

教导员：张学利

副所长：王　鹏　李　仁

黄渠桥派出所所长：徐文川

教导员：张学义

副所长：马学峰

宝丰派出所所长：朱登利

教导员：王爱林

渠口派出所所长：王洪兵

教导员：王彦宁

副所长：征海峰

陶乐派出所所长：汪立平

教导员：骆文卿

副所长：马建荣　张　宏　李跃孝

红崖子派出所所长：郭新惠

教导员：贺金云

副所长：马洪杰　樊爱平

草原派出所所长：杨　成

森林派出所所长：孔　军

【监察局】

局长：王　志

副局长：周建锋（1月任）

【发展改革和科学技术局】

党委书记、局长：闫志强（3月离任）

张万青（3月任）

党委副书记：吴伏龙（6月离任）
王宗涛（6月任）
纪委书记：刘建忠
副局长：吴伏龙（6月离任）
许宗信（4月离任） 刘建忠
王丽萍（3月任）
王继萍（4月任）
温新兵（6月离任）
王宗涛（6月任）
国民经济动员办公室专职副主任：
罗 鹏（3月离任） 关尚德（6月任）
统计普查中心主任：王永平（4月任）
价格监督检查所所长：许宗信（6月离任）

【财政局】

党总支书记、局长：张宝华（3月离任）
谭 润（3月任）
党总支副书记、副局长：彭小华
副局长：王志娟 沙占友
国库支付中心主任：刘俊荣

【农业综合开发办公室】

主任：苏万龙（9月离任） 李 刚（9月任）
副主任：张建忠 李自斌 朱 瑾 黄立峰

【审计局】

党支部书记、局长：谭 润（3月离任）
杨安青（3月任）
党支部副书记：殷月星
副局长：殷月星 王建文 王东芳

【人力资源和社会保障局】

党总支书记、局长：赵 军
党总支副书记：刘彦龙（3月离任）
雍海威（3月任）
副局长：刘彦龙（3月离任） 王鑫荣
黄志刚 许 峰 雍海威（3月任）
就业创业服务局局长：李兴文（3月离任）
吴小龙（3月任）
副局长：吴国权
社会保险事业管理局局长：王新国（6月任）
党支部书记：张 鸿（6月离任）
副局长：王 娟（6月任）
顾永华（6月任）
医疗保险事务管理中心主任：
邹 韬（3月离任）
党支部书记：张 伟（6月离任）
副主任：顾永华（6月离任）
王梅花（6月离任）
劳动保障监察大队队长：解银锁（3月离任）
副队长：冯明宏
劳动人事争议仲裁院院长：
马春霞（3月离任） 贺 莉（6月任）

【民政局】

党支部书记、局长、县社会组织工委书记：
姚 农（3月离任）
党支部书记、局长：陈晓燕（3月任）
党支部副书记、副局长：张建荣（3月离任）
路漪冰（3月任）
副局长：马少华 王艳霞（9月离任）
吴晓瑞（6月任）
县社会组织工委专职副书记：
马晓华（4月离任）
县老龄工作委员会办公室主任：陈桂香

【司法局】

党总支书记、局长：罗少荣（9月离任）
李志杰（9月任）
党总支副书记：张 梅
副局长：张 梅 王雪梅 杨 彦
公证处主任：李继军
黄渠桥司法所所长：吴学荣（6月任）
宝丰司法所所长：黄 姣（6月任）
渠口司法所所长：李 娜（6月任）
高庄司法所所长：李睿香（6月任）
城关司法所所长：潘 东（6月任）
高仁司法所所长：李彦玲（6月任）

姚伏司法所所长：赵东升（6月任）

头闸司法所所长：罗　静（6月任）

陶乐司法所所长：苑雪英（6月任）

崇岗司法所所长：安德生（6月任）

灵沙司法所所长：马英文（6月任）

通伏司法所所长：黄建海（6月任）

红崖子司法所所长：陈学文（6月任）

鑫源律师事务所主任：张远鸿

大潮人律师事务所主任：张宏程

【工业和信息化局】

党委书记、局长：陈晓燕（3月离任）

徐建军（3月任）

党委副书记：张银军

副局长：张银军　徐建军（3月离任）

李志强　杨　坚（4月挂任）

罗　鹏（3月任）

【安全生产监督管理局】

党支部书记、局长：马建虎（3月离任）

李长林（3月任）

党支部副书记：王银和

副局长：王银和　呼志军（6月离任）

马海龙（3月离任）

徐光宏（3月任）　温新兵（6月任）

【交通运输局】

党委书记、局长：李　杰（3月离任）

王新民（3月任）

党委副书记、纪委书记：周广喜

副局长：周广喜　徐　敬

县交通战备办公室专职副主任：王新林

公路管理段党支部书记、段长：万随山

副段长：扈建刚　王民武

【国土资源局】

党支部书记、局长：昝树诚

副局长：张立川（10月离任）　王占全

赵海燕（10月任）　张立东

不动产登记局局长：王占全

土地收购储备中心主任：沈海国

【住房和城乡建设局】

党委书记、局长：马志明

党委副书记：张　斌

纪委书记：郜秀蓉

副局长：张　斌　杨立升　郜秀蓉

吴学贵（9月离任）　章　声

夏振聪（4月挂任）

蒋海龙（9月任）

李建军（9月挂任）

城市管理综合执法局局长：

马志明（9月兼任）

副局长：李建军

建设工程质量监督站站长：

夏振聪（9月离任）　李　涛（9月任）

公共事业管理所所长：哈建国（9月离任）

夏振聪（9月任）

党支部书记：刘金虎（9月离任）

副所长：张鸿军

城市管理大队队长：李建军

党支部书记：韩会荣（3月任）

副大队长：王万新　桂　斌

房屋产权产籍管理所所长：王新龙

党支部书记：贾金林

副所长：贾金林　毛建民

城市建设规划站站长：贾新利（9月离任）

王金荣（9月任）

副站长：王金荣（9月离任）

县供热公司经理：韩会荣（3月离任）

【环境保护局】

党支部书记、局长：谭生奇

党支部副书记：曹广正（9月离任）

刘万宗（9月任）

副局长：曹广正（9月离任）

闫学锋（6月离任）

李晓佳（3月任）　王文军（6月任）

刘万宗（9月任）

环境监测站副站长：范　敏

【农牧局】

党委书记、局长：马立军

党委副书记、纪委书记：王平胜

副局长：王平胜　杨万里　黄　霄　王兴民

农业技术推广服务中心主任：

马建平（12月离任）马金国（12月任）

党支部书记：张光和（12月离任）

农业机械化推广服务中心主任：

赵俊平（12月离任）王玉林（12月任）

党支部书记：付惠玲（12月离任）

副主任：申金和（6月离任）

王玉林（12月离任）

农业综合执法大队队长：刘金华

动物卫生监督所所长：谭　俊

动物疾病预防控制中心主任：任永斌

畜牧技术推广服务中心主任：朱学荣

农副产品加工流通中心主任：

王万银（12月离任）马建平（12月任）

副主任：马兆平（12月离任）

水产技术推广中心主任：马建勤

农村合作经济经营管理站站长：王　云

副站长：关尚德（6月离任）

草原管理站站长：苏风军（12月离任）

刘春宏

农牧场场长：戎建华

良种繁殖场场长：孙　伟（12月离任）

顾海军

鱼种场场长：董建平

扶贫开发办公室主任：樊　燕

党支部书记：郭俊峰（4月任）

副主任：吴光贤　王　波（4月离任）

郭红刚（4月任）

【农村土地经营管理制度改革办公室】

主任：顾自军

副主任：徐春霞

【农村综合改革服务中心】

主任：徐春霞

副主任：贺　波（6月离任）周学忠

顾思伟（6月任）

【林业局】

党委书记、局长：卢军国

党委副书记：路占利（9月离任）

副局长：路占利（9月离任）陆　波

王建宝（3月离任）

杨学军（6月离任）

代新义（3月挂任）

贺永春（6月任）

林业技术推广服务中心主任：

代新义（3月离任）王建宝（3月任）

党支部书记：杨玉宝（3月离任）

副主任：杨金荣（3月离任）

程凤芝（3月任）徐　芸（3月任）

苗木繁育中心主任：张建宁

党支部书记：杨金荣（3月任）

副主任：王洪鸣

陶乐治沙林场党支部书记、场长：

贺永春（3月离任）王　华（3月任）

副场长：牛　钟

黄河湿地保护林场党支部书记、场长：

王　华（3月离任）

党支部书记：杨玉宝（3月任）

场长：贺永春（3月任）

副场长：周伏军

【平罗中学】

党总支书记：温大为（2月离任）

李占龙（8月任）

党总支副书记、校长：马新民

副校长：温大为（2月离任）李占龙

杨国宝（9月离任）

王保定（9月任）王万宏（9月任）

办公室主任：张振华
副主任：李 鲲
教导处主任：马吉元
副主任：赵永亮 丁晓军
政教处主任：王保定（12 月离任）
副主任：魏学军（12 月离任）
总务处主任：王宗明（12 月离任）
副主任：马占锋
保卫处主任：项 飞
工会主席：王秀萍
团委书记：吴 超

【职业教育中心】

党总支书记：崔利华
主任：徐学红
副主任：刘 鹏 李雪峰（12 月离任）
周 茜 史 涛（12 月离任）
王宗明（12 月任）
龚小宁（12 月任）

【教育体育局】

党委书记、局长：许东铭（3 月离任）
雍珍善（3 月任）
党委副书记：张善君
副局长：张善君 石德文（9 月任）
胡淑娟 张宏旗
胡新华（7 月挂任）
何 艳（6 月任）
张玉琴（6 月离任）
蒋海龙（9 月离任）
局长助理：张瑜婷（11 月任）
教育考试中心主任：雍文林（12 月离任）
杭改英（12 月任）
副主任：杭改英（12 月离任）
教育教学研究室主任：徐万江
县政府教育督导室主任：
莫惠珍（12 月离任） 雍文林（12 月任）
副主任：李佳铭（12 月离任）
吴国杰（12 月离任）
徐 敏（3 月离任）
体育健身中心主任：冯晓东

【文化旅游广电局】

党委书记、局长：王宗贵
党委副书记：李冬梅
副局长：李冬梅 梁海涛 张学林
张永春（4 月挂任）
广播电视台台长：程宁红
副台长：马文燕 邢海敏 谢明海
文化馆馆长：田金霖（3 月离任）
祁 燕（3 月任）
党支部书记：蔡自荣
图书馆党支部书记、馆长：
戚桂萍（3 月离任） 田金霖（3 月任）
副馆长：李 娜
电影公司经理：韩晓明
文管所所长：王丽莉

【卫生和计划生育局】

党委书记：钱 丽
局长：钱 丽（7 月任）
党委副书记：刘瑞武
副局长：钱 丽（7 月离任） 刘瑞武
曹学华（3 月离任）
余春梅（6 月离任）
高金梅 王金立（4 月离任）
邹 韬（3 月任） 林海亮（6 月任）

石嘴山市第三人民医院
（平罗县人民医院）

党总支副书记、院长：王久林
党总支书记：孙建勤
副院长：王金立（9 月离任）
孙建勤（7 月任）杨生堂

平罗县中医院

党总支书记、院长：冯奇刚

副院长：叶尚聪（9月离任） 张洪侠 何建富

疾病预防控制中心党支部书记：佘桂香

疾病预防控制中心主任：王利忠（9月离任） 叶尚聪（9月任）

副主任：佘桂香 李 蓉

妇幼保健计划生育服务中心党支部书记：段进成

妇幼保健计划生育服务中心主任：丁明福（9月离任）

妇幼保健计划生育服务中心妇幼保健院院长：王金立（9月任）

副主任：段进成 王宁馨（9月离任）

卫生监督所所长：王玉林

副所长：林海亮（6月离任） 赵丽华

【民族宗教事务局】

局长：马建忠（3月离任） 罗少荣（9月任）

副局长：郭学龙（3月任）

清真食品管理办公室主任：郭学龙（3月离任）

【水务局】

党委书记、局长：李志高（3月离任） 马建虎（3月任）

党委副书记：陈小龙（3月离任） 董绍兵（9月任）

纪委书记：董绍兵（9月任）

副局长：陈小龙（3月离任） 董绍兵 黄青锁（9月离任） 闫建军 罗 祥（6月任） 贾华荣（9月任）

水利灌溉管理中心主任：毛建军

副主任：郭跃进 杨学斌（4月离任）

防汛指挥部办公室主任：李占清

副主任：马鹤鸣 黄晓菊

水土保持工作站站长：丁建明（4月离任） 刘金虎（10月任）

副站长：李爱梅 罗 祥（6月离任）

【商务和经济技术合作局】

党支部书记、局长：王新民（3月离任） 马春朝（3月任）

副局长：路 双 胡雪君（挂任） 谈静涛 岳振武 屠孝忠（挂任）

【市场监督管理局】

党委书记、局长：李志杰（9月离任） 代正礼（9月任）

党委副书记：胡兴斌

副局长：胡兴斌 佘建明 曹 军 安存秀

县食品安全委员会办公室专职副主任：李雪斌

质量监督检验与计量测试所所长：高学峰

稽查大队队长：李树强

城关市场监督管理所所长：汤东尧（4月离任） 吴 哲（4月任）

城郊市场监督管理所所长：吴 哲（4月离任） 杨立峰（4月任）

崇岗市场监督管理所所长：杜兴华（4月离任） 杨学文（4月任）

沙湖市场监督管理所所长：杨 轲（4月离任） 杜兴华（4月任）

姚伏市场监督管理所所长：薛 军

陶乐市场监督管理所所长：杨立峰（4月离任） 汤东尧（4月任）

黄渠桥市场监督管理所所长：杨学文（4月离任） 杨 轲（4月任）

灵沙市场监督管理所所长：马惠军（7月任）

红崖子市场监督管理所所长：支兴国（7月任）

【供销社】

党委书记、主任：王建华（9月撤职）

吴会军（9月任）

副主任：王怀东　徐　建（9月任）

主任助理：杨连杰

【石嘴山生态经济开发区】

党工委书记、管委会主任：郭玉福

管委会副主任：谭新山　李志高（1月任）

马仲武（10月挂任）

副处级干部：郭景壮

办公室主任：张国立（9月离任）冯　尧

副主任：徐　敏（3月任）

经济发展局局长：孙　涛（4月离任）

丁颜兵（4月任）

资源利用与规划建设局局长：冯　瑞

副局长：范建军　田婷婷

产业促进局局长：赵生瑞

副局长：杨　静

【宁夏精细化工基地管委会】

党工委书记、管委会主任：

赵　虎（1月任副处级）

党工委副书记：刘学林（4月离任）

杨学斌（4月任）

管委会副主任：刘学林　达江峰

综合办公室主任：吴保利

资源利用和规划建设科科长：骆　红

经济发展和产业促进科科长：姜艳涛

【煤炭集中区服务中心】

党总支书记：代洪山

主任：黄　理（3月离任）代洪山（3月任）

副主任：代洪山（3月离任）李宗明

郭俊峰（4月离任）杨万军（3月任）

县崇耀煤炭经营管理有限公司董事长：

黄　理（3月离任）代洪山（3月任）

县崇耀煤炭经营管理有限公司副经理：

郭俊峰（4月离任）杨万军（3月任）

【德渊市政产业投资建设（集团）有限公司】

党委书记：闫志强（9月任）

党委副书记：黄　理（9月任）

董事长：闫志强（3月任）

总经理：黄　理（3月任）

监事会主席：王晓波（3月任）

党委副书记、纪委书记：陈国俭（9月任）

副总经理：叶淑娟（9月任）

张成良（9月任）

杨　勇（9月任）

马锦波（9月任）

工会主席：李　斌（10月任）

德渊市政产业（集团）有限公司董事长、总经理：段学平（3月离任）

副经理：王晓波（3月离任）

乡　镇

【城关镇】

党委书记：王彦锋　骆仕良（8月挂任）

党委副书记、镇长：冯　斌（3月离任）

陈小龙（3月任）

人大主席：张爱娟

党委副书记：梁　静

纪委书记：王建虎（3月离任）

余　燕（4月任）

组织委员：龚　潇

副镇长：余　燕（4月离任）张　瑞

王会文　杨　斌（4月任）

武装部长：尚建亭

【陶乐镇】

党委书记：张万青（3月离任）

丁志军（3月任）

党委副书记、镇长：丁志军（3月离任）

王凤岐（3月任）

人大主席：王凤岐（3月离任）

张建荣（3月任）

党委副书记：靳桂琴

纪委书记：路漪冰（3月离任）

赵桂萍（4月任）

副镇长：宁建军　闫占清　张书涵

组织委员：王　慧（9月任）

武装部长：丁光山

【姚伏镇】

党委书记：吕占林

党委副书记、镇长：郭兆芹（9月离任）

张立川（9月任）

人大主席：艾治东（12月离任）

党委副书记：王继萍（4月离任）

赵冬梅（4月任）

纪委书记：靳桂军

副镇长：刘万俊　刘　逵　叶立国

组织委员：杨巧凤

武装部长：刘　逵

【黄渠桥镇】

党委书记：雍珍善（3月离任）

任生虎（3月任）

党委副书记、镇长：任生虎（3月离任）

张素玲（3月任）

人大主席：石德文（9月离任）

党委副书记：王建虎（3月任）

纪委书记：何立明

副镇长：李　波　孙　涛　张　蕾

组织委员：杨建华

武装部长：李　波

【崇岗镇】

党委书记：谢生良

党委副书记、镇长：李长林（3月离任）

梁　迈（3月任）

人大主席：刘海荣

党委副书记兼驻汝办事处主任：王银平

党委副书记：王　浩（3月任、9月离任）

黄　理（3月离任）

代洪山（3月挂任）

纪委书记：吕永红

组织委员：杨金莲

副镇长：王　浩（3月离任）杜　涛

郑海秀　王建军（3月任）

武装部长：关尚升

【宝丰镇】

党委书记：王金才

党委副书记、镇长：杨自飞

人大主席：吴银涛

党委副书记：王利民（3月离任）

李志圣（4月任、12月离任）

纪委书记：陈永虎

副镇长：王建兵（4月离任）闫晓庆

王　萍　杨　楠（9月任）

组织委员：胡亚萍

武装部长：程瑞军

【头闸镇】

党委书记：杨安青（3月离任）

冯　斌（3月任）

党委副书记、镇长：贾华荣（9月离任）

王立刚（9月任）

人大主席：蔡少峰（9月离任）

王艳霞（9月任）

党委副书记：王　霞（3月离任）

丁海军（3月任）

纪委书记：丁海军（3月离任）

王会萍（4月任）

副镇长：王　显　吴　磊　田生元

组织委员：杨　静

武装部长：王　显

【高庄乡】

党委书记：马海桥

党委副书记、乡长：刘桂莲

人大主席：闻立峰

党委副书记：王生林

纪委书记：梁建华

副乡长：岳文艳　王建武　周　惠

组织委员：王　鑫（9月离任）

马　琴（9月任）

武装部长：吴晓亮

【灵沙乡】

党委书记：马春朝（3月离任）

陈东华（3月任）

党委副书记、乡长：陈东华（3月离任）

杨占斌（3月任）

人大主席：李文忠

党委副书记：仇学文

纪委书记：王　娜

副乡长：赵桂萍（4月离任）　马学荣

马佳佳　王　瑞（7月任）

组织委员：潘建熙

武装部长：全　志

【渠口乡】

党委书记：刘学军

党委副书记、乡长：祁振发

人大主席：李生泰

党委副书记：桂学利

纪委书记：王丽萍（3月离任）

董彩霞（4月任）

副乡长：李　明　李志超　高婷婷

组织委员：汤　玲（3月离任）

张海峰（3月任）

武装部长：李志超（兼任）

【通伏乡】

党委书记：方志斌

党委副书记、乡长：李自军

人大主席：张妍华

党委副书记：吴少兵

纪委书记：李志圣（3月离任）

沙光鑫（4月任）

副乡长：李晓军　赵学琼　刘　刚

组织委员：梁伟超

武装部长：沙光鑫（4月离任）

张金喜（4月任）

【高仁乡】党委书记：李　刚

党委副书记、乡长：万晓山

人大主席：吴瑞刚

党委副书记：焦　峰

纪委书记：董彩霞（4月离任）

苏惠军（4月任）

副乡长：余　冬　赵　雪

组织委员：杨　涛

武装部长：余　冬

【红崖子乡】

党委书记：周　浩（9月离任）

李生华（9月任）

党委副书记、乡长：李生华（9月离任）

解　毅（9月任）

人大主席：刘万宗（9月离任）

何建如（9月任）

党委副书记：何建如（9月离任）

李菊红（9月任）

纪委书记：李菊红（9月离任）

杨洪军（9月任）

副乡长：白　超　杜艳红

马仲武（12月离任）

组织委员：张凤丽

武装部长：杨洪军（9月离任）

驻平区、市属单位

【国税局】

局长：马克己

副局长：王永强　吴良晖　孙　伟

李　波　李鼎陶

【地税局】

党组书记、局长：孙　岸

党组副书记：马生勋

副局长：俞行利　张庆生

纪检组长：贺云飞

【国网平罗县供电公司】

经理：马崇伟

党支部书记：高伟国

副经理：高伟国　马海明　孙晓辉

【国家统计局平罗调查队】

队长：李俊杰

副队长：俞海宁（4月离任）

宋晓捷（5月任、10离任）

纪检监察员：丁成玉（挂职、4月离任）

俞海宁（4月任）

【烟草专卖局、石嘴山市烟草公司平罗分公司】

局长、经理：白　涛

副局长：贾　勇

副经理：甄文鹏

【平罗县气象局】

局长：杨海山

副局长：李学斌

纪检组长：丁惠荣

【中国人民银行平罗县支行】

党组书记、行长：姚宗华

纪检组长：侯西虎

副行长：苗　向　海　涛

【中国农业银行平罗县支行】

行长：黄　浦

副行长：朱永明　王世汝　海建忠

【中国建设银行股份有限公司平罗支行】

行长：田　静

副行长：吴　瑛　孙　华　巩文武

【中国工商银行平罗支行】

行长：朱　建

副行长：贾鹏飞　李　建　王艳军　张　城

【农业发展银行平罗支行】

党支部书记、行长：马旺升

副行长：周海燕　张永峰

【邮政储蓄银行平罗支行】

行长：何春霞

副行长：仝叶青

支行主管：丁　刚

【中国银行平罗支行】

行长：苗福来

副行长：何　立　黄　婧

【宁夏平罗农村商业银行】

董事长：苏义学

行长：刘　杰

纪委书记：王慧娟

监事长：王亚萍（4月离任）

陆梅萍（9月任）

副行长：杨　胜　周东海

董事会秘书：雪永鹏

【宁夏银行平罗支行】

行长：郭　军

副行长：朱新荣

行长助理：贺　勇

【沙湖村镇银行】

董事长：赵满平（11月离任）

张汉业（12月任）

行长：王　惠（12月任）

监事长：杨晓明

副行长：吕国强

财务总监：李尚坤

行长助理：徐新明

【石嘴山银行】

行长：王丽娟

行长助理：周　青　石　通

【中国人保财险平罗支公司】

副经理：高永春

经理助理：冯建宇

【中国人寿保险股份有限公司平罗支公司】

总经理：李宏学

副总经理：郭　军

总经理助理：杨学军

【安邦保险平罗支公司】

经理：王 凯

【石嘴山市住房公积金管理中心平罗县管理部】

主任：赵玉龙

副主任：潘 生

【移动公司平罗分公司】

经理：李晓华

副经理：袁培龙

【联通公司平罗分公司】

总经理：庞尊法

营销服务部经理：李 进

【平罗电信分公司】

总经理：陈 枫

副总经理：叶红霞

工会主席：赵立军

【平罗邮政分公司】

总经理：陈学江

副总经理：张 阳

【平罗县道路运输管理所】

所长：张兴和

党支部书记：吴少明

副所长：徐 杰 田 雷

【石嘴山市星泽燃气有限公司平罗分公司】

经理：任 军

党支部书记：高宝龙

经理助理：高宝龙 商广宁